Modellierung des Staatsbudgets auf der Ebene der Bundesländer

Europäische Hochschulschriften

European University Studies

Publications Universitaires Européennes

Reihe V **Volks- und Betriebswirtschaft**

Series V Economics and Management

Série V Sciences économiques

Band/Volume **3447**

Anett Großmann

Modellierung des Staatsbudgets auf der Ebene der Bundesländer

PL ACADEMIC RESEARCH

Bibliografische Information der Deutschen Nationalbibliothek
Die Deutsche Nationalbibliothek verzeichnet diese Publikation in der Deutschen Nationalbibliografie; detaillierte bibliografische Daten sind im Internet über http://dnb.d-nb.de abrufbar.

Zugl.: Osnabrück, Univ., Diss., 2017

D 700
ISSN 0531-7339
ISBN 978-3-631-72869-7 (Print)
E-ISBN 978-3-631-72874-1 (E-PDF)
E-ISBN 978-3-631-72875-8 (EPUB)
E-ISBN 978-3-631-72876-5 (MOBI)
DOI 10.3726/b11448

PL Academic Research ist ein Imprint der Peter Lang GmbH.
Peter Lang – Frankfurt am Main · Bern · Bruxelles · New York · Oxford · Warszawa · Wien

Diese Publikation wurde begutachtet.

www.peterlang.com

Vorwort

Die vorliegende Veröffentlichung beruht auf meiner Dissertation des Fachbereichs Wirtschaftswissenschaften der Universität Osnabrück, die im Dezember 2016 angenommen wurde.

Ich möchte mich recht herzlich bei Prof. Dr. Bernd Meyer bedanken, der mir die Möglichkeit der Promotion am Lehrstuhl gegeben hat und mit kritischen Diskussionen zum erfolgreichen Abschluss beitrug. Mein größter Dank gilt Frank Hohmann, der mir über alle Jahre hinweg unermüdlich mit Rat und Tat zu Seite stand. Auch Marc Ingo Wolter trug mit wertvollen Anregungen zum Gelingen dieser Arbeit bei.

Georgsmarienhütte, März 2017 — Anett Großmann

Inhaltsverzeichnis

Tabellenverzeichnis

Abbildungsverzeichnis

Anhangsverzeichnis

Abkürzungsverzeichnis

Abb.	Abbildung
Abzgl.	Abzüglich
AFBG	Aufstiegsfortbildungsförderungsgesetz
AGMZ	Ausgleichsmesszahl
A. n. g.	Anderweitig nicht genannt
ARL	Akademie für Raumforschung und Landesplanung
Art.	Artikel
BA	Bundesagentur für Arbeit
BAföG	Bundesausbildungsförderungsgesetz
BB	Brandenburg
BBankG	Bundesbankgesetz
BE	Berlin
BEZ	Bundesergänzungszuweisungen
BGBl.	Bundesgesetzblatt
BIBB	Bundesinstitut für Berufsbildung
BierStG	Biersteuergesetz
BKGG	Bundeskindergeldgesetz
BL	Bundesland / Bundesländer
BMAS	Bundesministerium für Arbeit und Soziales
BMF	Bundesministerium für Finanzen
BMI	Bundesministerium des Innern
BN	Bund bzw. Gesamtdeutschland
BNE	Bruttonationaleinkommen
BT-Drucks.	Drucksache des Deutschen Bundestages
BY	Bayern
BVerfG	Bundesverfassungsgericht
BvF	Aktenzeichnen der Justiz; Normenkontrolle auf Antrag von Verfassungsorganen, Art. 93 Abs. 1 Nr. 2 GG (BverfG)
BvL	Aktenzeichnen der Justiz; Normenkontrolle auf Vorlage der Gerichte, Art. 100 Abs. 1 GG (BVerfG)
BW	Baden-Württemberg
BZSt	Bundeszentralamt für Steuern
CDU	Christlich Demokratische Union Deutschlands
CPA	Classification of Products by Activity
CSU	Christlich-Soziale Union in Bayern e. V.
COFOG	Classification of the Functions of Government
DL	Dienstleistungen
DIW	Deutsches Institut für Wirtschaftsforschung
DRV	Deutsche Rentenversicherung
ESt	Einkommensteuern

EStG	Einkommensteuergesetz
ESA	European System of Accounts
e.V.	Eingetragener Verein
EVS	Einkommens- und Verbrauchsstichprobe
EW	Einwohner
ESVG	Europäisches System Volkswirtschaftlicher Gesamtrechnungen
FAG	Finanzausgleichsgesetz
FDE	Fonds deutscher Einheit
FKMZ	Finanzkraftmesszahl
FL	Flächenländer
FPStatG	Finanz- und Personalstatistikgesetz
F&E	Forschung&Entwicklung
FS	Finanzierungssaldo
GemFinRG	Gemeindefinanzreformgesetz
GewStG	Gewerbesteuergesetz
GFVG	Gemeindeverkehrsfinanzierungsgesetz
GG	Grundgesetz
GWS	Gesellschaft für Wirtschaftliche Strukturforschung mbH
HB	Bremen
HE	Hessen
HH	Hamburg
IAB	Institut für Arbeitsmarkt- und Berufsforschung
I. e. S.	Im eigentlichen/engeren Sinn
Ifo	Institut für Wirtschaftsforschung
I. H. v.	In Höhe von
INFORGE	INterindustry FORcasting GErmany
INFORUM	INterindustry FORcasting at the University of Maryland
Inkl.	Inklusive
IOR	Input-Output-Rechnung
IOT	Input-Output-Tabelle
I. S. d.	Im Sinne des / der
IVR	Integrierte Verbundrechnung
I. V. z.	Im Vergleich zum / zu / zur
IWD	Institut der deutschen Wirtschaft Köln
IWH	Institut für Wirtschaftsforschung Halle
IWW	Institut für Wissen in der Wirtschaft GmbH
Kfz	Kraftfahrzeug
KfzStVertG	Gesetz zur Regelung der finanziellen Kompensation zugunsten der Länder infolge der Übertragung der Ertragshoheit der Kraftfahrzeugsteuer auf den Bund
KitaFinHG	Gesetz über Finanzhilfen des Bundes zum Ausbau der Tagesbetreuung für Kinder
KSt	Körperschaftsteuer
lfd	Laufend/e/er

Lkw	Lastkraftwagen
LSt	Lohnsteuer
LSt-Zerl	Lohnsteuerzerlegung
MaßstG	Maßstäbegesetz
MV	Mecklenburg-Vorpommern
NI	Niedersachsen
Nr	Nummer
NW	Nordrhein-Westfalen
o. A.	Ohne Angabe
o.E.	Ohne Erwerbszweck
OLS	Ordinary Least Squares
ÖPNV	Öffentlicher Personennahverkehr
REF	Referenzszenario
ROG	Raumordnungsgesetz
RP	Rheinland-Pfalz
SPD	Sozialdemokratische Partei Deutschlands
SS	Stadtstaaten
ST	Sachsen-Anhalt
SGB	Sozialgesetzbuch
SFG	Solidarpaktfortführungsgesetz
SH	Schleswig-Holstein
SIM	Social Insurance Model
SL	Saarland
SN	Sachsen
SRVwV	Allgemeine Verwaltungsvorschrift über das Rechnungswesen in der Sozialversicherung
StBA	Statistisches Bundesamt
SV	Sozialversicherungen
SVHV	Verordnung über das Haushaltswesen in der Sozialversicherung
SVR	Sachverständigenrat
Tab.	Tabelle
TH	Thüringen
ÜL	Übrige Länder
UMTS	Universal Mobile Telecommunications System
USt	Umsatzsteuer
UStEA	Umsatzsteuerergänzungsanteile
UStG	Umsatzsteuergesetz
USTGemAntV	Verordnung über die Festsetzung der Länderschlüsselzahlen und die Ermittlung der Schlüsselzahlen für die Aufteilung des Gemeindeanteils am Aufkommen der Umsatzsteuer nach § 5c des GemFinRG
VdK	Verband der Kriegsbeschädigten, Kriegshinterbliebenen und Sozialrentner Deutschlands
vgl.	Vergleich

VGR	Volkswirtschaftliche Gesamtrechnungen
VGRdL	Volkswirtschaftliche Gesamtrechnungen der Länder
v. H.	Von Hundert
WB	Wirtschaftsbereich
WZ	Wirtschaftszweig
ZDL	Zentrale Datenstelle der Landesfinanzminister
ZerlG	Zerlegungsgesetz

1. Einleitung

1.1 Problemstellung

Die Bundesrepublik Deutschland ist ein aus 16 Bundesländern bestehender föderaler Staat. Im gesamten Bundesgebiet gilt das Ziel der Schaffung und Wahrung „gleichwertiger Lebensverhältnisse“. Das betrifft u. a. die Bereiche der Infrastruktur, Wirtschaft und Kultur [§ 2 Abs. 2 Nr. 1 ROG].

Die Bundesländer unterscheiden sich in ihrer Wirtschaftsstruktur und Wirtschaftskraft sowie Einwohnerzahl und Bevölkerungsstrukturentwicklung. Die regionalen Ausgaben der öffentlichen Daseinsvorsorge und die Einnahmen divergieren von Bundesland zu Bundesland. Zur Finanzierung der öffentlichen Aufgaben erhalten wirtschaftlich schwache Bundesländer vom Bund als auch von wirtschaftlich stärkeren Bundesländern Zuweisungen (Finanzausgleich).

Der Länderfinanzausgleich regelt die finanziellen Beziehungen zwischen Bund und Ländern und der Länder untereinander. Das geltende Gesetz über den Länderfinanzausgleich tritt zum 31. Dezember 2019 außer Kraft. Damit muss eine neue gesetzliche Grundlage der föderalen Finanzbeziehungen geschaffen werden. Es ergibt sich die Chance, die Regelungen zwischen Bund und Ländern grundlegend neu zu ordnen, und den wirtschaftlichen und finanziellen Begebenheiten anzupassen.

Im Koalitionsvertrag haben sich die regierenden Parteien bereits darauf verständigt eine Kommission mit Vertretern aus Bund, Ländern und Kommunen einzurichten, die Vorschläge für eine „Reform des Länderfinanzausgleichs“ und der „Zukunft des Solidaritätszuschlags“ erarbeiten soll. Wichtige Kernpunkte sind die Sicherstellung der Finanzausstattung aller staatlichen Ebenen zur Erfüllung ihrer Aufgaben und die Einhaltung der Schuldenregeln [CDU/CSU/SPD 2013].

Eine Neuordnung der Finanzbeziehungen stellt alle Beteiligten vor eine große Herausforderung. Bund, Länder und Gemeinden starten in die Verhandlungen von unterschiedlichen Positionen. Innerhalb der Ländergesamtheit manifestieren sich teilweise immense Unterschiede. Einige Länder – z. B. Bayern und Hessen – beklagen die Ungerechtigkeit des Länderfinanzausgleichs [Normenkontrollantrag 2 BvF 1/13]; andere Länder sehen sich den zukünftigen Herausforderungen durch den demografischen Wandel finanziell nicht mehr gewachsen. Vorteile wollen nicht aufgegeben und Nachteile sollen reduziert bzw. ganz vermieden werden. Eine Vielzahl unterschiedlicher Interessen wird letztendlich in einem Kompromiss enden müssen, der die Mehrheit im Bundesrat und Bundestag findet.

Die Faktoren, die Ausgaben und Einnahmen des Staatshaushalts beeinflussen, sind vielfältig und für Bund, Länder, Gemeinden und Sozialversicherungen verschieden. Vor diesem Hintergrund erscheint eine strukturierte und tiefer gehende Analyse und Modellierung der Staatsfinanzen und der komplexen finanziellen Verflechtungen angebracht. Die Abbildung der Kausalzusammenhänge in einem Modell hilft mögliche Entwicklungsrichtungen sowie Stärke und Umfang unter gegebenen wirtschaftlichen und demografischen Rahmenbedingungen abzuschätzen.

Es existieren bereits verschiedene Ansätze zur quantitativen Modellierung des Staates. Diese unterscheiden sich hinsichtlich der Komplexität und Vollständigkeit der Abbildung des Staates und der Zahlungsströme innerhalb des Staatssektors als auch mit der makroökonomischen Umwelt. Oftmals werden nur Teilaspekte, z. B. der Einfluss der demografischen Entwicklung auf die Staatsausgaben insbesondere der Sozialversicherungen oder die gesetzlichen Regelungen des Länderfinanzausgleichs auf die Einnahmen des Bundes, der Länder und ihrer Gemeinden, betrachtet. Die vollständige und konsistente Integration des Staatssektors in den Wirtschaftskreislauf und die Abbildung der Transmissionsmechanismen und Wechselwirkungen ist nicht immer gegeben.

In Rahmen der vorliegenden Arbeit wurde ein integrierter Ansatz der Staatsmodellierung präferiert und umgesetzt. Der Sektor Staat wurde sowohl im Detail modelliert als auch in den gesamtwirtschaftlichen Kontext eingebettet, um die Zusammenhänge zwischen der Wirtschaft und der Staatsaktivität abzubilden.

Die Modellierung des Staatssektors umfasst im Einzelnen die Teilsektoren Bund, Länder, Gemeinden und Sozialversicherungen sowie die Ausgaben- und Einnahmeseite.

Die Aufgaben der Gebietskörperschaften und Sozialversicherungen sind gesetzlich vorgeschrieben und bestimmen die Ausgaben maßgeblich. Die Einnahmenverteilung innerhalb des Staates ist im Bund-Länder-Finanzausgleich beschrieben.

Ein wichtiger Einflussfaktor auf die Ausgabenhöhe ist die demografische Entwicklung. Der 12. Koordinierten Bevölkerungsvorausberechnung des Statistischen Bundesamts folgend werden in den nächsten Jahren weniger Menschen in Deutschland leben und gleichzeitig wird die Bevölkerung zunehmend älter werden. Die Ausgaben für die Sozialversicherungen (Renten-, Kranken- und Pflegeversicherung) werden steigen [SVR 2011, Enquête-Kommission 2002]. Gleichzeitig schrumpft der Anteil der erwerbsfähigen Bevölkerung, die im Rahmen ihrer Erwerbstätigkeit zum Wirtschaftswachstum beiträgt und Ausgaben über Sozialbeiträge und Steuern finanzieren kann. Der Altenquotient als Indikator für das Verhältnis von Beitragsempfängern und -zahlern steigt weiter an. Diese Entwicklung führt zu einem Ungleichgewicht zwischen den Einnahmen und Ausgaben der Sozialversicherungen. Um die finanziellen Belastungen der Beitragszahler in Grenzen zu halten, übernimmt der Bund einen Teil der Ausgaben der Sozialversicherungen.

Wird der Blick auf die Regionen Deutschlands gelenkt, werden Ausgaben- und Einnahmeunterschiede auch innerhalb einer Gebietskörperschaft sichtbar. Dabei sind wirtschaftliche und demografische Aspekte von Bedeutung. Die Bundesländer sind in Bezug auf beide Größen recht heterogen.

In den ostdeutschen Bundesländern ist der demografische Schrumpfungsprozess bereits vorangeschritten. In den meisten westdeutschen Bundesländern wird ein geringerer Bevölkerungsrückgang beobachtet, oder diese Länder konnten eine Bevölkerungszunahme u. a. durch die Binnenwanderung verzeichnen. Vom Alterungsprozess sind alle Regionen in Deutschland in unterschiedlichem Maße betroffen [BMI 2011].

Die Produktions- und Wertschöpfungsstruktur und die wirtschaftliche Dynamik sind in den Bundesländern recht unterschiedlich. Hessen hat beispielsweise einen ausgeprägten Dienstleistungssektor, insbesondere einen starken Bankensektor, während in Bremen und Hamburg bedingt auch durch die geografische Lage ein großer Anteil mit Handels- und Verkehrsdienstleistungen erwirtschaftet wird. Ein Großteil der Wertschöpfung wird in Baden-Württemberg, Bayern, dem Saarland und weitere Bundesländern im produzierenden Gewerbe erbracht.

Die regionalen Unterschiede in demografischer und ökonomischer Hinsicht beeinflussen die Steuereinnahmen der Länder- und Gemeindehaushalte. Die Konsumsteuereinnahmen sind in bevölkerungsreichen Bundesländern tendenziell höher. Andere Steuern reagieren stärker auf Konjunkturschwankungen wie die Gewerbesteuer oder sind von der Zahl der unselbstständig Beschäftigten und ihrem Einkommen abhängig wie z. B. die Lohnsteuer.

Die unterschiedliche Steuerkraft der Länder und ihrer Gemeinden wird in Deutschland einander angenähert. Das im Grundgesetz und Raumordnungsgesetz [Art. 72 GG, § 2 Abs. 2 Nr. 1 ROG] verankerte Ziel der „gleichwertigen Lebensverhältnisse" führt zu einem Steuereinnahmeausgleich, der im Finanzausgleichsgesetz festgelegt ist. Der Verteilungsschlüssel ist größtenteils durch die regionale Bevölkerungsverteilung gegeben. Dadurch soll gewährleistet werden, dass die Gebietskörperschaften ihre gesetzlich auferlegten Aufgaben wahrnehmen können und andererseits eine „gleichwertige" Versorgung der Bevölkerung mit öffentlichen Gütern sichergestellt ist.

Die vielen Faktoren, die die Höhe und Struktur der Einnahmen und Ausgaben der Staatshaushalte beeinflussen, die finanziellen Verflechtungen der Staatsebenen untereinander und die gegenseitige Beeinflussung der Staatsaktivität und der wirtschaftlichen Dynamik geben Gründe sowohl für eine umfassende und detaillierte Analyse des Staatssektors als auch die Einbindung des Staatssektors in den gesamtwirtschaftlichen Kontext. Daher wird die Staatsmodellierung mit dem Modell INFORGE/LÄNDER[1] verknüpft.

In diesem Modell wird das ökonomische Geschehen auf Bundesländerebene und für Deutschland insgesamt erfasst und die Zusammenhänge zwischen den Marktteilnehmern und ihr Verhalten abgebildet. Das INFORGE/LÄNDER-Modell wird als Simulationsmodell eingesetzt [Sonnenburg et al. 2015, An der Heiden et al. 2012]. Verschiedene Politikmaßnahmen können strukturiert analysiert und im Vergleich zu einem sogenannten Referenzszenario betrachtet werden.

Die Verknüpfung der Staatsmodellierung mit dem INFORGE/LÄNDER-Modell erlaubt nun zusätzliche Simulationen, die Änderungen z. B. im Länderfinanzausgleich betreffen. Die vollständige Abbildung des Untersuchungsgegenstandes und der Wirkungskanäle aller simulierter Politiken sind wichtig für die Simulationsrechnungen. Dieses Vorgehen bietet eine ganzheitliche Betrachtungsweise und verbessert

1 Das Modell INFORGE (INterindustry FORcasting Germany)/ LÄNDER ist ein makroökonomisches Prognose- und Simulationsmodell für Deutschland, dass eine Erweiterung der Modellierung auf Bundesländerebene umfasst [Ahlert et al. 2009].

die Diskussions- und Entscheidungsgrundlage im wirtschaftspolitischen Meinungsbildungsprozess.

1.2 Gang der Untersuchung

Im zweiten Kapitel werden die Gründe der dispersen Einnahmen und Ausgaben des Staatshaushaltes diskutiert. Neben der Darstellung der gesetzlich fixierten Aufgaben der Gebietskörperschaften und Sozialversicherungen und den daraus resultierenden finanziellen Belastungen werden die Einflussfaktoren auf das Steueraufkommen und die Einnahmen erläutert. Der Schwerpunkt der Darstellung liegt auf dem Länderfinanzausgleich.

Im dritten Kapitel werden die Anforderungen an die Modellierung des Staates definiert. Dazu werden bestehende Modellansätze diskutiert, um Vor- und Nachteile herauszuarbeiten und die Stärken in der eigenen Modellierung zu berücksichtigen.

Im vierten Kapitel wird die Erfassung des Staates in der Statistik dargestellt und die Grundlage für die quantitative Modellierung des Staatssektors und der staatlichen Aktivitäten gelegt.

In Kapitel fünf liegt der Schwerpunkt auf der Darstellung der Umsetzung der Modellierung des Staates. Dazu gehört die Dokumentation der Steuerschätzungen, der expliziten Einbindung von Bund, Ländern, Gemeinden und Sozialversicherungen in das Kontensystem der Volkswirtschaftlichen Gesamtrechnungen, der Integration der Finanzstatistik und der Implementierung des Länderfinanzausgleichs[2].

In Kapitel 6 werden kurz die Eigenschaften des makroökonomischen INFORGE/LÄNDER-Modells und die Anknüpfungspunkte zur Staatsmodellierung beschrieben. Das INFORGE/LÄNDER-Modell liefert die gesamtwirtschaftlichen und demografischen Impulse, die Einfluss auf die Einnahmen und Ausgaben des Staates haben.

Aufgrund des starken empirischen Bezugs dieser Arbeit und des umfassenden Datenbankerstellungs- und Modellerweiterungsprozesses wird im siebten Kapitel das Modell kurz aus technischer Sicht sowie die Nutzungs- und Auswertungsmöglichkeiten dargestellt.

Das achte Kapitel beschreibt die Ergebnisse des Referenzszenarios, das als Basis für die vergleichende Auswertung und Beurteilung von Alternativszenarien dient. Es sieht keine Änderung des seit 2005 gültigen Länderfinanzausgleichs vor und unterstellt die demografische Entwicklung der Variante 1W-1 der 12. Koordinierten Bevölkerungsvorausberechnung des Statistischen Bundesamts. Die Ergebnisse werden jährlich bis zum Jahr 2020 ausgewertet.

Im neunten Kapitel werden ausgewählte Szenarien und ihre Ergebnisse vorgestellt. Für jedes Szenario werden die Annahmen präsentiert und die Ergebnisse diskutiert. Die gerechneten und ausgewerteten Szenarien, die in dieser Arbeit dokumentiert werden, umfassen ein Szenario, das die Abschaffung des Solidaritätszuschlags mit

2 Die Modellierung des Finanzausgleichs bezieht sich auf das Finanzausgleichsgesetz vom 15. Juli 2013.

und ohne Gegenfinanzierung zum Gegenstand hat sowie drei weitere Szenarien, die sich mit Änderungen im Länderfinanzausgleich beschäftigen. Das erste Szenario hat die Folgen einer geänderten Lohnsteuerzerlegung im Fokus. Das zweite Szenario diskutiert die Wirkungen einer Abschaffung der Umsatzsteuerergänzungsanteile. In einer weiteren Simulation werden die Effekte einer Abschaffung der Einwohnerveredelung berechnet und analysiert.

Alle Szenarien werden im Vergleich zum Referenzszenario dargestellt und beurteilt. Unterschiede in den Ergebnissen können auf unterschiedliche exogen getroffene Annahmen in den Szenarien und ihre modellendogen abgebildeten Zusammenhänge und deren Auswirkungen zurückgeführt werden.

Die Arbeit schließt mit dem zehnten Kapitel, das weiteren Forschungsbedarf aufzeigt.

1.3 Ergebnisse

Die finanzielle Lage der öffentlichen Haushalte wird von vielen Faktoren beeinflusst. Neben dem demografischen Wandel und der wirtschaftlichen Entwicklung nehmen die finanziellen Verflechtungen innerhalb des Staatssektors eine wichtige Rolle vor allem bei der regionalen Betrachtung ein.

Je nach Forschungsgegenstand wird häufig nur ein Ausschnitt des Sektors Staat und seiner Tätigkeit betrachtet (siehe Kapitel 3). Bei der Analyse der demografischen Entwicklung auf die Einnahmen und Ausgaben des Staates wird das Augenmerk insbesondere auf die Sozialversicherungen gelegt. In der Diskussion um die Neuordnung des Länderfinanzausgleichs stehen die Verteilungswirkungen insbesondere auf Länderebene im Vordergrund.

In dieser Arbeit wurde der Sektor Staat umfassend modelliert (siehe Kapitel 5). Das bezieht sich einerseits auf die Modellierung der staatlichen Teilsektoren (Bund, Länder, Gemeinden und Sozialversicherungen) sowie die Abbildung der Länder- und Gemeindehaushalte auch auf Bundesländerebene und andererseits auf die Transaktionen zwischen Staat, Wirtschaft und Gesellschaft als auch der Gebietskörperschaften untereinander.

Das Staatsmodul wurde an das makroökonomische Modell INFORGE/ LÄNDER gekoppelt (siehe Abschnitt 6.2 und 6.3). Das Modell projiziert die ökonomische Entwicklung für Deutschland und die 16 Bundesländer unter Berücksichtigung der demografischen Entwicklung der 12. Koordinierten Bevölkerungsfortschreibung. Damit sind wichtige Anknüpfungspunkte zwischen dem Staat, der Bevölkerungs(struktur)entwicklung und der Ökonomie erfasst. An relevanten Punkten wurde das INFORGE/LÄNDER-Modell angepasst und erweitert, um die konsistente Einbindung der Haushalte von Bund, Ländern, Gemeinden und Sozialversicherungen zu gewährleisten.

Die detaillierte Modellierung des Sektors Staat stellt hohe Datenerfordernisse. Die erstellte Datenbank umfasst:

- die Einnahmen- und Ausgabenpositionen für Bund, Länder, Gemeinden und Sozialversicherungen nach dem Konzept der VGR ab dem Jahr 1991,
- die Einnahmen- und Ausgabenpositionen für Bund, 16 Bundesländer und ihre Gemeinden und Sozialversicherungen in Abgrenzung der Finanzstatistik ab dem Jahr 1992,
- die kassenmäßigen Steuereinnahmen des Bundes, der Bundesländer und der Gemeinden ab dem Jahr 1991 und
- die Abrechnungsergebnisse des Länderfinanzausgleichs seit dem Jahr 1991.

Ausgehend von einer Analyse der Vorgehensweise in ausgewählten Modellen, die verschiedene Einflussfaktoren auf das Staatsbudget untersuchen, wurden die Zusammenhänge zwischen Demografie, Ökonomie und Länderfinanzausgleich soweit wie möglich abgebildet und die Einnahmen und Ausgaben bis zum Jahr 2020 fortgeschrieben.

In der vorliegenden Arbeit wurden erstmals die Einnahmen- und Ausgabenkomponenten des Haushalts des Bundes, der Länder und Gemeinden sowie der Sozialversicherungen im Rahmen des Kontensystems der VGR für Deutschland modelliert. Die Regionalisierung der Länder- und Gemeindehaushalte erfolgte in der Abgrenzung der Finanzstatistik. Zur Abbildung der Finanzströme innerhalb des Staatssektors wurde zusätzlich der Länderfinanzausgleich[3] abgebildet. Die Modellierung des Staatssektors wurde in das INFORGE/LÄNDER-Modell integriert. Damit ist es möglich, die Einnahmen und Ausgaben des Staatssektors an die wirtschaftliche und demografische Entwicklung in Deutschland und den 16 Bundesländern zu koppeln.

Mit der Erweiterung des Modellsystems wurde ein Instrument geschaffen, dass es ermöglicht, Wirkungsanalysen im Sinne von „was wäre wenn" durchzuführen. Beispiele solcher Simulationsrechnungen sind Szenarien, die z. B. den Einfluss der Bevölkerungsentwicklung auf den Länderfinanzausgleich abbilden, Änderungen im Länderfinanzausgleich oder Steuersatzänderungen erfassen können und den Einfluss auf die Haushalte der Gebietskörperschaften darstellen.

Die im Rahmen dieser Arbeit vorgestellten Ergebnisse der Szenarien stellen eine Auswahl dar. Die Änderung des Solidaritätszuschlagssatzes zeigt stellvertretend für andere Steuerarten die Möglichkeit Steuersätze anzupassen und die Auswirkungen auf Wirtschaft und Finanzierungssituation der Gebietskörperschaften abzubilden. Die Zerlegung der Lohnsteuer nach abweichenden Prinzipien vom status quo des Länderfinanzausgleichs (z. B. nach der Anzahl der Beschäftigten), die Abschaffung der Umsatzsteuerergänzungsanteile und die Integration des Solidaritätszuschlags in die Einkommensteuern dokumentieren die Eignung und den flexiblen Einsatz des Simulationsmodells, Variationen des bislang gültigen Länderfinanzausgleichs zu rechnen sowie die direkten und indirekten Einflüsse im gesamtwirtschaftlichen Kontext auf die Einnahmesituation der Gebietskörperschaften abzubilden.

Umfangreiche Auswertungen vervollständigen die Ergebnisanalyse. Zusätzlich entwickelte Auswertungswerkzeuge helfen bei der strukturierten Analyse der

---

3 Der kommunale Finanzausgleich wird im Rahmen der vorliegenden Arbeit nicht berücksichtigt.

Ergebnisse. Für jede Simulation können die Ergebnisse schnell aktualisiert und verglichen werden. Wichtige Auswertungen sind die kassenmäßigen Steuereinnahmen des Bundes, der Länder und der Gemeinden vor und nach der Steuerverteilung, die Abrechnungsergebnisse des Länderfinanzausgleichs, die Einnahmen, Ausgaben und Finanzierungssalden der öffentlichen Haushalte lt. Finanzstatistik als auch im Kontensystem der VGR.

Die dokumentierten Simulationsrechnungen zeigen, dass die Einbettung einer differenzierten Staatsmodellierung in den gesamtwirtschaftlichen Kontext nicht nur die Umverteilungsmechanismen innerhalb des Staatssektors aufgezeigt werden können, sondern auch die Effekte auf andere Akteure. Gleichzeitig werden die Einflüsse der gesamtwirtschaftlichen und demografischen Entwicklung auf Einnahmen und Ausgaben des Staates erfasst und lassen Rückschlüsse auf die Entwicklung des Finanzierungssaldo zu.

Bei einer *Abschaffung des Solidaritätszuschlags* werden die Einkommensteuerzahler um bis zu 17 Mrd. € im Jahr 2020 entlastet. Der Einkommenseffekt löst Wachstums- und Beschäftigungsimpulse aus. Das Steueraufkommen und die Sozialversicherungsbeiträge erhöhen sich. Länder, Gemeinden und Sozialversicherungen würden von der Abschaffung des Solidaritätsbeitrages profitieren.

Das zusätzliche Güter- und Einkommensteueraufkommen entsteht vor allem in den wirtschaftskraftstärkeren und bevölkerungsreichen Bundesländern. Die regionalen Unterschiede in der Steuerkraft vergrößern sich daher weiter. Der Länderfinanzausgleich zielt auf einen Einnahmeausgleich ab. Die Regelungen führen dazu, dass das Umverteilungsvolumen im Länderfinanzausgleich ansteigt. Letztendlich profitieren aber alle Bundesländer von den höheren Steuereinnahmen, da das Steueraufkommen höher ist.

Dem Bund entgehen mit der Abschaffung des Solidaritätszuschlags Steuereinnahmen von bis zu 17 Mrd. € im Jahr 2020. Der Zuwachs am Einkommensteueraufkommen kann diesen Rückgang bei weitem nicht kompensieren. Ohne eine Anpassung der Ausgaben des Bundes würde sich der Finanzierungssaldo des Bundes um 16 Mrd. € verschlechtern.

Eine *Integration des Solidaritätszuschlags in die Einkommensteuern* ist für die Steuerzahler keine zusätzliche Belastung. Die Umverteilung der Steuereinnahmen zwischen Bund, Ländern und Gemeinden hat keine gesamtwirtschaftlichen Wirkungen. Es wird unterstellt, dass die zusätzlichen Einnahmen für Länder und Gemeinden nicht konsumtiv oder investiv verausgabt, sondern zur Schuldentilgung verwendet werden.

Für den Steuerhaushalt des Bundes sind die Folgen weniger negativ als bei einer vollständigen Abschaffung des Solidaritätszuschlags. Der Finanzierungssaldo verschlechtert sich um zehn Milliarden Euro. Die Länder und Gemeinden haben um ca. sechs Milliarden Euro bzw. 4,7 Mrd. € höhere Steuereinnahmen als bei einer vollständigen Abschaffung des Solidaritätszuschlags.

Mit der Integration des Solidaritätszuschlags in die Einkommensteuern sind Umverteilungseffekte verbunden. Das zusätzliche Einkommensteueraufkommen konzentriert sich auf die Regionen, die einkommensteuerstark sind. Das verstärkt bereits bestehende Steuerkraftunterschiede. Das Umverteilungsvolumen steigt im Länderfinanzausgleich an. Bei der Verteilung der Umsatzsteuer zeigt sich, dass zunächst bevölkerungsreiche Bundesländer Umsatzsteuereinnahmen verlieren. Im Unterschied zum Szenario „Abschaffung des Solidaritätszuschlags" wird kein zusätzliches Umsatzsteueraufkommen generiert. Die höheren Umsatzsteuerergänzungsanteile für steuerkraftschwache Bundesländer reduzieren die Umsatzsteuer, die pro Kopf verteilt wird.

Auf den nachfolgenden Stufen des Länderfinanzausgleichs stehen durch die Beteiligung der Länder (42,5 %) und Gemeinden (15 %) am Solidaritätszuschlag mehr Steuereinnahmen zur Verteilung zur Verfügung. Im Ergebnis können alle Bundesländer von der Integration des Solidaritätszuschlags in die Einkommensteuern profitieren.

Weitere Szenariorechnungen analysieren die Auswirkungen einzelner Reformoptionen des Länderfinanzausgleichs. Eine *Abkehr von der wohnsitzorientierten Lohnsteuerzerlegung* setzt auf der ersten Stufe der Steuerumverteilung an. Die Lohnsteuer wird nicht nach dem Wohnort verteilt, sondern nach der regionalen Verteilung der Arbeitnehmer. Regionen mit hoher Beschäftigungsintensität erhalten demnach mehr Einnahmen aus der Lohnsteuer. Länder, die einen höheren Arbeitnehmeranteil als Einwohneranteil aufweisen, können von dieser Regelung profitieren.

Der Verteilungsmechanismus des Länderfinanzausgleichs führt auf den nachfolgenden Ausgleichsstufen zu weiteren Anpassungen. Von der neuen Lohnsteuerverteilung profitieren sonst einkommensteuerschwache Länder mehr als bevölkerungsreiche Länder wie Bayern, Hessen und Baden-Württemberg. Infolgedessen reduziert sich das Umverteilungsvolumen im Länderfinanzausgleich, da sich steuerkraftstarke und -schwache Länder annähern.

Die Finanzierungssalden der Länder und Gemeinden sind in unterschiedlichem Ausmaß von den Anpassungen berührt. Der Gemeindeanteil am Einkommensteueraufkommen ist an die Einkommensteuereinnahmen des Landes gekoppelt. Verliert oder gewinnt ein Bundesland durch das angepasste Zerlegungsprinzip, werden die Gemeinden zu 15 % daran beteiligt. Alle anderen Umverteilungseffekte haben keinen Einfluss auf die Steuereinnahmen der Gemeinden. Kompensatorische Effekte auf nachgelagerten Stufen des Länderfinanzausgleichs greifen auf Gemeindeebene nicht.

Der Bund kann von der höheren Finanzkraft der Länder profitieren. Die Bundesergänzungszuweisungen sinken und damit auch die Ausgaben des Bundes. In gleicher Höhe sinken die Einnahmen der Ländergesamtheit. Für die Gesamtheit der Gemeinden und der Sozialversicherungen verändert sich gegenüber dem status quo der Lohnsteuerverteilung nichts.

Die *Abschaffung der Umsatzsteuerergänzungsanteile* zielt darauf ab, den Länderfinanzausgleich transparenter zu gestalten und die Ausgleichsmechanismen zu vereinheitlichen. Die Umsatzsteuerverteilung erfolgt wie der Länderfinanzausgleich i. e. S. pro Kopf. Für Stadtstaaten und dünn besiedelte Flächenländer wird davon ausgegangen, dass der Bedarf höher ist als für andere Länder und daher die Einwohnerzahl künstlich erhöht (Einwohnerveredelung). Bevölkerungsreiche

Bundesländer profitieren von der vollständigen Verteilung der Umsatzsteuereinnahmen nach Einwohnern.

Mit der Abschaffung der Umsatzsteuerergänzungsanteile verringert sich das gesamte Umverteilungsvolumen des Länderfinanzausgleichs um acht Milliarden Euro. Allerdings muss der Bund mehr Ergänzungszuweisungen an die Länder vergeben, die als leistungsschwach im Sinne des § 11 FAG gelten. Die Ländergesamtheit profitiert in gleicher Höhe von den zusätzlichen Einnahmen. Für die Gesamtheit der Gemeinen und die Sozialversicherungen gibt es gegenüber dem status quo keine Veränderungen.

Die *Abschaffung der Einwohnerveredelung bei der Verteilung des Umsatzsteueraufkommens und im Länderfinanzausgleich i. e. S.* führt bei den Stadtstaaten zu Steuereinnahmeverlusten. Der Finanzbedarf der Stadtstaaten wird nicht mehr künstlich erhöht, und damit sinken die Zuweisungen im Rahmen des Finanzausgleichs für die Stadtstaaten. Die übrigen Bundesländer erhalten dadurch höhere Steuereinnahmen. Der Bund profitiert von den geänderten Ausgleichsansprüchen durch niedrigere Bundesergänzungszuweisungen an leistungsschwache Bundesländer. Auf die Haushalte der Gemeinden und Sozialversicherungen hat die Abschaffung der Einwohnerveredelung keinen Einfluss.

Ein vollständige Abschaffung der Einwohnerveredelung ist bei zunehmenden Ausgabendruck nicht unbedingt zielführend. Eine Anpassung an die Bedarfe der Länder sollte überdacht werden. Der demografische Wandel führt in vielen Ländern dazu, dass die Einwohnerzahl schrumpft und Kostenremanenzen entstehen. Altersstruktureffekte können die Einnahmen und Ausgaben der Haushalte stärker belasten. Die Integration eines Demografiefaktors könnte den Ländern Zeit zur Anpassung verschaffen. Welche Bedarfe in der Einwohnerveredelung Berücksichtigung finden könnten, muss im politischen Prozess diskutiert werden.

Das hier genutzte Simulationsmodell kann verschiedene Szenarien kombinieren, berechnen und Ergebnisse vergleichen. Damit kann dieses Modell als Instrument zur Entscheidungsvorbereitung eingesetzt werden.

2. Der Staat in föderalistischen Systemen

Der Staat definiert sich nach der Drei-Elemente-Lehre von Georg Jellinek aus einem abgegrenzten Territorium, dem dort ansässigen Staatsvolk und der herrschenden Staatsgewalt [Jellinik 1929, S. 183]. In Deutschland geht die Staatsgewalt vom deutschen Volk aus [Art. 20 Abs. 2 GG]. Die Bundesrepublik Deutschland ist ein demokratischer und sozialer Bundesstaat [Art. 20 Abs. 1 GG], der föderal – aus dem Bund und den 16 Bundesländern – aufgebaut ist.

Der Föderalismus ist durch eine Verbindung von Einheiten kennzeichnet, die über eine gewisse Eigenständigkeit verfügen, aber zu einer übergeordneten Gesamtheit zusammengeschlossen sind. In föderal aufgebauten Staaten (z. B. Deutschland, Österreich) ist die Staatsgewalt zwischen den politischen Ebenen aufgeteilt, „wobei jede Ebene [...] über eigene, in Kernbereichen nicht übertragbare Kompetenzen und über eine eigene, unterschiedlich ausgestattete Finanzhoheit verfügt" [Schmuck 2000, S. 214].

Dem Föderalismus liegt die Idee zugrunde, dass kleine Selbstverwaltungseinheiten besser auf lokale und individuelle Präferenzen der heterogen zusammengesetzten Bevölkerung eingehen können. Somit können durch dezentrale Strukturen die Bedürfnisse der Bevölkerung besser berücksichtigt und die Bereitstellung öffentlicher Güter besser abgestimmt werden.

Zentrale Kriterien[4] der Theorie des Fiskalföderalismus sind das Subsidiaritätsprinzip, das Prinzip der fiskalischen Äquivalenz und das Konnexitätsprinzip.

Der Grundgedanke des *Subsidiaritätsprinzips* besagt, dass untergeordnete föderale Glieder ihre Aufgaben vorrangig selbstständig lösen und übergeordnete Glieder nur unterstützend tätig werden. Damit soll ein bessere Übereinstimmung der Präferenzen der Bevölkerung und der Aufgabenerfüllung erreicht werden [Breton 1974, S. 115].

Das *fiskalische Äquivalenzprinzip* resultiert aus der Nichtteilbarkeit öffentlicher Güter. Negative externe Effekte (z. B. Schadstoffemissionen) oder positive (z. B. Vorhandensein einer Bildungseinrichtung) sind die Folge. Je weiträumiger die spillover-Effekte[5] sind, umso eher bietet sich eine Leistungserstellung auf höherer Ebene an [Buchanan/Flowers 1980, Brümmerhoff 2001]. Angestrebt wird eine möglichst große Übereinstimmung vom Wirkungsbereich einer Maßnahme und der zuständigen und damit zahlenden Körperschaft. Diese Übereinstimmung von Kosten, Nutzen und Zuständigkeiten nennt Olsen „fiskalische Äquivalenz" [Olsen 1969, S. 479 ff.].

Die Wirkungsbereiche öffentlicher Güter reichen von lokalen, regionalen, nationalen bis zu internationalen öffentlichen Gütern. Kindergärten zählen beispielsweise zu den *lokalen öffentlichen Gütern* und haben nur geringe spillover-Effekte, so dass

4 Kriterien nach Breton 1965, S. 521 ff. und Olsen 1969, S. 479 ff.

5 Spillover-Effekte bezeichnen die Ausweitung eines Effekts über den definierten Zielbereich hinaus [u. a. Frey/Brugger 1984].

hauptsächlich den Gemeinden die Aufgabe und damit auch die Finanzierung[6] obliegt. Das Bildungswesen als *öffentliches regionales Gut* wird überwiegend von den mittleren staatlichen Ebenen (Bundesländer) finanziert [Andel 1998, S. 507]. Aus dem Bildungsfinanzbericht 2013 geht hervor, dass an den gesamten Bildungsausgaben in Höhe von ca. 173 Mrd. € (2010) der Bund mit ca. 13 %, die Ländergesamtheit mit ca. 52 % und die Gemeinden mit ca. 15 % beteiligt waren [Hetmeier/Vogel 2014, S. 29]. Die übrigen 20 % der Bildungsausgaben werden vom privaten Bereich (inkl. Ausland) getätigt. *Nationale öffentliche Güter* (innere und äußere Sicherheit) werden von der obersten staatlichen Ebene (Bund) zur Verfügung gestellt.

Das *Konnexitätsprinzip* [Art. 104 a Abs. 1 GG] fordert die Übereinstimmung von Entscheidungsträgern, Nutzern und Zahlern [Oates 1972, S. 33 ff., Breton 1965, S. 175 ff.]. Ist die Übereinstimmung nicht gegeben und tragen die Entscheidung überwiegend die Nutzer einer Leistung, wird das Leistungsangebot tendenziell stärker ausgeweitet, da sie nicht gleichermaßen zur Finanzierung beitragen müssen. Sind demgegenüber die Zahler bei der Entscheidungsfindung dominant, wird das Budget tendenziell geringer veranschlagt.

Bei bestmöglicher Umsetzung der drei Prinzipien werden verbleibende Disparitäten auf ein Mindestmaß zurückgeführt und die Anforderungen an das *Finanzausgleichsprinzip* gehen zurück [Hausner 2003, S. 20]. Grundsätzlich sorgt der Finanzausgleich dafür, dass die staatlichen Ebenen in der Lage sind, ihren Bürgern eine über alle Bundesländer und Gemeinden hinweg gleich bleibende Versorgung mit öffentlichen Leistungen zu gewährleisten. Der Finanzbedarf und die Finanzkraft wird über die Umverteilung mehr oder weniger stark angeglichen.

Die in der Verfassung festgelegte Staatsstruktur soll dazu dienen, die individuellen Präferenzen der Staatsbürger besser zu berücksichtigen, aber auch das Machtgefüge ausgeglichen zu halten. Politische Kompetenzen werden aufgeteilt und gleichzeitig politische Selbstständigkeit gewahrt. Grundsätzlich verfügen die Bundesländer über eine gewisse Eigenständigkeit. Bedingt durch den Grundsatz der „Gleichwertigkeit der Lebensverhältnisse" ist die Aufgaben- und Finanzmittelverteilung zwischen Bund und Ländern verwoben. Besonders kommt dies in den Gemeinschaftsaufgaben zum Tragen.

Die Verteilung der Aufgaben bzw. Ausgaben und der Einnahmen wird in Abschnitt 2.1 und 2.2 näher beschrieben.

2.1 Verteilung der Aufgaben und Ausgaben

Die Verfassung der Bundesrepublik Deutschland ist im Grundgesetz (beschlossen am 8. Mai 1949) verankert und stellt die Grundlage der freiheitlich-demokratischen Gesellschaft Deutschlands dar. Die Bundesrepublik ist gekennzeichnet durch eine

6 Neben den Gemeinden werden auch die Länder, die Jugendämter und die Eltern an den Kosten beteiligt [§ 90 SGB VIII].

horizontale *und eine vertikale Gewaltenteilung*[7], *welche den Staat in den Bund und seine Gliederstaaten (Länder und Gemeinden) aufteilt. Das föderale System ist im Grundgesetz Art. 79* Abs. 3 („Ewigkeitsklausel") als unveränderlich angelegt. Diese Festlegung resultiert aus den Erfahrungen und Konsequenzen, die aus der Zeit des zentral organisierten dritten Reiches gezogen wurden. „Das Bundesgebiet kann [aber] neu gegliedert werden, um zu gewährleisten, dass die Länder nach Größe und Leistungsfähigkeit die Ihnen obliegenden Aufgaben wirksam erfüllen können" [Art. 29 GG].[8]

Mit dem dreistufigen Staatsaufbau wird eine Aufteilung der staatlichen Macht und gegenseitige Kontrolle erreicht. Aufgrund der föderalen Struktur ist eine klare Zuordnung der Aufgaben auf die staatlichen Ebenen ebenso notwendig wie die finanzielle Ausstattung zur Erfüllung der vereinbarten Aufgabenverteilung. Die Gebietskörperschaften müssen finanziell in die Lage versetzt werden, die ihnen übertragenen Aufgaben zu erfüllen [BT-Drucks. 14/5951 vom 7.5.2001]. Die Erfüllung staatlicher Aufgaben obliegt grundsätzlich den Ländern[9] [Art. 30 GG].

Die *Gesetzgebungskompetenzen* werden über die ausschließliche oder konkurrierende Gesetzgebung festgelegt [Art. 70 Abs. 2 GG]. Dem Bund *ausschließlich* obliegen die Gesetzgebungsbefugnisse lt. Art. 73 Abs. 1 GG u. a. in den Bereichen der auswärtigen Angelegenheiten [Satz 1], die Abwehr von Gefahren des internationalen Terrorismus [Satz 9 a] und der Erzeugung und Nutzung von Kernenergie [Satz 14] etc. und lt. Art. 105 Satz 1 GG über die Zölle und Finanzmonopole. Die Länder besitzen die ausschließliche Gesetzgebungskompetenz z. B. für die Festlegung des Grunderwerbsteuersatzes [Art. 105 Abs. 2 a GG] und die Gemeinden für die Hebesätze der Gewerbesteuer und Grundsteuern [Art. 106 Abs. 6 GG].

Im Bereich der *konkurrierenden* Gesetzgebung haben die Länder die legislative Gewalt, solange der Bund von seiner Gesetzgebungszuständigkeit keinen Gebrauch macht [Art. 72 Satz 1 GG]. Die konkurrierende Gesetzgebung erstreckt sich lt. Art. 74 Abs. 1 GG u. a. auf die öffentliche Fürsorge, das Arbeitsrecht und die Raumordnung. Im Bereich der Steuergesetzgebung hat der Bund ebenfalls konkurrierende Gesetzgebungsmöglichkeiten, wenn ihm das Steueraufkommen ganz oder zum Teil zugeht [Art. 105 Abs. 2 GG]. Betreffen die Bundesgesetze Steuern, die den Ländern oder den Gemeinden ganz oder zum Teil zugehen, ist die Zustimmung des Bundesrates erforderlich [Art. 105 Abs. 3 GG].

Bis 2006 gestaltete der Bund in der sogenannten „Rahmengesetzgebung" die äußeren Bedingungen; die Länder konnten innerhalb dieses Rahmens abweichende Regelungen treffen. Das führte zu starken politischen Verflechtungen und vielen

---

7 Demokratisch verfasste Gemeinwesen werden durch die Trennung der Legislative, Exekutive und Judikative gekennzeichnet. Das Prinzip der Gewaltenteilung hat Ihren Ursprung in der Staatstheorie von Locke und Montesquieu.

8 Die Wirkung auf die Leistungsfähigkeit, Aufgabenerfüllung und die Höhe der Finanzausgleichszahlungen bei einer Neugliederung des Bundesgebiets wird beispielsweise von Mathes 2006 untersucht.

9 Die Gemeinden gelten im Rahmen der Finanzverfassung Art. 106 GG als Bestandteil der Bundesländer.

zustimmungspflichtigen Gesetzen, welche die Handlungs- und Entscheidungsfähigkeit einschränkten.

Mit dem Inkrafttreten der Föderalismusreform 2006 kam es in diesem Bereich zu Änderungen. Die Rahmengesetzgebung des Bundes [Art. 75 GG] wurde abgeschafft und die Gesetzgebungszuständigkeiten neu abgegrenzt [BMF 2014 a, S. 10, Graf 2007, S. 12]. Die Zustimmungspflicht der Länder wurde deutlich eingeschränkt, um das Gesetzgebungsverfahren zu beschleunigen.

Die Neuregelung des Art. 72 GG im Rahmen der Föderalismusreform führte zu einer Aufteilung der konkurrierenden Gesetzgebung in drei Kategorien [Graf 2007, S. 12 ff.]:

- ohne Erforderlichkeitsprüfung[10] (alle Gebiete, die in Art. 74 Abs. 1 GG genannt sind, aber nicht in Art. 72 Abs. 2 GG, z. B. Straf- und Arbeitsrecht),
- ohne Erforderlichkeitsprüfung, aber Abweichungsrecht der Länder (z. B. Hochschulzulassung und -abschlüsse, Teilbereiche des Umweltrechts, Raumordnung Art. 72 Abs. 3 GG),
- mit Erforderlichkeitsprüfung (gemäß Art. 72 Abs. 2 GG, z. B. öffentliche Fürsorge, Straßenverkehr).

Für die Gebiete des Art. 74 Abs. 1 Nr. 4, 7, 11, 13, 15, 19 a, 20, 22, 25 und 26 ist eine Erforderlichkeitsprüfung unumgänglich. Insofern die Erforderlichkeitsprüfung ergibt, dass zur „Herstellung gleichwertiger Lebensverhältnisse im Bundesgebiet oder die Wahrung der Rechts- oder Wirtschaftseinheit im gesamtstaatlichen Interesse“ eine bundesgesetzliche Regelung erforderlich ist, steht dem Bund das Gesetzgebungsrecht zu [Art. 72 Abs. 2 GG]. Für alle anderen Gebiete des Art. 74 Abs. 1 GG und Art. 72 Abs. 3 GG hat der Bund auch das Gesetzgebungsrecht. Insgesamt lässt sich feststellen, dass der Bund weitestgehend für die Gesetzgebungszuständigkeiten verantwortlich ist.

Die *Verwaltungskompetenzen* obliegen demgegenüber überwiegend den Ländern, unabhängig davon, ob es Landes- oder Bundesgesetze betrifft [Art. 83 GG]. Die Länder handeln beispielsweise bei Steuern, die dem Bund ganz oder teilweise zustehen, im Auftrag des Bundes [Art. 108 Abs. 3 GG]. Der Bundesverwaltung unterliegen im Bereich der Steuern die Zölle und Finanzmonopole als auch die Verbrauchsteuern sowie seit Juli 2009 die Kraftfahrzeugsteuer [Art. 108 Abs. 1 GG].

Die *Verteilung der Finanzierungslasten* erfolgt nach Art. 104 a Abs. 1 und 2 GG. Bund und Länder tragen die Ausgaben, die ihnen aufgrund ihrer Aufgabenverteilung i. S. d. Verwaltungskompetenz entstehen (Lastenverteilungsgrundsatz). Ausnahmen ergeben sich aufgrund der gesamtstaatlichen und gesamtwirtschaftlichen Verantwortung des Bundes [Art. 104 b GG].

In Aufgabenbereichen, welche die Verbesserung der Lebensverhältnisse betreffen, räumt das Grundgesetz dem Bund Kompetenzen zur Mitfinanzierung von Länderaufgaben ein. Diese sogenannten *Gemeinschaftsausgaben* umfassen die „Verbesserung

10 Mit der Erforderlichkeitsprüfung wird geprüft, ob der Bund im Rahmen der konkurrierenden Gesetzgebung die Gesetzgebung wahrnehmen muss, um die „Gleichwertigkeit der Lebensverhältnisse“ zu schützen bzw. herzustellen. In diesem konkreten Fall wird die Erforderlichkeit als gegeben unterstellt [Graf 2007, S. 14].

der regionalen Wirtschaftsstruktur" und die „Verbesserung der Agrarstruktur und des Küstenschutzes" [Art. 91 a, Abs. 1 GG]. Die Finanzierungsanteile für die Gemeinschaftsaufgabe „Ausbau und Neubau von Hochschulen einschließlich der Hochschulkliniken" wurden im Zuge der Föderalismusreform abgeschafft [Lachmuth/Georgii/Borhanian 2006, S. 13 f.]. Die Länder erhalten dafür während der Übergangsfrist vom 1. Januar 2007 bis 31. Dezember 2019 Festbeträge aus dem Bundeshaushalt [Art. 143 c Abs. 1 GG].

Auch in Aufgabenbereichen mit überregionaler Bedeutung können Bund und Länder zusammenarbeiten. Das betrifft die Bildungsplanung und Forschungsförderung [Art. 91 b GG], den Einsatz von Informationstechnik zur Effizienzsteigerung in der Verwaltung [Art. 91 c GG, BMF 2014 a, S. 12] und die Zusammenarbeit bei der Grundsicherung für Arbeitssuchende [Art. 91 e GG]. Die Übernahme der Kosten wird in den jeweiligen Vereinbarungen geregelt. Im letzteren Fall übernimmt der Bund die notwendigen Ausgaben [Art. 91 e GG Abs. 2].

Der Bund kann zusätzlich über *Finanzhilfen* Mittel für Investitionen zur Verfügung stellen [Art. 104 b GG]. Finanzhilfen dürfen nur befristet gewährt werden und nur dann, wenn die Investitionen nötig sind, um eine Störung des gesamtwirtschaftlichen Gleichgewichts abzuwehren, die unterschiedliche regionale Wirtschaftskraft auszugleichen oder das Wirtschaftswachstum zu fördern [Art. 104 b Abs. 1]. Mit Finanzhilfen werden z. B. der Städtebau gefördert, die Schieneninfrastruktur des ÖPNV und der Ausbau der Kinderbetreuung unterstützt [KitaFinHG].

Durch die Regelung in Art. 104 a Abs. 3 GG (*Geldleistungsgesetze*) entsteht eine weitere Ausnahme vom Lastenverteilungsgrundsatz. Gewährt der Bund im Rahmen seiner Gesetzgebungskompetenz privaten Personen Geldleistungen, sieht die Verfassung die Möglichkeit vor, den Bund an den Ausgaben zu beteiligen. Beispiele für die Beteiligung des Bundes bei Geldleistungsgesetzen sind [BMF 2014 a, S. 14 f.]:

- Elterngeld (100 % Bund),
- Bundesbeteiligung an Leistungen für Unterkunft und Heizung (Ø 28,2 % Bund im Jahr 2015),
- Bundesbeteiligung an der Grundsicherung im Alter und bei Erwerbsminderung (bis 2011 15 %, 2012 45 %, 2013 75 %, ab 2014 100 %)
- BAföG (65 % Bund, 35 % Länder)[11],
- Wohngeld (50 % jeweils Bund und Länder).

Weitere Ausnahmen vom Lastenverteilungsgrundsatz entstehen, wenn die Länder im Auftrag des Bundes (*Bundesauftragsverwaltung*) handeln. Beispiele sind die Verwaltung von Bundesautobahnen und sonstigen Bundesstraßen nach Art. 90 Abs. 2 GG. Dann übernimmt der Bund die Ausgaben vollständig [Art. 104 a Abs. 2 GG]. Gleiches gilt für Aufwendungen für Kriegsfolgelasten und Zuschüsse für die Sozialversicherungen [BMF 2014 a, S. 14].

Die aus der Aufgabenverteilung resultierenden Ausgaben für die Gebietskörperschaften und Sozialversicherung zeigt Abb. 1.

---

11 Ab dem Jahr 2015 übernimmt der Bund die vollständige Finanzierung des BAföG [BMF 2014 c, S. 14].

Die Sozialversicherungen tragen mit ca. 37 % den größten Anteil der Staatsausgaben. Die monetären Sozialleistungen und die sozialen Sachtransfers sind die hauptsächlichen Ausgabenkomponenten, die infolge des demografischen Wandels und des medizinisch-technischen Fortschritts stark gestiegen sind. Der vergleichsweise starke Anstieg der Ausgaben für „Soziale Sicherung, Gesundheitswesen" Anfang der 90er Jahre ist hauptsächlich auf die höheren Rentenausgaben in den neuen Bundesländern zurückzuführen. Diese haben sich zwischen 1991 und 2003 verdreifacht [DRV 2013].

Den zweitgrößten Anteil (ca. 25 %) der Staatsausgaben trägt der Bund. Auch der Bund sieht sich aufgrund seiner gesetzlichen Verpflichtungen den stark gestiegenen Ausgaben im Bereich der sozialen Sicherung gegenüber. Daneben steigen die finanziellen Belastungen u. a. durch Zinsausgaben im Bereich der Allgemeinen öffentlichen Verwaltung.

Die Ausgabenentwicklung der Länder und Gemeinden ist nicht nur von Ausgaben im Bereich der sozialen Sicherung determiniert. Steigende Bildungsausgaben und Zinslasten gewinnen einen stärkeren Einfluss auf die gesamte Ausgabenentwicklung. Die Gemeinden tragen bisher den geringsten Anteil der Ausgaben (ca. 15 %). Allerdings steigen auch diese stetig an.

Abb. 1: Ausgaben der Gebietskörperschaften und Sozialversicherungen (SV) in den Jahren 1991, 2003 und 2013, in Mrd. €

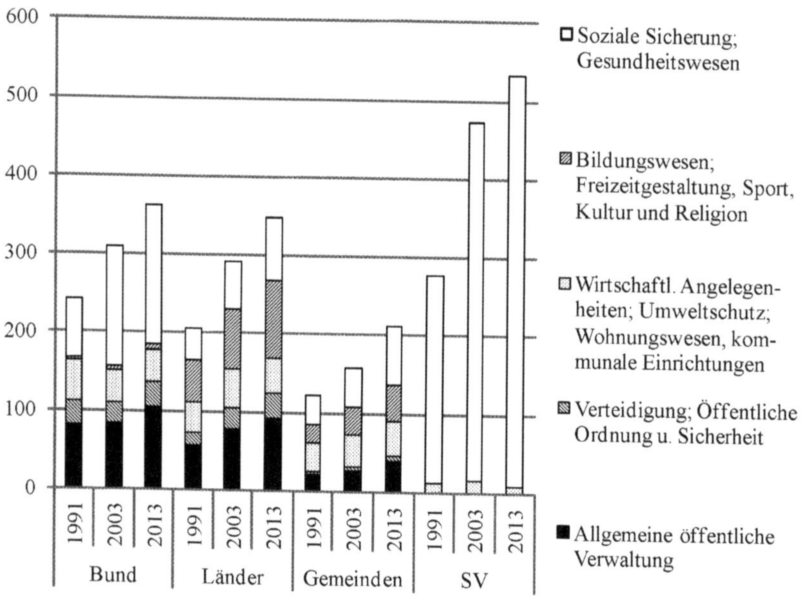

Quelle: Eigene Darstellung basierend auf StBA 2014

Eine bundesländerspezifische Betrachtung zeigt regionale Unterschiede in den Ausgaben für Länder und Gemeinden[12]. Ausgaben, die personenbezogen anfallen (z. B. finanzielle Unterstützung bei Arztbesuchen, Medikamente, Schulbücher etc.), werden stark von der regionalen Bevölkerungsstruktur beeinflusst. Bevölkerungsreiche Bundesländer haben höhere Ausgaben. Nordrhein-Westfalen als bevölkerungsreichstes Bundesland hat einen Anteil von ca. 22 % an den bundesdeutschen bereinigten Ausgaben, Bayern 16 % und Baden-Württemberg 13 %. Bremen hat als Land mit den wenigsten Einwohnern nur einen Ausgabenanteil von einem Prozent [StBA 2014 h].

Den Rechnungsergebnissen der öffentlichen Haushalte folgend haben die Personalausgaben mit 37 % den größten Anteil an den bereinigten Ausgaben, gefolgt vom laufenden Sachaufwand mit zwölf Prozent und den Baumaßnahmen mit sechs Prozent. Die Bandbreite innerhalb der Bundesländer reicht dabei von 30 % (Sachsen) bis 42 % (Baden-Württemberg) bei den Personalausgaben und acht Prozent (Saarland) bis 23 % (Hamburg) beim laufenden Sachaufwand bzw. ein Prozent (Bremen) bis zehn Prozent in Sachsen bei den Baumaßnahmen.

Abb. 2 zeigt die bereinigten pro Kopf-Ausgaben nach Aufgabenbereichen der Länder- und Gemeindehaushalte für die 16 Bundesländer als Abweichungen zum Bundesdurchschnitt. Die Stadtstaaten haben im Vergleich zum Länderdurchschnitt pro Kopf die höchsten Ausgaben insbesondere im Bereich der allgemeinen öffentlichen Verwaltung (außer Berlin) und bei der sozialen Sicherung sowie im Gesundheitswesen. Bremen und Hamburg haben hohe Zins- und Versorgungslasten. Demgegenüber ist die Beamtenversorgung in den ostdeutschen Bundesländern geringer [vgl. auch Detemple et al. 2012].

Überdurchschnittliche Ausgaben pro Kopf weisen die Stadtstaaten auch im Bereich der Verteidigung, öffentlichen Ordnung und Sicherheit auf. Hier zeigt sich insbesondere die Bedeutung Berlins als Bundeshauptstadt.

Im Bereich Bildungswesen spiegelt sich die Verteilung der Hochschulen wider [Detemple et al. 2012, S. 68].

Bevölkerungsreiche Bundesländer haben absolut gesehen höhere Ausgaben, aber die Ausgaben pro Kopf liegen z. B. in Bayern, Nordrhein-Westfalen im Durchschnitt der Flächenländer. Demgegenüber haben bevölkerungsarme Bundesländer (z. B. Mecklenburg, Sachsen-Anhalt) und die Stadtstaaten bei einer pro Kopf-Betrachtung vergleichsweise hohe Ausgaben. Zurückführen lässt sich dieser Effekt u. a. auf den hohen Fixkostenanteil von Infrastruktureinrichtungen (z. B. Kindergärten, Schulen, Krankenhäuser), die weitgehend unabhängig von der Siedlungsdichte erhalten werden müssen [§ 2 ROG]. Ein weiterer Grund können ausgabenseitige Anpassungsträgheiten sein [BMF 2013 a].

---

12 Die unterschiedliche Aufgabenverteilung zwischen Ländern und Gemeinden erschwert die Vergleichbarkeit auf Länderebene. Daher werden Länder- und Gemeindehaushalte oftmals zusammengefasst.

Abb. 2: Pro Kopf-Ausgaben der Länder- und Gemeindehaushalte auf Bundesländerebene im Jahr 2011, Abweichungen zum Bundesdurchschnitt in €

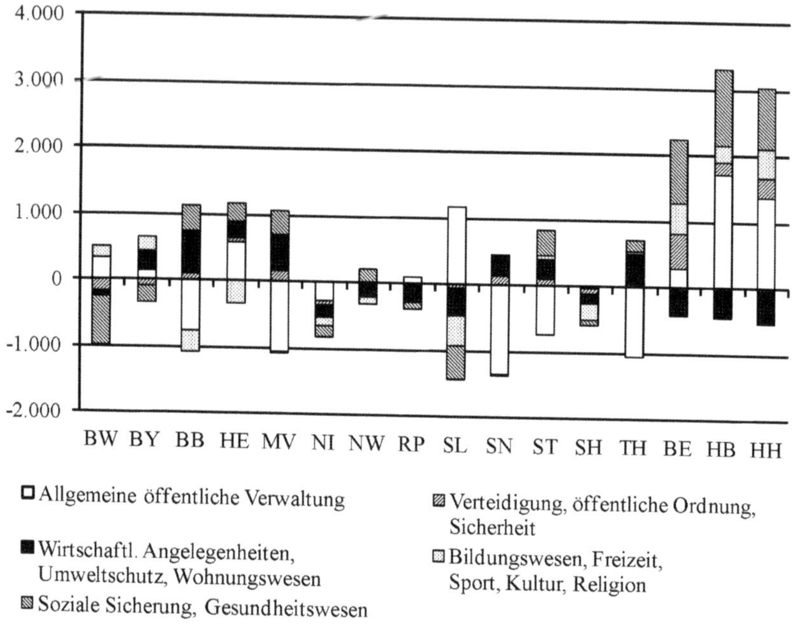

Quelle: Eigene Darstellung basierend auf StBA 2014 h

Zur Berücksichtigung der regionalen Besonderheiten sind finanzielle Ausgleichsmechanismen z. B. im Länderfinanzausgleich (Einwohnerveredelung der Stadtstaaten und dünn besiedelten Flächenländer) implementiert oder die Finanzverwaltung erfolgt über eine überregionale Institution, die die finanziellen Mittel vereinnahmt und dann nach Bedürftigkeit verteilt. Im Rahmen des Sozialversicherungssystems findet z. B. ein Risikostrukturausgleich bei den Krankenversicherungen statt. Die Finanzierung des Rentenversicherungssystems beruht im Wesentlichen auf einem Umlageverfahren und wird zusätzlich durch Bundeszuschüsse und Steuermittel (u. a. der Ökosteuer) unterstützt. Der Länderfinanzausgleich sorgt für eine Umverteilung des regionalen Steueraufkommens und soll so die Bundesländer in die finanzielle Lage versetzen ihre Bürger mit öffentlichen Gütern adäquat zu versorgen.

Die Mechanismen zur Einnahmenverteilung zwischen und innerhalb der Gebietskörperschaften werden in den folgenden Abschnitten dargestellt.

2.2 Verteilung der Einnahmen

Damit die durch das Grundgesetz den Ländern zugewiesenen Aufgaben erfüllt werden können, muss eine Ausstattung mit ausreichenden Finanzmitteln gewährleistet werden (Konnexitätsprinzip). Der Großteil der staatlichen Einnahmen beruht auf Sozialbeiträgen und Steuern (75 % der nicht konsolidierten gesamtstaatlichen Einnahmen im Jahr 2013), gefolgt von den „Sonstigen laufenden Transfers und Vermögenstransfers" (18 % im Jahr 2013, siehe Abb. 3). Der überwiegende Teil der Transferleistungen beruht auf „laufenden Transfers innerhalb des Staatssektors". Das umfasst u. a. die Verteilung der Steuereinnahmen zwischen und innerhalb der Gebietskörperschaften als auch die Zuweisungen des Bundes an die Sozialversicherungen.

In der konsolidierten Darstellung der gesamtstaatlichen Einnahmen erhöht sich die Bedeutung der Einnahmen aus Steuern und Sozialbeiträgen (90 %) zulasten der Transfereinnahmen (zwei Prozent).

Abb. 3: Nicht konsolidierte Einnahmen der Gebietskörperschaften und Sozialversicherungen in den Jahren 1991, 2003 und 2013, in Mrd. €

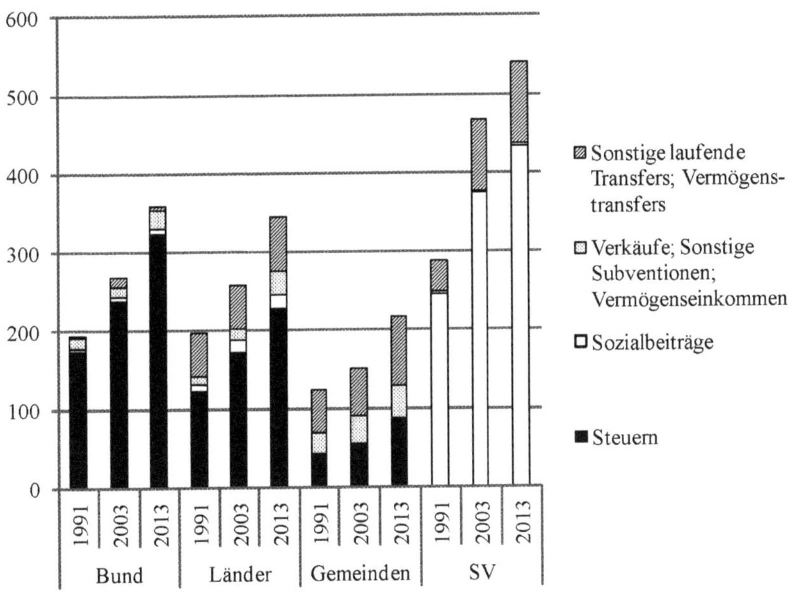

Quelle: Eigene Darstellung basierend auf StBA 2014

Die Einnahmen an Sozialbeiträgen stehen den Sozialversicherungen zu, die damit die Ausgaben für monetäre Sozialleistungen und soziale Sachleistungen finanzieren. Finanzierungslücken der Sozialversicherungen werden zusätzlich über Steuermittel finanziert [Bundesversicherungsamt 2010].

Die Steuern stehen originär vollständig den Gebietskörperschaften zu. Die *Finanzausstattung* von Bund und Ländern wird in Art. 106 und 107 GG und die Verteilung der Einnahmen innerhalb und zwischen den staatlichen Teilsektoren im Finanzausgleichsgesetz (FAG) geregelt.

Das Steueraufkommen ist in den Regionen unterschiedlich. Dieses wird durch die regionale Bevölkerungsverteilung und -struktur als auch die Wirtschafts- und Beschäftigungsstruktur beeinflusst. Die Umverteilungsmechanismen des Länderfinanzausgleichs sollen die regionale Verschiedenheit der Bundesländer berücksichtigen, so dass auch bei ungleicher Bevölkerungsverteilung sowie (originärer) Finanz- und Wirtschaftskraft gleichwertige Lebensverhältnisse in den 16 Bundesländern gewahrt werden können, die Versorgung der Bürger mit öffentlichen Gütern sichergestellt und die finanzpolitische Handlungsfähigkeit gesichert ist.

Das Ungleichgewicht von Aufgaben bzw. Ausgaben zur Finanzkraft einer Region erfordert eine Umverteilung der Einnahmen. Diese Aufgabe übernimmt der Finanzausgleich[13] mit dem Ziel, die Ausgaben und Einnahmen der Gebietskörperschaften auf horizontaler und vertikaler Ebene in Einklang zu bringen [Schmidt 1988, S. 607]. Juristisch betrachtet ist der Finanzausgleich ein „verfassungsrechtliches Ordnungs- und Verteilungssystem, dass die [...] Finanzbeziehungen regelt, ihre Verpflichtungen, Befugnisse und Finanzquellen gegeneinander abgrenzt und die Grundlagen ihrer Finanzausstattung bestimmt" [Fischer-Menshausen 1988, S. 637].

Die Regelungen der Steuerverteilung wird im Abschnitt 2.2.1 detailliert erläutert.

2.2.1 Bund-Länder-Finanzausgleich in der Bundesrepublik Deutschland

2.2.1.1 Geschichtlicher Überblick

Die Grundzüge des heute geltenden Finanzausgleichssystems gehen auf die Finanzreform im Jahr 1969 zurück. Im Wesentlichen sind die bundesstaatlichen Finanzbeziehungen bis heute dadurch geprägt, dass sie die Aufgabenverteilung zwischen den staatlichen Ebenen widerspiegeln und die Einheitlichkeit bzw. Gleichwertigkeit der Lebensverhältnisse in der Bundesrepublik unterstützen. Ersteres soll eine aufgabengerechte Finanzausstattung sicherstellen. Letzteres soll für ein angemessenes Angebot der Bundesbürger mit öffentlichen Gütern und Dienstleistungen unabhängig vom Wohn- und Arbeitsort sorgen.

Die Finanzverfassung von 1969 führte den Steuerverbund für die Einkommensteuern, Körperschaft- und Umsatzsteuer ein. Die Aufteilung zwischen Bund und der Ländergesamtheit erfolgte nach Bedarfsgesichtspunkten. Die Verteilung der Steuern zwischen den Länder sorgt für ein Mindestniveau der Finanzkraft aller

---

13 Der Begriff Finanzausgleich wird erstmals durch Hensel in die deutsche finanzwissenschaftliche Literatur eingeführt [Hensel 1922, S. 178]. Johannes Popitz beschäftigte sich in den 20er Jahren eingehend mit dem Finanzausgleich [Popitz 1927, S. 343].

Bundesländer. Für finanzschwache Bundesländern wurde vorab ein Umsatzsteuerausgleich durchgeführt. Nach dem Länderfinanzausgleich konnte der Bund zusätzlich Zuweisungen an bedürftige Länder geben [Renzsch 2012].

Infolge der Wiedervereinigung beider deutscher Staaten am 31. August 1990 (Einigungsvertrag) wurde es notwendig, die 1969 geschaffenen bundesstaatlichen Finanzbeziehungen anzupassen. Eine sofortige Integration der neuen Bundesländer in den bestehenden westdeutschen Finanzausgleich war aufgrund der zu großen Finanzkraftunterschiede nicht möglich. Der Einnahmeverlust der westdeutschen Bundesländer und des Bundes wäre zu groß gewesen [Altemeier 1999].

Der Fonds deutscher Einheit (FDE) wurde als Übergangsregelung ins Leben gerufen. Daraus erhielten die ostdeutschen Bundesländer – nach finanzieller Aufstockung des FDE – zwischen 1990 und 1994 insgesamt 82,2 Mrd. €, die nicht zweckgebunden für den wirtschaftlichen Aufholprozess zur Verfügung gestellt wurden.

Der Fonds deutscher Einheit wurde durch am Kreditmarkt beschaffte Mittel (48,6 Mrd. €) sowie vom Bund (25,4 Mrd. €) und von den westdeutschen Ländern (8,2 Mrd. €) u. a. aus den Mehreinnahmen aus der Umsatzsteuer und dem Aufkommen des Zinsabschlages finanziert. Zinszahlung und Tilgung – bis zum Jahr 1994 insgesamt 45,6 Mrd. € – übernahmen bis 2004 der Bund (zehn Prozent der Schulden) und die Länder (fünf Prozent der Schulden). Im Jahr 2005 übernahm der Bund die Restschulden in Höhe von 38,3 Mrd. €. Die Länder zahlen seitdem 1,323 Mrd. € p. a. aus der Umsatzsteuer an den Bund als Festbetrag [Zinsmeister 2009].

Der erhoffte finanzielle und wirtschaftliche Anpassungsprozess der neuen Bundesländer bis zum Ende des Jahres 1994 gelang nicht. Daher wurde den neuen Bundesländern mit dem Gesetz zur Umsetzung des föderalen Konsolidierungsprogramms vom 23. Juni 1993 finanzielle Leistungen des Bundes und der westdeutschen Länder für weitere, zunächst zehn Jahre (bis 2004) zugesichert (Solidarpakt I).

Ab 1995 wurden die neuen Länder auch in den neu geordneten Finanzausgleich integriert. Änderungen umfassten u. a. die Anpassung der vertikalen Umsatzsteuerverteilung. Der Bund reduzierte seinen Anteile an der Umsatzsteuer um sieben Prozentpunkte zugunsten der Länder. Die Umsatzsteuerverteilung unter den Ländern erfolgte sowohl nach der Finanzkraft (25 %) als auch nach der Anzahl der Einwohner (75 %). Des weiteren wurden Fehlbetrags-Bundesergänzungszuweisungen eingeführt, die ein Mindestmaß der Finanzkraft der Länder sicherstellen sollten [Altemeier 1999].

Die höheren Bundesausgaben (und die niedrigeren Einnahmen infolge der Reduzierung des Umsatzsteueranteils des Bundes) wurden durch die Wiedereinführung[14] des Solidaritätszuschlags im Jahr 1995 gegenfinanziert. Der Einnahmeausfall der westdeutschen Länder im horizontalen Finanzausgleich (zwischen den Ländern) wurde durch die Erhöhung der Gewerbesteuerumlage gemildert.

---

14 Der Solidaritätszuschlag wurde am 1. Juli 1991 erstmals erhoben, um u. a. die Kosten der Wiedervereinigung zu finanzieren [BGBl. I Nr. 38 vom 24. Juni 1991]. 1993 und 1994 wurde der Solidaritätszuschlag ausgesetzt.

Eine Fortführung des Solidarpakts I (Solidarpaktfortführungsgesetz) wurde beschlossen, da noch immer eine wirtschaftliche Kluft zwischen den ostdeutschen und westdeutschen Bundesländern bestand und die Ziele „gleichwertige wirtschaftliche und soziale Lebensverhältnisse in Ost und West zu schaffen" [Deutscher Bundestag 2001, S. 2] und die langfristige Sicherung der finanzpolitischen Handlungsfähigkeit der neuen Bundesländer zu gewährleisten, noch nicht erreicht waren. Die Finanzbeziehungen mussten jedoch erneut neu geregelt werden, da das Bundesverfassungsgericht entschied, dass neue Maßstäbe für das Steuerverteilungssystem definiert werden mussten [BVerfG 1999]. Baden-Württemberg, Bayern und Hessen hatten gegen die zu hohen Ausgleichszahlungen geklagt [Peffekoven 1999].

Mit dem Beschluss des Bundesverfassungsgerichts vom 11. November 1999 zum bundesstaatlichen Finanzausgleich wurde entschieden, dass das derzeit geltende Finanzausgleichsgesetz (FAG) bis zum 1. Januar 2005 durch ein neues FAG ersetzt werden musste. Bis dahin konnte das FAG von 1993 als Interimslösung angewendet werden.

Die Ausgestaltung des Solidarpakts II wurde in zeitlicher und finanzieller Hinsicht geändert. Das Maßstäbegesetz, gültig bis zum 31. Dezember 2019, bildet die Grundlage für das Finanzausgleichsgesetz ab dem Jahr 2005. In diesem Gesetz wurden die Maßstäbe für die

- Anteile von Bund und Ländern an der Umsatzsteuer,
- Vergabe von Ergänzungsanteilen der Länder an der Umsatzsteuer,
- Voraussetzungen und Höhe der Ausgleichsansprüche und -verbindlichkeiten und
- Gewährung von Bundesergänzungszuweisungen (teilungsbedingte BEZ i. H. v. 105,3 Mrd. €)

dargelegt.

Zusätzliche 51 Mrd. € wurden an Bundesmitteln für den „Aufbau Ost" zur Verfügung gestellt. Diese Finanzmittel sollen in den Bereichen Wirtschaft, Verkehr, Städtebau und Bildung etc. eingesetzt werden, um eine sich selbst tragende Wirtschaft zu initiieren.

Der Länderfinanzausgleich wird im Einzelnen in der geltenden Fassung seit dem Jahr 2005 nachfolgend dargestellt und erläutert.

2.2.1.2 Regelungen des Länderfinanzausgleichs seit 2005 im Überblick

Die Finanzausstattung von Bund und Ländern wird grundsätzlich durch Artikel 106 und 107 GG sowie das Finanzausgleichsgesetz[15] geregelt. Der Finanzausgleich kann in vier Stufen gegliedert werden:

- Primärer, vertikaler Finanzausgleich [Art. 106 GG, § 1 FAG],
- Primärer, horizontaler Finanzausgleich [§§ 2–3 FAG],

15 Lt. FAG Stand vom 4. Juni 2009. Seitdem erfolgten durch diverse Bundesgesetzblätter Anpassungen.

- Sekundärer, horizontaler Finanzausgleich (Länderfinanzausgleich i. e. S.), [§§ 4–10 FAG] und
- Sekundärer, vertikaler Finanzausgleich [§ 11 FAG].

Primär weist auf die originäre und durch Gesetz vorgenommene Zuordnung des Steueraufkommens (Finanzhoheit) hin. *Sekundär* deutet auf die Umverteilung des primär zugeteilten Steueraufkommens nach bestimmten Schlüsseln und Anteilen (Finanzzuweisungen). Die Unterscheidung in *horizontal* und *vertikal* bezieht sich auf die Verteilung des Steueraufkommens zwischen dem Bund und der Ländergesamtheit sowie den Gemeinden (vertikal) und den Bundesländern untereinander (horizontal).

bb. 4 zeigt im Überblick die Funktionsweise des Länderfinanzausgleichs, die in den Abschnitten 2.2.1.3 bis 2.2.1.6 im Detail beschrieben wird.

Auf der *ersten Stufe (primärer, vertikaler Finanzausgleich)* erhalten die Gebietskörperschaften die ihnen nach Ertragshoheit zustehenden Steuern (Trennsystem). Die Steuern des Verbundsystems (z. B. Einkommensteuern, Umsatzsteuer) werden über Verteilungsschlüssel dem Bund, der Ländergesamtheit und ihren Gemeinden zugewiesen. Beispielsweise werden die Gemeinden zu 15 % am Lohnsteueraufkommen beteiligt. Der Bund und die Ländergesamtheit teilen sich das verbleibende Aufkommen. Das Umsatzsteueraufkommen wird über die Anwendung des Deckungsquotenprinzips auf die Gebietskörperschaften verteilt.

In der *zweiten Stufe (primärer, horizontaler Finanzausgleich)* werden die Steuern, die im Trennsystem vereinnahmt werden nach dem örtlichen Aufkommen auf die Bundesländer und ihre Gemeinden verteilt. Die Gemeinden müssen einen Teil ihrer Gewerbesteuereinnahmen (Gewerbesteuerumlage) an das jeweilige Bundesland und den Bund abführen.

Die Steuern, die im Verbundsystem vereinnahmt werden, stehen den Bundesländern zunächst nach dem örtlichen Aufkommen zu. Nach Abzug der Erstattungen, die in jedem Bundesland z. B. über die Anzahl der Kinder determiniert sind, werden die Einkommensteuern und die Körperschaftsteuer nach dem Wohnsitz- bzw. Betriebsstättenprinzip verteilt (sogenannte Zerlegung). Bundesländer, deren Bewohner in anderen Bundesländern einer Beschäftigung nachgehen, profitieren von der Steuerzerlegung nach dem Wohnsitzprinzip und vice versa.

Die regionale Umsatzsteuerverteilung erfolgt auf Länderebene zu mindestens 75 % nach der Bevölkerungsverteilung und zu max. 25 % nach der Finanzkraft. Finanzschwache Bundesländer erhalten sogenannte Umsatzsteuerergänzungsanteile. Die Umsatzsteuerverteilung auf der Gemeindeebene wird über Schlüsselzahlen lt. UStGemAntV festgelegt [BGBl. I 45/2014].

Abb. 4: Länderfinanzausgleich im Überblick

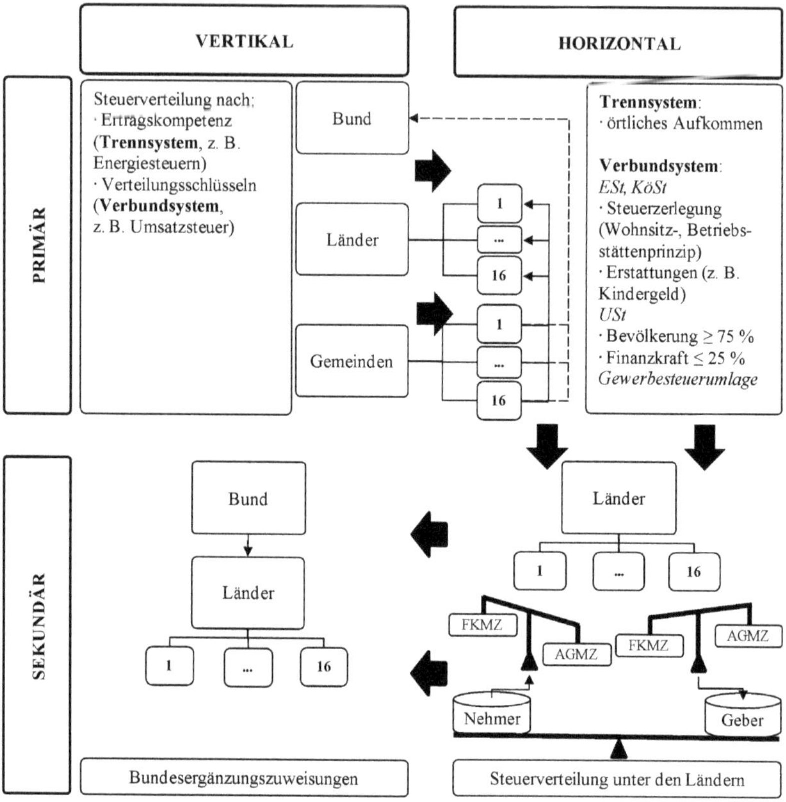

Quelle: Eigene Darstellung
(FKMZ-Finanzkraftmesszahl, AGMZ-Ausgleichsmesszahl)

In der *dritten Stufe* des Länderfinanzausgleichs *(sekundärer, horizontaler Finanzausgleich)* werden die Einnahmeunterschiede der Bundesländer weiter verringert. Die Steuerverteilung erfolgt über den Vergleich der Finanzkraft- und Ausgleichsmesszahl je Bundesland. In die Berechnung der Finanzkraftmesszahl werden die Landeseinnahmen nicht vollständig einbezogen, um die finanzielle Eigenverantwortung der Länder zu erhalten (Prämienmodell).

Die Ausgleichsmesszahl dient der Bedarfsermittlung und berücksichtigt die Besonderheiten von Stadtstaaten und dünn besiedelten Flächenländern, indem deren Einwohner mit einem Faktor größer als Eins gewichtet werden („Einwohnerveredlung").

Der Vergleich der Finanzkraft und des Finanzbedarfes pro Bundesland führt zu Ausgleichszuweisungen (Nehmerländer) bzw. Ausgleichsbeiträgen (Geberländer). In Summe entsprechen die Ausgleichszuweisungen den Ausgleichsbeiträgen aller Bundesländer.

Auf der *vierten Stufe* des Finanzausgleichs *(sekundärer, vertikaler Finanzausgleich)* unterstützt der Bund die Bundesländer, die weiterhin als leistungsschwach eingestuft werden bzw. Sonderlasten zu tragen haben (Bundesergänzungszuweisungen).

Nach Abschluss des Finanzausgleichs soll gewährleistet sein, dass alle Gebietskörperschaften finanziell in der Lage sind ihre gesetzlich auferlegten Aufgaben zu erfüllen.

2.2.1.3 Primärer, vertikaler Finanzausgleich

In Deutschland gibt es seit der Finanzreform 1969 eine Mischform aus *Verbund-* und *Trennsystem,* um die Steuererträge zu verteilen. Der sogenannte primäre, vertikale Finanzausgleich umfasst die Verteilung des gesamten Steueraufkommens nach Maßgabe des Art. 106 Abs. 1, 2 und 6 GG (Trennsystem) sowie nach Art. 106 Abs. 3 Satz 1 und 2 sowie 4, 5 und 5 a GG (Verbundsystem).

Im Rahmen des *Trennsystems* wird das Steueraufkommen direkt den staatlichen Ebenen zugewiesen [Art. 106 Abs. 1, 2 und 6 GG]. Die Steuern werden bezüglich ihrer Ertragskompetenz in Bundes-, Landes-, Gemeinschafts-, Gemeindesteuern sowie Kirchensteuer[16] unterschieden (siehe Tab. 1).

Tab. 1: Ertragskompetenzen der staatlichen Gliederungsebenen

VERBUNDSYSTEM	TRENNSYSTEM		
Gemeinschaftssteuern	**Bundessteuern**	**Ländersteuern**	**Gemeindesteuern**
Einfuhrumsatzsteuer	Alkopopsteuer	Biersteuer	Getränkesteuer
Einkommensteuern (Lohnsteuer,	Branntweinsteuer	Erbschaftsteuer	Gewerbesteuer
nicht veranl. Steuern vom Ertrag,	Energiesteuer[1]	Feuerschutzsteuer	Grundsteuer A
veranlagte Einkommensteuer,	Kaffeesteuer	Grunderwerbsteuer	Grundsteuer B
Kapitalertragsteuer, Abgeltungsteuer)	Kernbrennstoffsteuer	Kraftfahrzeugsteuer[2]	Hundesteuer
Körperschaftsteuer	Luftverkehrsabgabe	Rennwett- und Lotteriesteuer	Jagd-, Fischereisteuer
Umsatzsteuer	Pauschalierte Eingangsabgaben	Spielbankabgabe	Schankerlaubnissteuer
	Schaumweinsteuer		Vergnügungsteuer
	Solidaritätszuschlag		Zweitwohnungsteuer
	Stromsteuer		
	Tabaksteuer		
	Versicherungsteuer		
	Zwischenerzeugnissteuer		

[1] Mineralöl, Erdgas, Kohle. [2] seit Juli 2009 Bundessteuer.

Quelle: Eigene Darstellung in Anlehnung an BMF 2013

16 Die Kirchensteuer hat für den Finanzausgleich keine Bedeutung und wird deshalb im Folgenden nicht mehr berücksichtigt.

Dem Bund stehen mit Ausnahme der Biersteuer alle Verbrauchsteuern[17] (64 Mrd. € in 2013) zu. Insgesamt vereinnahmte der Bund im Trennsystem ca. 100 Mrd. € im Jahr 2013 (siehe Abb. 5). Die aufkommensstärksten Landessteuern sind seit der Zurechnung der Kraftfahrzeugsteuer (acht Milliarden Euro) zu den Bundessteuern die Grunderwerb- (acht Milliarden Euro) und Erbschaftsteuer (fünf Milliarden Euro). Insgesamt erhielten die Länder im Trennsystem ca. 16 Mrd. € im Jahr 2013. Das Aufkommen der Gewerbe- und Grundsteuern (55 Mrd. €) ebenso wie die örtlichen Verbrauch- und Aufwandsteuern (eine Milliarde Euro) vereinnahmen die Gemeinden. Bund und Länder können aber durch eine Umlage am Aufkommen der Gewerbesteuer beteiligt werden [Art. 106 Abs. 6 GG]. Letztendlich verbleiben den Gemeinden ca. 50 Mrd. € (2013) aus den Steuereinnahmen, an denen sie die Ertragshoheit haben.

Gewerbesteuerumlage

Die Gewerbesteuerumlage[18] wird nach Maßgabe des § 6 GemFinRG wie folgt berechnet:

$$snsggu_{BL}[t] = (bvvr_{BL}[t] + lvvr_{BL}[t] + lvvre_{FDE}[t] + lvvre_{SP}[t] + lvvre_{GKS}[t]) \cdot \frac{svsggs_{BL}[t]}{hebe_{G}[t]} \tag{1}$$

$snsggu_{BL}[t]$ ~ *Gewerbesteuerumlage*
$svsggs_{BL}[t]$ ~ *Gewerbesteuer (brutto)*
$hebe_{G}[t]$ ~ *durchschnittl. Hebesatz der Gemeinden des jeweiligen Bundeslandes*
$bvvr_{BL}[t]$ ~ *Bundesvervielfältiger*
$lvvr_{BL}[t]$ ~ *Landesvervielfältiger*
$lvvre_{FDE}[t]$ ~ *erhöhter Landesvervielfältiger ‚Fonds deutscher Einheit'*
$lvvre_{SP}[t]$ ~ *erhöhter Landesvervielfältiger ‚Solidarpakt'*
$lvvre_{GKS}[t]$ ~ *erhöhter Landesvervielfältiger ‚Gewerbekapitalsteuer'*
$\forall \in BL, BL = [1;16]$
$\forall \in G, G = [1;16]$

17 Alkopop-, Branntwein-, Bier-, Schaumwein-, Zwischenerzeugnis-, Energie-, Strom-, Kernbrennstoff-, Tabak- und Kaffeesteuer [BMF 2013, S. 27].

18 Die Gewerbesteuerumlage wurde eingeführt, als im Jahr 1969 die Gemeinden in die Aufkommensverteilung der Einkommensteuer integriert wurden, da sonst die finanzielle Lücke für Bund und Länder durch Überlassung eines Teils der Einkommensteuer nicht zu decken gewesen wäre [BMF 2014, S. 13].

Der Gewerbesteuermessbetrag der Gemeinden $\frac{svsggs_{BL}[t]}{hebe_G[t]}$ wird mit der Summe aus Bundes- und Landesvervielfältiger[19] multipliziert. Die sich daraus ergebende Gewerbesteuerumlage $snsggu_{BL}[t]$ wird durch das Verhältnis von Bundes- und Landesvervielfältiger auf Bund und Länder aufgeteilt. Der Bundesvervielfältiger beträgt seit dem Jahr 2010 14,5 % und der Landesvervielfältiger der neuen Bundesländer 35 % (siehe Tab. 2). Für die alten Bundesländer gilt seit dem Jahr 2012 ein Landesvervielfältiger in Höhe von 69 %. Die alten Bundesländer erhalten demnach einen größeren Teil an der Gewerbesteuer von ihren Gemeinden als die neuen Bundesländer.

Die Entwicklung der Bundes- $bvvr_{BL}[t]$, der Landes- $lvvr_{BL}[t]$ und die erhöhten Landesvervielfältiger $lvvre_{BL}[t]$ für die Bundesländer sind in Tab. 2 dargestellt.

Tab. 2: Bestandteile des Landesvervielfältigers

Jahr	„Normal"-Umlage		„Erhöhte" Umlage			Gesamtumlage der Gemeinden	
			Fonds deutscher Einheit	Solidarpakt	Abschaffung Gewerbekapitalsteuer		
	Bund/Länder		*Länder*				
	alte Bundesländer	neue Bundesländer	alte Bundesländer		alle Bundesländer	alte Bundesländer	neue Bundesländer
1991	26		2			54	
1992	26		5			57	
1993	26	14	11			63	28
1994	14	19	18			46	38
1995	19	19	12	29		79	38
1996	19	19	11	29		78	38
1997	19	-	11	29		78	
1998	19	-	10	29	7	84	7
1999	19	19	9	29	7	83	45
2000	19	19	9	29	7	83	45
2001	24	24	8	29	6	91	54
2002	30	30	7	29	6	102	66
2003	36	36	7	29	6	114	78
2004	20	20	7	29	6	82	46
2005	19	19	8	29	6	81	44
2006	16	16	7	29	6	74	38
2007	16	16	6	29	6	73	38
2008	12	12	6	29	6	65	30
2009	13	13	5	29	6	66	32
2010	14,5	14,5	7	29	6	71	35
2011	14,5	14,5	6	29	6	70	35
2012	14,5	14,5	5	29	6	69	35
2013	14,5	14,5	5	29	6	69	35

Quelle: In Anlehnung an BMF 2014

19 Die Vervielfältiger (Umlagesatz) sind ein flexibles Instrument, um Einkommensteuerausfälle durch die Beteiligung der Gemeinden am Einkommensteueraufkommen zu kompensieren. Die Aufteilung der Umlage erfolgt wie die Einkommensteuern und Körperschaftsteuer hälftig („Normal"-Umlage) [vgl. BMF 2014, S. 14].

Mit Ausnahme der neuen Bundesländer (ohne Berlin) gilt eine erhöhte Gewerbesteuerumlage (FDE, Solidarpakt). Diese belastet die Gemeinden der alten Bundesländer zusätzlich und beteiligt sie an der Finanzierung des Fonds deutscher Einheit und an den Neuregelungen des bundesstaatlichen Finanzausgleichs, die im Solidarpakt beschlossen worden sind. Sowohl die Gemeinden der neuen als auch der alten Bundesländer finanzieren über die erhöhte Umlage „Abschaffung der Gewerbekapitalsteuer" die Abgabe von Umsatzsteueranteilen des Bundes an die Gemeinden mit. Die erhöhte Gewerbesteuerumlage bleibt im Länderfinanzausgleich unberücksichtigt.

Das *Verbundsystem* ist dadurch gekennzeichnet, dass das Einnahmerecht monopolisiert ist und die Gebietskörperschaften Zuweisungen erhalten. Nach diesem Prinzip werden die dem Aufkommen nach umfangreichsten Steuern verteilt (ca. 72 % im Jahr 2013, siehe Abb. 5).

Abb. 5: Steuern nach Ertragskompetenz im Jahr 2013, in Mrd. €

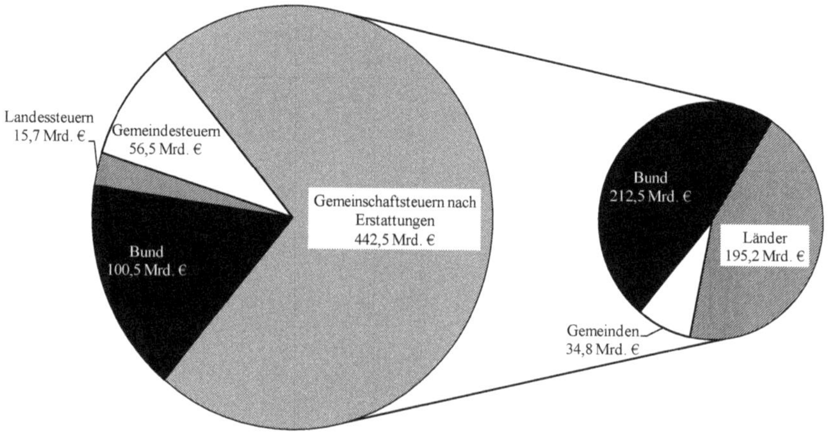

Quelle: Eigene Darstellung basierend auf StBA 2014 b

Zu den Gemeinschaftsteuern zählen die Einkommensteuern, Körperschaft- und Umsatzsteuer, die über einen Verteilungsschlüssel auf Bund, Länder und Gemeinden umgelegt werden nachdem die Erstattungen (z. B. steuerliches Kindergeld) berücksichtigt wurden.

Verteilung des Aufkommens der Einkommensteuern

Nach Art. 106 Abs. 3 Satz 1, Abs. 5 und 5 a GG steht den Gemeinden ein Anteil am Aufkommen der Einkommensteuern zu. Laut § 1 GemFinRG beträgt dieser Anteil 15 % für das Aufkommen an der Lohnsteuer und der veranlagten Einkommensteuer. Die verbleibenden 85 % werden zwischen dem Bund und der Ländergesamtheit hälftig aufgeteilt. Weiterhin erhalten die Gemeinden zwölf Prozent vom Zinsabschlag bzw. von der Abgeltungsteuer. Das verbleibende Aufkommen wird zwischen Bund und der Ländergesamtheit halbiert sowie das gesamte Aufkommen an der Körperschaftsteuer [Art. 106 Abs. 3, Satz 2 GG].

Verteilung des Umsatzsteueraufkommens

Die Verteilung des Umsatzsteueraufkommens auf Bund, Ländergesamtheit und Gemeinden ist im Art. 106 Abs. 3, Satz 3 ff. und 4 festgeschrieben und näher konkretisiert im § 1 FAG. Durch Bundesgesetz können die Anteile der Gebietskörperschaften unter Berücksichtigung der Grundsätze lt. Art. 106 Abs. 3 GG angepasst werden, wenn sich das Verhältnis zwischen den Einnahmen und Ausgaben von Bund und Ländergesamtheit wesentlich anders entwickelt und/oder durch Bundesgesetz den Ländern eine Mehrbelastung entsteht (zusätzliche Ausgaben auferlegt bzw. Einnahmen entzogen werden).

Als Verteilungsmaßstab der Umsatzsteuer gilt die sogenannte Deckungsquote, die als das Verhältnis von Einnahmen (ohne Umsatzsteuer und Nettokreditaufnahme) und Ausgaben (ohne Zinsausgaben) definiert wird [BMF 2014 a, S. 40]. So sollten öffentliche Güter, die der Bund (Verteidigung etc.) bzw. die Länder und Gemeinden (Erziehung und Unterricht etc.) bereitstellen, durch die Steuereinnahmen des Bundes bzw. der Länder und Gemeinden gedeckt sein (Äquivalenzprinzip).

In Tab. 3 ist die historische Entwicklung der Bundes- und Länderanteile am Umsatzsteueraufkommen und die zukünftige Entwicklung (§ 1 FAG Stand: 13. Dezember 2011) dargestellt.

Die Umsatzsteuerverteilung lässt sich grundsätzlich in den *Umsatzsteuervorwegausgleich* und die *Festbetragsregelungen* unterscheiden. Bevor die Anteile vom Bund und von der Ländergesamtheit an der Umsatzsteuer berechnet werden, erhält die EU[20] einen jährlich neu festzusetzenden Anteil an der Umsatzsteuer. Dem Bund stehen vom verbleibenden Aufkommen seit dem Jahr 2009 4,45 % (Spalte B) zum Ausgleich der Verluste aus der Beitragssatzsenkung der Arbeitslosenversicherung zu und 5,05 %[21] (Spalte C) aufgrund des zusätzlichen Bundeszuschusses zur Rentenversicherung der Arbeiter und Angestellten. Seit dem Jahr 1998 werden auch die

20 Der Prozentsatz ist für alle EU-Mitgliedstaaten gleich, beträgt 0,3 % auf die einheitlich bestimmte Bemessungsgrundlage und wird im Haushaltsverfahren der EU festgelegt auf Grundlage der Verordnung (EWG, EURATOM) Nr. 1553/89. Die einheitliche Bemessungsgrundlage ist die Summe aller harmonisierten mehrwertsteuerpflichtigen Umsätze des Endverbrauchs [RL 77/388/EWG].
In den Jahren 2007–2013 galt u. a. für Deutschland ein niedrigerer Satz in Höhe von 0,15 % [Europäische Kommission 2009].

21 Bei einer Umsatzsteueränderung wird der ab 1999 geltende Steuersatz entsprechend angepasst [§ 1 Satz 1 FAG].

Gemeinden am danach verbleibenden Umsatzsteueraufkommen mit 2,2 % beteiligt[22] [Art. 106, Abs. 5 a GG, Spalte D].

Der formale Bundesanteil (Spalte E) vom verbleibenden Aufkommen beträgt seit 1996 50,5 % für den Bund und dementsprechend 49,5 % für die Ländergesamtheit. In den 49,5 % sind 5,5 % Prozentpunkte enthalten, welche der Ländergesamtheit 1996 zugesprochen wurden, als das Kindergeld in die Einkommensteuer integriert wurde. Seit 1998 wird dieser Anteil an die Entwicklung der Leistungen des §§ 62–78 EStG so angepasst, „dass dieser zu 74 vom Hundert vom Bund und zu 26 vom Hundert von den Ländern getragen werden“ [§ 1 Abs. 1 Satz 7 FAG]. Die Erhöhung des Kindergeldes in den Jahren 2000, 2009 und 2010 fand hier ebenso Berücksichtigung (Spalte F, I und J) wie die Erhöhung des Umsatzsteuersatzes um drei Prozentpunkte (Spalte H).

Die Bundesanteile berechnen sich aus dem formalen Bundesanteil (Spalte E) des Jahres 1996 abzüglich der Beträge in Spalte K und L. Anpassungen im Familienleistungsausgleich und Umsatzsteuersatzänderung wirken sich daher auf den Bundesanteil aus. Der Länderanteil errechnet sich aus 100 % abzüglich des Bundesanteils (Spalte M).

Ein *Festbetrag* wurde erstmals im Jahr 2004 gewährt und stellt seitdem ein probates Mittel dar, der „einfach fortgeschrieben“ werden und sich unabhängig vom Umsatzsteueraufkommen entwickeln kann [Woisin 2008, S. 449 f.]. Mit der Übernahme des „Fonds deutscher Einheit“ im Jahr 2005 erhält der Bund jährlich ca. 1,323 Mrd. € (Spalte O). Auch für die Bundeszuweisungen, die im Rahmen von Sonderlasten der strukturellen Arbeitslosigkeit in den ostdeutschen Bundesländer zwischen 2005 und 2009 gewährt wurden, stehen dem Bund Festbeträge in gleicher Höhe und im gleichem Zeitraum zu (Spalte P). Weitere Gesetzesbeschlüsse im Zusammenhang mit der Wirtschaftskrise (Spalte S-W) und das Konsolidierungshilfengesetz führten ebenso zu Festbetragsanpassungen.

Ab dem Jahr 2015 werden erstmals auch Festbeträge für die Gemeinden vergeben. Zur Unterstützung der Gemeinden beim Ausbau der Kindertagesbetreuung erhalten diese für drei Jahre (2015–2017) zusätzlich 500 Mio. € p. a. aus dem Umsatzsteueraufkommen. Auch die Länder werden im Jahr 2017 und 2018 mit 100 Mio. € unterstützt [BMF 2014 c]. Der Festbetrag des Bundes wird entsprechend gekürzt [BGBl. I 2014/63 vom 30. Dezember 2014].

22 Die Beteiligung der Gemeinden an der Umsatzsteuer wurde als Ausgleich aufgrund der Abschaffung der Gewerbekapitalsteuer herbeigeführt.

Tab. 3: Umsatzsteuerverteilung nach § 1 FAG

Jahr	Normaler Mehrwert-steuersatz	Vorab vom Gesamt-aufkommen		Formaler Bundes-anteil*	Veränderung des Bundesanteils am Familienleistungsausgleich**					Nachrichtlich: Kompensation des Familienleistungs-ausgleichs**		Bundesanteil (Länderanteil)*	Festbetragsregelungen bezogen auf den Bundesanteil**												
	%	Bundesanteil %	Gemeinde-anteil %	%	%			Mrd. €		%	Mrd. €	%	Mrd. €												
	A	B C	D	E	F	G	H	I	J	K = K[1995] - (F + G + H)	L = I + J	M = E[1995] - K - L	N	O	P	Q	R	S	T	U	V	W	X	Y	insg.
1969-1971	11			70,0																					
1972-1973	11			65,0																					
1974	11			63,0																					
1975	11			68,0																					
1976-1977	11			69,0																					
1978-1982	12			67,5																					
1983-1985	13			66,5																					
1986-1992	14			65,0																					
1993-1994	15			63,0																					
1995	15			56,0								56,00													
1996	15			50,5						5,5		50,50													
1997	15			50,5						5,5		50,50													
1998	16	3,64	2,2	50,5						5,5		50,50													
1999	16	5,63	2,2	50,5						5,5		50,50													
2000	16	5,63	2,2	50,5	-0,25					5,75		50,25													
2001	16	5,63	2,2	50,5	-0,25					5,75		50,25													
2002	16	5,63	2,2	50,5	-0,25	-0,65				6,4		49,60													
2003	16	5,63	2,2	50,5	-0,25	-0,65				6,4		49,60													
2004	16	5,63	2,2	50,5	-0,25	-0,65				6,4		49,60	-2,65												-2,650
2005	16	5,63	2,2	50,5	-0,25	-0,65				6,4		49,60		1,323	1,0										2,323
2006	16	5,63	2,2	50,5	-0,25	-0,65				6,4		49,60		1,323	1,0										2,323
2007	19	3,89 5,15	2,2	50,5	-0,25	-0,65	0,08			6,32		49,68		1,323	1,0	-0,06									2,263
2008	19	4,42 5,05	2,2	50,5	-0,25	-0,65	0,10			6,3		49,70		1,323	1,0	-0,06									2,263
2009	19	4,45 5,05	2,2	50,5	-0,25	-0,65	0,10	-0,794		6,3	-0,794	49,7 abzgl. 0,794		1,323	1,0	-0,06	-0,10		-0,435						1,728
2010	19	4,45 5,05	2,2	50,5	-0,25	-0,65	0,10	-0,281	-1,326	6,3	-1,607	49,7 abzgl. 1,607		1,323	1,0	-0,06	-0,20		-0,135			-0,88	0,325		1,373
2011	19	4,45 5,05	2,2	50,5	-0,25	-0,65	0,10	0,152	-1,326	6,3	-1,174	49,7 abzgl. 1,174		1,323		-0,06	-0,35	1,0			0,267				2,179
2012	19	4,45 5,05	2,2	50,5	-0,25	-0,65	0,10		-1,326	6,3	-1,326	49,7 abzgl. 1,326		1,323		-0,06	-0,50	1,0		-0,466	0,400			-0,290	1,407
2013	19	4,45 5,05	2,2	50,5	-0,25	-0,65	0,10		-1,326	6,3	-1,326	49,7 abzgl. 1,326		1,323		-0,06	-0,70	1,0		-0,307	0,400			-0,290	1,366
2014	19	4,45 5,05	2,2	50,5	-0,25	-0,65	0,10		-1,326	6,3	-1,326	49,7 abzgl. 1,326		1,323		-0,06	-0,77	1,0		-0,319	0,400			-0,193	1,381
2015	19	4,45 5,05	2,2	50,5	-0,25	-0,65	0,10		-1,326	6,3	-1,326	49,7 abzgl. 1,326		1,323		-0,06	-0,77	1,0		-0,319	0,400			-0,193	1,381
2016	19	4,45 5,05	2,2	50,5	-0,25	-0,65	0,10		-1,326	6,3	-1,326	49,7 abzgl. 1,326		1,323		-0,06	-0,77	1,0		-0,319	0,400			-0,193	1,381
2017	19	4,45 5,05	2,2	50,5	-0,25	-0,65	0,10		-1,326	6,3	-1,326	49,7 abzgl. 1,326		1,323		-0,06	-0,77	1,0		-0,319	0,400			-0,193	1,381
2018	19	4,45 5,05	2,2	50,5	-0,25	-0,65	0,10		-1,326	6,3	-1,326	49,7 abzgl. 1,326		1,323		-0,06	-0,77	1,0		-0,319	0,400			-0,193	1,381
2019	19	4,45 5,05	2,2	50,5	-0,25	-0,65	0,10		-1,326	6,3	-1,326	49,7 abzgl. 1,326		1,323		-0,06	-0,77	1,0		-0,319	0,400			-0,193	1,381

B Beitragssatzsenkung der Arbeitslosenversicherung (BGBl. I 2006/30 vom 29.6.2006)
C Bundeszuschuss zur Rentenversicherung (BGBl. I 1997/86 vom 19.12.1997)
D Entschädigung für Wegfall der Gewerbekapitalsteuer (BGBl. I 1997/72 vom 29.10.1997)
F Ausgleich der Kindergelderhöhung ab 2000
G Ausgleich der Belastungen des 2. Gesetzes zur Familienförderung (BGBl. I 2001/42 vom 16.8.2001)
H Ausgleich aufgrund der Umsatzsteuererhöhung 2007
I Ausgleich der Kindergelderhöhung ab 2009 (BGBl. I 2008/64 vom 22.12.2008)
J Ausgleich der Kindergelderhöhung ab 2010 (BGBl. I 2009/81 vom 22.12.2009)
K Aufgrund der Integration des Kindergeldes in die Einkommensteuer wurde den Ländern ein Anteil von 5,5 % zugesprochen. Dieser bildet die Grundlage für weitere Änderungen im Familienleistungsausgleich (Spalte F-J).
N Vorgezogene Steuerreform (BGBl. I 2003/66 vom 24.12.2003)
O Übernahme „FDE" durch den Bund (BT-Drucks. 14/6577 vom 4.7.2001 und 14/7063 vom 9.10.2001)
P Bundesergänzungszuweisung „strukturelle Arbeitslosigkeit"
Q Kompensation Spielbankabgabe
R Ausgleich für Betriebskosten Kinderförderungsgesetz (BGBl. I 2008/57 vom 10.12.2008)
S Änderung des Jahressteuergesetzes (BGBl. I 2008/63 vom 19.12.2008)
T Steuerrechtliche Regelungen des Maßnahmenpakets „Beschäftigungssicherung durch Wachstumsstärkung" (BGBl. I 2008/64 vom 21.12.2008)
U Steuervereinfachungsgesetz (BGBl. I 2011/55 vom 1.11.2011)
V Konsolidierungshilfengesetz (BGBl. I 2009/53 vom 10.8.2009)
W Änderung des EStG durch das Gesetz zur Beschäftigung und Stabilität in Deutschland (BGBl. I 2009/11 vom 2.3.2009)
X Gesetz zur Neuregelung der Kraftfahrzeugsteuer (BGBl. I 2009/29 vom 29.5.2009)
Y Änderung steuerlicher Vorschriften (BGBl. I 2011/64 vom 7.12.2011)
* Der Länderanteil errechnet sich aus 100 % abzgl. Bundesanteil
** Der Länderanteil entspricht den jeweiligen Angaben mit umgekehrten Vorzeichen

Quelle: Eigene Darstellung. In Anlehnung an Woisin 2008, S. 448

2.2.1.4 *Primärer, horizontaler Finanzausgleich*

Auf der zweiten Stufe des Finanzausgleichs wird das Steueraufkommen der Ländergesamtheit den 16 Bundesländern zugeordnet. Der Länderanteil am Aufkommen der Einkommensteuern und Körperschaftsteuer (42,5 % bzw. 50 %) steht den einzelnen Ländern zunächst nach dem örtlichen Aufkommen zu. Aufgrund der Anwendung des Prinzips des Quellenabzugsverfahrens muss der Arbeitgeber die Lohnsteuer an das örtliche Finanzamt abführen [§ 38 Abs. 3 EStG, § 41 und 41 a EStG], obwohl der Arbeitnehmer Steuerschuldner ist [§ 38 Abs. 2 EStG]. Durch die anschließende sogenannte Zerlegung nach dem Wohnsitzprinzip bei den Einkommensteuern [§ 7 ZerlG] und dem Betriebsstättenprinzip bei der Körperschaftsteuer wird erreicht, dass jedes Bundesland die Steuereinnahmen erhält, die seine Einwohner innerhalb und außerhalb des Bundeslandes entrichtet bzw. die Unternehmen Betriebsstätten unterhalten haben (siehe Abb. 6).

Abb. 6: Kindergeld, Zerlegungsbeträge der Einkommensteuern und Körperschaftsteuer nach Bundesländern im Jahr 2013, in Mrd. €

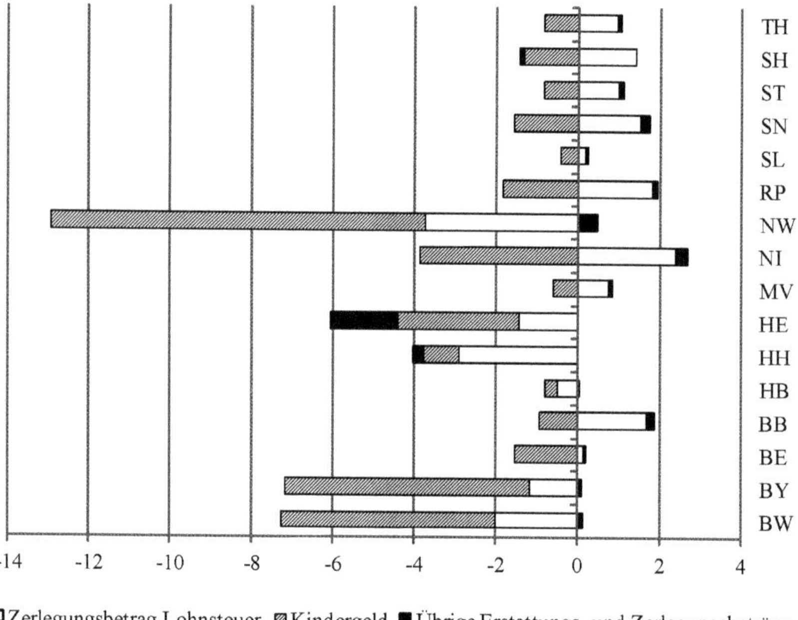

Quelle: Eigene Darstellung basierend auf StBA 2014 b

Die Zerlegung des Zinsabschlages bzw. der Abgeltungsteuer erfolgt nach der Höhe des auf die Einkommensteuern und Körperschaftsteuer angerechneten Zinsabschlages [Art. 107 Abs. 1 GG i. V. m. ZerlG].

Durch die Lohnsteuerzerlegung werden ca. acht Prozent des gesamten Lohnsteueraufkommen (bzw. zwölf Milliarden Euro im Jahr 2013) tangiert. Die übrigen Zerlegungsbeträge (Abgeltung- und Körperschaftsteuer) summieren sich auf 3,5 Mrd. € im Jahr 2013.

Das Lohnsteueraufkommen wird in jedem Bundesland zusätzlich um das Kindergeld gemindert. Vor allem für „kinderreiche" Bundesländer bedeutet das eine Reduktion der Lohnsteuereinnahmen. Die Kindergeldzahlungen mindern das Lohnsteueraufkommen im Jahr 2013 um ca. 38 Mrd. €.

Lohnsteuerzerlegung

Im § 7 Abs. 3 ZerlG wird festgelegt, dass „die Lohnsteuer, die nicht vom Wohnsitzland vereinnahmt worden ist, [ermittelt wird und] die hiervon auf die Einnahmeländer entfallenden Beträge festzustellen [sind]".

Die sich daraus ergebenden Ausgleichsansprüche (Zerlegungsbeträge) der Länder werden nicht saldiert, sondern Zerlegungsquoten berechnet. Diese werden aus dem Verhältnis der Ausgleichsforderungen der anderen Länder und der im jeweiligen Bundesland vereinnahmten Lohnsteuer festgesetzt [Loidl-Stuppi 2005, S. 7]. Die Zerlegungsquote ist erst im dritten Jahr nach ihrer Feststellung für drei Jahre gültig [§ 7 Abs. 3 ZerlG]. Der tatsächliche Zerlegungsbetrag pro Bundesland berechnet sich aus der festgestellten Quote und dem aktuellen Lohnsteueraufkommen, unter Berücksichtigung des vom Arbeitgeber ausgezahlten Kindergeldes, eines Quartals während des dreijährigen Anwendungszeitraums. Seit dem Jahr 2010 werden die Zerlegungsquoten jährlich berechnet [§ 12 Abs. 3 Satz 1 ZerlG, Loidl-Stuppi 2011].

In den Jahren 1995, 1998, 2001, 2004 und 2007 sowie in den Jahren 2010–2013 wurden die Ausgleichsansprüche und damit auch die Zerlegungsquoten[23] festgestellt. Auffallend ist, dass die Zerlegungsquoten in der Vergangenheit tendenziell gestiegen sind. Das liegt einerseits an der unterschiedlichen wirtschaftlichen Entwicklung (und damit auch zunehmenden Pendlerströmen), andererseits an der Zunahme der zentralen Lohnsteuerabrechnungen [Walter 1999, S. 52]. Negative Lohnsteuerzerlegungsbeträge und demzufolge mehr Einpendler als Auspendler weisen wirtschaftskraftstarke Bundesländer (Bayern, Hessen, Nordrhein-Westfalen und Baden-Württemberg) bzw. die Stadtstaaten Hamburg und Bremen auf. Obwohl Berlin einen Überschuss an Einpendlern aufweist, ist der Zerlegungsbetrag seit dem Jahr 1998 positiv. Gründe können einerseits die Gehälter der Bundesbediensteten sein, die zentral in Bonn abgerechnet werden und andererseits auch die Vielzahl

23 Die Zerlegungsquoten und die Ausgleichsverbindlichkeiten und -ansprüche der Bundesländer untereinander wurden freundlicherweise vom Bundesministerium für Finanzen und der ZDL für die Modellierungsarbeiten zur Verfügung gestellt.

an Unternehmen, die in der Hauptstadt präsent sind, aber die Lohnsteuer am Sitz der Firmenzentralen abführen [Wixforth 2007, S. 47].

Verteilung des Umsatzsteueraufkommens unter den Ländern

Das Umsatzsteueraufkommen wird unter den Ländern zu mindestens 75 % nach Maßgabe der Einwohnerzahl festgelegt [Art. 107 Abs. 1 GG].[24] Maximal 25 %[25] des Länderanteils am Umsatzsteueraufkommen werden verwendet, um die Finanzkraft der finanzschwachen Bundesländer anzuheben (so genannte Umsatzsteuerergänzungsanteile).

In die Berechnung der ausgleichsrelevanten Steuereinnahmen[26] gehen die Einkommensteuern, die Körperschaftsteuer (jeweils nach Zerlegung), die Gewerbesteuerumlage und die Landessteuern pro Kopf ein.

Zu den Landessteuern[27] zählen die in Tab. 1 dargestellten Landesteuern abzüglich der Totalisatorsteuer[28], der Sonder[29]-, Troncabgabe[30] und seit dem 4. Quartal 2006 die Grunderwerbsteuer [BRDrS 181/08 vom 14. März 2008, S. 7]. Die Steuerkraftzahl[31] der Grunderwerbsteuer zählt ebenso zu den Landessteuern [§ 7 Abs. 1 FAG].

---

24 Dieser Maßstab ist aus „einem Kompromiss zwischen Verteilung nach der wirklichen Steuerkraft und nach Bedarfsgesichtspunkten" [Kitterer/Plachta 2008, S. 48] hervorgegangen. Es wird bei der Verteilung nach Einwohnern davon ausgegangen, dass der pro Kopf-Konsum sich mit dem pro Kopf-Einkommen entwickelt und eine Verteilung der Umsatzsteuer pro Kopf der wirklichen Steuerkraft näher kommt als das örtliche Aufkommen und damit das Prinzip der gleichwertigen Lebensverhältnisse im Sinne einer gleichmäßigen Versorgung unterstützt [BVerfG, 2 BvF 2/98 vom 11. November 1999, BVerfGE 72, 330 (385)].

25 Der Anteil am Umsatzsteueraufkommen, der als Ergänzungsanteil verteilt wird, beträgt derzeit ca. 13 %.

26 Im Unterschied zur Berechnung der Finanzkraft- und Ausgleichsmesszahl im sekundären, horizontalen Finanzausgleich werden hier weder die Steuereinnahmen der Gemeinden berücksichtigt noch die Einwohnerzahlen „veredelt".

27 Mit der Übertragung der Ertragskompetenz für die Kraftfahrzeugsteuer von den Ländern auf den Bund erhalten die Länder eine finanzielle Kompensation. Diese wird den Steuereinnahmen eines Landes zugerechnet [FAG Stand 15. Juli 2013].

28 Rennwettsteuer, die der Buchmacher bzw. Totalisator auf abgeschlossene Wetten bei Pferderennen zahlen muss [BMF 2013].

29 Außersteuerliche Abgabe, die bestimmten Kriterien genügen muss. Dazu gehören bspw. die Berufsausbildungsabgabe [BVerfGE 55, 274 (298)] und der Kohlepfennig [BverfGE 91, 186 (201)].

30 Zuwendungen, die das Personal in Spielbankunternehmen erhält, müssen in Troncs (Behältern) gesammelt werden und unterliegen der Troncabgabe [vgl. u. a. § 14 SpielbG HE, § 5 SpielbG SH].

31 Berechnet aus dem Verhältnis des Ist-Aufkommens einer Steuer zum Hebesatz der Gemeinden multipliziert mit dem gewogenen Durchschnittshebesatz der Gemeinden eines Bundeslandes.

Im Einzelnen werden die Ergänzungsanteile eines Landes $snslea_{BL}[t]$ nach folgender Berechnungsvorschrift ermittelt [§ 2 Abs. 1 FAG]:

$$
\begin{aligned}
snslea_{BL}[t] &= \frac{svsltt_{BN}[t]}{EW_{BN}[t]} \cdot EW_{BL}[t] \cdot F \\
F &= \frac{19}{20} \cdot X - \frac{21}{4.000}, wenn: \frac{svsltt_{BL}[t]}{EW_{BL}[t]} < 0,97 \cdot \frac{svsltt_{BN}[t]}{EW_{BN}[t]} \\
F &= X \cdot \left(\frac{35}{6} \cdot X + \frac{3}{5} \right), wenn: \frac{svsltt_{BL}[t]}{EW_{BL}[t]} \geqslant 0,97 \cdot \frac{svsltt_{BN}[t]}{EW_{BN}[t]} \qquad (2) \\
X &= 1 - \left(\frac{\frac{svsltt_{BL}[t]}{EW_{BL}[t]}}{\frac{svsltt_{BN}[t]}{EW_{BN}[t]}} \right) \\
&\forall \in BL, BL = [1;16]
\end{aligned}
$$

Ein Bundesland erhält Ergänzungsanteile $snslea_{BL}[t]$ am Umsatzsteueraufkommen, wenn die Einnahmen eines Landes an den Einkommensteuern, der Körperschaftsteuer (jeweils nach Zerlegung), der Gewerbesteuerumlage und den Landessteuern je Einwohner[32] $\frac{svsltt_{BL}[t]}{EW_{BL}[t]}$ kleiner sind als die Einnahmen der Ländergesamtheit pro Kopf $\frac{svsltt_{BN}[t]}{EW_{BN}[t]}$.

Ist der Anteil eines Landes pro Kopf kleiner als 97 % bzw. mindestens 97 % des Länderdurchschnitts an den relevanten pro Kopf-Steuereinnahmen, wird der Differenzbetrag zu 95 % bzw. mindestens zu 60 % aufgefüllt [BMF 2003, S. 41]. Werden weniger als 25 % des Umsatzsteueraufkommens der Länder als Ergänzungsanteile zugewiesen, erfolgt die Aufteilung des übrigen Umsatzsteueraufkommens nach Einwohnern [§ 2 Abs. 2 FAG]. Abb. 7 zeigt das Steueraufkommen nach Verteilung der Umsatzsteuer.

Nach der Verteilung der Ergänzungsanteile steht die „originäre" Finanzausstattung der Bundesländer fest. Allerdings ist bereits durch die Umsatzsteuerergänzungsanteile ein Umverteilungsmechanismus enthalten, so dass sich die originäre Steuerkraft nicht mehr aus den Regionen ableiten lässt.

Diese Finanzkraftreihenfolge darf im nachfolgenden horizontalen Finanzausgleich nicht mehr verändert werden [BVerfGE 72, 330 (385, 418), BVerfG, 2 BvF 2/98 vom 11. November 1999].

32 Stand der Einwohnerzahl zum 30. Juni des Ausgleichsjahres [§ 2 Abs. 3 FAG].

Abb. 7: Verteilung der Umsatzsteuer im Jahr 2013, in € je Einwohner

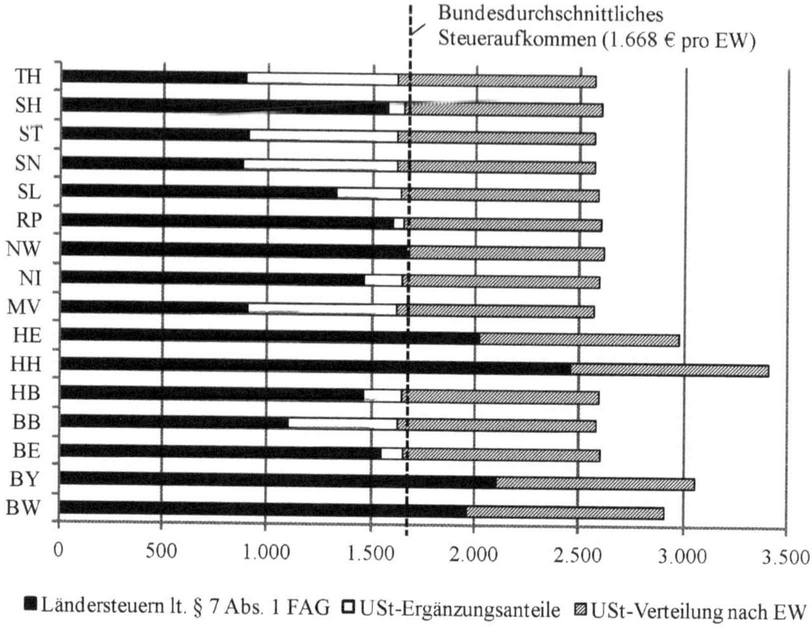

Quelle: Eigene Darstellung basierend auf BrDrS 425/14 vom 18. September 2014

Verteilung des Umsatzsteueraufkommens unter den Gemeinden

Die Gesamtheit der Gemeinden ist zu 2,2 % am Umsatzsteueraufkommen beteiligt. Die Verteilung des Umsatzsteueraufkommens auf die Gemeinden je Bundesland folgt dem § 5 a-c GemFinRefG. Die Schlüsselzahlen sind veränderlich und variieren u. a. mit dem Gewerbesteueraufkommen und der Anzahl der sozialversicherungspflichtig Beschäftigten. Die festgelegten Schlüsselzahlen werden in der „Verordnung über die Festsetzung der Länderschlüsselzahlen und die Ermittlung der Schlüsselzahlen für die Aufteilung des Gemeindeanteils am Aufkommen der Umsatzsteuer nach § 5 c des Gemeindefinanzreformgesetzes" (UStGemAntV) veröffentlicht.

2.2.1.5 Sekundärer, horizontaler Finanzausgleich

Der Länderfinanzausgleich i. e. S. verringert die Einnahmeunterschiede zwischen den Bundesländern weiter mit dem Ziel, die gleichwertigen Lebensverhältnisse für alle Einwohner im Bundesgebiet zu wahren. Die finanzielle Eigenverantwortung der Länder soll dabei aber nicht beseitigt werden. Deshalb werden die Einnahmeunterschiede lediglich verringert, aber nicht vollständig ausgeglichen. Bundesländer, die gegenüber der Ländergesamtheit eine größere Wachstumsrate in ihren Steuereinnahmen aufweisen und demzufolge eine größere wirtschaftliche Leistungskraft haben, werden nicht bestraft, sondern der überproportionale Zuwachs wird um zwölf Prozent gekürzt und geht somit nicht in die Berechnung der Finanzkraft ein [Prämienmodell § 7 Abs. 1 FAG].

Im Einzelnen umfasst die Finanzkraftmesszahl $fkmz_{BL}[t]$ die Steuereinnahmen der Länder (Landessteuern als auch die Länderanteile an den Gemeinschaftsteuern) abzüglich des überproportionalen Zuwachses $svsltt\_k_{BL}[t]$ und zuzüglich der Förderabgabe im Sinne des Bergbaugesetzes $fabu_{BL}[t]$ und zu 64 % die Steuereinnahmen ihrer Gemeinden $svsgtt_{BL}[t]$ (siehe Formel 3).

$$
\begin{aligned}
fkmz_{BL}[t] &= \underbrace{svsltt\_k_{BL}[t] + fabu_{BL}[t] + snslus_{BL}[t]}_{\text{Landeseinnahmen lt. FAG§7}} + \underbrace{0{,}64 \cdot svsgtt_{BL}[t]}_{\text{Einnahmen der Gemeinden lt. FAG§8}} \\
svsgtt_{BL}[t] &= snsgus_{BL}[t] + snsglvz_{BL}[t] + svsgrsa_{BL}[t] + svsgrsb_{BL}[t] \\
&\quad + svsgrsg_{BL}[t] - snslgu_{BL}[t] - snsbgu_{BL}[t] \\
svsltt\_k_{BL}[t] &\sim \text{Landeseinnahmen abzgl. Kürzung lt. FAG § 7 Abs. 3} \\
fabu_{BL}[t] &\sim \text{Förderabgabe i. S. d. Bergbaugesetzes} \\
snslus_{BL}[t] &\sim \text{Umsatzsteuereinnahmen der Länder} \\
snsgus_{BL}[t] &\sim \text{Umsatzsteuereinnahmen der Gemeinden} \\
snsglvz_{BL}[t] &\sim \text{Gemeindeanteil an den Einkommensteuern} \\
svsgrsa_{BL}[t] &\sim \text{Realsteuerkraft der Grundsteuer A} \\
svsgrsb_{BL}[t] &\sim \text{Realsteuerkraft der Grundsteuer B} \\
svsgrsg_{BL}[t] &\sim \text{Realsteuerkraft der Gewerbesteuer} \\
snslgu_{BL}[t] &\sim \text{Gewerbesteuerumlage an die Länder} \\
snsbgu_{BL}[t] &\sim \text{Gewerbesteuerumlage an den Bund} \\
&\forall \in BL,\ BL = [1; 16]
\end{aligned}
\tag{3}
$$

Das Ergebnis wird mit der Ausgleichsmesszahl (siehe Formel 4) verglichen, die der Bedarfsermittlung dient. Der Bedarf wird als durchschnittliche Finanzausstattung aller Bundesländer einschließlich ihrer Gemeinden pro Einwohner definiert und mit der Einwohnerzahl des betroffenen Landes (einschließlich ihrer Gemeinden) multipliziert. Die Einwohner der Stadtstaaten werden mit dem Faktor 1,35 berücksichtigt. Berlin, Hamburg und Bremen erhalten keinen Ausgleich im Rahmen des kommunalen Finanzausgleichs, so dass die Leistungserbringung der Stadtstaaten für Bewohner des Umlandes mit der Einwohnerveredelung abgegolten wird.

Die Einwohner der Gemeinden in Mecklenburg-Vorpommern werden mit dem Faktor 1,05, Brandenburg mit 1,03 und Sachsen-Anhalt mit 1,02 gewichtet [Art. 5 § 9 Satz 2, 3 SFG]. Die Einwohnerveredelung hat zum Ziel, die Besonderheiten[33] der Stadtstaaten und der dünn besiedelten Flächenländer zu berücksichtigen.

---

33 Beispielsweise haben dünn besiedelte Flächenländer aufgrund von Remanenzeffekten tendenziell höhere Kosten pro Einwohner. Auf die strukturellen Besonderheiten der Stadtstaaten weist auch das Urteil des Bundesverfassungsgerichts vom 24. Juni 1986 hin [BverfGE 72, 330 (415)].

$$
\begin{aligned}
agmz_{BL}[t] &= \frac{svsltt\_k_{BN}[t]}{vEW_{BN}^{L}[t]} \cdot EW_{BL}[t] + \frac{svsgtt_{BL}[t]}{vEW_{BN}^{G}[t]} \cdot EW_{BL}[t] \\
vEW_{BN}^{L}[t] &= EW_{FL}^{L}[t] + EW_{SS}^{L}[t] \cdot 1{,}35 \\
vEW_{BN}^{G}[t] &= EW_{MV}^{G}[t] \cdot 1{,}05 + EW_{BB}^{G}[t] \cdot 1{,}03 + EW_{ST}^{G}[t] \cdot 1{,}02 \\
&\quad + EW_{SS}^{L}[t] \cdot 1{,}35 + EW_{ÜL}^{G}[t] \\
svsgtt_{BN}[t] &\sim \textit{64\% der Gemeindeeinnahmen} \\
svsltt\_k_{BN}[t] &\sim \textit{Landeseinnahmen abzgl. Kürzung lt. FAG § 7 Abs. 3} \\
vEW_{BN}^{L}[t] &\sim \textit{veredelte Einwohnerzahl der Länder} \\
vEW_{BN}^{G}[t] &\sim \textit{veredelte Einwohnerzahl der Gemeinden} \\
EW_{FL}^{L}[t] &\sim \textit{Einwohnerzahl der Flächenländer} \\
EW_{SS}^{L}[t] &\sim \textit{Einwohnerzahl der Stadtstaaten} \\
EW_{MV}^{G}[t] &\sim \textit{Einwohnerzahl der Gemeinden Mecklenburg-Vorpommerns} \\
EW_{BB}^{G}[t] &\sim \textit{Einwohnerzahl der Gemeinden Brandenburgs} \\
EW_{SA}^{G}[t] &\sim \textit{Einwohnerzahl der Gemeinden Sachsen-Anhalts} \\
EW_{ÜL}^{G}[t] &\sim \textit{Einwohnerzahl der Gemeinden der übrigen Länder} \\
&\forall \in BL,\ BL = [1;16] \\
&\forall \in FL,\ FL = \{BB, BW, BY, HE, MV, NI, NW, RP, SA, SH, SL, SN, TH\} \\
&\forall \in SS,\ SS = \{BE, HB, HH\} \\
&\forall \in ÜL,\ ÜL = \{BW, BY, HB, HE, HH, NI, NW, RP, SH, SL, SN, TH\}
\end{aligned}
\tag{4}
$$

Je größer der Bevölkerungsanteil eines Bundeslandes, umso größer ist auch die Ausgleichsmesszahl (vgl. Formel 4). Bundesländer mit einem relativ großen Anteil am Steueraufkommen bei gleichzeitig geringem Bevölkerungsanteil (z. B. Stadtstaaten) würden ohne „Veredelung" der Einwohnerzahlen benachteiligt werden. Umgekehrt werden Länder mit geringem Steueranteil und relativ hohem Bevölkerungsanteil bei einem Zuwachs des Steueraufkommens ihre Ausgleichsmesszahl stärker erhöhen können als Länder mit relativ geringem Steuer- und Bevölkerungsanteil.

Der Vergleich der finanziellen Leistungskraft der Länder mit dem Finanzbedarf ergibt eine Ausgleichspflicht oder -berechtigung eines Landes. Ist die Ausgleichsmesszahl größer als die Finanzkraftmesszahl, ist das Land ausgleichsberechtigt. Im umgekehrten Fall leisten die einkommenstarken Bundesländer Ausgleichsbeiträge an die ausgleichsberechtigten Bundesländer (siehe Abb. 8).

Abb. 8: Ausgleichszuweisungen und -beiträge

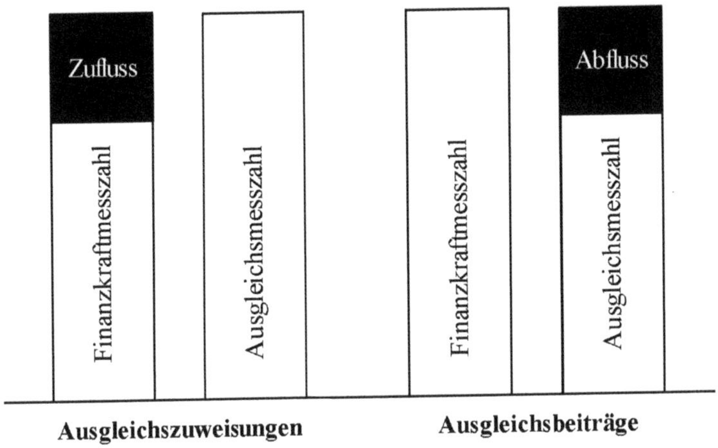

Quelle: Eigene Darstellung

Die Überschussabschöpfungen bzw. Ausgleichszuweisungen werden wie in Formel 5 und 6 dargestellt ermittelt [§ 10 Abs. 1 und 2 FAG]:

$$
\begin{array}{lcl}
usan_{BL}[t] & = & agmz_{BL}[\mathrm{t}] \cdot F \\
\textit{1.Fall:} & & fkmz_{BL}[t] < 1{,}07 \cdot agmz_{BL}[t] \\
F & = & X \cdot \left(\frac{13}{7} \cdot X + \frac{11}{25} \right) \\
\textit{2.Fall:} & & 1{,}07 \cdot agmz_{BL}[\mathrm{t}] \leqslant fkmz_{BL}[t] < 1{,}20 \cdot agmz_{BL}[\mathrm{t}] \\
F & = & X \cdot \left(\frac{5}{26} \cdot X + \frac{35}{52} \right) - \frac{2.121}{260.000} \\
\textit{3.Fall:} & & fkmz_{BL}[t] \geqslant 1{,}20 \cdot agmz_{BL}[t] \\
F & = & \frac{3}{4} \cdot F - \frac{317}{20.000} \\
X & = & \frac{fkmz_{BL}[t]}{agmz_{BL}[t]} - 1 \\
usan_{BL}[t] & \sim & \textit{Überschussabschöpfungen} \\
fkmz_{BL}[t] & \sim & \textit{Finanzkraftmesszahl} \\
agmz_{BL}[t] & \sim & \textit{Ausgleichsmesszahl}
\end{array}
\qquad (5)
$$

$$
\begin{aligned}
agz_{BL}[t] &= agmz_{BL}[t]\cdot F \\
\text{1.Fall:} &\quad fkmz_{BL}[t]<1{,}08\cdot agmz_{BL}[t] \\
F &= \frac{3}{4}\cdot F-\frac{317}{20.000} \\
\text{2.Fall:} &\quad 0{,}8\cdot agmz_{BL}[t] \leqslant fkmz_{BL}[t]<0{,}93\cdot agmz_{BL}[t] \\
F &= X\cdot\left(\frac{5}{26}\cdot X+\frac{35}{52}\right)-\frac{2.121}{260.000} \\
\text{3.Fall:} &\quad fkmz_{BL}[t]\geqslant 0{,}93\cdot agmz_{BL}[t] \\
F &= X\cdot\left(\frac{13}{7}\cdot X+\frac{11}{25}\right) \\
X &= 1-\frac{fkmz_{BL}[t]}{agmz_{BL}[t]}
\end{aligned}
\tag{6}
$$

$agz_{BL}[t]$ ~ *Ausgleichszuweisungen*
$fkmz_{BL}[t]$ ~ *Finanzkraftmesszahl*
$agmz_{BL}[t]$ ~ *Ausgleichsmesszahl*
$\forall \in BL, BL = [1;16]$

Die Staffelung der Berechnungsvorschriften soll die Anreize erhöhen, die Einnahmesituation in den Ländern zu verbessern. Ist die relative Finanzkraft kleiner als 80 %, wird der Fehlbetrag zwischen 67 % und 73 % angepasst. Beträgt der Anteil der Finanzkraftmesszahl an der Ausgleichsmesszahl zwischen 80 % und 93 % wird die Differenz zwischen FKMZ und AGMZ zu 57 % bis 67 % angepasst und bei einer relativen Finanzkraft von größer als 93 % der Fehlbetrag zu 44 % bis 57 % aufgestockt. Gleichermaßen werden die Überschüsse abgeschöpft (siehe Abb. 9).

Abb. 9: Zuweisungs- und Abschöpfungsquote

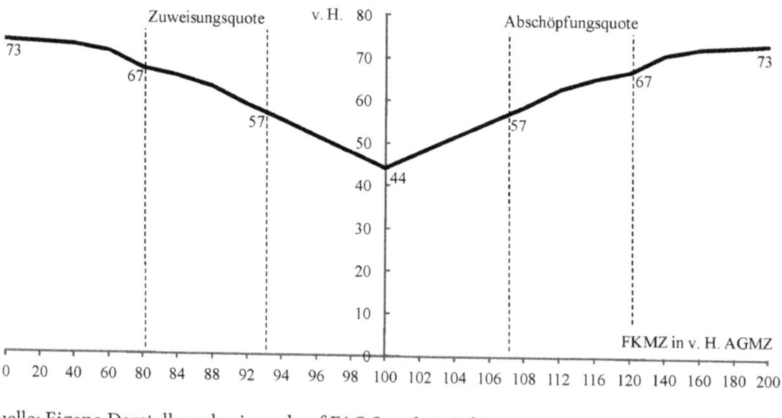

Quelle: Eigene Darstellung basierend auf FAG Stand 15. Juli 2013

Übersteigen die Ausgleichsbeiträge eines Landes die Differenz aus Finanzkraftmesszahl und Ausgleichsmesszahl um 72,5 %, wird dieser Betrag von allen Ländern übernommen [§ 10 Abs. 3 FAG].

2.2.1.6 *Sekundärer, vertikaler Finanzausgleich*

Der sekundäre, vertikale Finanzausgleich stellt die letzte Stufe des Finanzausgleichs dar. Leistungsschwache Länder, deren Finanzkraft je Einwohner nach dem Finanzausgleich i. e. S. unter 99,5 % der durchschnittlichen Finanzkraft je Einwohner liegt, erhalten ergänzende Zuweisungen des Bundes, um den allgemeinen Finanzbedarf zu decken (siehe Formel 7). Der Fehlbetrag wird zu 77,5 % aufgefüllt [§ 11 Abs. 2 FAG].

$$\begin{aligned}
BEZ_{BL}^{LS}[t] &= 0{,}775\cdot(0{,}995\cdot agmz_{BL}[t] - fkmz_{BL}[t] - agz_{BL}[t]) \\
BEZ_{BL}^{LS}[t] &\sim \text{allgemeiner Finanzbedarf für leistungsschwache Bundesländer} \\
agmz_{BL}[t] &\sim \text{Ausgleichsmesszahl} \\
fkmz_{BL}[t] &\sim \text{Finanzkraftmesszahl} \\
agz_{BL}[t] &\sim \text{Ausgleichszuweisungen} \\
&\forall \in BL,\ BL = [1;16]
\end{aligned} \qquad (7)$$

Bundesergänzungen (BEZ, siehe Tab. 4) erhalten auch Bundesländer, die aufgrund von teilungsbedingten Sonderlasten, struktureller Arbeitslosigkeit oder durch Kosten der politischen Führung benachteiligt sind [§ 11 Abs. 3, 3 a und 4 FAG].

Tab. 4: Bundesergänzungszuweisungen in den Jahren 2005–2019, in Mrd. €

	Ausgleich von Sonderlasten (in Mrd. €)				
	Teilungsbedingt (gesamter Zeitraum)	Strukturelle Arbeitslosigkeit, überproportionale Lasten durch Sozial-, Arbeitslosenhilfe (p. a.)			Kosten politischer Führung (p. a.)
	2005 - 2019	2005 - 2011	2012 - 2013	ab 2014	seit 2005
BE	20,0				0,04
BB	15,1	0,19	0,13	0,15	0,06
MV	11,1	0,13	0,09	0,10	0,06
SN	27,5	0,32	0,23	0,25	0,03
ST	16,6	0,19	0,13	0,15	0,05
TH	15,1	0,18	0,13	0,14	0,06
HB					0,06
RP					0,05
SL					0,06
SH					0,05
Σ	105,3	1,00	0,71	0,78	0,52

Quelle: Eigene Darstellung basierend auf § 11 Abs. 3–4 FAG (Stand: 15. Juli 2013)

Die teilungsbedingten Sonderlasten sind Bestandteil des Solidarpakts II. Bis zum Jahr 2020 werden die „teilungsbedingten" BEZ auslaufen (siehe Abb. 10).

BEZ zum Ausgleich der Belastungen durch strukturelle Arbeitslosigkeit erhalten alle ostdeutschen Bundesländer außer Berlin. Die Höhe der Sonderlasten wird alle drei Jahre geprüft und die BEZ an die Kostenentwicklung angepasst [§ 11 Abs. 3 a FAG]. Die ursprüngliche zeitliche Befristung bis zum Jahr 2009 wurde aufgehoben.

Die Stadtstaaten und dünn besiedelte Flächenländer erhalten zudem Sonderzuweisungen vom Bund, um die überdurchschnittlichen Kosten der politischen Führung auszugleichen. Auch der Anspruch auf diese Sonderbedarfs-BEZ wird alle fünf Jahre geprüft und dann über die weitere Vergabe entschieden [§ 11 Abs. 4 FAG].

Abb. 10: Teilungsbedingte Sonderbedarfs-BEZ in den Jahren 2005–2020, in Mrd. €

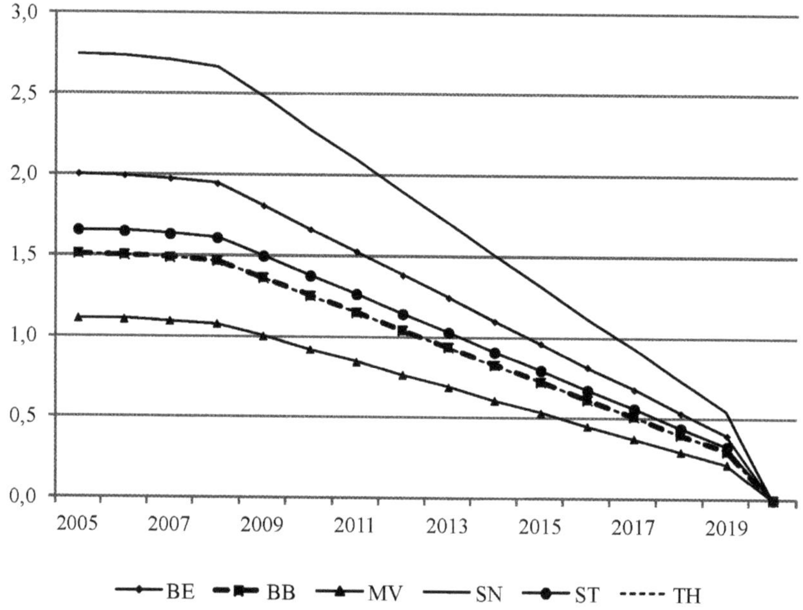

Quelle: Eigene Darstellung basierend auf § 11 Abs. 3–4 FAG (Stand: 15. Juli 2013)

2.2.2 Kritische Betrachtung des Finanzausgleichs und Lösungsansätze

Der Finanzausgleich hat zum Ziel, die Ausgaben und Einnahmen der Gebietskörperschaften sowohl zwischen den Gebietskörperschaften als auch zwischen Ländern und Gemeinden in Einklang zu bringen. Jede Gebietskörperschaft sollte über eine ausreichende Mittelausstattung verfügen, um ihre Aufgaben zu erfüllen [Art. 106 Abs. 3 GG].

Haupteinnahmequelle sind die Steuereinnahmen. Jeder Staatsebene steht ein Anteil an den Gesamtsteuereinnahmen zu. Die Steuern werden entweder im Trennsystem (Bundes-, Landes- und Gemeindesteuern) vereinnahmt und verbleiben bei der jeweiligen Gebietskörperschaft. Alternativ werden die Steuern im Verbundsystem gemeinschaftlich vereinnahmt und anschließend nach den Regeln des Art. 106 und 107 GG verteilt.

Der Anteil der Steuereinnahmen im Trennsystem an den gesamten Steuereinnahmen ist für Bund, Länder und Gemeinden recht unterschiedlich. Für die Länder haben die Landessteuern eine vergleichsweise geringe Bedeutung. Nur sieben Prozent der Gesamtsteuereinnahmen der Länder können so erwirtschaftet werden. Für den Bund sind die Bundessteuern mit 32 % bedeutender, ebenso für die Gemeinden die Gemeindesteuern mit 59 %.

Die Gemeinschaftsteuern haben im Jahr 2013 einen Anteil von ca. 71 % am gesamten Steueraufkommen und sind damit die aufkommensstärksten Steuern. Für die Länder sind sie die Haupteinnahmequelle. Die Möglichkeiten der Einflussnahme sind aber gering. Der Bund hat die konkurrierende Gesetzgebung bei den Gemeinschaftsteuern [Art. 105, Abs. 2 GG]. Die Länder können zwar von ihrem Vetorecht während des Gesetzgebungsprozesses Gebrauch machen, aber keine landesspezifischen Anpassungen vornehmen.

Die Gesetzgebungskompetenzen für die Ländersteuern liegen überwiegend beim Bund [BMF 2013]. Seit dem Jahr 2006 können die Länder den Steuersatz bei der Grunderwerbsteuer anpassen [Art. 105, Abs. 2 a GG]. Die Einnahmen stehen vollständig den Ländern nach dem örtlichen Aufkommen zu. Das Einnahmevolumen ist jedoch relativ gering.

Zu den landesgesetzlich geregelten Steuern gehören u. a. örtliche Verbrauch- und Aufwandsteuern (u. a. Hund-, Zweitwohnungsteuer), deren Erträge den Gemeinden zustehen.

Bereits während der Föderalismuskommission II wurden Empfehlungen und Vorschläge zur Stärkung der Steuerautonomie diskutiert [BMF 2004 a, Deubel 2007, Hausner 2003]. Insbesondere mit Blick auf die Schuldenbremse und die Verschuldung der Länder sollte die Einnahmesituation verbessert werden. Die Erhöhung der Steuerautonomie ist ein Vorschlag für die Stärkung der Eigenverantwortung der Länderhaushalte. Die in der Literatur diskutierten Möglichkeiten umfassen u. a. Zuschlagsrechte bei den Gemeinschaftsteuern [Kitterer/Plachta 2008, Deutsche Bundesbank 2014, SVR 2014, S. 340 ff.]. Die Einnahmen, die aus den landesspezifischen Zuschlägen resultieren, würden bei den jeweiligen Bundesländern verbleiben.

Kritiker der Steuerautonomie befürchten, dass ein ruinöser Steuerwettbewerb eintritt oder Wanderungsbewegungen einsetzen könnten [Deubel 2007, Büttner/Schwager 2003]. Demgegenüber argumentiert z. B. Korte, dass diese Befürchtungen unangebracht sind und spricht sich für einen Steuerwettbewerb in Maßen aus[34]

34 Anhand der Erbschaft- und Schenkungsteuer, Vermögen-, Gewerbe- und Grunderwerbsteuer werden die Auswirkungen analysiert [Korte 2008 S. 119 ff.].

[und auch Baretti et al. 2000, SVR 2001, S. 326 ff., SVR 2003, S. 305 ff., SVR 2008, S. 211 ff.]. Beispielsweise konnte bei der Grunderwerbsteuer kein Wettlauf um die niedrigsten Steuersätze festgestellt werden [Heinemann 2014]. Im Gegenteil, die Steuersätze wurden seit 2006 in allen Ländern außer Sachsen und Bayern zum Teil schon mehrmals erhöht.

Da die Gemeinschaftsteuern eine Haupteinnahmequelle der Länder sind, kommt den Verteilungsmechanismen des Finanzausgleichs eine bedeutende Rolle zu. Die Umverteilungsmechanismen orientieren sich an dem Ziel, die Finanzkraft und den Finanzbedarf so anzunähern, dass die gleichwertigen Lebensverhältnisse im Bundesgebiet gewahrt werden (Einnahmeausgleich).

Die Kritik setzt bereits an der Bestimmung der Finanzkraft und dem Finanzbedarf an. Die *Finanzkraft* der Länder ist ein Ergebnis von vorgelagerten Umverteilungsprozessen. Das betrifft die Einkommensteuern, die Körperschaftsteuer und die Umsatzsteuer.

Die *Einkommensteuern und die Körperschaftsteuer*, die den Ländern zunächst nach dem örtlichen Aufkommen zustehen, werden „zerlegt". Die Zerlegung der Lohnsteuer wird beispielsweise nach dem Wohnsitzprinzip vorgenommen. Wohnort und Arbeitsort stimmen räumlich nicht immer überein. Dadurch verlieren vor allem die Stadtstaaten einen Großteil ihres originären Steueraufkommens.

Die Zerlegung der Lohnsteuer nach dem Wohnsitzprinzip wird in der finanzwissenschaftlichen Literatur bereits länger kritisiert [u. a. Hummel/Leibfritz 1986, S. 63 ff., SVR 2001, S. 326, Kitterer/Plachta 2008, S. 42 ff.]. Ursprünglich stand die Absicht dahinter, dem Land die Lohnsteuer zuzuweisen, in dem der effektiv belastete Steuerträger wohnt (ökonomisches Belastungsprinzip, Peffekoven 1987). Dieses Belastungsprinzip geht davon aus, „dass das regionale Aufkommen der regionalen Steuerleistung entspricht" [Kommission für die Finanzreform 1966, S. 73]. Ist dies nicht gegeben, muss demnach eine Korrektur vorgenommen werden. Da der Arbeitnehmer der Steuerträger ist und die Steuerlast nicht vom Unternehmen aufgebracht wird, wird eine Zerlegung nach dem Wohnsitzprinzip als ökonomisch richtig angesehen [Peffekoven 1987, S. 187].

Legt man das Äquivalenzprinzip zugrunde, müsste man von der Zerlegung nach dem Wohnsitzprinzip abrücken. Pendler nutzen zu einem hohen Maße die Infrastruktur auf dem Weg zum und am Arbeitsplatz. Sie werden aber nicht zur Finanzierung der öffentlichen Leistung herangezogen, so dass der Nutzer der öffentlich erbrachten Leistung nicht dem Kostenverursacher entspricht [Kitterer/Plachta 2008, S. 46].

Ein weiteres Argument gegen das bestehende Zerlegungsprinzip ist, dass die Schaffung neuer Arbeitsplätze nicht hinreichend unterstützt wird. Länder mit hohen Einpendlerquoten werden dadurch keine Anreize gegeben Arbeitsplätze zu schaffen; eher wird die Schaffung von Wohnraum gefördert [Kitterer/Plachta 2008, S. 46 f., Lichtblau 1999].

Aus den oben genannten Gründen wird u. a. von Henke/Schuppert 1993, Wiegard 2006 und Kitterer/Plachta 2008 eine Zerlegung der Lohnsteuer nach wirtschaftskraftbezogenen Maßstäben gefordert oder zumindest die Lohnsteuer hälftig nach dem Wohnsitzprinzip und dem Betriebsstättenprinzip zu zerlegen, so dass einerseits der Wohnort als auch der Arbeitsort über Steuereinnahmen aus der Lohnsteuer verfügen und ein attraktives Wohnumfeld als auch Investitionen in die Infrastruktur finanziert werden können.

Die *Umsatzsteuer*verteilung beinhaltet weitere Umverteilungselemente. Bis zu 25 % der Umsatzsteuer werden genutzt, um steuerkraftschwache Länder zu unterstützen (Umsatzsteuerergänzungsanteile). Im Unterschied zum Länderfinanzausgleich i. e. S. erfolgt diese Verteilung nicht bedarfsorientiert, sondern es findet ein Steuereinnahmeausgleich statt. Die übrigen 75 % des Umsatzsteueraufkommens werden (bedarfsorientiert) nach Einwohnern verteilt.

Die Einnahmen der Länder an den Einkommensteuern und der Umsatzsteuer bilden die Grundlage für den anschließenden Länderfinanzausgleich im engeren Sinn. Steuerkraftschwache Länder können so mehrmals und mit verschiedenen Ausgleichstarifen unterstützt werden, wobei das Ausgleichsvolumen auf der nachgelagerten Stufe von den Einnahmen auf der vorgelagerten Stufe abhängt. Darunter leidet die Transparenz des Systems.

In die Bestimmung der Finanzkraft der Länder fließt auch ein Teil der Gemeindesteuern ein. Hier mehren sich die Forderungen, die kommunale Finanzkraft zu 100 % statt zu 64 % einzubeziehen [Lenk/Kuntze 2012, Truger/Vesper 2014, SVR 2014, S. 329 f.]. Die Länder sind für die Finanzausstattung ihrer Kommunen verantwortlich. Daher ist es sinnvoll, die Leistungsfähigkeit der Kommunen vollständig zu berücksichtigen. Eine höhere finanzielle Unterstützung der Gemeinden würde sich dann vollständig in der (geringeren) Finanzkraft der Länder widerspiegeln.

Der *Finanzbedarf* der Länder wird über die Anzahl der Einwohner eines Landes bestimmt. Die Einwohner der Stadtstaaten und dünn besiedelter Räume werden höher gewertet, um „abstrakte Mehrbedarfe" pro Kopf zu berücksichtigen.

Das „Veredelungsprinzip" geht auf Brecht und Popitz zurück, die einen Zusammenhang zwischen den Ausgaben und der „Bevölkerungsmassierung" [Popitz 1932] sahen. Seitdem wird die Einwohnerzahl als Bedarfsindikator im Länderfinanzausgleich erhöht, um einem angeblich nachgewiesenen, größeren Finanzbedarf von Ländern mit hoher Bevölkerungsdichte und Einwohnerzahl Rechnung zu tragen [Dietrich 1996, S. 3].

Die Einwohnerveredelung wird seit Längerem kontrovers diskutiert. Einen internationalen Überblick gibt Dietrich 1996 [S. 19 ff.]. Hauptkritikpunkte sind, dass der empirische Nachweis des Zusammenhanges nur zeitpunktbezogen erfolgt ist und keine Gesetzmäßigkeit darstellt. Arndt/Waluga 2004 geben einen Überblick an ausgewählten Studien zur Stadtstaatenproblematik in Deutschland. Die Autoren kritisieren insbesondere die methodischen Vorgehensweisen z. B. die Identifizierung der Mehrbedarfe und die Auswahl der Großstädte für den Vergleich mit den Stadtstaaten wie vom Bundesverfassungsgericht gefordert.

Kritisiert wird auch die einseitige Begründung der Einwohnerveredelung. Neben den häufig angebrachten negativen Spill-over-Effekten (z. B. Leistungserbringung für Umlandbewohner, höherer Finanzbedarf bei steigender Siedlungsdichte) sollten auch die positiven Effekte berücksichtigt werden. Mit wachsender Einwohnerzahl sinken die Kosten pro Kopf (Skaleneffekte) z. B. bei administrativen Kosten [Eltges et al. 2001, S. 16 ff., Kirchhof 1982, S. 114 ff.].

Im Jahresgutachten 2014/2015 fordert der Sachverständigenrat die vollständige Abschaffung der Einwohnerveredelung und stattdessen die Berücksichtigung möglicher Mehrbedarfe über pauschale Zuweisungen des Bundes an die Länder [SVR 2014, S. 330 und 333]. Demgegenüber befürworten Lenk und Kuntze die Fortführung der Einwohnerveredelung insbesondere im Hinblick auf die demografische Entwicklung insbesondere in den ostdeutschen Bundesländern [Lenk/Kuntze 2012, S. 40]. Auch die Gutachter des Wissenschaftlichen Beirats beim BMF befürworten mehrheitlich die Beibehaltung der Einwohnerveredelung der Stadtstaaten [BMF 2015].

Aus juristischer Sicht ist nach der derzeitigen Rechtslage die Einwohnerveredelung zulässig. Mit dem Maßstäbegesetz ist der Gesetzgeber der Forderung des Bundesverfassungsgerichts nachgekommen, den Mehrbedarf einzelner Länder nach „Maßgabe verläßlicher, objektivierbarer Indikatoren“ zu konkretisieren [BVerfG, 2 BvF 1/99 vom 11. November 1999 (319)]. Des weiteren wurde in verschiedenen Studien die Einwohnerwertung überprüft und festgestellt, dass sich die Gewichtungsfaktoren in zulässigen Bandbreiten bewegen [Hechtner 2013, für eine Zusammenfassung siehe auch Arndt/Waluga 2004].

Ein seit langem diskutierter Punkt im Länderfinanzausgleich ist die Anreizkompatibilität bzw. die hohen Abschöpfungsquoten. Die Abschöpfungsquote stellt den Anteil des theoretisch zusätzlichen Steueraufkommens eines Bundeslandes dar, der an andere Bundesländer im Rahmen des Länderfinanzausgleichs fließt.

Die Beurteilung der Grenzbelastungen wird durch die Mehrstufigkeit des Länderfinanzausgleichs erschwert, da die Abschöpfungsquote nicht an einem Tarif abgelesen werden kann. Die Grenzbelastungen sind auf jeder Stufe des Finanzausgleichs verschieden. Des Weiteren hängt der Selbstbehalt eines Landes von der Steuerart (Gemeinschaftsteuern vs. Steuern im Trennsystem) und der Einwohnerzahl eines Landes ab. Für Nehmerländer ist die Grenzbelastung tendenziell höher als für Geberländer. Geberländer müssen vom zusätzlichen Aufkommen nur im LFA i. e. S. Einbußen hinnehmen. Für Nehmerländer können sich die Einnahmen im Umsatzsteuervorwegausgleich, LFA i. e. S. und bei den Bundesergänzungszuweisungen verringern [Truger/Vesper 2014].

Der Anreiz, die Steuerkraft durch eigene Anstrengungen zu erhöhen, ist für wirtschafts- und steuerkraftschwache Länder gering. Im umgekehrten Fall haben auch Länder mit einer überdurchschnittlicher Finanzkraft nur wenig Anreiz, ihre Steuereinnahmen weiter zu erhöhen, da diese im Finanzausgleich abgeschöpft werden.

In verschiedenen Studien wurde gezeigt, dass der Anreiz die finanzielle Basis zu stärken umso geringer ist, je höher der Einnahmeausgleich ist [Blöchliger et al. 2007]. Die Wachstumsbemühungen der Geberländer werden konterkariert [Baretti/Huber/Lichtblau 2001, Baretti 2001[35], Kitterer/Plachta 2008, Berthold/Fricke 2007].

35 Baretti/Huber/Lichtblau 2001 und Baretti 2001 beziehen sich in ihrer Analyse noch auf den Länderfinanzausgleich vor 2005.

Rosenfeld et al. 2007 und Stahl 2005 können aber zeigen, dass das Wachstum der Geberregionen nicht nachhaltig gebremst wird. Auch Truger und Vesper kommen zu dem Schluss, dass „weder theoretisch noch empirisch" [Truger/Vesper 2014, S. 39] stichhaltige Argumente einer negativen Anreizwirkung vorliegen.

Bereits zum 1. Januar 2005 war die Verbesserung der Anreizwirkungen für mehr Eigenanstrengungen der Länder zur Stärkung ihrer originären Steuerkraft ein Ziel der Reform des Länderfinanzausgleichs. Die Einführung des Prämienmodells in den Länderfinanzausgleich war mit dem Ziel verbunden, die Grenzbelastungen zu senken. Studien von Heinemann sowie Lenk und Kaiser analysieren im Speziellen die Wirkungen des Prämienmodells und kommen zu dem Schluss, dass die Wirkungen für die prämienberechtigten Länder kaum nennenswert sind und unter besonderen Umständen Anreize liefern, eher bevölkerungspolitisch zu agieren, denn die Steuerbasis zu erhöhen [Heinemann 2006, Lenk/Kaiser 2003].

Basierend auf den angeführten Schwachpunkten des derzeit gültigen Länderfinanzausgleichs gibt es weitergehende Reformvorschläge. Kitterer und Plachta plädieren z. B. für einen „vereinfachten Länderfinanzausgleich". Die Umsatzsteuerergänzungsanteile und die allgemeinen Bundesergänzungszuweisungen sollten abgeschafft werden, da diese die gleiche Zielsetzung verfolgen wie der horizontale Länderfinanzausgleich [Kitterer/Plachta 2008, S. 80 ff.]. Das Umverteilungsvolumen würde sinken und die Transparenz des Ausgleichssystems erhöht. Des Weiteren wird eine stärkere Koinzidenz von Wirtschaftskraft und Steuerkraft bei der Tarifgestaltung für den Ausgleich gefordert. Der Übergang von einem Finanzkraft- zu einem Wirtschaftskraftausgleich kann die Anreizwirkungen zu investieren erhöhen [Kitterer/Plachta 2008, S. 95 ff., Schick 2004, Eck et al. 2011].

Einige Lösungsansätze, die hier vorgestellt wurden, werden in den Szenarien aufgegriffen, berechnet und deren Auswirkungen diskutiert (siehe Kapitel 9).

3. Modellierung des Staatsbudgets – Diskussion ausgewählter Ansätze

Dieses Kapitel gibt einen Überblick über ausgewählte Modellrechnungen, die sich mit der Prognose staatlicher Einnahmen und Ausgaben beschäftigen. Im Fokus stehen Modelle, die den Einfluss demografischer und ökonomischer Entwicklungen berücksichtigen und/oder sich mit der regionalen Verteilung der Staatseinnahmen und -ausgaben befassen.

Aus den Vor- und Nachteilen der Modelle werden Anforderungen abgeleitet, denen ein Modell genügen sollte, dass:

- den Staatssektor (Bund, Länder, Gemeinden, Sozialversicherungen) detailliert abbildet,
- wichtige Einflussfaktoren (demografische und wirtschaftliche Entwicklung, Beschäftigung) auf die staatlichen Einnahmen und Ausgaben darstellt und
- regionale Aspekte (Bundesländer, Länderfinanzausgleich) berücksichtigt.

3.1 Modellrechnungen des Sachverständigenrates

Seit 2005 werden vom Bundesministerium der Finanzen Berichte über die Tragfähigkeit der öffentlichen Finanzen publiziert, um die Auswirkungen des demografischen Wandels abzuschätzen [BMF 2005, BMF 2008, BMF 2011, SVR 2011]. Das diesen Berichten zugrunde liegende Social Insurance Model (SIM) wurde am CESifo entwickelt [Werding 2011].

Den Kern des Modells bilden die verschiedenen Sozialversicherungszweige. Zur Bestimmung der zukünftigen Einnahmen und Ausgaben des Staates werden Annahmen über das Wirtschaftswachstum und die Bevölkerungsentwicklung getroffen.

Die makroökonomische Entwicklung ist im SIM für den gesamten Simulationszeitraum hauptsächlich auf exogene Vorgaben zurückzuführen. Wesentliche Annahmen betreffen den Arbeitsmarkt. Die Entwicklung der Erwerbspersonen beruht auf der Bevölkerungsfortschreibung des Statistischen Bundesamts und der angenommenen stärkeren Erwerbsbeteiligung der Frauen und Erwerbspersonen ab 55 Jahren sowie der Erhöhung der Altersrenteneintrittsgrenze auf 67 Jahre. Unter Annahme einer Erwerbslosenquote wird die Zahl der Erwerbslosen und damit auch der Erwerbstätigen ermittelt. Die unterstellte Arbeitsproduktivität bestimmt zusammen mit den Erwerbstätigen die gesamtwirtschaftliche Produktion und das Wirtschaftswachstum [Werding 2011, S. 6]. Das Zusammenspiel eines einfachen neoklassischen Wachstumsmodells und der gesetzten Annahmen auf dem Arbeitsmarkt führt zu einer Abstimmung der wirtschaftlichen Entwicklung, die letztendlich im Einklang mit der demografischen Entwicklung und dem langfristigen Wachstumspotential steht [Werding 2011, S. 9 f.].

Die Entwicklung der Löhne und Gehälter wird in diesem Modellierungsansatz über das Wachstum der gesamtwirtschaftlichen Arbeitsproduktivität ermittelt. Die so bestimmte Projektion der Löhne und Gehälter beeinflusst die Beitragsentwicklung in der Renten- und Krankenversicherung und die Ansprüche in der Arbeitslosenversicherung. In der Rentenversicherung werden zusätzlich die Zuschüsse des Bundes berücksichtigt.

Die gesamten Einnahmen des Staates (Sozialbeiträge und Steuern) werden als konstant im Verhältnis zum Bruttoinlandsprodukt angenommen.

Die Ausgaben werden unter Berücksichtigung der demografischen Entwicklung projiziert. Für die Fortschreibung liegen sehr detaillierte Informationen über alters- und geschlechtsspezifische Übergangsraten vor, die den Eintritt in das Bildungs-, Erwerbsleben etc. abbilden.

Für die Pflege- und Rentenversicherung werden basierend auf alters- und geschlechtsspezifischen Profilen die Ausgaben berechnet. Die pro Kopf-Ausgaben in der gesetzlichen Krankenversicherung werden mit der Wachstumsrate der Löhne fortgeschrieben, da größere Unsicherheiten bezüglich der Altersabhängigkeit der pro Kopf-Ausgaben vorliegen (Kompressions- vs. Medikalisierungsthese [Werding 2011, S. 13 f., Deutscher Bundestag 2011, S. 81]).

Neben der expliziten Modellierung der Sozialversicherungen werden zusätzlich die Bildungsausgaben modellendogen erklärt. Die allgemeine Lohn- und Gehaltsentwicklung bestimmt die Entwicklung der Bildungsausgaben pro Kopf. Die gesamten Ausgaben im öffentlichen Bildungssystem resultieren aus der unterstellten Bildungsbeteiligung. Zusätzlich werden die familienbezogenen Ausgaben (Kinder- und Elterngeld) berücksichtigt. Letztendlich können insgesamt ca. 61 % der gesamten Ausgaben erfasst werden. Alle anderen Ausgaben sind annahmegemäß als konstant in Relation zum nominalen Bruttoinlandsprodukt gesetzt [Werding 2011, S. 20 f.].

Das SIM Modell berücksichtigt die Bevölkerungsdynamik und -struktur auf der Ausgabenseite des Staatsbudgets detailreich. Es erfolgt aber weder eine umfassende Berücksichtigung der demografischen Aspekte auf der Einnahmeseite noch eine Berücksichtigung der Gebietskörperschaften im Einzelnen.

Bei der Modellierung der Steuereinnahmen wird davon ausgegangen, dass diese in Relation zum Bruttoinlandsprodukt konstant sind. Dabei wird außer Acht gelassen, dass nur ein Teil der Steuern konjunkturreagibel ist und einige Steuerarten von anderen Faktoren abhängig sind (z. B. demografische Entwicklung, Beschäftigung etc.). Auch können sich die Bemessungsgrundlagen der Steuerarten recht heterogen entwickeln, und die Steuereinnahmeelastizitäten reichen von kaum reagibel bis sehr elastisch. Erstaunlich ist insbesondere, dass die Modellierung der Sozialversicherungsbeiträge modellendogen erfolgt, aber nicht die Modellierung der Lohnsteuereinnahmen, die die gleiche Bemessungsgrundlage haben.

Das Modell beruht auf vielen exogenen Annahmen, die auch das Wirtschaftswachstum betreffen. Rückkopplungen der simulierten Maßnahmen auf den Wachstumspfad werden nicht endogenisiert und Verhaltensreaktionen der Wirtschaftsteilnehmer nicht berücksichtigt [BMF 2005, S. 5, Werding 2011, S. 3]. Die

„offene" Modellierung und die Vielzahl exogener Variablen führt dazu, dass die Konsistenz der Ergebnisse nicht automatisch erfüllt ist [Werding 2011, SVR 2011].

Zusammenfassend ist festzustellen, dass die detailreiche Analyse der Ausgabenseite zu Lasten einer konsistenten und vollständigen Darstellung geht und die Modellierung partialanalytischen Charakter hat.

3.2 Mikroanalytische Simulationsmodelle

Zur Analyse der zukünftigen staatlichen Einnahmen und Ausgaben vor dem Hintergrund des demografischen Wandels wurden das Potsdamer Mikrosimulationsmodell und das Freiburger Modell der Generationenbilanzierung zusammengeführt. Das Potsdamer Mikrosimulationsmodell basiert auf alters- und geschlechtsspezifischen Steuer- und Transferprofilen, die aus Mikrodatensätzen zusammengestellt wurden [Ehrentraut/Fetzer 2003]. Das Freiburger Modell baut auf dem Potsdamer Modell auf. Neben haushaltsspezifischen Steuern, die Bestandteil des Potsdamer Modells sind, werden zusätzlich Unternehmenssteuern (Gewerbe-, Körperschaftsteuer) berücksichtigt [Bach et al. 2002, S. 135].

Die Projektion des Mikrodatensatzes erfolgt nach dem Konzept des „static ageing" und unter exogener Berücksichtigung der demografischen Entwicklung und der Erwerbstätigkeit [Immervoll et al. 2005]. Dieses statische Vorgehen impliziert, dass die Einkommens- und Ausgabenstrukturen der Individuen unverändert bleiben und keine Verhaltensanpassungen modellendogen abgebildet werden [Bach et al. 2002, S. 41]. Ebenso bleiben Wachstums- und Produktivitätseffekte ausgeblendet. Da beiden Modellen keine fundierte ökonomische Basis zugrunde liegt, können die steuerlichen Bemessungsgrundlagen nicht adäquat fortgeschrieben werden. Die einzelnen Steuerarten, Sozialtransfers und Sozialbeiträge sind an den allgemeinen Produktivitätsfortschritt gekoppelt, der exogen vorgegeben wird. Es wird eine Aufkommenselastizität der Steuern von Eins bezogen auf die Bemessungsgrundlage unterstellt [Bach et al. 2002, S. 45]. Dieses Vorgehen ist vor allem bei den Einkommensteuern kritisch zu hinterfragen, die aufgrund der Progression eine Elastizität von größer Eins aufweisen.

Der Vorteil von Mikrosimulationsmodellen ist die Verknüpfung individueller Datensätze mit volkswirtschaftlichen Größen. In dieser Studie erfolgt eine Verknüpfung mit der Einnahmen- und Ausgabenstruktur des Staates, um die Folgen des demografischen Wandels auf den Staatshaushalt abbilden zu können. Es werden verschiedene Steuerarten und die Einnahmen und Ausgaben der Sozialversicherungszweige abgebildet.

Die partialanalytische Vorgehensweise und die statische Fortschreibung sind allerdings kritisch zu sehen. Es erfolgt weder eine explizite Modellierung des Arbeitsmarktes noch die Anbindung an makroökonomische Modelle[36]. Ökonomische

36 Eine Kombination von mikro- und makroökonomischen Modellen dokumentiert Bach et al. 2001 am Beispiel des Potsdamer Mikrosimulationsmodells und dem makroökonomischen Modell PANTA RHEI.

Effekte können nicht modellendogen abgebildet werden. Die Transmissionsmechanismen sind nicht vollständig abgebildet und können die Ergebnisse verzerren. In Simulationsrechnungen können nur Rückschlüsse über die Auswirkungen des demografischen Wandels bei gegebenem ökonomischen Umfeld erfolgen.

3.3 Projektion der Haushaltsentwicklung in Bayern

Für die Projektion des bayrischen Staatshaushalts wurde vom ifo Institut Dresden ein Modell[37] entwickelt, das eingebettet in einen gesamtwirtschaftlichen Kontext die Einnahmen- und Ausgabenstruktur des bayerischen Staatshaushalts abbildet. Zur Berücksichtigung der Umverteilungswirkungen des Länderfinanzausgleichs wurde eben dieser in die Modellierung integriert.

Die gesamtwirtschaftliche Entwicklung wird für Bayern und Deutschland separat über eine Schätzung des Produktionspotentials erklärt. Die Erklärung des Wirtschaftswachstums ist rein angebotsorientiert [siehe auch SVR 2007, S. 443 ff.]. Die Nichtberücksichtigung der Nachfrage beeinflusst die Modellierung des Steueraufkommens. Da die Bemessungsgrundlage der Verbrauchsteuern nicht abgebildet wird, muss das Steueraufkommen über Wachstumsraten fortgeschrieben werden, die für den Zeitraum 2010–2014 auf der Steuerschätzung vom Mai 2010 des Arbeitskreises „Steuerschätzungen" beruhen und danach mit der Wachstumsrate der Potentialschätzung bestimmt werden. Zusätzlich wird das so bestimmte Steueraufkommen inflationiert. Dieses Vorgehen ist für einen Teil der Verbrauchsteuern fraglich, da die Bemessungsgrundlage auf den verbrauchten Mengen beruht. Für die Modellierung der Einkommensteuern wird das gleiche Verfahren angewendet, da auch eine explizite Modellierung des Arbeitsmarktes und damit der Bruttolöhne und -gehälter unterbleibt.

Mit dem beschriebenen Vorgehen zur Bestimmung des Steueraufkommens wird unterstellt, dass die Steuerelastizität immer Eins ist. Diese Steuerelastizität ist vor allem für die Einkommensteuern zu schwach. Aufgrund der Progression ist die Elastizität größer als Eins [Schoof 1998, S. 212, SVR 2000, S. 257]. Die Steuerelastizität wird andererseits für relativ unelastische Steuern wie die Grundsteuern überschätzt.

Für die Berechnung der Verteilungseffekte des Länderfinanzausgleichs muss das Steueraufkommen für alle relevanten Steuerarten und alle Bundesländer fortgeschrieben werden. Es wird angenommen, dass sich das Wachstum des Steueraufkommens nach Steuerarten für die alten und neuen Bundesländer unterscheidet. Eine separate Modellierung für alle Bundesländer unterbleibt. Dieses Vorgehen ist

---

37 Die nachfolgenden Ausführungen beziehen sich – soweit nicht anders angegeben – auf die Dokumentation von Eck et al. 2011. Das diesem Modell zugrunde liegende Vorgehen wurde ebenso für die Einnahmeprojektion in Sachsen verwendet [Steinbrecher/Thater/Thum 2010]. Allerdings wird in dieser Studie der Länderfinanzausgleich nicht vollständig modelliert, sondern nur vereinfacht abgebildet.

kritisch zu hinterfragen, da die Entwicklung des Steueraufkommens in den Bundesländern nicht gleichmäßig ist. Vor allem das Umverteilungsvolumen des Länderfinanzausgleichs wird davon beeinflusst. Wenn sich das Steueraufkommen in den west- und ostdeutschen Bundesländern jeweils mit der gleichen Rate verändert, wird das Aufkommen der steuerkraftstarken Bundesländer absolut mehr beeinflusst als das der steuerkraftschwachen Bundesländer. Der Abstand zum Länderdurchschnitt, der für den Länderfinanzausgleich i. e. S. maßgeblich ist, wird vergrößert und damit auch das Umverteilungsvolumen.

Zur Bestimmung des Defizits werden die Einnahmen und Ausgaben des bayrischen Freistaats detailliert erfasst. Die Daten beruhen auf der Finanzstatistik. Irritierend ist die Tatsache, dass die verwendeten Datensätze seit 1992 vorliegen, aber erst ab dem Jahr 2000 in die Modellierung einfließen, obwohl selbstkritisch angemerkt wird, dass „die Länge des zur Verfügung stehenden Untersuchungszeitraumes [...] als kritisch zu bewerten [ist]" [Eck et al. 2011, S. 37].

Die Fortschreibung erfolgt auf der Einnahmeseite separat für die steuerlichen Einnahmen, laufende Zuweisungen und Zuschüsse, Einnahmen der Kapitalrechnung und sonstige Einnahmen und ausgabenseitig für Personalkosten und laufenden Sachaufwand, laufende Zuweisungen und Zuschüsse, Ausgaben der Kapitalrechnung, Zinsen und Tilgung, und alle sonstigen Ausgaben. Die detaillierte Erfassung ist positiv hervorzuheben und führt dazu, dass gegenläufige Entwicklungen innerhalb der Einnahmen und Ausgaben und zwischen beiden Positionen aufgedeckt werden können.

Die durchgeführten Modellrechnungen geben Auskunft über die Entwicklung des Defizits bei unterschiedlichen ökonomischen Impulsen (u. a. staatliche Investitionen in F&E). Allerdings können die Effekte eines Impulses der bayrischen Wirtschaft auf andere Bundesländer nicht erfasst werden, da weder alle 16 Bundesländer explizit in die Modellierung einbezogen sind noch die Wirtschaftsstruktur und Vorleistungsverflechtungen abgebildet werden. Somit können mögliche Effekte auf die Beschäftigungs- und Einkommenssituation in anderen Regionen und damit auf das Steueraufkommen nicht berücksichtigt werden.

Zusammenfassend lässt sich feststellen, dass mit der Berücksichtigung des Länderfinanzausgleichs im gesamtwirtschaftlichen Kontext und der Modellierung der Einnahmen und Ausgaben des bayrischen Landeshaushalts eine gute Basis für Analysen dieser Art erarbeitet und angewandt wurde. Für kurzfristige Analysen und zur Erstellung der kurz- und mittelfristigen Finanzplanung einzelner Bundesländer ist dieser Ansatz gut geeignet. Leider erfolgt diese umfangreiche Modellierung zu Lasten der vollständigen Darstellung der Bundesländer und einer ökonomischen Entwicklung auf regionaler und weniger aggregierten ökonomischen Basis. Auf die Darstellung des Bundeshaushalts, der Gemeindehaushalte und die Ausgaben und Einnahmen der Sozialversicherungen wird komplett verzichtet.

3.4 Modelle des deutschen Länderfinanzausgleichs

Ein Modell des Länderfinanzausgleichs zum Selberrechnen wurde an der Universität Würzburg und Regensburg von Fehr, Kindermann und Wiegard entwickelt [www.laenderfinanzausgleich.com]. Dieses Modell und die Datensätze ab dem Jahr 2005 werden mit einer installierbaren PC-Version zur Verfügung gestellt. Das Modell bildet den gesamten Länderfinanzausgleich in seiner gültigen Form seit dem Jahr 2005 ab.

In Simulationsrechnungen können diverse Parameter geändert werden. Dazu gehören u. a. das Steueraufkommen der einzelnen Bundesländer, die Verteilungsschlüssel der Gemeinschaftsteuern, Quotenregelungen für die Ausgleichszuweisungen und -beiträge sowie Bundesergänzungszuweisungen. Für jede gerechnete Variante können zwei Sensitivitätsanalysen durchgeführt werden: (1) Die Lohn- oder Körperschaftsteuer werden um eine Million Euro in jeweils einem Bundesland erhöht und die Budgetinzidenz berechnet. (2) Die Differentialinzidenz untersucht die Wirkungen einer Verschiebung des Lohn- oder Körperschaftsteueraufkommens von einem zum anderen Bundesland.

Als Ergebnis wird die Verteilung der Steuereinnahmen nach Steuerarten auf die Gebietskörperschaften und Bundesländer ausgewiesen. Die Verteilungseffekte werden auf allen Stufen des Länderfinanzausgleichs dargestellt ebenso wie abschließend die Ergebnisse der gewählten Sensitivitätsanalyse.

Mit Hilfe dieses Modells können Elemente des aktuellen Länderfinanzausgleichs variiert und unterschiedliche Ausgangssituationen bezogen auf das Steueraufkommen simuliert werden. Änderungen, die den Länderfinanzausgleich in seiner jetzigen Form grundlegend (z. B. Abkehr vom Wohnsitzprinzip, Stärkung der Steuerautonomie) ändern, können nicht eingestellt werden.

Ein weiteres Modell des Länderfinanzausgleichs liegt der Veröffentlichung von Kitterer/Plachta 2008 zugrunde. Dieses Modell ist in der Lage, fundamentale Änderungen des aktuellen Länderfinanzausgleichs abzubilden. Es wurde eine Vielzahl an Modellrechnungen durchgeführt, die auf verschiedenen Stufen des Länderfinanzausgleichs ansetzen. U. a. wurden Szenarien berechnet, die eine wirtschaftskraftorientierte Verteilung der Steuereinnahmen zulassen oder die Steuerautonomie der Länder stärken.

Im Gegensatz zu Fehr/Kindermann/Wiegard 2008 werden die Simulationen nur für das Jahr 2005 durchgeführt. Die gleichen Simulationen bezogen auf ein anderes Basisjahr, dem andere Bevölkerungs- und Steueranteile zugrunde liegen, können andere Ergebnisse erzielen. Allerdings können Kitterer/Plachta viel umfassendere Analysen durchführen.

Der Nachteil beider Modelle ist der fehlende ökonomische Hintergrund. Es erfolgt keine Einbindung in den gesamtwirtschaftlichen Kontext. Verhaltensanpassungen der Wirtschaftsteilnehmer und Veränderungen der steuerlichen Bemessungsgrundlagen werden nicht berücksichtigt. Es erfolgt eine Partialanalyse auf der Einnahmeseite des Staates.

3.5 Projektion der Einnahmen und Ausgaben öffentlicher Haushalte unter Berücksichtigung föderaler Verflechtungen

Die Ursprünge des hier betrachteten Modells der TU Dresden gehen auf Studien aus dem Jahr 2007 zurück. In der ersten Modellversion wurden die Auswirkungen des demografischen Wandels auf die Ausgaben der öffentlichen Haushalte untersucht [Seitz et al. 2007]. Die Einflüsse auf das Sozialversicherungssystem wurden zunächst vollständig ausgeblendet [Seitz 2007, Seitz/Kempkes 2007]. In der Folgestudie wurden neben den Ausgaben auch die Einnahmen in die Analyse einbezogen [Hofmann/Seitz 2007]. Die Projektion der Einnahmen in Abhängigkeit von der demografischen Entwicklung wurde wie bereits in der Vorgängerstudie über Altersstrukturprofile vorgenommen. Der Fokus liegt auf den Länder- und Gemeindehaushalten. Ein Jahr später wurden zusätzlich der Bundeshaushalt und die Sozialversicherungen berücksichtigt [Hofmann/Kempkes/Seitz 2008]. Die Erweiterung des Modells um die föderalen Verflechtungen wurde mit der Veröffentlichung im Jahr 2008 dokumentiert [Seitz 2008].

In allen Modellversionen werden zur Projektion der Einnahmen und Ausgaben Altersstrukturprofile erstellt. Die Altersstrukturprofile der Einnahmen werden aus der Einkommens- und Verbrauchsstichprobe, der Einkommensteuerstatistik und dem sozioökonomischen Panel abgeleitet. Ausgabenseitig liegen u. a. Informationen über das Alter der Schüler und Studierenden sowie Empfängern von Sozialleistungen vor [Seitz 2008, S. 53 ff.].

Die Altersstrukturprofile werden für den gesamten Simulationszeitraum als konstant angenommen. Damit werden Anpassungseffekte aufgrund geänderter wirtschaftlicher Gegebenheiten (Produktivitäts-, Preiseffekte) ignoriert [Hofmann/Seitz 2007, S. 22 ff.]. Es können lediglich komparativ-statische Analysen durchgeführt werden.

In Sensitivitätsanalysen werden exogene Änderungen des Wirtschaftswachstums simuliert, um die Effekte auf Steuereinnahmen und Beitragszahlungen abzuschätzen. Die Ergebnisse zeigen eine große Abhängigkeit der Einnahmen von der wirtschaftlichen Entwicklung.

Die Berücksichtigung der föderalen Verflechtungen ist in groben Zügen abgebildet. Steuern, die im Trennsystem verteilt werden, können eindeutig nach Ertragshoheit den Gebietskörperschaften zugeordnet werden. Die Zuordnung der Gemeinschaftsteuern, vor allem der Umsatzsteuer ist problematisch. Der Länderfinanzausgleich wird weder explizit noch vollständig abgebildet. Die Verteilung des Umsatzsteueraufkommens und der nachfolgende Finanzkraftausgleich i. e. S. werden nicht berechnet [Seitz 2008, S. 60 f.].

Das hier beschriebene Vorgehen zeigt ähnliche Schwächen wie die Mikrosimulationsmodelle. Durch die Exogenität der ökonomischen Entwicklung und die statischen Altersstrukturprofile können Einflüsse auf die Wirtschaft nicht modellendogen abgebildet werden. Allerdings lassen sich Aussagen hinsichtlich der unterschiedlichen finanziellen Belastungen des demografischen Wandels unter sonst gleichbleibenden Bedingungen für Bund, Länder, Gemeinden und Sozialversicherungen treffen.

3.6 Anforderungen an die Staatsmodellierung

Die vorgestellten Modelle unterscheiden sich neben dem unterschiedlichen Detailgrad der Staatsmodellierung auch in der Einbindung in die makroökonomische Umwelt. Die Modelle von Fehr/Kindermann/Wiegard 2008 und Kitterer/Plachta 2008 weisen überhaupt keinen Bezug zur wirtschaftlichen Entwicklung auf. Seitz 2008 und Bach et al. 2002 nutzen exogene Vorgaben der demografischen Entwicklung und Erwerbstätigenprognose zur Projektion. Werding 2011 und Eck et al. 2011 haben einen fundierteren Modellierungsansatz, um den ökonomischen Rahmen abzubilden und Folgen für das Staatsbudget abzuleiten.

Kritisch ist allerdings die Vielzahl exogener Größen, die u. a. den Arbeitsmarkt (z. B. Erwerbsbeteiligung, Arbeitsproduktivität) betreffen. Die Prognose der Wirtschaftsentwicklung erfolgt nur auf makroökonomischer Ebene. Der Strukturwandel – die Veränderung der Wirtschaftsstruktur – kann somit nicht abgebildet werden. Rückkopplungseffekte können in keinem der Modelle endogen erfasst werden. Die meisten Modelle haben partialanalytischen Charakter. Das betrifft in erster Linie die Modelle des Länderfinanzausgleichs und die Mikrosimulationsmodelle.

Die explizite Modellierung des Steueraufkommens nach Steuerarten erfolgt in keinem der vorgestellten Modelle. Am nächsten kommt diesem Anspruch das Modell vom ifo Institut. Dort werden die Projektionen des Arbeitskreises der Steuerschätzer genutzt.

Der Vorteil der partialanalytischen Modelle liegt in der detaillierten Darstellung eines Aspektes oder einiger weniger Aspekte. Die Modelle, die den Länderfinanzausgleich vollständig abbilden, eignen sich sehr gut zur regionalen Steuerverteilungsanalyse. Die Schwäche der partialanalytischen Modelle liegt vor allem in der nicht zwangsläufig konsistenten Abbildung des Wirtschaftsgeschehens.

Die allgemeinen Gleichgewichtsmodelle bilden das komplette Wirtschaftssystem ab, stützen sich aber häufig auf eine Vielzahl einschränkender Annahmen und der Detailgrad ist teilweise nur gering. Für eine fundierte Aufkommensschätzung einzelner Steuerarten ist dieser Ansatz weniger geeignet [Peichl 2005].

Die durch den Modellvergleich herausgearbeiteten Vor- und Nachteile führen zu den Anforderungen, denen ein Modell genügen sollte, wenn das Ziel darin besteht, die Einflussfaktoren auf die Einnahmen und Ausgaben des Staates möglichst gut zu erfassen und die regionale Steuerverteilung abzubilden [siehe auch Charney/Vest 2003, Wiemers 2000, Peichl 2005].

Die wichtigsten Einflussfaktoren auf das Staatsbudget sind die demografischen und ökonomischen Entwicklungen, die sich auch gegenseitig beeinflussen (siehe Abb. 11).

Alle relevanten Einflussfaktoren sollten in einem Modell erfasst werden. Dazu gehört die *Anzahl der Einwohner* und die *Bevölkerungsstruktur nach Regionen.* Die Altersstruktur beeinflusst in erster Linie die Einnahmen und Ausgaben der

Sozialversicherungen, bewirkt aber auch Anpassungsprozesse in der Wirtschaft. Die Ausgaben für die Sozialversicherungen (Rente, Pflege) steigen mit wachsendem Anteil älterer Menschen und gleichzeitig schrumpft der Anteil der erwerbsfähigen Bevölkerung, der zum Wirtschaftswachstum beitragen und Ausgaben über Sozialbeiträge und Steuern finanzieren kann.

Abb. 11: Einflussfaktoren auf den Staatshaushalt (vereinfachte Darstellung)

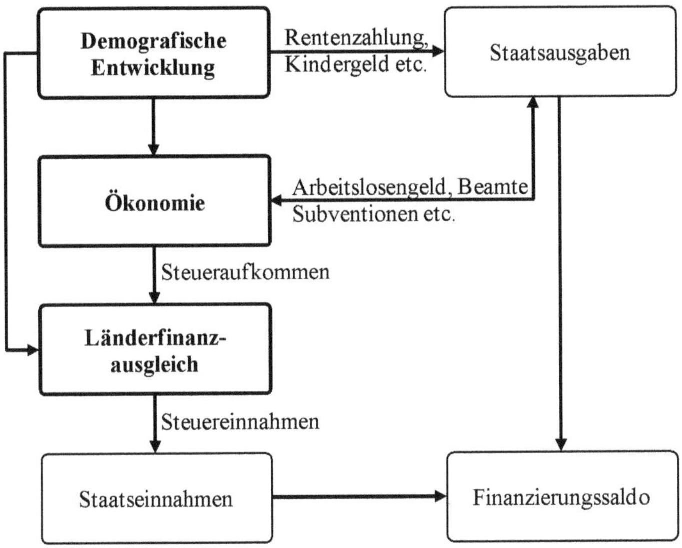

Quelle: Eigene Darstellung

Die Entwicklung der Bevölkerungszahl schlägt sich in Remanenzeffekten nieder [Pohlan et al. 2007]. Die Fixkosten pro Kopf für Infrastruktureinrichtungen steigen mit schrumpfender Bevölkerungsanzahl. Gleiches gilt für die Verwaltungsausgaben, die weitgehend unabhängig von der Zahl der Nutzer anfallen. Ein Vergleich von Stadtstaaten und Flächenländern zeigt, dass die Verwaltungsausgaben pro Kopf für Stadtstaaten durchschnittlich etwa 2,3 mal so hoch sind [Jacobi 2008, S. 21].

Die regionale Verteilung der Einwohner spielt im Länderfinanzausgleich eine wichtige Rolle. Der *Länderfinanzausgleich* muss explizit in die Modellierung aufgenommen werden, um die Umverteilungsmechanismen abzubilden. Damit einhergehend ist die *Erfassung des Steueraufkommens nach Steuerarten* relevant. Eine gute Approximation der steuerlichen Bemessungsgrundlagen und die exogene Anpassung der Steuersätze ist wünschenswert. Die Voraussetzung dafür ist eine detaillierte Abbildung der Einkommensentstehung und -verwendung. Die modellendogene Erfassung des *Konsums nach Gütergruppen* und die *Modellierung des Arbeitsmarktes* sind die Grundlagen für die Ermittlung des Steueraufkommens und der Sozialbeiträge. Die regionale und branchenspezifische Wirtschaftsstruktur sowie die Beschäftigungssituation beeinflussen die Einnahmen des Bundeshaushalts und der Länder- und Gemeindehaushalte. Eine Unterscheidung der Steuerarten ist notwendig, um die Einnahmen der Gebietskörperschaften sachgerecht abzubilden.

Die Abschätzung des Einflusses demografischer, ökonomischer Entwicklungen und politischer Maßnahmen auf die staatlichen Teilsektoren im Einzelnen erfordert die *getrennte Berücksichtigung der Haushaltsbudgets von Bund, Ländern, Gemeinden und Sozialversicherungen* im Modell. Einnahmen und Ausgaben sollten modelliert werden, um die Finanzierungssalden zu bestimmen.

Die *totalanalytische bzw. vollständige* Erfassung der Ökonomie und die *endogene* Abbildung der Transmissionsmechanismen (Preis- und Einkommenseffekte) ermöglichen Simulationen, die in sich konsistent sind und Wechselwirkungen abbilden können.

Die Integration der *Bundesländer* in die gesamtwirtschaftliche Entwicklung ermöglicht die Abschätzung regionaler Entwicklungstendenzen. Die Anknüpfung der Länder- und Gemeindebudgets an die regionale Bevölkerungs- und Wirtschaftsstruktur sowie den Umverteilungsmechanismen des Länderfinanzausgleichs ermöglicht die Projektion der Länder- und Gemeindehaushalte.

Im Kapitel 5 wird die Modellierung des Staates beschrieben. Dazu gehört die Modellierung des Länderfinanzausgleichs, die Integration der Länder- und Gemeindebudgets der Finanzstatistik, die Aufsplitterung des Staatskontos der VGR in Bund, Länder, Gemeinden sowie Sozialversicherungen und die Anpassung und Erweiterung der regionalen Modellierung.

Das im Kapitel 6 kurz dargestellte Modell INFORGE/LÄNDER bildet die Zusammenhänge zwischen der demografischen und wirtschaftlichen Entwicklung für Gesamtdeutschland und der 16 Bundesländer ab und bildet die Basis für die Fortschreibung der Einnahme- und Ausgabekomponenten des Staatssektors.

Die Datengrundlage für die Staatsmodellierung und die konzeptionellen Gemeinsamkeiten, Unterschiede und Zusammenhänge der verschiedenen Statistiken des Staates werden im nächsten Kapitel dargestellt.

4. Erfassung des Staates in der Statistik

Die folgenden Abschnitte befassen sich mit der Erfassung des Staates in den verschiedenen Statistiken publiziert vom Statistischen Bundesamt. Die Notwendigkeit der Datenanalyse resultiert aus dem Ziel den Staat möglichst detailgetreu abzubilden und gleichzeitig konsistent zu erfassen.

Die VGR umfassen die wesentlichen Transaktionen der Gebietskörperschaften und Sozialversicherungen und stellen die monetären Zahlungsströme zwischen Staat, Unternehmen, privaten Haushalten und dem Ausland dar. Die VGR stellen auf eine gesamtwirtschaftliche Betrachtung des Staatssektors ab. Eine regionale Betrachtung wird in der Finanzstatistik vorgenommen. In der Finanzstatistik werden die finanziellen Transaktionen auf der Länderebene abgebildet und auch zwischen den staatlichen Teilsektoren.

Nachfolgend werden die VGR einschließlich der Input-Output-Rechnung sowie die Finanzstatistik als integraler Bestandteil der Modellierung analysiert und das öffentliche Rechnungswesen als primäre Datenquelle.

Die Entscheidung über die Zuordnung einer wirtschaftlichen Einheit zum Sektor Staat und die Zuordnung der staatlichen Tätigkeiten zu Transaktionen, die saldenwirksam sein können, beeinflussen das Volumen der Staatsaktivität und auch den Finanzierungssaldo des Staates. In den verschiedenen statistischen Systemen erfolgt die Klassifizierung, wie nachfolgend dargelegt wird, nicht einheitlich. Dies gilt es bei der Interpretation wichtiger Kennzahlen wie dem Finanzierungssaldo zu berücksichtigen.

Für den Nachweis der Staatsaktivitäten werden vom Statistischen Bundesamt in den Fachserien 13 (Sozialleistungsstatistik), 14 Reihen 2 bis 6 und 10 (u. a. Kassen- und Rechnungsergebnisse des öffentlichen Gesamthaushalts, Steuerhaushalt, Realsteuervergleich) und 18 Reihe 4.1 (Konto der VGR) veröffentlicht.

Die Statistiken gliedern sich in die Bereiche Staatsfinanzen, aufgabenübergreifende Teilbereiche und spezielle Teilbereiche der Staatstätigkeit wie beispielsweise Bildung, Sozialleistungen und Gesundheitswesen. Die staatliche Tätigkeit wird umfassend erfasst und spiegelt die Einflussnahme des Staates in den verschiedenen Bereichen wider.

Neben dem Statistischen Bundesamt veröffentlichen auch das Bundesministerium für Finanzen und die Landesämter Statistiken über den Steuerhaushalt und die Abrechnungsergebnisse des Länderfinanzausgleichs, die die Grundlage für die Veröffentlichungen des Statistischen Bundesamts bilden.

Die Ergebnisse des öffentlichen Rechnungswesens werden über Verdichtungen des Ausgangsdatenmaterials, Um- und Zubuchungen in die Finanzstatistik und die VGR integriert [Bolleyer/Räth/Kreitmair 1992, S. 30].

In den Abschnitten 4.1 bis 4.4 werden die Besonderheiten und die Zusammenhänge dieser Statistiken dargestellt.

4.1 Der Staat in den Volkswirtschaftlichen Gesamtrechnungen

Die VGR bilden mit der Berücksichtigung der Einkommensentstehung, -verteilung, -umverteilung und -verwendung den Wirtschaftskreislauf vollständig ab. Alle beteiligten Wirtschaftseinheiten (Staat, Haushalte, Unternehmen, Ausland) werden dabei berücksichtigt. Die wirtschaftlichen Tätigkeiten der Sektoren sind über monetäre Ströme miteinander verknüpft. Durch die Anwendung des Prinzips der doppelten Buchführung ist das System der VGR in sich konsistent.

Die Definition der einzelnen Sektoren und Transaktionen folgt den Regeln des ESVG. Seit dem Jahr 2014 gilt die Neufassung des ESVG 2010, welches das ESVG 1995 ersetzt. Die folgende Darstellung bezieht sich auf das ESVG 1995. Sofern die Neufassung des ESVG wichtige Änderungen der hier beschriebenen Sachverhalte mit sich bringt, wurden diese berücksichtigt.

Die Zusammenfassung der Wirtschaftseinheiten zu Sektoren bzw. *institutionellen* Einheiten[38] folgt zwei Kriterien: Einerseits wird nach der hauptsächlich ausgeübten Tätigkeit unterschieden und andererseits nach der Stellung am Markt und damit auch den Finanzierungsmöglichkeiten [Europäische Kommission 1996, S. 9, 22f.].

Der Staat stellt eine institutionelle Einheit dar. Die staatliche Produktionstätigkeit ist zwar durch Besonderheiten gekennzeichnet, doch grundsätzlich ähnelt der Gütererstellungsprozess dem der anderen Sektoren. Der Staat setzt Produktionsfaktoren zur Erstellung von Gütern ein und es entstehen Einkommen, die als Lohn- und Gehaltseinkommen an die privaten Haushalte fließen. Der Konsum des Staates, differenziert nach Individual- und Kollektivkonsum, wird u. a. den privaten Haushalten zur Verfügung gestellt. Zur Finanzierung seiner Ausgaben erhebt der Staat Abgaben in Form von Steuern und Beiträgen, die sowohl die privaten Haushalte als auch die Unternehmen betreffen können.

---

38 Die Abgrenzung der statistischen Einheiten nach institutionellen Einheiten ist einer von drei möglichen Ansätzen. Dabei muss lt. dem ESVG die Voraussetzung gegeben sein, dass ein vollständiges Rechnungswesen verfügbar ist und die institutionelle Einheit eine eigenverantwortliche ökonomische Tätigkeit ausübt. Eine institutionelle Einheit kann grundsätzlich in mehrere *örtlich fachliche Einheiten* gegliedert werden, wenn „mindestens der Produktionswert, die Vorleistungen, die Arbeitnehmerentgelte, der Betriebsüberschuss, die Beschäftigten und die Bruttoanlageinvestitionen“ statistisch ausgewiesen werden können [StBA 2007, S. 49]. Die *homogenen Produktionseinheiten* werden in der Input-Output-Rechnung (IOR) angewendet, um die Verflechtung der Produktionsvorgänge abzubilden. Charakteristika der homogenen Produktionseinheiten ist die einheitliche Tätigkeit im Produktionsprozess, den eingesetzten Vorleistungen und produzierten Gütern [Europäische Kommission 1996, S. 38].

4.1.1 Abgrenzung des Sektors Staat

Die Entscheidung, welche Einheiten zum Sektor Staat gehören, wird auf Grundlage der folgenden abstrakten Zuordnungsregeln entschieden [Europäische Kommission 2002]: Die betrachtete Einheit muss eine *institutionelle Einheit* darstellen, d. h. die Einheit ist in Ihrer *Entscheidung frei* und hat eine *vollständige Rechnungslegung*. Wird die institutionelle Einheit vom Staat kontrolliert, ist sie eine *öffentliche Einheit*. Des Weiteren ist zu prüfen, ob die Hauptfunktion der öffentlichen institutionellen Einheit in der Einkommens- und Vermögensumverteilung besteht und die Produktionskosten zu maximal 50 %39 durch Umsätze gedeckt sind. Werden die zuvor genannten Kriterien erfüllt, zählt die betrachtete Einheit zum Sektor Staat. Die Abb. 12 zeigt auf einen Blick das Klassifikationsschema für die Zuordnung einer Einheit zum Sektor Staat [Europäische Kommission 1996 S. 31, Europäische Kommission 2002, S. 9].

Zur stärkeren Abgrenzung des Staates von den sonstigen Nichtmarktproduzenten der privaten Organisationen ohne Erwerbszweck (z. B. Kirchen, Nicht-Regierungsorganisationen) werden weitere Abgrenzungsmerkmale herangezogen. Diese umfassen die Art der Ausgabenfinanzierung, die Hauptfunktion des Sektors und die Verwendung der produzierten Waren [Essig 2000, S. 16]. In der Abgrenzung des ESVG 1995 umfasst der Sektor Staat die sonstigen Nichtmarktproduzenten, „deren Produktionswert für den Individual- und Kollektivkonsum bestimmt ist, die sich primär mit Zwangsabgaben […] finanzieren und/oder die Einkommen und Vermögen umverteilen.“ [Europäische Kommission 1996, S. 31]

Nach dem in Abb. 12 dargestellten Klassifikationsschema, das die Einheiten hauptsächlich nach Art ihrer wirtschaftlichen Aktivitäten abgrenzt[40], gehören zu den Teilsektoren[41] des Staates in den VGR mindestens die Gebietskörperschaften und die Sozialversicherungen. Zu den Gebietskörperschaften zählen der Bund einschließlich seiner Sondervermögen bzw. Extrahaushalte[42], Länder, Gemeinden/Gemeindeverbände und Zweckverbände [Dietz 2006, S. 340].

---

39 Mit dem ESVG 2010 wurde das 50 %-Kriterium verschärft. Neben den Produktionskosten werden zusätzlich die Kapitalkosten einbezogen. Des Weiteren werden qualitative Kriterien bei Nichtmarktproduzenten geprüft [StBA 2014 i, Europäische Kommission 2014].

40 Demgegenüber orientiert sich die Finanzstatistik am „formal-juristischen“ Kriterium der haushaltsrechtlichen Verselbstständigung [Cordes 1996, S. 53].

41 Im Europäische Kommission 1996 [S. 31f.] werden die Teilsektoren Bund, Länder, Gemeinden und Sozialversicherungen im Einzelnen definiert.

42 Zu den Sondervermögen des Bundes gehören der Erblastentilgungs- und Lastenausgleichsfonds, die Hochschulsonderhaushalte, das ERP-Sondervermögen, die Treuhandanstalt, die Altlasten des Bundeseisenbahnvermögens sowie die Bundesanstalt für Landwirtschaft und Ernährung [Essig 2000, Cordes 1996]. Im Zuge der Wirtschaftskrise wurden weitere Extrahaushalte („Investitions- und Tilgungsfonds“ ITF und „Finanzmarktstabilisierungsfonds“ SoFFin) erstellt [BMF 2010, S. 58].

Abb. 12: Klassifikationsmerkmale für die Zuordnung einer wirtschaftlichen Einheit zum Sektor Staat lt. VGR

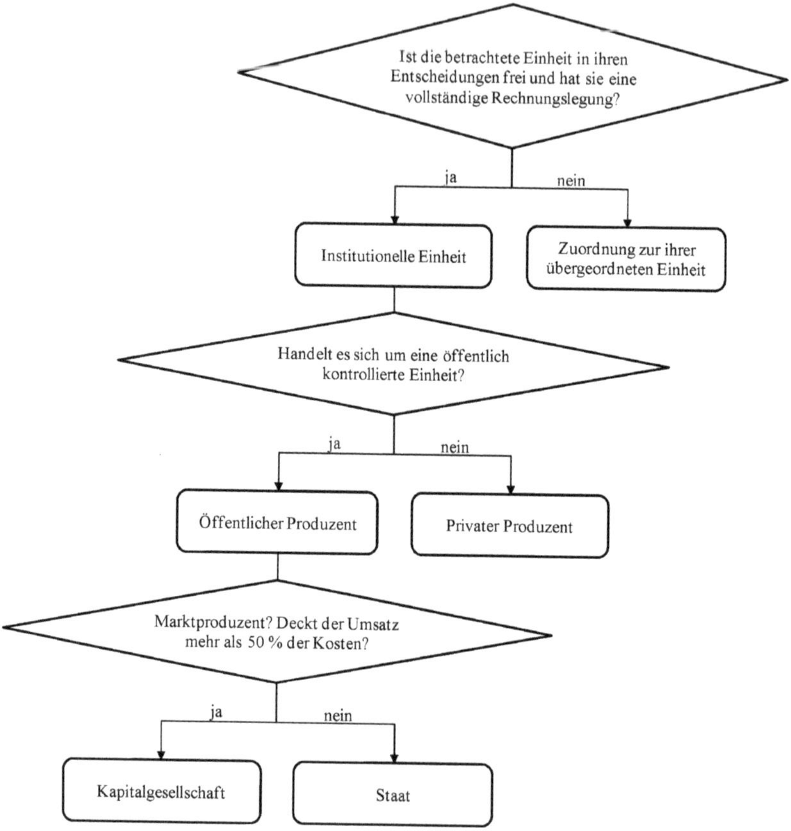

Quelle: Eigene Darstellung. In Anlehnung an Europäische Kommission 2002, S. 9 f

Nicht zum Bund gehören lt. dem vorgenannten Klassifikationsschema die Deutsche Post AG, die Deutsche Postbank AG, die Deutsche Telekom AG, die Deutsche Bahn AG, die Deutsche Bundesbank und die Kreditanstalt für Wiederaufbau [Kampmann 1995, S. 81, Essig 2000, S. 27, Knörzer 2008, S. 64].

Ausgegliederte Landeskrankenhäuser und Hochschulkliniken gehören zum staatlichen Teilsektor Länder, solange das Kriterium der Marktproduktion nicht erfüllt ist. Umgekehrt rechnen kommunale Krankenhäuser und Eigenbetriebe (Ver- und Entsorgungsbetriebe, Bildungs-, Kulturwesen) nicht zum staatlichen Teilsektor Gemeinden, da sie die Kriterien der Zuordnung zum Sektor Staat nicht erfüllen [Essig 2000, S. 23 f.].

Die Sozialversicherungen werden dem Staatssektor der VGR zugerechnet[43]. Einerseits sind „bestimmte Bevölkerungsgruppen [...] aufgrund gesetzlicher Regelungen zur Teilnahme an dem System oder zur Beitragszahlung verpflichtet [und andererseits legt] der Staat [...] die Beiträge und Leistungen fest" [Europäische Kommission 2002, S. 18]. Die Finanzierung erfolgt über Sozialbeiträge, die sich weniger nach den Leistungen der Versicherungen, sondern eher nach der Leistungsfähigkeit seiner Mitglieder richtet. Unternehmensbezogene Versorgungseinrichtungen, die Versorgungsanstalt des Bundes und der Länder oder die privaten Krankenkassen gehören nicht zu den Sozialversicherungen [Essig 2000, S. 25].

Zusammenfassend lässt sich festhalten, dass der Übergang zwischen den institutionellen Sektoren fließend ist und Grenzfälle durch Konventionen geregelt werden[44] [Brümmerhoff 2007]. Im Zeitablauf ergeben sich vor allem durch die zunehmende rechtliche Verselbstständigung („Budgetflucht") neue Zuordnungen, die im Detail nach den genannten Kriterien geprüft werden müssen.

4.1.2 Abgrenzung staatlicher Transaktionen

In den VGR erfolgt die Zuordnung der Transaktionen nach der *ökonomischen* Art der Einnahmen und Ausgaben. Dabei wird nach der *Transaktionsart* (z. B. Verwendungskategorie, Vermögenseinkommen, Steuereinnahmen), dem *Buchungszeitpunkt* (zeitliche Einordnung) und der *Saldierung* (brutto vs. netto) unterschieden.

Aufgrund dieser inhaltlichen Bestimmung können die *Transaktionen* vom tatsächlichen Zahlungsweg und damit von der Erfassung in der Finanzstatistik abweichen (sogenanntes *Rerouting*). Beispielsweise gehen die Mehrwertsteuer[45]-Eigenmittel und Zölle zunächst bei der deutschen Finanzverwaltung ein, werden aber direkt als Einnahmen der übrigen Welt verbucht und nicht im Staatssektor erfasst.

Ähnliches gilt für das geleistete Arbeitnehmerentgelt der Beamten, das die unterstellten Sozialbeiträge der Arbeitgeber für die Pensionen der Beamten inkludiert. Diesen Ausgaben stehen gleich hohe Einnahmen gegenüber, da die unterstellten Sozialbeiträge als Ausgaben beim Sektor der private Haushalte gegen gebucht werden [Essig 2000, S. 30, Europäische Kommission 1996, S. 12].

Weitere Besonderheiten ergeben sich bei der Erbschaftsteuer. Diese wird nicht als Steuereinnahme verbucht, sondern als Vermögenstransfer der privaten Haushalte an den Staat.

Steuern und Sozialbeiträge, die festgesetzt, aber nicht vereinnahmt worden sind, müssen unter den Vermögenstransfers gegen gebucht werden, damit diese

43 Die Haushalte der Sozialversicherungen sind nicht Bestandteil des öffentlichen Gesamthaushalts in der Darstellung des BMF [Knörzer 2008, S. 64].

44 In einer Einzelfallentscheidung hat Eurostat im Juli 2010 die Erste Abwicklungsanstalt (EAA) dem Sektor Staat zugeordnet. Diese wurde gegründet, um Risikopositionen und nicht strategienotwendige Geschäftsbereiche der WestLB abzuwickeln [BMF 2010, S. 62 f.].

45 Die Begriffe Mehrwertsteuer und Umsatzsteuer werden synonym verwendet.

nicht erfolgten Einnahmen nicht mehr saldenwirksam sind [Verordnung (EG) Nr. 1221/2002 vom 10. Juni 2002]. Laut BMF 2012 betragen die Steuerrückstände, die bis zum Jahr 2011 aufgelaufen sind ca. 17 Mrd. €.

Das Vermögenseinkommen des Staates umfasst auch die Gewinnabführung der Deutschen Bundesbank. Allerdings zählen Ausschüttungen aus Umbewertungen von Gold- und Devisenbeständen in den VGR nicht als Gewinnausschüttungen aus wirtschaftlicher Tätigkeit, sondern als Kapitalentnahme, die in den VGR nicht saldenwirksam sind. Lediglich die Zinseinnahmen werden in den VGR als Vermögenseinkommen gebucht [Essig 2000, S. 32, Dietz 2006, S. 342].

Rein finanzielle Vorgänge wie bspw. die Aufnahme von Darlehen oder Beteiligungen werden in den VGR nicht berücksichtigt. Der Erwerb von Beteiligung an Unternehmen oder Darlehen an die privaten Haushalte werden als nicht defizitwirksam betrachtet, da diese Vorgänge keine Änderungen des Reinvermögensstatus hervorrufen [Essig 1990, S. 385 und 388, SVR 1994, S. 136]. Demgegenüber werden Schuldenerlass und -übernahme in den VGR als Vermögenstransfer nachgewiesen, weil sie kassenwirksam sind [Dietz 2006, S. 342].

Die *zeitliche* Zuordnung der Transaktionen erfolgt dem Grundsatz der periodengerechten Zurechnung (accrual basis) [Europäische Kommission 1996, S. 15 f.]. D. h. für die Verbuchung von ökonomischen Transaktionen ist grundsätzlich der Zeitpunkt der Entstehung von Verbindlichkeiten und Forderungen maßgebend und nicht der Zahlungszeitpunkt wie in der Finanzstatistik. Das bedeutet für einige Steuerarten (z. B. Umsatzsteuer und Verbrauchsteuern), dass das kassenmäßige Steueraufkommen „phasenverschoben" werden muss. Die Steuern, die bereits im Dezember geschuldet, aber erst im Januar kassenwirksam werden, müssen lt. den VGR im Dezember gebucht werden. Allerdings bestehen aufgrund von statistischen Schwierigkeiten Ausnahmen von dieser Regel. Einkommensteuern werden beispielsweise zum Zeitpunkt der Fälligkeit gebucht und nicht mit der Entstehung des Einkommens [Europäische Kommission 1996, S. 87].

Die Periodisierung einmaliger Zahlungen wird bzw. wurde wie im Fall der Mobilfunklizenzen fallweise entschieden. Die UMTS-Lizenzen wurden laut Eurostat als „Nettozugang an nicht produzierten Vermögensgütern" gebucht [Eurostat Pressemitteilung Nr. 81 vom 14. Juli 2000]. Diese Buchung ist saldenwirksam und verbesserte so im Jahr 2000 den Finanzierungssaldo des Staates erheblich [StBA 2010].

In den ESVG wird grundsätzlich der Bruttoausweis von Transaktionen empfohlen. Eine *Saldierung* erfolgt nur bei ausgewählten Größen [Europäische Kommission 1996, S. 16]. Steuermindernde Leistungen wie Investitions-, Arbeitnehmersparzulagen oder das steuerliche Kindergeld werden in den VGR bruttogestellt[46]. Diese werden zwar aus dem Lohnsteueraufkommen bezahlt, aber es erfolgt kein Abzug

46 Mit der Revision der VGR im Jahr 2011 wird nur noch der Teil des Kindergeldes bruttogestellt, der die Familienförderungskomponente umfasst. Dieser Teil des Kindergeldes wird weiterhin als monetäre Sozialleistung verbucht [Räth/Braakmann 2011].

in den Einkommensteuern der VGR. Auf der Ausgabenseite wird das Kindergeld bei den sozialen Leistungen verbucht, so dass der Vorgang nicht saldenwirksam wird [Essig 2000, S. 37].

4.2 Der Staat in der Input-Output-Rechnung

Die Input-Output-Tabelle (IOT) ist ein spezielles System der Darstellung ökonomischer Transaktionen und damit eine „Untergruppe" der VGR. Das Input-Output-System liefert eine detaillierte Beschreibung des Produktionsprozesses (Kosten-, Lieferstruktur) und der monetär bewerteten güter- und produktionsmäßigen Verflechtungen.

Die IOT folgt einer *funktionellen*[47] Gliederung, d. h. es erfolgt eine Zuordnung der Güter und Dienstleistungen zu Konsum, Investitionen, Export (Endnachfrage) oder zu den Vorleistungen (intermediäre Nachfrage). Die IOT zeigt somit die Entstehung und Verwendung nach Gütergruppen oder homogenen Produktionseinheiten.

Für den Sektor Staat werden verwendungsseitig der Konsum nach Gütergruppen explizit dargestellt. Eine Unterscheidung zwischen den staatlichen Teilsektoren erfolgt an dieser Stelle nicht. Die staatliche Investitionsnachfrage wird nicht separat ausgewiesen, sondern ist Bestandteil der gesamten Investitionsnachfrage (Staat und private Unternehmen). Der Anteil des Staates an den gesamten Investitionen ist mit acht Prozent relativ gering [Räth/Braakmann 2011, S. 23 f., StBA 2013 a, S. 320].

Frühere Bestrebungen, die Vorleistungsverflechtungen der Gebietskörperschaften und Sozialversicherungen in der IOT explizit darzustellen, werden nicht mehr verfolgt [Maaß 1967, Komarnicki/Neuhaus 1972, Krüger-Hemmer 1982, Karrenberg 1977]. Angeführte Gründe sind unter anderem der unverhältnismäßig hohe Aufwand bei der Erstellung der Input-Output-Struktur des Staates aus dem statistischen Ausgangsmaterial gegenüber dem Erkenntnisinteresse. Der Anteil des Staates an den gesamten Vorleistungen der deutschen Volkswirtschaft beträgt im Jahr 2013 ca. fünf Prozent. Der Anteil des staatlichen Produktionswertes[48] an der gesamten Produktion ist mit ca. acht Prozent auch vergleichsweise gering [StBA 2014]. Diese beiden in der IOT dargestellten Größen stellen nur einen geringen Teil der Staatsaktivität dar. Den größten Einfluss hat der Staat im Bereich der Einkommensumverteilung [Cordes 1996, S. 41]. Die Umverteilungstätigkeit des Staates wird in den VGR (primäres und sekundäres Einkommensverteilungskonto) erfasst.

Ein weiterer Grund ist die unterschiedliche Darstellungsweise und damit nicht unproblematische Überleitung zwischen der Finanzstatistik, die nach Aufgaben- bzw. Funktionsbereichen unterscheidet und der Input-Output-Rechnung, die homogene

47 Die VGR sind institutionell gegliedert (vgl. Abschnitt 4.1.1).

48 Der staatliche Produktionswert wird über die Additionsmethode aus der Wertschöpfung und den Vorleistungen abgeleitet [Bolleyer/Räth/Kreitmair 1992, S.16 f., Ehmer 2002, S. 41 ff.]. Die Bruttowertschöpfung des Staates setzt sich zum Großteil aus Arbeitnehmerentgelten zusammen [2013: ca. 82 %, StBA 2014, Tab. 3.4.3.1].

Produktionseinheiten (bzw. Gütergruppen) betrachtet. D. h., die Staatsleistungen müssen nach Produktionsbereichen und der ökonomischen Verwendung (Vorleistung, Endverbrauch) systematisiert werden [Maaß 1967, S. 33].

Aufgrund der Unterschiede zwischen der funktionellen (IOT) und institutionellen Gliederung (VGR) ist eine exakte Überleitung auf die institutionellen Einheiten der VGR nicht ohne weiteres möglich. Für Produktion, Vorleistungen und Anlagevermögen u. w. wurde in einer Sonderveröffentlichung des Statistischen Bundesamts [StBA 2007] eine Kreuztabelle erstellt, die die Verknüpfung zwischen den Produktionsbereichen und Sektoren darstellt (siehe Tab. 5).

Es ist ersichtlich, dass abgesehen vom Wirtschaftsbereich „öffentliche Verwaltung, Verteidigung und Sozialversicherungen" mehrere Sektoren an der Entstehung des Produktionswertes in einem Produktionsbereich beteiligt sind. Beispielsweise werden im Wirtschaftsbereich „Erziehung und Unterricht" sowohl staatliche als auch private und kirchliche bzw. gemeinnützige Schulen erfasst. Im Bereich „Grundstücks- und Wohnungswesen" produzieren alle institutionellen Einheiten, auch die privaten Haushalte, da privat genutztes Wohneigentum ebenfalls in diesem Wirtschaftsbereich berücksichtigt wird.

Tab. 5: Produktionsbereich-Sektor-Kreuz-Tabelle (Auszug)

	Sektoren							
Produktionsbereiche	Kapitalgesellschaften	Staat	Bund	Länder	Gemeinden	Sozialversicherungen	Private Haushalte	Private Org. ohne Erwerbszweck
Landwirtschaft und Jagd	x	x	x	x			x	
Forstwirtschaft	x	x	x	x			x	
Wasserversorgung	x	x			x		x	
Hilfs-, Nebentätigkeiten für den Verkehr	x	x	x		x		x	
Grundstücks- und Wohnungswesen	x	x		x			x	x
Forschung und Entwicklung	x	x	x				x	x
Öffentliche Verwaltung, Verteidigung		x	x	x	x	x		
Sozialversicherungen		x				x		
Erziehung und Unterricht	x	x		x	x		x	x
Gesundheits-, Veterinär-, Sozialwesen	x	x		x			x	x
Erbringung von Entsorgungsleistungen	x	x			x		x	
Kultur, Sport und Unterhaltung	x	x		x			x	x

Quelle: In Anlehnung an Schmalwasser/Müller 2009, S. 142 (verkürzt); Schmalwasser/Schidlowski 2006, S. 1118; StBA 2007, S. 142

4.3 Erfassung der Staatsausgaben nach Aufgabenbereichen

Im Rahmen der VGR wird seit geraumer Zeit ein weiteres Konzept zur Erfassung der staatlichen Aktivitäten (weiter-) entwickelt. Die Classification Of the Functions Of Government (COFOG) der Vereinten Nationen hat zum Ziel, detaillierte und konsistente Informationen über die Höhe und Struktur der Einnahmen und Ausgaben des Staates zu erfassen, die es ermöglichen sollen, die Qualität der öffentlichen Finanzen zu beurteilen und international vergleichen zu können [Stache et al. 2007, S. 1180 f., Verordnung (EG) Nr. 2223/96]. In Abgrenzung zur Input-Output-Rechnung erfolgt der Ausweis der ökonomischen Transaktionen (Konsum, Investitionen etc.) für

Bund, Länder, Gemeinden und Sozialversicherungen getrennt. Eine Unterscheidung erfolgt aber nicht nach Produktions- sondern nach Aufgabenbereichen.

Die COFOG bildet die Grundlage zur Trennung des staatlichen Konsums in den Kollektiv- und Individualkonsum. Die Ausgaben des Staates werden für zehn COFOG-Abteilungen auf Einsteller-Ebene und den staatlichen Teilsektoren nach ökonomischen Transaktionen erfasst. Das gewährleistet die Kompatibilität mit den VGR (siehe Abb. 13).

Neben der Darstellung der Transaktionen nach dem Konzept der VGR erfolgt eine Unterscheidung nach Aufgabenbereichen. Damit ist eine konsistente Überleitung zwischen der Finanzstatistik und der COFOG möglich. Mit der dreidimensionalen Erfassung der Staatstätigkeit kann der Umfang und die Struktur (Produktion, Konsum und Investitionen) abgebildet werden.

Abb. 13: Staatsausgaben nach Aufgabenbereichen (COFOG)

<table>
<tr><th>COFOG
ESVG 1995</th><th>Allgemeine öffentliche verwaltung</th><th>Verteidigung</th><th>Öffentliche Ordnung und Sicherheit</th><th>Wirtschaftliche Angelegenheiten</th><th>Umweltschutz</th><th>Wohnungswesen, kommunale Einrichtungen</th><th>Gesundheitswesen</th><th>Freizeit, Sport, Kultur, Religion</th><th>Bildungswesen</th><th>Soziale Sicherung</th></tr>
<tr><td>Vorleistungen</td><td rowspan="14" colspan="10">Bund,
Länder,
Gemeinden,
Sozialversicherungen</td></tr>
<tr><td>So. Produktionsabgaben, Einkommen-, Vermögensteuern; Zunahme betriebl. Versorgungsansprüche</td></tr>
<tr><td>Arbeitnehmerentgelt</td></tr>
<tr><td>Subventionen</td></tr>
<tr><td>Vermögenseinkommen</td></tr>
<tr><td>sonstige laufende Transfers</td></tr>
<tr><td>Sozialleistungen, soziale Sachtransfers</td></tr>
<tr><td>Konsumausgaben</td></tr>
<tr><td>Vermögenstransfers</td></tr>
<tr><td>Investitionszuschüsse</td></tr>
<tr><td>Bruttoinvestitionen</td></tr>
<tr><td>Bruttoanlageinvestitionen</td></tr>
<tr><td>Nettozugang an nicht produzierten Vermögensgütern</td></tr>
<tr><td>Gesamtausgaben des Staates</td></tr>
</table>

Quelle: In Anlehnung an Stache et al. 2007

4.4 Zusammenhang zwischen den VGR und den Finanzstatistiken in der Abgrenzung des Statistischen Bundesamts

Zur Modellierung des Staatsbudgets auf der Ebene der Bundesländer wird auf die Finanzstatistiken[49] zurückgegriffen, da die VGR keine Regionalisierung vornehmen. Die wichtigsten Zusammenhänge zwischen der Erfassung des Staates in den VGR und der Finanzstatistik werden in diesem Abschnitt beschrieben. Die praktische Umsetzung erfolgt bei der Kopplung des Staatsmoduls mit dem INFORGE/LÄNDER-Modell.

Die öffentlichen Finanzen werden in der Finanzstatistik umfassend abgebildet, um die monetäre Lage des öffentlichen Gesamthaushalts vollständig wiederzugeben und Beurteilungsmaßstäbe über die finanziellen Auswirkungen staatlichen Handels zu liefern [Rehm 2006, Essig 1990, Essig 2000]. Die Finanzstatistiken bilden die statistische Grundlage für den Sektor Staat in den VGR.

In den VGR gehören Bund, Länder, Gemeinden und Gemeindeverbände sowie die Sozialversicherungen zum Sektor Staat (vgl. Abschnitt 4.1.1). In der Finanzstatistik werden diese als öffentlicher Gesamthaushalt bezeichnet, der sich seit dem Jahr 2011 aus den Kernhaushalten und den Extrahaushalten zusammensetzt (siehe Abb. 14). Zuvor waren es hauptsächlich die Kernhaushalte, die sukzessive seit dem Jahr 2007 um ausgewählte Extrahaushalte erweitert wurden [StBA 2012]. Die Erweiterung des öffentlichen Gesamthaushalts in der Statistik wurde notwendig, da die zunehmende Ausgliederung von Aufgaben auf selbstständige Einrichtungen mit eigenem Rechnungswesen übertragen wurde [Rehm 2006, S. 281]. Die Vergleichbarkeit der öffentlichen Finanzen wurde im Zeitablauf und zwischen den Bundesländern beeinträchtigt.

Kernhaushalte sind dem Schalenkonzept in der Finanzstatistik folgend Bund, Länder, Gemeinden/Gemeindeverbände und Sozialversicherungen. Extrahaushalte sind alle lt. ESVG 1995 zum Sektor Staat gehörende öffentliche Fonds, Einrichtungen und Unternehmen. Nicht zum Sektor Staat gehörende Einheiten, werden als „sonstige öffentliche Fonds, Einrichtungen und Unternehmen“ bezeichnet [StBA 2013 b]. Diese und die Kern- und Extrahaushalte werden als öffentlicher Bereich bezeichnet.

49 Die Finanzstatistiken umfassen u. a. die vierteljährliche Kassenstatistik, Jahresrechnungsstatistik und Schuldenstatistik der öffentliche Haushalte.

Abb. 14: Abgrenzung öffentlicher Gesamthaushalt und öffentlichen Bereich nach dem Schalenkonzept

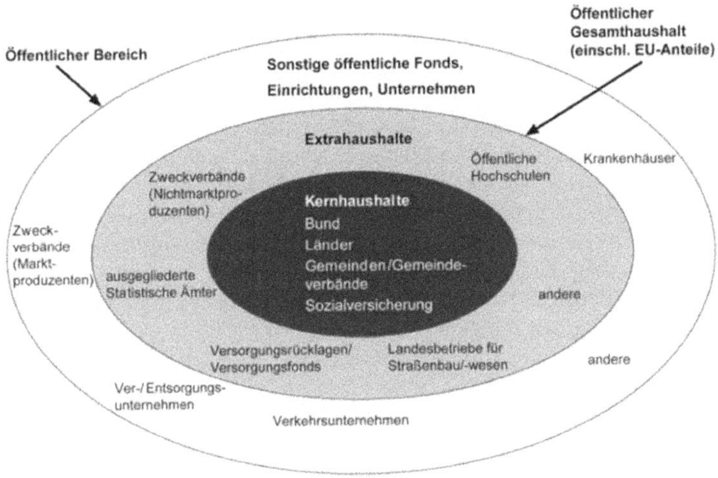

Quelle: StBA 2013 b, S. 19

Die VGR – Kontenpositionen werden hauptsächlich aus der vorgelagerten Finanzstatistik ermittelt (siehe Abb. 15).

Abb. 15: Datenermittlung der VGR-Kontenpositionen

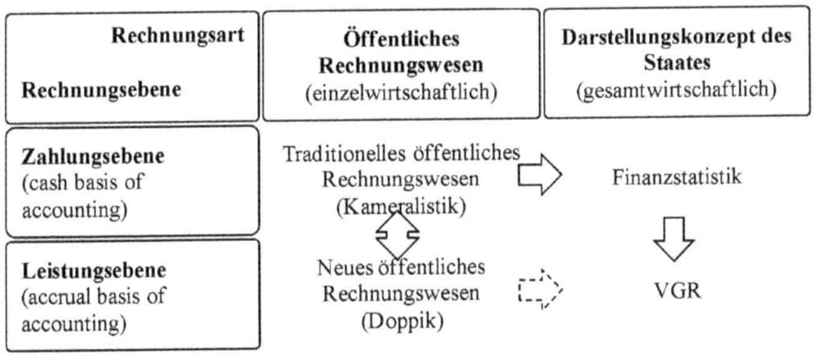

Quelle: Eigene Darstellung. In Anlehnung an Cordes 1996, S. 91

Die Finanzstatistik basiert auf den einheitlichen Systematiken des öffentlichen Rechnungswesens der Gebietskörperschaften[50] und orientiert sich an den dort definierten

---

50 Die Sozialversicherungen buchen nach anderen Kontenrahmen [§ 25 SRVwV, § 28 SVHV]. Zur Erfassung der Sozialversicherungen in der Finanzstatistik erfolgt eine Umschlüsselung in die Haushaltssystematik der Gebietskörperschaften [Cordes 1996, S. 87 f.].

Gruppierungs- und Funktionsplänen[51]. Die Verdichtung der Daten erfolgt einerseits nach gesamtwirtschaftlichen Kategorien (ökonomisch-finanzwirtschaftlich) und andererseits nach strukturellen Aspekten (funktional) [Heller 2010, S. 116 f.]. Erstere Darstellungsweise führt zur Ermittlung des finanzstatistischen Finanzierungssaldos. Die funktionale Darstellung dient der Analyse der staatlichen Aufgabenbereiche.

Mit der Umstellung des öffentlichen Rechnungswesens von der Kameralistik auf die Doppik und die zunehmende Ausgliederung aus den öffentlichen Haushalten („Budgetflucht") wird zwar die Erstellung eines vollständigen Abbildes der Finanzwirtschaft erschwert [Essig 2000, S. 12, Rehm 2006, S. 279 f.] und die zeitliche Vergleichbarkeit beeinträchtigt. Mit einer vollständigen[52] Umstellung auf die Doppik im öffentlichen Rechnungswesen würde aber die „Umrechnung" zwischen den VGR und der „doppischen" Finanzstatistik weitestgehend entfallen, da das Kontensystem der VGR eng an die Grundsätze der doppelten Buchführung angelehnt ist [Engels/Eibelshäuser 2010, S. 364 f., Rehm 2009, S. 5 f.].[53]

Für die Ermittlung der Kontenpositionen der VGR sind die kassenmäßigen, detaillierten Einnahmen und Ausgaben der öffentlichen Haushalte relevant, die in der Finanzstatistik (Kassen- und Rechnungsergebnisse) gesamtwirtschaftlich und finanzstatistisch aufbereitet werden. Die Zuordnung zu den Transaktionen der VGR erfolgt über die dreistelligen Gruppierungsnummern des Gruppierungs- und Funktionenplans der Finanzstatistik [Cordes 1996, S. 80 ff.].

Die VGR Kontenpositionen werden durch Zu-, Ab- und Umbuchungen aus den Daten der Finanzstatistik ermittelt. Die methodischen Unterschiede zwischen der Finanzstatistik und den VGR sind in Abb. 16 zusammengefasst.

Beiden Rechnungssystemen ist grundsätzlich gemeinsam, dass sie den Staat quantitativ abbilden. Institutionell als auch methodisch gibt es Unterschiede. Durch die verschiedenen Abgrenzungsvorschriften des Staates, Periodisierungs- und Zuordnungvorschriften und den unterschiedlichen Umfang[54] der Zahlungsströme müssen Anpassungen vorgenommen werden.

---

51 Der Gruppierungsplan unterscheidet die Einnahmen und Ausgaben des Haushaltsplans nach Arten. Die Funktionenübersicht unterscheidet nach Aufgabenbereichen. Der Zuordnungsschlüssel für die Überleitung vom öffentlichen Rechnungswesen zur Finanzstatistik findet sich in den Reihen der Fachserie 14 des Statistischen Bundesamts wider.

52 Bislang sind auf kommunaler Ebene die überwiegende Zahl der Systeme auf die Doppik umgestellt worden. Bund und Länder haben bisher größtenteils das kameralistische Rechnungssystem beibehalten [Budäus/Hilgers 2009, S. 385].

53 Um den Anforderungen der Finanzstatistik und den VGR gerecht zu werden, wurden „Standards für die staatliche doppelte Buchführung" entwickelt [HGrGMoG § 49 a, BGBl. I 2009/51].

54 Die Abgrenzung von Einnahmen und Ausgaben ist für die VGR im ESVG 1995 und für die Finanzstatistik im FPStatG und im Gruppierungsplan der Haushaltssystematik festgelegt.

Die Finanzstatistik zeigt ein möglichst „budgetgetreues“ Abbild der Zahlungsvorgänge [Essig 1990, S. 383]. Die Dokumentationspflicht der Einnahmen und Ausgaben steht im Vordergrund. Dabei wird auf die Kassenwirksamkeit (cash accounting concept) der Einnahmen und Ausgaben abgestellt. Sozialversicherungsbeiträge, Bauinvestitionen u. a. werden dann verbucht, wenn sie kassenwirksam werden (also Ausgaben oder Einnahmen darstellen) [Ehmer 2002, S. 63 f., Dietz 2006, S. 342]. Dem Prinzip der Kassenwirksamkeit folgend werden im Gegensatz zu den VGR auch finanzielle Vorgänge (Darlehen, Beteiligungen, Schuldenaufnahme) berücksichtigt.

Bei den VGR steht die gesamtwirtschaftliche Darstellung des Wirtschaftskreislaufs im Vordergrund. Die Einflussnahme des Staates und die Wirkungen auf die Gesamtwirtschaft und Verteilungsaspekte sind das Ziel des Erkenntnisinteresses. Im Gegensatz zur Finanzstatistik werden leistungswirtschaftliche Vorgänge erfasst. Einnahmen und Ausgaben können sich demzufolge in der zeitlichen Zuordnung der Transaktionen unterscheiden.

Abb. 16: Methodenvergleich Finanzstatistik und VGR

	Statistik / **Merkmale**	Finanzstatistik	VGR
Gemeinsamkeiten	Ziel	Quantitative Erfassung des Umfangs und der Struktur staatlicher Aktivitäten	
Unterschiede	Darstellungsgegenstand	Staat formal-juristische Abgrenzung lt. FPStatG	Staat Abgrenzung i. S. d. ESVG 1995
	Zentrale Größen	Laufende Rechnung, Kapitalrechnung, Finanzierungssaldo	Bruttowertschöpfung, Staatskonsum, Finanzierungssaldo
	Rechnungsperspektive	Budgetgetreues Abbild des öffentlichen Rechnungswesens	Gesamtwirtschaftliche Darstellung, Umverteilungsaspekte
	Rechnungsebene	Zahlungseingang	Leistungserstellung
	Umfang der Transaktionen	Finanztransaktionen	Leistungstransaktionen
	Buchungszeitpunkt der Transaktionen	Zahlungseingang (Cash basis of accounting)	Entstehung d. Forderung (Accrual basis of accounting)

Quellen: Eigene Darstellung. In Anlehnung an Cordes 1996, Bolleyer/Räth/Kreitmair 1992, Essig 1990, Essig 2000, SVR 1994

Durch die unterschiedlichen Methoden ergibt sich in der zentralen Größe beider Statistiken – dem Finanzierungssaldo – ein relevanter statistischer und inhaltlicher Unterschied (siehe Abb. 17).

Im Jahr 1995 ergab sich der Unterschied des Finanzierungssaldos durch die Übernahme der Schulden der Treuhandanstalt und Wohnungswirtschaft der DDR, die in den VGR eine Vermögensübertragung vom Unternehmenssektor an den Staat darstellt und somit saldenwirksam wird. Der Erlös aus der Versteigerung der UMTS-Lizenzen wirkt sowohl in der Finanzstatistik als auch in den VGR positiv auf den Finanzierungssaldo. Demgegenüber werden die Darlehensrückflüsse und die veräußerten Beteiligungen im Jahr 2005 nur in der Finanzstatistik berücksichtigt [SVR 2007 a, S. 185, Essig 1990, Essig 2000]. Seit dem Jahr 2005 ist der Bund nicht mehr an der Deutschen Post AG und nur noch zu einem geringen Teil an der Fraport AG beteiligt. Die fortschreitende Privatisierung und die zunehmende Ausgliederung aus den Kernhaushalten des Staates reduzieren die Bundesbeteiligungen stark [BMF 2006]. Das zeigt sich auch im Finanzierungssaldo (siehe Abb. 17). Im Jahr 2010 zeigt sich beim Bund der Effekt der unterschiedlichen statistischen Zuordnung der Abwicklungsanstalten zum Sektor Staat, die während der Finanzmarktkrise gegründet wurden [BMF 2012 a].

Abb. 17: Finanzierungssaldo für Bund (B), Länder (L), Gemeinden (G) und Sozialversicherungen (S) in der Abgrenzung der VGR und der Finanzstatistik in den Jahren 1995, 2000, 2005 und 2010, in Mrd. €

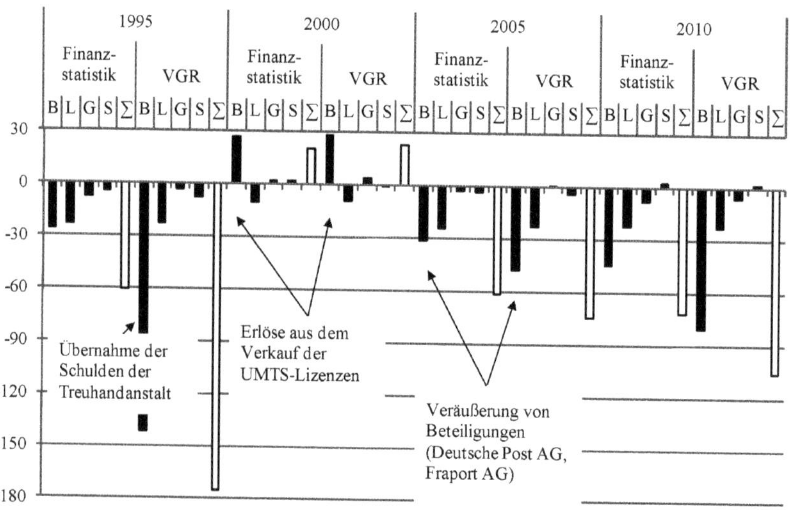

Quelle: Eigene Darstellung. StBA 2010, StBA 2010 b

Nicht alle methodischen Unterschiede beider Rechnungssysteme sind saldenwirksam. In den VGR werden die Ausgaben und Einnahmen um fiktive Transaktionen erweitert, die in der Finanzstatistik entweder nicht (z. B. unterstellte Sozialbeiträge, Abschreibungen) oder an anderer Position erscheinen (z. B. Erbschaftsteueraufkommen) [Cordes 1996, S. 92]. Durch die Berücksichtigung auf der Einnahmen- und Ausgabenseite sind diese Transaktionen nicht saldenwirksam [Europäische Kommission 1996, S. 100].

Eine weitere Unterscheidung betrifft die Brutto- und Nettostellung von Transaktionen. Die Familienförderungskomponente des Kindergeldes, die Arbeitnehmerspar-, Investitions- und Eigenheimzulagen etc. reduzieren zwar das Steueraufkommen, werden aber in den VGR bruttogestellt. Dass heißt, sie werden saldenneutral erfasst, da diese Positionen auch den Staatsausgaben zugerechnet werden [Bolleyer/Räth/Kreitmair 1992, S. 134, Essig 2000].

Die herausgestellten Zusammenhänge zwischen den VGR und der Finanzstatistik wurden bei der Modellierung des Staates berücksichtigt. Die Zusammenhänge wurden soweit möglich über Umbuchungen erfasst (z. B. die Berücksichtigung der Bruttostellung in den VGR, siehe Tab. 10 in Abschnitt 5.2.4). Die ausführliche Darstellung der Umsetzung im Modell ist im nächsten Kapitel 5 dokumentiert.

5. Modellierung des Staatsbudgets

Die in Abschnitt 3.6 herausgestellten Anforderungen an die Staatsmodellierung und die verfügbaren Statistiken (vgl. Kapitel 4) wurden zusammengeführt und sind die Grundlagen für die Modellierung des Staates. Es erfolgt eine detaillierte Darstellung der staatlichen Teilsektoren Bund, Länder, Gemeinden und Sozialversicherungen und den damit verbundenen Transaktionen. Die für die Verständlichkeit der Arbeit wichtigen Zusammenhänge zwischen den staatlichen Teilsektoren werden in den nächsten Abschnitten beschrieben.

Abb. 18 zeigt die Modellierung des Staates und die Einbettung in das INFORGE/ LÄNDER-Modell im Überblick. Eine Kurzdarstellung des INFORGE/ LÄNDER-Modells wird in Kapitel 6 gegeben.

Abb. 18: Modellierung des Staates – ein Überblick

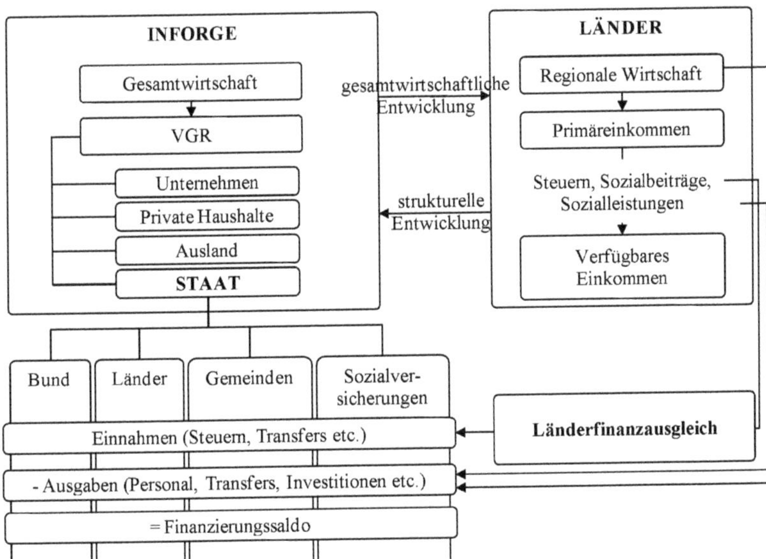

Quelle: Eigene Darstellung

Die Modellierung des Staates basiert im Wesentlichen auf drei Teilen:

- Implementierung des Länderfinanzausgleichs,
- Erweiterung des Sektor Staat (Bund, Länder, Gemeinden, Sozialversicherungen) im Kontensystem der VGR[55] und
- Regionalisierung der Einnahmen und Ausgaben der Länder- und Gemeindehaushalte.

Des Weiteren wurde die bestehende LÄNDER-Modellierung angepasst. Das betrifft u. a. die Modellierung der Sozialbeiträge und Sozialleistungen und auch den Übergang vom Primäreinkommen zum Verfügbaren Einkommen durch Steuern und Abgaben (vgl. Abschnitt 6.3). Die regionale Verteilung der Steuerzahler beeinflusst über den Länderfinanzausgleich zugleich die Steuereinnahmen der Länder.

Der Länderfinanzausgleich wurde als das zentrale Element der Steuerumverteilung zwischen den Gebietskörperschaften als auch der Bundesländer untereinander in die Modellierung integriert, um eine möglichst realitätsnahe Abbildung der Einnahmen der Gebietskörperschaften zu gewährleisten. Dadurch können politisch steuerbare Größen, wie beispielsweise die Änderung von Zuweisungen und Verteilungsschlüsseln detailgetreu abgebildet werden. Die Funktionsweise des Länderfinanzausgleichs ist in Abschnitt 2.2.1.2 ausführlich beschrieben.

Für eine konsistente Darstellung der Einnahmen und Ausgaben der Gebietskörperschaften und der Sozialversicherungen wurde auf den Kontenrahmen der VGR zurückgegriffen und Bund, Länder, Gemeinden und Sozialversicherungen im Einzelnen abgebildet. Die Umsetzung und Implementierung der Teilsektoren des Staates in das Kontensystem der VGR ist in Abschnitt 5.2 beschrieben. Es fließen sowohl die Ergebnisse des LÄNDER-Modells, sofern sie die Einnahmen und Ausgaben des Staates beeinflussen, ein als auch die Ergebnisse des Länderfinanzausgleichs. Nicht alle Zusammenhänge können per Definition in die VGR überführt werden. Ursächlich sind methodische Unterschiede zwischen dem statistischen Ausgangsmaterial und den VGR (vgl. Abschnitt 4.4).

Die Darstellung der Einnahmen für 16 Länder- und Gemeindehaushalte wird entweder direkt über den Länderfinanzausgleich abgebildet oder aus den gesamtwirtschaftlichen Größen abgeleitet (z. B. Zinseinnahmen). Die Ausgabenkomponenten der 16 Länder- und Gemeindehaushalte werden im Fall der Personalausgaben und Investitionen mit den Ergebnissen der LÄNDER-Modellierung verknüpft. Andere Ausgabenkomponenten wie die Zuweisungen und Umlagen im Rahmen des Länderfinanzausgleichs werden aus den Einnahmen abgeleitet. Weitere Größen der Finanzstatistik wie z. B. Darlehen und Beteiligungen werden entweder aus Projektionen Dritter übernommen oder im Simulationszeitraum auf ihrem historischen Niveau belassen.

Die Simulationseigenschaften des Modells lassen sich wie folgt kurz zusammenfassen: Die Einnahmen und Ausgaben der Gebietskörperschaften und der Sozialversicherungen verändern sich mit dem Wirtschaftswachstum und der demografischen

55 Das hier vorgestellte Modell und die Ergebnisse basieren auf dem ESVG 1995.

Entwicklung. Die Verteilung der Steuer- und Sozialversicherungseinnahmen als Haupteinnahmequelle von Bund, Ländern, Gemeinden und Sozialversicherungen ist politisch bestimmt und steuerbar z. B. durch Änderungen im Länderfinanzausgleich oder Anpassung von Steuersätzen. Die Ausgaben des Staates sind mit den Aufgaben verknüpft (vgl. Abschnitt 2.1). Politische Ziele wie die Schuldenbremse für Bund (ab dem Jahr 2016) und Länder (ab dem Jahr 2020) sollen dafür sorgen, dass die Staatsverschuldung begrenzt wird. Die Schuldenbremse ist kein expliziter Bestandteil der Staatsmodellierung. Eine „automatische" Anpassung der Ausgaben und/oder Einnahmen zur Realisierung der Schuldenbremse erfolgt nicht modellendogen. Erhöhungen von Steuersätzen bzw. Ausgabenanpassungen werden politisch bestimmt und müssen in den Simulationen vorgegeben werden. Im Referenzszenario wird von solchen Anpassungen, die bislang nicht absehbar sind abgesehen.

In den dokumentierten Simulationsrechnungen (siehe Kapitel 9) wird davon ausgegangen, dass zusätzliche Steuereinnahmen – i. V. z. Referenzszenario – für die Schuldentilgung verwendet werden. Eine alternative Verwendung z. B. für zusätzliche öffentliche Investitionen oder Sozialleistungen erfolgt nicht automatisch. Eine Umverteilung von Steuereinnahmen zwischen den Bundesländern führt demzufolge nicht zu einem mehr oder weniger an Investitionen, oder Sozialleistungen, wenn die Steuereinnahmen geringer oder höher sind als zuvor.

5.1 Datenbasis

Die Fachserie 18, Reihe 1.4 „Inlandsproduktberechnung" stellt diesen Sektor im Kontensystem der VGR dar. Die Fachserie 14 „Finanzen und Steuern" umfasst die Finanzstatistik (u. a. den Steuerhaushalt, vgl. Kapitel 4).

Für die Modellierung des Länderfinanzausgleichs sind vor allem die Reihen der Fachserie 14 relevant und die Implementierung der gesetzlichen Grundlagen bezüglich des Länderfinanzausgleichs erforderlich. Die zu erstellende Datenbank umfasst u. a.:

- das regionale Steueraufkommen des Bundes, der Länder und der Gemeinden sowie Gemeindeverbänden nach Steuerarten (Fachserie 14 Reihe 4),
- die verteilungsrelevanten Positionen im Rahmen des Länderfinanzausgleichs (u. a. die Zerlegungsbeträge der Lohnsteuer und das Kindergeld),
- die Abrechnungsergebnisse des Länderfinanzausgleichs (u. a. die Ausgleichsbeiträge und -zuweisungen, Finanzkraft- und Ausgleichsmesszahl und die Bundesergänzungszuweisungen, Veröffentlichung des BMF[56]),
- die Einwohnerzahl nach Ländern (Stichtag: 30. Juni, www.vgrdl.de) und
- die Einwohnerzahl der Gemeinden.

---

56 http://www.bundesfinanzministerium.de/Web/DE/Themen/Oeffentliche_Finanzen/Foederale_Finanzbeziehungen/Laenderfinanzausgleich/laenderfinanzausgleich.html (zuletzt aufgerufen am 29. Dezember 2015).

Die Abschnitte 5.2 bis 5.4 dokumentieren die vorgenommenen Modellerweiterungen. Im Wesentlichen sind das die Erfassung der VGR Kontenpositionen für Bund, Länder, Gemeinden und Sozialversicherungen (Abschnitt 5.2), die Projektion der finanzstatistischen Komponenten (Abschnitt 5.3) und die Bestimmung des Steueraufkommens der Gebietskörperschaften (Abschnitt 5.4).

5.2 Bund, Länder, Gemeinden und Sozialversicherungen in den VGR

Das Kontensystem der VGR stellt eine systematische Darstellung des Wirtschaftskreislaufes dar. Insbesondere wird auf die Darstellung der Einkommensumverteilungsaktivitäten des Staates für die im Produktionsprozess generierten Einkommen abgestellt. Ein Überblick über sämtliche Konten, Variablen[57] und die Buchungszusammenhänge ist im Anhang 2 zu finden.

Abb. 19 zeigt die wertmäßig wichtigsten Postionen im VGR-Kontensystem des Staates und die Anknüpfungspunkte im Gesamtmodellsystem. Der Überblick zeigt die Ausgaben und die Einnahmen des Staates: Einerseits haben die Gebietskörperschaften und die Sozialversicherungen ihre per Gesetz zugewiesenen Aufgaben wahrzunehmen, die Ausgaben zur Folge haben (vgl. Abschnitt 2.1) und andererseits müssen dafür die finanziellen Mittel (vgl. Abschnitt 2.2) verfügbar sein. Das primäre und sekundäre Einkommensverteilungskonto zeigt die Mittelverteilung und -verwendung der Gebietskörperschaften als auch die Aufgaben der Sozialversicherungen, die im Bedarfsfall private Haushalte finanziell unterstützen (z. B. Arbeitslosengeld, Rente). Die Mittelverteilung zwischen Bund, Ländern und Gemeinden folgt den gesetzlichen Regelungen, die im Art. 106 GG und Finanzausgleichsgesetz festgeschrieben sind (vgl. Abschnitt 2.2.1).

57 Die Variablenbezeichnung ist an die Buchungsnummern im Kontensystem angelehnt. Der ersten (bis zu vier) Buchstaben entsprechen den Buchungsnummern, darauf folgend das Kürzel für den jeweiligen Sektor (H~Haushalt, N~Nichtfinanzielle Kapitalgesellschaft, F~Finanzielle Kapitalgesellschaft, W~Übrige Welt, S13~Staat, S131~Gebietskörperschaften, S1311~Bund, S1312~Länder, S1313~Gemeinden, S1314~Sozialversicherungen). Der letzte Buchstabe zeigt an, ob die Transaktionen geleistet (V~Verwendung) oder empfangen (A~Aufkommen) werden oder die Variable eine Saldogröße (B~Balancing item) darstellt.

Abb. 19: Wichtige Positionen im Konto der VGR des Staates im Überblick

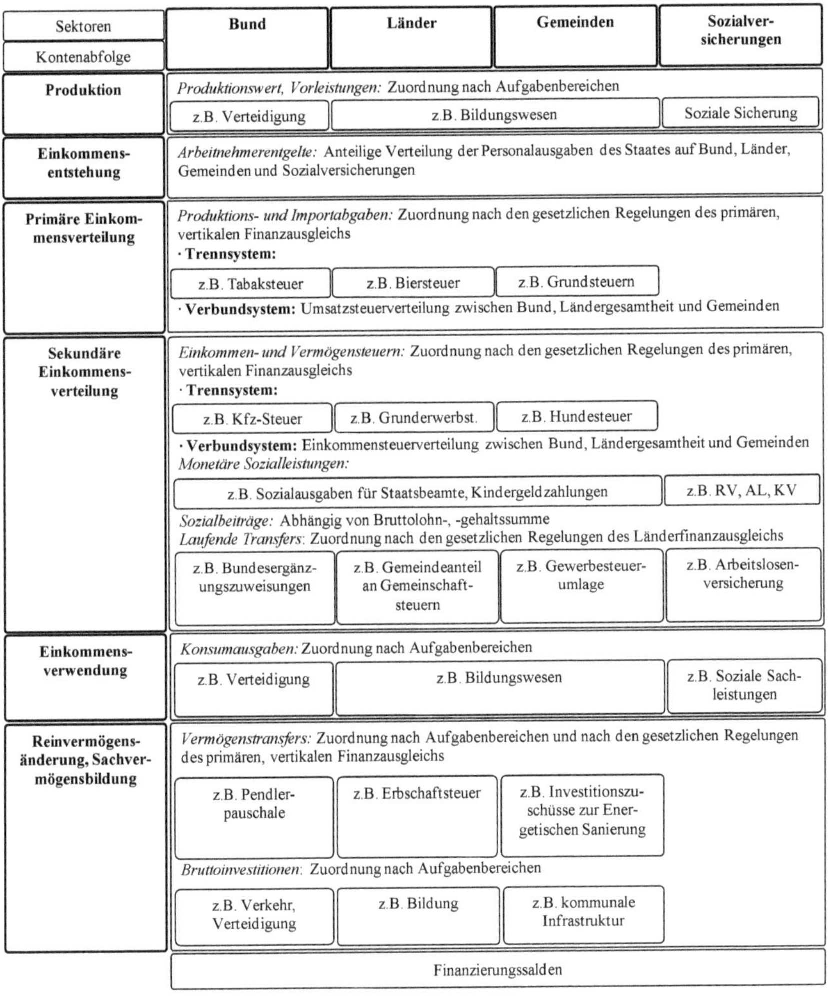

Quelle: Eigene Darstellung

Die übrigen Konten (z. B. Produktions- und Einkommensverwendungskonto) zeigen hauptsächlich die Ausgaben, die im Rahmen der Aufgabenwahrnehmung anfallen. Der Bund übernimmt beispielsweise Aufgaben im Bereich der Verteidigung und öffentlichen Sicherheit, die Sozialversicherungen sind für die soziale Sicherung zuständig und den Ländern und Gemeinden obliegen Aufgaben im Bereich des Bildungswesens.

Die Kontenabfolge wird mit dem Ausweis des Finanzierungssaldos abgeschlossen, der Einnahmen und Ausgaben gegenüberstellt. Auf diesen Finanzierungssaldo wird im Maastricht-Vertrag abgestellt, der sich vom Finanzierungssaldo der Finanzstatistik unterscheidet (vgl. Abschnitt 4.4).

In INFORGE wird der Sektor Staat als Gesamtheit betrachtet und nur die Sozialversicherungen einzeln modelliert [Ahlert et al. 2009, Wolter 2002]. In dieser Arbeit erfolgt eine detaillierte und explizite Darstellung der Gebietskörperschaften. Nachfolgend werden alle Konten für den Sektor Staat – untergliedert nach Bund, Länder, Gemeinden und Sozialversicherungen – erläutert. Eine ausführliche Darstellung für die übrigen institutionellen Transaktoren (private Haushalte, Kapitalgesellschaften, übrige Welt etc.) findet sich in Ahlert et al. 2009, S. 98 ff.. Abweichende Ansätze von der in Ahlert et al. 2009 dargestellten Modellierung werden im Folgenden mit aufgezeigt.

5.2.1 Produktionskonto

Das Produktionskonto stellt den Produktionswert der Güter und Dienstleistungen und die benötigten Vorleistungen dar. Nach Abzug der Abschreibungen resultiert aus der Brutto- die Nettowertschöpfung. Die im Rahmen der IOR ermittelten Ergebnisse für die Produktionswerte, Vorleistungen und Nettowertschöpfung die betrachteten 59 bzw. 71[58] Produktionsbereiche werden in diesem Konto verbucht. Tab. 6 stellt die Zusammenhänge für den Staat im Überblick dar.

Die Produktion des Staates findet nicht in allen Wirtschaftsbereichen statt. Der Großteil fällt auf den Bereich öffentliche Verwaltung, Verteidigung und Sozialversicherungen. Der Staat beteiligt sich aber auch in Bereichen, in denen neben den staatlichen Teilsektoren auch die Kapitalgesellschaften und private Haushalte sowie private Organisationen ohne Erwerbszweck tätig sind. Lediglich für die Sozialversicherungen gelingt eine eindeutige Zuordnung (siehe Tab. 7). Eine direkte Überleitung vom Produktionswert nach Wirtschaftsbereichen zu den institutionellen Einheiten (Bund, Länder, Gemeinden und Sozialversicherungen) ist daher nur schwer möglich.[59]

58 Der Buchstabe „l" am Ende des Variablennamens deutet auf einen Vektor mit 71 Elementen hin. Jedes Element beschreibt einen Wirtschaftsbereich auf der 2-Steller-Ebene [StBA 2003]. Ansonsten werden, wenn nicht anders angegeben, 59 Wirtschaftsbereiche betrachtet.

59 Die (nicht veröffentlichte) Überleitung nimmt das Statistische Bundesamt auf der Grundlage der Rechnungsergebnisse des Bundes und der Sozialversicherungszweige sowie der Finanzstatistik der Länder und Gemeinden vor.

Tab. 6: Zusammenhang Modellsystem – Produktion

Verwendung	Aufkommen	BUND	LÄNDER	GEMEINDEN	SV
		Produktionskonto			
	Produktions-wert P.1	$= f(ysnl_{63})$	$= f(ysnl_{WB})$ WB = {63, 65}	$= f(ysnl_{WB})$ WB = {63, 65, 67, 69}	$= ysnl_{64}$
Vorleistungen P.2		$= f(vesnl_{63})$	$= f(vesnl_{WB})$ WB = {63, 65}	$= f(vesnl_{WB})$ WB = {63, 65, 67}	$= vesnl_{64}$
Bruttowert-schöpfung B.1g		= P.1 - P.2			
Abschreibungen K.1		$= f(dsn_{WB})$ WB = {39, 52}	$= f(dsn_{WB})$ WB = {52, 53}	$= f(dsn_{WB})$ WB = {52, 55}	$= f(dsn_{52})$
Nettowert-schöpfung B.1n		= B.1g - K.1			

Quelle: Eigene Darstellung

Die schwarz unterlegten Zellen in Tab. 7 markieren Bereiche, in denen für den Markt produziert wird. Die Angaben in Euro werden nicht veröffentlicht, wurden aber freundlicherweise in einer Sonderauswertung vom Statistischen Bundesamt für die vorliegenden Arbeit zur Verfügung gestellt. Liegen diese Informationen nicht vor, kann eine Aufteilung innerhalb der Gebietskörperschaften annäherungsweise über die Aufgabenzuordnung vorgenommen werden.

Tab. 7: Produktionsbereich-Sektor-Kreuz-Tabelle (Produktionswert) im Jahr 2000, in Mrd. €

		Sektoren						
		Staat	Bund	Länder	Gemeinden	SV	Summe über alle Sektoren (S.11-S.15)	Anteil Staat an Summe (in v.H.)
Produktionsbereiche	Landwirtschaft und Jagd	0,3			-	-	45,4	0,7
	Forstwirtschaft	0,9				-	3,3	25,8
	Wasserversorgung	0,7				-	8,2	9,0
	Hilfs-, Nebentätigkeiten für den Verkehr	3,3				-	71,4	4,6
	Grundstücks- und Wohnungswesen	2,0				-	281,8	0,7
	Forschung und Entwicklung	6,3				-	17,0	37,1
	Öffentliche Verwaltung, Verteidigung	146,1				-	146,1	100,0
	Sozialversicherungen	20,8	-	-	-	20,8	20,8	100,0
	Erziehung und Unterricht	73,2				-	102,0	71,8
	Gesundheits-, Veterinär-, Sozialwesen	5,2				-	182,8	2,9
	Erbringung von Entsorgungsleistungen	9,9				-	26,8	36,9
	Kultur, Sport und Unterhaltung	11,1				-	66,0	16,8
	Produktionswert (inkl. Eigenverwendung)	**279,7**	**50,6**	**118,5**	**89,9**	**20,8**	**971,6**	**28,8**
	Marktproduktion	14,1	0,5	0,9	12,8	0,0		
	Nichtmarktproduktion	265,6	50,1	117,6	77,1	20,8		

Quelle: Eigene Darstellung. In Anlehnung an StBA 2007

Für den *Sektor Staat* wird der Produktionswert getrennt nach Markt- und Nichtmarktproduktion nachgewiesen [StBA 2009, Tab. 3.4.3.1]. Die *Marktproduktion* des Staates umfasst einen Teil der Produktion in den Wirtschaftsbereichen Land- und Forstwirtschaft, Wasserversorgung, Hilfs- und Nebentätigkeiten für den Verkehr (nur Gemeinden), Grundstücks- und Wohnungswesen sowie Erbringung von Entsorgungsleistungen, die in örtlich fachlichen Einheiten erbracht wird. Die *Nichtmarktproduktion* wird zum Teil in den Wirtschaftsbereichen Hilfs- und Nebentätigkeiten für den Verkehr (ohne Gemeinden), Forschung und Entwicklung, öffentliche Verwaltung, Erziehung und Unterricht, Dienstleistungen der Sozialversicherungen, Gesundheits-, Veterinär- und Sozialwesen sowie Kultur, Sport und Unterhaltung betrieben.

Für den Markt produzieren im nennenswerten Umfang lediglich die Gemeinden (2013: zehn Prozent). Die Marktproduktion der Länder umfasst 0,1 % am Produktionswert (siehe Tab. 8). Die Sozialversicherungen betreiben ausschließlich sonstige Nichtmarktproduktion.

Tab. 8: Produktionswert des Staates im Jahr 2013, in Mrd. €

		Staat	**Bund**	**Länder**	**Gemeinden**	**SV**
	Marktproduktion	17,8	4,3	0,2	13,3	-
+	Sonstige Nichtmarktproduktion (inkl. Eigenverwendung)	369,7	64,3	159,6	115,3	30,5
=	Produktionswert	387,4	68,6	159,8	128,6	30,5

Quelle: Eigene Darstellung. In Anlehnung an StBA 2014

Der *Produktionswert P1S13#A[t]*[60] der staatlichen Ebenen wird durch ihre gesetzlich bestimmten Aufgaben determiniert [BMF 2014 a, S. 7 ff.]. Der Bund *#11* ist vorrangig für die öffentliche Verwaltung und Verteidigung $ysnl_{63}[t]$ zuständig [u. a. Art. 87 Abs. 1, 87 a GG]. Ausgaben der Verwaltung entstehen aber nicht nur beim Bund, sondern ebenfalls bei den Ländern, Gemeinden und Sozialversicherungen.

Die Aufgaben der Länder *#12* umfassen, neben den Verwaltungsaufgaben $ysnl_{63}[t]$, hauptsächlich Aufgaben im Bereich Erziehung und Unterricht $ysnl_{65}[t]$. Im geringerem Umfang produzieren die Länder auch im Bereich Gesundheits-, Veterinär- und Sozialwesen, Kultur, Sport und Unterhaltung sowie Forschung und Entwicklung. Der Erklärungsgehalt ist im Schätzansatz aber nicht signifikant und wird daher verworfen.

Den Gemeinden *#13* obliegen lt. Landes- und Gemeindeverfassung der Bundesländer u. a. die Erbringung von Entsorgungsleistungen $ysnl_{67}[t]$, Erziehungs- und Unterrichtsdienstleistungen $ysnl_{65}[t]$ und Dienstleistungen im Bereich Kultur, Sport

60 Das # -Zeichen dient als Platzhalter für alle institutionellen Transaktoren (Unternehmen, private Haushalte, Bund etc.). Z. B. produzieren neben den Unternehmen auch der Staat und seine Teilsektoren.

und Unterhaltung $ysnl_{69}[t]$. Die gemeindliche Aufgabenwahrnehmung kann je nach Landesverfassung zwischen den Bundesländern variieren. Das kann an dieser Stelle nicht berücksichtigt werden, da in den VGR die Länder als Aggregat erfasst werden.

Die Aufgaben der Sozialversicherungen *#14* beschränken sich auf den Produktionsbereich „Dienstleistungen der Sozialversicherungen" $ysnl_{64}[t]$.

$$\begin{aligned}
\text{P1S1311A[t]} &= f\left(ysnl_{63}[t], D105FF\right) \\
\text{P1S1312A[t]} &= f(ysnl_{63}[t], ysnl_{65}[t], D105FF) \\
\text{P1S1313A[t]} &= f(ysnl_{63}[t], ysnl_{65}[t], ysnl_{67}[t], ysnl_{69}[t], \\
&\quad D96FF + D97FF + D98FF) \\
\text{P1S1314A[t]} &= f\left(ysnl_{64}[t]\right)
\end{aligned} \tag{8}$$

In den Erklärungsansätzen (vgl. Formel 8) wurde der jeweilige Beitrag zum Produktionswert des jeweiligen staatlichen Teilsektors berücksichtigt (vgl. Tab. 7). Der Dummy[61] ab dem Jahr 2005 (*D105FF*[62]) berücksichtigt Änderungen aufgrund der Arbeitsmarktreform im Jahr 2005. Diese bewirkte beispielsweise beim Bund einen Anstieg der individuell zurechenbaren Sachleistungen (vgl. Abschnitt 5.2.5) und damit der Bruttoproduktion um ca. zwei Milliarden Euro [StBA 2006, StBA 2010, Tab. 3.4.3.4].

Der Term *D96FF+D97FF+D98FF* in der Regressionsgleichung für die Gemeinden sind begründet in der schrittweisen Umstellung der Buchung in den Kommunalhaushalten. Die Ausgaben der Sozialhilfe, die von den Gemeinden zu tragen ist, wird seit 1996 „netto" verbucht [Hahlen 2002, S. 1054].

Die *Vorleistungseinsätze* des Staates im Kontensystem *P2S13#V[t]* werden mit den modellendogen ermittelten Vorleistungseinsätzen nach Wirtschaftsbereichen $vesnl_{WB}[t]$ fortgeschrieben. Diese werden im Input-Output-Zusammenhang ermittelt (vgl. Abschnitt 6.2). Die Sozialversicherungen, die sich zu 100 % im Wirtschaftsbereich „Dienstleistungen der Sozialversicherungen" widerspiegeln, beziehen hauptsächlich Vorleistungen aus dem Wirtschaftsbereich „unternehmensbezogene Dienstleistungen" und „Datenverarbeitung". Die Vorleistungseinsätze z. B. im Bereich „Erziehung und Unterricht" werden nicht nur vom Staat (2000: 11,8 Mrd. €) eingesetzt, sondern zu ca. 37 % auch von anderen Sektoren (siehe Tab. 9).

---

61 Ein Dummy ist eine Variable in ökonometrischen Modellen, mit denen Auswirkungen qualitativer Unterschiede untersucht werden können. Sie werden eingesetzt, um den Einfluss z. B. von Steuerreformen oder des Geschlechts auf das Einkommen zu testen oder Strukturbrüche in Zeitreihen abzubilden. Dummy Variablen können die Ausprägung wahr (1) oder falsch (0) haben [Winker 1997, Quaas 2009].

62 Die Ziffern geben das betreffende Jahr an. Vor dem Jahr 2000 werden die letzten zwei Ziffern der Jahreszahl angegeben (z. B. für 1996 „96"), ab dem Jahr 2000 wird den letzten beiden Ziffern eine „1" vorangestellt (z. B. für 2005 „105"). „FF" steht für die Berücksichtigung der nachfolgenden Jahre. Ohne „FF" wird nur das angegebene Jahr berücksichtigt.

Tab. 9: Produktionsbereich-Sektor-Kreuztabelle (Vorleistungen) im Jahr 2000, in Mrd. €

		Sektoren						
		Staat	Bund	Länder	Gemeinden	SV	Summe über alle Sektoren (S.11-S.15)	Anteil Staat an Summe (in v.H.)
Produktionsbereiche	Landwirtschaft und Jagd	0,4			-	-	23,4	1,5
	Forstwirtschaft	0,7				-	1,4	50,0
	Wasserversorgung	0,3				-	2,8	10,4
	Hilfs- und Nebentätigkeiten für den Verkehr	1,4				-	45,7	3,0
	Grundstücks- und Wohnungswesen	2,2				-	74,8	3,0
	Forschung und Entwicklung	5,0				-	9,5	52,7
	Öffentliche Verwaltung, Verteidigung	42,6				-	42,6	100,0
	Sozialversicherungen	6,2	-	-	-	6,2	6,2	100,0
	Erziehung und Unterricht	11,8				-	18,6	63,5
	Gesundheits-, Veterinär- und Sozialwesen	2,1				-	58,8	3,6
	Erbringung von Entsorgungsleistungen	5,4				-	14,1	38,3
	Kultur, Sport und Unterhaltung	4,3				-	28,5	15,0
	Vorleistungen	**82,4**	**20,7**	**23,4**	**32,0**	**6,2**	**326,4**	**25,2**

Quelle: Eigene Darstellung. In Anlehnung an StBA 2007

Diese Erkenntnisse werden bei der Interpretation der Regressionskoeffizienten berücksichtigt. Lediglich für die Sozialversicherungen *#14* besteht ein sehr enger Zusammenhang zwischen dem Regressor und dem Regressanten, da die Überleitung von der Gliederung der homogenen Produktionsbereiche zu den institutionellen Einheiten eindeutig ist.

Für die Aufteilung der Vorleistungen auf die Gebietskörperschaften wurden für diese Arbeit unveröffentlichte Informationen vom Statistischen Bundesamt zur Verfügung gestellt, die in den Erklärungsansätzen berücksichtigt wurden. Die Vorleistungseinsätze der Gebietskörperschaften werden vom Bereich öffentliche Verwaltung und Verteidigung $vesnl_{63}[t]$ dominiert. Für die Länder *#12* und Gemeinden *#13* ist auch der Bereich Erziehung und Unterricht $vesnl_{65}[t]$ relevant sowie für die Gemeinden der Bereich Erbringung von Entsorgungsleistungen $vesnl_{67}[t]$.

Der Dummy *D105FF* steht im Erklärungsansatz für die Vorleistungsnachfrage des Bundes im Zusammenhang mit der Arbeitsmarktreform im Jahr 2005, infolgedessen sich Produktion und Vorleistungseinsätze des Bundes erhöhen.

$$
\begin{aligned}
\text{P2S1311A[t]} &= \left(vesnl_{63}[t], D105FF\right) \\
\text{P2S1312A[t]} &= f\left(vesnl_{63}[t], vesnl_{65}[t]\right) \\
\text{P2S1313A[t]} &= f\left(vesnl_{63}[t], vesnl_{65}[t], vesnl_{67}[t]\right) \\
\text{P2S1314A[t]} &= f\left(vesnl_{64}[t]\right)
\end{aligned}
\qquad (9)
$$

Der Produktionswert *P1S13A[t]* und die Vorleistungseinsätze *P2S13V[t]* des Staates berechnen sich jeweils aus der Summe der staatlichen Teilsektoren.

$$
\begin{aligned}
P1S13A[t] &= \sum_{\#=11}^{14} \mathrm{P1S13\#A[t]} \\
P2S13V[t] &= \sum_{\#=11}^{14} \mathrm{P2S13\#V[t]} \\
\forall \in \#, \# &= [11;14]
\end{aligned}
\tag{10}
$$

Die **Abschreibungen** *K1S13#V[t]* werden mit ihrem Pendant aus dem Modellsystem *dsn[t]*[63] erklärt. Die Dummies in den Jahren 2006 und 2007 erfassen die höheren Abschreibungen durch die zeitlich begrenzte Wiedereinführung der degressiven Abschreibung zwischen dem 1. Januar 2006 und 31. Dezember 2007 als konjunkturpolitische Maßnahme der Bundesregierung. Weitergehende Ausführungen zu der Modellierung der Abschreibungen findet sich in Ahlert et al. 2009, S. 90 ff.

$$
\begin{aligned}
\mathrm{K1S1311A[t]} &= f\left(dsn_{39}[t], dsn_{52}[t], D106, D107\right) \\
\mathrm{K1S1312A[t]} &= f\left(dsn_{52}[t], dsn_{53}[t]\right) \\
\mathrm{K1S1313A[t]} &= f\left(dsn_{52}[t], dsn_{55}[t]\right) \\
\mathrm{K1S1314A[t]} &= f\left(dsn_{52}[t]\right)
\end{aligned}
\tag{11}
$$

*Die **Brutto- und Nettowertschöpfung** werden definitorisch bestimmt:*

$$
\begin{aligned}
\mathrm{B1GS13\#B[t]} &= \mathrm{P1S13\#A[t]} - \mathrm{P2S13\#V[t]} \\
\mathrm{B1NS13\#B[t]} &= \mathrm{B1GS13\#B[t]} - \mathrm{K1S13\#V[t]} \\
\# \forall &\in (11, 12, 13, 14)
\end{aligned}
\tag{12}
$$

5.2.2 Einkommensentstehungskonto

Das Einkommensentstehungskonto bildet die Entstehung der Erwerbs- und Vermögenseinkommen der am Produktionsprozess Beteiligten ab. Dazu werden zur Nettowertschöpfung die sonstigen Subventionen hinzugerechnet und die Arbeitnehmerentgelte und sonstigen Produktionsabgaben abgezogen. Es ergibt sich der Nettobetriebsüberschuss bzw. das Einkommen aus selbstständiger Tätigkeit.

Einen Überblick über die Zusammenhänge zwischen den im Modellsystem bestimmten Variablen und den VGR gibt Abb. 20. Nach Abzug der zu zahlenden Arbeitnehmerentgelte und der Nettoproduktionsabgaben von der Bruttowertschöpfung ergibt sich ein Proxy, der als Gewinn interpretiert werden kann, der als bestimmende Größe u. a. in die Ermittlung der Gewerbesteuer einfließt (vgl. Abschnitt 5.4). Die Arbeitnehmerentgelte werden über die Zahl der Arbeitnehmer

63 Die Abschreibungen liegen nur für 59 statt 71 Wirtschaftsbereiche vor. Den Unterschied zwischen den beiden Gliederungen zeigt Anhang 1.

und der Jahreslohnsumme der Beschäftigten bestimmt, die wiederum das Ergebnis von Arbeitsproduktivität, allgemeiner Preisentwicklung und dem Lohnsatz sind. Eine weitergehende Darstellung findet sich im Abschnitt 6.2.2.

Abb. 20: Zusammenhang Modellsystem – Einkommensentstehung

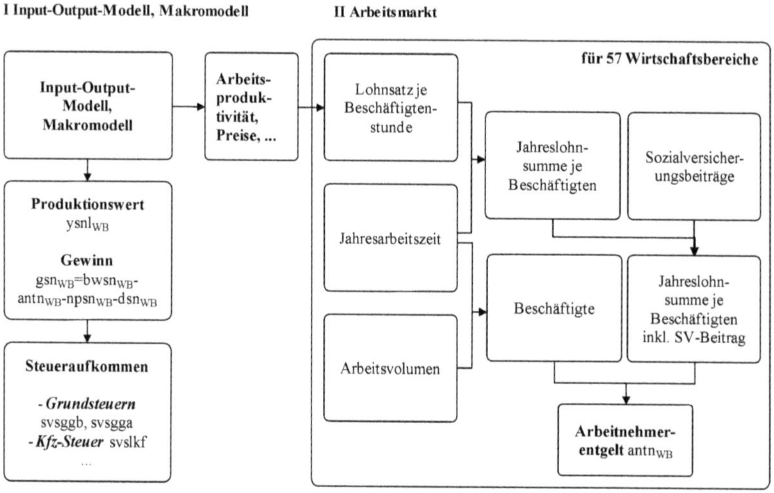

III Kontensystem der VGR (Auszug)

		VOLKSWIRTSCHAFT	*BUND*	*LÄNDER*	*GEMEINDEN*	*SV*
Verwendung	**Aufkommen**	**Einkommensentstehungskonto**				
	Nettowert-schöpfung B.1n	= B.1g - K.1				
	Sonstige Subventionen D.39	D29TV - NPSN	-	konstant	konstant	-
Arbeitnehmerentgelt D.1		$= \sum_{WB=1}^{59} antn_{WB}$		= B.1n + D.39 - D.29 + B.2n		
So. Produktionsabgaben D.29		= f(svsggb, svslkf)	konstant	konstant	konstant	konstant
Nettobetriebsüberschuss / Selbstständigeneinkommen B.2n		= B.1n + D.39 - D.1 - D.29	konstant	konstant	konstant	konstant

Quelle: Eigene Darstellung

Die geleisteten Arbeitnehmerentgelte *D1S13#V[t]* des Bundes, der Länder und der Gemeinden sowie der Sozialversicherungen werden nicht direkt mit dem im Modellsystem ermittelten Arbeitnehmerentgelten in den relevanten Bereichen

(Öffentliche Verwaltung, Erziehung und Unterricht etc.) erklärt. Dieser Versuch ergab keine zufriedenstellenden Ergebnisse aufgrund des geringen Detailgrades[64], so dass die folgende Modellierung gewählt wurde: Der Nettobetriebsüberschuss bzw. das Selbstständigeneinkommen *B2N00B#[t]* wird auf den zuletzt beobachtbaren Wert – der nah bei Null liegt – gesetzt. Nach der Bestimmung der sonstigen Produktionsabgaben und der sonstigen Subventionen werden die Arbeitnehmerentgelte als Residuum ermittelt.

Die *geleisteten sonstigen Produktionsabgaben* werden für die nichtfinanziellen *D2900NV[t]* und finanziellen Kapitalgesellschaften *D2900FV[t]* mit dem Aufkommen aus der Grundsteuer B *svsggb[t]* und dem Anteil[65] der Unternehmen an der Kraftfahrzeugsteuer *svslkf[t]* erklärt [Europäische Kommission 1996, S. 76 f., Brümmerhoff/Lützel 2002, S. 364, , S. 24]. Die sonstigen Produktionsabgaben der privaten Haushalte *D2900HV[t]* werden mit dem Aufkommen aus der Grundsteuer B bestimmt. Für den Staat *D29S13V[t]* werden die sonstigen Produktionsabgaben als konstant angenommen, da diese auch in der Vergangenheit keinen Schwankungen unterlegen waren.

Die Gewerbesteuer wird seit der VGR Revision im Jahr 2011 rückwirkend den Einkommensteuern zugeordnet und ist daher nicht mehr Teil der sonstigen Produktionsabgaben [Räth/Braakmann 2011].

$$\begin{aligned} \mathrm{D2900NV[t]} &= f\left(svsggb[t], 0{,}7 \cdot svslkf[t]\right) \\ \mathrm{D2900FV[t]} &= f\left(svsggb[t], 0{,}7 \cdot svslkf[t]\right) \\ \mathrm{D2900HV[t]} &= f\left(svsggb[t]\right) \end{aligned} \tag{13}$$

Durch Aggregation ergibt sich der Wert für die gesamte Volkswirtschaft. Über eine Prüfroutine wird gewährleistet, dass die geleisteten sonstigen Produktionsabgaben der gesamten Volkswirtschaft der Summe der dazugehörigen Steuern entsprechen. Dieser Vorgang ist notwendig, um die Konsistenz in der Modellierung zu wahren.

$$\begin{aligned} D2900NV[t] &= f\left(svsggb[t], svslkf[t]\right) \\ D2900HV[t] &= f\left(svsggb[t]\right) \\ D2900FV[t] &= f\left(svsggb[t], svslkf[t]\right) \\ D29S13V[t] &= D29S13V[t-1] \\ D2900TV[t] &= D2900FV[t] + D2900NV[t] + D29S13V[t] + D2900HV[t] \end{aligned} \tag{14}$$

64 Zum Beispiel liegen die Arbeitnehmerentgelte lediglich als Aggregat aus dem Bereich „öffentliche Verwaltung, Verteidigung und Sozialversicherung" vor.

65 Der Anteil der Unternehmen betrug im Jahr 2013 ca. 29 % am gesamten Kfz-Steueraufkommen [Radke 2014, S. 292, 294].

Die *sonstigen Subventionen* umfassen Subventionen auf die Lohnsumme, für Beschäftigte, die z. B. behindert sind oder Langzeitarbeitslose. Ebenso zählen Subventionen zur Verringerung von Umweltverschmutzungen oder Zinszuschüsse an ortsansässige Produzenten dazu [Europäische Kommission 1996, S. 79, StBA 2001, S. 26]. Das Aufkommen an sonstigen Subventionen des Staates *D39S13A[t]* bleibt ab 2014 konstant unter der Annahme, dass die Subventionen politisch bestimmt und keine ökonomischen Zusammenhänge erkennbar sind.

Der Betriebsüberschuss bzw. das Selbstständigeneinkommen *B2N00B#[t]* kann dann für alle noch fehlenden Sektoren definitorisch berechnet werden:

$$\begin{aligned}
&\text{B2N00\#B[t]} = \text{B1N00\#B[t]} + \text{D39\#A[t]} - \text{D1\#V[t]} - \text{D29\#V[t]} \\
&\forall \in \#, \# = \{H, F, N, W, 11, 12, 13, 14\} \\
&H \sim \textit{private Haushalte} \\
&F \sim \textit{finanzielle Kapitalgesellschaften} \\
&N \sim \textit{nichtfinanzielle Kapitalgesellschaften} \\
&W \sim \textit{übrige Welt}
\end{aligned} \tag{15}$$

5.2.3 Primäres Einkommensverteilungskonto

Das primäre Einkommensverteilungskonto wird für den Staat dahingehend erweitert, dass die staatlichen Umverteilungsprozesse zwischen den Gebietskörperschaften abgebildet werden. Im INFORGE-Modell werden die Transaktionen zwischen den Teilsektoren des Staates nicht abgebildet. Nun werden die Steuern, die im Trennsystem verteilt werden, den entsprechenden Gebietskörperschaften zugeordnet und die Ergebnisse der Umsatzsteuerverteilung verbucht.

Das Primäreinkommen der staatlichen Teilsektoren wird ausgehend vom Nettobetriebsüberschuss durch Addition empfangener Produktions- und Importabgaben und Vermögenseinkommen sowie durch Abzug von Subventionen und Vermögenseinkommen bestimmt.

Abb. 21 gibt einen Überblick über die Modellierungszusammenhänge. Aus dem Input-Output-Zusammenhang wird der Übergang zwischen Anschaffungs- und Herstellungspreisen der Verwendungsmatrizen nach Gütergruppen abgeleitet. Den Übergang zwischen den beiden Preiskonzepten stellen die Gütersteuern und -subventionen sowie Handels- und Transportspannen dar. Die Gütersteuern werden im Länderfinanzausgleich den jeweiligen Gebietskörperschaften zugeordnet und im Kontensystem verbucht.

Abb. 21: Zusammenhang Modellsystem – primäre Einkommensverteilung

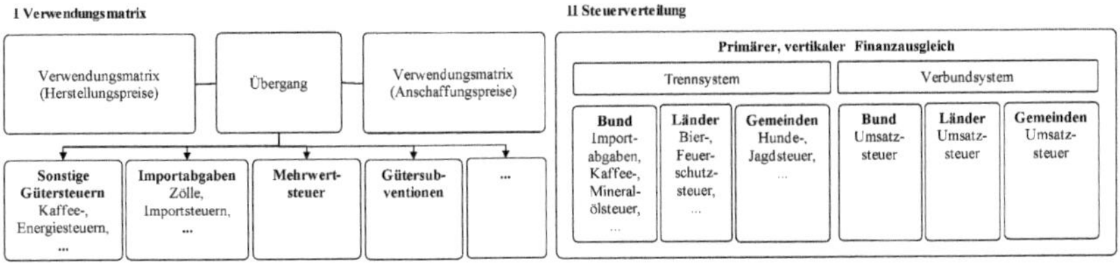

III Kontensystem der VGR (Auszug)

Verwendung	Aufkommen	*VOLKSWIRTSCHAFT*	*BUND*	*LÄNDER*	*GEMEINDEN*	*SV*
		primäre Einkommensverteilung				
	Nettobetriebsüberschuss / Selbständigeneinkommen B.2n		= B.1n + D.39 - D.1 - D.29			
	Arbeitnehmerentgelt D.1	$= \sum_{WB=1}^{59} antn_{52} + DIWV - DIWA$	-	-	-	-
	Empfangene Produktions- und Importabgaben D.2		= D.21 + D.29			-
	Gütersteuern D.21		= D.211 + D.212 + D.214			-
	Mehrwertsteuer D.211	= MWTGVN - D.211WA	= f(snsbus)	= f(snslus)	= f(snsgus)	-
	Importabgaben D.212	= IMAGVN - D.212WA	= IMAGVN	-	-	-
	Sonstige Gütersteuern D.214	= D.214S13A	= f(svsbms, svsbts, …)	= f(svslbs, svslge, svslfs, svslls)	= f(svsgst)	-
	So. Produktionsabgaben D.29	= svsggb + svsgga + 0,7 * svslkf	= f(svsbkf)	= f(svslkf, ZEIT)	= f(snsgga, snsggb)	-
	Vermögenseinkommen D.4	= D.41A + D.42A + D.43A + D.44A + D.45A				
	Zinsen D.41	= D.41TV + D.41WV - D.41WA		= f(D.41HV, D.41NV, D.41FV)		
	Ausschüttungen und Entnahmen D.42	= D.42TV + D.42WV - D.42WA	konstant	= f(ZEIT)	= f(ZEIT)	-
	Pachteinkommen D.45	= D.45TV + D.45WV - D.45WA	-	= f(D.45HV)	konstant	= f(D.45NV)
Subventionen D.3				= D.31 + D.39		
Gütersubventionen D.31		= D.31S13A		= f(SUBGVN)		-
So. Subventionen D.39		= D39TA - D39WV		$= D39S13\#V \cdot \frac{D39S13V[t]}{D39S13V[t-1]}$ $\forall \in \#, \# = [11;14]$		
Vermögenseinkommen D.4		= D.41V + D.42V + D.43V + D.44V + D.45V				
Zinsen D.41		= D.41NV + D.41FV + D.41S13V + D.41HV		= f(RUML * SCHULD#) $\forall \in \#, \# = [11;14]$		
Primäreinkommen B.5n			= B.2n + D.1 + D.2 + D.4A- D.3 - D.4V			

Quelle: Eigene Darstellung

Die *empfangenen Produktions- und Importabgaben D2#A[t]* des Staates setzen sich aus den Gütersteuern *D21#A[t]* und sonstigen Produktionsabgaben *D29#A[t]* zusammen. Die Gütersteuern lassen sich weiterhin unterteilen in die Mehrwertsteuer *D211#A[t]*, Importabgaben[66] *D212#A[t]* und sonstige Gütersteuern[67] *D214#A[t]*.

Das Aufkommen der *Mehrwertsteuer* fließt an die Gebietskörperschaften und als Mehrwertsteuer-Eigenmittel der EU *snmw[t]* an die übrige Welt.

$$D211WA[t] = f\{snmw[t]\} \tag{16}$$

Die Verteilung der Umsatzsteuer auf die Gebietskörperschaften resultiert aus der Umverteilung im Rahmen des primären, vertikalen Länderfinanzausgleichs (vgl. Abschnitt 2.2.1.3). Dem Bund *#11* (*snsbus[t]*) stehen einerseits Mittel im Rahmen des Umsatzsteuervorwegausgleichs (5,63 %) als auch 49,6 % am Umsatzsteueraufkommen nach Abzug des Gemeindeanteils *#13* (*snsgus[t]*) plus Festbetragsregelungen (vgl. Tab. 2) zu. Die Ländergesamtheit #12 (*snslus[t]*) erhält die restlichen 50,4 % abzüglich der Festbetragsregelungen am verbleibenden Umsatzsteueraufkommen.

Für den Staat berechnet sich das Aufkommen aus der Summe der staatlichen Teilsektoren abzüglich des Mehrwertsteueraufkommens der übrigen Welt.

$$\begin{aligned} D211S1311A[t] &= snsbus[t] \\ D211S1312A[t] &= snslus[t] \\ D211S1313A[t] &= snsgus[t] \\ D211S13A[t] &= \sum_{\#=11}^{13} \mathrm{D211S13\#A[t]} - D2110AW[t] \\ \forall \in \#\,, \# &= [11;13] \end{aligned} \tag{17}$$

Die *Importabgaben* stehen dem Bund *D212S1311A[t]* zu. Sie werden mit ihrem Pendant aus dem Modellsystem *IMAGVN[t]* bestimmt. Die Bestimmung der Importabgaben im Modellzusammenhang erfolgt über Entwicklung der importierten Vorleistungs- und Endnachfrage nach Gütergruppen.

$$D212S1311A[t] = D212S1311A[t-1] \cdot \frac{IMAGVN[t]}{IMAGVN[t-1]} \tag{18}$$

66 Importabgaben umfassen sowohl Zölle als auch Importsteuern [Europäische Kommission 1996, S. 75].

67 Dazu zählen beispielsweise Stempelgebühren, Kraftfahrzeugzulassungsteuern, Vergnügungsteuern, Steuern auf Versicherungsprämien etc. [Europäische Kommission 1996, S. 75 f.].

Die Bestimmung der *sonstigen Gütersteuern*[68] *D214S13#A[t]* der Gebietskörperschaften im Kontensystem erfolgt durch die Berücksichtigung der Steuerarten nach Ertragskompetenzen (vgl. Tab. 1).

Die Gütersteuern *D21S13#A[t]* ergeben sich für Bund, Länder und Gemeinden definitorisch:

$$\begin{aligned} \mathrm{D21S13\#A[t]} &= \mathrm{D211S13\#A[t]} + \mathrm{D212S13\#A[t]} + \mathrm{D214S13\#A[t]} \\ \forall \in \#, \# &= [11;13] \end{aligned} \tag{19}$$

Das Aufkommen der Gebietskörperschaften an *sonstigen Produktionsabgaben D29S13A[t]* entspricht definitorisch den geleisteten sonstigen Produktionsabgaben der Unternehmen und Haushalte *D29TV[t]*. Die Bestimmung zeigt Formel 14.

Die *empfangenen Produktions- und Importabgaben D2S13#A[t]* ergeben sich aus der Summe der Gütersteuern *D21S13#A[t]* und den sonstigen Produktionsabgaben *D29S13#A[t]*.

$$\begin{aligned} &\mathrm{D2S13\#A[t]} = \mathrm{D21S13\#A[t]} + \mathrm{D29S13\#A[t]} \\ &\forall \in \#, \# = [11;13] \end{aligned} \tag{20}$$

Die *geleisteten Gütersubventionen* der staatlichen Teilsektoren *D31S13#V[t]* werden mit den Subventionen der gesamten Verwendung *SUBGVN[t]* erklärt. Damit sind sowohl Subventionen auf Vorleistungsgüter als auch auf Endnachfrageprodukte enthalten. Die in der Vergangenheit ermittelten Quoten D31S13#VQ[t] bestimmen die Gütersubventionen der Gebietskörperschaften im Simulationszeitraum.

$$\begin{aligned} \mathrm{D31S13\#VQ[t]} &= \frac{\mathrm{D31S13\#V[t]}}{\mathit{SUBGVN}[t]} \\ \mathrm{D31S13\#V[t]} &= \mathrm{D31S13\#VQ[t]} \cdot \mathit{SUBGVN}[t] \\ \forall \in \# &\,(11,12,13) \end{aligned} \tag{21}$$

Für die gesamte Volkswirtschaft ergeben sich die *geleisteten sonstigen Subventionen D3900TV[t]* residual, indem vom Aufkommen an sonstigen Subventionen *D3900TA[t]* die geleisteten sonstigen Subventionen der übrigen Welt *D3900WV[t]* subtrahiert werden. Damit sind die sonstigen Subventionen, die der Staat leistet *D39S13V[t]*, bestimmt.

---

68 In der Steuerstatistik sind die Verbrauchsteuern auf Importe IVSTA[t] im Steueraufkommen der Gütersteuern enthalten, so dass die Verbrauchsteuern auf Importe herausgerechnet werden müssen. Dazu zählen u. a. Kaffee, Tee, Branntwein, Mineralöl, Tabak, Schaumwein und Bier. Importsteuern auf Zucker und die Leuchtmittelsteuer wurden abgeschafft [Bolleyer/Räth/Kreitmair 1992, S. 145, BMF 2013].

$$
\begin{aligned}
D39S13V[t] &= D3900TV[t] \\
D3900TV[t] &= D3900TA[t] - D3900WV[t]
\end{aligned} \tag{22}
$$

Die *geleisteten Subventionen* des Staates *D3S13#V[t]* ergeben sich als Summe aus den Gütersubventionen *D31S13#V[t]* und den sonstigen Subventionen *D39S13#V[t]*.

$$
\begin{aligned}
& \mathrm{D3S13\#V[t]} = \mathrm{D31S13\#V[t]} + \mathrm{D39S13\#V[t]} \\
& \forall \in \#, \# = [11;14]
\end{aligned} \tag{23}
$$

Die *Vermögenseinkommen D4S13#[t]* setzen sich zusammen aus den Zinsen *D41S13#[t]*, Ausschüttungen und Entnahmen *D42S13#[t]*, reinvestierten Gewinnen an die bzw. aus der übrigen Welt *D43S13#[t]*, Vermögenseinkommen aus Versicherungsverträgen *D44S13#[t]* und Pachteinkommen *D45S13#[t]*.

Zunächst werden die Vermögenseinkommen verwendungsseitig geschätzt. Die *geleisteten Zinsen D41S13#V[t]* werden in Abhängigkeit der durchschnittlichen Umlaufrendite festverzinslicher Wertpapiere *RUML[t]* und dem Schuldenstand *SCHULD#[t]* erklärt.

$$
\begin{aligned}
\mathrm{D41S13\#V[t]} &= f\left(RUML[t] \cdot \mathrm{SCHULD\#[t]}\right) \\
\forall \in \#, \# &= [11;14]
\end{aligned} \tag{24}
$$

Der Schuldenstand wird mit der durchschnittlichen Umlaufrendite festverzinslicher Wertpapiere bewertet. Die Zinsbelastung des Staates erhöht sich somit mit steigendem Zinssatz und zunehmenden Verbindlichkeiten.

Die *geleisteten Vermögenseinkommen* des Staates ergeben sich anschließend definitorisch.

$$
\begin{aligned}
\mathrm{D4S13\#V[t]} &= \mathrm{D41S13\#V[t]} \\
\forall \in \#, \# &= [11;14]
\end{aligned} \tag{25}
$$

Das *Zinsaufkommen* der Gebietskörperschaften *D41S131A[t]* wird mit den geleisteten Zinsen der Haushalte *D4100HV[t]* und der Umlaufrendite *RUML[t]* erklärt.

$$
\mathrm{D41S131A[t]} = f\left(D4100HV[t], RUML[t]\right) \tag{26}
$$

Dabei wird auf die Rolle des Staates als Kreditgeber abgezielt, die meist wirtschafts- oder sozialpolitisch motiviert ist (z. B. zinsverbilligte Kredite). Der Zusammenhang zwischen den Zinszahlungen der Haushalte und den Zinsaufkommen der Gebietskörperschaften ist relativ gering. Bei der Interpretation des Koeffizienten ist zu berücksichtigen, dass ein Großteil der Zinszahlungen der privaten Haushalte über die normalen Konditionen der Banken vergeben wird und die Zinsen demzufolge auch bei den finanziellen Unternehmen geleistet werden und nicht beim Staat.

Zinszahlungen der Gebietskörperschaften untereinander sind konsolidiert und brauchen demzufolge nicht berücksichtigt zu werden. Das Zinsaufkommen des Staates wird anschließend über feste Anteile auf Bund, Länder und Gemeinden aufgeteilt.

Die *Ausschüttungen und Entnahmen* des Bundes *D42S1311A[t]* werden maßgeblich von der Gewinnabführung der Bundesbank determiniert. Dem Bund als Eigentümer der Bundesbank stehen gemäß § 27 BBankG der Reingewinn abzüglich einer gesetzlichen Rücklage zu. Im Prognosezeitraum verharrt der Wert bei ca. drei Milliarden Euro. Das entspricht dem zuletzt beobachteten Wert im Jahr 2013.

Für die Länder und Gemeinden wird ein Zeittrend unterstellt. Die Sozialversicherungen werden nicht an den Ausschüttungen und Entnahmen beteiligt.

Die *empfangenen Pachteinkommen D45S13#A[t]* der staatlichen Teilsektoren werden mit den geleisteten Pachteinkommen der Unternehmen *D4500NV[t]* und privaten Haushalte *D4500HV[t]* erklärt. Die Pachteinkommen der Gemeinden werden aufgrund der beobachtbaren Konstanz in der Vergangenheit im Prognosezeitraum auf ihrem Niveau im Jahr 2013 von 210 Mio. € belassen.

$$\begin{aligned} \text{D45S1312A[t]} &= f\left(D4500HV[t]\right) \\ \text{D45S1314A[t]} &= f\left(D4500NV[t]\right) \end{aligned} \tag{27}$$

Die empfangenen Vermögenseinkommen *D4S13#A[t]* ergeben sich abschließend definitorisch.

$$\begin{aligned} &\text{D4S13\#A[t]} = \text{D41S13\#A[t]} + \text{D42S13\#A[t]} + \text{D45S13\#A[t]} \\ &\forall \in \#, \# = [11;14] \end{aligned} \tag{28}$$

Das Primäreinkommen B5NS13#B[t] lässt sich nun wie folgt berechnen:

$$\begin{aligned} \text{B5NS13\#B[t]} &= \text{B2NS13\#B[t]} + \text{D1S13\#A[t]} + \text{D2S13\#A[t]} + \text{D4S13\#A[t]} \\ &\quad - \text{D3S13\#V[t]} - \text{D4S13\#V[t]} \\ &\forall \in \#, \# = [11;14] \end{aligned} \tag{29}$$

5.2.4 Sekundäres Einkommensverteilungskonto

In diesem Konto werden für die staatlichen Teilsektoren die Einnahmen aus den Einkommensteuern nach dem Länderfinanzausgleich, die Gewerbesteuerumlage der Gemeinden und die Bundesergänzungszuweisungen verbucht. Zuschüsse des Bundes an die Sozialversicherungen und die Umverteilung durch die Sozialversicherungen werden hier erfasst. Das Konto schließt mit der Berechnung des Verfügbaren Einkommens.

Abb. 22 gibt einen Überblick über die Zusammenhänge. Ausgangspunkt für die Ermittlung der Einkommensteuern und Sozialbeiträge sind die Bruttolöhne und -gehälter der Beschäftigten und die Gewinne der Unternehmer, die im INFORGE/LÄNDER-Modell (Input-Output-Modellierung, Arbeitsmarktmodell) ermittelt werden (vgl. Abschnitt 6.2 und 6.3). Auf dem Arbeitsmarkt wird die Nachfrage nach Arbeitskräften in Abhängigkeit von der Produktion und dem Reallohn – das Verhältnis von Lohnsatz und Preis – bestimmt. Der Lohnsatz ist das Ergebnis der Produktivitäts- und Preisentwicklung. Die demografische Entwicklung in Deutschland determiniert neben dem Erwerbspersonenpotenzial die Anzahl der Kinder und der Rentner, die Einfluss auf die Höhe der Sozialleistungen haben.

Die Höhe der Sozialbeiträge, die sich grundsätzlich am Finanzierungsbedarf orientieren, wird von den Sozialversicherungen vereinnahmt und u. a. als monetäre Sozialleistungen z. B. an Rentenempfänger und Arbeitslose ausgezahlt. Monetäre Sozialleistungen werden auch von den Gebietskörperschaften im Bereich der sozialen Sicherung geleistet. Dazu zählen z. B. die Ausgaben für das Kindergeld, Wohngeld sowie Pensionen für die Staatsbeamten.

Die Einkommensteuern und sonstige direkte Steuern werden über die Mechanismen des Länderfinanzausgleichs zwischen Bund, Ländern und Gemeinden umverteilt (vgl. Abschnitt 2.2.1.2). Die Umverteilung zwischen den Gebietskörperschaften wird als laufender Transfer innerhalb des Staates erfasst. Bei der Integration des Steueraufkommens in die VGR sind methodische Unterschiede zwischen der Finanzstatistik und den VGR zu berücksichtigen (vgl. Abschnitt 4.4). Die notwendigen Umbuchungen für die Überleitung zwischen beiden Statistiken werden wertmäßig durch die „Bruttostellung" steuermindernder Leistungen (z. B. steuerliches Kindergeld) in den VGR dominiert. Seit der VGR-Revision im Jahr 2011 muss auch die Gewerbesteuer umgebucht werden, die in den VGR den Einkommensteuern zugerechnet wurde. Detaillierte Ausführungen finden sich im Anschluss an den Kurzüberblick.

Abb. 22: Zusammenhang Modellsystem – sekundäre Einkommensverteilung

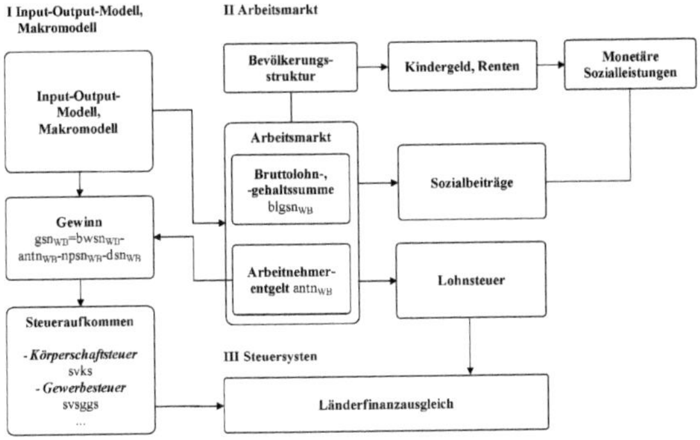

IV Kontensystem der VGR (Auszug)

Verwendung	Aufkommen	*VOLKSWIRTSCHAFT*	*BUND*	*LÄNDER*	*GEMEINDEN*	*SV*
		sekundäre Einkommensverteilung				
	Primäreinkommen B.5n	= B.2n + D.1 + D.2 + D.4A- D.3 - D.4V				
	Einkommen-, Vermögensteuern D.5	= D.51 + D.59				
	Einkommensteuern D.51	= D.51TV + D.51WV - D.51TA	= 0,425 * (svls + svve) + 0,5 * (svnv + svks) + 0,44 * svza + svsbsz + snsbgu	= 0,425 * (svls + svve) + 0,5 * (svnv + svks) + 0,44 * svza + snslgu	= 0,15 * (svls + svve) + 0,12 * svza + svsggs - svsggu	-
	So. direkte Steuern, Abgaben D.59	= D.59TV + D.59WV - D.59TA	= f(svsbkf)	= f(svslkf, svslvs)	konstant	-
	Sozialbeiträge D.61	= D.611 + D.612				
	Tatsächliche Sozialbeiträge D.611	= D.611TV + D.611WV - D.611WA	-	-	-	= D.61TA - D.61NA - D.61RA - D.612S13A
	Unterstellte Sozialbeiträge D.612	= D.612TV + D.612WV - D.612WA	= f(D.612HV)	= f(D.612HV)	= f(D.612HV)	= f(D.612HV)
	Sonstige laufende Transfers D.7	= D.71A + D.72A + D.73A + D.74A + D.75A				
	Schadenversicherungsleistungen D.72		-	-	= D.71V	-
	Lfd. Transfers innerhalb d. Staates D.73	= D.73S13V	= ZVOHQ * D.73S1311V	= ZVOHQ * D.73S1312V	= ZVOHQ * D.73S1313V	= ZVOHQ * D.73S1314V
	Lfd. Transfers i. R. internat. Zusammenarbeit D.74	= D.74TV + D.74WV - D.74WA	konstant	konstant		-
	Übrige laufende Transfers D.75		= f(D.75S1311V)	= f(D.75S1312V)	= f(D.75S1313V)	= f(D.75S1314V)
Monetäre Sozialleistungen D.62		= D.62NV + D.62FV + D.62S13 + D.62HV	= f(ERENTE * popur, flag)	= f(ERENTE * popur, flag)	= f(SOZHK * POPU)	= GSRVNS + GSKVNS + GSPVNS + GSUVNS + GSAVNS
Sonstige laufende Transfers D.7		= D.71V + D.72V + D.73V + D.74V + D.75V				
Nettoprämien f. Schadenvers. D.71		= D.71FV + D.71NV + D.71HV + D.71S13V	-	-	konstant	-
Lfd. Transfers innerhalb d. Staates D.73		= D.73S13V	= f(snbez, RVBZ, KVBZ)	= f(snsgus, snsglvz)	= f(snsggu)	konstant
Lfd. Transfers i. R. internat. Zusammenarbeit D.74		= D.74S13V	konstant	-	-	konstant
Übrige laufende Transfers D.75		= D.75NV + D.75HV + D.75S13V	= f(snbne)	konstant	= f(ZEIT)	konstant
Verfügbares Einkommen B.6n		= B.5n + D.5A + D.61A + D.62A+ D.7A - D.5V - D.61V - D.62V - D.7V				

Quelle: Eigene Darstellung

Die *geleisteten Einkommen- und Vermögensteuern D5S13#V[t]* werden mit ihrem Pendant aus dem INFORGE Modellsystem erklärt. Die finanziellen und nichtfinanziellen Kapitalgesellschaften *D5000FV[t]* bzw. *D5000NV[t]* zahlen keine sonstigen direkten Steuern und Abgaben *D59#V[t]*, so dass die geleisteten Einkommensteuern *D51#V[t]* mit den gezahlten Körperschaftsteueraufkommen *svks[t]* und dem Gewerbesteueraufkommen *svsggs[t]* erklärt werden und den geleisteten Einkommen- und Vermögensteuern *D5000#V[t]* entsprechen. Bei den nichtfinanziellen Kapitalgesellschaften *D5000NV[t]* zeigt sich zusätzlich das Aufkommen an der veranlagten Einkommensteuer *svve[t]* als signifikant. Der Solidaritätszuschlag *svsbsz[t]*, der als Zuschlagssatz auf die Einkommensteuern gezahlt wird, findet in dem Schätzansatz ebenso Berücksichtigung. Der Dummy *D98FF* erfasst die Reduktion des Solidaritätszuschlagssatzes von 7,5 % auf 5,5 % im Jahr 1998.

$$\begin{aligned} \text{D5000FV[t]} &= f\left(svks\left[t\right]+svsbsz\left[t\right]+svsggs\left[t\right], D98FF\right) \\ \text{D5000NV[t]} &= f\left(svks\left[t\right]+svsbsz\left[t\right]+svve\left[t\right]+svsggs\left[t\right], D98FF\right) \end{aligned} \tag{30}$$

Die Einkommen- und Vermögensteuern der privaten Haushalte *D5000HV[t]* werden mit dem Aufkommen an Einkommensteuern unter Berücksichtigung des Solidaritätszuschlags und den sonstigen direkten Steuern und Abgaben (u. a. der Kraftfahrzeugsteuer, die von den privaten Haushalten erbracht wird) auf Bundesländerebene erklärt (vgl. Abschnitt 6.3).

Das Aufkommen an Einkommen- und Vermögensteuern des Staates *D5S131A[t]* ergibt sich aus den geleisteten Einkommen- und Vermögensteuern der Volkswirtschaft *D5000TV[t]* unter Abzug des Saldos der übrigen Welt.

$$\text{D5S131A[t]} = \text{D5000TV[t]} + D5000WV\left[t\right] - D5000WA\left[t\right] \tag{31}$$

Die Verteilung der *Einkommensteuern D51S13#A[t]* auf die Gebietskörperschaften ist im Art. 106 Abs. 3 Satz 1 und 2 sowie Abs. 5 GG geregelt (siehe Abschnitt 2.2.1.4). Die Ertragskompetenz der *sonstigen direkten Steuern und Abgaben* obliegt den Ländern *D59S1312A[t]* und Gemeinden *D59S1313A[t]* und seit dem Jahr 2009 auch dem Bund *D59S1311A[t]*. Die sonstigen direkten Steuern und Abgaben umfassen u. a. die Kfz-Steuer privater Haushalte, die Hundesteuer und Jagd- und Fischereisteuer.

Die Länder haben die Ertragshoheit *D59S1312A[t]* über die Vermögensteuer *svslvs[t]* und die Kraftfahrzeugsteuer *svslkf[t]* bis zum Jahr 2009. Seit dem Juli 2009 steht dem Bund die Ertragshoheit an der Kraftfahrzeugsteuer zu. Die Länder erhalten übergangsweise seit dem Jahr 2009 Kompensationszahlungen [BGBl. I 2009/29].

Das Aufkommen an der Kraftfahrzeugsteuer umfasst auch die Steuerzahlungen der Unternehmen für ihren Fuhrpark, die hier keine Berücksichtigung finden, sondern als „sonstige Produktionsabgaben a. n. g.“ (D.29) verbucht werden. Der Anteil der privaten Haushalte am Kraftfahrzeugsteueraufkommen, der unter D.59 erfasst wird, betrug im Jahr 2013 71 % am gesamten Kraftfahrzeugsteueraufkommen [Radke 2014, S. 292, 294].

Die Gemeinden haben die Ertragskompetenz für die Hunde-, Jagd- und Fischereisteuer und die Verwaltungsgebühren. Für die Steuereinnahmen der Gemeinden wird angenommen, dass diese auf dem Niveau von 0,6 Mrd. € verharren. Eine fundierte, modellendogene Projektion ist an dieser Stelle nicht möglich.

Die sonstigen direkten Steuern und Abgaben werden mit den entsprechenden Steuereinnahmen erklärt.

$$\begin{aligned} D59S1311A[t] &= f(svsbkf[t]) \\ D59S1312A[t] &= f(svslkf[t], svslvs[t]) \\ D59S1313A[t] &= D59S1313A[t-1] \end{aligned} \quad (32)$$

Unter Abzug der sonstigen direkten Steuern und Abgaben von den Einkommen- und Vermögensteuern ergibt sich das zu verteilende Einkommensteueraufkommen *D51S13#A[t]* in der VGR-Abgrenzung.

$$\begin{aligned} &\mathrm{D51S13\#A[t] = D5S13\#A[t] - D59S13\#A[t]} \\ &\forall \in \#, \# = [11;14] \end{aligned} \quad (33)$$

Die Einkommensteuern in der Abgrenzung der VGR, bestehend aus der Lohnsteuer *svls[t]*, der veranlagten Einkommensteuer *svve[t]*, den nicht veranlagten Steuern vom Ertrag *svnv[t]* und der Körperschaftsteuer *svks[t]*, entsprechen den Einkommensteuern vor Verteilung *svsges[t]* des BMF.

Das BMF weist die Steuereinnahmen sowohl vor (Steueraufkommen) als auch nach der Verteilung (Steuereinnahmen) aus. Das Steueraufkommen wurde bis zum Jahr 2006 vor Abzug des Kindergeldes, exklusiv Pauschsteuer Minijob und Altersvorsorge sowie Erstattungen durch das BMF erfasst. Die Steuereinnahmen sind um die genannten verteilungsrelevanten Positionen bereinigt (siehe Tab. 10).

Der Übergang von den Einkommensteuern in der VGR-Abgrenzung zur Abgrenzung des BMF wird durch Umbuchungen[69] ermittelt. Drei Komponenten determinieren die Umbuchungen maßgeblich: der Solidaritätszuschlag (14 Mrd. €), die Familienförderungskomponente des Kindergeldes (18 Mrd. €) und das Gewerbesteueraufkommen (43 Mrd. €). Seit der Revision der VGR im Jahr 2011 wird die Gewerbesteuer den Einkommensteuern zugerechnet und nur noch die Familienförderungskomponente des Kindergeldes in der Lohnsteuer und veranlagten Einkommensteuer brutto gestellt [Räth/Braakmann 2011].

69 Umbuchungen sind Korrekturen, „die bei der Überleitung von Daten nach den Konzepten des betrieblichen Rechnungswesens auf die Konzepte der VGR explizit berücksichtigt werden müssen." [Brümmerhoff/Lützel 2002, S. 462]

Tab. 10: Abgrenzung der Einkommensteuern nach den VGR und BMF im Jahr 2013, in Mrd. €

Steuerarten	**2013** Mrd. €
Lohnsteuer (inkl. Kindergeld, exkl. Altersvorsorgezulage, Pauschsteuer Minijob)	198,8
+ veranlagte Einkommensteuer (vor Erstattungen des BZSt)	42,3
+ nicht veranlagte Steuern vom Ertrag (vor Erstattungen des BZSt)	18,3
+ Zinsabschlag	8,4
+ Körperschaftsteuer (vor Erstattungen des BZSt)	19,5
= Einkommensteuern (lt. BMF)	*287,3*
+ Solidaritätszuschlag	14,4
+ Eigenheimzulage	0,5
+ Pauschsteuer Minijob	0,4
- Altersvorsorgezulage	2,6
+ Investitionszulage (veranlagte ESt)	0,3
+ Investitionszulage (Körperschaftsteuer)	0,4
- Kindergeld Familienförderungskomponente	18,0
+ Gewerbesteuer	43,0
= Summe Umbuchungen	*38,5*
+ Lohnsteuer	193,7
+ veranlagte Einkommensteuer	41,4
+ nicht veranlagte Steuern vom Ertrag	27,0
+ Körperschaftsteuer	21,1
+ Gewerbesteuer	43,0
= Einkommensteuern (lt. VGR)	*326,2*

Quelle: Eigene Darstellung basierend auf StBA 2014 und StBA 2014 b

Der Solidaritätszuschlag, die Gewerbesteuer und die Familienförderungskomponente des Kindergeldes werden modellendogen bestimmt (siehe Abschnitte 5.4.1.4, 5.4.2 und 5.4.4). Die übrigen Umbuchungskomponenten werden entweder aus Sekundärquellen entnommen oder im Projektionszeitraum unverändert gelassen. So wird die Eigenheimzulage, die seit 2006 nicht mehr neu gewährt wird, voraussichtlich bis zum Jahr 2016 auslaufen [BGBl. I 2005/76, Kauder/Ramsauer/Struck 2005, BMF 2014 b].

Die Unterschiede im Einkommensteueraufkommen in der VGR und BMF-Definition resultieren aus verschiedenen Erfassungsmethoden (vgl. Kapitel 4). Die Abweichungen der Ergebnisse der Finanzstatistik und den VGR beruhen zu einem größeren Teil darauf, dass steuermindernde Leistungen in den VGR „bruttogestellt" sind. Erstattungen, die das kassenmäßige Steueraufkommen mindern, werden in den

VGR als Ausgaben des Staates behandelt. Das betrifft die Kindergeldzahlungen[70], die Altersvorsorge- und Investitionszulage sowie die Eigenheimzulage[71].

Die Aufteilung des Einkommensteueraufkommens auf die Gebietskörperschaften erfolgt zunächst in der Abgrenzung des BMF.

$$
\begin{aligned}
svsges_{BN}[t] &= svls_{BN}[t] + svve_{BN}[t] + svnv_{BN}[t] + svbks_{BN}[t] + svza_{BN}[t] \\
svsgesb_{BN}[t] &= svsges_{BN}[t] - snsfkg_{BN}[t] - snsskg_{BN}[t] - snebve_{BN}[t] \\
&\quad - snebnv_{BN}[t] - snebkv_{BN}[t] \\
svsgesb_{BN}[t] &\sim \textit{ESt – Aufkommen nach Abzug der Erstattungen u. Kindergeld} \\
svsges_{BN}[t] &\sim \textit{ESt – Aufkommen vor Verteilung (BMF)} \\
snsfkg_{BN}[t] &\sim \textit{Kindergeld Familienkassen} \\
snsskg_{BN}[t] &\sim \textit{Steuerliches Kindergeld} \\
snebve_{BN}[t] &\sim \textit{Erstattungen aus der veranlagten ESt} \\
snebnv_{BN}[t] &\sim \textit{Erstattungen aus den nicht veranlagten Steuern vom Ertrag} \\
snebkv_{BN}[t] &\sim \textit{Erstattungen aus der Körperschaftsteuer)} \\
BN &= \sum_{BL=1}^{16} BL
\end{aligned}
\tag{34}
$$

Danach erhalten die Gemeinden zunächst 15 % vom gesamten Lohnsteueraufkommen $svls_{BN}[t]$ und dem Aufkommen an der veranlagten Einkommensteuer $svve_{BN}[t]$ sowie zwölf Prozent vom Aufkommen am Zinsabschlag bzw. der Abgeltungsteuer $svza_{BN}[t]$. Vom verbleibenden Rest erhalten Bund und Länder jeweils die Hälfte. Die Körperschaftsteuer $svks_{BN}[t]$ und die nicht veranlagten Steuern vom Ertrag $svnv_{BN}[t]$ stehen allein Bund und Ländern zu (vgl. Abschnitt 2.2.1.3).

$$
\begin{aligned}
snsges_{BN}[t] &= 0{,}15 \cdot (svls_{BN}[t] + svve_{BN}[t]) + 0{,}12 \cdot svza_{BN}[t] \\
snsles_{BN}[t] &= 0{,}425 \cdot (svls_{BN}[t] + svve_{BN}[t]) + 0{,}5 \cdot (svnv_{BN}[t] + svks_{BN}[t]) \\
&\quad + 0{,}44 \cdot svza_{BN}[t] \\
snsbes_{BN}[t] &= 0{,}425 \cdot (svls_{BN}[t] + svve_{BN}[t]) + 0{,}5 \cdot (svnv_{BN}[t] + svks_{BN}[t]) \\
&\quad + 0{,}44 \cdot svza_{BN}[t] \\
BN &= \sum_{BL=1}^{16} BL
\end{aligned}
\tag{35}
$$

70 Die Familienförderungskomponente des Kindergeldes wird in den VGR als monetäre Sozialleistung (D.623) verbucht [Räth/Braakmann 2011].

71 Die Eigenheimzulage, Altersvorsorge- und Investitionszulage werden in den VGR als vermögenswirksame Leistungen (D.92 bzw. D.99) erfasst.

Das Einkommensteueraufkommen auf Bundes-, Länder- und Gemeindeebene wird in der VGR-Abgrenzung von Eurostat[72] veröffentlicht. Die Fortschreibung erfolgt über die Einkommensteuern lt. BMF unter Berücksichtigung der Umbuchungen.

Der Solidaritätszuschlag ist eine Bundessteuer. Demzufolge erhöht er das Einkommen des Bundes in der VGR-Abgrenzung in voller Höhe. Die Investitionszulage erhöht anteilig für jede Gebietskörperschaft die Einnahmen an der Körperschaftsteuer und der veranlagten Einkommensteuer, da sie aus beiden Steuereinnahmequellen finanziert wird. Die Arbeitnehmersparzulage, Altersvorsorgezulage und die Pauschalsteuer Minijob werden aus dem Lohnsteueraufkommen und die Eigenheimzulage aus der veranlagten Einkommensteuer finanziert. Die Zuordnung der Eigenheimzulage zur veranlagten Einkommensteuer und des Kindergeldes zur Lohnsteuer ist allerdings nicht unproblematisch, da sowohl Unternehmer Kindergeld als auch nicht selbstständig Beschäftigte Eigenheimzulage beziehen [BMF 2004, S. 51].

Letztendlich werden die Umbuchungen bei den Positionen, welche die veranlagte Einkommensteuer belasten, zu 42,5 % dem Bund und den Ländern und zu 15 % den Gemeinden angerechnet. Die Investitionszulage, die aus der Körperschaftsteuer finanziert wird, teilen sich Bund und Länder hälftig. Die steuermindernden Leistungen sind in der Abgrenzung der VGR wieder „bruttogestellt".

Die von den privaten Haushalten geleisteten tatsächlichen Sozialbeiträge *D6110HV[t]* erhalten zu ca. 85 % die Sozialversicherungen. Die übrigen Sozialbeiträge gehen an die Kapitalgesellschaften. Die Einnahmen der Versicherungszweige folgen in der Regel den Ausgaben [Neutmann 1983, S. 441]. Die Beitragszahlungen werden derart angepasst, dass die Einnahmen ausreichend hoch sind, um die Finanzierung der Ausgaben zu ermöglichen. Die Beitragszahlungen *D61#V[t]* werden in INFORGE durch die Entwicklung der Bruttolohn- und -gehaltssumme *BLGSN[t]*, multipliziert mit dem Beitragssatz zur Sozialversicherung *SOZBQ[t]*, berechnet [siehe auch Wolter 2002, Ahlert et al. 2009, S. 125, weitere Ausführungen in Abschnitt 6.3].

Die unterstellten Sozialbeiträge des Bundes, der Länder und der Gemeinden *D612S13#V[t]* werden in Abhängigkeit von den geleisteten unterstellten Sozialbeiträgen der privaten Haushalte modelliert.

Die Umverteilung wird von den Sektoren private Haushalte und Kapitalgesellschaften bezahlt. Empfänger sind zunächst die Gebietskörperschaften und die Sozialversicherungen, die mittels Sozialtransfers die Beiträge an bedürftige private Haushalte verteilen.

72 http://ec.europa.eu/eurostat/data/database?node_code=gov_a_tax_ag (zuletzt aufgerufen am 9. Januar 2016).

Die *geleisteten monetären Sozialleistungen*[73] *D62S13#V[t]* des Staates lassen sich in die Geldleistungen der Sozialversicherungen, die sonstigen monetären Sozialleistungen der Arbeitgeber (Pensionen) und sonstige soziale Geldleistungen (u. a. Wohngeld, Familienförderungskomponente des Kindergeldes) unterscheiden. Der Großteil (knapp 70 %) der monetären Sozialleistungen wird von den Sozialversicherungen geleistet. Von den restlichen gut 30 % trägt der Bund 44 %, die Länder 35 % und die Gemeinden 21 %.

Die Geldleistungen der Sozialversicherungen *D62S1314V[t]* umfassen die Renten- *GSRVNS[t]*, Kranken- *GSKVNS[t]*, Pflege- *GSPVNS[t]*, Unfall- *GSUVNS[t]* und Arbeitslosenversicherung *GSAVNS[t]*.

$$\begin{aligned} D62S1314V[t] &= GSRVNS[t] + GSKVNS[t] + GSPVNS[t] + GSUVNS[t] \\ &\quad + GSAVNS[t] \end{aligned} \tag{36}$$

Eine ausführliche Darstellung der Modellierung der Versicherungsträger (Rente, Pflege etc.) findet sich in Wolter 2002 und Ahlert et al. 2009, S. 123 ff.

Für Bund, Länder und Gemeinden sind wichtige Einflussfaktoren auf die geleisteten monetären Sozialleistungen zum einen die Kindergeldzahlungen nach dem Bundeskindergeldgesetz, die Lohnfortzahlung im Krankenfall, das Wohngeld nach dem Wohngeldgesetz und die Geldleistungen der Arbeitslosen- und der Sozialhilfe nach dem Bundessozialhilfegesetz sowie zum anderen die Pensionen und Beihilfen für Beamte nach dem Bundesversorgungsgesetz. Tab. 11 zeigt die Ausgabenkategorien der monetären Sozialleistungen für die Gebietskörperschaften und Sozialversicherungen.

Tab. 11: Monetäre Sozialleistungen des Staates im Jahr 2013, in Mrd. €

	Bund	Länder	Gemeinden	SV	Staat
Monetäre Sozialleistungen	57,9	47,9	29,0	305,5	440,3
darunter:					
Geldleistungen der Sozialversicherungen	-	-	-	303,9	303,9
Sonst. Sozialleistungen d. Arbeitgeber (u. a. Pensionen)	21,8	31,7	5,0	1,5	60,0
Sonstige soziale Geldleistungen (u. a. Kindergeld, Sozialhilfe, Wohngeld)	36,1	16,2	24,0	0,0	76,4

Quelle: Eigene Darstellung basierend auf StBA 2014

73 Die monetären Sozialleistungen im Einzelnen werden in der Veröffentlichung „Volkswirtschaftliche Gesamtrechnungen. Einkommensrechnung – Überblick über die Methoden und Grundlagen in der Bundesrepublik Deutschland" dargestellt [StBA 2001, S. 49]. Im Unterschied zu den sozialen Sachtransfers werden bei den monetären Sozialleistungen keine Erstattungen für Sachleistungen erfasst.

Die Gemeinden und Länder haben Ausgaben im Bereich *„Soziale Sicherung"*. Darunter fallen u. a. die Kindergeldzahlungen der Familienkassen, Sozial- und Arbeitslosenhilfe sowie das Wohngeld und die Pensionen der Staatsbediensteten.

Die Geldleistungen der Sozialversicherungen an private Haushalte stellen mit ca. 304 Mrd. € die größte Position dar. Ab dem Jahr 2014 werden die Ausgaben der Sozialversicherungen mit der Einführung der Mütterrente und der abschlagsfreien Rente ab 63 Jahren noch einmal um ca. 3,3 Mrd. € (2014; halbe Jahreswirkung) und ab 2015 um ca. 6,5 Mrd. € (volle Jahreswirkung) steigen. Eine Anhebung des Bundeszuschusses zur Rentenversicherung ist erst ab dem Jahr 2019 um 0,4 Mrd. € geplant, so dass die Ausgaben zunächst vollständig von den Sozialversicherungen zu leisten sind [BGBl. I 2014/27 vom 26. Juni 2014].

Etwa 44 % (59 Mrd. €) der monetären Sozialleistungen von Bund, Ländern und Gemeinden sind die Pensionen, wobei die Pensionen für die Länder einen wesentlich höheren Anteil (66 %) haben als für die Gemeinden (18 %).

Die sonstigen sozialen Geldleistungen in Höhe von insgesamt ca. 76 Mrd. € im Jahr 2013 setzen sich u. a. aus der Familienförderungskomponente des Kindergeldes (ca. 18 Mrd. €), der Sozialhilfe (nach SGB XII ca. 23 Mrd. €) und den Leistungen nach SGB II (Grundsicherung für Arbeitssuchende ca. 20 Mrd. €) zusammen [StBA 2014].

Knapp die Hälfte der sonstigen sozialen Geldleistungen werden vom Bund getragen. Davon wurden ca. 18 Mrd. € im Jahr 2013 über die jeweiligen Beteiligungsverhältnisses des Bundes im Rahmen der Geldleistungsgesetze (u. a. Kosten für Unterkunft und Heizung sowie das Elterngeld mit jeweils ca. fünf Milliarden Euro, Grundsicherung im Alter und bei Erwerbsminderung mit ca. vier Milliarden Euro) finanziert [BMF 2014 a, S. 15, BMAS 2013].

Für die Erklärung der geleisteten monetären Sozialleistungen der Gebietskörperschaften *D62S13#V[t]* erweisen sich die Familienförderungskomponente des Kindergeldes *flag[t]*, die Pensionen und Beihilfen der Beamten, die Ausgaben für die Grundsicherung für Arbeitssuchende (SGB II) und die Sozialhilfe nach SGB XII als relevant.

Erklärende Größen für die Pensionen und Beihilfen sind die Eckrente *ERENTE[t]* und die Rentenbevölkerung *popur[t]*. Es wird angenommen, dass die Pensionen eine ähnliche Entwicklung wie die gesetzlichen Renten aufweisen. Die Eckrente folgt bis zum Jahr 2013 den Vorgaben des Rentenversicherungsberichts 2013 [DRV 2013] und entwickelt sich dann mit dem Preisindex der Lebenshaltung.

Für die Schätzung der monetären Sozialleistungen der Länder sind insbesondere die Pensionszahlungen eine wichtige Einflussgröße (vgl. Tab. 11). Diese haben sich zwischen 1991 und 2012 mehr als verdoppelt.

Die Ausgabensteigerungen der Gemeinden sind hauptsächlich auf die Leistungen im Rahmen des SGB II und XII zurückzuführen. Für die Gemeinden sind 39 % der monetären Sozialleistungen die Kosten der Unterkunft (seit 2005 zwischen ca. zehn bis zwölf Milliarden Euro pro Jahr, BA 2014 und zurückliegende Jahrgänge[74]).

---

74 http://www.arbeitsagentur.de/web/content/DE/Veroeffentlichungen/Berichteund Haushalt/index.htm (zuletzt aufgerufen am 29. Dezember 2015)

Als Indikator für die Kostenentwicklung der Sozialhilfe und Grundsicherung für Arbeitssuchende werden die Sozialleistungen pro Arbeitslosen bzw. die Sozialhilfekosten pro Kopf verwendet. Die Sozialleistungen pro Arbeitslosen betrugen nach Hausner/Engelhard/Weber 2014 im Jahr 2012 ca. 6.420 €. Die Bruttoausgaben für Sozialhilfeleistungen betrugen im gleichen Jahr ca. 26 Mrd. €[75] (323 € pro Kopf).

In die Erklärungsansätze wird der Dummy *D105FF* einbezogen. Dieser umfasst die mit der Arbeitsmarktreform beschlossenen Änderungen, die sich auf die sonstigen monetären Sozialleistungen sowohl auf den Bund als auch auf Länder und Gemeinden auswirken [SVR 2005, S. 246].

Seit dem Jahr 2014 übernimmt der Bund die Kosten der Grundsicherung im Alter und Erwerbsminderung vollständig und entlastet damit die Kommunen (§ 46 a SGB XII). Diese Entwicklung wird exogen vorgegeben.

$$\begin{aligned} D62S13\#V[t] &= f(ERENTE[t]\cdot popur[t], flag[t], SOZHK[t]\cdot BEV[t], \\ &\quad SGBIIK[t]\cdot AL[t], D105FF) \qquad (37) \\ \forall \in \#, \# &= [11;13] \end{aligned}$$

Die *geleisteten sonstigen laufenden Transfers D7S13#V[t]* werden in Nettoprämien für Schadensversicherungen *D71S13#V[t]*, laufende Transfers innerhalb des Staatssektors *D73S13#V[t]*, laufende Transfers im Rahmen der internationalen Zusammenarbeit *D74S13#V[t]* und übrige laufende Transfers *D75S13#V[t]* untergliedert.

Nettoprämien für Schadensversicherungen leisten nur die Gemeinden *D71S1313V[t]*. Wie in der Vergangenheit beobachtet, werden sich diese kaum verändern. Das Aufkommen an *Schadensversicherungsleistungen D72S1313A[t]* ist mit den Nettoprämien identisch.

$$D71S1313V[t] = D71S1313V[t-1] = D72S1313A[t] \qquad (38)$$

Die *laufenden Transfers innerhalb des Staatssektors D73S13V[t]* bzw. *D73S13A[t]* umfassen Zuweisungen und Zuschüsse zwischen den staatlichen Teilsektoren. Darunter werden z. B. allgemeine Finanzzuweisungen und Zuweisungen im Rahmen des horizontalen und vertikalen Finanzausgleichs erfasst, ebenso wie zweckgebundene Zuweisungen u. a. zur Wissenschafts- und Wirtschaftsförderung. Die innerstaatlichen Transfers sind aufkommens- und verwendungsseitig stets ausgeglichen.

Die *geleisteten laufenden innerstaatlichen Transfers D73S13#V[t]* werden geschätzt. Zu den geleisteten sonstigen laufenden Übertragungen des Bundes *D73S1311V[t]* zählen die sonstigen allgemeinen Zuweisungen an die Länder (z. B. BEZ im Rahmen des Länderfinanzausgleichs *snbez[t]*), die sonstigen zweckgebundenen Zuweisungen

75 https://www.destatis.de/DE/ZahlenFakten/GesellschaftStaat/Soziales/Sozialleistungen/Sozialhilfe/EinnahmenAusgaben/Tabellen/2_ZV_EinnahmBruttoNettoausgEinw.html (zuletzt aufgerufen am 21. August 2014)

an die Sozialversicherungen, die Konsolidierungshilfen *snslkh[t]* und Kompensationsbeträge für den Wegfall der Kraftfahrzeugsteuereinnahmen *svslkfb[t]*, die der Bund an die Länder überweist.

Die Zuschüsse des Bundes an die Rentenversicherung *RVBZ[t]* teilt sich in den allgemeinen Bundeszuschuss an die gesetzliche Rentenversicherung (zur Sicherung der gesetzlichen Rente auch bei verändertem Verhältnis von Rentenzahlern und -empfängern), den zusätzlichen Bundeszuschuss (seit 1. April 1998 für nicht beitragsgedeckte Leistungen) und die Erhöhung zum zusätzlichen Bundeszuschuss (seit dem 1. Januar 2000) auf. Der Erhöhungsbetrag zum zusätzlichen Bundeszuschuss wurde ursprünglich über die Ökosteuer finanziert [Reineke 2010]. Seit dem Jahr 2004 wird der Erhöhungsbetrag wie auch grundsätzlich der allgemeine Bundeszuschuss an die Entwicklung der Bruttolöhne und -gehälter gekoppelt [§ 213 Abs. 2 und 4 SGB V]. Der zusätzliche Bundeszuschuss speist sich aus den „Vorab"- Einnahmen an der Umsatzsteuer [§ 213 Abs. 3 SGB V]. Seit dem Jahr 2004 zahlt der Bund auch Zuschüsse zur Krankenversicherung *KVBZ[t]*. Die Entwicklung richtet sich nach den Vorgaben des § 221 und 221 a SGB V.

Die Länder *D73S1312V[t]* zahlen im Rahmen des Finanzausgleichs Schlüssel- und Bedarfszuweisungen an ihre Gemeinden. Diese umfassen den Gemeindeanteil an den Gemeinschaftsteuern (z. B. Umsatzsteuer *snsgus[t]*, Einkommensteuern *snsglvz[t]*).

Die Gemeinden *D73S1313V[t]* überweisen über die Gewerbesteuerumlage *snsggu[t]* einen Anteil an der Gewerbesteuer an die Länder und den Bund.

Die Sozialversicherungen zahlten erstmals im Jahr 2005 sonstige zweckgebundene Zuweisungen an den Bund[76]. Aufgrund des zu kurzen Stützzeitraumes ist keine Schätzung möglich und die zu leistenden Transfers der Sozialversicherungen verharren auf dem zuletzt beobachtbaren Niveau.

$$\begin{aligned} D73S1311V[t] &= f(snbez[t], RVBZ[t], KVBZ[t], svslkfb[t], snslkh[t]) \\ D73S1312V[t] &= f(snsgus[t] + snsglvz[t]) \\ D73S1313V[t] &= f(snsggu[t]) \end{aligned} \tag{39}$$

Aufgrund der Identität zwischen empfangenen und geleisteten innerstaatlichen Transfers können über die Zahlungsverkehrsmatrix der öffentlichen Haushalte *ZVOH[t]* die Aufkommen *D73S13#A[t]* für Bund, Länder, Gemeinden und Sozialversicherungen aus den geleisteten innerstaatlichen Zahlungen bestimmt werden.

76 Bei diesen Zuweisungen handelt es sich um die Aufwendungen für das Arbeitslosengeld II, Sozialgeld und Beiträge zur Sozialversicherung je Arbeitslosen lt. § 46 SGB II, die seit der Arbeitsmarktreform von der Bundesagentur für Arbeit an den Bund zu zahlen sind [Gude/Müller/Schulze-Steikow 2006, S. 400].

In den Rechnungsergebnissen des öffentlichen Gesamthaushalts[77] wird der innerstaatliche Zahlungsverkehr veröffentlicht [StBA 2014 h]. Die wichtigsten Zahlungsströme sind:

- Schlüssel- und Bedarfszuweisungen $SBZN_{AE}[t]$,
- Sonstige allgemeine Zuweisungen $SAZN_{AE}[t]$,
- Allgemeine Umlagen $ALUN_{AE}[t]$,
- Sonstige zweckgebundene Zuweisungen $SZZN_{AE}[t]$.

Je nach geleisteter Transferart wird über die jeweilige Matrix, die Zahler A und Empfänger E abbildet, das Aufkommen der korrespondieren Gebietskörperschaft berechnet.

Schlüssel- und Bedarfszuweisungen $SBZN_{AE}[t]$ werden z. B. von den Ländern an die Gemeinden getätigt. Diese erhalten den Gemeindeanteil an den Einkommensteuern lt. Art. 106 Abs. 5 GG.

In der Matrix der sonstigen allgemeinen Zuweisungen $SAZN_{AE}[t]$ werden u. a. die Zahlungsströme zwischen Bund und Ländern (Bundesergänzungszuweisungen, Kompensationsbeiträge für den Wegfall der Kraftfahrzeugsteuereinnahmen) sowie den Ländern (Ausgleichsbeiträge) untereinander abgebildet.

Der Zahlungsverkehr der Gemeinden untereinander $ALUN_{AE}[t]$ ist nicht Gegenstand dieser Arbeit und bleibt daher im Projektionszeitraum unverändert.

Die sonstigen zweckgebundenen Zuweisungen $SZZN_{AE}[t]$ bilden die Zahlungsströme zwischen Bund und Sozialversicherungen (u. a. Zuschüsse des Bundes an die RV und KV), Bund und Ländern (z. B. BAföG, Kosten der Unterkunft, Bundesbeteiligung an der Grundsicherung im Alter und bei Erwerbsminderung) sowie Länder und Gemeinden (z. B. Kosten der Unterkunft, Grundsicherung im Alter und bei Erwerbsminderung) ab, die die Bundesbeteiligungen an die Gemeinden je nach Aufgabenbeteiligung weiterreichen.

Die Summe alle Teilmatrizen ergibt den gesamten innerstaatlichen Zahlungsverkehr $ZVOH[t]$, aus dem die empfangenen Transfers in der Abgrenzung der VGR $D73S13\#A[t]$ bestimmt werden können.

$$\begin{aligned}
ZVOH_{A,E}[t] &= SBZN_{A,E}[t] + SAZN_{A,E}[t] + ALUN_{A,E}[t] + SZZN_{A,E}[t] + \dots \\
D73S13\#A[t] &= \sum_{A=11}^{14} ZVOH_{A,E}[t] \\
&\forall \in \#, \# = [11;14] \\
&A\sim Ausgabe, E\sim Einnahme
\end{aligned} \tag{40}$$

Die geleisteten und die empfangenen *laufenden Transfers im Rahmen internationaler Zusammenarbeit* $D74S13\#V[t]$ bzw. $D74S13\#A[t]$ werden vom Bund und

77 Es werden der Bund (einschließlich Sondervermögen), Sozialversicherungen, Länder, Gemeinden und Zweckverbände unterschieden.

den Sozialversicherungen aufgebracht bzw. stehen dem Bund und den Ländern zu und werden – aufgrund fehlender Informationen – im Prognosehorizont als konstant unterstellt.

Die *übrigen laufenden Transfers D75S13#V[t]* umfassen u. a. Spenden, Geldüberweisung zwischen privaten Haushalten (Geldüberweisungen von Auswanderern) und Zahlungen an die EU (BNE-Zahlungen) [Europäische Kommission 1996, S. 96 ff.]. Die übrigen laufenden Transfers des Bundes *D75S1311V[t]* sind hauptsächlich von den geleisteten BNE-Eigenmitteln[78] *snbne[t]* an die EU abhängig.

$$D75S1311V[t] = f(snbne[t]) \tag{41}$$

Die übrigen laufenden Transfers für die Länder und Sozialversicherungen sind im Simulationszeitraum konstant. Bei den Gemeinden zeigt sich ein Zeittrend als signifikant. Das Aufkommen an übrigen laufenden Transfers *D75S13#A[t]* wird in Abhängigkeit der geleisteten Größe erklärt.

Die geleisteten und empfangenen sonstigen Transfers *D7S13#[t]* ergeben sich definitorisch:

$$\begin{aligned} D7S13\#V[t] &= D71S13\#V[t] + D73S13\#V[t] + D74S13\#V[t] + D75S13\#V[t] \\ D7S13\#A[t] &= D72S13\#A[t] + D73S13\#A[t] + D74S13\#A[t] + D75S13\#A[t] \\ \forall \in \#, \# &= [11;14] \end{aligned} \tag{42}$$

Das *Verfügbare Einkommen B6S13#B[t]* für den Sektor Staat berechnet sich aus dem Primäreinkommen zuzüglich der Einkommen- und Vermögensteuern, Sozialbeiträgen und dem Saldo der sonstigen laufenden Transfers sowie abzüglich der monetären Sozialleistungen.

$$\begin{aligned} B6S13\#B[t] &= B5S13B[t] + D5S13\#A[t] + D61S13\#A[t] + D7S13\#A[t] \\ &\quad - D62S13\#V[t] - D7S13\#V[t] \\ \forall \in \#, \# &= [11;14] \end{aligned} \tag{43}$$

78 Die BNE-Eigenmittel sind ergänzende Einnahmen der EU und werden als Fehlbetrag zwischen den Einnahmen und Ausgaben der EU berechnet. Die Ausgaben der EU werden durch die gemeinsamen Agrarpolitik, dem Struktur- und Kohäsionsfond etc. bestimmt. Die Einnahmen setzen sich zusammen aus den Agrarzöllen, Zuckerabgaben, Zöllen, Mehrwertsteuereigenmitteln und sonstigen Einnahmen (Gebühren, Zinsen). Die verbleibende Differenz, die BNE-Eigenmittel, werden durch die Beiträge der Mitgliedsländer nach ihrem Anteil am Bruttonationaleinkommen (BNE) erbracht.

5.2.5 Einkommensverwendungskonto

Das Einkommensverwendungskonto des Staates stellt dar, wie das Verfügbare Einkommen verwendet wird. Das Verfügbare Einkommen abzüglich der Konsumausgaben ergibt das Sparvolumen. Die Ersparnis wird im Modellzusammenhang residual berechnet und nicht exogen vorgegeben. Einen ersten Überblick gibt Abb. 23. Der Konsum des Staates kann sowohl nach dem Ausgabenkonzept als auch nach dem Verbrauchskonzept bestimmt werden.

Abb. 23: Zusammenhang Modellsystem – Einkommensverwendung

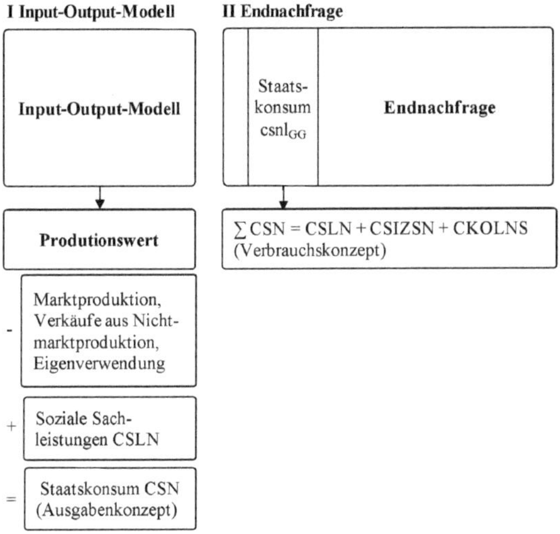

III Kontensystem der VGR (Auszug)

		BUND	*LÄNDER*	*GEMEINDEN*	*SV*
Verwendung	**Aufkommen**				
	Verfügbares Einkommen B.6n	= B.5n + D.5A + D.61A + D.62A+ D.7A - D.5V - D.61V - D.62V - D.7V			
Konsum P.3		= CSLN# + CSIZSN# + CKOLNS# $\forall \in$ #, # = [11; 14]			
Sparen B.8n		= B.6n - P.3			

Quelle: Eigene Darstellung

Geht man vom Produktionswert des Staates aus, der die in Tab. 12 aufgeführten Wirtschaftsbereiche umfasst, müssen die Marktproduktion, die Verkäufe aus der Nichtmarktproduktion und die Eigenverwendung des Staates abgezogen und die sozialen Sachleistungen, die kostenlos zur Verfügung gestellt werden, zusätzlich berücksichtigt werden. Im Ergebnis erhält man den Konsum des Staates nach dem Ausgabenkonzept. Die Aufteilung des Staatskonsums auf die einzelnen Gütergruppen zeigt Tab. 12. Demnach dominieren die Gütergruppen „Dienstleistungen der öffentlichen Verwaltung, Verteidigung, Sozialversicherungen" (ca. 38 %), „Dienstleistungen des Gesundheits-, Veterinär- und Sozialwesens" (ca. 33 %) und „Erziehungs- und Unterrichtsdienstleistungen" (ca. 18 %).

Tab. 12: Produktion und Konsum des Staates im Jahr 2000, in Mrd. €

Wirtschaftsbereiche	**Produktion des Staates** Markt-produktion	Nichtmarkt-produktion	**Staatskonsum**	**Gütergruppen**
Landwirtschaft	0,3		0,1	Erdöl, Erdgas, DL f. Erdöl-, Erdgasgewinnung
Forstwirtschaft	0,9		0,4	Nahrungs- u. Futtermittel, Getränke
Wasserversorgung	0,7		0,1	Kokereierz., Mineralölerz., Spalt- u. Brutstoffe
Hilfs-, Nebentätigkeiten für den Verkehr	0,4	2,9	20,2	Chemische Erzeugnisse
Grundstücks- und Wohnungswesen	2,0		5,9	Medizinische, meß-, regelungs-technische, optische Erzeugnisse, Uhren
Forschung und Entwicklung		6,3	0,4	So.Fahrzeuge (Wasser-, Schienen-, Luftfahrzeuge u.a.)
Öffentliche Verwaltung		166,9	0,1	Möbel, Schmuck, Musikinstrumente, Sportgeräte, Spielwaren u.ä.
Erziehung und Unterricht		73,2	0,2	Energie, DL d. Energieversorgung
Gesundheits-, Veterinär-, Sozialwesen		5,2	0,2	Landverkehrs-, Transportleistungen in Rohrfernleitungen
Erbringung von Entsorgungsleistungen	9,9		2,6	DL bezügl. Hilfs-u. Nebentätigkeiten f. d. Verkehr
Kultur, Sport, Unterhaltung		11,1	0,2	DL des Grundstücks-, Wohnungswesens
			6,1	Forschungs-, Entwicklungsleistungen
Zwischensumme	**14,1**	**265,6**	147,2	DL d. öffentl. Verwaltung, Verteidigung, Sozialversicherungen
Produktion insgesamt	**279,7**		70,8	Erziehungs-, Unterrichts-DL
Verkäufe aus Nichtmarktproduktion	25,9		127,2	DL d.Gesundheits-,Veterinär- u. Sozialwesens
Soziale Sachleistungen	153,0		0,0	Abwasser-, Abfallbeseitigung, so. Entsorgungsleistungen
Eigenverwendung des Staates	0,8		0,6	DL v. Interessenvertretungen, Kirchen
			9,7	Kultur-, Sport-, Unterhaltungs-DL
Staatskonsum	**391,9**		**391,9**	**Staatskonsum**

Quelle: Eigene Darstellung basierend auf StBA 2009, StBA 2007, S. 142

Der Staatskonsum nach dem Verbrauchskonzept wird aus dem Individual- und Kollektivkonsum ermittelt. Tab. 13 zeigt die *Konsumausgaben nach dem Verbrauchskonzept* für die staatlichen Teilsektoren. Zum Kollektivkonsum zählen die Bereiche 01–06 in der COFOG-Klassifikation. Die Bereiche 07–10 gehören abgesehen von einigen Ausnahmen (z. B. angewandte Forschung und experimentelle Entwicklung, ca. 34 Mrd. €) zum Individualkonsum [Europäische Kommission 1996].

Tab. 13: Konsumausgaben des Staates im Jahr 2013, in Mrd. €

	COFOG Nr.		Staat	Bund	Länder	Gemeinden	Sozialversicherung
	01	Allgemeine öffentliche Verwaltung	44,5	5,0	19,0	19,0	1,6
	02	Verteidigung	27,9	27,9	0,0	0,0	-
	03	Öffentliche Ordnung und Sicherheit	35,3	3,6	27,4	4,4	-
	04	Wirtschaftliche Angelegenheiten	36,3	5,7	11,1	19,6	-
	05	Umweltschutz	4,1	1,0	1,8	1,4	-
Kollektivkonsum (COFOG)	06	Wohnungswesen und kommunale Gemeinschaftsdienste	6,2	0,1	1,2	5,0	-
	07	Gesundheitswesen	13,7	-*	-*	-*	-*
	08	Freizeitgestaltung, Sport, Kultur und Religion	1,3	-*	-*	-*	-*
	09	Bildungswesen	2,8	-*	-*	-*	-*
	10	Soziale Sicherung	16,4	-*	-*	-*	-*
		Summe	**188,5**	**43,2**	**60,4**	**49,3**	**1,6**
	07	Gesundheitswesen	168,6	0,5	1,7	0,6	179,6
Individualkonsum (COICOP)	08	Freizeitgestaltung, Sport, Kultur und Religion	12,7	0,9	3,9	9,1	0,0
	09	Bildungswesen	91,6	3,7	67,1	23,6	0,0
	10	Soziale Sicherung	70,0	4,2	5,4	34,3	42,5
		Summe	**342,8**	**9,3**	**78,1**	**67,5**	**222,1**
Konsumausgaben des Staates		***Insgesamt***	***531,4***	***52,4***	***138,5***	***116,8***	***223,7***

*COFOG Zweisteller nicht verfügbar, um Kollektivkonsum der Bereiche 07-10 zu berechnen

Quelle: Eigene Darstellung basierend auf Europäische Kommission 1996, StBA 2014

Für Bund und Sozialversicherungen ist die Unterscheidung eindeutig. Dem Bund stehen vorrangig die Aufgaben der öffentlichen Verwaltung und Verteidigung sowie Forschung und Entwicklung zu. Demzufolge ist der Anteil des Kollektivverbrauchs am Staatskonsum des Bundes sehr hoch.

Bei den Sozialversicherungen ist der Anteil der Individualausgaben an den Konsumausgaben größer, da die sozialen Sachleistungen dem Individuum zugerechnet werden können. Innerhalb der Sozialversicherungen hat die gesetzliche Krankenversicherung den größten Anteil.

Länder und Gemeinden tätigen Konsumausgaben im Individualbereich zu ca. 44 % bzw. 42 % und im Kollektivbereich zu 56 % bzw. 58 %.

Der Individualkonsum wird unterschieden in die *individuell zurechenbaren Sachleistungen CSIZSN#[t]* (bspw. Unterricht, soziale Sicherung etc.) und die *sozialen Sachleistungen CSLN#[t]* (bspw. Arztleistungen, Medikamente etc.). Die sozialen Sachleistungen bilden – neben den Verkäufen aus der Nichtmarktproduktion und der Eigenverwendung des Staates – den Übergang zwischen der Nichtmarktproduktion und den Konsumausgaben nach dem Ausgabenkonzept.

Um die *sozialen Sachleistungen CSLN#[t]* der staatlichen Teilsektoren zu bestimmen, wurde zunächst für die Gebietskörperschaften (Bund, Länder, Gemeinden) und Sozialversicherungen der durchschnittliche Kostensatz pro Kopf *CSLKN#[t]* ermittelt. Dieser entwickelt sich im Prognosezeitraum entlang eines Zeittrends *ZEIT[t]*. Es wird angenommen, dass der durchschnittliche Kostensatz pro Kopf mit zunehmenden Alter stärker ins Gewicht fällt (siehe Formel 44) aufgrund der zunehmend kostenintensiveren Gesundheitsleistungen (Medikalisierungsthese) [Deutscher Bundestag 1998, S. 221 ff., Deutscher Bundestag 2003, S. 40 ff.]. Anhand der Pro-Kopf-Ausgaben und der zukünftigen Bevölkerungsentwicklung (nach Altersgruppen) werden die sozialen Sachleistungen bestimmt.

$$\begin{aligned}
\text{CSLKN\#[t]} &= \frac{\text{CSLN\#[t]}}{popuk[t]+poput[t]+popue[t]+2\cdot popur[t]} \\
\log(\text{CSLKN\#[t]}) &= f(\log(ZEIT)) \\
\text{CSLN\#[t]} &= \text{CSLKN\#[t]}\cdot(popuk[t]+poput[t]+popue[t]+2\cdot popur[t]) \\
popuk[t] &\sim \textit{Bevölkerung} \leqslant 5 \textit{ Jahre} \\
poput[t] &\sim \textit{Bevölkerung 6 -- 17 Jahre} \\
popue[t] &\sim \textit{Bevölkerung 18 -- 65 Jahre} \\
popur[t] &\sim \textit{Bevölkerung} > 65 \textit{ Jahre} \\
\forall \in \#, \# &= [11;14]
\end{aligned} \qquad (44)$$

Soziale Sachleistungen der Gebietskörperschaften sind vor allem die Sozialhilfe sowie Zuschüsse zu Fahrpreisen und Schulbüchern.

Die Ausgaben der Länder für die *individuell zurechenbaren Sachleistungen* *CSIZSNL[t]* werden in Abhängigkeit der Bildungsausgaben $csan_{09}[t]$ erklärt, die wiederum von der Bevölkerungsentwicklung der 6 bis 17-jährigen abhängig sind. Für die Gemeinden *CSIZSNG[t]* spielt die Entwicklung der Konsumausgaben für die Freizeitgestaltung, Kultur und Sport $csan_{08}[t]$ eine Rolle.

$$\begin{aligned}
CSIZSNL[t] &= f(csan_{09}[t]) \\
CSIZSNG[t] &= f(csan_{08}[t])
\end{aligned} \qquad (45)$$

Seit der Beteiligung des Bundes an den Sozialhilfeleistungen ab dem Jahr 2005, die neben monetären Leistungen auch Sachleistungen umfasst, sind diese Konsumausgaben von ca. drei Milliarden Euro auf ca. 5,5 Mrd. € angestiegen [StBA 2014]. Die Fortschreibung der individuell zurechenbaren Sachleistungen des Bundes *CSIZSNB[t]* erfolgt näherungsweise über die Entwicklung der Sozialhilfekosten pro Kopf multipliziert mit der Einwohnerzahl. Damit wird unterstellt, dass der Anteil der Sozialhilfeempfänger an der Gesamtbevölkerung unverändert bleibt.

Der *Kollektivkonsum* des Bundes ist bis 2018 durch den Finanzplan des Bundes bestimmt [BMF 2014 c]. Der Großteil der Ausgaben entfällt auf den Bereich Verteidigung, der bis 2018 recht stabil bleibt. Die Erhöhung des Verteidigungsetats wie vom Bundeskabinett am 18. März 2015 im Finanzplan des Bundes bis zum Jahr 2019 beschlossen, konnte in der Modellierung nicht mehr berücksichtigt werden.

Für die Länder, Gemeinden und Sozialversicherungen wird der Kollektivkonsum mit den Staatsausgaben nach Aufgabenbereichen $csan_{AB}[t]$ erklärt. Als signifikante Größen erweisen sich für die Länder *CKOLNSL[t]* und die Gemeinden *CKOLNSG[t]* die Staatsausgaben für die „allgemeine öffentliche Verwaltung“ $csan_1[t]$ und „öffentliche Ordnung und Sicherheit“ $csan_3[t]$. Der Kollektivkonsum der Sozialversicherungen

CKOLNSSV[t] wird mit den Staatsausgaben für die „Soziale Sicherung“ $csan_{10}[t]$ bestimmt. Ein Teil dieses Aufgabenbereichs ist dem Kollektivkonsum zuzuordnen.

$$\begin{aligned} CKOLNSL[t] &= f\left(csan_{01}[t]+csan_{03}[t]\right) \\ CKOLNSG[t] &= f\left(csan_{01}[t]+csan_{03}[t]\right) \\ CKOLNSSV[t] &= f\left(csan_{10}[t]\right) \end{aligned} \tag{46}$$

Die Konsumausgaben *P3S13#V[t]* ergeben sich aus der Summe von Individual- und Kollektivkonsum:

$$\begin{aligned} &\mathrm{P3S13\#V[t]} = \mathrm{CSLN\#[t]} + \mathrm{CSIZSN\#[t]} + \mathrm{CKOLNS\#[t]} \\ &\forall \in \#,\ \# = [11;14] \end{aligned} \tag{47}$$

5.2.6 Vermögensänderungs- und Sachvermögensbildungskonto

Diese Konten stellen zum einen das Reinvermögen durch Sparen und Vermögenstransfers (u. a. Erbschaftsteueraufkommen), zum anderen den Finanzierungssaldo der Sektoren durch Hinzurechnung von Abschreibungen und Abzug der Bruttoinvestitionen dar. Tab. 14 zeigt die Modellzusammenhänge für den Staat im Überblick.

Die Vermögenstransfers D9S13#[t] setzen sich aus vermögenswirksamen Steuern D91S13#[t], Investitionszuschüssen D92S13#[t] und sonstigen Vermögenstransfers D99S13#[t] zusammen.

Tab. 14: Zusammenhang Modellsystem – Vermögensänderung und -bildung

		BUND	*LÄNDER*	*GEMEINDEN*	*SV*
Verwendung	**Aufkommen**	**Reinvermögensänderung, Sachvermögensbildung**			
	Sparen B.8n	= B.6n - P.3			
	Vermögenstransfers D.9	= D.91A + D.92A + D.99A			
	Vermögenswirksame Steuern D.91	-	= f(svsles)	-	-
	Investitionszuschüsse D.92	konstant			
	Sonstige Vermögens-transfers D.99	konstant	konstant	konstant	-
	Abschreibungen K.1	= f(dsn_{WB}) WB = {39, 52}	= f(dsn_{WB}) WB = {52, 53}	= f(dsn_{WB}) WB = {52, 55}	= f(dsn_{52})
Investitionszuschüsse D.92		= f(svehz)	= f(svehz)	= f(svehz)	konstant
Sonstige Vermögens-transfers D.99		konstant	konstant	konstant	-
Bruttoinvestitionen P.5		= f($ibsn_{39}$, $ibsn_{42}$, $iasn_{52}$)	= f(ibsn39, $ibsn_{53}$)	= f($ibsn_{39}$, $ibsn_{53}$, $ibsn_{55}$)	konstant
Nettozugang an nichtprod. Vermögensgütern K.2		konstant	konstant	konstant	-
Finanzierungssaldo B.9		= B.8n + D.9A + K.1 - D.9V - K.2			

Quelle: Eigene Darstellung

Die *empfangenen vermögenswirksamen Steuern D91S13#A[t]* umfassen vorrangig die Erbschaftsteuer *svsles[t]*, welche die privaten Haushalte *D9000HV[t]* leisten und die den Ländern *D9S1312A[t]* zusteht.

$$\begin{aligned} D9000HV[t] &= f(svsles[t]) \\ D91S1312A[t] &= f(svsles[t]) \end{aligned} \qquad (48)$$

Die *Investitionszuschüsse* sind Geld- oder Sachtransfers des Staates, die der (teilweisen) Finanzierung von Anlagevermögen dienen. Die *sonstigen Vermögenstransfers* enthalten Entschädigungszahlungen infolge von z. B. Kriegen, Naturkatastrophen und Prämien an private Haushalte für Sparleistungen. Die *Investitionszuschüsse D92S13#[t]* und *sonstigen Vermögenstransfers D99S13#[t]* des Staates sind im Simulationszeitraum konstant, da sie entweder politisch oder von unvorhersehbaren Ereignissen (Naturkatastrophen) bestimmt werden.

Die Investitionszuschüsse sind Subventionen des Staates. Dazu gehören u. a. die Eigenheimzulage und die Unterstützung der energetischen Sanierung von infrastrukturellen Einrichtungen. Die Abschaffung der Eigenheimzulage bewirkt z. B. eine Senkung der Investitionszuschüsse der Gebietskörperschaften. Es wird in Anlehnung an den 145. Bericht des Arbeitskreises „Steuerschätzungen" unterstellt, dass bis 2015 noch Restzahlungen geleistet werden [BMF 2014 b].

Die Bruttoinvestitionen des Staates werden mit den Investitionsgrößen aus dem INFORGE-Modell[79] in einen empirischen Zusammenhang gesetzt. Es werden Ausrüstungs-, Bauinvestitionen sowie sonstigen Ausrüstungen und Anlagen unterschieden. Der Staat investiert vorrangig in Bauten (zwölf Prozent gemessen an den gesamten Bauinvestitionen). Ausrüstungsinvestitionen tätigt der Staat lediglich zu vier Prozent (gemessen an den gesamten Ausrüstungsinvestitionen) [StBA 2013 a, S. 320].

Innerhalb des Staates sind die Gemeinden die Hauptinvestoren. Etwa 50 % der Investitionen werden von den Gemeinden getätigt, gefolgt von den Ländern (28 %), dem Bund (20 %) und den Sozialversicherungen (zwei Prozent) [StBA 2014, Tabelle 3.4.3.15].

Die Investitionstätigkeit des Bundes findet hauptsächlich im Bereich wirtschaftliche Angelegenheiten (darunter insbesondere der Bereich Verkehr) (76 % im Jahr

---

79 Die Kapitalstockmodellierung wird für Bauten sowie Ausrüstungen und sonstige Anlagen getrennt durchgeführt. Die durchschnittliche Nutzungsdauer in den Wirtschaftsbereichen bestimmt die Abgänge aus dem Kapitalstock. Über Faktornachfragefunktionen wird der gewünschte Kapitalstock bestimmt und im Zusammenhang mit den ermittelten Abgängen die Investitionen ermittelt. Eine ausführliche Beschreibung der Kapitalstockmodellierung findet sich in Ahlert et al. 2009, S. 41 ff. und 90 ff.

2012) und Verteidigung (elf Prozent im Jahr 2012) statt [Eurostat Datenbank[80]]. In den Erklärungsansatz fließen die Bauinvestitionen im Bereich Landverkehr $ibsn_{39}[t]$ und Hilfs- und Nebentätigkeiten für den Verkehr $ibsn_{42}[t]$[81] sowie die Ausrüstungsinvestitionen im Bereich Öffentliche Verwaltung, Verteidigung und Sozialversicherungen $iasn_{52}[t]$ ein. Der Dummy *D105FF* im Jahr 2005 spiegelt die notwendigen Investitionen im Zuge der Einführung der Lkw-Maut wider (siehe Formel 49).

Die Investitionsausgaben der Länder fallen überwiegend im Bereich Bildung (28 % im Jahr 2012) und wirtschaftliche Angelegenheiten (Verkehr und Wirtschaftsförderung) (38 % im Jahr 2012) an [Eurostat Datenbank]. In den Erklärungsansatz gehen somit Bauinvestitionen des Landverkehrs $ibsn_{39}[t]$ und Bildungswesens $ibsn_{53}[t]$ ein. Der Dummy *D95* im Jahr 1995 berücksichtigt den Rückgang der Fördermittel aus der Gemeinschaftsausgabe „Förderung der regionalen Wirtschaftsstruktur" (siehe Formel 49).

Investitionen der Gemeinden sind den Aufgabenbereichen wirtschaftliche Angelegenheiten (vor allem Straßenbau $ibsn_{39}[t]$ 29 % im Jahr 2012), Bildungswesen $ibsn_{53}[t]$ (31 % im Jahr 2012) und kommunale Gemeinschaftsdienste (z. B. Abwasserentsorgungsleistungen, Wohnungswesen, Freizeitgestaltung, 26 % im Jahr 2012) $ibsn_{55}[t]$ zuzurechnen (siehe Formel 49).

$$\begin{aligned} P5S1311V[t] &= f\left(ibsn_{39}[t], ibsn_{42}[t], iasn_{52}[t], D105FF\right) \\ P5S1312V[t] &= f\left(ibsn_{39}[t], ibsn_{53}[t], D95\right) \\ P5S1313V[t] &= f\left(ibsn_{39}[t], ibsn_{53}[t], ibsn_{55}[t]\right) \end{aligned} \qquad (49)$$

Für den Nettozugang an nicht produzierten Vermögensgütern *K2S13#V[t]* kann kein empirischer Zusammenhang ermittelt werden, so dass diese Größe im Prognosezeitraum unverändert auf einem sehr geringen Niveau verharrt. Lediglich in den Jahren 2000 und 2010 gab es einen empirischen Ausschlag von ca. 51 Mrd. € bzw. ca. vier Milliarden Euro der Bundesgröße durch die Einnahmen aus der Versteigerung der UMTS-Lizenzen.

---

80 http://appsso.eurostat.ec.europa.eu/nui/show.do?dataset=gov_a_exp&lang=de, zuletzt aktualisiert am 25. Oktober 2014.

81 Im Jahr 1999 wurde die Investitionsstatistik revidiert. Investitionen, die zuvor im Bereich Landverkehr gebucht wurden, werden ab sofort im Bereich Hilfs- und Nebentätigkeiten im Verkehr erfasst [Bolleyer 2005, S. 704 f.].

Die Kontenfolge wird mit der Bestimmung der Finanzierungssalden abgeschlossen:

B9S13#B[t]	=	B8S13#B[t] - D9S13#V[t] - P5S13#V[t] - K2S13#V[t] +D9S13#A[t] + K1S13#A[t]	
B9S13#B[t]	~	*Finanzierungssaldo*	
B8S13#B[t]	~	*Sparen*	
D9S13#A[t]	~	*empfangene Vermögenstransfers*	(50)
D9S13#V[t]	~	*geleistete Vermögenstransfers*	
P5S13#V[t]	~	*Bruttoinvestitionen*	
K2S13#V[t]	~	*Nettozugang an nicht produzierten Vermögensguetern*	
∀ ∈ #,#=[11;14]			

Die gesamtwirtschaftliche Darstellung der Staatstätigkeit im Wirtschaftskreislauf ist mit dem Ausweis des Finanzierungssaldos abgeschlossen. Die Staatstätigkeit auf regionaler Ebene wird in der Finanzstatistik erfasst. Im nächsten Abschnitt wird die Modellierung der finanzstatistischen Größen beschrieben.

5.3 Bund, Länder, Gemeinden und Sozialversicherungen in der Finanzstatistik

Für die Bestimmung des Finanzierungssaldos der 16 Bundesländer ist es notwendig, die Einnahmen und Ausgaben in Abgrenzung der Finanzstatistik[82] fortzuschreiben. Die Projektion der finanzstatistischen Größen ist mit den Ergebnissen des Länderfinanzausgleichs und des LÄNDER-Modells verknüpft (bottom-up) oder erfolgt top-down über die ökonomischen Größen, die im INFORGE-Modell und den VGR berechnet werden. Dabei müssen Umbuchungen, Zu- und Absetzungen berücksichtigt werden, die für eine Überleitung von den VGR zur Finanzstatistik erforderlich sind (vgl. Abschnitt 4.4).[83]

Tab. 15 stellt die wichtigsten Positionen der Einnahme- und Ausgabenseite sowie den Finanzierungssaldo in der methodischen Abgrenzung der VGR und Finanzstatistik gegenüber.

82 Einen Überblick über die Größen der Einnahme- und Ausgabenseite der Finanzstatistik befindet sich in Anhang 3.

83 Das Vorgehen und die Beschreibungen lehnen sich weitestgehend an die Ausführungen von Cordes 1996 an.

Tab. 15: Einnahmen, Ausgaben und Finanzierungssaldo des Staates in Abgrenzung der VGR und Finanzstatistik im Jahr 2013, in Mrd. €

FINANZSTATISTIK		**VGR**	
		Einnahmen (in Mrd. €)	
Steuern und steuerähnliche Abgaben	1.021	Direkte und indirekte Steuern	638
		Sozialbeiträge	465
Einnahmen aus wirtschaftlicher Tätigkeit	21	Vermögenseinkommen	21
Zinseinnahmen	17		
Gebühren, sonstige Entgelte und Verwaltungseinnahmen	58	Verkäufe von Waren und Dienstleistungen	96
Zuweisungen, Zuschüsse, Umlagen, Schuldenaufnahme	564	Sonstige laufende Transfers	19
		Abschreibungen	
Veräußerung von Sachvermögen	6		
Vermögensübertragungen	23	Vermögenstransfers	10
Darlehensrückflüsse	8		
Veräußerung von Beteiligungen	8		
Abzüglich Zahlungen von gleicher Ebene	560		
Bereinigte Einnahmen	*1.165*	*Einnahmen*	*1.249*
		Ausgaben (in Mrd. €)	
Personalausgaben	243	Einkommen aus unselbstständiger Arbeit	218
Laufender Sachaufwand	321	Vorleistungen	132
Zinsausgaben	67	Vermögenseinkommen	56
Zuweisungen, Zuschüsse, Umlagen, Tilgungszahlungen	994	Laufende Transfers (Subventionen, soziale Leistungen etc.)	754
		Abschreibungen	
Sachinvestitionen	43	Bruttoinvestitionen	61
Vermögensübertragungen	42	Vermögenstransfers	25
Darlehen	9		
Erwerb von Beteiligungen	15		
Abzüglich Zahlungen von gleicher Ebene	560		
Bereinigte Ausgaben	*1.174*	*Ausgaben*	*1.245*
		Finanzierungssaldo (in Mrd. €)	
	-9		4

Quelle: Eigene Darstellung basierend auf Cordes 1996, StBA 2014, StBA 2014 a

Einige Positionen wie z. B. die Darlehen und Abschreibungen werden aufgrund unterschiedlicher Methodiken jeweils nur in einer der beiden Statistiken erfasst. Andere Positionen finden ihr Pendant, unterscheiden sich aber im Wert (z. B. Steuern) durch unterschiedliche Erfassungsmethoden (z. B. „Bruttostellung"). Die „Zahlungen von gleicher Ebene" werden in der Finanzstatistik separat ausgewiesen. In den VGR sind die Einnahmen und Ausgaben für den Staat bereits konsolidiert erfasst. Die Gegenüberstellung der Einnahmen und Ausgaben beider Statistiken führen zum Finanzierungssaldo, der nicht identisch sein muss.

Die Datengrundlage für die Fortschreibung der finanzstatistischen Größen bilden die Fachserie 14 Reihe 2, Tabellen 5.3.1–5.3.3 (Gebietskörperschaften) und die Ergebnisse für die Bundesländer, dargestellt in den Tabellen 6.1.1–6.1.3 sowie für Information über den Zahlungsverkehr der öffentlichen Haushalte untereinander die Fachserie 14 Reihe 3.1.

Im nächsten Abschnitt werden die einnahme- und ausgabenseitigen Positionen der Finanzstatistik[84] und ihre Projektion im Modellzusammenhang erläutert (siehe Anhang 3). Die Darstellung erfolgt für den Bund, die Ländergesamtheit und ihre Gemeinden, den Sozialversicherungen als auch auf regionaler Ebene für die 16 Bundesländer und die zugehörigen Gemeinden. Es besteht somit eine Verbindung zur gesamtdeutschen Modellierung (INFORGE) als auch zum LÄNDER-Modell (siehe Tab. 16). Die wertmäßig größten Positionen der Finanzstatistik können durch die detaillierte Erfassung des Staatssektors und seiner Zahlungsströme (Länderfinanzausgleich) auf regionaler Ebene ermittelt werden. Das betrifft die Steuern sowie die Zuweisungen und Umlagen im Rahmen des Länderfinanzausgleichs. Des Weiteren können die Personalausgaben und die Investitionen der Finanzstatistik mit den Variablen der LÄNDER-Modellierung verknüpft werden. Sofern die Projektion der Finanzstatistik auf der Ebene der Bundesländer möglich ist, werden die Größen der Ländergesamtheit und ihrer Gemeinden additiv aus den Regionen ermittelt. Weitere Positionen z. B. Zinsausgaben werden auf gesamtwirtschaftlicher Ebene bestimmt, da eine Modellierung auf regionaler Ebene im Rahmen der Arbeit nicht geleistet werden konnte. Anschließend werden über historisch ermittelte Länderanteile die Zinsausgaben für die Bundesländer berechnet. Darlehen, Beteiligungen und Veräußerung von Sachvermögen werden im Simulationszeitraum konstant gehalten, da das Volumen vergleichsweise gering ist (vgl. Tab. 15) und die Bestimmungsfaktoren dieser Größen vielfältig und nur schwer ermittelbar sind.

Tab. 16: Vereinfachte Darstellung der Verknüpfung wichtiger finanzstatistischer Größen des Staates, den VGR, Größen des LFA und weiteren Variablen des INFORGE/ LÄNDER-Modells

	Finanzstatistik	**Bund**	**Länder**	*BL1 … BL16*	**Gemeinden**	*BL1 … BL16*	**Sozialversicherungen**
EINNAHMEN	Steuern und steuerähnliche Abgaben	VGR	∑	Länderfinanzausgleich	∑	Länderfinanzausgleich	Sozialbeiträge
	Einnahmen aus wirtschaftlicher Tätigkeit	VGR	VGR	Top-down	VGR	Länderanteile konstant	VGR
	Zinseinnahmen	VGR	VGR	Top-down	VGR	Top-down	VGR
	Gebühren, sonstige Entgelte und Verwaltungseinnahmen	VGR	VGR	Top-down	VGR	Top-down	VGR
	Zuweisungen, Zuschüsse, Umlagen	Zuweisungen von SV	∑	Ausgleichszuweisungen, BEZ (LFA)	∑	Schlüsselzuweisungen von den Ländern	Bundeszuschüsse
	Veräußerung von Sachvermögen	konstant	konstant	konstant	konstant	konstant	konstant
	Vermögensübertragungen	VGR	VGR	Top-down	VGR	Top-down	VGR
	Darlehensrückflüsse	konstant	konstant	konstant	konstant	konstant	konstant
	Veräußerung von Beteiligungen	konstant	konstant	konstant	konstant	konstant	konstant
AUSGABEN	Personalausgaben	VGR	∑	LÄNDER	∑	LÄNDER	VGR
	Laufender Sachaufwand	VGR	VGR	VGR	VGR	VGR	VGR
	Zinsausgaben	VGR	VGR	Top-down	VGR	Top-down	VGR
	Zuweisungen, Zuschüsse, Umlagen	BEZ, monetäre Sozialleistungen	∑	Schlüsselzuweisungen an die Gemeinden, Ausgleichsbeiträge	∑	Gewerbesteuerumlage	Monetäre Sozialleistungen
	Sachinvestitionen	VGR	∑	LÄNDER	∑	LÄNDER	
	Vermögensübertragungen	VGR	VGR	Top-down	VGR	Top-down	VGR
	Darlehen	konstant	konstant	konstant	konstant	konstant	konstant
	Erwerb von Beteiligungen	konstant	konstant	konstant	konstant	konstant	konstant
FINANZIERUNGSSALDO				=EINNAHMEN ABZÜGLICH AUSGABEN			

Quelle: Eigene Darstellung.

84 Die Struktur der Daten beruht auf den Kassenergebnissen des öffentlichen Gesamthaushalts bis zum Jahr 2010. Mit dem Jahr 2011 wurde diese Veröffentlichung angepasst und finanzstatistische Positionen stärker aggregiert ausgewiesen.

Die in Tab. 15 und 16 zusammengefasste Darstellung der Anknüpfungspunkte zwischen Finanzstatistik und dem Gesamtmodellsystem wird im nächsten Schritt im Detail beschrieben.

Finanzstatistische Ausgabenkomponenten

Die *Personalausgaben* der öffentlichen Haushalte in der finanzwirtschaftlichen Darstellung unterscheiden sich von den geleisteten Einkommen aus unselbstständiger Arbeit in der Abgrenzung der VGR durch die unterschiedliche Erfassung der unterstellten Sozialbeiträge und Versorgungsbezüge [Cordes 1996, S. 106].

Bei der Ermittlung der geleisteten Einkommen aus unselbstständiger Arbeit müssen die Versorgungsbezüge der Beamten (2013: ca. 48 Mrd. €) abgesetzt und die unterstellten Sozialbeiträge (2013: ca. 28 Mrd. €) zugesetzt werden [StBA 2014, StBA 2014 a]. Die Versorgungsbezüge der Beamten werden in den VGR den sozialen Leistungen zugerechnet [Bolleyer/Räth/Kreitmair 1992, S. 135].

Die Personalausgaben *PA* der staatlichen Teilsektoren *SE* $OHA_{PA,SE}[t]$ werden getrennt nach Bund, Ländern, Gemeinden und Sozialversicherungen mit ihrem Pendant aus dem INFORGE/LÄNDER-Modell – den Arbeitnehmerentgelten $D1S13\#V[t]$ bzw. $antn_{WB,BL}[t]$[85] – über Wachstumsraten fortgeschrieben. Die Entwicklung der unterstellten Sozialbeiträge $D612S1311A[t]$ und der Versorgungsbezüge aller staatlichen Teilsektoren $OHA_{VB,SE}[t]$ wird wie in Formel 51 beschrieben berücksichtigt.

$$
\begin{aligned}
OHA_{PA,SE}[t] &= OHA_{PA,SE}[t-1]\cdot \\
&\quad \frac{D1S13\#V[t]-D612S13\#A[t]+OHA_{VB,SE}[t]}{D1S13\#V[t-1]-D612S13\#A[t-1]+OHA_{VB,SE}[t-1]} \\
OHA_{PA,SE}[t] &= OHA_{PA,BL}[t-1]\cdot\frac{antn_{12}[t]+antn_{13}[t]+antn_{14}[t]}{antn_{12}[t-1]+antn_{13}[t-1]+antn_{14}[t-1]} \qquad (51)
\end{aligned}
$$

∀ ∈ SE, SE = {Bund, Länder, Gemeinden, SV}
12~Wirtschaftsbereich öffentliche Verwaltung, Verteidigung, SV
13~Wirtschaftsbereich Erziehung und Unterricht
14~Wirtschaftsbereich Gesundheits-, Veterinär- und Sozialwesen

Da auf der Ebene der Bundesländer keine Daten über die Aufteilung der unterstellten Sozialbeiträge vorliegen, können die Umbuchungen zwischen den VGR und der Finanzstatistik nicht auf Länderebene vorgenommen werden. Es werden zunächst die Personalausgaben auf der Ebene der Ländergesamtheit unter Berücksichtigung der Umbuchungen bestimmt und anschließend die ermittelten Bundesländerergebnisse auf diesen Wert angepasst. Damit bleiben spezifische Bundesländerentwicklungen erhalten. Die Struktur der Personalausgaben (Beamtenbezüge, Beschäftigungsentgelte etc.) wird für jedes Bundesland zukünftig beibehalten.

85 Zur Aufteilung der Wirtschaftsbereiche auf Bundesländerebene siehe Tab. 18.

Der *laufende Sachaufwand* $OHA_{LS,SE}[t]$ wird über die Vorleistungen der VGR $P2S13\#V[t]$ bestimmt. Die Untergruppen des laufenden Sachaufwandes (Unterhalt von unbeweglichen Vermögen, Bewirtschaftung der Grundstücke, Erstattungen an andere Bereiche etc.) entwickeln sich unter Berücksichtigung ihres historischen Anteils am laufenden Sachaufwand mit eben diesem.

Der laufende Sachaufwand der Sozialversicherungen wird zum Großteil von den Erstattungen an private Haushalte $OHA_{EP,14}[t]$ determiniert. Diese werden direkt mit den sozialen Sachleistungen $CSLNSV[t]$ der VGR fortgeschrieben. Der übrige laufende Sachaufwand folgt den Vorleistungen.

$$\begin{aligned} OHA_{LS,SE}[t] &= OHA_{LS,SE}[t-1] \cdot \frac{P2S13\#V[t]}{P2S13\#V[t-1]} \\ OHA_{EP,14}[t] &= OHA_{EP,14}[t-1] \cdot \frac{CSLNSV[t]}{CSLNSV[t-1]} \\ &\forall \in \#, \# = [11;14] \\ &\forall \in SE, SE = [11;14] \end{aligned} \tag{52}$$

Informationen über den Verbrauch an Vorleistungen auf regionaler Ebene werden von den VGR der Länder nicht ausgewiesen, so dass die regionale Fortschreibung über historisch berechnete Länderanteile und der Dynamik der Ländergesamtheit erfolgt.

Die *Zinsausgaben* $OHA_{ZA,SE}[t]$ der Finanzstatistik entsprechen weitgehend den geleisteten Vermögenseinkommen $D4S13\#V[t]$ der VGR. Die Zinsausgaben der Länder und Gemeinden werden über Quoten an den Zinsausgaben der übergeordneten Ebene (Ländergesamtheit bzw. Gemeindegesamtheit eines Landes) berechnet.

$$\begin{aligned} OHA_{ZA,SE}[t] &= OHA_{ZA,SE}[t-1] \cdot \frac{D4S13\#V[t]}{D4S13\#V[t-1]} \\ &\forall \in \#, \# = [11;14] \\ &\forall \in SE, SE = [11;14] \end{aligned} \tag{53}$$

Die *allgemeinen Zuweisungen und Umlagen* $OHA_{AZU,SE}[t]$ werden u. a. im Rahmen des Länderfinanzausgleichs gewährt, um die Unterschiede zwischen Finanzkraft und Finanzbedarf eines Bundeslandes anzugleichen. Im Kontensystem der VGR werden die allgemeinen Zuweisungen in der Position D.73 verbucht. Diese Kontenposition umfasst den gesamten Zahlungsverkehr (allgemeine und zweckgebundene Zuweisungen) der öffentlichen Haushalte.

Für eine bessere Zurechnung ist es notwendig, den Zahlungsverkehr der öffentlichen Haushalte nach *allgemeinen Zuweisungen* (Schlüssel- und Bedarfszuweisungen, sonstige allgemeine Zuweisungen) und *sonstigen zweckgebundenen Zuweisungen* zu unterscheiden. Diese Daten werden in den Rechnungsergebnissen des öffentlichen

Gesamthaushalts (Fachserie 14, Reihe 3.1, Tab. 6.1, 6.2 und 9.1, 9.2) vom Statistischen Bundesamt veröffentlicht. Diese Informationen werden für die Modellierung des Zahlungsverkehrs der öffentlichen Haushalte genutzt.

Schlüssel- und Bedarfszuweisungen und die *allgemeine Umlage* $OHA_{AZU'12}^{BL}[t]$ umfassen die Zuweisungen der Länder an die Gemeinden im Rahmen des kommunalen Finanzausgleichs[86] und den Gemeindeanteil an den Einkommensteuern $snsglvz_{BL}[t]$.

Da der Länderfinanzausgleich explizit modelliert ist, können die erforderlichen Informationen direkt auf Bundesländerebene in der Finanzstatistik verbucht werden. Die Summe der Ländergesamtheit ergibt sich durch Aggregation.

$$\begin{aligned} OHA_{AZU'12}^{BL}[t] &= OHA_{AZU'12}^{BL}[t-1] + \Delta snsglvz_{BL} \\ \Delta snsglvz_{BL} &= snsglvz_{BL}[t] - snsglvz_{BL}[t-1] \\ \forall \in BL, BL &= [1;16] \end{aligned} \tag{54}$$

Die *sonstigen allgemeinen Zuweisungen* werden vom Bund an die Länder und von den Ländern an die Gemeinden bzw. die anderen Länder im Rahmen des Länderfinanzausgleichs gezahlt.

Die sonstigen allgemeinen Zuweisungen des *Bundes* an die Länder $OHA_{AZU'11}^{BL}[t]$ sind die Bundesergänzungszuweisungen $snbez_{BN}[t]$ für höhere Kosten der politischen Führung (Stadtstaaten), für höhere Belastungen aufgrund struktureller Arbeitslosigkeit und für die neuen Bundesländer (vgl. Abschnitt 2.2.1.6). Seit dem Jahr 2009 werden in dieser Größe auch die Kompensationsbeträge für den Wegfall der Kraftfahrzeugsteuereinnahmen der Länder $svslkfb_{BN}[t]$ erfasst und die Konsolidierungshilfen $snslkh_{BN}[t]$, die vom Bund an Berlin, Bremen, das Saarland, Sachsen-Anhalt und Schleswig-Holstein gezahlt werden.

Weitere Posten sind die Beteiligung des Bundes an der Grundsicherung im Alter und bei Erwerbsminderung sowie an den Leistungen für Unterkunft und Heizung, BAföG etc.[87]

$$\begin{aligned} OHA_{AZU'11}^{BN}[t] &= OHA_{AZU'11}^{BN}[t-1] + \Delta(snbez_{BN} + svslkfb_{BN} + snslkh_{BN}) \\ \Delta(snbez_{BN} + svslkfb_{BN} &= (snbez_{BN}[t] + svslkfb_{BN}[t] + snslkh_{BN}[t]) - \\ + snslkh_{BN}) & \quad\; (snbez_{BN}[t-1] + svslkfb_{BN}[t-1] + snslkh_{BN}[t-1]) \\ \forall \in BL, BL &= [1;16] \end{aligned} \tag{55}$$

86 Der kommunale Finanzausgleich wurde im Rahmen dieser Arbeit nicht berücksichtigt.

87 http://www.bundeshaushalt-info.de/startseite/#/2014/soll/ausgaben/gruppe/632.html (aufgerufen am 27. Dezember 2015).

Die sonstigen allgemeinen Zuweisungen der *Länder* untereinander $OHA^{BL}_{AZU,12}[t]$ werden durch die Ausgleichsbeiträge $agbe_{BL}[t]$ bestimmt, die im Rahmen des Länderfinanzausgleichs finanzschwachen Bundesländern zugewiesen werden.

$$\begin{aligned} OHA^{BL}_{AZU,12}[t] &= OHA^{BL}_{AZU,12}[t-1] + \Delta agbe_{BL} \\ \Delta agbe_{BL} &= agbe_{BL}[t] - agbe_{BL}[t-1] \\ \forall \in BL, BL &= [1;16] \end{aligned} \qquad (56)$$

Die *laufenden Zuweisungen und Zuschüsse* der Finanzstatistik haben ihr Pendant in den geleisteten Subventionen *D3S13#V[t]*, den monetären Sozialleistungen *D62S13#V[t]* und den sonstigen geleisteten laufenden Übertragungen *D7S13#V[t]*.

Die *sonstigen zweckgebundenen Zuweisungen* des *Bundes an die Sozialversicherungen* erfolgen im Rahmen der gesetzlichen Verpflichtungen [Bundesversicherungsamt 2010, S. 10]. Sinkt die Zahl an Beitragszahlern bei einer gestiegenen Anzahl an Leistungsempfängern und folgt daraus ein Defizit in den Sozialkassen, ist der Bund verpflichtet das Defizit auszugleichen. Die Zahlungen des Bundes an die Sozialversicherungen $OHA^{14}_{LZZ,11}[t]$ werden mit den innerstaatlichen Transfers des Bundes an die Sozialversicherungen *D73S1314A[t]* bestimmt (vgl. Abschnitt 5.2.4).

$$OHA^{14}_{LZZ,11}[t] = OHA^{14}_{LZZ,11}[t-1] \cdot \frac{D73S1314A[t]}{D73S1314A[t-1]} \qquad (57)$$

Zu den zweckgebundenen Zuweisungen zählen weiterhin die Gemeinschaftsaufgaben, Finanzhilfen und der Europäische Strukturfonds. Die Gemeinschaftsaufgaben „Verbesserung der regionalen Wirtschaftsstruktur" und „Verbesserung der Agrarstruktur und des Küstenschutzes" werden vom Bund finanziell unterstützt, da dies zur Verbesserung der Lebensverhältnisse erforderlich ist [Art. 91a Abs. 1 GG, BMF 2014 a].

Die zweckgebundenen Zuweisungen des *Bundes an die Länder* $OHA^{12}_{LZZ,11}[t]$ werden über die Matrix des innerstaatlichen Zahlungsverkehrs $ZVOH_{SE,SE}[t]$ ermittelt.

$$\begin{aligned} OHA^{12}_{LZZ,11}[t] &= OHA^{12}_{LZZ,11}[t-1] \cdot \frac{ZVOH_{SE,SE}[t]}{ZVOH_{SE,SE}[t-1]} \\ \forall \in SE, SE &= [11;14] \end{aligned} \qquad (58)$$

Die zweckgebundenen Zuweisungen des *Bundes an die übrige Welt* $OHA^{ÜW}_{LZZ,11}[t]$ umfassen die laufenden Transfers im Rahmen internationaler Zusammenarbeit *D74S1311V[t]*.

$$OHA^{ÜW}_{LZZ,11}[t] = OHA^{ÜW}_{LZZ,11}[t-1] \cdot \frac{D74S1311V[t]}{D74S1311V[t-1]} \quad (59)$$

Die zweckgebundenen Zuweisungen des *Bundes an Renten, Unterstützungen und Geldleistungen an natürliche Personen* $OHA^{MSL}_{LZZ,11}[t]$ sind sonstige soziale Leistungen, welche die Geldleistungen der Arbeitslosen- und Sozialhilfe, Kinder- und Erziehungsgeld umfassen [Cordes 1996, S. 128]. Zu den Sozialleistungen an die privaten Haushalte zählen die Erstattungen, da Sachleistungen (Arzt-, Krankenhausleistungen) bei den Vorleistungskäufen des Staates verbucht werden. Diese Größe wird mit den monetären Sozialleistungen des Bundes *D62S1311V[t]* fortgeschrieben.

$$OHA^{MSL}_{LZZ,11}[t] = OHA^{MSL}_{LZZ,11}[t-1] \cdot \frac{D62S1311V[t]}{D62S1311V[t-1]} \quad (60)$$

Die Unterstützungen der *EU* $OHA^{UN}_{LZZ,EU}[t]$, *Länder* $OHA^{UN}_{LZZ,12}[t]$ bzw. *Gemeinden* $OHA^{UN}_{LZZ,13}[t]$ *an sonstige Unternehmen* entspricht den in den VGR ausgewiesenen geleisteten Subventionen an die übrige Welt *D3000UW[t]* bzw. den geleisteten Subventionen von den Gebietskörperschaften und Sozialversicherungen *D3S13#V[t]*. Die Zahlungen *an öffentliche Unternehmen* spiegelt sich in den sonstigen laufenden Transfers *D75S13#V[t]* der VGR wider.

$$\begin{aligned} OHA^{UN}_{LZZ,EU}[t] &= OHA^{UN}_{LZZ,EU}[t-1] \cdot \frac{D3000UW[t]}{D3000UW[t-1]} \\ OHA^{UN}_{LZZ,\#}[t] &= OHA^{UN}_{LZZ,\#}[t-1] \cdot \frac{D3S13\#V[t] + D75S13\#V[t]}{D3S13\#V[t-1] + D75S13\#V[t-1]} \\ &\forall \in \#, \# = [11;14] \end{aligned} \quad (61)$$

Die Ausgaben der *EU an die übrige Welt* $OHA^{ÜW}_{LZZ,EU}[t]$ umfassen Schuldendiensthilfen und Zuschüsse für laufende Zwecke ans Ausland sowie die Abführung der EU-Eigenmittel *sneuem[t]* [Cordes 1996].

$$OHA^{ÜW}_{LZZ,EU}[t] = OHA^{ÜW}_{LZZ,EU}[t-1] \cdot \frac{sneuem[t]}{sneuem[t-1]} \quad (62)$$

Die Zuweisungen der Sozialversicherungen an Renten, Unterstützungen und andere Geldleistungen $OHA^{MSL}_{LZZ,14}[t]$ wird mit den geleisteten monetären Sozialleistungen der Sozialversicherungen fortgeschrieben *D62S1314V[t]*.

$$OHA_{LZZ,14}^{MSL}[t] = OHA_{LZZ,14}^{MSL}[t-1] \cdot \frac{D62S1314V[t]}{D62S1314V[t-1]} \tag{63}$$

Die zweckgebundenen Zuweisungen der *Länder an die Gesamtheit der Gemeinden und an den Bund* $OHA_{LZZ,12}^{SE}[t]$ wird über die Entwicklung der innerstaatlichen Transfers $ZVOH_{SE,SE}[t]$ bestimmt. Die Aufteilung auf die Gemeinden der jeweiligen Bundesländer erfolgt über eine konstante Quotenmatrix der sonstigen zweckgebundenen Zuweisungen.

$$OHA_{LZZ,12}^{SE}[t] = OHA_{LZZ,12}^{SE}[t-1] \cdot \frac{ZVOH_{SE,SE}[t]}{ZVOH_{SE,SE}[t-1]}$$
$$\forall \in SE, SE = \{11,13\} \tag{64}$$

Die *geleisteten monetären Zuweisungen der Länder und Gemeinden* $OHA_{LZZ,SE}^{MSL}[t]$ entwickeln sich analog zu den geleisteten monetären Sozialleistungen der Länder *D62S1312V[t]* bzw. der Gemeinden *D62S1313V[t]*. Die Aufteilung auf die Bundesländer erfolgt über Quoten.

$$OHA_{LZZ,SE}^{MSL}[t] = OHA_{LZZ,SE}^{MSL}[t-1] \cdot \frac{D62S13\#V[t]}{D62S13\#[t-1]}$$
$$\forall \in SE, SE = \{12,13\} \tag{65}$$

Per Definition können die Ausgaben der laufenden Rechnung aus den zuvor bestimmten Größen berechnet werden (vgl. Formel 66). Die „Zahlungen von gleicher Ebene" ergeben sich durch die Konsolidierung der innerstaatlichen Zahlungsströme.

	Personalausgaben	
+	*Laufender Sachaufwand*	
+	*Zinsausgaben*	
+	*Allgemeinen Zuweisungen*	(66)
+	*Sonstige laufende Zuweisungen und Zuschüsse*	
-	*Zahlungen von gleicher Ebene*	
=	*Ausgaben der laufenden Rechnung*	

Die *Baumaßnahmen und der Erwerb von Sachvermögen* $OHA_{BS,SE}[t]$ werden mit den Bruttoinvestitionen *P5S13#V[t]* der VGR fortgeschrieben. Die Ausgaben für Sachinvestitionen auf Bundesländer- und Gemeindeebene werden mit den regionalisierten Bruttoanlageinvestitionen $bain_{BL}[t]$ bestimmt (siehe Abschnitt 6.3).

$$
\begin{aligned}
OHA_{BS,11}[t] &= P5S13\#V[t] \\
OHA_{BS,SE}^{BL}[t] &= OHA_{BS,SE}^{BL}[t-1] \cdot \frac{bain_{BL}[t]}{bain_{BL}[t-1]} \\
&\forall \in \#, \# = \{11,14\} \\
&\forall \in BL, BL = [1;16] \\
&\forall \in SE, SE = \{12,13\}
\end{aligned}
\tag{67}
$$

Die *Zuweisungen und Zuschüsse für Investitionen und sonstige Vermögensübertragungen* $OHA_{ZZI,SE}[t]$ der Finanzstatistik haben ihr Pendant in den geleisteten Vermögensübertragungen *D92S13#V[t]* der VGR.

$$
\begin{aligned}
OHA_{ZZI,SE}[t] &= OHA_{ZZI,SE}[t-1] \cdot \frac{D92S13\#V[t]}{D92S13\#V[t-1]} \\
&\forall \in \#, \# = [11;13] \\
&\forall \in SE, SE = [11;13]
\end{aligned}
\tag{68}
$$

Die Zuweisungen und Zuschüsse für Investitionen innerhalb der staatlichen Ebenen werden über die konstante Quotenmatrix des Jahres 2010 bestimmt, so dass sich die Summe der Einnahmen und Ausgaben zwischen den öffentlichen Haushalten definitionsgemäß ausgleicht.

Die Positionen *Darlehen und Erwerb von Beteiligungen* haben in den VGR kein Pendant. Die VGR erfasst nur Einnahmen und Ausgaben, die die Vermögenslage einer Wirtschaftseinheit verändern [Cordes 1996, S. 97]. Demzufolge werden Rückflüsse und die Gewährung von Darlehen sowie Erwerb und Veräußerungen von Beteiligungen nicht erfasst, da diese lediglich zu Umbuchungen zwischen Forderungen und Verbindlichkeiten führen. Diese Größen bleiben im Simulationszeitraum konstant.

Die *Ausgaben der Kapitalrechnung* werden aus der Summe von Sachinvestitionen, Vermögensübertragungen, Darlehen, Erwerb von Beteiligungen und der Tilgungsausgaben an den öffentlichen Bereich abzüglich der Zahlungen von gleicher Ebene berechnet.

Die Ausgaben der laufenden Rechnung (vgl. Formel 66) zuzüglich den Ausgaben der Kapitalrechnung ergeben die *bereinigten Ausgaben* der Finanzstatistik, die das zentrale Ergebnis der Ausgaben der Finanzstatistik darstellen.

Die einnahmeseitigen Zusammenhänge zwischen der Finanzstatistik und den VGR werden anschließend beschrieben.

Finanzstatistische Einnahmekomponenten

Die *Steuern und steuerähnlichen Abgaben* $OHE_{SA,SE}[t]$ der Finanzstatistik stehen in den VGR den empfangenen direkten und indirekten Steuern *D2S13#A[t], D5S13#A[t]* und empfangenen Sozialbeiträgen *D61S13#A[t]* gegenüber. Regionalisierte Daten der Steuereinnahmen sind verfügbar, um die Steuereinnahmen der Bundesländer *snsltt[t]* und ihrer Gemeinden *snsgtt[t]* fortzuschreiben. Die Steuereinnahmen der Länder sind inklusive der Gewerbesteuerumlage, die der Gemeinden exklusive der Umlage. Das Steueraufkommen der EU $OHE_{SA,EU}[t]$ umfasst die EU-Eigenmittel *sneuem[t]*.

Ca. 94 % der empfangenen Sozialbeiträge fließen an die Sozialversicherungen. Die übrigen sechs Prozent teilen sich auf Bund, Länder und Gemeinden auf. Informationen über die empfangenen Sozialbeiträge der Länder liegen regionalisiert nicht vor. Daher werden die Einnahmen auf Länderebene (über die direkten und indirekten Steuereinnahmen inkl. Gewerbesteuerumlage) und für die Ländergesamtheit bestimmt und anschließend ein Abstimmungsprozess durchgeführt.

$$\begin{aligned}
OHE_{SA,SE}[t] &= OHE_{SA,SE}[t-1]\cdot \\
&\quad \frac{D5S13\#A[t]+D2S13\#A[t]+D61S13\#A[t]}{D5S13\#A[t-1]+D2S13\#A[t-1]+D61S13\#A[t-1]} \\
OHE_{SA,EU}[t] &= OHE_{SA,EU}[t-1]+\Delta sneuem_{BN} \\
\Delta sneuem_{BN} &= sneuem_{BN}[t]-sneuem_{BN}[t-1] \\
OHE_{SA,BL}[t] &= OHE_{SA,12}[t-1]+\Delta snsltt_{BL} \\
\Delta snsltt_{BL} &= snsltt_{BL}[t]-snsltt_{BL}[t-1] \\
OHE_{SA,BL}[t] &= OHE_{SA,13}[t-1]+\Delta snsgtt \\
\Delta snsgtt_{BL} &= snsgtt_{BL}[t]-snsgtt_{BL}[t-1] \\
OHE_{SA,14}[t] &= OHE_{SA,14}[t-1]\cdot\frac{D61S1314A[t]}{D61S1314A[t-1]} \\
&\forall \in BL, BL=[1;16] \\
&\forall \in \#, \#=[11;13] \\
&\forall \in SE, SE=[11;13]
\end{aligned} \tag{69}$$

Die *Einnahmen aus wirtschaftlicher Tätigkeit* $OHE_{WT,SE}[t]$ werden den empfangenen Vermögenseinkommen (exklusive Zinseinnahmen) *D4S13#A[t]* zugeordnet. Nahezu ausschließlich handelt es sich um Vermögenseinkommen von Unternehmen in Form von Ausschüttungen und Dividenden sowie Mieteinnahmen. Die Gewinnabführung der Deutschen Bundesbank wird hier ebenfalls verbucht.

$$\begin{aligned}
OHE_{WT,SE}[t] &= OHE_{WT,SE}[t-1]\cdot\frac{D4S13\#A[t]}{D4S13\#A[t-1]} \\
&\forall \in \#, \#=[11;14] \\
&\forall \in SE, SE=[11;14]
\end{aligned} \tag{70}$$

Die *Zinseinnahmen* $OHE_{ZE,SE}[t]$ der Finanzstatistik folgen den Zinseinnahmen $D41S13\#A[t]$ der VGR. Die regionale Aufteilung der Zinseinnahmen erfolgt gemäß der Ausgangsverteilung.

$$\begin{aligned} OHE_{ZE,SE}[t] &= OHE_{ZE,SE}[t-1]\cdot\frac{D41S13\#A[t]}{D41S13\#A[t]} \\ \forall &\in \#, \# = [11;14] \\ \forall &\in SE, SE = [11;14] \end{aligned} \qquad (71)$$

Die einnahmeseitigen *Allgemeinen Zuweisungen und Umlagen* und die *sonstigen laufenden Zuweisungen und Zuschüsse* können direkt aus der Ausgabenseite der Finanzstatistik abgeleitet werden. Damit ist gewährleistet, dass die geleisteten und empfangenen Größen stets ausgeglichen sind.

Die *allgemeinen Zuweisungen* innerhalb der Länder $OHE_{AZU,12}^{BL}[t]$ werden direkt mit den Ausgleichszuweisungen $agz_{BL}[t]$, die im Rahmen des Länderfinanzausgleichs berechnet werden, fortgeschrieben (vgl. Abschnitt 2.2.1.5). Die Gleichheit zwischen Ausgleichsbeiträgen und Ausgleichszahlungen ist auch hier stets gesichert.

$$\begin{aligned} OHE_{AZU,12}^{BL}[t] &= OHE_{AZU,12}^{BL}[t-1] + \Delta agz_{BL} \\ \Delta agz_{Bl} &= agz_{BL}[t] - agz_{BL}[t-1] \\ \forall &\in BL, BL = [1;16] \end{aligned} \qquad (72)$$

Gleiches gilt für die vom Bund geleisteten Bundesergänzungszuweisungen $snbez_{BL}[t]$, Konsolidierungshilfen $snslkh_{BL}[t]$ und Kraftfahrzeugsteuer-Kompensationsbeträge $svslkfb_{BL}[t]$ an die Länder $OHE_{AZU,11}^{BL}[t]$.

$$\begin{aligned} OHE_{AZU,11}^{BL}[t] &= OHE_{AZU,11}^{BL}[t-1] + \Delta(snbez_{BL} + svslkfb_{BL} + snslkh_{BL}) \\ \Delta(snbez_{BL} + svslkfb_{BL} \\ + snslkh_{BL}) &= (snbez_{BL}[t] + svslkfb_{BL}[t] + snslkh_{BL}[t]) - \\ &\quad (snbez_{BL}[t-1] + svslkfb_{BL}[t-1] + snslkh_{BL}[t-1]) \\ \forall &\in BL, BL = [1;16] \end{aligned} \qquad (73)$$

Die *sonstigen Einnahmen der laufenden Rechnung* umfassen z. B. Gebühren (Lkw-Maut) und Geldstrafen. Sofern keine weiteren Informationen vorliegen, werden diese Einnahmen auf ihren historischen Niveau belassen.

Die *Einnahmen der laufenden Rechnung* ergeben sich definitorisch (siehe Formel 74).

	Einnahmen aus Steuern und steuerähnlichen Abgaben	
+	*Einnahmen aus wirtschaftlicher Tätigkeit*	
+	*Zinseinnahmen*	
+	*Allgemeinen Zuweisungen und Umlagen*	
+	*Sonstige laufende Zuweisungen und Zuschüssen*	(74)
+	*Sonstige Einnahmen der laufenden Rechnung*	
-	*Zahlungen gleicher Ebene*	
=	*Einnahmen der laufenden Rechnung*	

Veräußerungen von Vermögen (Sachvermögen und Beteiligungen) werden nicht fortgeschrieben, da diese eher fallweise auftreten und politisch motiviert sind. Zum Beispiel entstanden dem Bund im Jahr 2000 und 2010 nicht reguläre Einnahmen aus der Versteigerung der UMTS-Lizenzen. Ein weiterer Faktor ist die fortschreitende Privatisierung und Ausgliederung aus den Kernhaushalten des Staates, die auch die Bundesbeteiligungen reduzieren [BMF 2006].

Die Einnahmen aus Vermögensübertragungen (*Zuweisungen und Zuschüssen für Investitionen*) innerhalb des öffentlichen Bereichs können direkt aus den Ausgaben abgeleitet werden. Die Bestimmung der Bundesländergrößen erfolgt über die Länderanteile.

Darlehensrückflüsse und die *Schuldenaufnahme beim öffentlichen Bereich* verharren auf ihrem historischen Niveau. Eine Modellierung konnte im Rahmen dieser Arbeit nicht geleistet werden.

Die *Einnahmen der Kapitalrechnung* sind die Summe aus Veräußerung von Vermögen, Zuweisungen und Zuschüsse für Investitionen, sonstige Vermögensübertragungen, Darlehensrückflüsse, Schuldenaufnahme beim öffentlichen Bereich abzüglich der Zahlungen von gleicher Ebene.

Die *bereinigten Einnahmen* setzen sich aus den Einnahmen der laufenden Rechnung (vgl. Formel 74) und den Einnahmen der Kapitalrechnung zusammen. Abschließend kann der Finanzierungssaldo für alle Gebietskörperschaften aus der Differenz zwischen den bereinigten Einnahmen zuzüglich dem Saldo der haushaltstechnischen Verrechnungen und abzüglich der bereinigten Ausgaben berechnet werden (siehe Formel 75).

	Bereinigte Einnahmen	
-	*Bereinigte Ausgaben*	
+	*Saldo haushaltstechnischer Verechnungen*	(75)
=	*Finanzstatistischer Finanzierungssaldo*	

5.4 Erklärungsansätze des Steueraufkommens

In den vorangegangenen Abschnitten wurden die Kontenpositionen der VGR und Elemente der Finanzstatistik erläutert. Das Steueraufkommen bzw. die Steuereinnahmen sind eine bedeutsame Größe in beiden Statistiken. Zudem gehen sie in die Berechnungen des Länderfinanzausgleichs ein und haben Einfluss auf die Preisbildung und Kostenstrukturen. Die wichtigsten Steuerarten und ihre Erklärungsansätze zur Fortschreibung werden in den nachfolgenden Abschnitten beschrieben.

Bei der Erklärung des Steueraufkommens ist es von Vorteil eine möglichst gute Approximation der realen Steuerbemessungsgrundlage zu erreichen. Bei makroökonomischen Modellen ist das nicht unproblematisch, da vor allem bei Einkommensteuern die Bemessungsgrundlage stark von den individuellen Begebenheiten (Beziehungsstatus, Kinder etc.) abhängig ist [Müller 2004]. Mikroökonomische Analysen konnten in dieser Arbeit nicht umgesetzt werden. Nichtsdestotrotz wurde eine möglichst gute Annäherung der Bemessungsgrundlagen angestrebt (vgl. zu mikroökonomischen Analysen das Potsdamer Mikrosimulationsmodell von Bork 2000 und Bach et al. 2002).

Durch die detaillierte Abbildung der Wirtschaft war es möglich, einen passenden makroökonomischen Indikator als Bemessungsgrundlage zu identifizieren[88]. Falls die Tariffunktion linear-homogen bezüglich der Bemessungsgrundlage ist, gestaltet sich die Umsetzung in einer Verhaltensgleichung unproblematisch [Dieckmann/Westphal 1995, S. 3]. Die Erfassung von progressiven Tarifen z. B. bei der Lohnsteuer ist schwieriger umzusetzen.

Nachfolgend wird dargestellt, wie die einzelnen Steuerarten bestimmt werden.

5.4.1 Modellierung der Gemeinschaftsteuern

5.4.1.1 Umsatzsteuer

Die Modellierung des Umsatzsteueraufkommens Deutschlands erfolgt im INFORGE-Modell für 71 Gütergruppen und getrennt für die gesamte Vorleistungsnachfrage und die Endnachfragekomponenten (privater Konsum, Staatskonsum, Investitionen etc.). Die detaillierte Güterstruktur lässt es zu, den ermäßigten Steuersatz von sieben Prozent und den Steuersatz von 19 % (seit 2007, vgl. § 12 UStG) den jeweiligen Gütergruppen annäherungsweise zuzuordnen [Ahlert et al. 2009, S. 58, Mönnig 2008].

Für die historischen Daten werden Mehrwertsteuerquoten aus dem Verhältnis von Mehrwertsteueraufkommen und Vorleistungen bzw. den Endnachfragekomponenten berechnet. Um die ökonomischen Wirkungen einer Anpassung des Mehrwertsteuersatzes zu simulieren, wird der Mehrwertsteuersatz in Zusammenhang mit der Mehrwertsteuerquote gesetzt. Damit wird bei einer Steuersatzänderung

88 Der Arbeitskreis der Steuerschätzer wählt ein ähnliches Vorgehen. Umfassende Dokumentationen über die genaue Vorgehensweise gibt es allerdings nicht [so auch Fox 2005, Zimmermann 2008].

auch die Mehrwertsteuerquote beeinflusst. In Abhängigkeit von der Änderung der Bemessungsgrundlage entwickelt sich das Mehrwertsteueraufkommen [Ahlert et al. 2009, S.58, Mönnig/Wolter 2010].

Dieses Vorgehen hat gegenüber der Methode des Sachverständigenrates [SVR 2000, S. 256 f.] den Vorteil, dass bei einer Änderung des Konsumgüterbündels mit unterschiedlich hoch besteuerten Waren das daraus resultierende Steueraufkommen für alle Endnachfragekomponenten explizit berücksichtigt wird.

Eine ähnliche Modellierung auf der Ebene der Bundesländer scheitert, da die notwendige detaillierte Datenbasis nicht verfügbar ist. Die Entwicklung des regionalen Umsatzsteueraufkommens $svus_{BL}[t]$ wird mit der Entwicklung des regionalen Konsums der privaten Haushalte $cpn_{BL}[t]$ erklärt. Da die Umsatzsteuer eine Wertsteuer darstellt, ist das Preisniveau der Güter von Bedeutung. Je höher die Preise bei gegebenen Mengen sind, umso höher ist die Steuer. Daher wird auf den nominalen Konsum[89] abgestellt, der sich im Modellzusammenhang – wie in Abschnitt 6.2.1 dargestellt – herleitet. Des Weiteren werden Dummies für die Jahre 1993, 1998 und 2007 geprüft, welche die Erhöhung des Mehrwertsteuersatzes auf 15 % (ab dem 1. Januar 1993), auf 16 % (ab dem 1. April 1998) und auf 19 % zum 1. Januar 2007 abbilden [Sandhop 2006, S. 861] und, wenn sie signifikant sind, gesetzt. Nach der Bestimmung des regionalen Umsatzsteueraufkommens folgt ein Abstimmungsprozess, der die Konsistenz mit dem im Modell INFORGE bestimmten Umsatzsteueraufkommen gewährleistet.

Die Verteilung des Umsatzsteueraufkommens der Gemeinden $snsgus_{BN}[t]$ (2,2 %, vgl. Abschnitt 2.2.1.3) auf die Bundesländer $snsgus_{BL}[t]$ wird im § 5 a – c GemFinRefG festgelegt. Die aktuellen Schlüsselzahlen werden lt. UStGemAntV 2011 angewendet [BGBl. I 2011/51].

$$\begin{aligned} svus_{BL}[t] &= f\{cpn_{BL}[t], D93FF, D98FF, D107FF\} \\ \forall \in BL, BL &= [1;16] \end{aligned} \tag{76}$$

5.4.1.2 Einkommensteuern

Die Erhebungsformen der Einkommensteuern umfassen die *Lohnsteuer*, die *veranlagte Einkommensteuer*, die *nicht veranlagten Steuern*, die *Abgeltungsteuer (ehemals Zinsabschlag)* und die *Körperschaftsteuer [§ 38 EStG]*. Die Einkommensteuerarten werden basierend auf den Bemessungsgrundlagen einzeln fortgeschrieben. Als Annäherung an die steuerliche Bemessungsgrundlage90 werden die Arbeitnehmerentgelte, Unternehmens- bzw. Vermögenseinkommen herangezogen. Die makroökonomischen

89 Der Sachverständigenrat wählt bei der Bestimmung des Umsatzsteueraufkommens ebenso die nominalen Konsumausgaben der privaten Haushalte als Bemessungsgrundlage [SVR 2000, S. 256].

90 Das zu versteuernde Einkommen berechnet sich unter Berücksichtigung der abziehbaren Aufwendungen (Werbungskosten, Vorsorgeaufwendungen etc.), Verlusten und Freibeträgen z. B. für Kinder [Diekmann/Großmann/Lehr 2013].

Erklärungsansätze berücksichtigten keine individuellen steuerlichen Belastungen wie z. B. das Potsdamer Mikrosimulationsmodell [Bork 2000, Bach et al. 2002] oder das Einkommensteuermodell des BMF [Spahn et al. 1992, Lietmeyer 1986]. Der hier gewählte Modellierungsansatz orientiert sich an der Vorgehensweise des Sachverständigenrates [SVR 2000].

Lohnsteuer

Die Lohnsteuer wird auf Einkünfte aus nicht selbstständiger Arbeit erhoben und direkt vom Arbeitslohn abgezogen [§ 19 EStG]. Die LÄNDER-Modellierung erlaubt das Lohnsteueraufkommen auf regionaler Ebene zu bestimmen (siehe Abschnitt 6.3).

Es wird ein enger Zusammenhang zwischen der Veränderung der Bruttolohn- und -gehaltssumme[91] $blgsn_{BL}[t]$ und dem Lohnsteueraufkommen $svls_{BL}[t]$ unterstellt. Die Aufkommenselastizität ist aufgrund der Progression größer als Eins [siehe auch Schoof 1998, S. 212, SVR 2000, S. 257]. Die Änderung des Einkommensteuertarifs und die Erhöhung der Grundfreibeträge wird, wenn signifikant, über Dummies berücksichtigt.

$$\begin{aligned} \log\left(svls_{BL}[t]\right) &= f\left\{\log\left(blgsn_{BL}[t]\right)\right\} \\ \forall \in BL, BL &= [1;16] \end{aligned} \tag{77}$$

Da das Lohnsteueraufkommen den Bundesländern zunächst nach dem örtlichen Aufkommen zusteht, müssen in den Erklärungsansätzen keine Pendlerströme berücksichtigt werden. Die Verteilung der Lohnsteuer nach dem Wohnsitzprinzip erfolgt im Rahmen des Länderfinanzausgleichs (vgl. Abschnitt 2.2.1.4 „Lohnsteuerzerlegung").

Veranlagte Einkommensteuer

Eine Veranlagung findet u. a. statt, wenn ein Arbeitnehmer mehrere Arbeitgeber hat oder die Veranlagung beantragt wird, um z. B. Verluste aus anderen Einkünften (Gewerbebetrieb, Kapitalvermögen) oder Steuerermäßigungen für außerordentliche Einkünfte zu berücksichtigen [BMF 2013, S. 46 ff.].

Als Referenzgröße für die ökonometrische Erklärung der veranlagten Einkommensteuer wird auf die Einkommen aus Unternehmertätigkeit und Vermögen abgestellt. Für die Erklärung des regionalisierten veranlagten Einkommensteueraufkommens $svve_{BL}[t]$ wird die Differenz aus Bruttowertschöpfung $bwsn_{BL}[t]$ und Arbeitnehmerentgelten $antn_{BL}[t]$ genutzt. Die Differenz kann als Einkommen aus Unternehmertätigkeit interpretiert werden. Je größer die Differenz um so größer die Einkünfte unter der Annahme, dass die Abschreibungen und sonstigen Nettoproduktionsabgaben unverändert sind.

---

91 Die abzugsfähigen relevanten Freibeträge (Grundfreibetrag, Arbeitnehmerpauschbetrag, Vorsorgepauschale etc.) können nicht explizit berücksichtigt werden. Des Weiteren erfolgt auch keine Unterscheidung der Beschäftigten nach Steuerklassen wie z. B. in Boss/Boss/Boss 2009.

$$svve_{BL}[t] = f\{bwsn_{BL}[t] - antn_{BL}[t]\}$$
$$\forall \in BL, BL = [1;16] \tag{78}$$

Auffällig ist, dass alle ostdeutschen Bundesländer bis zum Jahr 2007 ein negatives Aufkommen an der veranlagten Einkommensteuer aufwiesen. Begründet ist das in den hohen Sonderabschreibungen für gewerbliche Investitionen und den Mietwohnungsbau [Teichmann/Vesper 1998].

Zinsabschlag bzw. Abgeltungssteuer

Der Zinsabschlag wurde bis zum Ende des Jahres 2008 auf Zinseinkommen von Privatpersonen erhoben. Die Bemessungsgrundlage stellen die Zinseinnahmen D4100RT[t] dar.

Da keine Informationen auf Bundesländerebene über das Vermögensaufkommen vorliegen, wird das Aufkommen für die Ländergesamtheit $svza_{BN}[t]$ bestimmt und über Bundesländeranteile $svzaq_{BL}[t]$ regional verteilt. In der Vergangenheit waren diese Quoten kaum Veränderungen unterworfen, so dass dieses Vorgehen angemessen erscheint.

$$svza_{BN}[t] = f\{D4100RH[t]\}$$
$$svza_{BL}[t] = svzaq_{BL}[t] \cdot svza_{BN}[t] \tag{79}$$
$$\forall \in BL, BL = [1;16]$$

Mit der Einführung der Abgeltungssteuer zum 1. Januar 2009 [BGBl. I 2007/40] wird das Vermögenseinkommen einheitlich mit 25 % besteuert.

Nicht veranlagte Steuern vom Ertrag

Die nicht veranlagten Steuern vom Ertrag $svnv_{BL}[t]$ werden auf Ausschüttungen von Kapitalgesellschaften, Zinsen aus Anleihen und Wertpapieren erhoben *D4200RT[t]*. Auf Bundesländerebene liegen darüber keine Informationen vor, so dass auch hier die regionale Aufteilung über Anteile erfolgt svnvqBL[t].

$$svnv_{BN}[t] = f\{D4200RT[t]\}$$
$$svnv_{BL}[t] = svnvq_{BL}[t] \cdot svnv_{BN}[t] \tag{80}$$
$$\forall \in BL, BL = [1;16]$$

5.4.1.3 Körperschaftsteuer

Die Körperschaftsteuer besteuert die Gewinne der Kapitalgesellschaften. Diese Steuerart unterliegt stärkeren Schwankungen, da sie stark von steuerrechtlichen Änderungen tangiert wird. Beispielsweise war das Körperschaftsteueraufkommen im Jahr 2001 relativ gering, da in diesem Jahr das letzte Mal Anspruch auf hohe Abzugsfähigkeit der nicht veranlagten Steuern vom Ertrag bestand.

Eine Annäherung an die Bemessungsgrundlage stellt der Proxy für die Gewinneinkommen $bwsn_{BL}[t]$-$antn_{BL}[t]$ auf Bundesländerebene dar. Eine Trennung in Kapitalgesellschaften und private Haushalte kann aufgrund der Datenlage nicht vorgenommen werden. Es wird implizit unterstellt, dass sich die Aufteilung der Gewinneinkommen auf Kapitalgesellschaften und private Haushalte in Zukunft nicht verändert.

$$\begin{aligned} svks_{BL}[t] &= f\{bwsn_{BL}[t]-antn_{BL}[t]\} \\ \forall \in BL, BL &= [1;16] \end{aligned} \qquad (81)$$

Das Aufkommen an der Körperschaftsteuer steht den Bundesländern zunächst nach dem örtlichen Aufkommen zu. Im Zerlegungsgesetz §§ 2–6 ist festgelegt, dass das Aufkommen an Körperschaftsteuer nach dem Betriebsstättenprinzip zu verteilen ist. In der Modellierung wird unterstellt, dass es keinen Wechsel der Hauptbetriebsstätte in ein anderen Bundesland gibt und somit die Zerlegungsbeträge im Simulationszeitraum konstant bleiben.

5.4.1.4 Verteilungsrelevante Positionen

Für den Übergang des Steueraufkommens zu den Steuereinnahmen müssen die sogenannten „verteilungsrelevanten Position" ermittelt werden. Dazu gehören:

- das steuerliches Kindergeld,
- das Kindergeld der Familienkassen,
- die Altersvorsorgezulage,
- die Zerlegungsbeträge (vgl. Abschnitt 2.2.1.4) und
- die Erstattungen des Bundesfinanzministeriums (Eigenheim-, Investitionszulage, Arbeitnehmersparzulage).

Das *steuerliche Kindergeld* wird nicht modellendogen bestimmt. Diese Größe kann aber exogen angepasst werden, wenn gesetzliche Änderungen dies erfordern. Das *Kindergeld der Familienkassen* $snsfkg_{BL}[t]$ wird in Abhängigkeit des aktuell gültigen Kindergeldsatzes[92] $KGS[t]$ und der Anzahl der Kinder bis 25[93] Jahren $poput_{BL}[t]$ auf Bundesländerebene modellendogen erklärt. Die Dummies werden gesetzt, um die Anpassung des Kindergeldsatzes zu erfassen. Die Höhe des Kindergeldsatzes kann in Simulationen variiert und die finanziellen Folgen abgeschätzt werden.

92 Die Regelhöhe des Kindergeldes für das erste und zweite Kind beträgt seit 2010 184 € pro Monat [§ 6 BKGG]. Seit dem Jahr 2015 hat sich der Betrag für das erste und zweite Kind um 4 € und im Jahr 2016 nochmals um 2 € auf insgesamt 190 € erhöht [BGBl. I 2015/30 vom 16. Juli 2015].

93 Bis zum vollendeten 18. bzw. 25. Lebensjahr wird das Kindergeld unter bestimmten Voraussetzungen (z. B. Berufsausbildung) ausgezahlt [§ 1 BKGG].

$$snsfkg_{BL}[t] = f\left(poput_{BL}[t]\cdot KGS[t]\cdot 12, D99FF, D102FF, D109FF\right)$$
$$\forall \in BL, BL = [1;16] \qquad (82)$$

Die *Altersvorsorgezulage*[94] kann nicht ökonometrisch erklärt werden, da die Zeitreihe zu kurz ist. Es wird auf die Ergebnisse der 145. Sitzung des Arbeitskreises „Steuerschätzungen" zurückgegriffen. Die Prognose geht von einem Zuwachs aus, so dass die Altersvorsorgezulage von ca. 2,4 Mrd. € im Jahr 2014 auf 3,3 Mrd. € bis zum Jahr 2019 ansteigen wird. Die Aufteilung auf die Bundesländer wird über Quoten vorgenommen.

Die *Erstattungen*, die das Bundesfinanzministerium gewährt und die Einnahmen an Einkommensteuern und Körperschaftsteuer sind abhängig von der Entwicklung der Eigenheim-, der Arbeitnehmerspar- und Investitionszulage. In Anlehnung an die Prognosen des Steuerkreises werden diese Positionen im Zeitablauf wertmäßig abnehmen und im Fall der Eigenheimzulage, die seit 2006 nicht mehr neu gewährt voraussichtlich bis zum Jahr 2016 auslaufen [BGBl. I 2005/76, Kauder/Ramsauer/Struck 2005, BMF 2014 b].

Die Altersvorsorge- und Arbeitnehmersparzulage vermindern das Lohnsteueraufkommen. Die Eigenheimzulage wird aus der veranlagten Einkommensteuer gewährt. Die Investitionszulage wird sowohl aus dem Aufkommen an veranlagter Einkommensteuer und der Körperschaftsteuer finanziert (vgl. Abschnitt 5.2.4).

5.4.2 Modellierung der Gemeindesteuern

5.4.2.1 Gewerbesteuer

Die Gewerbesteuer besteuert die Ertragskraft des Gewerbebetriebes. Die zu zahlende Gewerbesteuer wird in mehreren Schritten berechnet. Bemessungsgrundlage ist der sogenannte Grundbetrag bzw. Steuermessbetrag. Dieser basiert auf dem Gewinn des Gewerbebetriebes unter Berücksichtigung von Freibeträgen [BMF 2013, S. 74 ff.].

Die Fortschreibung des Grundbetrages $gbgs_{BL}[t]$ je Bundesland basiert auf der regionalen Entwicklung der Gewinneinkommen $bwsn_{BL}[t]$-$antn_{BL}[t]$. Der Grundbetrag wird mit dem regionalen Hebesatz[95] $hebeg_{BL}[t]$ vervielfältigt und ergibt die zu zahlende Gewerbesteuer aller Gemeinden je Bundesland $svsggs_{BL}[t]$. Die Höhe des Hebesatzes beträgt seit 2004 mindestens 200 %. Der Hebesatz kann in Simulationsrechnungen für jedes Bundesland variiert werden.

94 Die sogenannte „Riester-Rente" ist die staatliche Förderung freiwilliger Ersparnisse zur Ergänzung der Rente. Die Erhöhung der Zulagensätze (Grundzulage und Kinderzulage) forcierten in der Vergangenheit den Zuwachs [BMF 2009].

95 Durchschnittlicher Hebesatz aller Gemeinden eines Bundeslandes.

$$
\begin{aligned}
gbgs_{BL}[t] &= f\{bwsn_{BL}[t] - antn_{BL}[t]\} \\
svsggs_{BL}[t] &= gbgs_{BL}[t] \cdot hebeg_{BL}[t] \\
&\forall \in BL, BL = [1;16]
\end{aligned}
\tag{83}
$$

Bund und Länder werden am Gewerbesteueraufkommen über die Gewerbesteuerumlage beteiligt. Die Berechnung zeigt Formel 1 in Abschnitt 2.2.1.4.

5.4.2.2 Grundsteuern

Die Grundsteuern teilen sich in Grundsteuer A für land- und forstwirtschaftliche Betriebe und Grundsteuer B, die alle bebauten und bebaubaren Grundstücke besteuert, auf.

Die Bemessungsgrundlage für die Grundsteuer A ist der Einheitswert landwirtschaftlicher Grundstücke, der vom Finanzamt festgelegt wird und kaum veränderlich ist. Daher wird der Grundbetrag der Grundsteuer A $gbga_{BL}[t]$ für alle Bundesländer als konstant angenommen. Der Grundbetrag der Grundsteuer B je Bundesland $gbgb_{BL}[t]$ wird autoregressiv bestimmt.

Der Grundbetrag wird dann mit dem jeweiligen durchschnittlichen Hebesatz $hebea_{BL}[t]$ bzw. $hebeb_{BL}[t]$ der Gemeinden eines Bundeslandes vervielfältigt und damit das Aufkommen der Grundsteuern $svsgga_{BL}[t]$ bzw. $svsggb_{BL}[t]$ ermittelt.

$$
\begin{aligned}
svsgga_{BL}[t] &= gbga_{BL}[t] \cdot hebea_{BL}[t] \\
svsggb_{BL}[t] &= gbgb_{BL}[t] \cdot hebeb_{BL}[t] \\
&\forall \in BL, BL = [1;16]
\end{aligned}
\tag{84}
$$

5.4.3 Modellierung der Ländersteuern

Die Modellierung der Ländersteuern erfolgt überwiegend auf der Ebene der Ländergesamtheit, da teilweise länderspezifische Informationen z. B. über die jeweiligen Bemessungsgrundlagen fehlen. Die Fortschreibung des Ländersteueraufkommens erfolgt anschließend über historisch bestimmte Länderanteile in Anlehnung an die Strukturkonstanzhypothese [Fox 2005, S. 248]. Eine Ausnahme stellt die Bestimmung des Aufkommens an der Grunderwerb- und Erbschaftsteuer dar, die direkt auf Bundesländerebene erfolgen.

Grundsätzlich gilt, das das Steueraufkommen $sta_{BL}[t]$ definitorisch über die Bemessungsgrundlage $bmg_{BL}[t]$ und den jeweiligen Steuersatz $sts_{BL}[t]$ ermittelt wird.

$$
\begin{aligned}
sta_{BL}[t] &= bmg_{BL}[t] \cdot sts_{BL}[t] \\
&\forall \in BL, BL = [1;16]
\end{aligned}
\tag{85}
$$

Ist die Schätzung der Bemessungsgrundlage nicht möglich, wird das Steueraufkommen direkt erklärt. Die Ermittlung der Gütersteuern folgt damit dem Modellierungsansatz, der in Mönnig 2008 vorgestellt wird.

5.4.3.1 Kraftfahrzeugsteuer

Zur Bestimmung der Kraftfahrzeugsteuer $svslkf_{BN}[t]$ wird die Kraftfahrzeugflotte in Zweiräder, Pkw und Lkw unterschieden. Zur Fortschreibung der Bemessungsgrundlagen werden für Zweiräder und Pkw die Anzahl der Personen im fahrfähigen Alter $popu3112e_{BN}[t]$ herangezogen sowie ein Zeittrend *ZEIT*, der den Trend zum Zweitwagen erfasst.

Die Entwicklung des Lkw-Bestandes wird über die Nachfrage nach Landverkehrsleistungen und im Speditionsgewerbe bestimmt[96]. Die Multiplikation mit den jeweiligen Steuersätzen führt zum Kraftfahrzeugsteueraufkommen [Mönnig 2008].

$$\begin{aligned} bmgkfz_{BN}[t] &= f\left(popu3112e_{BN}[t], ysr_{39}[t], ysr_{42}[t], ZEIT\right) \\ svslkf_{BN}[t] &= bmgkfz_{BN}[t] \cdot stskfz_{BN}[t] \\ BN = \sum_{BL=1}^{16} BL & \end{aligned} \tag{86}$$

Seit Juli 2009 steht das Aufkommen der Kraftfahrzeugsteuer dem Bund zu. Die Ländergesamtheit erhält als Ausgleich einen Festbetrag in Höhe von ca. fünf Milliarden Euro im Jahr 2009 und ab dem Jahr 2010 ca. neun Milliarden Euro [BGBl. I 2009/29]. Die Verteilung des Festbetrages auf die Länder erfolgt nach Maßgabe des § 2 KfzStVertG.

5.4.3.2 Grunderwerbsteuer

Die Grunderwerbsteuer wird über die Schätzung der Bemessungsgrundlage und den regionalen Steuersatz bestimmt. Die Bemessungsgrundlage ist der Wert des Grundstücks. Da weder die Kaufpreise bekannt sind noch die Unterscheidung in bebaute und unbebaute Grundstücke Bestandteil der Modellierung sind, wird auf die gesamtwirtschaftliche Preisentwicklung im Bereich Grundstücks- und Wohnungswesen als Proxy zurückgegriffen [Rappen 2012]. Zusätzlich wird eine Trendkomponente in die Erklärungsansätze aufgenommen, um beispielsweise Wertsteigerungen in Berlin und München zu erfassen.

Mit der Änderung des Grundgesetzes durch die Arbeiten der Föderalismuskommission im Jahr 2006 obliegt den Ländern die Befugnis zur Bestimmung des Grunderwerbsteuersatzes [Art. 105 Abs. 2 a GG]. Bis zum Jahr 2014 haben alle Bundesländer außer Sachsen und Bayern den Grunderwerbsteuersatz angehoben [IWW 2010, Rappen 2012, Grundmann 2013]:

---

96 Die explizite Modellierung würde die Einbindung eines Verkehrsmoduls erfordern, das den Fuhrpark in seinen Eigenschaften (Hubraum, Antriebsart, CO_2-Emissionen etc.) abbildet.

- Bayern, Sachsen: 3,5 %
- Hamburg: 4,5 %
- Baden-Württemberg, Bremen, Brandenburg, Hessen, Mecklenburg-Vorpommern, Niedersachsen, Nordrhein-Westfalen, Rheinland-Pfalz, Sachsen-Anhalt, Thüringen: 5 %
- Saarland: 5,5 %
- Berlin: 6 %
- Schleswig-Holstein: 6,5 %

5.4.3.3 *Biersteuer*

Die Bemessungsgrundlage der *Biersteuer* $svslbs_{BN}[t]$ ist die Absatzmenge der Brauereien. Die Erklärende für den Bierkonsum ist der preisbereinigte Konsum der privaten Haushalte an alkoholischen Getränken $cpvr_{03}[t]$, da diese Verbrauchsteuer als Mengensteuer ausgestaltet ist.

$$svslbs_{BN}[t] = f(cpvr_{03}[t], ZEIT) \tag{87}$$

Der Bierkonsum nimmt innerhalb des Verwendungszwecks „alkoholische Getränke" aufgrund von Verhaltensänderungen ab. Modegetränke wie Cocktails und Alkopops gewinnen an Beliebtheit [Mönnig 2008]. Diese Entwicklung fängt ein Zeittrend *ZEIT* ein. Der Steuersatz beträgt für einen Hektoliter Bier ca. 0,79 € pro Grad Plato [§ 2 BierStG]. Das so berechnete Steueraufkommen entspricht nicht exakt dem historischen Steueraufkommen, da unter bestimmten Voraussetzungen auch ein ermäßigter Steuersatz zur Anwendung kommt. Daher erfolgt die Fortschreibung des historischen Steueraufkommens über Wachstumsraten der berechneten Größe.

5.4.3.4 *Feuerschutzsteuer, Rennwett- und Lotteriesteuer*

Das Aufkommen der *Feuerschutzsteuer* $svslfs_{BN}[t]$ und der *Rennwett- und Lotteriesteuer* $svslls_{BN}[t]$ wird direkt über die korrespondierende Größe der Konsumverwendungszwecke ermittelt. Für die Feuerschutzsteuer sind das die Konsumausgaben der privaten Haushalte für Versicherungsdienstleistungen $cpvr_{39}[t]$ und für die Rennwett- und Lotteriesteuer der Konsumverwendungszweck Freizeit und Kulturdienstleistungen $cpvr_{30}[t]$.

$$\begin{aligned} svslfs_{BN}[t] &= f(cpvr_{39}[t]) \\ svslls_{BN}[t] &= f(cpvr_{30}[t]) \end{aligned} \tag{88}$$

5.4.3.5 Erbschaftsteuer

Das Aufkommen der *Erbschaftsteuer* $svsles_{BL}[t]$ wird direkt auf Bundesländerebene ermittelt. In den Erklärungsansatz fließen das regionale Vermögen $bwsn_{BL}[t]-antn_{BL}[t]$ und die Bevölkerung über 65 Jahre $popu3112r_{BL}[t]$ ein.

$$\begin{aligned} svsles_{BL}[t] &= f\left(\left(bwsn_{BL}[t]-antn_{BL}[t]\right), popu3112r_{BL}[t]\right) \\ \forall &\in BL, BL=[1;16] \end{aligned} \tag{89}$$

Das so bestimmte Aufkommen an Erbschaftsteuer stellt lediglich eine einfache Approximation dar. Komplexere Vorgehen wie z. B. in Maiterth/Sureth 2007 beschrieben wurden in dieser Arbeit nicht umgesetzt.

5.4.4 Modellierung der Bundessteuern

Das Vorgehen zur Ermittlung der Bundessteuern lehnt sich im Vorgehen an die Bestimmung der Ländersteuern im vorherigen Abschnitt an. Sofern möglich wird die Bemessungsgrundlage in Abhängigkeit von der ökonomischen Bezugsgröße erklärt. Der jeweilige Steuersatz multipliziert mit der Bemessungsgrundlage bestimmt das Steueraufkommen.

5.4.4.1 Verbrauchsteuern

Die Bundessteuern sind hauptsächlich Verbrauchsteuern, die als Mengensteuern ausgestaltet sind. Daher wird auf die preisbereinigte Bemessungsgrundlage abgestellt. Die Bemessungsgrundlage der Verbrauchsteuern (Mineralöl-, Tabak-, Kaffee-, Schaumweinsteuer etc.) sind die Konsumausgaben der privaten Haushalte der jeweiligen Verwendungszwecke $cpvr_{VZ}[t]$ (siehe Abschnitt 6.2.1) und die gewerbliche Nachfrage [siehe Tab. 17 und Mönnig 2008]. Die dazugehörigen Steuersätze wurden den jeweiligen Gesetzestexten entnommen.

Tab. 17: Bemessungsgrundlagen der Verbrauchsteuern des Bundes

Steuerart	Nr.	Bemessungsgrundlage (in der COICOP*-Gliederung)
Energiesteuer	04.5	Strom, Gas und andere Brennstoffe
	07.2	Waren und Dienstleistungen für den Betrieb von Privatfahrzeugen
Stromsteuer	40.1	Energieversorgung**
Tabaksteuer	02.2	Tabakerzeugnisse
Kaffeesteuer	01.2	Alkoholfreie Getränke
Branntweinsteuer	02.1	Alkoholische Getränke
Schaumweinsteuer	02.1	Alkoholische Getränke
Zwischenerzeugnissteuer	02.1	Alkoholische Getränke

* Classification of Individual Consumption According to Purpose.
** CPA-Gliederung (Classification of Products by Activity).

Quelle: Eigene Darstellung basierend auf Mönnig 2008

5.4.4.2 *Versicherungsteuer*

Das Aufkommen der *Versicherungsteuer* $svsbvs_{BN}[t]$ wird mithilfe der Versicherungsdienstleistung der privaten Haushalte $cpvn_{39}[t]$ als auch der gewerblichen Nachfrage nach Versicherungen $vgun_{45}[t]$ erklärt. Eine Unterscheidung in die Bemessungsgrundlage und den Steuersatz erfolgt aufgrund der Komplexität (unterschiedliche Versicherungsarten) nicht.

$$svsbvs_{BN}[t] = f(cpvn_{39}[t] + vgun_{45}[t]) \tag{90}$$

5.4.4.3 *Solidaritätszuschlag*

Die Bemessungsgrundlage des *Solidaritätszuschlags*[97] $svsbsz_{BL}[t]$ ist das Einkommensteueraufkommen $svsges_{BL}[t]$. Der Zuschlagssatz $zs_{BL}[t]$ in Höhe von 5,5 % (seit 1998) ist politisch bestimmt und wird exogen vorgegeben [BGBl. I 1997/78].

$$\begin{aligned} svsbsz_{BL}[t] &= svsges_{BL}[t] \cdot zs_{BL}[t] \\ \forall \in BL, BL &= [1;16] \end{aligned} \tag{91}$$

Bis einschließlich erstes Halbjahr 2002 wurden die Einnahmen an Bundessteuern von der Statistik je Bundesland publiziert. Seitdem erfolgt die Veröffentlichung nur noch für die Ländergesamtheit.

In der Modellierung wurde das Steueraufkommen der Bundesländer entweder direkt aus den Regionen abgeleitet (z. B. beim Solidaritätszuschlag) oder über die historisch beobachtbaren Länderanteile bestimmt (z. B. bei der Biersteuer). Die Regionalisierung hat für die Zuordnung zu den Bundessteuereinnahmen keine Auswirkungen, sondern nur informatorischen Charakter.

In Szenarien, die sich z. B. mit der Abschaffung des Solidaritätszuschlags beschäftigen, sind die regionalen Entlastungswirkungen eine wichtige Größe, die weitere Implikationen zur Folge haben (siehe Abschnitt 9.3).

In den nächsten Abschnitten werden die wichtigsten Eigenschaften des Modells INFORGE/LÄNDER (siehe Abschnitte 6.1 bis 6.3) dargestellt, die zum Verständnis der Zusammenhänge und der Anknüpfungspunkte der Staatsmodellierung wichtig sind.

Soweit nicht anders gekennzeichnet, geht die Beschreibung der INFORGE/LÄNDER-Modellstruktur auf Ahlert et al. 2009 und Distelkamp et al. 2003 zurück.

---

97 Der Solidaritätszuschlag wurde am 1. Juli 1991 das erste Mal mit 7,5 % auf die Einkommensteuern erhoben, um u. a. die Kosten der Wiedervereinigung zu finanzieren [BGBl. I Nr. 38 vom 24. Juni 1991]. Im Jahr 1993 und 1994 wurde der Solidaritätszuschlag ausgesetzt bevor er in 1995 wieder eingeführt wurde [BGBl. I Nr. 30 vom 23. Juni 1993].

6. INFORGE/LÄNDER-Modell

Das Modell INFORGE ist ein makroökonometrisches Input-Output-Modell für Deutschland [West 1995, S. 211 f., Eurostat 2008, S. 527 ff., Winker 2010, S. 123 f.]. INFORGE wurde Anfang der 90er Jahre von Meyer und Ewerhardt entwickelt und wird seitdem jährlich aktualisiert und erweitert. Das Modell wird für ökonomische Prognosen und Simulationen eingesetzt [Ahlert/Stöver/Wolter 2015, Drosdowski et al. 2010, Meyer 2010, Meyer/Ewerhardt 2001].

Eine Erweiterung des Modells INFORGE stellt die explizite Modellierung der 16 Bundesländer (LÄNDER) dar, die erstmals 2003 vom IAB in Nürnberg eingesetzt wurde [Distelkamp et al. 2003, Lichtblau/Meyer 2005, Mönnig/Wolter 2015].

Das INFORGE/LÄNDER-Modell gibt die ökonomischen Impulse für die Einnahmen und Ausgaben im Staatssektor vor. Der Wachstumspfad nimmt u. a. Einfluss auf die Steuereinnahmen. Die Modellierung des Staates (vgl. Kapitel 5) ersetzt die bisher in INFORGE vorhandene komprimierte Staatsmodellierung und erweitert diese zur Abbildung der Umverteilungseffekte innerhalb des Staates (Länderfinanzausgleich). Auch die LÄNDER-Modellierung wurde wenn notwendig angepasst und erweitert (siehe Abschnitt 6.3).

6.1 Allgemeine Modelleigenschaften und Struktur

INFORGE ist ein Makromodell, das die Volkswirtschaft vollständig und gleichzeitig mit hohem Detailgrad abbildet. Als ein dynamisches Input-Output-Modell verbindet es den Input-Output-Ansatz mit ökonometrischen Methoden [West 1995, S. 211 f., Eurostat 2008, S. 527 ff.]. Dieser Modellierungsansatz wird z. B. von INFORUM[98]-Mitgliedern und Cambridge Econometrics verfolgt [Almon 1991, Großmann et al. 2011, Stocker et al. 2011, Pollitt 2014].

Der Input-Output-Ansatz ermöglicht eine detaillierte Modellierung der Nachfragekomponenten und Vorleistungsstruktur. Gesamtwirtschaftliche Größen werden aus den Branchen explizit abgeleitet (bottom-up). Die Größen des Input-Output-Modells (u. a. die Endnachfrage und primären Inputs) werden endogen bestimmt. Neben den Kreislaufinterdependenzen werden die Zusammenhänge zwischen den Mengen und Preisen sowie Löhnen und Preisen abgebildet (Phillips-Kurve). Die Strukturen sind preisabhängig. Beispielsweise entscheiden die privaten Haushalte in Abhängigkeit vom Verfügbaren Einkommen und den Relativpreisen der Konsumgüter über die Verwendung ihres Einkommens [Meyer 2016].

98 INterindustry FORcasting at the University of Maryland.

Die Variablen des Systems beeinflussen sich gegenseitig, so dass Rebound-Effekte berücksichtigt werden können. Exogen[99] vorgegeben werden im wesentlichen Steuer- und Zinssätze, das Arbeitsangebot, die demografische Entwicklung [Meyer et al. 1998, S. 45 f.] sowie die Variablen des internationalen GINFORS-Systems, das eine Weiterentwicklung des globalen COMPASS Modells darstellt und die Exporte und Importpreise für Deutschland bestimmt [Meyer/Uno 1999, Meyer et al. 2013, Meyer 2016].

Zentrale Hypothese des Deutschlandmodells INFORGE und des globalen, nach Ländern tief gegliederten Modells GINFORS ist die beschränkte Rationalität der Agenten, die auf unvollständigen Märkten ihre Entscheidungen treffen. Man kann diese Modelle deshalb als neokeynesianisch bezeichnen [Meyer/Ahlert 2016, Meyer 2016].

Auf dem Arbeitsmarkt wird der Nominallohn dem Phillipskurven-Ansatz bzw. der Effizienzlohntheorie folgend festgesetzt. Der resultierende Reallohn entspricht nicht zwangsläufig dem markträumenden Lohn [Meyer/Ahlert 2016]. Auf dem Kapitalmarkt ergibt sich – im Unterschied zur Neoklassischen Theorie – die Gleichheit von Investitionen und Ersparnis als Kreislaufgleichgewicht und muss nicht über „closure rules" festgelegt werden. Auch das Gütermarktgleichgewicht wird nicht durch Gleichgewichtspreise erreicht. Die Preise werden über die Stückkosten bestimmt (siehe Abschnitt 6.2.3). Die Nachfrager reagieren entsprechend und das Marktgleichgewicht stellt sich über die Anpassung der Produktion ein [Meyer 2016].

Die Parameter der Verhaltensgleichungen werden weitestgehend mit dem Ordinary Least Squares (OLS)-Verfahren über den Zeitraum von 1991 bis maximal 2013 ökonometrisch geschätzt. In den Verhaltensgleichungen werden Entscheidungsroutinen modelliert, die nicht explizit aus dem Optimierungsverhalten der Akteure abgeleitet sind, sondern beschränkte Rationalität zum Hintergrund haben [Meyer et al. 1999, S. 14].

Alle Modellgleichungen werden für jedes Jahr gelöst. Die Lösung erfolgt in jedem Jahr iterativ. Der Iterationsprozess eines Jahres endet, wenn sich die Ergebnisse der vorangegangenen und aktuellen Iteration ein vorgegebenes Konvergenzkriterium erfüllen [Großmann/Hohmann/Wiebe 2013].

99 Exogen bedeutet, dass diese Modellvariablen vorgegeben werden. Endogen bedeutet im Umkehrschluss aber nicht, dass diese Modellvariablen vom Nutzer nicht beeinflusst werden können. Die Entwicklungspfade der Variablen werden zwar modellendogen bestimmt, aber auch diese Variablen können „geschockt" werden. Eine „geschockte" Variable „verlässt" den Entwicklungspfad, der modellendogen bestimmt wird. Diese Pfadabweichung wird von den Variablen antizipiert, die von dieser Variable abhängen.

6.2 INFORGE[100]-Modell

Im folgenden wird das Modell INFORGE/LÄNDER pointiert dargestellt, um die Anknüpfungspunkte zur Staatsmodellierung sichtbar zu machen. Eine detaillierte Beschreibung des gesamten INFORGE/LÄNDER-Modells findet sich in Ahlert et al. 2009. Einen ersten Überblick über die Struktur von INFORGE und weiterer Modelle gibt Abb. 24:

Abb. 24: Modellstruktur im Überblick

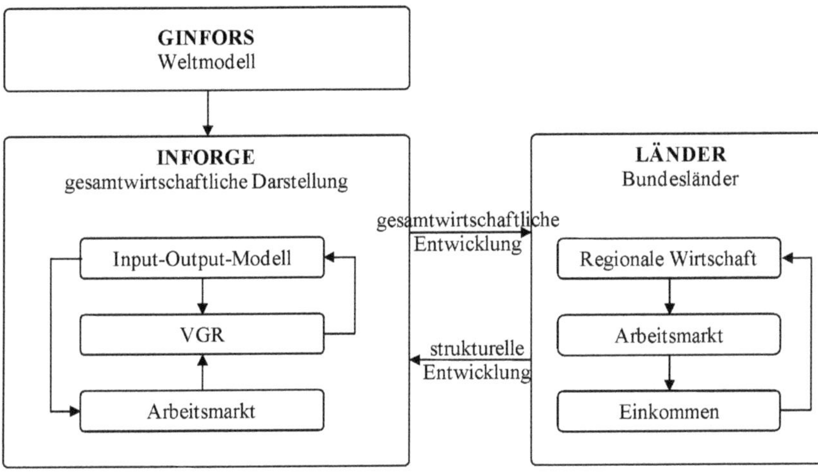

Quelle: Eigene Darstellung. In Anlehnung an Ulrich/Wolter 2013

INFORGE bildet die Wirtschaftsstruktur für Deutschland in seiner Gesamtheit ab. Die Erfassung der Input-Output-Zusammenhänge erlaubt die Analyse von Wertschöpfungsstrukturen und Lieferverflechtungen. Wirtschaftlichen Aktivitäten liegen unternehmerischen Entscheidungen zugrunde. Die gesamtwirtschaftliche Entwicklung wird daher nicht für die Volkswirtschaft als Ganzes, sondern möglichst detailliert auf Branchenebene modelliert. Die Ergebnisse für die Volkswirtschaft ergeben sich aus der Summe über aller Branchen.

Das LÄNDER-Modell stellt die wirtschaftliche Entwicklung in den Bundesländern dar. Es erfasst die regionalen Unterschiede in der Bevölkerungsstrukturentwicklung, der Wirtschaftsstruktur und auf dem Arbeitsmarkt. Das LÄNDER-Modell ist mit dem Modell INFORGE verbunden (siehe Abschnitt 6.3). Die in INFORGE bestimmten Branchenentwicklungen beeinflussen in Abhängigkeit von der regionalen Branchenstruktur die wirtschaftliche Dynamik in den Bundesländern. Der bundesländerspezifische Anteil an der gesamtdeutschen Branchenentwicklung

100 Die Beschreibung des Modells INFORGE geht weitestgehend auf die Veröffentlichung von Ahlert et al. 2009 zurück.

wird empirisch ermittelt. Im Baugewerbe spielt beispielsweise die Nachfrage nach Wohngebäuden eine Rolle, die wiederum von der demografischen Entwicklung abhängig ist.

Regionale Besonderheiten auf dem Arbeitsmarkt (u. a. Lohnsätze, Arbeitsangebot) werden in der Einkommensentwicklung berücksichtigt, die ihrerseits Einfluss auf die Konsumnachfrage hat.

GINFORS bildet die Handelsströme zwischen den bedeutendsten Ländern und Regionen der Welt ab und liefert wichtige Informationen für die Außenhandelsbeziehungen Deutschlands. Deutschland und alle anderen Länder des Weltmodells liefern an das globale Modellsystem ihre Exportgüterpreise und ihre Nachfrage nach Importgütern. Zudem sieht sich jedes Land festgesetzten Preisen für seine Importgüter gegenüber. Die Exportnachfrage Deutschlands ist über die weltweite Nachfrage nach deutschen Produkten gegeben [Meyer et al. 2013, Meyer 2016].

Die historische Datenbasis des Modells INFORGE beruht in erster Linie auf der Inlandsproduktberechnung des Statistischen Bundesamts und dem Kontensystem der VGR[101] für die Jahre ab 1991. Weiterer zentraler Bestandteil sind die Input-Output-Tabellen nach 71 Produktionsbereichen bzw. Gütergruppen.

Im Zentrum der Modellstruktur steht die wirtschaftliche Verflechtung über die Vorleistungsnachfrage der Unternehmen. Sie enthält die Lieferungen nach Gütergruppe *GG* an einen Produktionsbereich *PB*. Nach Gütergruppen sind auch die Endnachfragekomponenten abgebildet. Die gesamte Verwendung bestimmt sich aus der intermediären Nachfrage und der Endnachfrage. Auf der Aufkommensseite werden neben den Vorleistungslieferungen an die Produktionsbereiche die primären Inputs Arbeit und Kapital erfasst. Die Vorleistungen zuzüglich der Bruttowertschöpfung und der Importe ergeben das gesamte Aufkommen.[102]

Abb. 25 ist eine vereinfachte Darstellung der Datenbasis des Modells. In der Grafik sind u. a. die Trennung in inländische und importierte Vorleistungen sowie der Endnachfrage nicht berücksichtigt.

Die IOT sind eine tabellarische Darstellungsform ökonomischer Transaktionen und Teil der VGR [Eurostat 2008, S. 49 ff. und 209 ff.]. Ergebnisse der Input-Output-Rechnung werden zum Teil direkt im Kontensystem verbucht oder gehen in Form von erklärenden Variablen in das Kontensystem ein. Gleichzeitig werden im Kontensystem Größen berechnet, wie zum Beispiel das Verfügbare Einkommen der privaten Haushalte, das einen wesentlichen Einflussfaktor zur Erklärung der makroökonomischen Konsumgüternachfrage darstellt.

---

101 Das hier eingesetzte INFORGE-Modell basiert auf der Wirtschaftszweiggliederung 2003 und dem ESVG 1995.

102 Weitergehende Informationen über den Aufbau einer Input-Output-Tabelle finden sich in Holub/Schnabl 1994.

Das Kontensystem erfasst die Aktivität des Staates[103], der Unternehmen und der privaten Haushalte einschließlich der privaten Organisationen ohne Erwerbszweck. INFORGE bildet sämtliche Konten ab.

Der in Abb. 25 dargestellte Wirtschaftskreislauf und die Komponenten werden in den nächsten Abschnitten kurz erläutert.

Abb. 25: INFORGE Datenbasis

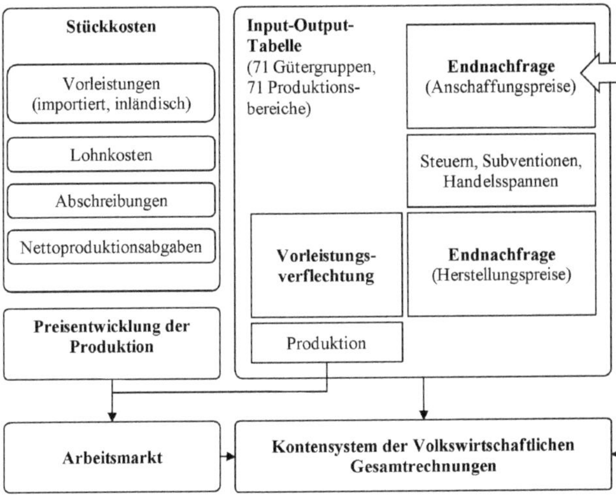

Quelle: Ahlert et al. 2007

6.2.1 Input-Output-Modellierung: intermediäre und letzte Verwendung

Die Endnachfrage wird im INFORGE-Modell detailliert nach sieben Endnachfragekomponenten abgebildet: privater Konsum, Konsum der privaten Organisationen ohne Erwerbszweck, Staatskonsum, Ausrüstungsanlagen und sonstige Anlagen, Bauinvestitionen, Vorratsveränderungen und der Nettozugang an Wertsachen sowie die Exporte.

Im Folgenden folgt ein grober Abriss der INFORGE-Modellstruktur. Detaillierte Informationen finden sich in Ahlert et al. 2009.

103 In INFORGE wird der Staat bisher nur in seiner Gesamtheit abgebildet. Eine Zerlegung in die staatlichen Teilsektoren Bund, Länder, Gemeinden und Sozialversicherungen erfolgt zum ersten Mal im Rahmen der vorliegenden Arbeit. Eine Zerlegung des Staates in die Gebietskörperschaften insgesamt und Sozialversicherungszweige wurde bereits von Wolter 2002 umgesetzt.

Konsum der privaten Haushalte

Die Bestimmung des Konsums der privaten Haushalte nach 71 Gütergruppen erfolgt in zwei Stufen. Zunächst wird der Konsum nach Verwendungszwecken erklärt und anschließend über die Konsumverflechtungsmatrix[104] zu Gütergruppen umgebucht.

Zur Erklärung der Konsumverwendungszwecke $cpvr_{VZ}[t]$ mit $VZ = [1; 41]$ werden das preisbereinigte verfügbare Einkommen der privaten Haushalte B6N00BH[t]/PCPV[t] und ein Relativpreis verwendet. Das Verfügbare Einkommen ergibt sich aus dem Primäreinkommen, den zu zahlenden Einkommensteuern und Sozialversicherungsbeiträgen. Eine Abschaffung des Solidaritätszuschlags (siehe Abschnitt 9.3.1) würde hier zu höheren Verfügbaren Einkommen führen und einkommensinduzierte Effekte auslösen.

Der Relativpreis wird aus dem Preisindex des jeweiligen Verwendungszweckes $pcpv_{VZ}[t]$ und der Preisentwicklung aller Verwendungszwecke PCPV[t] gebildet. Es wird davon ausgegangen, dass die Nachfrage nach einem Verwendungszweck zurückgeht, sobald der Preis des betrachteten Verwendungszweckes relativ zum Durchschnittspreis aller Verwendungszwecke steigt. Für Konsumverwendungszwecke, deren Entwicklung nicht unabhängig von der Bevölkerungsentwicklung bzw. der Anzahl der Haushalte *HHAL*[t] gesehen werden kann, wird zusätzlich diese Größe in den Erklärungsansatz einbezogen.

$$\begin{aligned} cpvr_{VZ}[t] &= f\left(\frac{B6N00BH[t]}{PCPV[t]}, \frac{pcpv_{VZ}[t]}{PCPV[t]}, HHAL[t]\right) \\ &\forall \in VZ, VZ = [1;41] \end{aligned} \qquad (92)$$

Der $pcpv_{VZ}[t]$ ist ein Anschaffungspreis, der die auf dem Herstellungspreis liegenden Handels- und Transportspannen, Gütersteuern und -subventionen des betreffenden Konsumverwendungszwecks enthält.

Die Fortschreibung der einzelnen Steuerarten erfolgt überwiegend durch die Schätzung der Bemessungsgrundlagen (bei Verbrauchsteuern vor allem der Konsum) und Berücksichtigung der Steuersätze (siehe Abschnitt 5.4 sowie für die Bestimmung des Mehrwertsteueraufkommens Ahlert et al. 2009, S. 58). Die Steuersätze können im Prognosezeitraum variiert werden. Eine Anhebung eines Steuersatzes führt in diesem Zusammenhang automatisch zu Anpassungsreaktion und im Normalfall zu einem Rückgang der Konsumnachfrage.

Der Übergang von den preisbereinigten Konsumverwendungszwecken $cpvr_{VZ}[t]$ zu den nominalen Größen $cpvn_{VZ}[t]$ erfolgt durch Multiplikation mit der zugehörigen Preisentwicklung $pcpv_{VZ}[t]$.

---

104 Die Konsumverflechtungsmatrix teilt die Verwendungszwecke auf die dazugehörigen Gütergruppen auf. Der Konsumverwendungszweck „Medizinische Erzeugnisse, Geräte und Ausrüstungen" teilt sich u. a. auf die Gütergruppen „Chemische Erzeugnisse" und „medizinische, mess-, regeltechnische und optische Geräte" auf.

Anschließend wird mit Hilfe einer konstanten Konsumverflechtungsmatrix $CPX_{GG,VZ}[t]$ mit $VZ = [1; 41]$ und mit $GG = [1; 71]$ der Konsum nach Verwendungszwecken $cpvn_{VZ}[t]$ in den Konsum nach Gütergruppen $cpn_{GG}[t]$ überführt.

$$
\begin{aligned}
cpn_{GG}[t] \quad &= \quad \sum_{VZ=1}^{41} CPX_{GG,VZ} \cdot cpvr_{VZ} \\
\forall \in \mathrm{GG}, \mathrm{GG} &= [1;71] \\
\forall \in \mathrm{VZ}, \mathrm{VZ} &= [1;41]
\end{aligned}
\tag{93}
$$

Staatskonsum

Der Staatskonsum[105] $csn_{GG}[t]$ nach Gütergruppen lässt sich gut den Aufgabenbereichen des Staates zuordnen (vgl. Tab. 12 und 13). So werden zunächst die Konsumausgaben nach Aufgabenbereichen projiziert und anschließend den Gütergruppen der Input-Output-Tabelle zugeordnet.

Die Konsumausgaben des Aufgabenbereichs $csan_{AB}[t]$ öffentliche Ordnung und Sicherheit sowie Wohnungswesen werden mit der Bevölkerungs- bzw. Haushaltsentwicklung erklärt. Im Bereich Bildung ist die Zahl der Schüler und Studierenden $BEVY[t]$ eine wichtige erklärende Größe. Die Zahl der Arbeitslosen $AL[t]$ bestimmt unter anderem die Staatsausgaben im Bereich soziale Sicherung. Die Ausgaben im Gesundheitswesen und der sozialen Sicherung werden über die sozialen Sachleistungen $CSLN[t]$ ermittelt. Diese werden mit dem durchschnittlichen Kostensatz der Gesundheitsleistungen pro Kopf und der Bevölkerungsentwicklung bestimmt, wobei die Bevölkerungsgruppe der über 65-jährigen stärker gewichtet wird [StBA 2008, Eckerle & Oczipka1998, Enquête-Kommission 1998].

$$
\begin{aligned}
csan_{AB}[t] \quad &= \quad f(BEVY[t], CSLN[t], AL[t], ZEIT) \\
\forall \in AB, AB &= [1;10]
\end{aligned}
\tag{94}
$$

Den Übergang von den Aufgabenbereichen zu der Gütergruppenstruktur bildet die Matrix $CSX_{GG,AB}[t]$ ab.

$$
\begin{aligned}
csn_{GG}[t] \quad &= \quad \sum_{AB=1}^{10} CSX_{GG,AB}[t] \cdot csan_{AB}[t] \\
\forall \in AB, AB &= [1;10] \\
\forall \in \mathrm{GG}, \mathrm{GG} &= [1;71]
\end{aligned}
\tag{95}
$$

105 Der Staatskonsum ist ein Teil der Staatsausgaben und umfasst beispielsweise *nicht* die *monetären* Sozialleistungen (u. a. Rentenzahlungen).

Die Aggregation der Konsumausgaben des Staates über die Gütergruppen ergibt die gesamten Konsumausgaben des Staates *CSN[t]*, die im Einkommensverwendungskonto der VGR verbucht werden.

Bau- und Ausrüstungsinvestitionen inkl. sonstige Ausrüstungen

Die Bruttoanlageinvestitionen werden für die Bauten, Ausrüstungen und sonstige Ausrüstungen über den Zusammenhang zwischen gewünschten Kapitalstock, Abschreibungen und den Kapitalstock der Vorperiode bestimmt. Wesentliche Einflussfaktoren sind der Realzins, die Produktion, ein autonomer technischer Fortschritt und die Kapitalstockveränderungen durch Abschreibungen sowie die Nutzungsdauer. Die Wohnungsbauinvestitionen werden zusätzlich durch die Entwicklung der Haushaltsanzahl und das Verfügbare Einkommen der privaten Haushalte erklärt.[106]

Exporte

Die Exportnachfrage Deutschlands wird auf der Ebene von 59 Gütergruppen in einem bilateralen Welthandelsmodell mit 39 Ländern und eine Region „Rest der Welt" im Modell GINFORS bestimmt. Dabei hängt der Exportanteil eines Lieferlandes an den Importen eines Empfängerlandes für eine bestimmte Gütergruppe von der Relation zwischen dem Exportpreis des Lieferlandes und dem Importpreis für die Gütergruppe im Empfängerland ab.

Vorleistungen

Die intermediäre Verflechtung der Wirtschaft wird in den Input-Output-Tabellen erfasst. Änderungen der Vorleistungsnachfrage spiegeln sich in den Inputkoeffizienten wider. Die preisbereinigten Inputkoeffizienten $AR_{GG,PB}[t]$ mit $GG, PB = [1; 71]$ beschreiben den Anteil einer Gütergruppe GG am Vorleistungseinsatz eines Produktionsbereichs *PB*. Die Vorleistungsinputs werden mit dem Relativpreis des eingesetzten Gutes im Verhältnis zum produzierten Gut und einem Zeittrend erklärt. Die Änderung der Inputkoeffizienten sind das Ergebnis des „kostendruckinduzierten, technologischen Wandels, der zu Veränderungen der limitationalen Prozesse führt" [Ahlert et al. 2009, S. 67].

$$\begin{aligned} AR_{GG,PB}[t] &= f\left\{\frac{ps_{GG}[t]}{ps_{PB}[t]}, \frac{1}{ZEIT}\right\} \\ &\forall \in \mathrm{GG, PB, GG, PB} = [1;71] \end{aligned} \tag{96}$$

Die Bewertung der preisbereinigten Inputkoeffizientenmatrix $AR_{GG,PB}[t]$ mit dem Relativpreis der Produktion $ps_{GG}[t]$ bzw. $ps_{PB}[t]$ definiert die Matrix der Inputkoeffizienten in jeweiligen Preisen $AN_{GG,PB}[t]$:

106 Detailreiche Erläuterungen können in Ahlert et al. 2009, S. 41 ff., Distelkamp et al. 2008 und Distelkamp et al. 2009 nachgelesen werden.

$$AN_{GG,PB}[t] = AR_{GG,PB}[t] \cdot \frac{ps_{GG}[t]}{ps_{PB}[t]}$$
$$\forall \in GG, GG = [1;71]$$
$$\forall \in PB, PB = [1;71] \qquad (97)$$

Mit Hilfe der Leontief-Inversen und der gesamten Endnachfrage nach Gütergruppen und zu Herstellungspreisen $fgun_{GG}[t]$ wird die Produktion nach Gütergruppen $ygn_{GG}[t]$ bestimmt [Holub/Schnabl 1994, S. 94].

$$ygn_{GG}[t] = (I - AN_{GG,PB}[t])^{-1} \cdot (fgun_{GG}[t] - imn_{GG}[t])$$
$$\forall \in GG, GG = [1;71] \qquad (98)$$
$$\forall \in PB, PB = [1;71]$$

Die Vorleistungsmatrix $YN_{GG,PB}[t]$ wird durch Multiplikation der Inputkoeffizienten mit der Produktion $ygn_{GG}[t]$ nach Gütergruppen berechnet. Aus der Vorleistungsverflechtungsmatrix in laufenden Preisen werden die Vorleistungseinsätze nach Gütergruppen und zu Herstellungspreisen $vegun_{GG}[t]$ ermittelt. Die Nettogütersteuern $ngutven_{GG}[t]$ werden hinzu addiert und führen zu den Vorleistungseinsätzen nach Anschaffungspreisen $vegn_{GG}[t]$:

$$vegun_{PB}[t] = \sum_{GG=1}^{71} YN_{GG,PB}[t]$$
$$vegn_{PB}[t] = vegun_{GG}[t] + ngutven_{GG}[t] \qquad (99)$$
$$\forall \in GG, GG = [1;71]$$
$$\forall \in PB, PB = [1;71]$$

Nach der Überleitung der Produktion und Vorleistungseinsätze von Gütergruppen zu Wirtschaftsbereichen $ysn_{WB}[t]$ bzw. $vesn_{WB}[t]$ wird die Bruttowertschöpfung $bwsn_{WB}[t]$ ermittelt:

$$bwsn_{WB}[t] = ysn_{WB}[t] - vesn_{WB}[t]$$
$$\forall \in WB, WB = [1;59] \qquad (100)$$

6.2.2 Arbeitsmarkt

Die Arbeitsnachfrage in Stunden $avba_{WB}[t]$ hängt von der preisbereinigten Bruttoproduktion $ysr_{WB}[t]$ und dem Reallohnsatz $slas_{WB}[t]/ps_{WB}[t]$ ab.

$$avba_{WB}[t] = f\left\{ysr_{WB}[t], \frac{slas_{WB}[t]}{ps_{WB}[t]}\right\}$$
$$\forall \in WB, WB = [1;59] \quad (101)$$

Unter Berücksichtigung der Jahresarbeitszeit je Beschäftigten in einer Branche $jab_{WB}[t]$ und dem Arbeitsvolumen $avba_{WB}[t]$ ergibt sich die Anzahl der Beschäftigten $bas_{WB}[t]$.

$$aner_{WB}[t] = \frac{avba_{WB}[t]}{jab_{WB}[t]}$$
$$\forall \in WB, WB = [1;59] \quad (102)$$

Auf diese Weise wird berücksichtigt, dass sich je nach Wirtschaftszweig die Anzahl der Beschäftigten und das Arbeitsvolumen aufgrund von beispielsweise Teilzeitarbeit nicht parallel entwickeln können.

Wird die branchenspezifische Lohnentwicklung $jlas_{WB}[t]$ mit der Anzahl der Beschäftigten $aner_{WB}[t]$ multipliziert, erhält man das Arbeitnehmerentgelt $antn_{WB}[t]$. Die Bruttolohn- und -gehaltssumme $blgsn_{WB}[t]$ ergibt sich durch Multiplikation der Anzahl der Beschäftigten mit der durchschnittlichen sektoralen Lohnentwicklung (ohne Sozialabgaben) $jls_{WB}[t]$.

Das Arbeitsangebot ergibt sich in INFORGE aus der exogen vorgegebenen Bevölkerungsentwicklung[107] und dem Erwerbspersonenpotential[108]. Dieses umfasst u. a. die Erwerbstätigen und die Arbeitslosen.

6.2.3 Preismodellierung

Wichtige erklärende Größen für die Entwicklung der Herstellungspreise sind die Stückkosten $uc_{GG}[t]$ und die Importpreise $pim_{GG}[t]$. Die Importpreise sind durch das Weltmodell GINFORS gegeben.

Die Stückkosten in einem Wirtschaftsbereich $uc_{WB}[t]$ ergeben sich aus der Summe der Kosten für die importierten Vorleistungen $uciv_{WB}[t]$, den inländischen Vorleistungen $ucdv_{WB}[t]$, den Lohnkosten $uclk_{WB}[t]$, den Nettoproduktionsabgaben $ucnp_{WB}[t]$, den Kosten der Abschreibungen $ucaf_{WB}[t]$ und den Nettogütersteuern $ucng_{WB}[t]$:

107 Hier liegt die Variante 1-W1 der 12. Koordinierten Bevölkerungsvorausschätzung des Statistischen Bundesamts zugrunde [StBA 2009 a].

108 Das Erwerbspersonenpotential wird in den Vorausschätzungen des Instituts für Arbeitsmarkt- und Berufsforschung bestimmt [https://www.bibb.de/de/11959.php].

$$
\begin{aligned}
uc_{WB}[t] &= uciv_{WB}[t] + ucdv_{WB}[t] + uclk_{WB}[t] + ucnp_{WB}[t] + ucaf_{WB}[t] \\
&\quad + ucng_{WB}[t] \qquad (103) \\
&\forall \in WB, WB = [1;59]
\end{aligned}
$$

Steigende Preise auf der Kostenseite der Unternehmen werden an die Konsumenten weitergegeben. Je nach Kostensituation und Wettbewerbsfähigkeit der Unternehmen wird der Absatzpreis gesetzt. Sind die Importpreise höher als die Stückkosten, wird der Unternehmer einen Aufschlag erheben, der ihn gegenüber den Importen konkurrenzfähig lässt, aber auch Gewinne abschöpfen lassen kann [Meyer/Ewerhardt 2001, S. 58].

Der Anschaffungspreis unterscheidet sich vom Herstellungspreis in den vom Konsumenten zusätzlich zu zahlenden Steuern abzüglich Subventionen und Handels- und Transportspannen. Auswirkungen von Steuersatzänderungen bei Gütersteuern werden als Differenz zwischen den Anschaffungs- und Herstellungspreisen sichtbar.

Damit schließt sich der in Abb. 25 abgebildete Kreislauf. So erhöhen beispielsweise steigende Löhne die Kosten der Produktion und werden von den Unternehmen je nach Wettbewerbsfähigkeit an die Konsumenten weitergegeben („Lohn-Preis-Spirale"). Diese passen ihr Kaufverhalten an die Preisänderungen an. Die Unternehmen reagieren darauf mit Produktionsanpassungen. Angebots- als auch Nachfrageelemente sind damit Teil des Wirtschaftsmodells [Ahlert et al. 2009, S. 18].

6.2.4 Konto der VGR

In INFORGE werden für die institutionellen Einheiten Staat (für eine detailliertere Modellierung vgl. auch Abschnitt 5.2), finanzielle und nichtfinanzielle Kapitalgesellschaften und die privaten Haushalte einschließlich der privaten Organisationen ohne Erwerbszweck und das Ausland sämtliche Konten der VGR abgebildet und ermöglichen eine explizite Beschreibung der Entstehung, Verteilung und Verwendung des Bruttoinlandsproduktes [Ahlert et al. 2009, S. 99]. Beispielsweise kann so das Verfügbare Einkommen, dass eine wichtige Bestimmungsgröße des Privatkonsums ist, modellendogen bestimmt werden.

Das Kontensystem der VGR und das Input-Output-System sind konsistent miteinander verbunden. Den Übergang bilden der Produktionswert, die Bestandteile der Wertschöpfung (Arbeitnehmerentgelt, sonstige Nettoproduktionsabgaben und Abschreibungen), die Bruttoanlageinvestitionen und die Vorleistungen [Europäische Kommission 1996, S. 17]. Diese gelangen in das geschlossene Kreislaufsystem der VGR, welches aufgrund des Prinzips der doppelten Buchführung immer zu einem ausgeglichenen Ergebnis führt.

Die Saldengrößen ergeben sich per Definition. Das Sparen jeder institutionellen Einheit ergibt sich als Saldo des Vermögensänderungskontos. Umverteilungen zwischen den Transaktoren berühren stets den Finanzierungssaldo. Ein Eingriff zum Beispiel in das Einkommensumverteilungskonto über die Veränderung von

Steuersätzen oder Sozialbeiträgen führt unmittelbar zur Veränderung der Ersparnis und nachfolgend auch der Finanzierungssalden der betroffenen Sektoren. Damit ist insbesondere auch die staatliche Budgetrestriktion im Modell enthalten [Meyer et al. 1999, Holub/Schnabl 1994, S. 328 f.].

6.3 LÄNDER-Modellierung

Das LÄNDER-Modell[109] wurde erstmals 2003 in das bestehende INFORGE-Modell implementiert [Distelkamp et al. 2003] und seitdem stetig weiterentwickelt [Distelkamp et al. 2008 a, Ulrich/Wolter 2013]. Mithilfe des LÄNDER-Modells wird der Strukturwandel auf der Ebene der 16 Bundesländer erfasst. Regionale Unterschiede in der wirtschaftlichen Entwicklung können so aufgedeckt werden. Zudem ist es möglich, die Steuereinnahmen bezüglich ihrer Herkunft zu differenzieren. Es kann die Frage beantwortet werden, ob die Einnahmegenerierung aufgrund der eigenen wirtschaftlichen Leistungsfähigkeit oder über diverse Transfermechanismen im Rahmen des Länderfinanzausgleichs erfolgt.

Die LÄNDER-Modellierung wurde im Zuge der vorliegenden Arbeit insbesondere im Bereich des Übergangs vom Primäreinkommen auf das Verfügbare Einkommen erweitert. Der Übergang umfasst die Regionalisierung der Güter- und Einkommensteuern sowie der Sozialbeiträge.

Die Daten für die Ländermodelle basieren auf dem Veröffentlichungsprogramm des Arbeitskreises „Volkswirtschaftliche Gesamtrechnungen der Länder". Gegenüber der Datenbasis auf Bundesebene ist die Datenbasis für die Bundesländer stark eingeschränkt, und Strukturinformationen sind dementsprechend auf Bundesländerebene nur bedingt abbildbar.

Die 16 Regionalmodelle zeichnen sich dadurch aus, dass zwar die wirtschaftliche Entwicklung in einer Teilregion im Wesentlichen durch die wirtschaftliche Dynamik und den Strukturwandel auf der übergeordneten regionalen Ebene bestimmt wird, aber auch die Charakteristika der Regionen wie z. B. die Wirtschaftsstruktur, das Arbeitskräfteangebot sowie die Einkommens- und Konsumentwicklung in der Teilregion prägend sind [Distelkamp et al. 2008 a]. Die regionale Bruttowertschöpfung einer Branche wird durch die gesamtwirtschaftliche Wertschöpfung dieser Branche bestimmt. Auf dieser Basis kann die Beschäftigungs- und Einkommensentwicklung in den Branchen der jeweiligen Bundesländer angebotsseitig erklärt werden. Schließlich bestimmt die Einkommensdynamik die regionale Nachfrage. Damit sind die Ländermodelle weitgehend eigenständig und der regionale Einkommenskreislauf kann nachvollzogen werden. Die Konsistenz zu den gesamtdeutschen Informationen in INFORGE ist durchgehend gewährleistet.

In der Ländermodellierung wird das Bruttoinlandsprodukt wertschöpfungsseitig über den Wert der produzierten Waren abzüglich der dafür benötigten Vorleistungen

109 Die Beschreibung der LÄNDER-Modellierung geht weitestgehend auf die Veröffentlichung von Ahlert et al. 2007, S. 14 f. und Distelkamp et al. 2009 zurück.

bestimmt. Eine schematische Darstellung der wesentlichen Modellzusammenhänge zeigt Abb. 26.

Abb. 26: Ländermodellierung (vereinfachte Darstellung)

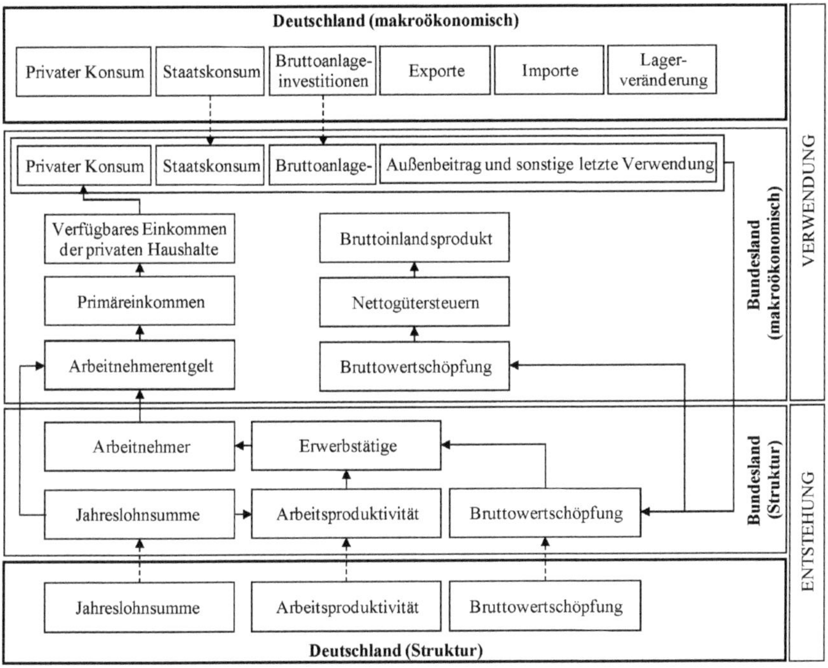

Quelle: Eigene Darstellung basierend auf Ahlert et al. 2007, S. 15

Die länder- und branchenspezifische Bruttowertschöpfung wird über ihren Anteil an der gesamtdeutschen Entwicklung bestimmt. Ob ein Bundesland Bruttowertschöpfungsanteile in den jeweiligen Wirtschaftszweigen $bwsna_{WB,BL}[t]$ hinzugewinnt oder verliert, ist von der regionalen Wirtschaftsstruktur abhängig. Die regionalen Wertschöpfungsanteile im Baugewerbe werden bspw. überdurchschnittlich steigen, wenn die Wohnungsbauaktivitäten im betrachteten Bundesland $ibsn_{BL}[t]$ steigen. Bundesländer mit überwiegend exportorientierten Industrien werden stärker von einer zu- oder abnehmenden Exportnachfrage $exna_{BL}[t]$ betroffen sein als Bundesländer deren Industrien hauptsächlich inländische Absatzmärkte bedienen.

$$
\begin{aligned}
bwsna_{WB,BL}[t] &= f(ibsn_{BL}, exna_{BL}, \ldots) \\
bwsn_{WB,BL}[t] &= \frac{bwsna_{WB,BL}[t]}{100} \cdot bwsn_{WB,BN}[t] \\
&\forall \in \mathrm{WB}, \mathrm{WB} = [1;16] \\
&\forall \in \mathrm{BL}, \mathrm{BL} = [1;16]
\end{aligned}
\qquad (104)
$$

Die Jahreslohnsummen je Arbeitnehmer (ohne Sozialversicherungsbeiträge) in den 16 Branchen (siehe Tab. 18) auf Landesebene *BL* $jls_{WB,BL}[t]$ werden durch die korrespondierenden Entwicklungen auf Bundesebene *BN* $jls_{WB,BN}[t]$ determiniert.

$$
\begin{aligned}
jls_{WB,BL}[t] &= f\{jls_{WB,BN}[t], ZEIT\} \\
&\forall \in \mathrm{WB}, \mathrm{WB} = [1;16] \\
&\forall \in \mathrm{BL}, \mathrm{BL} = [1;16]
\end{aligned}
\qquad (105)
$$

Damit wird unterstellt, dass Branchentarifverträge flächendeckend zur Anwendung kommen. Gleichzeitig können regionale Unterschiede, analog zu einem dynamischen Shift-Share-Ansatz, berücksichtigt werden [Ahlert et al. 2007, Distelkamp/Drosdowski/Meyer 2009].

Die nominale, regionale und branchenspezifische Arbeitsproduktivität $apet_{WB,BL}[t]$ wird in Abhängigkeit von der Jahreslohnsumme im jeweiligen Bundesland und Wirtschaftsbereich $jls_{WB,BL}[t]$ erklärt.

$$
\begin{aligned}
apet_{WB,BL}[t] &= f\{jls_{WB,BL}[t], ZEIT\} \\
&\forall \in \mathrm{WB}, \mathrm{WB} = [1;16] \\
&\forall \in \mathrm{BL}, \mathrm{BL} = [1;16]
\end{aligned}
\qquad (106)
$$

Die Zahl der Erwerbstätigen $etge_{WB,BL}[t]$ kann explizit durch Definition bestimmt werden, in dem die Bruttowertschöpfung durch die Arbeitsproduktivität dividiert wird.

$$
\begin{aligned}
etge_{WB,BL}[t] &= \frac{bwsn_{WB,BL}[t]}{apet_{WB,BL}[t]} \cdot 1000 \\
&\forall \in \mathrm{WB}, \mathrm{WB} = [1;16] \\
&\forall \in \mathrm{BL}, \mathrm{BL} = [1;16]
\end{aligned}
\qquad (107)
$$

Tab. 18: Wirtschaftsbereiche auf Bundesländerebene

Nr.	Wirtschaftsbereiche
1	Land- und Forstwirtschaft, Fischerei
2	Produzierendes Gewerbe
3	Produzierendes Gewerbe ohne Baugewerbe
4	Bergbau und Gewinnung von Steinen und Erden
5	Energie- und Wasserversorgung
6	Baugewerbe
7	Handel, Reparatur von Kraftfahrzeugen, Gebrauchsgütern
8	Gastgewerbe
9	Verkehr und Nachrichtenübermittlung
10	Kredit- und Versicherungsgewerbe
11	Grundstückswesen, Vermietung, Unternehmensdienstleister
12	Öffentliche Verwaltung, Verteidigung, Sozialversicherung
13	Erziehung und Unterricht
14	Gesundheits-, Veterinär- und Sozialwesen
15	Sonstige öffentliche und private Dienstleister
16	Häusliche Dienste

Die Zahl der Arbeitnehmer je Wirtschaftsbereich $aner_{WB,BL}[t]$ entwickelt sich annahmegemäß und wie in der Vergangenheit beobachtbar mit der Veränderungsrate der Erwerbstätigen.

$$\begin{aligned} aner_{WB,BL}[t] &= aner_{WB,BL}[t-1] \cdot \frac{etge_{WB,BL}[t]}{etge_{WB,BL}[t-1]} \\ &\forall \in \mathrm{WB}, \mathrm{WB} = [1;16] \\ &\forall \in \mathrm{BL}, \mathrm{BL} = [1;16] \end{aligned} \tag{108}$$

Die Bruttolöhne und -gehälter $blgsn_{WB,BL}[t]$ lassen sich aus den vorab bestimmten Größen ableiten.

$$\begin{aligned} blgsn_{BL,WB}[t] &= aner_{BL,WB}[t] \cdot jls_{BL,WB}[t] \\ &\forall \in \mathrm{WB}, \mathrm{WB} = [1;16] \\ &\forall \in \mathrm{BL}, \mathrm{BL} = [1;16] \end{aligned} \tag{109}$$

Der Übergang von den Bruttolöhnen und -gehältern zu den Arbeitnehmerentgelten auf Länder- und Branchenebene $antn_{WB,BL}[t]$ wird durch die Fortschreibung der Sozialversicherungsquoten $sozagsq_{WB,BL}[t]$ und der Sozialversicherungsbeiträge $sozagsn_{WB,BL}[t]$ ermittelt.

Die Sozialversicherungsquoten auf Landes- und Branchenebene werden durch die Entwicklung auf Bundesebene determiniert.

Der Arbeitgeberbeitrag zur Sozialversicherung je Beschäftigten auf Länderebene $sozagsb_{WB,BL}[t]$ wird ins Verhältnis zur Jahreslohnsumme gesetzt und damit die Entwicklung der landesspezifischen Sozialversicherungsquoten $sozagsq_{WB,BL}[t]$ fortgeschrieben. Die Jahreslohnsumme inkl. Arbeitgeberanteil an den Sozialversicherungsbeiträgen $jlas_{WB,BL}[t]$ ergibt sich dann definitorisch.

$$\begin{aligned} sozagsq_{WB,BL}[t] &= \frac{sozagsb_{WB,BL}[t]}{jls_{WB,BL}[t]} \\ jlas_{WB,BL}[t] &= jls_{WB,BL}[t] \cdot \left(1 + sozagsq_{WB,BL}[t]\right) \\ &\forall \in WB, WB = [1;16] \\ &\forall \in BL, BL = [1;16] \end{aligned} \tag{110}$$

Auf Grundlage dieser Informationen lassen sich nunmehr die gesamten Lohnkosten $antn_{WB,BL}[t]$ und geleisteten Sozialbeiträge auf Branchen- und Landesebene $sozagsn_{WB,BL}[t]$ bestimmen.

$$\begin{aligned} antn_{WB,BL}[t] &= jlas_{WB,BL}[t] \cdot aner_{WB,BL}[t] \\ sozagsn_{WB,BL}[t] &= antn_{WB,BL}[t] - blgsn_{WB,BL}[t] \\ &\forall \in WB, WB = [1;16] \\ &\forall \in BL, BL = [1;16] \end{aligned} \tag{111}$$

Die Summe der geleisteten Sozialbeiträge geht in die Bestimmung der tatsächlichen Sozialbeiträge der Arbeitgeber $D6111UH[t]$ und der unterstellten Sozialbeiträge $D6120UH[t]$ der privaten Haushalte im Kontensystem der VGR ein.

Weiterhin sind die länderspezifischen, geleisteten AG-Sozialbeiträge Bestandteil der Erklärung der geleisteten Sozialbeiträge der privaten Haushalte $d61uh_{BL}$ je Bundesland. Nicht in allen Sozialversicherungszweigen werden die Beiträge paritätisch finanziert [für einen Überblick vgl. Diekmann/Großmann/Lehr 2013]. Von diesen Unterschieden wird an dieser Stelle abstrahiert.

$$\begin{aligned} d61uh_{BL}[t] &= f\left\{sozagsn_{BL}[t]\right\} \\ &\forall \in BL\{1,\dots,16\} \end{aligned} \tag{112}$$

Die empfangenen monetären Sozialleistungen (z. B. Rente) der privaten Haushalte $ld62rh_{BL}[t]$ werden in Abhängigkeit des Alterslastquotienten und der geleisteten Sozialbeiträge insgesamt erklärt.

$$d62rh_{BL}[t] = f\{D6200UT[t], altq_{BL}[t]\}$$
$$\forall \in BL, BL = [1;16] \tag{113}$$

Somit kann der Einfluss einer alternden Gesellschaft auf die Ausgaben des Sozialversicherungssystems nach Bundesländern[110] abgebildet werden. Mit zunehmendem Alter steigen die Ausgaben vor allem für die Rentenversicherungen. Betroffen sind aber auch die Pflege- und Krankenversicherung, da die Wahrscheinlichkeit, im höheren Alter zu erkranken, zunimmt [Eckerle/Oczipka1998, Enquête-Kommission 1998, Werding 2011].

Die regionalen Primäreinkommen je Haushalt $b5bhjh_{BL}[t]$, welche die Lohn- und Gewinneinkommen umfassen, werden in Abhängigkeit von dem Arbeitnehmerentgelte $antnjh_{BL}[t]$ und den Gewinneinkommen je Haushalt $gekphjh_{BL}[t]$ erklärt. Als Proxy für das Gewinneinkommen dient der Differenzbetrag zwischen Bruttowertschöpfung und Arbeitnehmerentgelten.

Das Verfügbare Einkommen wird nicht wie in Distelkamp et al. 2009 (S. 18 ff.) über eine Umverteilungsquote bestimmt, sondern ausgehend von der Bestimmung des Primäreinkommens der privaten Haushalte über die einzelnen Umverteilungselemente (Steuern und Sozialbeiträge) berechnet.

Die geleisteten Einkommen- und Vermögensteuern[111] der privaten Haushalte werden für jedes Bundesland ermittelt. In die Schätzansätze gehen die Einkommensteuern und der Solidaritätszuschlag[112] ein (vgl. Abschnitt 5.4). Die Vermögensteuer wird nicht berücksichtigt, da diese im Jahr 1997 abgeschafft[113] wurde, nachdem das Bundesverfassungsgericht sie für verfassungswidrig erklärt hat [BVerfG, 2 BvL 37/91 vom 22. Juni 1995].

Letztendlich kann unter Abzug der geleisteten Einkommen- und Vermögensteuern $d5uh_{BL}[t]$, den Sozialbeiträgen $d61uh_{BL}[t]$ und zuzüglich der empfangenen monetären Sozialleistungen $d62rh_{BL}[t]$ vom Primäreinkommen $b5bh_{BL}[t]$ das Verfügbare Einkommen der privaten Haushalte $yvanh_{BL}[t]$ ermittelt werden. Die sonstigen laufenden

110 Die regionale Darstellung der einzelnen Sozialversicherungszweige konnte in dieser Arbeit nicht geleistet werden. Eine Machbarkeitsstudie wurde erstmals im Jahr 2006 veröffentlicht [Blos 2006].

111 Vermögensteuern sind laufende Abgaben auf das Vermögen (z. B. Vermögensteuer, Kfz-Steuer privater Haushalte) und in Abgrenzung von den vermögenswirksamen Steuern (Erbschaft- und Schenkungsteuer) zu verstehen [Europäische Kommission 1996].

112 Im Rahmen von Simulationsrechnungen kann die Wirkung einer Reduzierung des Zuschlagssatzes oder die vollständige Aufhebung des Solidaritätszuschlags auf das Verfügbare Einkommen und damit auch auf den Konsum dargestellt werden.

113 Die Diskussion um eine Wiedereinführung der Vermögensteuer ist bisher ohne Ergebnis geblieben. Gutachten und Vorschläge zur Wiedereinführung gibt es u. a. von Bach et al. 2004, Truger/Eicker-Wolf/Blumtritt 2007 und von Wieland 2003.

Transfers[114] der privaten Haushalte können keine direkte Berücksichtigung finden, da auf regionaler Ebene die entsprechenden Daten nicht vorliegen. Es wird angenommen, dass das Aufkommen und die Verwendung der sonstigen laufenden Transfers sich annähernd parallel entwickeln. Beispielsweise orientieren sich die Nettoprämien für Schadenversicherungen an den Schadensversicherungsleistungen.

Für das Verfügbare Einkommen der privaten Haushalte gilt somit die folgende Definitionsgleichung:

$$\begin{aligned} yvanh_{BL}[t] &= b5bh_{BL}[t]-d5uh_{BL}[t]-d61uh_{BL}[t]+d62rh_{BL}[t] \\ \forall &\in BL, BL=[1;16] \end{aligned} \qquad (114)$$

Die verwendungsseitigen BIP-Komponenten (Staatskonsum, privater Konsum, Investitionen und Exporte über die bundesdeutschen Grenzen) folgen der Entwicklung der entsprechenden Bundesgröße, der länderspezifischen Einkommensentwicklung und der Bevölkerungsentwicklung im Bundesland.

Die Modellierung der Konsumnachfrage der privaten Haushalte und der Investitionsnachfrage folgen dem in Ahlert et al. 2007 und Distelkamp et al. 2008 beschriebenen Ansatz. Die Modellierung der übrigen Nachfragekomponenten wurden nach einem neuen, hier beschriebenen Ansatz modelliert.

Der *Konsum der privaten Haushalte* auf regionaler Ebene $cpn_{BL}[t]$ wird durch deren Verfügbares Einkommen erklärt, das wiederum vom Arbeitseinkommen und der Einkommensumverteilung bestimmt wird [Ahlert et al. 2007]. Steigt das Einkommen nach Abzug der Steuern und Berücksichtigung der Transfereinkommen (monetäre Sozialleistungen, Sozialbeiträge etc.), erhöhen sich ceteris paribus die Konsumausgaben.

Der *Staatskonsum* auf Bundesländerebene $csn_{BL}[t]$ ist die Darstellung des Konsums aller Teilsektoren des Staates auf Bundesländerebene. Damit sind alle Aufgabenbereiche des Kollektiv- und Individualkonsums erfasst. Die regionalen Unterschiede im Staatskonsum ergeben sich insbesondere durch die Empfänger von sozialen Sachleistungen, die Verteilung der Wohnbevölkerung und der Einkommen der Staatsbediensteten [Arbeitskreis VGRdL 2011].

Die Bevölkerungsdynamik spiegelt sich im regionalen Staatskonsum wieder. Je weniger Einwohner ein Land hat, desto geringer ist tendenziell der Staatskonsum. Gleichzeitig beeinflusst die Anzahl der Empfänger von sozialen Sachleistungen (z. B. Arzt- und Krankenhausleistungen, Medikamente) sowohl die Höhe des Staatskonsums als auch die Anzahl der Staatsbediensteten (Verwaltungsbeamte, Polizisten, Lehrer).

114 Dazu gehören Nettoprämien für Schadenversicherungen, Schadenversicherungsleistungen sowie Lotteriegewinne, Staatsprämien für Sparleistungen und Reisestipendien des Staates.

Die *Bruttoanlageinvestitionen* werden zweigeteilt (Bau- und Ausrüstungsinvestitionen[115]) modelliert. Die Bauinvestitionen $ibsn_{BL}[t]$ werden innerhalb des regionalisierten Wohnungsmoduls bestimmt. Die Wohnungsnachfrage wird überwiegend durch nachfragebezogene Einflussfaktoren, Einflüsse von Preisveränderungen und der Entwicklung der Bevölkerung sowie die Anzahl der privaten Haushalte beeinflusst. Unter Berücksichtigung der Abgänge im Wohnungsbestand ergibt sich der Neubaubedarf an Wohnungen [Distelkamp et al. 2008, Ahlert et al. 2007].

Die Ausrüstungsinvestitionen je Arbeitnehmer im Bundesland $iasnja_{WB,BL}[t]$ werden mit der korrespondierenden Bundesgröße über Wachstumsraten fortgeschrieben. Die Ausrüstungsinvestitionen[116] auf Länderebene $iasn_{WB,BL}[t]$ werden dann definitorisch bestimmt:

$$\begin{aligned} iasn_{WB,BL}[t] &= iasnja_{WB,BL}[t] \cdot aner_{WB,BL}[t] \\ \forall &\in WB, WB = [1;16] \\ \forall &\in BL, BL = [1;16] \end{aligned} \tag{115}$$

Die Bruttoanlageinvestitionen der Länder $bain_{BL}[t]$ ergeben sich definitorisch als die Summe der Bau- und Ausrüstungsinvestitionen.

$$\begin{aligned} bain_{BL}[t] &= iasn_{BL}[t] + ibsn_{BL}[t] \\ \forall &\in BL, BL = [1;16] \end{aligned} \tag{116}$$

Die Gütersteuern eines Bundeslandes $gtgs_{BL}[t]$ wurden erstmalig im LÄNDER-Modell abgebildet. Diese werden aus der Entwicklung des Umsatzsteueraufkommens eines Landes $svus_{BL}[t]$ und weiteren Gütersteuern – u. a. Feuerschutzsteuer $svslfs_{BL}[t]$, Biersteuer $svslbs_{BL}[t]$ – bestimmt[117]. Das Umsatzsteueraufkommen stellt neben der Tabak- und Kaffeesteuer den Großteil der Gütersteuern dar. Die Bundessteuern werden mit berücksichtigt, wenn der Anteil eines Bundeslandes am Aufkommen der Bundessteuern einen nicht vernachlässigbaren Anteil hat. Vor allem bei den Verbrauchssteuern wurde ein starker Zusammenhang zwischen dem Steueraufkommen und der Größe des Bundeslandes (gemessen an der Einwohnerzahl) festgestellt. Bei Bundesländern mit intensiven Außenhandelsbeziehungen wurden als zusätzliche

115 Bauinvestitionen (Gebäude, Straßen, Brücken etc.) umfassen die Leistungen des Bauhauptgewerbes, des Ausbaugewerbes, des Verarbeitenden Gewerbes und Eigenleistungen sowie Baunebenleistungen (Architekten, Immobilienmakler etc.). Ausrüstungsinvestitionen sind bewegliche Investitionsgüter (Maschinen, Geräte, Geschäftsausstattung etc.).

116 Der Versuch, die regionalen Ausrüstungsinvestitionen durch länderspezifische Variablen – zum Beispiel den Gewinn – zu erklären, führte nicht zu plausiblen Ergebnissen.

117 Zur Herleitung des regionalen Steueraufkommens vgl. Abschnitt 5.4.

Erklärende auch die Zölle und Importabgaben in die Schätzung einbezogen. Die Gütersubventionen werden als konstant unterstellt.

$$\begin{aligned} gtgs_{BL}[t] &= f\{svus_{BL}[t], svslbs_{BL}[t], svslfs_{BL}[t], \ldots\} \\ \forall &\in BL, BL = [1;16] \end{aligned} \tag{117}$$

Die gewählte Modellierung ermöglicht es, die Wirkungen einer Änderung des regionalen Steueraufkommens auf das regionale Bruttoinlandsprodukt abzubilden.

Das Bruttoinlandsprodukt $bipn_{BL}[t]$ ist nun entstehungsseitig vollständig bestimmt. Die sonstige letzte Verwendung $ausbn_{BL}[t]$ der Bundesländer, welche insbesondere den Außenhandelssaldo aus dem Intrahandel mit den anderen Bundesländern enthält, ergibt sich schließlich definitorisch.

$$\begin{aligned} bipn_{BL}[t] &= bwsn_{BL}[t] + gtgs_{BL}[t] \\ ausbn_{BL}[t] &= bipn_{BL}[t] - cpn_{BL}[t] - csn_{BL}[t] - bain_{BL}[t] \\ \forall &\in BL, BL = [1;16] \end{aligned} \tag{118}$$

7. Technische Umsetzung der Modellierung im Überblick

Die Modellierung des Staates, die Verknüpfung mit dem INFORGE/LÄNDER-Modell und die Vorbereitung der Simulationen erforderte umfassende Daten- und Modellierungsarbeiten. In diesem Kapitel wird dieser Prozess kurz beschrieben.

Der Modellerstellungsprozess beginnt mit der Sammlung und Aufbereitung der Daten (1. Schritt), die für die Fragestellung notwendig sind. Im nächsten Schritt werden die Modellzusammenhänge, basierend auf wirtschaftstheoretischen und empirischen Zusammenhängen, formuliert. Die Modellzusammenhänge können per Definition (2. Schritt) gegeben sein oder über Verhaltensgleichungen mithilfe statistischer Analyseverfahren und empirischer Methoden (3. Schritt) bestimmt werden. Die Ergebnisse der Regressionsanalyse werden anschließend im Simulationsmodell implementiert (4. Schritt).

Diese vier Schritte werden im Idealfall einmal in der angegebenen Reihenfolge bearbeitet. Häufig erweist sich der Modellerstellungsprozess jedoch als ein langwieriger und iterativer Prozess und einzelne Schritte müssen wiederholt werden. Beispielsweise kann die Ergänzung weiterer Datensätze oder die Überprüfung geschätzter Parameter erforderlich sein, da sie im Modellzusammenhang nicht zu plausiblen Ergebnissen führen.

Nach den vier Schritten ist die Modellierung grundsätzlich abgeschlossen und die unterstellten Modellzusammenhänge und exogene Größen führen zu einem sogenannten Referenzszenario. Das Modell kann nun für Simulationsrechnungen eingesetzt werden. Dafür werden Szenarien erstellt, die Änderungen einzelner oder mehrerer exogener Parameter umfassen. Empirisch ermittelte Zusammenhänge können dabei variiert werden oder politische Rahmenbedingungen geändert. Alle anderen Modellgrößen werden nicht exogen angepasst und reagieren entsprechend der unterstellten Modellzusammenhänge und -eigenschaften.

Die Ergebnisse der Simulationen werden ausgewertet, grafisch und tabellarisch aufbereitet. Regionale Daten können auch kartografisch dargestellt werden. Abb. 27 zeigt den Modellerstellungsprozess auf einen Blick.

Abb. 27: Technische Modellstruktur

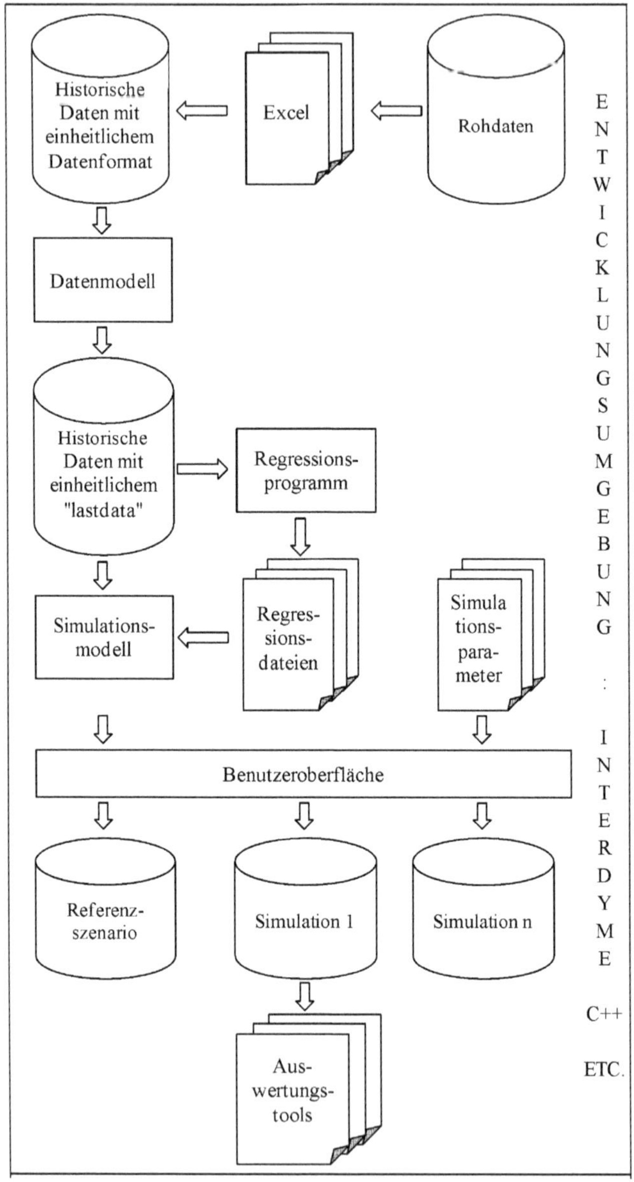

Quelle: Eigene Darstellung

Die Modellstruktur ist in eine Softwareentwicklungsumgebung (Bibliotheken mit mathematischen Funktionen, Regressionsprogrammen etc.) eingebettet, so dass jederzeit auf die notwendige Software zugegriffen und der geschriebene Programmcode ausgeführt werden kann [siehe dazu Almon 2004, INFORUM 2009, INFORUM 2009 a]. Die Programmierung des Modells erfolgt in C++. Die Interdyme Programmbibliothek enthält Matrix- und Vektoroperationen sowie Datenbankfunktionalitäten für Zeitreihen [Meade 1996, INFORUM 2000].

Makro-ökonometrische Modelle wie das INFORGE/LÄNDER-Modell sind sehr komplexe Systeme. Sie beinhalten eine Vielzahl an historischen und projizierten Daten, viele Gleichungen und erfordern Expertenwissen über die genutzten Programme und Programmiersprachen. Das führt häufig dazu, dass diese Modelle nur von Modellexperten bedient und genutzt werden können. Simulationsrechnungen erfordern so einen Kommunikationsprozess zwischen den Modellierern und Experten. Änderungen von Modellvariablen und Annahmen können nur von den Modellexperten in Modellcode übersetzt werden. Dieser Informationsaustausch ist u. a. sehr zeitintensiv. Um diese Hemmnisse zu überwinden, hat die GWS mbH eine nutzerfreundliche, grafische Oberfläche IMAGINE entwickelt, die auch für Szenariorechnungen, die in Kapitel 9 dokumentiert sind, eingesetzt wurde.

In Excel wurden weitere Auswertungsmöglichkeiten speziell für die im Rahmen dieser Arbeit wichtigen Größen erstellt. Zum Beispiel können die Abrechnungsergebnisse des Länderfinanzausgleichs wie vom Bundesfinanzministerium veröffentlicht für jede neu gerechnete Simulation und jedes Jahr unverzüglich aktualisiert werden (siehe Anhang 4). Die regionalen Ergebnisse werden auch kartografisch dargestellt und geben so eine ersten Überblick über die Verteilung des Steueraufkommens in den Ländern für ein ausgewähltes Jahr (siehe Abb. 29). Ergänzende Tabellen zeigen die Dynamiken im Zeitablauf (siehe Anhang 4). Weitere Auswertungen umfassen die Darstellung wichtiger Größen der VGR und Finanzstatistik (siehe Anhang 5 und 6). Die Variablen können in der Zeit und für die Gebietskörperschaften im Einzelnen dargestellt werden. Bundesländerergebnisse können für finanzstatistische Größen auch separat für den Landes- oder Gemeindehaushalt analysiert werden (siehe Abb. 28).

Abb. 28: Finanzstatistische Größen für 16 Bundesländer

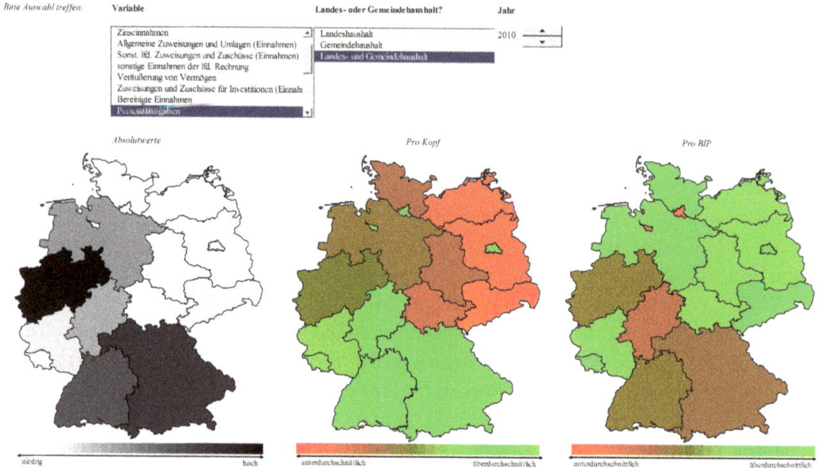

Quelle: Eigene Darstellung. Kartenmaterial von Wikimedia Commons

Abb. 29: Kartografische Darstellung ausgewählter Größen für die Abrechnung im Länderfinanzausgleich lt. BMF

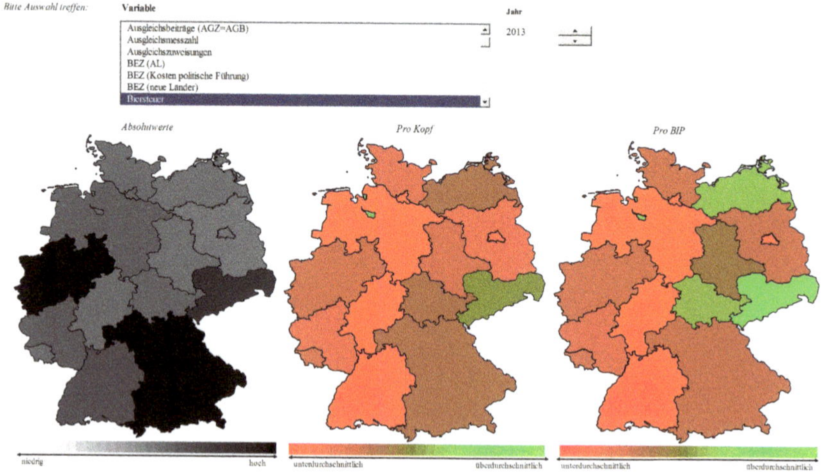

Quelle: Eigene Darstellung. Kartenmaterial von Wikimedia Commons

8. Referenzszenario

Das Referenzszenario basiert auf den ökonomischen und demografischen Entwicklungen, die sich aufgrund der beschriebenen Zusammenhänge im INFORGE/LÄNDER-Modell ergeben (vgl. Kapitel 6). Der Länderfinanzausgleich ist in seiner geltenden Fassung seit dem Jahr 2005 implementiert (vgl. Abschnitte 2.2.1.2 bis 2.2.1.6) und wird im Referenzszenario bis einschließlich zum Jahr 2020 unterstellt, auch wenn der Länderfinanzausgleich nur bis 31. Dezember 2019 rechtskräftig ist [§ 20 FAG].

Im Einzelnen werden die demografische und wirtschaftliche Entwicklung Gesamtdeutschlands und der Bundesländer sowie Ergebnisse, die den Staatssektor betreffen, für die Gebietskörperschaften und Sozialversicherungen als auch für die Bundesländer dargestellt. Der gesamtwirtschaftliche Entwicklungspfad beruht auf den Projektionen von INFORGE im Frühjahr 2014. Daraus leiten sich auch die Ergebnisse für einzelne Größen des Staatshaushalts ab, die nicht notwendigerweise die aktuellen Zahlen widerspiegeln.

8.1 Annahmen

Die Ergebnisse des Referenzszenarios beruhen auf den in Kapitel 5 und 6 beschriebenen Modellzusammenhängen und dem aktuell gültigen Länderfinanzausgleich (Abschnitte 2.2.1.2 bis 2.2.1.6). Des Weiteren werden einige Größen wie die Steuersätze der modellierten Steuerarten, die demografische Entwicklung und die Weltmarktpreise exogen vorgegeben.

Für die Steuersätze gilt, dass diese grundsätzlich auf ihrem zuletzt beobachtbaren Niveau verharren. Sofern bereits zukünftige Änderungen beschlossen sind, werden diese berücksichtigt. Das ist zum Beispiel bei der Kernbrennstoffsteuer der Fall, die im Jahr 2017 abgeschafft wird.

Die Weltmarktpreise folgen den Projektionen des World Energy Outlooks der International Energy Agency. Demnach ist die Preisdynamik für z. B. Erdöl und Erdgas weniger stark als vor der Weltwirtschaftskrise. Der Anstieg der Energiekosten schwächt sich etwas ab und damit auch die Inflation. Exportorientierte Länder wie Deutschland können davon profitieren und ihr (Export-)Wachstum steigern.

Die demografische Entwicklung folgt der 12. Koordinierten Bevölkerungsvorausberechnung des Statistischen Bundesamts Variante 1-W1.[118] Die Ergebnisse des Zensus

118 Folgende Annahmen liegen der betrachteten „mittleren" Variante der Bevölkerungsfortschreibung zugrunde: die Geburtenhäufigkeit liegt bei 1,4 Kinder je Frau bis zum Jahr 2020, das durchschnittliche Gebäralter steigt um 1,6 Jahre, die Lebenserwartung steigt weiter an, der Wanderungssaldo erhöht sich in der „unteren mittleren" Variante bis 2014 allmählich auf 100.000 Personen und in der „oberen mittleren" Variante wird der Saldo bis zum Jahr 2020 200.000 Personen betragen [StBA 2009 a, S. 11].

2011 sind nicht Bestandteil des Referenzszenarios. Damit liegt die Bevölkerungsanzahl um etwa 1,5 Mio. Personen höher als im Zensus 2011 ausgewiesen [StBA 2014 c].

Bis zum Jahr 2020 und darüber hinaus wird die Bevölkerung insgesamt schrumpfen. Verglichen mit dem Jahr 1991 wird es eine Verringerung von ca. 140.000 Personen sein. Gegenüber der maximalen Bevölkerungsanzahl im Jahr 2002 reduziert sich die Anzahl um 2,4 Mio. Personen. Die Variante G1-L1-W1 in der 13. Koordinierten Bevölkerungsvorausberechnung geht von einem Rückgang von ca. 1,1 Mio. Personen gegenüber dem Jahr 2002 aus [StBA 2015]. Inwieweit sich die aktuelle Flüchtlingswelle auf die Bevölkerungsentwicklung des Jahres 2020 und darüber hinaus auswirkt, ist schwer abzuschätzen.

Abb. 30: Bevölkerungsentwicklung nach Altersklassen in den Jahren 1991–2020 im Referenzszenario, in Mio. Personen

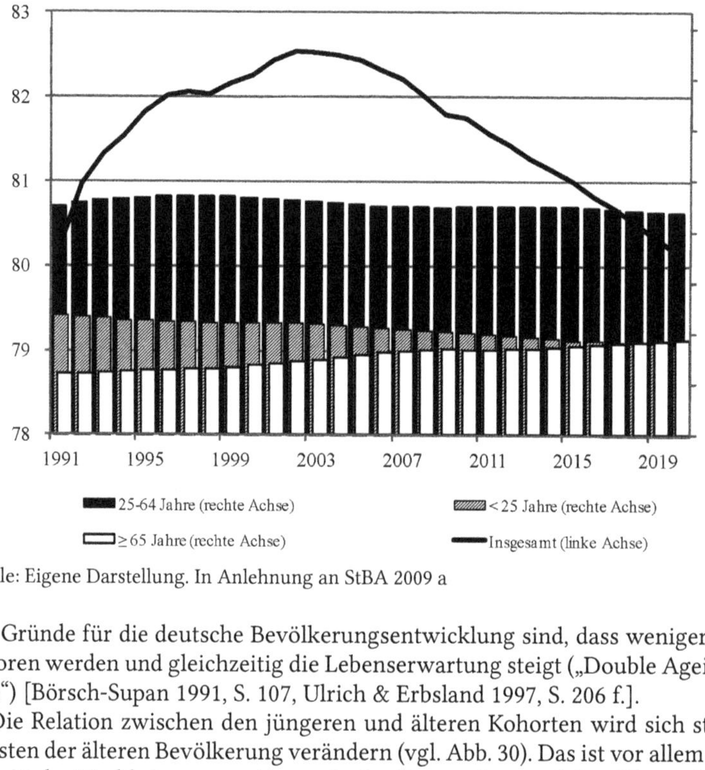

Quelle: Eigene Darstellung. In Anlehnung an StBA 2009 a

Die Gründe für die deutsche Bevölkerungsentwicklung sind, dass weniger Kinder geboren werden und gleichzeitig die Lebenserwartung steigt („Double Ageing Process") [Börsch-Supan 1991, S. 107, Ulrich & Erbsland 1997, S. 206 f.].

Die Relation zwischen den jüngeren und älteren Kohorten wird sich stark zugunsten der älteren Bevölkerung verändern (vgl. Abb. 30). Das ist vor allem auf den Eintritt der Nachkriegsgenerationen in das Rentenalter zurückzuführen. Die Zahl der Personen im Alter von 25 bis 64 Jahren wird weiter sinken. Damit wird sich rein demografiebedingt und unter sonst gleichen Bedingungen (u. a. Renteneintrittsalter, Anzahl der Ausbildungsjahre, Anwerbung von Arbeitskräften) das Arbeitsangebot weiter verknappen. Auch die Zahl der Personen unter 25 Jahren wird stetig weniger.

Abb. 31: Veränderung der regionalen Bevölkerungsstrukturentwicklung im Referenzszenario zwischen dem Jahr 2020 und 1991, Differenzen in 1.000 Personen

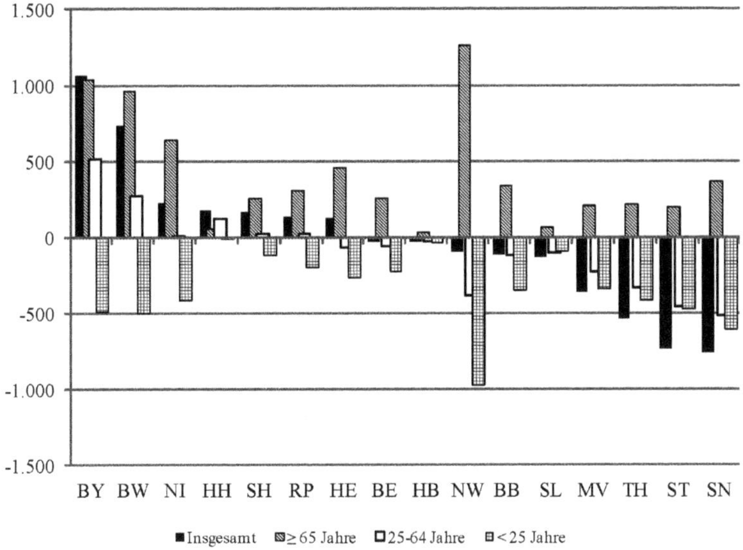

Quelle: Eigene Darstellung. In Anlehnung an GENESIS online Tab. 12411–0011, download am 19. September 2010, StBA 2009 a

Der Schrumpfungsprozess trifft insbesondere die ostdeutschen Bundesländer, das Saarland (SL), Nordrhein-Westfalen (NW) und Bremen (HB). Die ostdeutschen Bundesländer verlieren bis zum Jahr 2020 gegenüber 1991 ca. 2,5 Mio. Einwohner. Die Einwohnerzahl der schrumpfenden westdeutschen Länder wird im gleichen Zeitraum um etwas weniger als eine viertel Million Einwohner zurückgehen (vgl. Abb. 31).

Die Gründe des Bevölkerungsrückgangs in Ostdeutschland beruhen u. a. auf weniger Geburten und den Wanderungsverlusten. Vor allem die jüngere Bevölkerung verlässt den Osten Deutschlands, da die beruflichen Chancen in den westlichen Bundesländern als besser angesehen werden [Mai 2004].

Die Auswirkungen einer geringeren Geburtenrate zeigt sich in allen Bundesländern (siehe Abb. 31). Insbesondere NW ist von einem starken Rückgang der unter 25-Jährigen betroffen. Bis zum Jahr 2020 werden es knapp eine Million weniger sein. Nach wie vor wird NW aber das Land mit den meisten Kindern und Jugendlichen (ca. vier Millionen im Jahr 2020) sein.

Vom Alterungsprozess sind alle Bundesländer – jedoch in unterschiedlichem Maße – betroffen. Den stärksten absoluten Zuwachs der Rentenbevölkerung verzeichnen NW, Bayern (BY) und Baden-Württemberg (BW). Gleichzeitig haben BY und BW Zuwächse bei den 25 bis 64-Jährigen und die beiden Länder zeigen nicht so große Verluste bei den unter 35-Jährigen, so dass die Bevölkerung bis zum Jahr 2020 verglichen mit dem Jahr 1991 steigen wird.

Für die ostdeutschen Bundesländer stellt die Schrumpfung bei gleichzeitiger Alterung und Wegzug der erwerbsfähigen Bevölkerung eine größere Herausforderung dar als für die meisten westdeutschen Bundesländer. Der Altenquotient steigt in den ostdeutschen Bundesländern überdurchschnittlich stark an (siehe Abb. 32).

Abb. 32: Regionale Altenquotienten im Jahr 1991 und 2020 im Referenzszenario, in v. H.

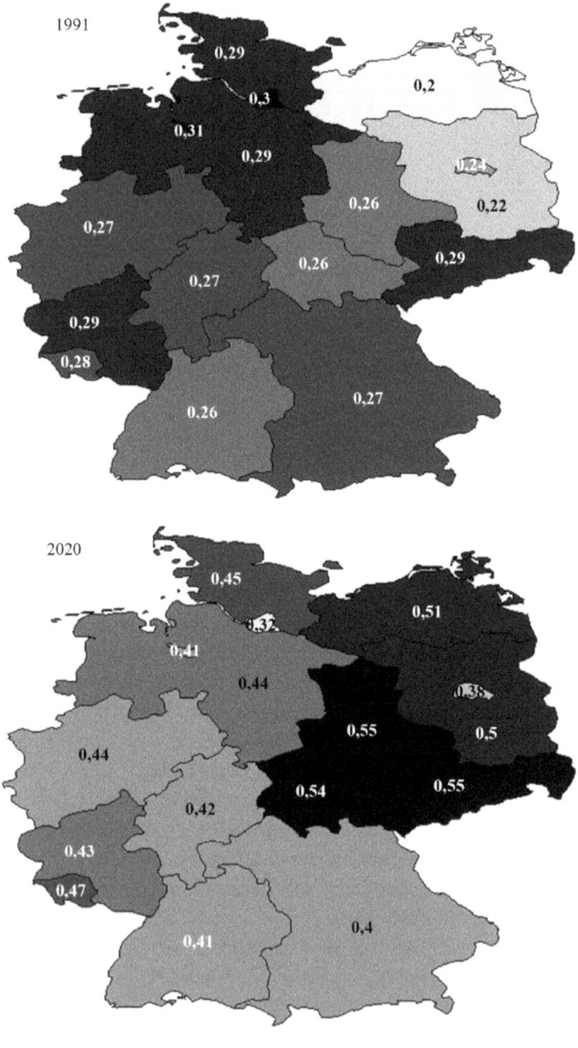

Quelle: Darstellung basierend auf MapView. Eigene Berechnungen basierend auf GENESIS online Tab. 12411–0011, download am 19. September 2010

Der Altenquotient, definiert als das Verhältnis der Bevölkerung im Rentenalter zu den Personen im erwerbsfähigen Alter, kann als Approximation des Verhältnisses von Beitragszahlern und Beitragsempfängern interpretiert werden. Während 1991 im Bundesdurchschnitt einer Person im erwerbsfähigen Alter 0,27 Rentner gegenüberstanden, werden es im Jahr 2020 0,43 sein [StBA 2009 a, S. 6]. Alle ostdeutschen Bundesländer – außer Berlin (BE) – werden einen höheren Altenquotienten von bis zu 0,55 aufweisen. Die meisten westdeutschen Bundesländer liegen im bundesdeutschen Durchschnitt.

8.2 Ergebnisse

8.2.1 Gesamtwirtschaftliche Entwicklungen

Die deutsche Wirtschaft ist seit der Wirtschaftskrise im Jahr 2009 wieder auf einem Wachstumspfad[119] (Tab. 19). Die durchschnittlichen Fünfjahreswachstumsraten des preisbereinigten Bruttoinlandsprodukts (BIP) betragen 1,8 % p. a. (2010–2015) bzw. 1,4 % p. a. (2015–2020). Der Export ist die größte Stütze des Wirtschaftswachstums (siehe Tab. 19). Im Exportwachstum zeigt sich die Einbettung Deutschlands in den Welthandel und auch die Abhängigkeit von der weltwirtschaftlichen Entwicklung.

Ein weiterer wichtiger Faktor ist die demografische Entwicklung. Von der Bevölkerungsdynamik gehen angebotsseitige als auch nachfrageseitige Effekte aus [so auch SVR 2011]. Die zunehmende Verknappung der Anzahl an Personen im erwerbsfähigen Alter und weitere Faktoren wie die Qualifikation der Erwerbsfähigen verschärfen den Arbeits- bzw. Fachkräftemangel in einigen Berufsgruppen und Lohnsteigerungen sind die Folge [Maier et al. 2014].

Auf dem Wohnungsbaumarkt spiegelt sich der geringere Zuwachs an Privathaushalten in der schwächeren Nachfrage nach Wohnungsneubauinvestitionen[120] wider. (Um-)Baumaßnahmen an bestehenden Gebäuden und die Errichtung neuer Nicht-Wohngebäude (z. B. Bürogebäude) sind von Bevölkerungsdynamik weniger betroffen, aber in den Bauinvestitionen erfasst. Hier spielen auch die Bauinvestitionen des Staates eine Rolle, die ca. zwölf Prozent der gesamten Bauinvestitionen umfassen. Insbesondere im Krisenjahr 2009 und im darauffolgenden Jahr zeigte sich eine stärkere Bautätigkeit öffentlicher Bauherren [Genesis online, Tabelle 31111-0001, zuletzt aktualisiert am 2. September 2014].

---

119 Der gesamtwirtschaftliche Entwicklungspfad beruht auf den Projektionen von INFORGE Stand Frühjahr 2014.

120 Die steigende Wohnungsnachfrage infolge der hohen Zuwanderung an Flüchtlingen war bei der Festlegung des Referenzszenarios noch nicht abzusehen und fand daher keine Berücksichtigung.

Tab. 19: Gesamtwirtschaftliche Entwicklung im Referenzszenario in den Jahren 1991–2020, Fünfjahresdurchschnitte in v. H.

	1991/95	1995/00	2000/05	2005/10	2010/15	2015/20
Bevölkerung in Mio. Personen	0,5	0,1	0,1	-0,2	-0,2	-0,2
Komponenten des BIP						
Bruttoinlandsprodukt in Mrd. €	1,5	2,0	0,6	1,0	1,5	1,3
privater Konsum in Mrd. €	1,6	1,9	0,3	0,4	1,1	0,8
Staatskonsum in Mrd. €	2,6	1,4	0,5	1,9	0,7	1,1
Bauinvestitionen in Mrd. €	4,3	-1,2	-3,8	0,6	2,1	-0,2
Ausrüstungsinvestitionen in Mrd. €	-3,1	7,8	0,4	2,2	2,2	1,9
Außenbeitrag in Mrd. €	-3,7	18,8	30,1	2,8	6,5	4,0
Weitere ökonomische Größen						
Verfügbares Einkommen der privaten Haushalte in Mrd. €	4,3	1,8	2,2	1,8	2,8	1,8
Verbraucherpreisindex	3,5	1,3	1,5	1,8	1,5	0,8
Arbeitsmarkt						
Arbeitnehmer (in 1.000 Personen)	-0,9	0,8	-0,4	0,9	0,8	-0,3
Arbeitnehmerentgelt (Mrd. €)	4,2	2,0	0,5	2,2	3,5	1,7

Quelle: Statistische Ämter der Länder 2014 und Berechnungen mit dem INFORGE/LÄNDER-Modell

In gewissem Umfang sind auch der Staatskonsum und der Konsum der privaten Haushalte demografiesensibel.

Für die Höhe des Staatskonsums ist die Altersstruktur eine wichtige Komponente. Der Staat tätigt Ausgaben u. a. im Bereich der Bildung, Gesundheit und im Sozialwesen. Die Ausgaben sind auch altersabhängig und zeigen eine unterschiedliche Dynamik mit Blick auf die betroffenen Personengruppen. Die Anzahl der Älteren steigt im Zeitablauf weiter an, während die Anzahl an SchülerInnen (inkl. BerufsschülerInnen) seit 1999 zurückgeht [StBA 2014 f]. Die Anzahl der StudentInnen nimmt zwar insbesondere seit 2009 stärker zu, kann den Rückgang der Schülerzahlen aber nicht kompensieren [StBA 2014 g]. In Verbindung mit den Kosten pro Kopf ergeben sich heterogene Ausgabenentwicklungen.

Die Gesundheitsausgaben sind höher als die Bildungsausgaben. Während die Kosten für Gesundheitsleistungen ca. 3.700 EUR pro Kopf betragen, sind die Bildungsausgaben mit 1.116 EUR pro Kopf geringer [StBA 2014 d, StBA 2014 e]. Gleichzeitig wuchsen im Zeitraum von 2005 bis 2012 die pro Kopf-Kosten der Gesundheitsleistungen mit ca. fünf Prozent schneller als die Bildungsausgaben mit drei Prozent.

Einfluss auf den Staatskonsum haben zusätzlich politische Entscheidungen wie zum Beispiel die Gesundheitsreform im Jahr 2004, die den Staatskonsum der Sozialversicherungen um vier Milliarden Euro gegenüber dem Vorjahr reduzierte.

Für den privaten Konsum sind neben der Anzahl potentieller Konsumenten und deren Altersstruktur vor allem das Verfügbare Einkommen und die Verbraucherpreise wichtige Einflussfaktoren auf die Nachfrage. Der private Konsum wächst mit durchschnittlich 0,8 % pro Jahr (vgl. Tab. 19).

Die gezahlten Löhne pro Beschäftigten, die Anzahl der Beschäftigten und die Einkommensteuern determinieren das Verfügbare Einkommen der privaten Haushalte, das weiter ansteigen wird (ca. 1,8 % im Fünfjahresdurchschnitt 2015–2020). Die Zahl der Beschäftigten schwankt wie auch schon in der Vergangenheit beobachtet mit der Konjunktur unter Berücksichtigung des Arbeitskräftepotentials und dem Ausbildungsstatus [Drosdowski et al. 2010].

Zur Einordnung der Bedeutung einzelner Bundesländer in den gesamtwirtschaftlichen Kontext werden in den nachfolgenden Tabellen ausgewählte Größen für die 16 Bundesländer dargestellt.

Die wirtschaftlich leistungsfähigsten (gemessen am BIP) und bevölkerungsreichsten Bundesländer sind NW, BY und BW (siehe Tab. 20). Gemeinsam tragen sie zu ca. 55 % des BIP bei.

Tab. 20: Regionales Bruttoinlandsprodukt im Referenzszenario in den Jahren 1991–2020, Anteile an der Ländergesamtheit in v. H.

	1991	**1995**	**2000**	**2005**	**2010**	**2015**	**2020**
BW	15,1	14,7	14,5	14,5	14,7	14,9	14,7
BY	16,5	17,5	16,7	17,1	17,5	17,9	18,0
BE	4,3	4,0	4,0	3,7	4,0	3,9	3,9
BB	1,3	2,2	2,1	2,1	2,2	2,2	2,2
HB	1,2	1,1	1,1	1,1	1,1	1,0	1,0
HH	3,9	3,6	3,7	3,8	3,6	3,6	3,5
HE	9,5	8,7	9,2	9,3	8,7	8,6	8,6
MV	0,9	1,4	1,4	1,4	1,4	1,4	1,4
NI	9,1	8,7	8,7	8,5	8,7	8,8	8,8
NW	24,1	22,1	22,2	22,2	22,1	21,9	21,9
RP	4,8	4,4	4,4	4,4	4,4	4,4	4,3
SL	1,4	1,2	1,2	1,3	1,2	1,2	1,2
SN	2,3	3,7	3,6	3,7	3,7	3,7	3,7
ST	1,3	2,0	2,1	2,0	2,0	2,0	2,0
SH	3,2	2,9	3,1	3,0	2,9	2,9	2,8
TH	1,1	1,9	1,9	1,9	1,9	1,9	1,9
BN	100,0	100,0	100,0	100,0	100,0	100,0	100,0

Quelle: http://www.vgrdl.de/Arbeitskreis_VGR und Berechnungen mit dem INFORGE/LÄNDER-Modell

Die pro Kopf-Werte des regionalen BIP zeigen, dass neben diesen drei Bundesländern auch die Stadtstaaten Hamburg (HH) und HB sowie Hessen (HE) i. V. z. Länderdurchschnitt überdurchschnittlich zur wirtschaftlichen Entwicklung beitragen. Das geringste BIP pro Kopf haben die ostdeutschen Bundesländer (außer BE).

Die Verteilung des Bruttoinlandsproduktes auf die Regionen spiegelt sich in den regionalen Arbeitseinkommen wider (siehe Tab. 21). BW, BY und NW haben einen Anteil von mehr als der Hälfte des gesamten Arbeitnehmereinkommens. Das Arbeitseinkommen berücksichtigt die Verdienste und die Anzahl der unselbstständigen Beschäftigten.

Tab. 21: Regionales Arbeitnehmerentgelt im Referenzszenario in den Jahren 1991–2020, Anteile an der Ländergesamtheit in v. H.

	1991	1995	2000	2005	2010	2015	2020
BW	14,9	15,0	14,7	15,1	15,0	15,2	15,1
BY	15,9	17,0	16,2	16,7	17,0	16,8	16,7
BE	4,3	3,9	4,1	3,8	3,9	3,9	3,9
BB	1,8	2,1	2,3	2,1	2,1	2,1	2,1
HB	1,2	1,0	1,1	1,1	1,0	1,0	1,0
HH	3,3	3,3	3,1	3,2	3,3	3,2	3,2
HE	8,7	8,8	8,5	8,6	8,8	8,9	8,9
MV	1,3	1,4	1,5	1,5	1,4	1,4	1,4
NI	8,9	8,8	8,8	8,7	8,8	9,0	9,0
NW	23,8	22,0	22,7	22,6	22,0	22,1	22,3
RP	4,5	4,5	4,4	4,5	4,5	4,4	4,3
SL	1,3	1,3	1,3	1,3	1,3	1,3	1,3
SN	3,3	3,9	4,0	3,9	3,9	3,9	3,8
ST	1,9	2,1	2,2	2,1	2,1	2,1	2,1
SH	3,0	2,9	2,9	2,9	2,9	2,8	2,8
TH	1,8	2,1	2,1	2,1	2,1	2,0	2,0
BN	100,0	100,0	100,0	100,0	100,0	100,0	100,0

Quelle: http://www.vgrdl.de/Arbeitskreis_VGR und Berechnungen mit dem INFORGE/LÄNDER-Modell

Die höchsten Verdienste pro Beschäftigten werden in HH, HE und BW gezahlt. Dies hängt stark von der Wirtschaftsstruktur in den Bundesländern ab. Im Verarbeitenden Gewerbe sind die Arbeitnehmerentgelte pro Beschäftigten tendenziell höher als im Dienstleistungsbereich. Allerdings gibt es große Lohnunterschiede zwischen den einzelnen Dienstleistungsbranchen.

Das regionale Arbeitseinkommen unter Berücksichtigung der Abgaben (Einkommensteuern und Sozialversicherungsbeiträge) führt zum Verfügbaren Einkommen, welches wesentlich für die Konsumnachfrage ist. Auch hier zeigt sich, dass die wirtschaftskraftstarken und gleichzeitig bevölkerungsreicheren Bundesländer (BW, BY, NW) die höchsten Konsumanteile am gesamten Privatkonsum aufweisen (siehe Tab. 22).

Tab. 22: Private Konsumausgaben nach Bundesländern im Referenzszenario in den Jahren 1991–2020, Anteile an der Ländergesamtheit in v. H.

	1991	1995	2000	2005	2010	2015	2020
BW	14,0	13,8	13,6	13,9	13,8	13,9	13,9
BY	16,1	16,7	16,0	16,3	16,7	16,4	16,3
BE	4,5	3,8	3,9	3,7	3,8	3,7	3,7
BB	2,1	2,7	2,8	2,7	2,7	2,7	2,8
HB	0,9	0,8	0,8	0,8	0,8	0,8	0,8
HH	2,4	2,4	2,2	2,4	2,4	2,4	2,4
HE	7,8	7,6	7,6	7,5	7,6	7,7	7,7
MV	1,4	1,7	1,8	1,8	1,7	1,7	1,7
NI	9,4	9,4	9,3	9,2	9,4	9,5	9,6
NW	23,8	21,8	22,5	22,2	21,8	22,0	22,1
RP	4,9	5,1	5,0	5,1	5,1	5,1	5,0
SL	1,3	1,2	1,3	1,3	1,2	1,2	1,2
SN	3,7	4,5	4,7	4,6	4,5	4,5	4,5
ST	2,1	2,5	2,7	2,5	2,5	2,4	2,4
SH	3,6	3,5	3,4	3,5	3,5	3,5	3,5
TH	2,0	2,4	2,5	2,4	2,4	2,3	2,4
BN	100,0	100,0	100,0	100,0	100,0	100,0	100,0

Quelle: http://www.vgrdl.de/Arbeitskreis_VGR und Berechnungen mit dem INFORGE/LÄNDER-Modell

Sowohl der Konsum als auch die Einkommen werden besteuert. Die zuvor beschriebene Entwicklung der Einkommen und Konsumausgaben zeigt sich im Einkommensteueraufkommen und den Gütersteuern nach dem Aufkommen (siehe Tab. 23).

NW, BY und BW tragen am stärksten zum Steueraufkommen bei. Einerseits ist die wirtschaftliche Entwicklung in diesen Bundesländern im Vergleich zum Länderdurchschnitt stärker und andererseits wirkt bei diesen Bundesländern der Bevölkerungseffekt positiv auf die Verbrauchsteuern. Auch HE trägt mit ca. zehn Prozent, insbesondere durch die Gewinn- und Lohnsteueraufkommen, stärker zum Steueraufkommen bei.

Tab. 23: Regionales Einkommen- und Gütersteueraufkommen im Referenzszenario in den Jahren 1991–2020, Anteile an der Ländergesamtheit in v. H.

	1991	**1995**	**2000**	**2005**	**2010**	**2015**	**2020**
BW	16,2	16,1	15,1	15,5	16,1	16,5	16,4
BY	16,8	19,5	17,2	17,6	19,5	20,2	20,3
BE	3,3	4,1	3,8	3,6	4,1	4,0	3,9
BB	0,8	1,9	1,5	1,6	1,9	1,9	2,0
HB	1,3	1,1	1,0	1,0	1,1	1,0	1,0
HH	4,5	4,3	4,3	4,4	4,3	4,2	4,3
HE	10,0	10,5	10,7	10,3	10,5	10,2	10,4
MV	0,6	1,1	1,0	1,0	1,1	1,1	1,1
NI	8,9	8,7	8,1	7,8	8,7	8,9	9,0
NW	25,8	24,6	24,1	23,6	24,6	24,2	24,4
RP	4,5	4,5	4,1	4,1	4,5	4,5	4,5
SL	1,2	1,1	1,1	1,1	1,1	1,1	1,1
SN	1,6	3,2	2,5	2,8	3,2	3,1	3,1
ST	0,9	1,7	1,4	1,4	1,7	1,7	1,7
SH	3,1	3,1	2,8	2,8	3,1	3,0	2,9
TH	0,7	1,6	1,3	1,4	1,6	1,6	1,6
BN	100,0	100,0	100,0	100,0	100,0	100,0	100,0

Quelle: http://www.vgrdl.de/Arbeitskreis_VGR und eigene Berechnungen

8.2.2 Staatshaushalt

Die positive wirtschaftliche Entwicklung nach der Wirtschaftskrise 2008/2009 spiegelt sich in den Einnahmen und Ausgaben der Gebietskörperschaften und Sozialversicherungen wider. Tendenziell lässt sich eine Verbesserung der Finanzierungssalden nach der Wirtschaftskrise feststellen. Die Defizitquote, definiert als das Verhältnis von Finanzierungssaldo und nominalem Bruttoinlandsprodukt, verbesserte sich in dieser Zeit und wird im Simulationszeitraum knapp unter Null liegen (siehe Abb. 33).

Abb. 33: Defizitquote des Staates im Referenzszenario in den Jahren 1991–2020, in v. H.

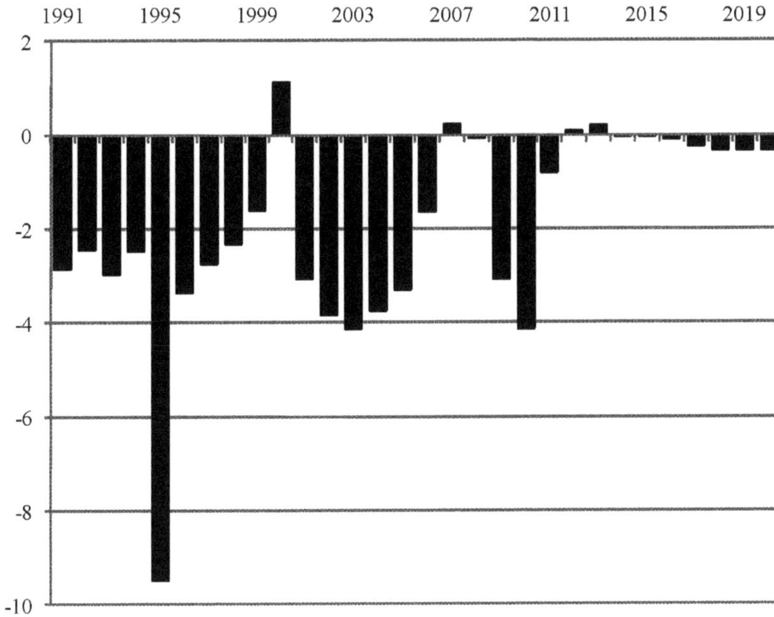

Quelle: Eigene Berechnungen

Ein Blick auf die Finanzierungssalden der Gebietskörperschaften und der Sozialversicherungen zeigt, dass die Entwicklung für die staatlichen Teilsektoren verschieden ist. Abb. 34 zeigt die Finanzierungssalden in einem gestapelten Säulendiagramm.

Die Ausgaben des Bundes übersteigen stets die Einnahmen in der Historie (1991–2013) mit Ausnahme des Jahres 2000. Durch die einmaligen Erlöse aus dem Verkauf der UMTS-Lizenzen konnte der Bund ca. 52 Mrd. € einnehmen [StBA 2014]. Der stark negative Ausschlag im Jahr 1995 erklärt sich durch die Übernahme der Schulden der Treuhandanstalt und der Wohnungswirtschaft der DDR [StBA 2010 b].

Die Sozialversicherungen können größtenteils ihre Ausgaben aus den Einnahmen bestreiten. Einerseits werden die Beitragssätze so angepasst, dass die Einnahmen an Sozialversicherungsbeiträgen mit den Ausgaben der Sozialversicherungen annähernd übereinstimmen. Andererseits leistet der Bund Zuschüsse in die gesetzliche Rentenversicherung, die durch die Folgen der zunehmenden Alterung der Bevölkerung auftreten bzw. für Leistungen der Sozialversicherungen, die nicht durch Beiträge gedeckt werden [§ 213 SGB VI].

Abb. 34: Finanzierungssalden für Bund, Länder, Gemeinden und Sozialversicherungen im Referenzszenario lt. VGR in den Jahren 1991–2020, in Mrd. €

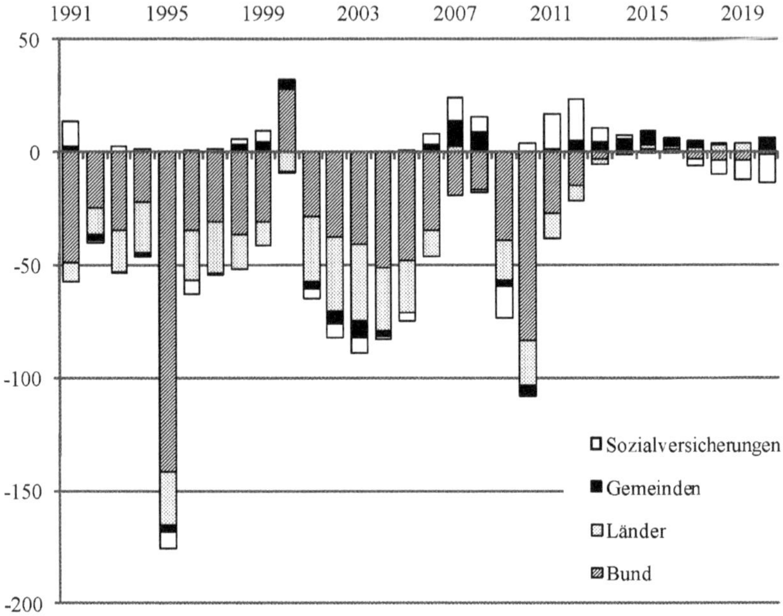

Quelle: StBA 2014 und eigene Berechnungen

Der Finanzierungssaldo der Gemeinden schwankt vergleichsweise stark. Die Einnahmen werden dominiert von den Steuern und den laufenden Transfers innerhalb des Staatssektors. Die Gemeindesteuereinnahmen beruhen hauptsächlich auf der Gewerbesteuer, die konjunkturabhängig und damit relativ volatil sind. Die Transfers sind sowohl konjunktursensibel als auch durch die Ausgaben der Gemeinden bestimmt. Einerseits erhalten die Gemeinden einen Teil an der Umsatzsteuer und den Einkommensteuern. Andererseits wird z. B. das Transfervolumen zur Deckung der Ausgaben für die Grundsicherung im Alter von den Kosten bestimmt.

Der Finanzierungssaldo der Ländergesamtheit schwankt im Konjunkturzyklus. Die Einnahmen aus Einkommen- und Gütersteuern verbessern sich bei guter wirtschaftlicher Entwicklung. Die Ausgaben sind zum Teil demografisch bedingt, aber weniger volatil. Dazu gehören die Pensionen der Beamten.

Der bislang größte Teil der Länderausgaben beruht auf den Arbeitnehmerentgelten für Staatsbedienstete wie Polizisten, Lehrpersonal an Schulen und Universitäten und Verwaltungsbeamte.

Die wichtigsten Komponenten der Staatseinnahmen und -ausgaben, die zur Ermittlung des Finanzierungssaldos lt. VGR führen, zeigt Abb. 35 (siehe auch Anhang 7 bis 11).

Für die Gebietskörperschaften sind die Steuern (Produktions- und Importabgaben sowie Einkommen- und Vermögensteuern) und Transfers wichtige Einnahmequellen.

Bund, Ländern und Gemeinden werden die Steuern nach dem Trennsystem direkt zugeordnet (siehe auch Anhang 12). Die aufkommensstärksten Bundessteuern sind die Energiesteuern (z. B. Mineralölsteuer, Stromsteuer). Für die Länder war die Kfz-Steuer die größte Steuereinnahme. Im Juli 2009 wurde diese Steuern in eine Bundessteuer umgewandelt[121]. Seitdem ist die Grunderwerbsteuer die aufkommensstärkste Steuer der Länder. Unter den Gemeindesteuern ist die Gewerbesteuer die wichtigste Steuereinnahmequelle.

Die Gemeinschaftsteuern (Einkommensteuern, Körperschaft- und Umsatzsteuer) sind dem Aufkommen nach die bedeutendsten Steuereinnahmen. Diese werden zunächst im Verbund vereinnahmt und im Rahmen der Steuerverteilung Bund, Ländern und Gemeinden zugewiesen. Die Zuweisungen und Zuschüsse zwischen den Gebietskörperschaften im Rahmen des horizontalen und vertikalen Finanzausgleichs werden – neben den Vermögenstransfers – in der Kategorie Transfers in Abb. 35 erfasst.

121 Die Länder erhalten dafür eine Kompensationszahlung vom Bund in Höhe von ca. neun Milliarden Euro jährlich.

Abb. 35: Struktur der Staatsausgaben (obere Abb.) und -einnahmen (untere Abb.) im Referenzszenario lt. VGR (nicht konsolidiert) in den Jahren 1991, 2005 und 2020, in v. H.

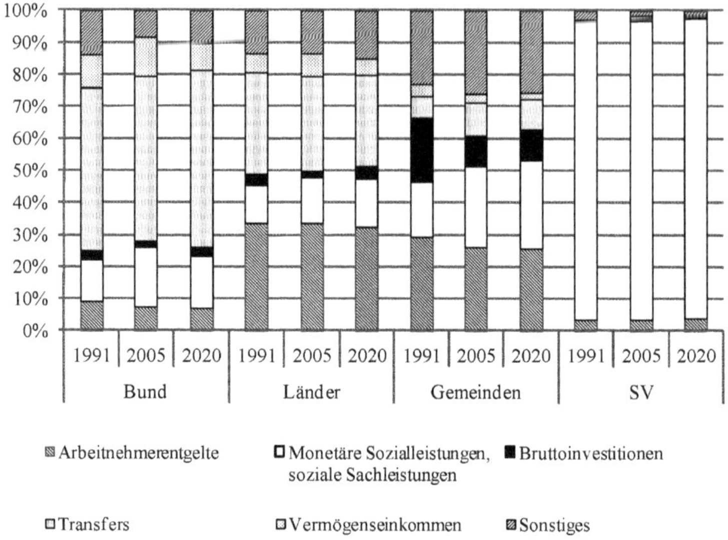

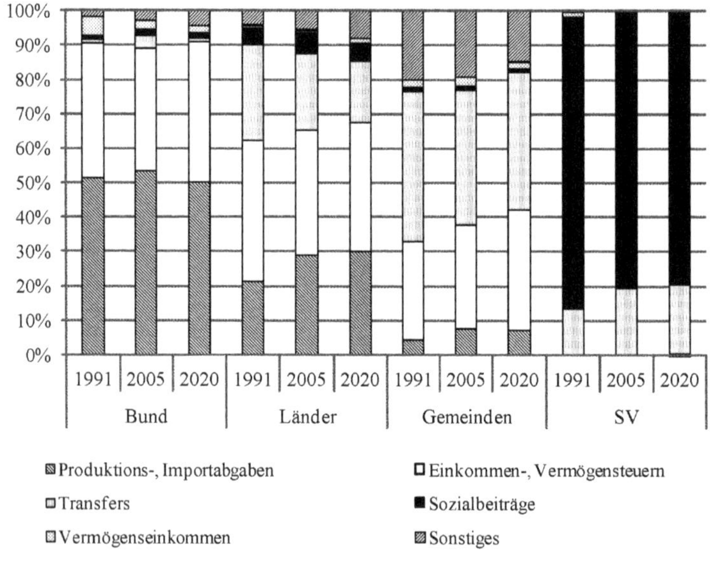

Quelle: StBA 2014 und eigene Berechnungen

Abb. 36 gibt einen Überblick über die Steuereinnahmen im Trenn- und Verbundsystem sowie die Steuern nach Gebietskörperschaften nach der Verteilung der Einkommensteuern, Körperschaft- und Umsatzsteuer. Die Steuereinnahmen nach Verteilung sind niedriger als die Summe der Steuereinnahmen im Trenn- und Verbundsystem (vor Verteilung), da diese Einnahmen um die Erstattungen des Bundeszentralamts für Steuern, EU-Eigenmittel und z. B. Kindergeld verringert werden.

Eine weitere Einnahmequelle für die Gebietskörperschaften sind die Verkäufe aus der Marktproduktion (Kategorie „Sonstiges" in Abb. 35). Jedoch können nur die Gemeinden einen nennenswerten Beitrag erwirtschaften.

Bedeutende Einnahmen der Sozialversicherungen sind die Sozialbeiträge, aber auch Transfers, die vom Bund geleistet werden, wie der Bundeszuschuss zur Renten- und Krankenversicherung (vgl. Abb. 35).

Die Ausgaben der Sozialversicherungen beruhen fast vollständig auf den Ausgaben für monetäre Sozialleistungen (u. a. Renten) und den sozialen Sachtransfers (u. a. Arztbesuche, Medikamente).

Die Ausgabenseite des Bundes wird dominiert von Transferleistungen, die neben den Zuschüssen an die Sozialversicherungen innerstaatliche Transfers (u. a. Bundesergänzungszuweisungen) umfassen. Des Weiteren finanziert der Bund im Rahmen der Geldleistungsgesetze das Elterngeld, BaföG und beteiligt sich an den Kosten der Unterkunft (Kategorie „monetäre Sozialleistungen, soziale Sachleistungen" in Abb. 35).

Die Ausgaben der Länder und Gemeinden streuen stärker zwischen den Ausgabekategorien. Arbeitnehmerentgelte und Pensionen der Staatsbediensteten (u. a. LehrerInnen, JuristInnen, PolizistInnen) werden aus den Länderhaushalten gezahlt. Im Rahmen des Länderfinanzausgleichs weisen die Länder den Gemeinden den gesetzlich fixierten Anteil am Steueraufkommen zu.

Die Gemeinden haben zusätzlich zu den Ausgaben für Arbeitnehmerentgelte zunehmend größere Ausgabenanteile für monetäre Sozialleistungen (z. B. Sozialhilfe) sowie für Vorleistungen u. a. im Bereich der kommunalen Entsorgung und der Forstwirtschaft zu tragen. Die finanzielle Bedeutung der Investitionen hat über die Zeit stark abgenommen. Noch im Jahr 1992 wurden Investitionen in Höhe von ca. 29 Mrd. € getätigt, bereits 20 Jahre später nur noch in Höhe von 20 Mrd. € [Eurostat-Datentabelle „Bruttoinvestitionen des Staates nach Aufgabenbereichen" download am 25. Oktober 2014]. Konsolidierungsmaßnahmen wurden zunehmend zulasten geringerer Investitionen durchgeführt.

Abb. 36: Steuern im Verbund- und Trennsystem (obere Abb.) und Steuereinnahmen nach der Verteilung (untere Abb.) im Referenzszenario in den Jahren 1991–2020, in Mrd. €

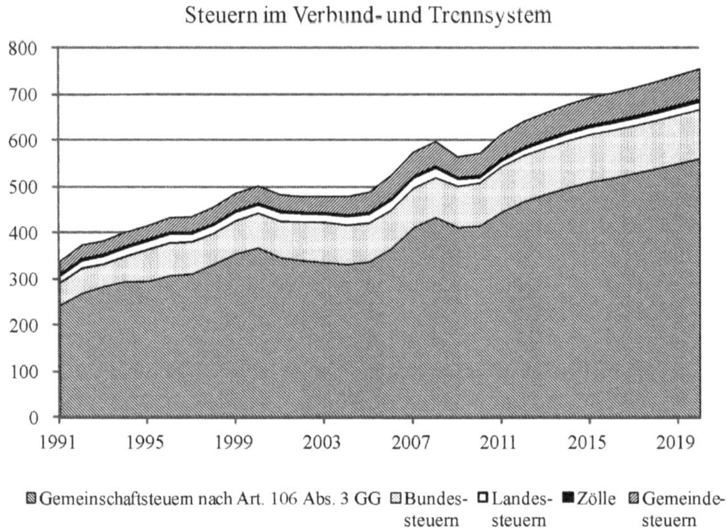

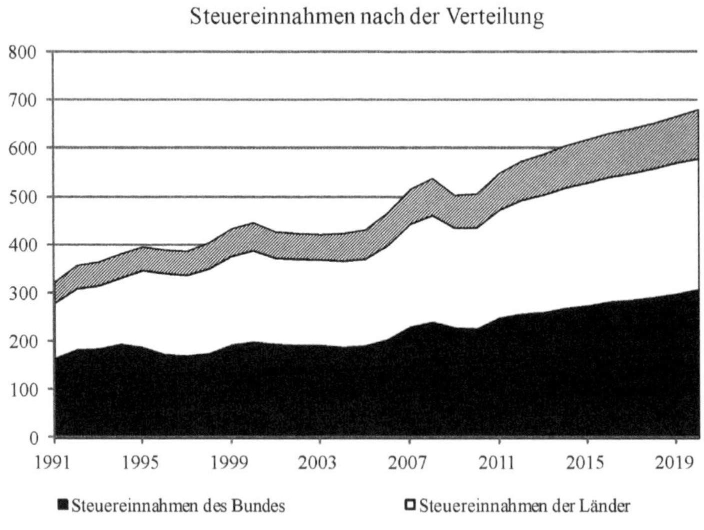

Quelle: StBA 2014 b und eigene Berechnungen

Mit Hilfe der Finanzstatistik lässt sich die finanzielle Situation für die Bundesländer darstellen. Dabei kann zwischen den Landeshaushalten und den Gemeindehaushalten pro Bundesland unterscheiden werden. Für einen Bundesländervergleich bietet es sich an die Länder- und Gemeindehaushalte gemeinsam zu betrachten, da es zwischen den Bundesländern Unterschiede in der Aufgaben- und damit auch Ausgabenverteilung zwischen den Ländern und ihren Gemeinden gibt.

Die höchsten Ausgaben haben bevölkerungsreiche Flächenländer (siehe Abb. 37). Das Land NW und seine Gemeinden hatten im Jahr 2010 Ausgaben in Höhe von ca. 111 Mrd. €, gefolgt von BW (66 Mrd. €) und BY (79 Mrd. €). Mit abnehmender Einwohnerzahl sinken tendenziell auch die Ausgaben.

Die *Personalausgaben* sind nach der Kategorie Zuweisungen, Umlagen und Zuschüsse die bedeutendste und bestimmen wesentlich die Entwicklung und Struktur der Ausgaben insgesamt. Die Personalausgaben bestimmen zu 22 % (Sachsen (SN)) bis 32 % (HH) die Ausgaben.

Der Großteil der Personalausgaben wird in den Aufgabenbereichen Allgemeine Dienste (u. a. Polizei, Justiz, Finanzverwaltung) und Bildung (u. a. Lehrer) aufgewandt. Ausgaben für die allgemeinen Dienste werden von der Siedlungsstruktur beeinflusst. Die Kriminalität ist in Ballungszentren oftmals höher als in weniger dicht besiedelten Räumen. Die Stadtstaaten haben daher eine höhere Polizeipräsenz pro Einwohner, wobei BE aufgrund der politischen Bedeutung und den damit verbundenen Sicherheitsmaßnahmen eine Sonderrolle einnimmt. Auch in dünn besiedelten Gebieten muss ein gewisses Maß an Sicherheit gewahrt werden, so dass die Kosten pro Kopf unter einer bestimmten Einwohnerzahl wieder ansteigen können.

Im Bereich der Bildung folgen die länderspezifischen Ausgaben den Standorten der Hochschulen und der Anzahl der Studierenden bzw. der Schüler. Je geringer die Schülerdichte in einem Land ist, desto geringer auch die Anzahl an Ausbildungspersonal. Der Großteil der Studierenden lässt sich in NW, BW und BY ausbilden[122]. Auch die Stadtstaaten sind wichtige Universitätsstandorte. Davon profitieren besonders die umliegenden Länder, die vergleichsweise geringe Bildungskosten pro Einwohner aufweisen [Detemple et al. 2012, Vesper 2012].

---

122 https://www.destatis.de/DE/ZahlenFakten/GesellschaftStaat/BildungForschungKultur/Hochschulen/Tabellen/StudierendeInsgesamtBundeslaender.html, zuletzt aktualisiert am 5. September 2014

Abb. 37: Regionale Ausgaben der Länder- inkl. Gemeindehaushalte lt. Finanzstatistik im Jahr 2010, in Mrd. € (obere Abb.) und in v. H. (untere Abb.)

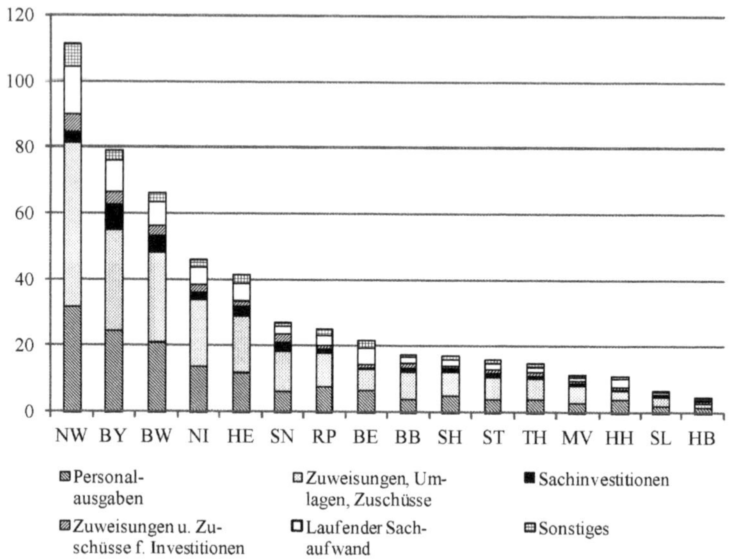

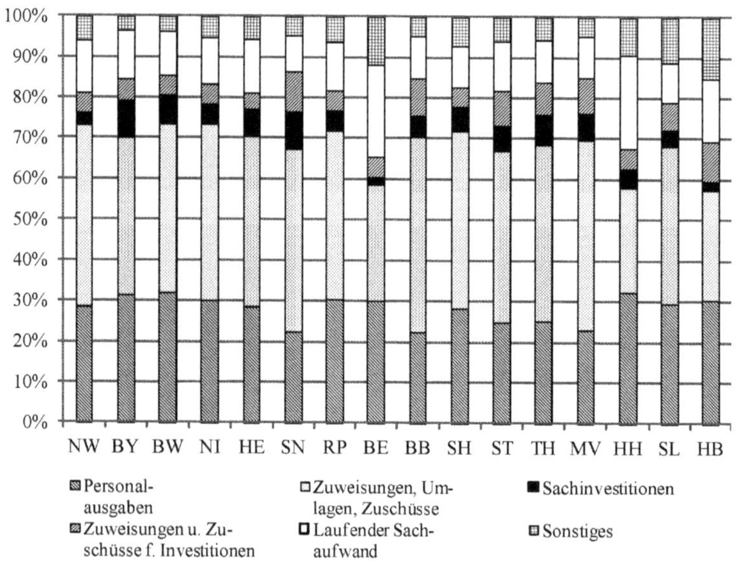

Quelle: Eigene Darstellung basierend auf StBA 2011

Die Personalausgaben sind eine landespolitisch steuerbare Größe. Auch zukünftig werden hier bei Konsolidierungsdruck Anpassungen vorzunehmen sein. Stark schrumpfende Länder werden personalpolitische Konsequenzen in verschiedenen Bereichen ziehen müssen. Schulpersonal wird mit sinkender Schülerzahl wahrscheinlich zurückgehen, während im Bereich der allgemeinen Verwaltung (u. a. Polizei, Finanzverwaltung) der Stellenabbau wahrscheinlich fortgesetzt wird. In der Vergangenheit wurde insbesondere der Personalüberhang in den ostdeutschen Ländern abgebaut.

Die bedeutendste Kategorie *Zuweisungen, Zuschüsse und Umlagen* dominiert in fast allen Ländern inkl. der Gemeindehaushalte die Ausgabenseite. Diese Kategorie umfasst u. a. die Gewerbesteuerumlage der Gemeinden an ihre Länder (ca. sechs Milliarden Euro im Jahr 2010), die Ausgleichsbeträge der finanzstarken an die finanzschwachen Länder (ca. sieben Milliarden Euro im Jahr 2010), Zahlungen der Länder an ihre Gemeinden im Rahmen des kommunalen Finanzausgleichs (ca. 30 Mrd. € im Jahr 2010) und den Gemeindeanteil an den Einkommensteuern (25 Mrd. € im Jahr 2010).

Auch die gezahlten monetären Sozialleistungen (ca. 72 Mrd. € im Jahr 2010, u. a. Geldleistungen der Sozialhilfe und die Grundsicherung für Arbeitssuchende (ALG II, Sozialhilfe)), die von den Ländern und Gemeinden an Bedürftige gezahlt werden, und die geleisteten Subventionen (17 Mrd. € im Jahr 2010) sind in dieser Kategorie inkludiert.

Die höchsten monetären Sozialleistungen der Länder werden im Bundesländervergleich von NI, NW und BY gezahlt. Mit Abstand die größte Summe wird bei der Sozialhilfe für Eingliederungshilfen behinderter Menschen ausgegeben (14 Mrd. €), gefolgt von der Grundsicherung im Alter und bei Erwerbsminderung (ca. 4 Mrd. €) und Hilfe zur Pflege (ca. 3 Mrd. €)[123]. NW unterstützt die Eingliederung Behinderter mit 3,5 Mrd. €, BY mit 2,1 Mrd. € und Niedersachsen (NI) mit 1,6 Mrd. € in 2010 [StBA 2013]. Auch bei der Grundsicherung im Alter liegen diese drei Länder im Ländervergleich an der Spitze.

Die Grundsicherung für Arbeitsuchende („Hartz IV") beträgt ca. 16 Mrd. € im Jahr 2010. NW, NI und BE zahlen die höchsten Beträge mit ca. vier Milliarden Euro bzw. jeweils 1,5 Mrd. € [BA 2012].

Die Ausgaben in der Kategorie *Zuweisungen, Zuschüsse und Umlagen* werden auch in Zukunft in erster Linie bundespolitisch bestimmt. Die gesetzlichen Regelungen des Länderfinanzausgleichs werden in der aktuell gültigen Fassung noch bis mindestens Ende 2019 gelten. Die Höhe der Transfers zwischen den Ländern hängt von der Bevölkerungs- und Aufkommensentwicklung in den Regionen ab. Grundsätzlich gilt: je heterogener das Steueraufkommen pro Kopf, umso höher das Ausgleichsvolumen.

---

123 https://www.destatis.de/DE/ZahlenFakten/GesellschaftStaat/Soziales/Sozialleistungen/Sozialhilfe/EinnahmenAusgaben/Tabellen/1_ZV_BruttoausgabenInsgAlleHilfearten.html zuletzt aktualisiert am 5. September 2014.

Die Regelsätze für Unterstützungsleistungen nach SGB XII (Sozialhilfe) und SGB II (u. a. ALG II) werden bundesgesetzlich festgelegt. Die Unterschiede in den Regionen ergeben sich daher über die Zahl der Bedürftigen. Die Prognose der Leistungsempfänger in den einzelnen Bundesländern ist nicht Bestandteil der Modellierung, so dass die Fortschreibung der monetären Sozialleistungen in den Bundesländern mithilfe der Strukturkonstanzhypothese erfolgt. Die von der Ländergesamtheit und ihren Gemeinden zukünftig zu leistenden monetären Sozialleistungen werden durch die regionale Entwicklung bestimmt.

In allen Regionen werden die Sozialleistungen auch aufgrund des demografischen Wandels weiter steigen. Der Anteil älterer und hilfebedürftiger Menschen wächst und durch lückenhafte Erwerbsbiografien vor allem bei Frauen werden voraussichtlich höhere Ausgaben bei der Grundsicherung im Alter zu erwarten sein („Altersarmut", [Hanesch 2010]). Ausgabensteigerungen sind durch höhere Mieten und Energiekosten auch bei den Kosten der Unterkunft zu erwarten.

Sachinvestitionen werden im nennenswerten Umfang hauptsächlich von finanzkräftigeren Ländern wie BY, BW und NW getätigt. Kommunen, die sich einem größeren Konsolidierungsdruck gegenüber sehen, reduzierten in der Vergangenheit auch die Investitionen. Das betrifft insbesondere die ostdeutschen Bundesländer ab Mitte der 90er Jahre. Aufgrund des Investitionsstaus wird ein weiterer Rückgang der Investitionen nicht erwartet.

Die gesamten Ausgaben pro Kopf bewegen sich zwischen 5.800 € und 6.900 €. Ein eindeutiger Zusammenhang zwischen der Bevölkerungsgröße und den pro Kopf-Ausgaben kann nicht identifiziert werden. Nicht alle Ausgabekategorien zeigen einen Zusammenhang zwischen der Einwohnerzahl und den Ausgaben. Vielmehr ist die Anzahl bestimmter Personengruppen (Schüler, Sozialhilfe-, ALG II-Empfänger etc.) entscheidend [BMF 2013 a]. Die Zahlungen im Länderfinanzausgleich i. e. S. und ein Teil der Personalausgaben (allgemeine Verwaltung, Polizei) weisen demgegenüber einen Zusammenhang zur Einwohnerzahl auf.

Einen Überblick über die Einnahmekategorien der Bundesländer gibt Abb. 38.

Abb. 38: Regionale Einnahmen der Länder- und Gemeindehaushalte lt. Finanzstatistik im Jahr 2010, in Mrd. € (obere Abb.) und in v. H. (untere Abb.)

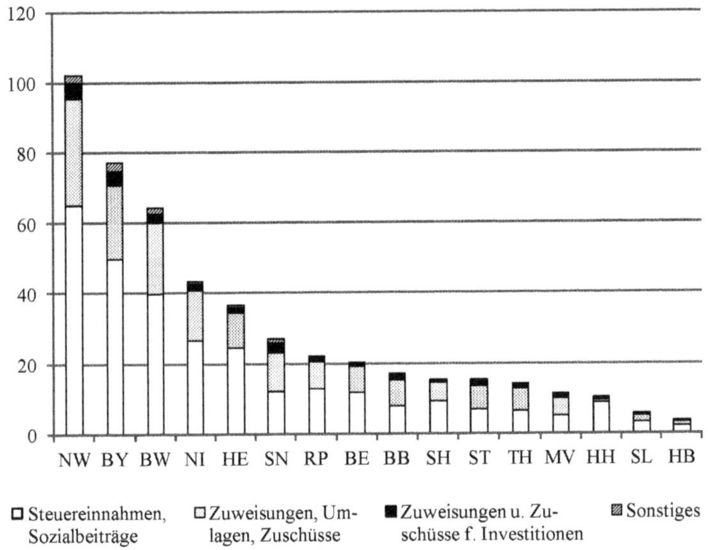

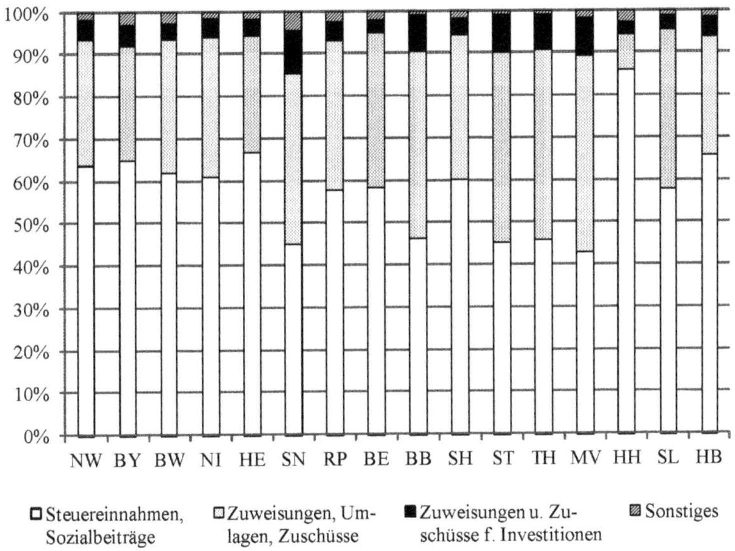

Quelle: Eigene Darstellung basierend auf StBA 2011

Die Struktur der Einnahmen ist sehr stark von den *Steuereinnahmen* geprägt. Die Sozialbeiträge, die in dieser Kategorie mit erfasst werden, betragen max. sechs Prozent. Alle westdeutschen Bundesländer generieren ihre Einnahmen zu mindestens 58 % aus Steuern und Sozialbeiträgen (vgl. Abb. 38). Für ostdeutsche Bundesländer haben die *Zuweisungen, Umlagen und Zuschüsse* eine höhere Relevanz. Diese Kategorie umfasst z. B. die Transfers der Länder untereinander (Länderfinanzausgleich i. e. S.) und auch die Bundesergänzungszuweisungen sowie die Bundesbeteiligungen z. B. bei den Kosten der Unterkunft.

In der Kategorie *Zuweisungen und Zuschüsse für Investitionen* erhalten ostdeutsche Bundesländer höhere Einnahmen als die übrigen Bundesländer. Darin spiegeln sich u. a. die Unterstützungen im Rahmen der Gemeinschaftsaufgabe „Verbesserung der regionalen Wirtschaftsstruktur“ wider.

Die gute wirtschaftliche Entwicklung im Simulationszeitraum zeigt sich im Wachstum der Steuereinnahmen und Sozialbeiträge. Diese Entwicklung wird weiterhin von den wirtschaftskraftstarken, vor allem westdeutschen Bundesländern getragen. Die neuen Bundesländer haben einen geringeren Anteil daran. Einerseits ist die Wirtschaftskraft zumeist schwächer. Andererseits wird sich der demografische Schrumpfungsprozess stärker in den neuen Bundesländern vollziehen. Das Aufkommen an Verbrauchsteuern, das stärker mit der Anzahl der Personen korreliert ist, wird bei weiteren Bevölkerungsverlusten weniger stark wachsen. Die geringere Anzahl an sozialversicherungspflichtigen Beschäftigten führt zu einer kleiner Beitragsbasis. Beide Faktoren (kleinere Steuer- und Beitragsbasis) führen zu einem geringeren Aufkommen an Einkommensteuern und Sozialbeiträgen im Vergleich zu Westdeutschland.

Die regionalen Unterschiede im Steueraufkommen werden auch zukünftig Transfers von steuerkraftstärkeren zu steuerkraftschwächeren Ländern vor dem Hintergrund gleichwertiger Lebensverhältnisse begründen. Bei unverändertem Länderfinanzausgleich wird das Umverteilungsvolumen (ohne Berücksichtigung der BEZ) weiter zunehmen. Steuerkraftschwache Bundesländer werden weiterhin nach den gesetzlichen Vorgaben an den Länderdurchschnitt angenähert. Abb. 39 zeigt das Umverteilungsvolumen im Rahmen des Länderfinanzausgleichs nach Bundesländern für das Jahr 2013.

Neben HB, SL, Schleswig-Holstein (SH), Rheinland-Pfalz (RP) und NI profitieren alle ostdeutschen Bundesländer von der Umverteilung. 13 Mrd. € wurden im Jahr 2013 durch die Zerlegung des Lohnsteueraufkommens nach dem Wohnsitzprinzip bzw. des Aufkommens an Körperschaftsteuer und des Zinsabschlags bzw. Abgeltungsteuer nach dem Betriebsstättenprinzip umverteilt. Weitere 11,5 Mrd. € des Umsatzsteueraufkommens wurden an steuerkraftschwache Länder verteilt. Davon profitieren hauptsächlich die ostdeutschen Bundesländer, aber auch NI und einige wenige weitere westdeutsche Bundesländer. 8,4 Mrd. € wurden über Ausgleichsbeiträge und Ausgleichszahlungen im Rahmen des Länderfinanzausgleichs i. e. S. umverteilt. BY zahlte mit ca. vier Milliarden Euro gefolgt von BW und HE den größten Teil in die Umverteilungsmasse ein (vgl. Abb. 39). Den mit Abstand größten Anteil der Ausgleichszahlungen erhielt mit ca. drei Milliarden Euro BE.

Abb. 39: Regionales Umverteilungsvolumen im Länderfinanzausgleich im Jahr 2013, in Mrd. €

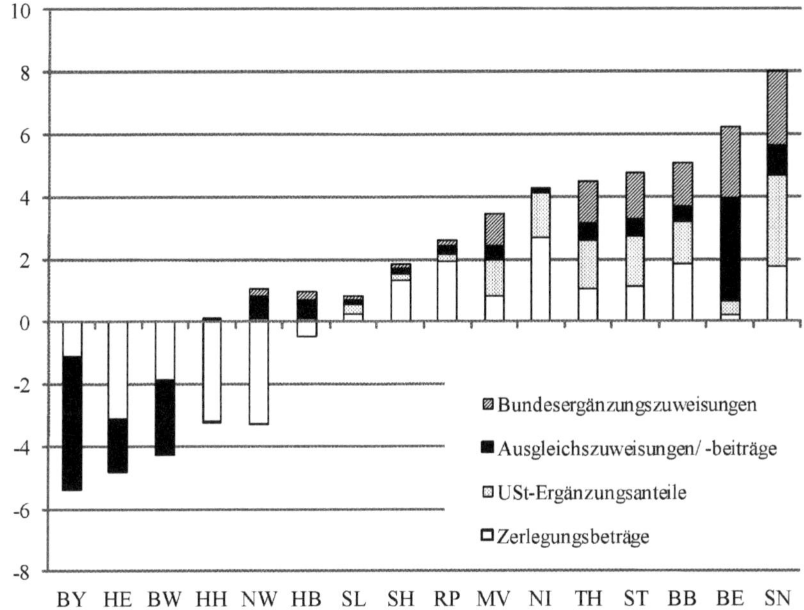

Quelle: Eigene Darstellung basierend auf StBA 2014 b, BMF 2014 a, BR-Drucks. 425/14

Die Bundesergänzungszuweisungen stellten mit knapp elf Milliarden Euro den drittgrößten Betrag dar. Etwa 60 % davon wurden über die teilungsbedingten Sonderergänzungszuweisungen verteilt (vgl. auch Abschnitt 2.2.1.6). Bis zum Jahr 2019 werden diese sukzessive abgeschmolzen. Das Umverteilungsvolumen unter Berücksichtigung der Bundesergänzungszuweisungen wird demzufolge geringer werden (siehe Abb. 40). Die Umsatzsteuerergänzungsanteile und Ausgleichszahlungen werden aber weiter ansteigen.

Abb. 40: Umverteilungsvolumen im Referenzszenario in den Jahren 1995–2020, in Mrd. €

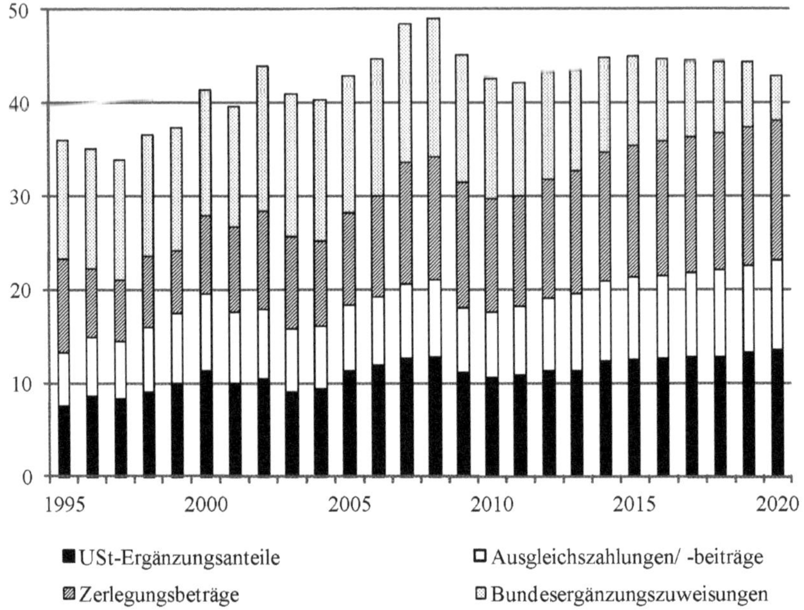

Quelle: BMF 2014 a und eigene Berechnungen

9. Szenarienanalyse

Die dokumentierten demografischen, ökonomischen und finanzwirtschaftlichen Dynamiken sind eine mögliche Entwicklungsrichtung für die Zukunft. Die unterstellten Zusammenhänge und exogene Inputs wie z. B. die Bevölkerungsfortschreibung des Statistischen Bundesamts oder die gesetzlichen Regelungen des Länderfinanzausgleichs bestimmen die Ergebnisse.

Zur Beantwortung von Fragen in der Formulierung „was wäre wenn" wird die Szenarienanalyse eingesetzt. Der Ausgangspunkt einer Szenarioanalyse ist ein Referenzszenario. Das Referenzszenario oder „business as usual"-Szenario beschreibt jene zukünftige Entwicklung, bei der keine weiteren politischen Maßnahmen umgesetzt werden als bis zum aktuellen Zeitpunkt bereits beschlossen sind. Das heißt, die Projektion der Modellvariablen in die Zukunft erfolgt über die Fortschreibung des status quo auf Grundlage der in der Vergangenheit beobachteten Verhaltensweisen der Akteure und den wirtschaftlichen Zusammenhängen.

Abb. 41: Optionen der Ergebnisdarstellung

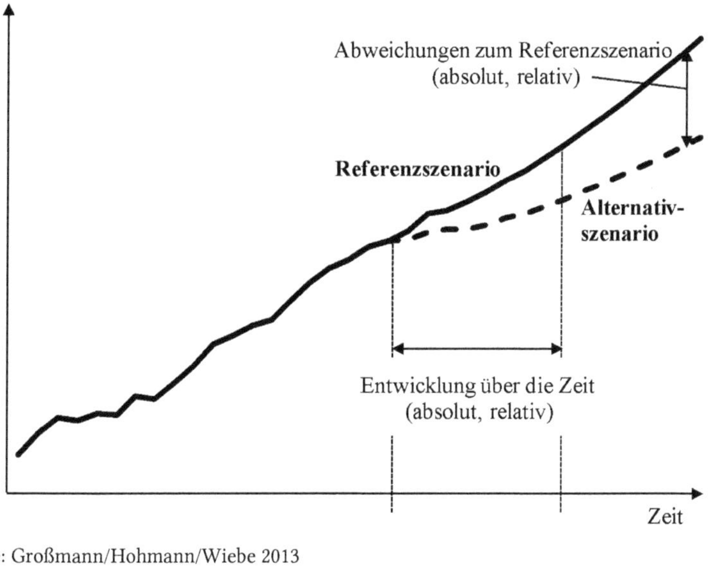

Quelle: Großmann/Hohmann/Wiebe 2013

Für eine Szenarienanalyse bedarf es neben dem Referenzszenario eines weiteren (Alternativ-) Szenarios. In diesem Alternativszenario können exogene Größen variiert (z. B. gesetzliche Regelungen des Länderfinanzausgleichs) oder endogene Größen so beeinflusst werden, dass sie ihren ursprünglichen Pfad verlassen.

Durch die Endogenität der Variablen und die Interdependenzen im Modellsystem können auch Variablen vom Entwicklungspfad des Referenzszenarios abweichen, die nicht exogen beeinflusst werden.

Mit einem Vergleich der Alternativszenarien und des Referenzszenarios können die Unterschiede durch einen „Schock" sichtbar gemacht werden [Großmann/Hohmann/Wiebe 2013, Stocker et al. 2014]. Die Stärke und Richtung der induzierten Impulse können abgeschätzt und Kausalzusammenhänge, die mit der Änderung einhergehen, identifiziert und analysiert werden. Die Ergebnisse der Szenarien werden sowohl in ihrer zeitlichen Entwicklung abgebildet als auch i. V. z. Referenzszenario in relativen und absoluten Abweichungen (vgl. Abb. 41).

In den nächsten Abschnitten werden die inhaltliche Ausgestaltung ausgewählter Simulationsrechnungen beschrieben sowie die Ergebnisse dargestellt und diskutiert. Der Simulationshorizont aller Szenarien umfasst die Jahre 2014 bis einschließlich 2020.

9.1 Szenario: Änderung der Lohnsteuerverteilung

9.1.1 Annahmen

In Abschnitt 2.2.2 wurde der Länderfinanzausgleich kritisch beleuchtet und zugleich Lösungsansätze aus der Literatur vorgestellt. Ein Kritikpunkt bezieht sich auf die Verteilung des Lohnsteueraufkommens nach dem Wohnsitzprinzip. Nachfolgend wird ein Lösungsansatz durchgerechnet, der in Anlehnung an die Forderungen von Heinemann 2006 und Kitterer/Plachta 2008 das Lohnsteueraufkommen stärker wirtschaftskraftorientiert verteilt.

In der Literatur wird unter der wirtschaftskraftorientierten Zerlegung des Steueraufkommens eine Verteilung nach Erwerbstätigen, dem regionalen Bruttoinlandsprodukt oder nach dem Betriebsstättenprinzip verstanden [SVR 2001, Wixforth 2007, Kitterer/Plachta 2008, Heinemann 2006]. In diesem Szenario wird die Lohnsteuer nach dem Ort der Beschäftigung verteilt und nicht nach dem Wohnort. Regionen mit hoher Beschäftigungsintensität erhalten demnach mehr Einnahmen aus der Lohnsteuer.

Gegenüber den anderen Maßstäben, die zur wirtschaftskraftorientierten Verteilung vorgeschlagen werden, hat der hier angewandte Maßstab die Vorteile, dass er zeitnah verfügbar ist, vergleichsweise einfach ermittelt werden kann und weniger durch Revisionen beeinflusst wird wie das BIP [Halder et al. 2013]. Zugleich ist eine Verteilung der Lohnsteuer nach dem Ort der Beschäftigung nur konsequent. Es werden die Regionen von den Lohnsteuereinnahmen profitieren, in denen sich dienstleistungsorientierte, beschäftigungsintensive Unternehmen angesiedelt haben.

Im Vergleich zum Referenzszenario wird in diesem Szenario nur die Verteilung der Lohnsteuer verändert und statt nach dem Wohnsitz nach der regionalen Verteilung der Arbeitnehmer verteilt. Alle anderen Ausgleichsmechanismen des Länderfinanzausgleichs bleiben unverändert erhalten.

Es wird angenommen, dass die neue Einnahmesituation in den Gebietskörperschaften keine Auswirkungen auf die staatliche Konsum- und Investitionstätigkeit hat. Die zusätzlichen Einnahmen werden zur Schuldentilgung verwendet.

9.1.2 Ergebnisse

Abb. 42 zeigt die Verteilung der Beschäftigung in den 16 Bundesländern für das Jahr 2013. Eindeutig sind die Regionen mit hoher und niedriger Beschäftigungsintensität zu erkennen (vgl. auch Tab. 20). Neben den ostdeutschen Ländern (außer SN) weisen HB, SL, HH und SH jeweils max. vier Prozent der gesamtdeutschen Beschäftigung auf.

Abb. 42: Regionale Beschäftigung im Jahr 2013, in v. H. des Bundesdurchschnitts

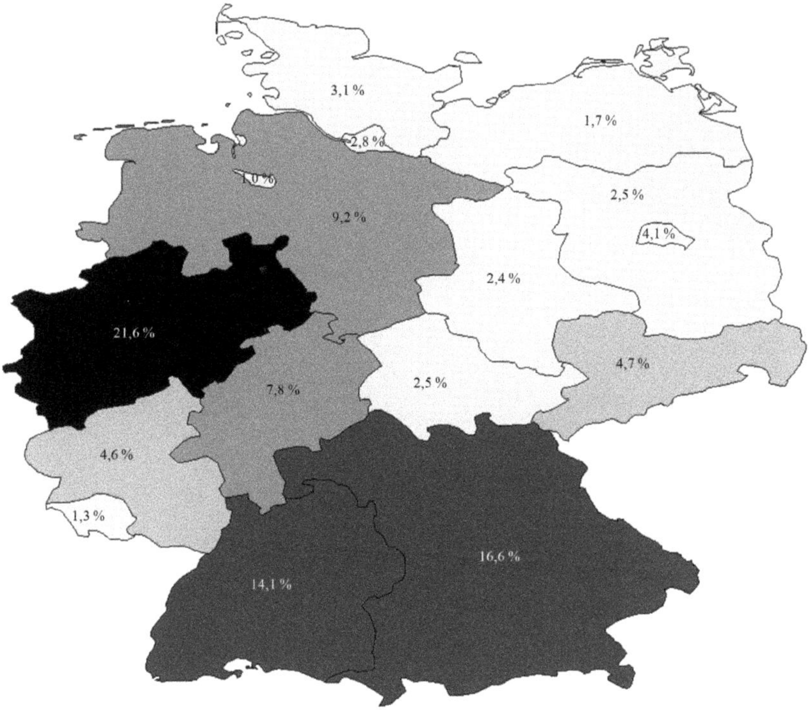

Quelle: Statistische Ämter der Länder 2014. Abbildung erstellt mit MapView

Abb. 43 zeigt im Vergleich zu den Beschäftigungsanteilen die Lohnsteueranteile der Regionen. Der Anteil der Beschäftigung ist in den meisten Fällen größer als die Anteile an den Lohnsteuereinnahmen. Eine Verteilung nach der Beschäftigung würde zunächst vor allem ostdeutsche Bundesländer und die Stadtstaaten (außer HH) begünstigen, da der Anteil der Beschäftigten dort größer ist als der Lohnsteuereinnahme- bzw. Einwohneranteil.

Abb. 43: Regionale Lohnsteuereinnahmen nach Lohnsteuerzerlegung (Wohnsitzprinzip) im Jahr 2013, in v. H. des Bundesdurchschnitts

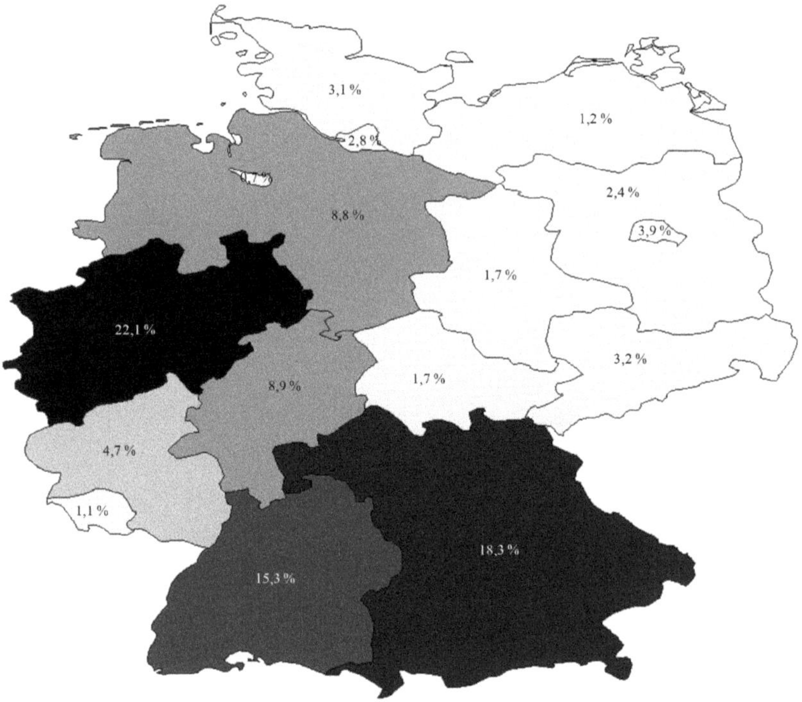

Quelle: StBA 2014 b. Abbildung erstellt mit MapView

Das geltende Verteilungsprinzip benachteiligt die Stadtstaaten und Flächenländer mit vielen Arbeitseinpendlern. Mit der Verteilung der Lohnsteuer nach dem Ort der Beschäftigung und nicht nach dem Wohnsitz werden diese Regionen privilegiert. Zugleich werden die Lohnsteuereinnahmen pro Beschäftigten gleich verteilt. Länder mit unterdurchschnittlichen Lohnsteuereinnahmen pro Beschäftigten profitieren, die anderen Länder sind benachteiligt.

Das spiegelt sich auch in den Ergebnissen der Abb. 44 wider. Die Länder, die aufgrund ihres hohen Pendleranteils zuvor durch höhere Ausgleichsverbindlichkeiten durch das Wohnsitzprinzip benachteiligt waren, erhalten nun proportional zur Wirtschaftskraft (gemessen an der Beschäftigung) ihren Anteil am Lohnsteueraufkommen. SN kann im Vergleich zum status quo seine Lohnsteuereinnahmen weiter verbessern. BW, BY und HE verlieren im Vergleich zur wohnsitzorientierten Zerlegung bis zu zehn Milliarden Euro. Diese Länder haben einerseits einen höheren Einwohneranteil als Arbeitnehmeranteil und andererseits sind die Lohnsteuereinnahmen pro Beschäftigten überdurchschnittlich.

Abb. 44: Regionale Lohnsteuereinnahmen nach wirtschaftskraftorientierter Zerlegung im Jahr 2014, Abweichung in Mrd. € i. V. z. Referenzszenario

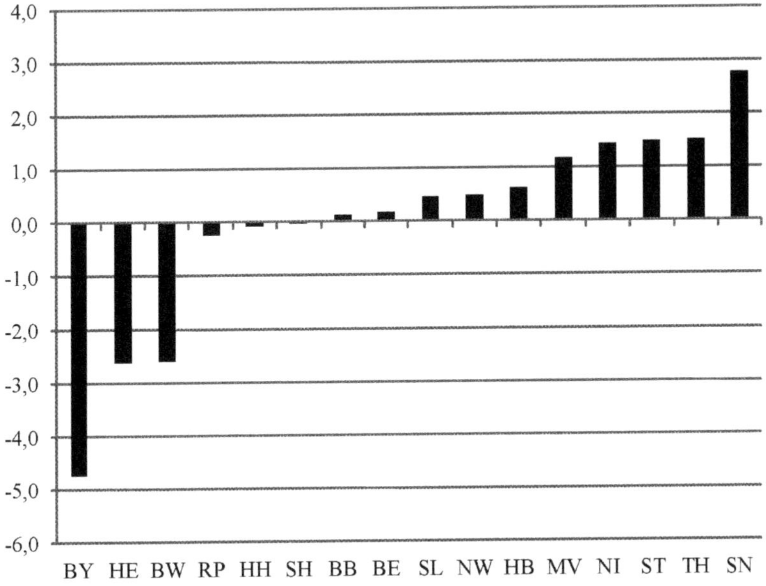

Quelle: Eigene Berechnungen

Durch das höhere Steueraufkommen der steuerschwachen Bundesländer und die geringeren Lohnsteuereinnahmen der steuerstarken Bundesländer schrumpft das Volumen der Umsatzsteuerergänzungsanteile um ca. vier Milliarden Euro gegenüber dem Referenzszenario. Nur RP erhält höhere Umsatzsteuerergänzungsanteile, da sich das Steueraufkommen aufgrund der Lohnsteuerzerlegung nach Arbeitnehmern vom Länderdurchschnitt (lt. § 2 FAG) noch weiter entfernt hat als im Referenzszenario. Das Umsatzsteueraufkommen wird nun in Höhe von ca. vier Milliarden Euro zusätzlich pro Kopf verteilt (siehe Abb. 45).

Abb. 45: Regionale Umsatzsteuerverteilung im Jahr 2014, Abweichungen in Mrd. € i. V. z. Referenzszenario

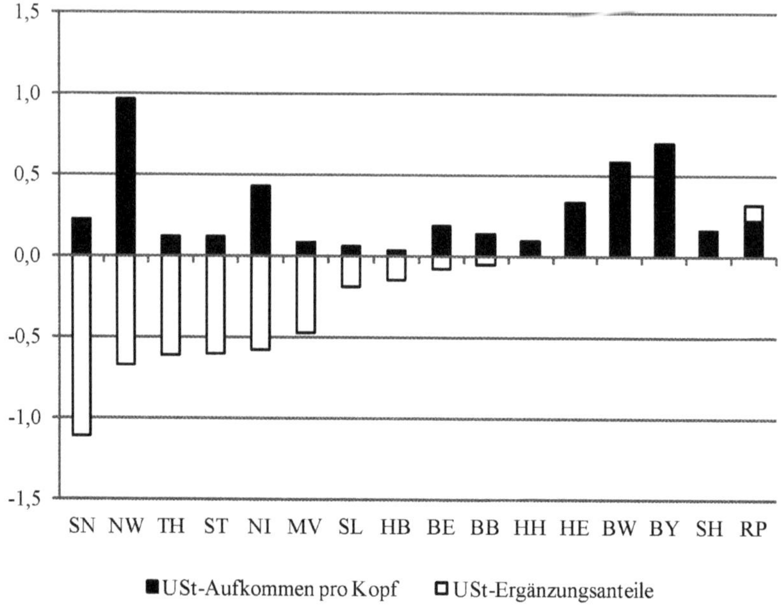

Quelle: Eigene Berechnungen

Bevölkerungsreiche Bundesländer wie u. a. NW, BY, BW und HE werden durch die geringeren Ergänzungsanteile begünstigt. Letztendlich profitieren nach der Umsatzsteuerverteilung diejenigen Bundesländer (z. B. NW, BE, Brandenburg (BB)), deren Rückgang der Umsatzsteuerergänzungsanteile nicht den Zuwachs des Umsatzsteueraufkommens pro Kopf überwiegt.

Die nächste Stufe des Finanzausgleichs korrigiert ein weiteres Mal die Unterschiede in der Finanzkraft. NI wechselt im Länderfinanzausgleich i. e. S. von der Nehmerseite zur Geberseite. Alle anderen Geberländer können ihre Ausgleichsbeiträge reduzieren. Keines der ausgleichsberechtigten, finanzschwachen Bundesländer erhält höhere Zuweisungen. Das Ausgleichsvolumen im LFA i. e. S. wurde um insgesamt ca. zwei Milliarden Euro gegenüber dem Referenzszenario reduziert.

Die Veränderung der Ausgleichszuweisungen und -beiträge nach Bundesländern zeigt Abb. 46.

Abb. 46: Regionale Ausgleichszuweisungen und -beiträge im Jahr 2014, Abweichungen in Mrd. € i. V. z. Referenzszenario

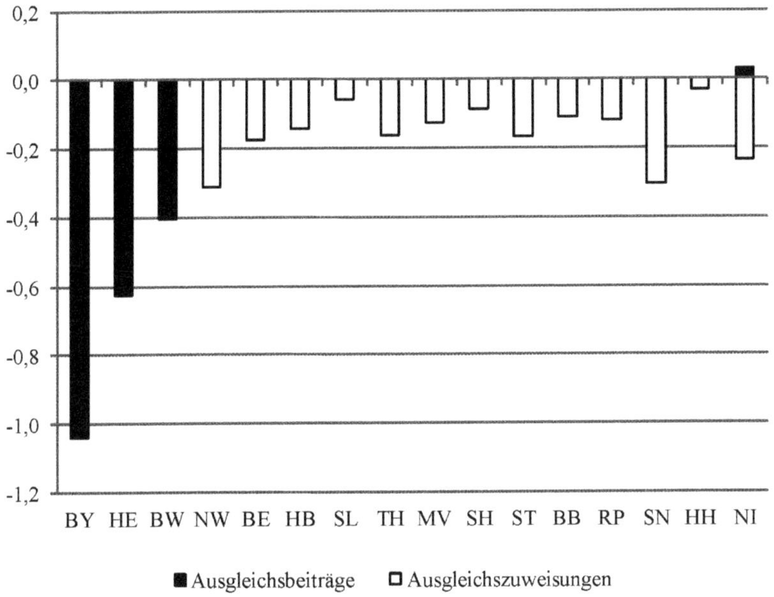

Quelle: Eigene Berechnungen

Nach Verteilung der Steuereinnahmen und Bundesergänzungszuweisungen zeigt sich, dass BY, BW und HE die größten finanziellen Einbußen zu verkraften haben (siehe Abb. 47).

Die Länder haben im Vergleich zu ihren Gemeinden geringere Einbußen. Der Gemeindeanteil an der Lohnsteuer ist an die Lohnsteuereinnahmen des jeweiligen Landes gekoppelt. Verliert ein Bundesland durch das angepasste Zerlegungsprinzip, werden die Gemeinden zu 15 % daran beteiligt. Gleiches gilt auch, wenn ein Bundesland von der Lohnsteuerzerlegung profitiert. Die Abb. 44 (Gewinne und Verluste an Lohnsteuereinnahmen nach Zerlegung) und Abb. 47 zeigen daher für die Gemeindesteuereinnahmen den gleichen Verlauf. Das Volumen unterscheidet sich, da Abb. 44 nur die Lohnsteuereinnahmen zeigt und Abb. 47 die gesamten Steuereinnahmen inkl. der Steuereinnahmen aus der Umsatzsteuer, dem Länderfinanzausgleich i. e. S. und Bundesergänzungszuweisungen umfasst.

Abb. 47: Regionale Steuereinnahmen der Länder und Gemeinden nach Verteilung im Jahr 2014, Abweichungen in Mrd. € i. V. z. Referenzszenario

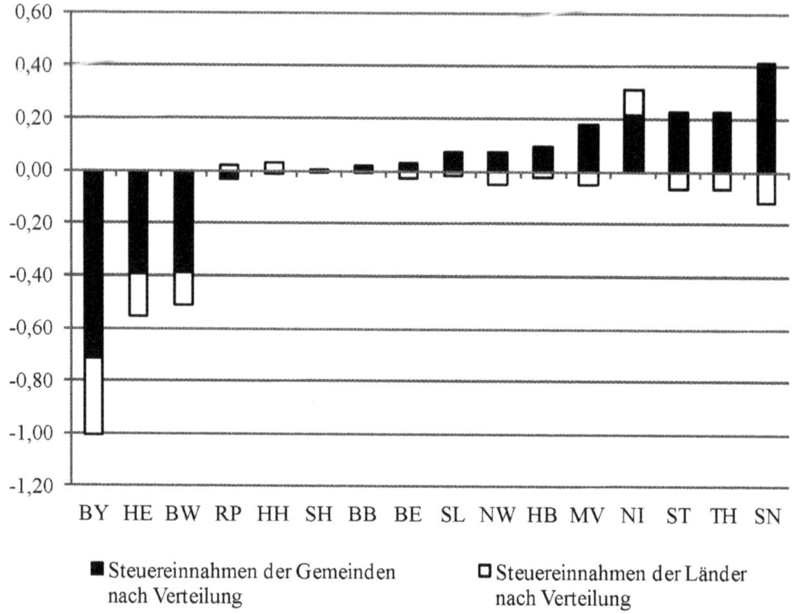

Quelle: Eigene Berechnungen

Die Veränderungen in der Umsatzsteuerverteilung zwischen den Ländern berühren die Gemeinden nicht. Die Gemeinden erhalten ihren Umsatzsteueranteil nach einem eigenen Verteilungsschlüssel. Auch am Länderfinanzausgleich i. e. S. sind die Gemeinden nicht beteiligt.

Die Gemeinden profitieren immer dann von der geänderten Lohnsteuerzerlegung, wenn die Lohnsteuereinnahmen höher sind als im Referenzszenario. Alle andern Umverteilungseffekte des Länderfinanzausgleichs haben keinen Einfluss auf den Finanzierungssaldo der Gemeinden.

Letztendlich profitieren eher die Gemeinden der steuerkraftschwächeren Bundesländer von der Abkehr der einwohnerbezogenen Lohnsteuerzerlegung bei sonst unverändertem Länderfinanzausgleich.

Ein weiterer Vorteil der wirtschaftskraftbezogenen Lohnsteuerverteilung ist die Reduktion des Umverteilungsvolumens – sowohl auf der Stufe der Umsatzsteuerverteilung als auch im eigentlichen Länderfinanzausgleich. Auch der Bund kann von der höheren Finanzkraft der Länder profitieren. Das Volumen der Bundesergänzungszuweisungen, die an leistungsschwache Länder vergeben werden, kann um ca. 850 Mio. € reduziert werden.

Für die Ländergesamtheit bedeuten die geringeren BEZ niedrigere Einnahmen und damit ceteris paribus eine Verschlechterung des Finanzierungssaldos (siehe Abb. 48). Da annahmegemäß die höheren Einnahmen zur Schuldentilgung verwendet und nicht konsumtiv oder investiv verausgabt werden, gibt es keine Kreislaufeffekte. Die Gesamtheit der Gemeindehaushalte und die Haushalte der Sozialversicherungen bleiben daher im Vergleich zum Referenzszenario unverändert.

Abb. 48: Finanzierungssalden für Bund, Länder, Gemeinden und Sozialversicherungen lt. VGR im Jahr 2014, Abweichungen in Mrd. € i. V. z. Referenzszenario

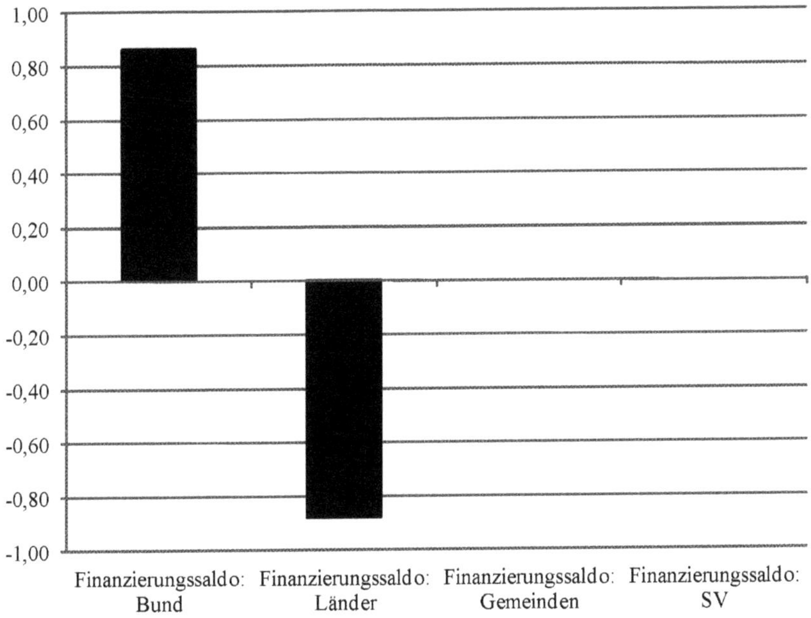

Quelle: Eigene Berechnungen

Die regionale Betrachtung zeigt sowohl für die Länder- als auch die Gemeindehaushalte Unterschiede in den Finanzierungssalden (Abb. 49). Die Summe der Finanzierungssalden über alle Gemeinden ist Null, da der Zugewinn der einen Gemeinden, den Verlust der anderen Gemeinden darstellt. Bei den Ländern ergibt sich eine Differenz von ca. 850 Mrd. € durch die geringeren Bundesergänzungszuweisungen an leistungsschwache Länder.

Bei den Finanzierungssalden zeigt sich nochmal deutlich der Vorteil insbesondere für die ostdeutschen Gemeinden sowie auf Landesebene auch für wirtschaftskraftstarke Länder wie BY, HE und BW.

Abb. 49: Finanzierungssalden für Länder- und Gemeindehaushalte nach Bundesländern lt. Finanzstatistik im Jahr 2014, Abweichungen in Mrd. € i. V. z. Referenzszenario

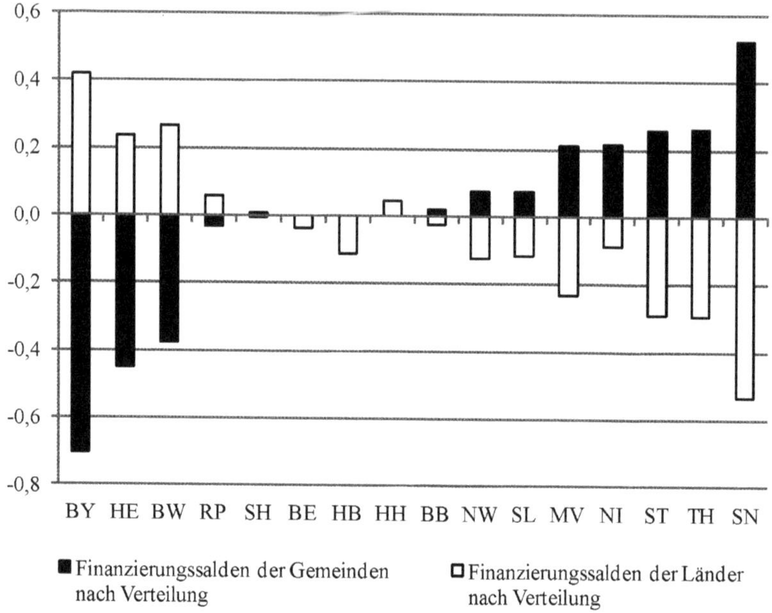

Quelle: Eigene Berechnungen basierend auf dem erweiterten INFORGE/LÄNDER-Modell

Am Beispiel BWs werden in Abb. 50 die Komponenten, die zur Veränderung des Finanzierungssaldos führen, für Länder- und Gemeindehaushalte dargestellt. Für das Land BW verringern sich einerseits die Steuereinnahmen insgesamt, da die geringeren Lohnsteuereinnahmen (ca. minus eine Milliarde Euro) nicht durch höhere Umsatzsteueranteile (ca. plus 0,6 Mrd. €) kompensiert werden können. Andererseits erhalten die Gemeinden BWs nun einen kleineren Anteil an den Lohnsteuereinnahmen (ca. minus 0,4 Mrd. €) und die Ausgleichsbeiträge im Länderfinanzausgleich i. e. S. reduzieren sich um ca. -0,4 Mrd. €. Die Ausgaben des Landes BW reduzieren sich damit stärker als die Einnahmen zurückgegangen sind. Der Finanzierungssaldo des Landes ist positiv.

Abb. 50: Finanzierungssaldo des Landes- und Gemeindehaushalts Baden-Württembergs lt. Finanzstatistik im Jahr 2014, Abweichungen in Mrd. € i. V. z. Referenzszenario

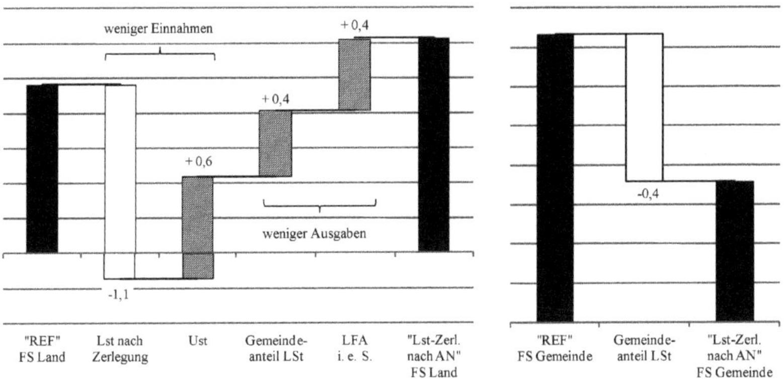

Quelle: Eigene Berechnungen

Der Finanzierungssaldo der Gemeinden BWs wird nur durch die geringeren Lohnsteuereinnahmen verändert und ist im Vergleich zum Referenzszenario um ca. -0,4 Mrd. € geringer.

9.2 Szenario: Abschaffung der Umsatzsteuerergänzungsanteile

Das im vorherigen Abschnitt dargestellte Szenario „Zerlegung der Lohnsteuer nach Arbeitnehmern" hat den Vorteil, dass bei der Ansiedlung von Unternehmen und ihren Beschäftigten in einer Region die geleisteten Lohnsteueraufkommen zunächst dort verbleiben können. Allerdings werden in den weiteren Stufen des Länderfinanzausgleichs die vorläufigen Ergebnisse korrigiert.

Die Verteilungsprinzipien für die Umsatzsteuer und den sekundären, horizontalen Länderfinanzausgleich, die sich weiterhin am Länderdurchschnitt orientieren, sorgen für eine weitreichende Nivellierung des zusätzlich erwirtschafteten Lohnsteueraufkommens. Für eine anreizfreundlichere Gestaltung des Länderfinanzausgleichs sollten auch die Verteilungsmechanismen auf den anderen Stufen des Länderfinanzausgleichs auf den Prüfstand gestellt werden.

Im Szenario „Abschaffung der Umsatzsteuerergänzungsanteile" werden die Verteilungswirkungen analysiert, die bei einer Abschaffung der Umsatzsteuerergänzungsanteile sichtbar werden.

Der Länderfinanzausgleich wird dahingehend modifiziert, dass keine Umsatzsteuerergänzungsanteile in Abhängigkeit von der relativen Finanzkraft verteilt werden, sondern wie beim eigentlichen Länderfinanzausgleich pro Kopf.

Im Abschnitt 9.2.1 werden die Simulationsergebnisse beschrieben, die bei einer Verteilung des Umsatzsteueraufkommens nach Köpfen unter Berücksichtigung von Sonderbedarfen der Stadtstaaten und dünn besiedelten Flächenländern resultieren. Bei der Umsatzsteuerverteilung pro Kopf wird auf eine Bedarfsorientierung umgestellt, die sich an den Verteilungsprinzipien des Länderfinanzausgleichs i. e. S. orientiert. Die Bedarfsorientierung wird vollständig für die Umsatzsteuerverteilung angewandt. Im bislang geltenden FAG wurden bei der Umsatzsteuerverteilung pro Kopf keine Sonderbedarfe berücksichtigt, d. h. die Einwohnerzahlen für die Stadtstaaten und dünn besiedelten Flächenländer wurden nicht „veredelt".

Im darauffolgenden Abschnitt 9.2.2 erfolgt die Verteilung des Umsatzsteueraufkommens ohne die Einwohnerveredelung. Die künstliche Erhöhung der Einwohner wird auch im Länderfinanzausgleichs i. e. S. abgeschafft.

9.2.1 Abschaffung der Umsatzsteuerergänzungsanteile und Verteilung des Umsatzsteueraufkommens nach „veredelten" Einwohnern

9.2.1.1 Annahmen

Dieses Szenario unterscheidet sich vom Referenzszenario (vgl. Kapitel 8) nur hinsichtlich der Umsatzsteuerverteilung. Die dargestellten Ergebnisse resultieren aus diesem Unterschied und die dadurch bewirkten modellendogenen Anpassungen anderer Modellgrößen.

Mit dem Wegfall der Umsatzsteuerergänzungsanteile werden Mittel in Höhe von ca. zwölf Milliarden Euro „frei". Sowohl diese als auch die übrigen (Umsatzsteuer, die pro Kopf verteilt wurde) 77 Mrd. € werden nun nach „veredelten" Köpfen bei den Stadtstaaten und dünn besiedelten Flächenländern verteilt.

„Veredelt" bedeutet in diesem Zusammenhang, dass die Zahl der Einwohner mit einem Faktor größer Eins multipliziert wird (vgl. Abschnitt 2.2.1.5). Mehr als die Hälfte der höheren Einwohnerzahlen geht auf die Stadtstaaten zurück, deren Einwohner mit dem Faktor 1,35 „veredelt" werden. Die dünn besiedelten Flächenländer erhalten nur einen geringen Aufschlagsfaktor (Sachsen-Anhalt (ST) 1,02, BB 1,03 und MV 1,05). Dadurch wird die Anzahl der Einwohner künstlich um insgesamt zwei Millionen erhöht. Die Verteilung auf die Bundesländer zeigt Abb. 51.

Abb. 51: Veredelte Einwohneranzahl nach Bundesländern im Jahr 2014, Abweichungen in 1.000 Personen i. V. z. nicht veredelten Einwohneranzahl

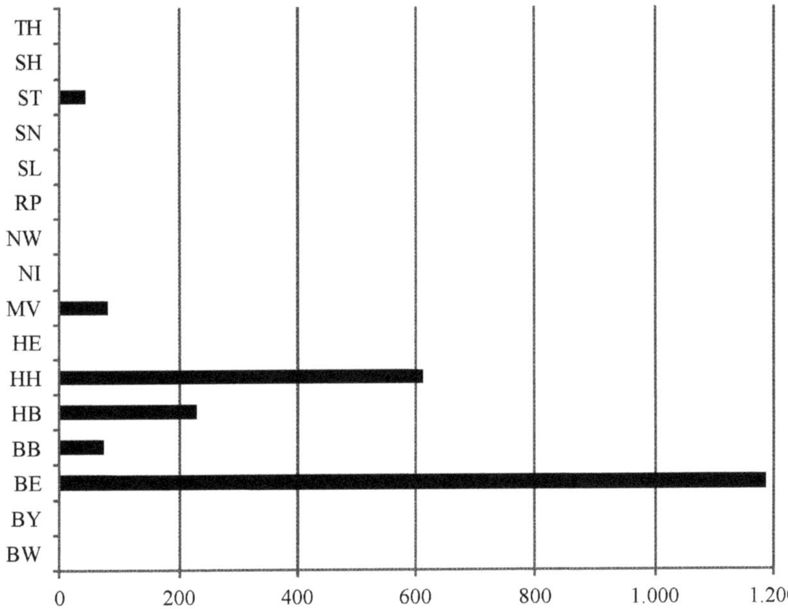

Quelle: Eigene Berechnungen

9.2.1.2 Ergebnisse

Die Verteilung der Umsatzsteuer auf die Länder im Vergleich zum Referenzszenario zeigt Abb. 52. BB, MV und ST haben trotz Einwohnerveredelung weniger Umsatzsteuereinnahmen als im Vergleichslauf. Auch andere Länder wie NI, SN, SL und Thüringen (TH), die zuvor noch Umsatzsteuerergänzungsanteile erhalten haben, verlieren einen Teil ihrer Umsatzsteuereinnahmen. BE, HB, NW, SH und RP können sich trotz der Einbußen an Umsatzsteuerergänzungsanteilen besserstellen als zuvor, da diese Länder durch die Anzahl ihrer Einwohner den Verlust kompensieren können.

Abb. 52: Regionale Umsatzsteuereinnahmen nach Verteilung im Jahr 2014, Abweichungen in Mrd. € i. V. z. Referenzszenario

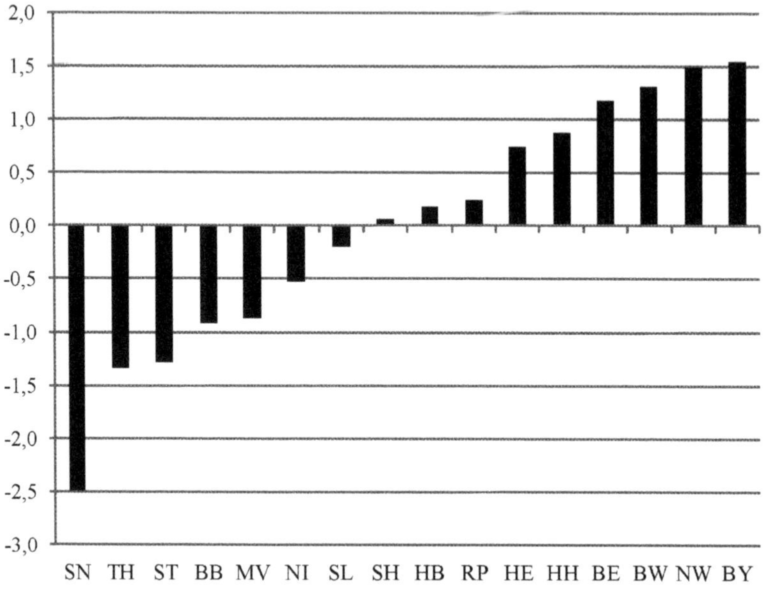

Quelle: Eigene Berechnungen

Mit der Abschaffung der Umsatzsteuerergänzungsanteile ist ein Finanzkraftausgleichsmechanismus beseitigt worden. Das übernimmt nun der Länderfinanzausgleich i. e. S.. Im Vergleich zum status quo steigen die Ausgleichszahlungen um knapp vier Milliarden Euro an. Der Anstieg kompensiert den Wegfall der Ergänzungsanteile (zwölf Milliarden Euro in 2014) nur teilweise.

Die Ausgleichsbeiträge werden wie bisher von BY, BW und HE sowie nun auch von NW und HH geleistet, die zuvor noch Empfänger waren (siehe Abb. 53).

Abb. 53: Ausgleichszuweisungen, -beiträge nach Bundesländern im Jahr 2014, Abweichungen in Mrd. € i. V. z. Referenzszenario

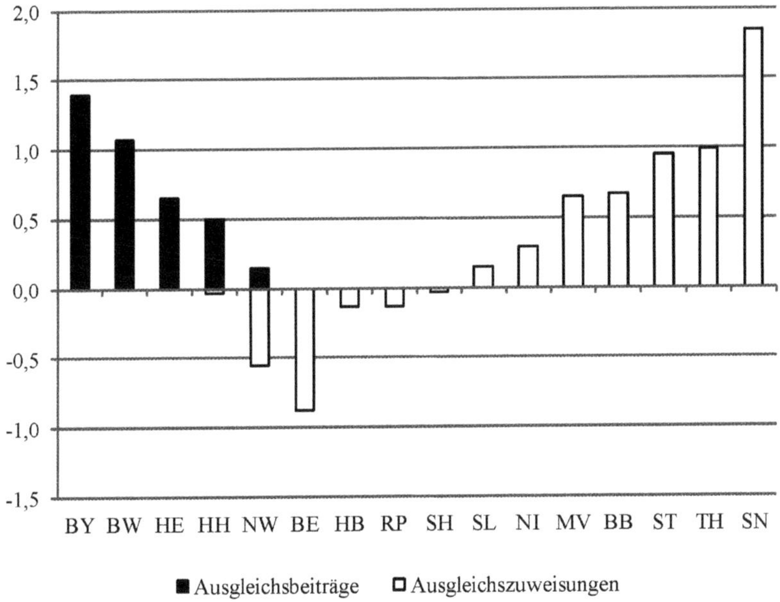

Quelle: Eigene Berechnungen

Die Länder, die bei der Umsatzsteuerverteilung nun mehr einnehmen (z. B. HB, BE) als im Referenzszenario, erhalten auf dieser Stufe weniger Ausgleichszuweisungen. Alle anderen Länder (u. a. SN, BB) werden an die durchschnittliche Finanzkraft angenähert und erhalten höhere Zuweisungen.

Jene Bundesländer, die höhere Ausgleichszuweisungen erhalten, bekommen auf der nächsten Stufe des Finanzausgleichs Ergänzungszuweisungen vom Bund, da sie als leistungsschwach im Sinne des § 11 FAG gelten (siehe Abb. 54). Die Länder, die geringere Ausgleichszuweisungen erhalten bzw. Ausgleichsbeiträge leisten, verlieren ihre Ansprüche auf BEZ für leistungsschwache Länder (HH, NW) oder verringern diese zumindest (RP, BE, SH, HB). Insgesamt steigen die BEZ um eine Milliarde Euro, da der Zuwachs an BEZ den Rückgang überwiegt.

Abb. 54: Bundesergänzungszuweisungen nach Bundesländern im Jahr 2014, Abweichungen in Mrd. € i. V. z. Referenzszenario

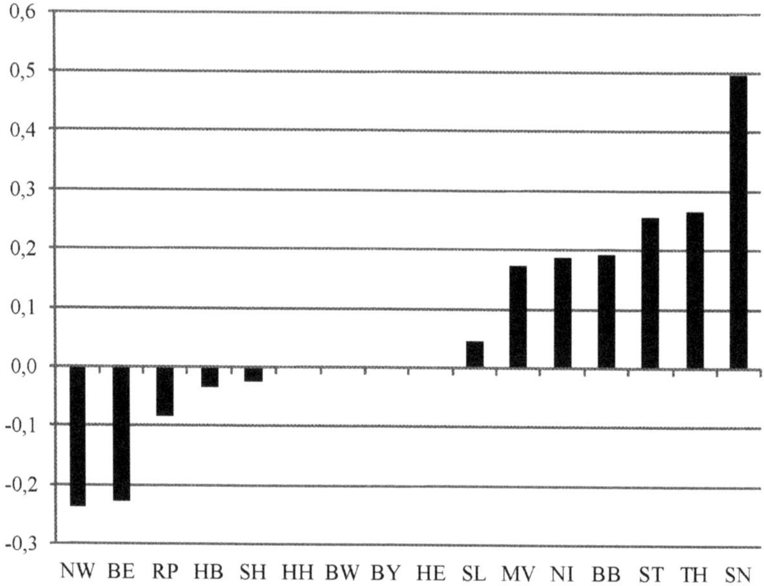

Quelle: Eigene Berechnungen

Im Vergleich zum Referenzszenario mit dem FAG im status quo ist das gesamte Umverteilungsvolumen (Umsatzsteuerergänzungsanteile, Ausgleichszuweisungen, BEZ) mit 24 Mrd. € eindeutig geringer. Im Referenzszenario waren es im gleichen Jahr 32 Mrd. €.

Nach Abschluss des Länderfinanzausgleichs gibt es in gleicher Anzahl Gewinner und Verlierer der geänderten Umsatzsteuerverteilung. Dem Volumen nach ist das stärkere Gewicht auf der Seite der einwohnerstarken Länder, die profitieren (siehe Abb. 55).

Abb. 55: Regionale Steuereinnahmen nach Verteilung im Jahr 2014, Abweichungen in Mrd. € i. V. z. Referenzszenario

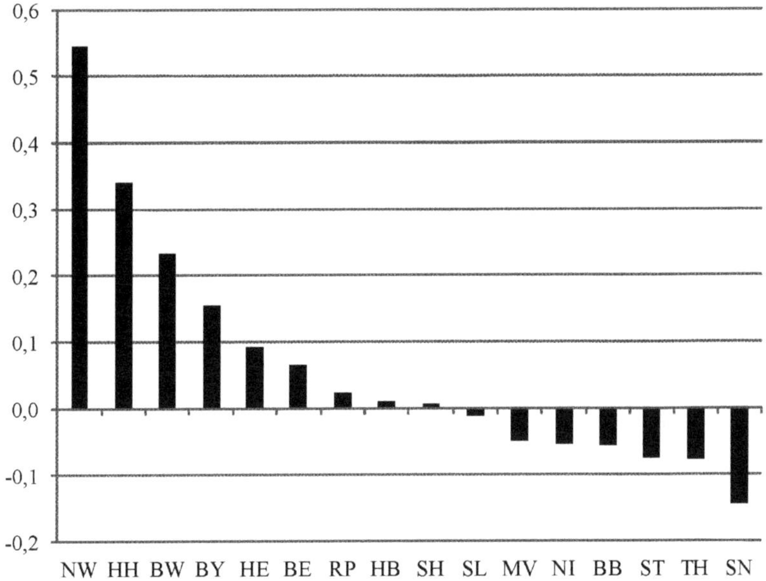

Quelle: Eigene Berechnungen

Für den Bund bedeutet die geänderte Verteilung unter den Ländern einen finanziellen Verlust in Höhe von einer Milliarde Euro, die er an leistungsschwache Bundesländer vergibt. Die Ländergesamtheit insgesamt profitiert vom Wegfall der Umsatzsteuerergänzungsanteile (siehe Abb. 56).

Abb. 56: Finanzierungssalden von Bund, Ländern, Gemeinden, SV lt. VGR im Jahr 2014, Abweichungen in Mrd. € i. V. z. Referenzszenario

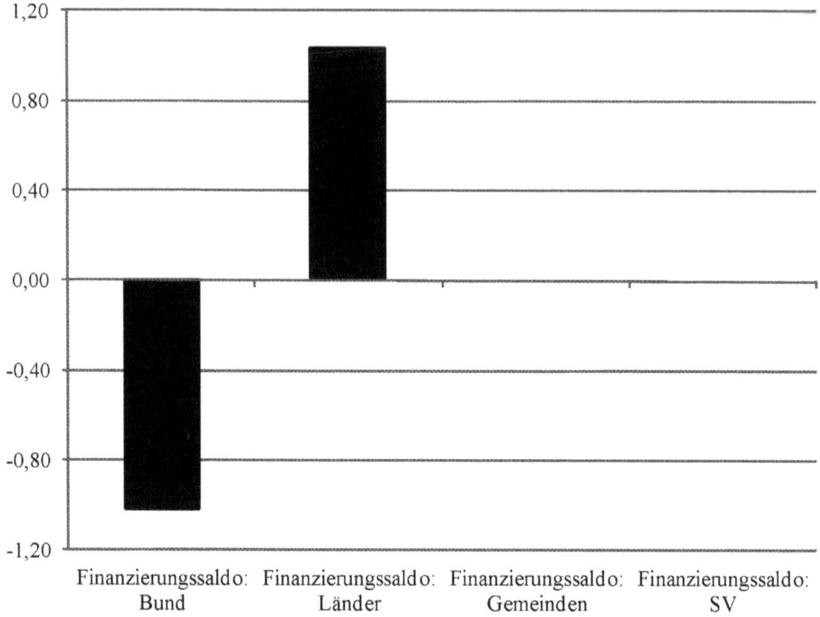

Quelle: Eigene Berechnungen

Die Abweichungen der regionalen Finanzierungssalden der Länderhaushalte zeigt Abb. 57. Auf die Gemeindehaushalte hat der Wegfall der Umsatzsteuerergänzungsanteile keinen Einfluss. Die Veränderungen zum Referenzszenario sind Null.

Die Veränderung der Finanzierungssalden weicht von der Veränderung der Einnahmen ab, da die Ausgleichsbeiträge die Ausgabenseite und die Ausgleichszuweisungen die Einnahmeseite der Länderhaushalte beeinflussen. Für NW, BY und TH wird die Veränderung der Komponenten, die zum Finanzierungssaldo führen, dargestellt (siehe Abb. 58).

Für BY (links in Abb. 58) ist der Zuwachs an Umsatzsteuereinnahmen zunächst von Vorteil. Im Länderfinanzausgleich i. e. S. muss BY aber höhere Ausgleichsbeiträge (ca. 1,4 Mio. €) zahlen und verliert so den Großteil des ursprünglichen Zuwachses. Insgesamt profitiert BY aber im Vergleich zum Referenzszenario und der Finanzierungssaldo steigt.

Für TH ist die Änderung der Umsatzsteuerverteilung von Nachteil. Der Bevölkerungsanteil THs ist relativ gering und eine künstliche Erhöhung der Einwohnerzahl erfolgt nicht. Daher verliert TH bei der Umsatzsteuerverteilung an Einnahmen im Vergleich zur Referenz (-1,34 Mrd. €). Die höheren Ausgleichszuweisungen (plus eine Milliarde Euro) und die Bundesergänzungszuweisungen (+0,27 Mrd. €) für leistungsschwache Bundesländer können den Rückgang nicht kompensieren, so dass sich der Finanzierungssaldo weiter verschlechtert.

Abb. 57: Finanzierungssalden der Länder- und Gemeindehaushalte lt. Finanzstatistik im Jahr 2014, Abweichungen in Mrd. € i. V. z. Referenzszenario

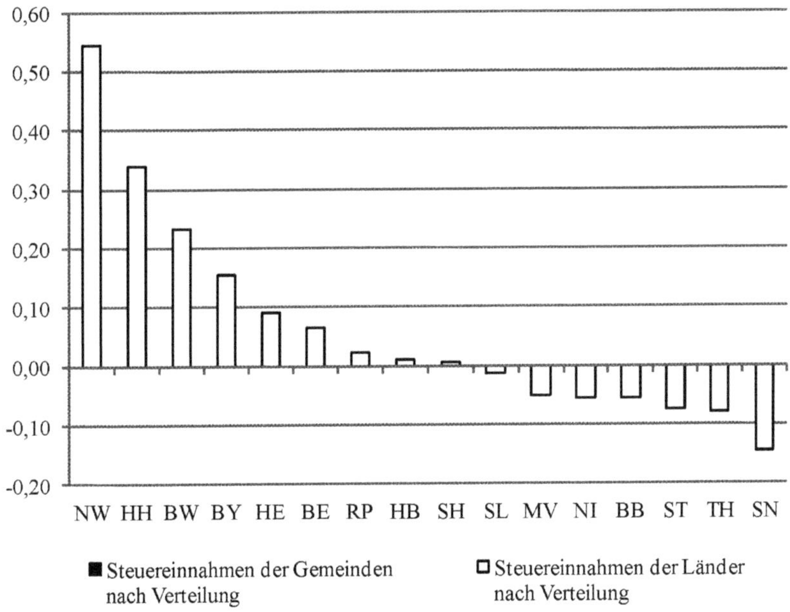

Quelle: Eigene Berechnungen

Im letzten Beispiel (NW, rechts in Abb. 58) ist die Umstellung der Umsatzsteuerverteilung von Vorteil. NW ist das bevölkerungsreichste Bundesland, das daher von einer pro-Kopf-Verteilung der Umsatzsteuer profitiert. Der Umsatzsteuerzuwachs i. H. v. +1,5 Mrd. € führt auf den nachgelagerten Stufen des Länderfinanzausgleichs aber zu Verlusten. NW wechselt im Länderfinanzausgleich von der Empfänger- auf die Geberseite und zahlt Ausgleichsbeiträge in Höhe von ca. 150 Mio. € statt ca. 550 Mio. € Ausgleichszuweisungen zu erhalten. Zudem erhält das Land auch keine BEZ für leistungsschwache Länder (ca. -240 Mio. €) mehr. Insgesamt kann sich NW um ca. 540 Mio. € verbessern.

Abb. 58: Finanzierungssalden der Länderhaushalte Bayerns, Thüringens und Nordrhein-Westfalens lt. Finanzstatistik im Jahr 2014, Abweichungen in Mrd. € i. V. z. Referenzszenario

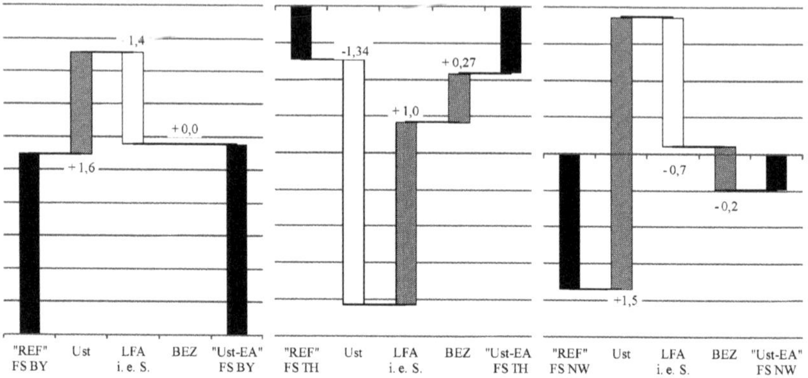

Quelle: Eigene Berechnungen

9.2.2 Abschaffung der Umsatzsteuerergänzungsanteile und Abschaffung der Einwohnerveredelung

9.2.2.1 Annahmen

Dieses Szenario unterscheidet sich vom Referenzszenario (vgl. Kapitel 8) hinsichtlich der Umsatzsteuerverteilung und der Berechnung des Finanzbedarfs.

Mit dem Wegfall der Umsatzsteuerergänzungsanteile werden Mittel in Höhe von ca. zwölf Milliarden Euro „frei". Sowohl diese als auch die übrigen 77 Mrd. € (Umsatzsteuer, die pro Kopf verteilt wurde) werden nun nach der Zahl der Einwohner verteilt. Im Unterschied zum vorangegangenen Szenario (vgl. Abschnitt 9.2.1) werden die Einwohner der Stadtstaaten und der dünn besiedelten Flächenländer nicht künstlich erhöht.

9.2.2.2 Ergebnisse

Mit der Abschaffung der Einwohnerveredelung verändern sich die Einwohneranteile (siehe Abb. 59).

Abb. 59: Regionale Einwohneranteile mit und ohne Einwohnerveredelung im Jahr 2014, in Prozent (linke Achse) und Abweichungen in Prozentpunkten (rechte Achse)

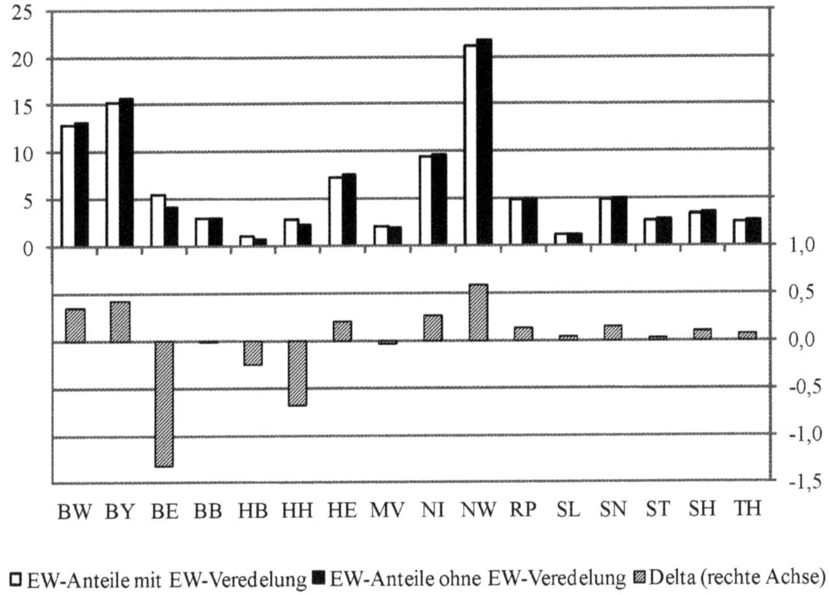

Quelle: Eigene Berechnungen

Den größten Rückgang verzeichnen die Stadtstaaten. BB und MV verlieren -0,01 %-Punkte bzw. -0,04 %-Punkte. ST kann trotz Wegfall der Einwohnerveredelung seinen Einwohneranteil geringfügig (+0,02 %-Punkte) erhöhen.

Die Veränderung der Umsatzsteuereinnahmen folgt den Einwohneranteilen. Den größten Verlust im Vergleich zum Szenario „Abschaffung der Umsatzsteuerergänzungsanteile und Verteilung nach „veredelten" Einwohnern" haben die Stadtstaaten (siehe Abb. 60).

Abb. 60: Regionale Umsatzsteuereinnahmen nach Verteilung im Jahr 2014, Abweichungen in Mrd. € i. V. z. Szenario „Abschaffung der Umsatzsteuerergänzungsanteile und Verteilung der Umsatzsteuer nach „veredelten" Einwohnern"

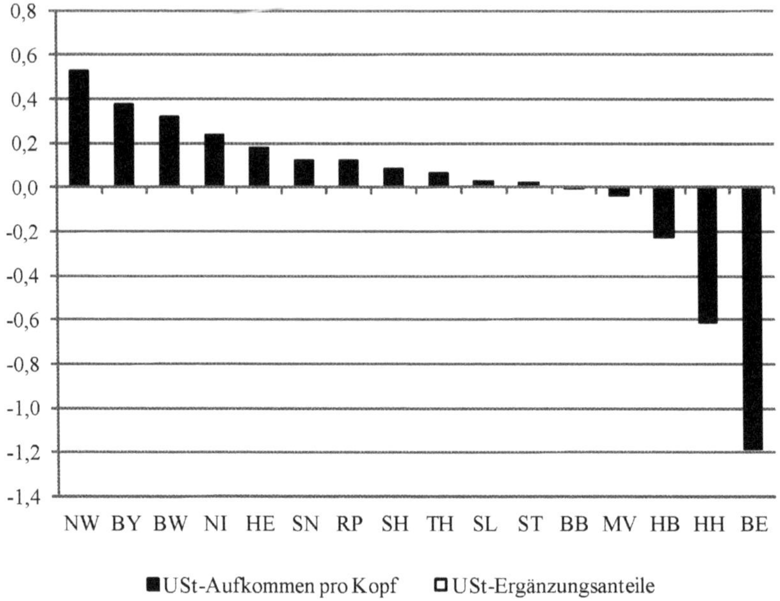

Quelle: Eigene Berechnungen

Im Vergleich zur Referenz ist der Verlust sehr gering bzw. HH erhält sogar zusätzliche Umsatzsteuereinnahmen (siehe Abb. 61).

Abb. 61: Regionale Umsatzsteuereinnahmen nach Verteilung im Jahr 2014, Abweichungen in Mrd. € i. V. z. Referenzszenario

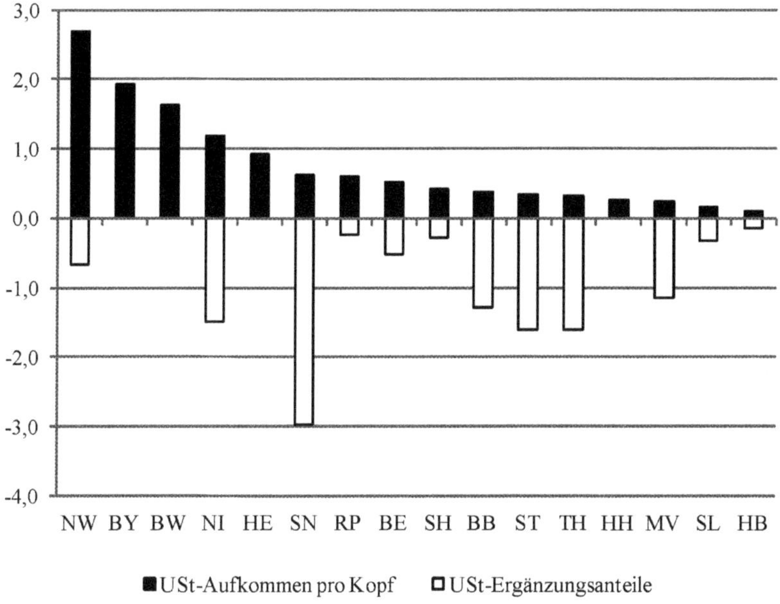

Quelle: Eigene Berechnungen

Die Umsatzsteuereinnahmen gehen in die Berechnung der Finanzkraft ein. Die Veränderung der Umsatzsteuereinnahmen führt im gleichem Umfang zu einer Änderung der Finanzkraft.

Die Ausgleichsmesszahl wird ebenfalls durch die Abschaffung der Einwohnerveredelung tangiert. In die Berechnung des Finanzbedarfs gehen die Länder- und die Gemeindesteuereinnahmen ein. Die Ländersteuereinnahmen werden im status quo nach den Einwohneranteilen verteilt, die sich ergeben, wenn nur die Einwohner der Stadtstaaten „veredelt" werden. Für die Verteilung der Gemeindesteuereinnahmen werden zusätzlich die Einwohner der dünn besiedelten Flächenländer künstlich erhöht. Mit der Abschaffung der Einwohnerveredelung reduzieren sich die Einwohneranteile entsprechend.

Das Volumen des Ländersteueraufkommens ist größer als das Gemeindesteueraufkommen. Damit hat der Wegfall der Stadtstaatenprivilegierung einen größeren Einfluss auf die Ländersteuereinnahmen und damit den Finanzbedarf als die Privilegierung der dünn besiedelten Flächenländer bei den Gemeindesteuereinnahmen. Die Ausgleichsmesszahl bzw. der Finanzbedarf verringert sich in den Stadtstaaten. In allen anderen Ländern erhöht sich die Ausgleichsmesszahl (siehe Abb. 62).

Abb. 62: Regionale Ausgleichsmesszahl im Jahr 2014, Abweichungen in Mrd. € i. V. z. Referenzszenario

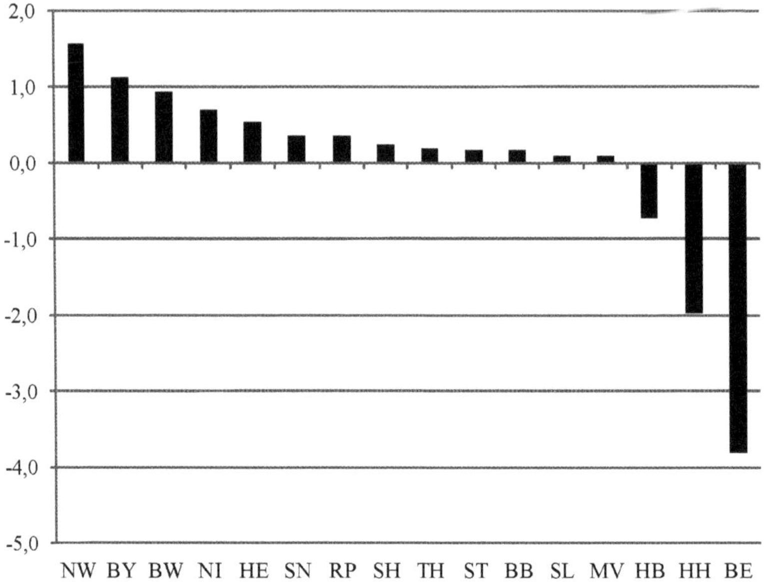

Quelle: Eigene Berechnungen

Die Veränderung der regionalen Finanzkraft- und Ausgleichsmesszahlen führt dazu, dass das Umverteilungsvolumen im Länderfinanzausgleich i. e. S. im Vergleich zum Szenario „Abschaffung der Umsatzsteuerergänzungsanteile und Verteilung nach „veredelten" Einwohner" um ca. 0,8 Mrd. € im Jahr 2014 geringer ist. BY, BW und HE zahlen weniger in den Länderfinanzausgleich ein. NW wechselt von der Geber- auf die Nehmerseite. Die Stadtstaaten sind die Verlierer in diesem Szenario. BE und HB erhalten weniger an Ausgleichszahlungen und HH muss mehr an Ausgleichszahlungen leisten. Die übrigen Bundesländer erhalten höhere Ausgleichszahlungen (siehe Abb. 63).

Abb. 63: Ausgleichsbeiträge und Ausgleichszuweisungen nach Bundesländern im Jahr 2014, Abweichungen in Mrd. € i. V. z. Szenario „Abschaffung der Umsatzsteuerergänzungsanteile und Verteilung der Umsatzsteuer nach „veredelten" Einwohnern"

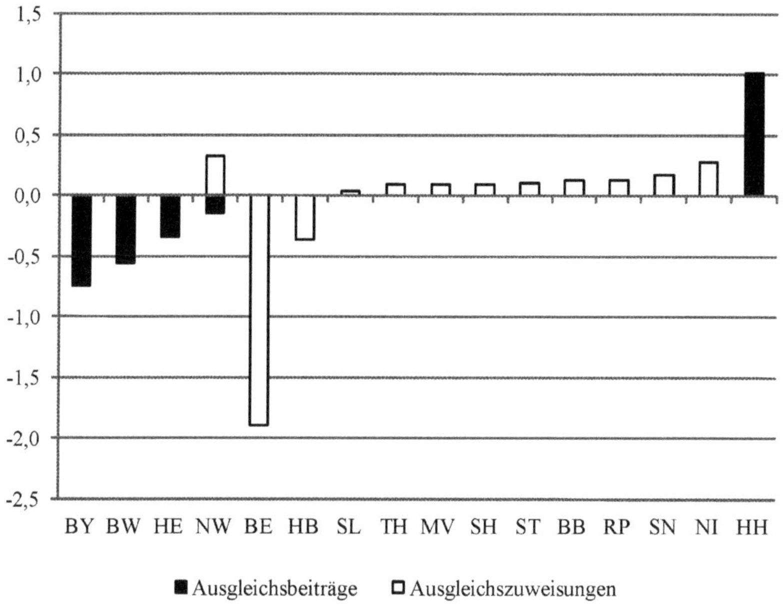

Quelle: Eigene Berechnungen

Im Vergleich zum Referenzszenario führt die Abschaffung der Umsatzsteuerergänzungsanteile und die Abschaffung der Einwohnerveredelung dazu, dass BY, BW und HE mehr im Rahmen des LFA i. e. S. an andere Bundesländer zahlen müssen aber weniger als bei einer Abschaffung der Umsatzsteuerergänzungsanteile und Beibehaltung der Einwohnerveredelung (vgl. Abschnitt 9.2.1). HH wechselt von der Nehmer- auf die Geberseite. NW, BE, HB und RP erhalten weniger Ausgleichszuweisungen im Vergleich zur Referenz. Die übrigen Bundesländer sind bessergestellt (siehe Abb. 64).

Abb. 64: Ausgleichsbeiträge und Ausgleichszuweisungen nach Bundesländern im Jahr 2014, Abweichungen in Mrd. € i. V. z. Referenzszenario

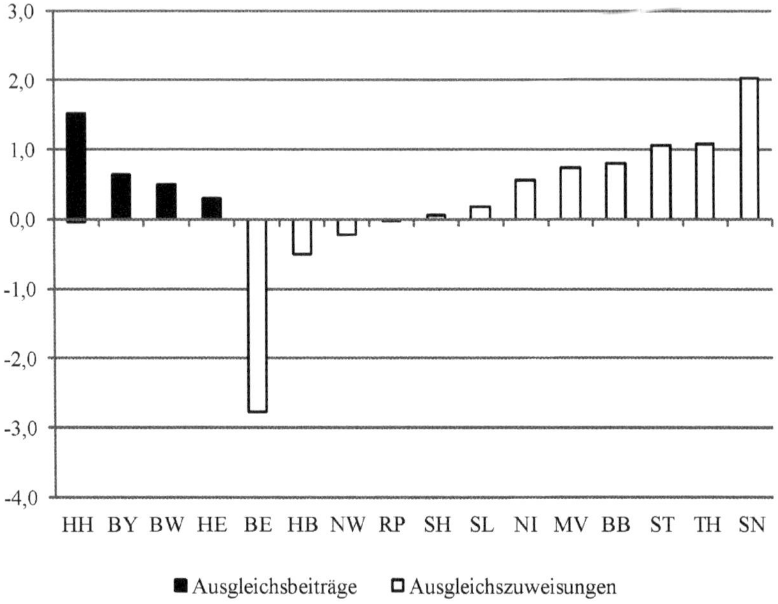

Quelle: Eigene Berechnungen

Die geänderten Ländereinnahmen führen dazu, dass der Bund weniger Ergänzungszuweisungen an leistungsschwache Bundesländer im Vergleich zum Szenario „Abschaffung der Umsatzsteuerergänzungsanteile und Verteilung der Umsatzsteuer nach „veredelten“ Einwohnern“ vergeben muss (-250 Mio. €). BE und HB erhalten durch die Abschaffung der Einwohnerveredelung -570 Mio. € bzw. -110 Mio. € weniger Unterstützung. Andere Bundesländer erhalten höhere Bundesergänzungszuweisungen (siehe Abb. 65). Im Vergleich zur Referenz sind es ca. 840 Mio. € mehr an Bundesergänzungszuweisungen.

Abb. 65: Bundesergänzungszuweisungen nach Bundesländern im Jahr 2014, Abweichungen in Mrd. € i. V. z. Szenario „Abschaffung der Umsatzsteuerergänzungsanteile und Verteilung der Umsatzsteuer nach „veredelten“ Einwohnern“

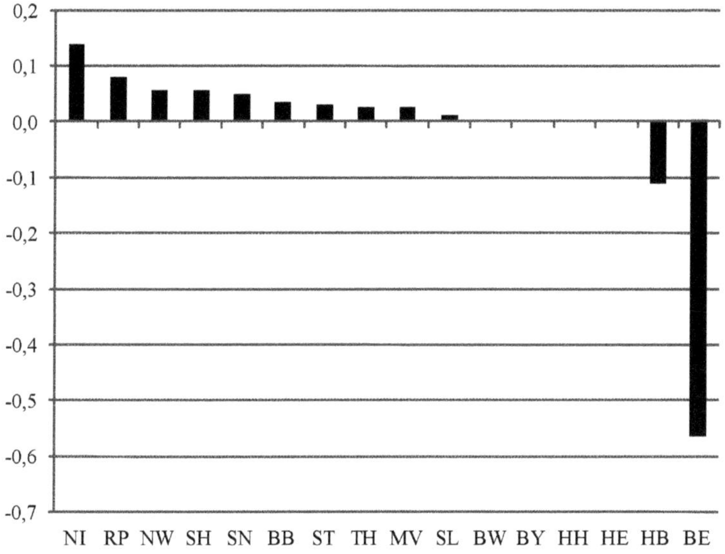

Quelle: Eigene Berechnungen

Nach der Verteilung der Steuereinnahmen zeigt sich, dass die Stadtstaaten die einzigen Verlierer bei der Abschaffung der Einwohnerveredelung und bei gleichzeitiger Abschaffung der Umsatzsteuerergänzungsanteile sind. BE hat -3,6 Mrd. €, HH -1,6 Mrd. € und HB -0,7 Mrd. € weniger Steuereinnahmen im Vergleich zum Szenario „Abschaffung der Umsatzsteuerergänzungsanteile und Verteilung der Umsatzsteuer nach „veredelten“ Einwohnern“. Die Einnahmen der Gemeinden sind davon unberührt. Der Vergleich mit dem Referenzszenario zeigt vergleichbare Ergebnisse. Nur die Stadtstaaten verlieren Steuereinnahmen. Alle anderen Bundesländer verzeichnen höhere Steuereinnahmen nach Abschluss des Länderfinanzausgleichs.

9.2.3 Zusammenfassende Beurteilung

Die Ergebnisse des Szenarios in Abschnitt 9.2 zeigen, dass es unter mehreren Aspekten von Vorteil sein kann, die Umsatzsteuerergänzungsanteile abzuschaffen.

Mit der Änderung der Umsatzsteuerverteilung wird der Länderfinanzausgleich transparenter. Die Verteilungsmechanismen, die sich bisher an der Steuerkraft pro Kopf orientiert haben, entfallen. Stattdessen werden die gleichen Ausgleichsmechanismen auf der Ebene der Umsatzsteuerverteilung angewendet wie im Länderfinanzausgleich i. e. S.. Damit wird ein Mangel im geltenden Finanzausgleich reduziert, der die unterschiedlichen Tarifverläufe kritisiert und damit die Nachvollziehbarkeit der Ausgleichsmechanismen erheblich erschwert.

Mit der Abschaffung der Umsatzsteuerergänzungsanteile kann auch ein in der Öffentlichkeit viel kritisierter Punkt abgeschwächt werden. Die „originäre" Finanzausstattung steht im geltenden Finanzausgleich nach der Verteilung der Umsatzsteuer fest. Da die Stufen des LFA nicht unabhängig voneinander sind, wurde von diesen „originären" Steuereinnahmen in zuletzt drei Bundesländern wieder etwas „weggenommen", was als ungerecht empfunden wird. Andere Bundesländer (NW), die bei der Umsatzsteuerverteilung noch Finanzmittel abgegeben haben, werden im LFA i. e. S. zu Nehmerländern.

Bei einer vollständigen Umsatzsteuerverteilung pro Kopf leisten auf der nächsten Stufe des LFA neben den drei steuerkraftstärksten Ländern BY, BW und HE auch HH und NW Ausgleichsbeiträge. Damit sind die finanziellen Belastungen für die einzelnen Länder geringer.

Mit der Abschaffung der Umsatzsteuerergänzungsanteile reduziert sich die Umverteilungsmasse erheblich. Im geltenden LFA werden bei Berücksichtigung der Umsatzsteuerergänzungsanteile und Ausgleichsbeiträge bzw. Ausgleichszuweisungen noch ca. 21 Mrd. € umverteilt, im neuen Verteilsystem ca. zwölf Milliarden Euro. Ein Nachteil ist, dass der Bund ca. eine Milliarde Euro mehr an leistungsschwache Bundesländer zuweist und so der Bundeshaushalt stärker belastet wird.

Die Umsatzsteuerverteilung pro Kopf bietet die Möglichkeit weitere Bedarfskomponenten zu integrieren. Bislang orientiert sich der Bedarf an den Köpfen. Dabei wird grundsätzlich davon ausgegangen, dass es ein proportionales Verhältnis von Aufgaben bzw. Ausgaben und den Einwohnern eines Landes gibt.

Die Veredelung der Einwohnerzahlen berücksichtigt zusätzlich den Sonderbedarf der Stadtstaaten und dünn besiedelten Flächenländern. In Stadtstaaten wird davon ausgegangen, dass diese Funktionen übernehmen, die sonst durch das Umland abgedeckt werden. In Ländern mit geringer Einwohnerdichte besteht tendenziell das Problem, dass die Grundversorgung mit öffentlichen Gütern gewährleistet werden muss, aber die Kosten pro Kopf vergleichsweise hoch sind.

Die Veredelung der Einwohner wird immer wieder zur Diskussion gestellt [vgl. Abschnitt 2.2.2]. In der Vergangenheit hat das Bundesverfassungsgericht die künstliche Einwohnergewichtung als verfassungskonform bewertet [BVerfGE 72, 330 vom 14. Juni 1986, BVerfGE 86, 148 vom 9. November 1991, BverfGE 2 BvF 1/99 vom 11. November 1999].

Im Szenario „Abschaffung der Einwohnerveredelung" werden die Folgen einer Nichtberücksichtigung abstrakter Mehrbedarfe der Stadtstaaten und dünn besiedelter Flächenländer ermittelt. Bei einer vollständigen Abschaffung der Einwohnerveredelung verfügen die Stadtstaaten über geringere Steuereinnahmen. Bei unveränderter Ausgabenhöhe wird damit der Haushalt zusätzlich belastet.

Die Einwohnerveredelung wird nicht grundsätzlich in Frage gestellt. Sie kann aber vor den veränderten demografischen Rahmenbedingungen neu überdacht werden. So könnte ein Demografiefaktor integrieren werden. Der demografische Wandel führt in vielen Länder dazu, dass die Einwohnerzahl schrumpft und damit Remanenzen bei den

Kosten entstehen können. Altersstruktureffekte können die Ausgaben und Einnahmen der Haushalte stärker belasten. Geringere Einkommensteuereinnahmen können aus einem überproportional schrumpfenden Anteil der Bevölkerung im erwerbsfähigen Alter resultieren, die über den Demografiefaktor berücksichtigt werden könnten.

Eine um ein bis zwei Jahre verzögerte Berücksichtigung der Einwohnerzahl in den Berechnungen, die der Steuerumverteilung zugrunde liegen, könnte den Ländern Zeit für Anpassungen verschaffen.

Welche Bedarfe wie in die Veredelung der Einwohnerzahlen integriert werden, muss im politischen Prozess mit allen beteiligten Akteuren diskutiert werden. Das hier genutzte Simulationsmodell kann verschiedene Varianten berechnen und die Resultate vergleichen. Die Entscheidung für oder gegen eine Variante liegt im Ermessen der Politik.

Mit den bisher beschriebenen Modellrechnungen konnte gezeigt werden, dass mit der detaillierten Modellierung des Staatssektors nun z. B. auch Änderungen im Länderfinanzausgleich gerechnet werden können. Dokumentationen weiterer Simulationen in diesem Zusammenhang werden an dieser Stelle nicht vorgenommen.

9.3 Szenario: Abschaffung des Solidaritätszuschlags

Der Solidaritätszuschlag steht seit Längerem im öffentlichen Interesse und in der Kritik. Die Diskussionen drehen sich u. a. darum, ob der Solidaritätszuschlag noch notwendig und verfassungsgemäß ist. Kritiker des Solidaritätszuschlags argumentieren, dass diesbezügliche Einnahmen im Rahmen des Solidaritätspaktes nur den ostdeutschen Ländern zugute kommen und eine Gegenüberstellung der Einnahmen aus dem Solidaritätszuschlag und der Kosten der Einheit zu einem Einnahmenüberschuss führen [Färber 2013, Lemmers 2013]. Daraus erwächst die Forderung den Solidaritätszuschlag abzuschaffen.

Diese Argumentation ist jedoch nicht zulässig. Der Solidaritätszuschlag steht mit dem Solidarpakt in keinem Zusammenhang, auch wenn der Name diesen Eindruck erwecken mag [BT-Drucks. 16/6223 vom 9. August 2007].

Der Solidaritätszuschlag wurde im Zuge der einheitsbedingten Neuordnung der Finanzverfassung und des Finanzausgleichs eingeführt [Schulemann 2010, S. 5, BT-Drucks. 13/6798 vom 17. Januar 1997, Altemeier 1999 S. 107 und 226 ff.]. Die Kosten der Wiedereinigung sollten finanziert werden [BGBl. I 1991/38], aber die Einnahmen sind nicht zweckgebunden (Non-Affektationsprinzip lt. § 7 HGrG, § 8 BHO). Das Aufkommen dient grundsätzlich der Gesamtdeckung der Bundesausgaben und der Verbesserung der Steuereinnahmen des Bundes [BT-Drucks. 16/6223 vom 9. August 2007]. Der Bund verzichtete im Solidarpaktkompromiss auf sieben Prozentpunkte an der Umsatzsteuer (seit 1995) und erhält seitdem dafür die Einnahmen aus dem Solidaritätszuschlag.[124]

---

124 Die Ländergesamtheit konnte im Gegenzug ihre Umsatzsteuereinnahmen um sieben Prozentpunkte erhöhen. Diese dienen zur Begrenzung der höheren Belastungen im

Bei der Frage nach der Verfassungsmäßigkeit des Solidaritätszuschlags stand die Frage im Mittelpunkt, ob der Solidaritätszuschlag die Eigenschaften einer Ergänzungsabgabe erfüllt. Ergänzungsabgaben dürfen nur vorübergehend erhoben werden [Schemmel 2008, S. 6 f.]. Damit dürfte der Solidaritätszuschlag, der bereits mehr als 20 Jahre erhoben wird, die Eigenschaft verletzen, so dass niedersächsische Finanzgericht im Jahr 2009 [Klageverfahren 7 K 143/08]. Das Bundesverfassungsgericht sollte nun über die Verfassungskonformität entscheiden. Es lehnte die Vorlage zur Überprüfung der Verfassungsmäßigkeit aber ab [BVerfG, 2 BvL 3/10 vom 8. September 2010]. Der Solidaritätszuschlag als Ergänzungsabgabe ist damit weiterhin verfassungskonform wie bereits 1972 entschieden [BverfGE 32, 333 ff.].

Im Jahr 2013 stellte das niedersächsische Finanzgericht ein weiteres Mal die Verfassungswidrigkeit des Solidaritätszuschlags fest [Zweiter Aussetzungs- und Vorlagebeschluss im Klageverfahren 7 K 143/08]. Erneut wurde ein Verfahren beim Bundesverfassungsgericht angestrengt. Dabei geht es diesmal insbesondere um die verschiedenen Anrechnungsvorschriften bei der Einkommensteuer. Bei gleich hohen Einkommen werden unterschiedlich hohe Solidaritätszuschlagszahlungen festgesetzt. Das verstößt dem Finanzgericht nach gegen das Gleichbehandlungsgebot [Klageverfahren 7 K 143/08 vom 21. August 2013]. Zum jetzigen Zeitpunkt steht eine Entscheidung des Bundesverfassungsgerichts noch aus.

Als Argument für die Abschaffung des Solidaritätszuschlags oder zumindest einer Senkung des Zuschlagssatzes wird insbesondere die Entlastung der Steuerpflichtigen angeführt und die dämpfende Wirkung des Solidaritätszuschlags auf das Wirtschaftswachstum [Kasten 2013, BtDrS 13/890 vom 24. März 1995, BtDrS 16/6223 vom 9. August 2007].

Die Befürworter des Solidaritätszuschlags argumentieren, dass sich die langfristige Tragfähigkeit der Staatsfinanzen in den nächsten Jahren demografiebedingt weiter verschlechtern und ohne Gegenmaßnahmen die Verschuldung weiter ansteigen wird [Fuest 2007, S. 492]. Insbesondere vor dem Hintergrund der Schuldenbremse von Bund und Ländern und der bereits in vielen Gemeinden angespannten finanziellen Lage muss die Einnahmeseite gestärkt werden. Eine Integration des Solidaritätszuschlags in die Einkommensteuern stellt eine Möglichkeit dar.

In den Abschnitten 9.3.1 und 9.3.2 werden zwei Szenarien vorgestellt und ausgewertet. Das erste Szenario nimmt den Punkt der Wachstumsschwächung der Solidaritätszuschlagsgegner auf und analysiert die Wirkungen einer Abschaffung des Solidaritätszuschlags ohne Gegenfinanzierung. Das zweite Szenario analysiert die Wirkungen einer Integration des Solidaritätszuschlags in die Einkommensteuern und damit einen Punkt der Befürworter des Solidaritätszuschlags.

Länderfinanzausgleich i. e. S., die durch den Einbezug der ostdeutschen Länder in den Finanzausgleich ab 1995 anstiegen.

9.3.1 Abschaffung des Solidaritätszuschlags ohne Gegenfinanzierung

9.3.1.1 Annahmen

Diese Simulationsrechnung gibt über die finanziellen, verteilungsrelevanten und ökonomischen Folgen einer Abschaffung des Solidaritätszuschlags ohne eine Gegenfinanzierung Aufschluss.

In der Simulationsrechnung wird der Solidaritätszuschlagssatz von zurzeit 5,5 % auf Null reduziert. Die Mechanismen des Länderfinanzausgleichs werden nicht variiert und gleichen denen des Referenzszenarios.

9.3.1.2 Ergebnisse

Eine Abschaffung des Solidaritätszuschlags ab dem Jahr 2014 führt im ersten Jahr zu Einnahmeeinbußen in Höhe von ca. 15 Mrd. €. Der Bund, dem das Aufkommen zusteht, muss bis zum Jahr 2020 bei der unterstellten Entwicklung im Referenzszenario auf ca. 17 Mrd. € verzichten (siehe Abb. 66). Gleichzeitig bringt die Abschaffung des Solidaritätszuschlags den Einkommensteuerzahlern steuerliche Erleichterung.

Abb. 66: Aufkommen aus dem Solidaritätszuschlag in den Jahren 1991–2020, in Mrd. €

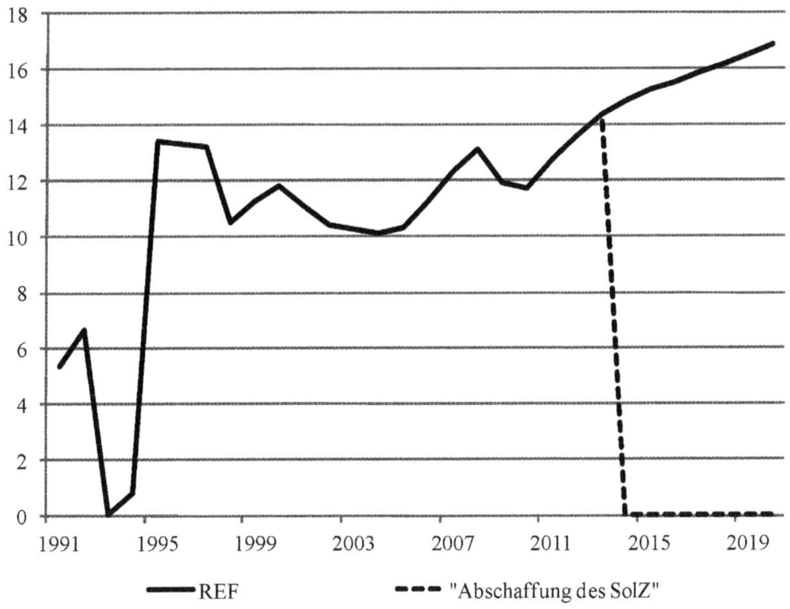

Quelle: Eigene Berechnungen

Die regionale Wirkungsanalyse zeigt aufgrund von Lohndisparitäten eine differenzierte Entlastung. Durch die Kopplung an die Einkommensteuern wirkt auch der Solidaritätszuschlag progressiv [Dalezios 2006, S. 31 ff., StBA 2008 a, S. 68, Heck 2005, S. 96, Heilemann 1994, S. 59 ff., RWI 1992, S. 3 ff.]. Vom Wegfall des Solidaritätszuschlags profitieren daher die Bewohner der einkommenstarken Länder BW, BY, NW und HE am meisten (siehe Abb. 67).

Abb. 67: Regionales Aufkommen aus dem Solidaritätszuschlag im Jahr 2020, Abweichungen in Mrd. € i. V. z. Referenzszenario

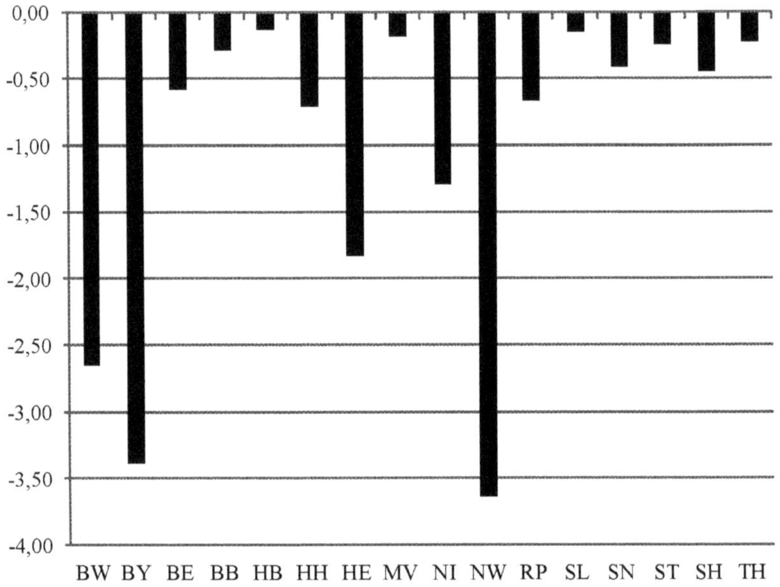

Quelle: Eigene Berechnungen

Die finanzielle Entlastung der Bürger durch geringere steuerliche Abzüge vom Einkommen lässt das Verfügbare Einkommen der privaten Haushalte steigen. Höhere Konsumausgaben werden getätigt (siehe Abb. 68). Bei einer Sparquote von ca. zehn Prozent gelangen im Jahr 2020 ca. 15 Mrd. € in den Wirtschaftskreislauf. Der Großteil wird für Konsumgüter ausgegeben. Die zusätzliche Güter- und Dienstleistungsnachfrage bewirkt positive Effekte auf das Verbrauchsteueraufkommen. Das Gütersteueraufkommen (ohne Umsatzsteuer) steht mit Ausnahme der Biersteuer vollständig dem Bund zu. Am Umsatzsteueraufkommen ist der Bund zu ca. 53 % beteiligt.

Abb. 68: Regionaler Privater Konsum im Jahr 2020, Abweichungen in Mrd. € i. V. z. Referenzszenario

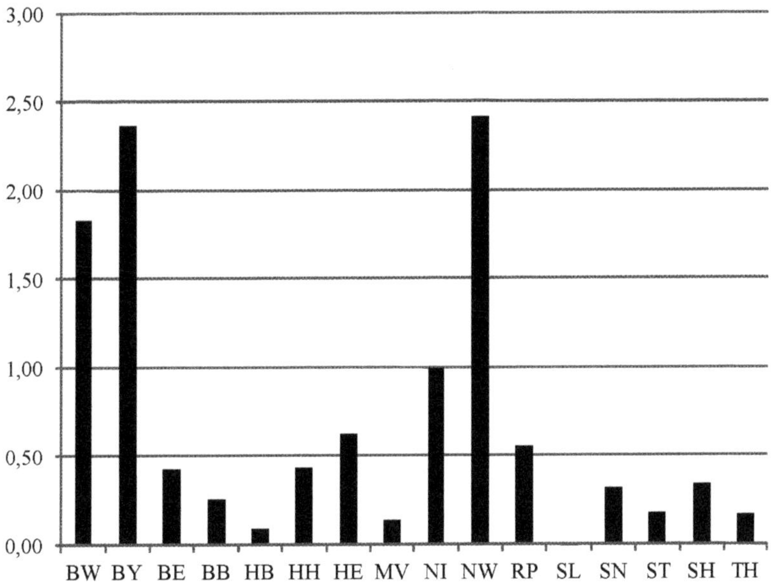

Quelle: Eigene Berechnungen

Der Nachfrageimpuls ist auch am Arbeitsmarkt zu spüren. Die höhere Beschäftigung lässt die Einkommen steigen und bei unveränderten Steuersätzen können die Gebietskörperschaften höhere Steuereinnahmen erzielen. Am höheren Einkommensteueraufkommen partizipiert der Bund zu 42,5 %.

Insgesamt kann der Steuerausfall des Bundes geringfügig kompensiert werden (siehe Abb. 69). Der Verlust am Aufkommen des Solidaritätszuschlags in Höhe von ca. 17 Mrd. € wird durch die Einkommensteuern und Körperschaft- und Umsatzsteuer um insgesamt eine Milliarde Euro gemildert. Die übrigen Bundessteuern tragen 0,3 Mrd. € dazu bei.

Abb. 69: Einnahmen des Bundes aus Einkommensteuern, Körperschaftsteuer, übrigen Bundessteuern und Solidaritätszuschlag im Referenz- und Vergleichsszenario im Jahr 2020, in Mrd. €

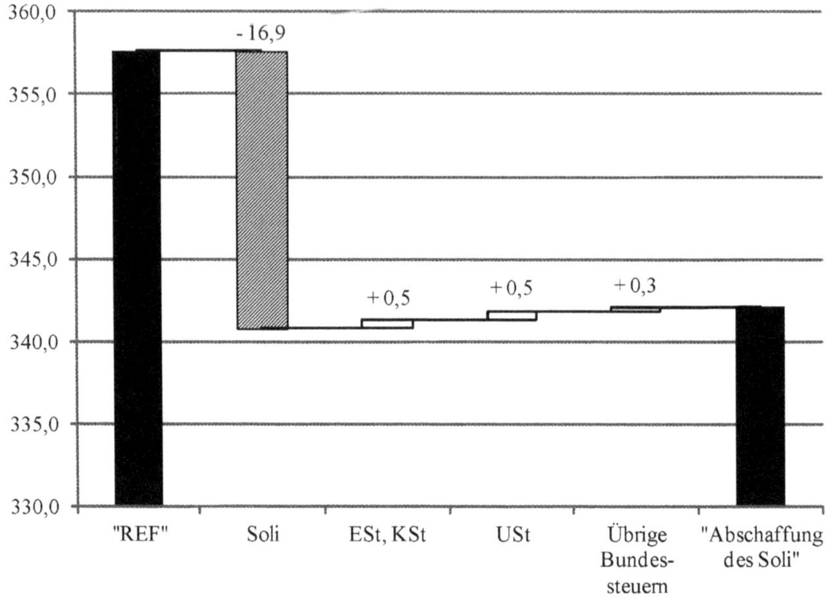

Quelle: Eigene Berechnungen

Insgesamt reduziert sich das Einkommen- (inkl. Solidaritätszuschlag) und Gütersteueraufkommen gegenüber dem Referenzszenario um ca. 14 Mrd. €. Die Länder und Gemeinden profitieren vollständig von der Abschaffung des Solidaritätszuschlags. Den finanziellen Verlust trägt allein der Bund.

Das zusätzliche Steueraufkommen beeinflusst unmittelbar den Länderfinanzausgleich. Am stärksten profitieren die wirtschaftsstärkeren und bevölkerungsreichen Bundesländer vom Einkommens- und Nachfrageeffekt. Das Steueraufkommen steigt in diesen Ländern stärker an und vergrößert die Unterschiede in der Steuerkraft der Länder.

Auf der ersten Stufe des Steuerkraftausgleichs werden die Umsatzsteuerergänzungsanteile den Ländern zugewiesen, die unterdurchschnittliche Steuereinnahmen haben. Für die Länder, die bereits im Referenzszenario Umsatzsteuerergänzungsanteile erhalten haben, erhöhen sich diese um bis zu 15 Mio. € (SN).

Durch den Zuwachs des gesamten Umsatzsteueraufkommens erhöht sich auch die Verteilung der Umsatzsteuer pro Kopf. Im Ergebnis erhalten alle Bundesländer i. V. z. Referenzszenario höhere Einnahmen aus der Umsatzsteuer (siehe Abb. 70).

Abb. 70: Regionales Umsatzsteueraufkommen im Jahr 2020, Abweichungen in Mrd. € i. V. z. Referenzszenario

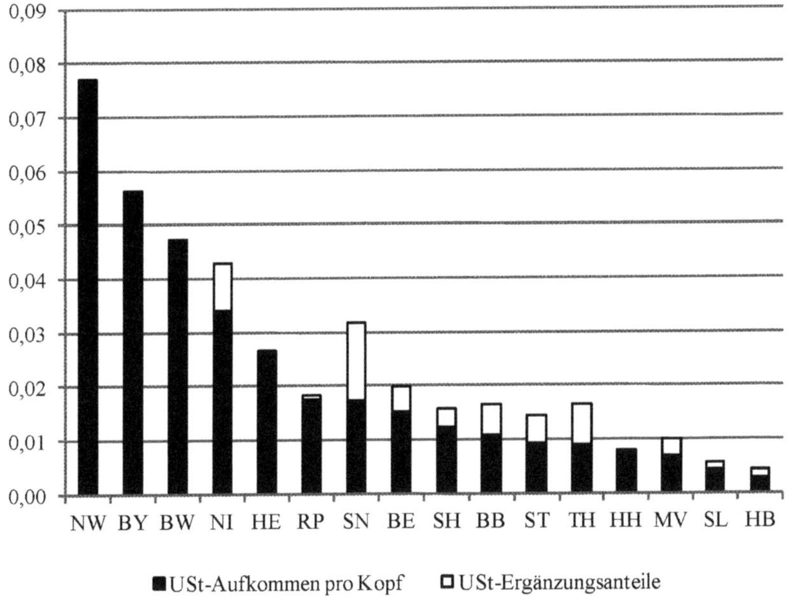

Quelle: Eigene Berechnungen

Im Länderfinanzausgleich i. e. S. steigt das Ausgleichsvolumen um 30 Mio. € im Jahr 2020 gegenüber dem Referenzszenario an, da sich die steuerlichen Aufkommenseffekte regional ungleich verteilen und bei unveränderten wirtschaftlichen Rahmenbedingungen die Einnahmen weiterhin in steuerkraftstarken Regionen anfallen. Drei Geberländer (BW, BY, HE) unterstützen die übrigen Bundesländer. BW zahlt nur geringfügig mehr (0,3 Mio. €) an die Nehmerländer. BY und HE tragen ca. 30 Mio. € mehr als zuvor. Unter den Nehmerländern erhalten HH und NW ca. zwei Millionen Euro geringere Ausgleichszuweisungen. Den übrigen Bundesländern werden im Vergleich zum Referenzszenario höhere Beträge zugewiesen.

Insgesamt profitieren alle Bundesländer und ihre Gemeinden an den gestiegenen Steuereinnahmen nach Abschluss des Länderfinanzausgleichs und den Bundesergänzungszuweisungen (siehe Abb. 71).

Abb. 71: Regionale Steuereinnahmen der Länder und Gemeinden nach Verteilung im Jahr 2020, Abweichungen in Mrd. € i. V. z. Referenzszenario

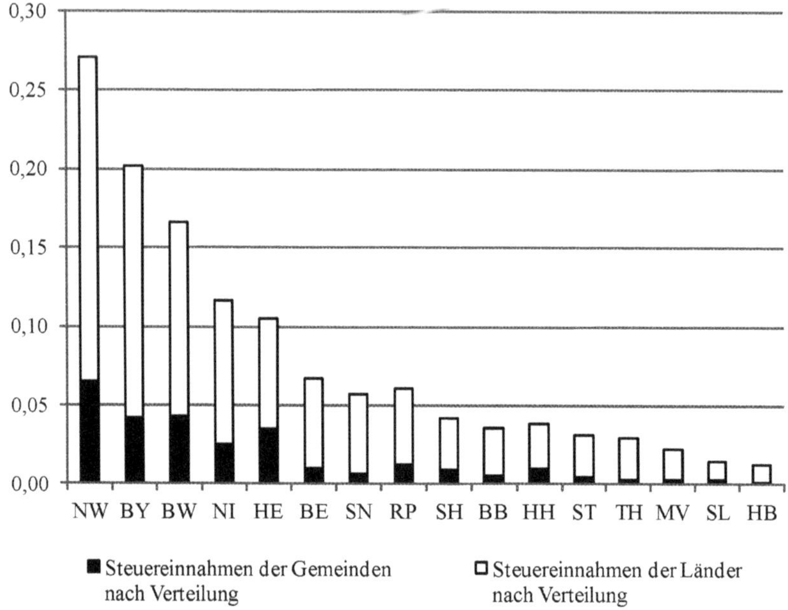

Quelle: Eigene Berechnungen

Neben den steuerlichen Effekten erhöhen sich durch die induzierten Beschäftigungseffekte einerseits die Einnahmen der Sozialversicherungen und andererseits wird die Ausgabenseite (Geldleistungen der Arbeitslosenversicherung) des Staates entlastet.

Die Gegenüberstellung der Einnahmen und Ausgaben der Gebietskörperschaften und Sozialversicherungen zeigt den Einfluss auf die Finanzierungssalden (siehe Abb. 72).

Abb. 72: Finanzierungssalden lt. VGR der Gebietskörperschaften und Sozialversicherungen im Jahr 2020, Abweichungen in Mrd. € i. V. z. Referenzszenario

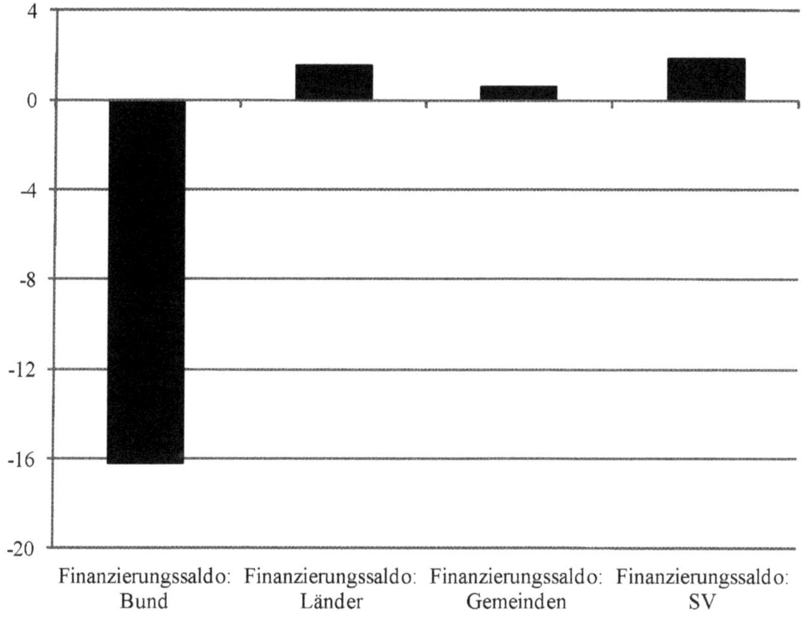

Quelle: Eigene Berechnungen

Der Finanzierungssaldo verschlechtert sich für den Bund um ca. 16 Mrd. € im Jahr 2020 durch die Abschaffung des Solidaritätzuschlags. Die Entwicklung ist vollständig auf die Abschaffung des Solidaritätszuschlags zurückzuführen (gut 17 Mrd. € im Jahr 2020). Das höhere Einkommen- und Gütersteueraufkommen (plus eine Milliarde Euro) erzeugt einen leicht positiven Effekt, der den Einnahmerückgang etwas reduziert. Da keine zusätzlichen Annahmen über die Rückführung der Ausgaben des Bundes bei geringeren Steuereinnahmen getroffen werden, steigt die Verschuldung des Bundes im Vergleich zur Referenz weiter an und damit auch die Zinszahlungen.

Länder, Gemeinden und Sozialversicherungen profitieren von den direkten und indirekten Effekten der Abschaffung des Solidaritätszuschlags. Die steigende Beschäftigung führt zu einer stärker positiven Entwicklung der Sozialversicherungsbeiträge, so dass sich der Finanzierungssaldo der Sozialversicherungen i. V. z. Referenzszenario verbessert. Die Länder und die Gemeinden profitieren von den gestiegenen Steuereinnahmen ausgelöst durch die Einkommens- und Nachfrageeffekte. Alle Länder und Gemeinden können sich nach Abschaffung des Solidaritätszuschlags besserstellen. Am stärksten profitieren die bevölkerungsreichen Länder. NW (Länder und Gemeinden) verbessert seinen Finanzierungssaldo um 256 Mio. €, gefolgt von BW (156 Mio. €) und BY (170 Mio. €) im Jahr 2020. SL (14 Mio. €),

HB (12 Mio. €) und MV (20 Mio. €) können am wenigsten von der Abschaffung des Solidaritätszuschlags profitieren.

Abb. 73: Finanzierungssalden lt. Finanzstatistik der Länder- und Gemeindehaushalte im Jahr 2020, Abweichungen in Mrd. € i. V. z. Referenzszenario

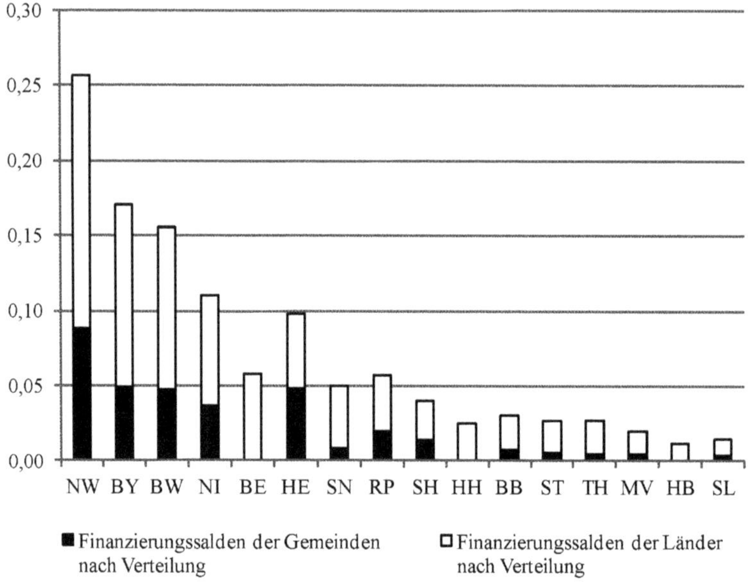

Quelle: Eigene Berechnungen

Der gesamtstaatliche Finanzierungssaldo verschlechtert sich insgesamt um ca. zehn Milliarden Euro.

9.3.2 Integration des Solidaritätszuschlags in die Einkommensteuern

9.3.2.1 Annahmen

Ausgangspunkt dieses Szenarios ist die Abschaffung des Solidaritätszuschlags als Bundessteuer und die Umwandlung in eine Gemeinschaftsteuer wie die Einkommensteuern. Das Aufkommen des Solidaritätszuschlags wird damit nach dem Artikel 106 Abs. 3 GG verteilt.

Im Unterschied zum Referenzszenario werden die Länder zu 42,5 % und die Gemeinden zu 15 % am Aufkommen des Solidaritätszuschlags beteiligt. Der Bund erhält wie die Länder 42,5 % am Aufkommen. Durch die Reduktion des Bundessteueraufkommens in Höhe des Solidaritätszuschlags (100 %) nimmt der Bund insgesamt 57,5 % weniger ein als zuvor.

Alternativ könnte der Solidaritätszuschlag auch in die Körperschaftsteuer integriert werden. Dann würden sich Bund und Länder das Aufkommen teilen. Die Gemeinden wären am Steueraufkommen nicht beteiligt.

9.3.2.2 Ergebnisse

Mit der Integration des Solidaritätszuschlags in die Einkommensteuern erhalten die Länder in diesem Szenario um bis zu sieben Milliarden Euro höhere Steuereinnahmen als in der Referenz. Die Gemeinden werden mit bis zu 2,6 Mrd. € am Aufkommen des Solidaritätszuschlags beteiligt.

Der Bund verliert gegenüber der Referenz zehn Milliarden Euro. Dem Verlust von 17 Mrd. € durch die Integration des Solidaritätszuschlags in die Einkommensteuern stehen ca. sieben Milliarden Euro Einnahmen im Rahmen der primären, vertikalen Steuerverteilung gegenüber.

Durch die Umverteilung der vorhandenen Steuereinnahmen wird der Steuerzahler nicht zusätzlich belastet (siehe Abb. 74).

Abb. 74: Steuereinnahmen der Gebietskörperschaften im Jahr 2020, Abweichungen in Mrd. € i. V. z. Referenzszenario

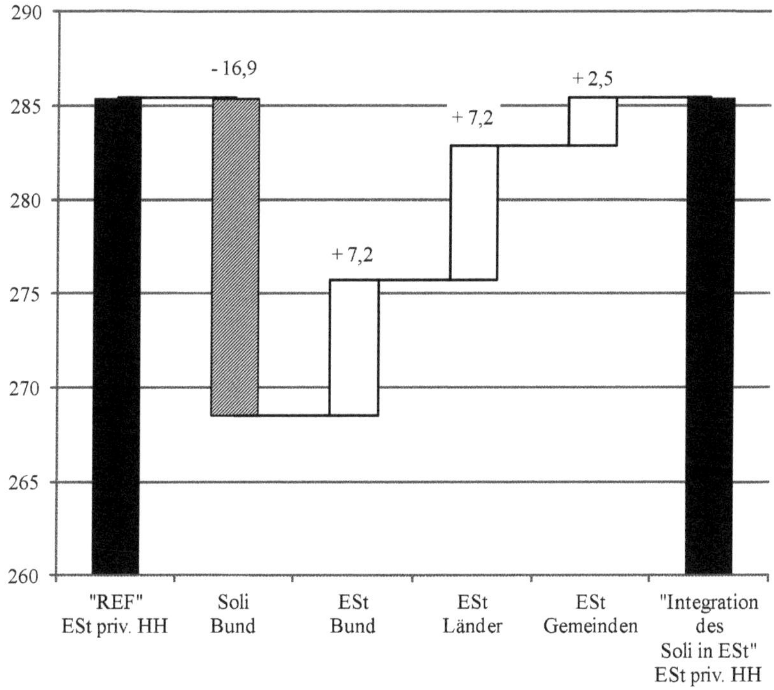

Quelle: Eigene Berechnungen

Die 16 Bundesländer und ihre Gemeinden können in Abhängigkeit von der regionalen Verteilung der Steuerzahler am zusätzlichen Aufkommen profitieren. Dem örtlichen Aufkommen nach können die wirtschaftskraftstarken Bundesländer BY, BW und NW die höchsten zusätzlichen Aufkommen erzielen (siehe Abb. 75). Die wirtschaftskraftschwachen Bundesländer generieren geringere Aufkommen, so dass die Ungleichheit hinsichtlich des Steueraufkommens zwischen den Bundesländern größer wird.

Abb. 75: Einnahmen an Einkommensteuern der Gebietskörperschaften vor Verteilung im Jahr 2020, Abweichungen in Mrd. € i. V. z. Referenzszenario

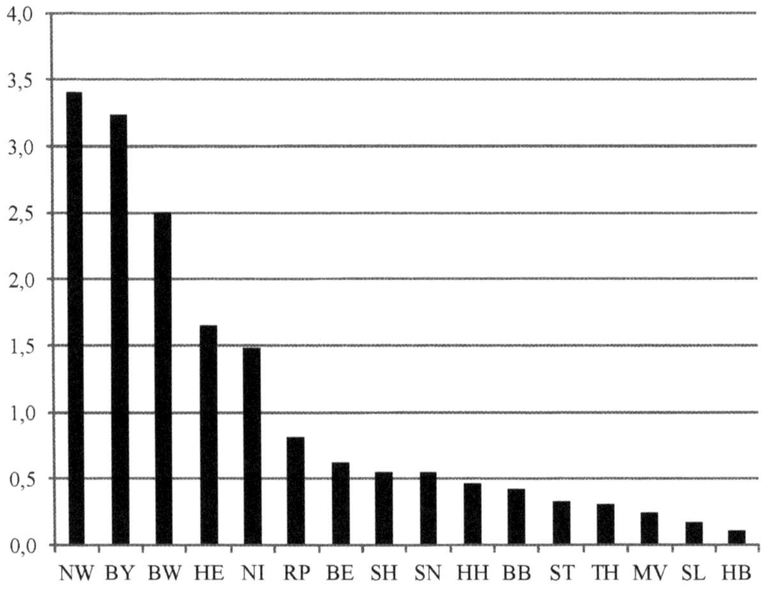

Quelle: Eigene Berechnungen

Für den Länderfinanzausgleich bedeutet das auf der Stufe der Umsatzsteuerverteilung, dass mehr Ergänzungsanteile (ca. 500 Mio. € mehr als im Referenzszenario) zugewiesen werden, um eine Annäherung der Steuerkraft unter den Bundesländern zu erreichen. Da im Unterschied zum vorangegangenen Szenario „Abschaffung des Solidaritätszuschlags ohne Gegenfinanzierung" keine zusätzlichen Umsatzsteuereinnahmen generiert werden können, sinkt der Anteil der Umsatzsteuereinnahmen, die pro Kopf verteilt werden um den Betrag, den die Umsatzsteuerergänzungsanteile gestiegen sind (siehe Abb. 76). Bevölkerungsreiche Bundesländer (BW, BY, BW) verlieren bei der Umsatzsteuerverteilung am meisten.

Abb. 76: Regionales Umsatzsteueraufkommen im Jahr 2020, Abweichungen in Mrd. € i. V. z. Referenzszenario

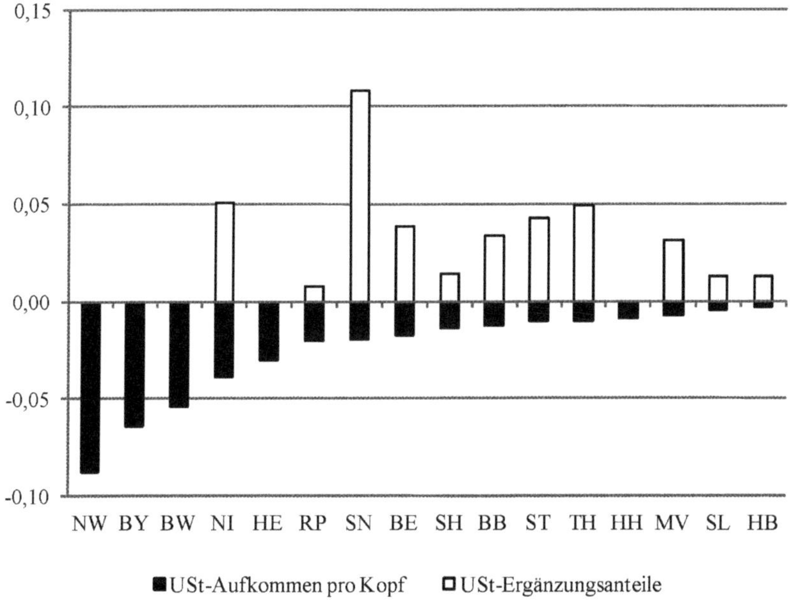

Quelle: Eigene Berechnungen

Auch im Länderfinanzausgleich i. e. S. steigt das Ausgleichsvolumen um 350 Mio. € an. Die Ausgleichsbeträge werden von BY, BW und HE geleistet. Nach Abschluss des Länderfinanzausgleichs inklusive der Bundesergänzungszuweisungen für leistungsschwache Länder, stellen sich die Einnahmen der Bundesländer wie in Tab. 24 gezeigt dar. BY, BW und NW haben nach wie vor die höchsten Steuereinnahmen. Die Einnahmen nach dem örtlichen Aufkommen (vor Lohnsteuerzerlegung und Umsatzsteuerergänzungsanteilen) wurden aber um bis zu 61 % abgeschöpft (erste Spalte geteilt durch letzte Spalte in Tab. 24). Für die weniger steuerkraftstarken Länder ist die Situation komfortabler. Die Abschöpfungsquoten sind geringer, da durch die stärkere Spreizung der Einnahmen, die „Bedürftigkeit" steigt und die Ausgleichsmechanismen des Länderfinanzausgleichs greifen. Sowohl die Einnahmen an Umsatzsteuerergänzungsanteilen als auch die Ausgleichszuweisungen steigen. Drei Länder haben nach Abschluss des Länderfinanzausgleichs höhere bzw. genauso hohe Steuereinnahmen wie nach dem örtlichen Aufkommen.

Tab. 24: Steuereinnahmen der Länder und Gemeinden auf verschiedenen Stufen der Steuerverteilung im Jahr 2020, Abweichungen in Mrd. € i. V. z. Referenzszenario

	Steuereinnahmen der Länder und Gemeinden nach …					
	Örtlichem Aufkommen	Steuerzerlegung	Vertikaler Verteilung der ESt, KöSt; Gewerbesteuerumlage	USt-Verteilung	LFA i.e.S.	Bundesergänzungszuweisungen
Baden-Württemberg	2,65	2,50	1,43	1,38	1,32	1,32
Bayern	3,38	3,23	1,85	1,79	1,64	1,64
Berlin	0,58	0,62	0,36	0,38	0,48	0,51
Brandenburg	0,29	0,42	0,24	0,26	0,27	0,28
Bremen	0,14	0,11	0,06	0,07	0,09	0,10
Hamburg	0,71	0,47	0,27	0,26	0,27	0,28
Hessen	1,84	1,65	0,95	0,92	0,80	0,80
Mecklenburg-Vorpommern	0,18	0,24	0,14	0,16	0,17	**0,18**
Niedersachsen	1,30	1,48	0,85	0,87	0,88	0,89
Nordrhein-Westfalen	3,63	3,40	1,95	1,87	1,96	2,01
Rheinland-Pfalz	0,66	0,81	0,47	0,46	0,46	0,47
Saarland	0,15	0,17	0,10	0,10	0,11	0,11
Sachsen	0,42	0,55	0,32	0,41	0,43	**0,44**
Sachsen-Anhalt	0,25	0,33	0,19	0,22	0,24	0,24
Schleswig-Holstein	0,44	0,55	0,32	0,32	0,32	0,33
Thüringen	0,22	0,31	0,18	0,22	0,23	**0,23**

Quelle: Eigene Berechnungen

Die zusätzlichen Steuereinnahmen werden annahmegemäß in allen Bundesländern zur Schuldentilgung verwendet. Es wird davon ausgegangen, dass die Bereitstellung öffentlicher Güter nicht in Abhängigkeit der Staatseinnahmen, sondern nach Bedürftigkeit (z. B. bei der Sozial- und Arbeitslosenhilfe) erfolgt. Zusätzliche öffentliche Investitionen werden nicht getätigt, da die Schuldentilgung vor dem Hintergrund der Schuldenbremse Vorrang hat. Gesamtwirtschaftliche Impulse gibt es durch die Distribution der Steuereinnahmen nicht.

Die Verbesserung der Einnahmeseite bei unverändertem Staatsverhalten bezüglich Investitionen und Konsum entspannt die Lage der Länder- und Gemeindehaushalte. Auf der Ausgabenseite können durch den Schuldenabbau auch die Zinsausgaben reduziert werden. Die Finanzierungssalden verbessern sich für alle Länder und Gemeinden. Der Bund verliert insgesamt ca. zehn Milliarden Euro. Das Verhältnis von Ausgaben und Einnahmen der Sozialversicherungen verändert sich im Vergleich zum Referenzszenario nicht (siehe Abb. 77).

Abb. 77: Finanzierungssalden lt. VGR der Gebietskörperschaften und SV im Jahr 2020, Abweichungen in Mrd. € i. V. z. Referenzszenario

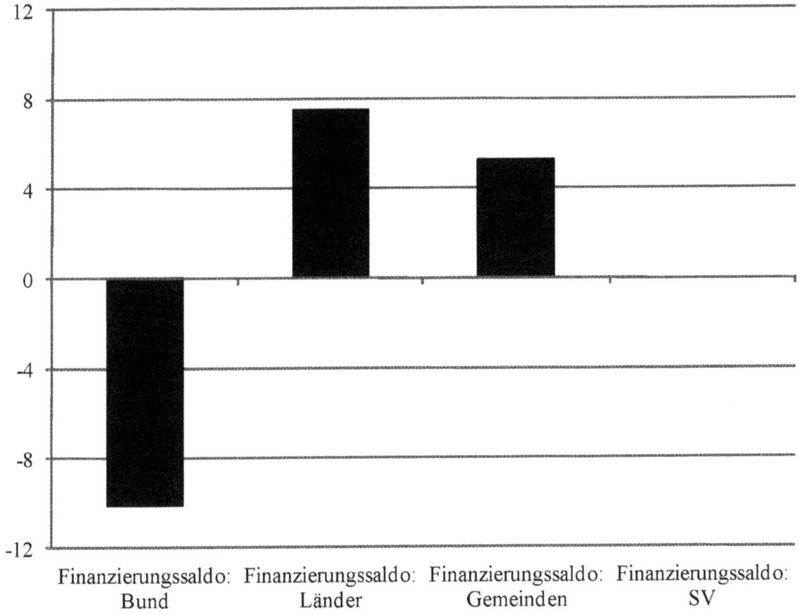

Quelle: Eigene Berechnungen

Die Finanzierungssalden der Länder- und Gemeindehaushalte stellt Abb. 78 dar. Die Länder, die den größten Zuwachs an Steuereinnahmen vorweisen können, verbessern ihre Finanzierungssalden am stärksten.

Die Gemeindehaushalte partizipieren am höheren Einkommensteueraufkommen zu 15 %. Die Länderhaushalte sind mit 42,5 % am Einkommensteueraufkommen beteiligt, müssen aber zum Teil im Länderfinanzausgleich Umsatzsteuerergänzungsanteile und/oder Ausgleichsbeiträge zahlen. Dadurch reduzieren sich die Steuereinnahmen insgesamt.

Abb. 78: Finanzierungssalden der Länder- und Gemeindehaushalte lt. Finanzstatistik im Jahr 2020, Abweichungen in Mrd. € i. V. z. Referenzszenario

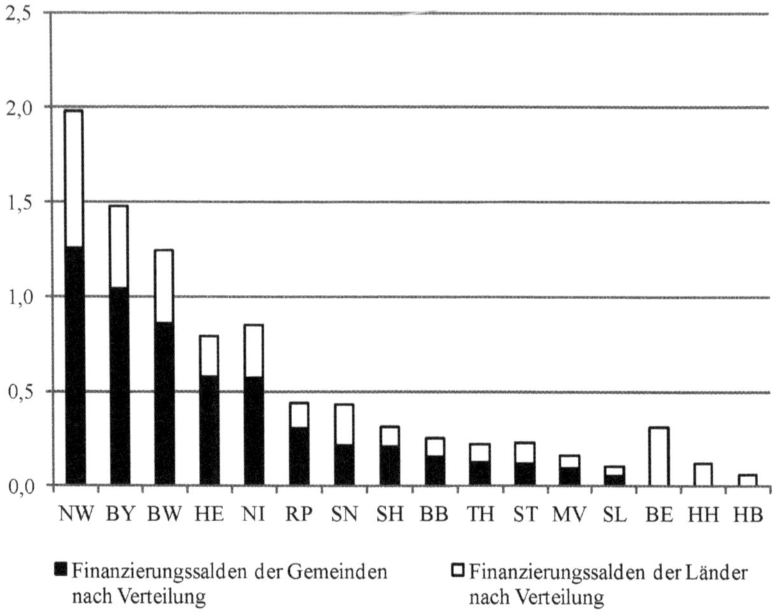

Quelle: Eigene Berechnungen

9.3.3 Zusammenfassende Beurteilung

Die in Abschnitt 9.3.1 dokumentierten Ergebnisse des Szenarios „Abschaffung des Solidaritätszuschlags" zeigen, dass die Bürger dadurch finanziell entlastet würden. Der Anstieg der Kaufkraft löst Wachstums- und Beschäftigungseffekte aus. Die Situation auf dem Arbeitsmarkt entspannt sich i. V. z. Referenzszenario. Die höhere Beschäftigung hat einen zweifach positiven Effekt auf das Sozialversicherungssystem: mehr Beschäftigung führt zu höheren Sozialversicherungsbeiträgen und der Rückgang der Arbeitslosigkeit entlastet die Ausgabenseite der Sozialversicherung. Der Wachstums- und Beschäftigungsimpuls führt zu zusätzlichen Steuereinnahmen der Länder und Gemeinden.

Der Bund ist der Verlierer der Abschaffung der Ergänzungsabgabe, falls keine Gegenmaßnahmen auf der Ausgabenseite ergriffen werden. Die zusätzlichen Steuereinnahmen können den Ausfall der Einnahmen aus dem Solidaritätszuschlag bei weitem nicht kompensieren. Das führt dazu, dass die Finanzierungslücke des Bundeshaushalts gegenüber dem Referenzszenario weiter ansteigt.

Bei einer Integration des Solidaritätszuschlags in die Einkommensteuern (vgl. Abschnitt 9.3.2) ist der Einnahmeverlust des Bundes geringer. Auch die Länder und Gemeinden haben höhere Einnahmen als bei einer vollständigen Abschaffung des Solidaritätszuschlags. Lediglich die Sozialversicherungen würden sich bei einer vollständigen Abschaffung des Solidaritätszuschlags besserstellen.

Der positive Steuereinnahmeeffekt für die 16 Bundesländer und Gemeinden wird in beiden Szenarien gedämpft durch die Folgen der regional ungleich verteilten höheren Steuereinnahmen. Die gesetzlich verankerten gleichwertigen Lebensverhältnisse werden im Länderfinanzausgleich dahingehend berücksichtigt, dass die finanzielle Ausstattung pro Kopf in den Ländern annähernd gleich ist. Das führt in beiden Szenarien zu einem Anstieg des Umverteilungsvolumens im Länderfinanzausgleichs.

Das höhere Ausgleichsvolumen könnte reduziert werden, wenn beispielsweise die Umsatzsteuerergänzungsanteile abgeschafft werden und die Umsatzsteuer bedarfsorientiert verteilt wird. Die Verknüpfung weiterer Vorschläge zur Änderung des Finanzausgleichs kann die Vorteile verschiedener Maßnahmen zusammenführen und die Nachteile reduzieren.

Die Simulationsergebnisse zeigen, dass sowohl Argumente für als auch gegen eine Abschaffung sprechen. Wird die Fortführung des Solidaritätszuschlags vor dem Hintergrund der Wachstums- und Beschäftigungseffekte diskutiert, ist eine Abkehr vom Solidaritätszuschlag sinnvoll. Unter Berücksichtigung des Finanzbedarfs des Bundes und der Schuldenbremse muss die Abschaffung des Solidaritätszuschlags negativ beurteilt werden, insofern die Ausgaben des Bundes nicht reduziert werden können wie z. B. in Boss/Rosenschon 2009 dargestellt. Die aktuell zu beobachtende höhere Bundesbeteiligung an den Ausgaben der Länder und Gemeinden (z. B. Kosten der Unterkunft) lässt an dieser Möglichkeit aber zweifeln.

Eine Alternative stellen einnahmeseitige Maßnahmen wie beispielsweise die Integration des Solidaritätszuschlags in die Einkommensteuer dar. Aber auch in diesem Fall kann das entgangene Aufkommen aus dem Solidaritätszuschlag nicht vollständig kompensiert werden. Soll der Bund nicht schlechter gestellt werden als zuvor, müssen weitere einnahmeseitige Maßnahmen in Betracht gezogen werden. So fordert Schäuble die sieben Umsatzsteuerpunkte zurück, die die Länder 1995 vom Bund erhalten haben, als diesem das Aufkommen am Solidaritätszuschlag zugestanden wurde [Hildebrand et al. 2014]. Alternativ kann über die Anhebung anderer Bundessteuern nachgedacht werden [Becker 2011]. Im Unterschied zu den Gemeinschaft-, Länder- und Gemeindesteuern hätte dies den Vorteil, dass Umverteilungen im Länderfinanzausgleich ausbleiben. Auch würde ein langwieriger politischer Prozess nicht stattfinden, da Bundessteuern nicht der Zustimmung des Bundesrates bedürfen.

10. Ausblick

Die demografische und ökonomische Entwicklung beeinflusst die Einnahmen und Ausgaben der Haushalte von Bund, Ländern, Gemeinden und Sozialversicherungen in unterschiedlicher Intensität und Richtung. Gleichzeitig erhöhen die vielfältigen finanziellen Verflechtungen der Gebietskörperschaften untereinander die Komplexität zusätzlich und reduzieren die Nachvollziehbarkeit der Zusammenhänge und damit die Transparenz.

Mit der umfassenden Modellierung des Staatssektors in regionaler (16 Bundesländer und ihre Gemeinden) und struktureller Hinsicht (Einnahme- und Ausgabekomponenten, Erfassung von Bund, Ländern, Gemeinden und Sozialversicherung) sowie durch die Kopplung mit einem gesamtwirtschaftlichen Modell, das die wirtschaftliche und demografische Entwicklung fortschreibt, wurde ein Schritt in eine ganzheitliche, strukturierte und differenzierte Darstellung des Staates im gesamtwirtschaftlichen Kontext unternommen. Die Auswirkungen ökonomischen Handelns und des demografischen Wandels in einzelnen Regionen sowie der Einfluss gesetzlicher Regelungen zur Einnahmeumverteilung wie der Länderfinanzausgleich auf das Budget der staatlichen Ebenen können abgebildet werden. Die durchgeführten Simulationsrechnungen und die beschriebenen Ergebnisse bestätigen die Eignung der Staatsmodellierung und die Verknüpfung mit dem INFORGE/LÄNDER-Modell als Werkzeug zur Analyse von Fragestellungen, die z. B. die Änderungen gesetzlicher Regelungen im Länderfinanzausgleich betreffen.

Ein besonderes Augenmerk wurde auf die Modellierung der Einnahmeseite gelegt. Die Integration des Länderfinanzausgleichs ermöglicht die Darstellung der Steuerverteilungsmechanismen der Länder untereinander, aber auch zwischen den Gebietskörperschaften und Sozialversicherungen.

Das hier beschriebene Modell kann eingesetzt werden, um Fragen in der Form „was wäre wenn“ zu beantworten. Die Fragestellungen können sowohl ökonomische als auch demografische Aspekte umfassen. Insbesondere können Szenarien gerechnet und mit Blick auf die Staatsfinanzen ausgewertet werden, die Änderungen des Finanzausgleichs zum Gegenstand haben. Neben den dokumentierten Szenarien sind weitere Szenarioanalysen (Bevölkerungsvarianten, Steuersatzänderungen von Bundes-, Länder- und Gemeindesteuern) möglich.

Der Simulationshorizont des Modells ist in der zugrunde liegenden Modellversion auf das Jahr 2020 beschränkt. Für das angestrebte Ziel – der detaillierten Darstellung finanzieller Ströme vor allem innerhalb des Staates und die Simulationsfähigkeit von Maßnahmen, die die staatlichen Finanzen beeinflussen – ist das Modell auch mit kürzerer Laufzeit geeignet. Die im Rahmen dieser Arbeit weiterentwickelten Modellstrukturen, insbesondere die detaillierte Modellierung des Staates, können auch in Modellversionen mit einem erweiterten Simulationshorizont eingebettet werden.

Mit der Ausweitung des Simulationshorizonts können weitergehende Analysen des demografischen Wandels auf Einnahmen und Ausgaben des Staates durchgeführt werden. Dabei könnte die Modellierung der Ausgabenseite weiterentwickelt werden. Der Schwerpunkt liegt bislang auf den Ausgabenstrukturen der Sozialversicherungen als Ganzes. Ein nächster Schritt könnte die Regionalisierung der Einnahmen und Ausgaben der Sozialversicherungszweige sein wie bereits in einer Machbarkeitsstudie von Blos 2006 aufgezeigt.

Ein weiterer Punkt könnte die bottom-up Modellierung der Personalausgaben und Pensionen der Bundesländer sein, die einen nicht unerheblichen Teil der Ausgaben umfassen.

Eine Ergänzung der makroökonomischen Modellierung des Steueraufkommens, vor allem der Einkommensteuern, könnte die Integration von mikroökonomischen Steuersimulationsmodellen darstellen. Die Ergebnisse dieser mikroökonomischen Modelle basieren auf individuellen Datensätzen, die es erlauben Einkommensteuertarife explizit abzubilden. Die Kopplung mikro- und makroökonomischer Modelle würde die Ergebnisse für die Einkommensteuern auf eine gut fundierte Basis stellen [z. B. Bach et al. 2001].

Literaturverzeichnis

Ahlert, Gerd/Distelkamp, Martin/Großmann, Anett/Hohmann, Frank/Lutz, Christian/Meyer, Bernd/Ulrich, Philip/Wolter, Marc Ingo (2007): Förderinitiative REFINA: PANTA RHEI REGIO – Modellgrundlagen und Modellkonzeption. GWS Discussion Paper 2007/3, Osnabrück.

Ahlert, Gerd/Distelkamp, Martin/Lutz, Christian/Meyer, Bernd/Mönnig, Anke/Wolter, Marc, Ingo (2009): Das IAB/INFORGE Modell. Ein sektorales makroökonometrisches Projektions- und Simulationsmodell zur Vorausschätzung des längerfristigen Arbeitskräftebedarfes. In: Schnur, Peter/Zika, Gerd (Hrsg.): IAB-Bibliothek. Die Buchreihe des Instituts für Arbeitsmarkt- und Berufsforschung. Forschungsarbeiten 318, W. Bertelsmann Verlag GmbH & CoKG, Nürnberg, Bielefeld.

Ahlert, Gerd/Stöver, Britta/Wolter, Marc Ingo (2015): Möglichkeiten der Darstellung der volkswirtschaftlichen Bedeutung der Pflege- und Seniorenwirtschaft. Studie im Auftrag des Bundesministeriums für Wirtschaft und Energie, Osnabrück.

Almon, Clopper (1991): The INFORUM Approach to Interindustry Modeling. Economic System Research 3/1, Maryland.

Almon, Clopper (2004): The Craft of Economic Modeling. Part 2, Maryland.

Altemeier, Jens (1999): Föderale Finanzbeziehungen unter Anpassungsdruck. Verteilungskonflikte in der Verhandlungsdemokratie. Schriften des Max-Planck-Instituts für Gesellschaftsforschung Köln, Nr. 38. Campus Verlag, New York, Frankfurt am Main, Köln.

An der Heiden, Iris/Meyrahn, Frank/Schweitzer, Melanie/Großmann, Anett/Stöver, Britta/Ulrich, Philip/Wolter, Marc Ingo (2012): Demografischer Wandel – Auswirkungen auf die Bauwirtschaft durch steigenden Bedarf an stationären und ambulanten Altenpflegeplätzen. Abschlussbericht im Auftrag des Bundesministeriums für Wirtschaft und Technologie, Mainz, Osnabrück.

Andel, Norbert (1998): Finanzwissenschaft. J.C.B. Mohr (Paul Siebeck), Tübingen.

Arbeitskreis „Volkswirtschaftliche Gesamtrechnungen der Länder" (2011): Methodenbeschreibung der Volkswirtschaftlichen Gesamtrechnungen (VGR) der Länder. Methoden nach ESVG 1995 / Revision 2005.

Arndt, Olaf/Waluga, Monika (2004): Grundlagen des LFA: Städte-Benchmarking und empirische Maßstäbe für Sonderlasten. In: Haller, Frank/Schönert, Matthias (Hrsg.): Stadtstaaten und Finanzausgleich. BAW Institut für Wirtschaftsforschung GmbH, Regionalwirtschaftliche Studien 19. Bremen, S. 147–238.

Bach, Stefan/Bork, Christhart/Kohlhaas, Michael/Lutz, Christian/Meyer, Bernd/Praetorius, Barbara/Welsch, Heinz (2001): Die ökologische Steuerreform in Deutschland. Eine modellgestützte Analyse ihrer Wirkungen auf Wirtschaft und Umwelt. Physika-Verlag, Heidelberg.

Bach, Stefan/Bork, Christhart/Krimmer, Pascal/Raffelhüschen, Bernd/Schulz, Erika (2002): Demographischer Wandel und Steueraufkommen. Forschungsprojekt im Auftrag des Bundesministeriums der Finanzen, Forschungsauftrag Nr. 16/01, Berlin.

Bach, Stefan/Haan, Peter/Maiterth, Ralf/Sureth, Caren (2004): Modelle für die Vermögensbesteuerung von natürlichen Personen und Kapitalgesellschaften – Konzepte, Aufkommen, wirtschaftliche Wirkungen. DIW Berlin: Politikberatung kompakt 1, Berlin.

Baretti, Christian (2001): Anreizeffekte des Länderfinanzausgleichs. Theoretische und empirische Analyse. ifo Beiträge zur Wirtschaftsforschung Band 6. ifo Institut für Wirtschaftsforschung, München.

Baretti, Christian/Fenge, Robert/Huber, Bernd/Leibfritz, Willi/Steinherr, Matthias (2000): Der deutsche Föderalismus auf dem Prüfstand: Vorschläge zu einer effizienteren Gestaltung. ifo Schnelldienst 53/2000, München.

Baretti, Christian/Huber, Bernd/Lichtblau, Karl (2001): Das Maßstäbegesetz auf dem Prüfstand. ifo Schnelldienst 11/2001, S. 12–20.

Becker, Michael (2011): Solidaritätszuschlag. Ökonomen fordern Abschaffung der Extrasteuer. In: Focus vom 12. Juli 2011.

Berthold, Norbert/Fricke, Holger (2007): Volkswirtschaftliche Auswirkungen der finanziellen Ausgleichssysteme in Deutschland. Studie für das Finanzministerium des Landes Baden-Württemberg, Würzburg.

Blöchliger, Hansjörg/Merk, Olaf/Charbit, Claire/Mizell, Lee (2007): OECD Network on Fiscal Relations Across Levels of Government. Fiscal Equilization in OECD Countries. OECD Working Paper 4, p. 1–38.

Blos, Kerstin (2006): Die Bedeutung der Ausgaben und Einnahmen der Sozialversicherungssysteme für die Regionen in Deutschland. IAB Forschungsbericht 8. Institut für Arbeitsmarkt- und Berufsforschung der Bundesagentur für Arbeit, Nürnberg.

Bolleyer, Rita (2005): Revision der Investitionen nach Wirtschaftsbereichen und Sektoren. In: Statistisches Bundesamt (Hrsg.): Wirtschaft und Statistik 7/2005. Wiesbaden, S. 700–709.

Bolleyer, Rita/Räth, Norbert/Kreitmair, Sonja (1992): Methoden und Grundlagen der Sozialproduktsberechnungen – Entstehungsrechnung. Heft 23 der Schriftenreihe Ausgewählte Arbeitsunterlagen zur Bundesstatistik. Statistisches Bundesamt (Hrsg.), Wiesbaden.

Bork, Christhart (2000): Steuern, Transfers und private Haushalte – eine mikroanalytische Simulationsstudie der Aufkommens- und Verteilungswirkungen. Finanzwissenschaftliche Schriften 99. Peter Lang Verlag, Frankfurt am Main und andere.

Börsch-Supan, Axel (1991): Ageing Population: Problems and Policy Options in the US and Germany. Economic Policy 12/6, p. 103–139.

Boss, Achim/Boss, Alfred/Boss Thomas (2009): Die Änderung des Einkommensteuertarifs: Folgen für das Lohnsteueraufkommen und die Leistungsanreize. Kiel Working Paper 1529. Kiel Institute for the World Economy, Kiel.

Boss, Alfred/Rosenschon, Astrid (2009): Finanzhilfen des Bundes – Eine Bestandsaufnahme. Kiel Working Papers 1567, Kiel.

Breton, Albert (1965): A Theory of Government Grants. Canadian Journal of Economics and Political Science 31, p. 175–187.

Breton, Albert (1974): The economic theory of representative government. Aldine Publishing Company, Chicago.

Brümmerhoff, Dieter (2001): Finanzwissenschaft. Oldenbourg Verlag, München, Wien.

Brümmerhoff, Dieter (2007): Geschichte des Staates in den Volkswirtschaftlichen Gesamtrechnungen. Thünen-series of applied economic theory, No. 78–2, S. 22–43.

Brümmerhoff, Dieter/Lützel, Heinrich (2002): Lexikon der Volkswirtschaftlichen Gesamtrechungen. 3. Auflage. Oldenbourg Verlag, München, Wien.

Buchanan, James M./Flowers, Marilyn (1980): The public finances: an introductory textbook, Homewood.

Budäus, Dietrich/Hilgers, Dennis (2009): Reform des öffentlichen Haushalts- und Rechnungswesen in Deutschland. Konzepte, Umsetzungsstand und Entwicklungsperspektiven. Zeitschrift für Planung und Unternehmenssteuerung 19, S. 377–396.

Bundesagentur für Arbeit [BA] (2012): Ausgaben für aktive und passive Leistungen im SGB II im Jahr 2010. Arbeitsmarkt in Zahlen – Ausgaben im SGB II, Nürnberg.

Bundesagentur für Arbeit [BA] (2014): Grundsicherung für Arbeitssuchende. Jahresbericht 2013. Zahlen. Daten. Fakten, Nürnberg.

Bundesministerium der Finanzen [BMF] (2003): Die Neuordnung des bundesstaatlichen Finanzausgleichs. Maßstäbegesetz und Solidarpaktfortführungsgesetz. Schriftenreihe des Bundesministeriums der Finanzen 73. Stollfußverlag, Bonn.

Bundesministerium der Finanzen [BMF] (2004): Zur Eignung der Kasseneinnahmen von Lohnsteuer und veranlagter Einkommensteuer für Analysen der Steuerlastverteilung. Monatsbericht des BMF 10/2004, S. 49–53.

Bundesministerium der Finanzen [BMF] (2004 a): Auswirkungen einer Steuerautonomie auf den bundesstaatlichen Finanzausgleich. Kommission von Bundestag und Bundesrat zur Modernisierung der bundesstaatlichen Ordnung, Arbeitsunterlage 0069, Berlin.

Bundesministerium der Finanzen [BMF] (2005): Bericht zur Tragfähigkeit der öffentlichen Finanzen. Finanz- und Wirtschaftspolitik, Berlin.

Bundesministerium der Finanzen [BMF] (2006): Bericht des Bundesministeriums der Finanzen zur "Verringerung von Beteiligungen des Bundes – Fortschreibung 2006", Berlin.

Bundesministerium der Finanzen [BMF] (2008): Zweiter Bericht zur Tragfähigkeit der öffentlichen Finanzen. Finanz- und Wirtschaftspolitik, Berlin.

Bundesministerium der Finanzen [BMF] (2009): Die Steuereinnahmen von Bund, Ländern und Gemeinden im Haushaltsjahr 2008. Monatsbericht des BMF 7/2009, S. 55–70.

Bundesministerium der Finanzen [BMF] (2010): Kurz- und mittelfristige Perspektiven der öffentlichen Haushalte in Deutschland. Monatsbericht des BMF 8/2010, S. 56–69.

Bundesministerium der Finanzen [BMF] (2011): Dritter Bericht zur Tragfähigkeit der öffentlichen Finanzen. Finanz- und Wirtschaftspolitik, Berlin.

Bundesministerium der Finanzen [BMF] (2012): Stand und Entwicklung der Steuerrückstände 2011. Monatsbericht des BMF 9/2012, S. 26–32.

Bundesministerium der Finanzen [BMF] (2012 a): Mittelfristige Projektion der öffentlichen Finanzen. Monatsbericht des BMF 8/2012, S. 6–22.

Bundesministerium der Finanzen [BMF] (2013): Steuern von A bis Z. Ausgabe 2013, Berlin.

Bundesministerium der Finanzen [BMF] (2013 a): Finanzpolitische Herausforderungen des demografischen Wandels. Gutachten des Wissenschaftlichen Beirats beim Bundesministerium der Finanzen, Berlin.

Bundesministerium der Finanzen [BMF] (2014): Die Entwicklung der Gewerbesteuerumlage seit der Gemeindefinanzreform 1969, Berlin.

Bundesministerium der Finanzen [BMF] (2014 a): Bund/Länder – Finanzbeziehungen auf der Grundlage der Finanzverfassung. Finanz- und Wirtschaftspolitik, Berlin.

Bundesministerium der Finanzen [BMF] (2014 b): Ergebnis der 145. Sitzung des Arbeitskreises "Steuerschätzungen" vom 4.-6. November 2014 in Wismar, Berlin.

Bundesministerium der Finanzen [BMF] (2014 c): Finanzbericht 2015. Stand und voraussichtliche Entwicklung der Finanzwirtschaft im gesamtwirtschaftlichen Zusammenhang, Berlin.

Bundesministerium der Finanzen [BMF] (2015): Reform des bundesstaatlichen Finanzausgleichs. Gutachten des Wissenschaftlichen Beirats beim Bundesministerium der Finanzen, Berlin.

Bundesministerium des Innern [BMI] (2011): Demografiebericht. Bericht der Bundesregierung zur demografischen Lage und künftigen Entwicklung des Landes, Berlin.

Bundesministerium für Arbeit und Soziales [BMAS] (2013): Sozialbudget 2013, Bonn.

Bundesverfassungsgericht [BVerfG] (1999): Finanzausgleichsgesetz ist als Übergangsrecht bis Ende 2004 nach bestimmten Maßgaben weiter anwendbar. Pressemitteilung Nr. 117/99 vom 11. November 1999, Karlsruhe.

Bundesversicherungsamt (2010): Bundesversicherungsamt – Kurzdarstellung. Aufbau und Aufgaben, Bonn.

Büttner, Thiess/Schwager, Robert (2003): Länderautonomie in der Einkommensteuer: Konsequenzen eines Zuschlagsmodells. Jahrbücher für Nationalökonomie und Statistik Band 223/5, Stuttgart.

CDU/CSU/SPD (2013): Deutschlands Zukunft gestalten. Koalitionsvertrag zwischen CDU, CSU und SPD. 18. Legislaturperiode.

Charney, Alberta, H./Vest, Marshall, J. (2003): Modeling Practices and their Ability to Assess Tax/Expenditure Economic Impacts. Paper prepared for The AUBER Conference, New Orleans, October 2003, Tucson.

Cordes, Ulrich (1996): Das öffentliche Rechnungswesen: Datenquelle für den Staatssektor der Volkswirtschaftlichen Gesamtrechnung. Dissertation. Deutscher Universitätsverlag, Gabler, Wiesbaden.

Dalezios, Harald (2006): Die regionale Inzidenz des deutschen Steuersystems. Theoretische Überlegungen zu Identifikation regionaler Unterschiede im Steueraufkommen und ihrer ökonomischen Determinanten. FÖV Discussion Paper 26. Deutsches Forschungsinstitut für öffentliche Verwaltung, Speyer.

Detemple, Peter/Michels, Yves/Schramm, Thorsten (2012): Auf dem Weg zu einer Konsolidierung der Haushalte – die Finanzsituation in den Bundesländern. PWC, Berlin.

Deubel, Ingolf (2007): Föderalismusreform II: Zur Reform der föderalstaatlichen Finanzverfassung. Mehr Steuerautonomie der Bundesländer? Sind die notwendigen Voraussetzungen erfüllbar? Zeitschrift für Staats- und Europawissenschaften 5, 08/2007, S. 218–234.

Deutsche Bundesbank (2014): Zur Reform der föderalen Finanzbeziehungen. Monatsbericht September 2014, 66. Jahrgang Nr. 9. Frankfurt am Main, S. 35–54.

Deutsche Rentenversicherung Bund [DRV] (2013): Rentenversicherung in Zeitreihen. DRV-Schriften Band 22, Berlin.

Deutscher Bundestag (1998): Zweiter Zwischenbericht der ENQUETE-Kommission "Demographischer Wandel – Herausforderungen unserer älter werdenden Gesellschaft an den einzelnen und die Politik. Bundestagsdrucksache 13/11469, Berlin.

Deutscher Bundestag (2001): Entschließungsantrag der Fraktionen SPD, BÜNDNIS 90/DIE GRÜNEN und PDS zu der dritten Beratung des Gesetzesentwurfs der Bundesregierung – Drucksachen 14/5951, 14/5971, 14/6533. Bundestagdrucksache 14/6577, Berlin.

Deutscher Bundestag (2003): Gutachten 2003 des Sachverständigenrates für die Konzertierte Aktion im Gesundheitswesen – Finanzierung, Nutzerorientierung und Qualität. Bundestagdrucksache 15/530, Berlin.

Deutscher Bundestag (2011): Bericht der Bundesregierung zur demografischen Lage und künftigen Entwicklung des Landes. Bundestagsdrucksache 17/7699 vom 07. November 2011, Berlin.

Dieckmann, Oliver/Westphal, Uwe (1995): SYSIFO – ein ökonometrisches Modell der deutschen Volkswirtschaft. Dr. Siegel & Partner, Hamburg.

Diekmann, Jochen/Großmann, Anett/Lehr, Ulrike (2013): Wirkungen des Ausbaus erneuerbarer Energien auf Steuern und Sozialabgaben. Untersuchungen im Rahmen des Projekts "Wirkungen des Ausbaus erneuerbarer Energien (ImpRES)", gefördert durch das Bundesministerium für Umwelt, Naturschutz und Reaktorsicherheit, Berlin, Osnabrück.

Dietrich, Bernhard (1996): Das Prinzip der Einwohnerveredelung in den Finanzausgleichssystemen der Bundesrepublik Deutschland. Dissertation, Bonn.

Dietz, Otto (2006): Finanzierungssaldo des Staates – einige methodische Anmerkungen. In: Statistisches Bundesamt (Hrsg.): Wirtschaft und Statistik 4/2006. Wiesbaden, S. 339–343.

Distelkamp, Martin/Lutz, Christian/Ulrich, Philip/Wolter, Marc Ingo (2008): Entwicklung der Flächeninanspruchnahme für Siedlung und Verkehr bis 2020 – Ergebnisse des regionalisierten Modells PANTA RHEI REGIO. GWS Discussion Paper 2008/7, Osnabrück.

Distelkamp, Martin/Drosdowski, Thomas/Ludewig, Oliver/Otto, Anne (2008 a): Beschäftigungsprojektion Rheinland-Pfalz und Saarland. IAB regional 1/2008, Nürnberg.

Distelkamp, Martin/Drosdowski, Thomas/Meyer, Bernd (2009): Beschäftigungsprojektion "Wachstumsregion Ems-Achse" bis zum Jahr 2025. Abschlussbericht im Auftrag der Regionaldirektion Niedersachsen-Bremen der Bundesagentur für Arbeit, Osnabrück.

Distelkamp, Martin/Großmann, Anett/Hohmann, Frank/Lutz, Christian/Ulrich, Philip/Wolter, Marc Ingo (2009): PANTA RHEI REGIO – Ein Modellsystem zur Projektion der künftigen Flächeninanspruchnahme in Deutschland und zur Folgenabschätzung fiskalischer Maßnahmen. GWS Discussion Paper 2009/7, Osnabrück.

Distelkamp, Martin/Hohmann, Frank/Lutz, Christian/Meyer, Bernd/Wolter, Marc Ingo (2003): Das IAB/INFORGE-Modell: Ein neuer ökonometrischer Ansatz gesamtwirtschaftlicher und länderspezifischer Szenarien. Beiträge zur Arbeitsmarkt- und Berufsforschung (BeitrAB)) 275. Institut für Arbeitsmarkt- und Berufsforschung der Bundesanstalt für Arbeit, Nürnberg.

Drosdowski, Thomas/Wolter, Marc Ingo/Helmrich, Robert/Maier, Tobias (2010): Entwicklung der Erwerbspersonen nach Berufen und Qualifikationen bis 2025: Modellrechnung mit dem BIBB-Demos-Modell. In: Helmrich, Robert/Zika, Gerd (Hrsg.): Beruf und Qualifikation in der Zukunft, BIBB-IAB-Modellrechnungen zu den Entwicklungen in den Berufsfeldern und Qualifikationen bis 2025. Schriftenreihe des Bundesinstituts für Berufsbildung, Bertelsmann Verlag, Bonn.

Eck, Alexander/Ragnitz, Joachim/Steinbrecher, Johannes/Thater, Christian (2011): Haushaltskonsolidierung, Infrastruktur und Standortwettbewerb. Gutachten im Auftrag des Bayrischen Staatsministeriums für Wirtschaft, Infrastruktur, Verkehr und Technologie. ifo Dresden Studie 58, Dresden, München.

Eckerle, Konrad/Oczipka, Thomas (1998): Auswirkungen veränderter ökonomischer und rechtlicher Rahmenbedingungen auf die gesetzlichen Rentenversicherungen in Deutschland. DRV-Schriften 9, Frankfurt am Main.

Ehmer, Guido (2002): Die staatliche Wertschöpfungsstruktur. Analyse der finanzstatistischen Datenbasis und Überprüfung ihrer rechnungssystematischen Kompatibilität für das gesamtwirtschaftliche Aggregat der VGR und des ESVG. Dissertation. Kovac, Hamburg.

Ehrentraut, Oliver/Fetzer, Stefan (2003): Wiedervereinigung, Aufholprozess Ost und Nachhaltigkeit. Wirtschaftsdienst 2003/4, S. 260–164.

Eltges, Markus/Zarth, Michael/Jakubowski, Peter/Bergmann, Eckhard (2001): Abstrakte Mehrbedarfe im Länderfinanzausgleich. Gutachten im Auftrag des Bundesministeriums der Finanzen. Bundesamt für Bauwesen und Raumordnung, Bonn.

Engels, Dieter/Eibelshäuser, Manfred (2010): Öffentliche Rechnungslegung – Von der Kameralistik zur Doppik. Carl Link Kommunalverlag, Köln.

Enquête-Kommission (1998): Demographischer Wandel – Herausforderungen unserer älter werdenden Gesellschaft an den einzelnen und die Politik. Bundestagsdrucksache 13/11460, Bonn.

Enquête-Kommission (2002): Schlussbericht der Enquête-Kommission "Demographischer Wandel – Herausforderungen unserer älter werdenden Gesellschaft an den Einzelnen und die Politik. Bundestagsdrucksache 14/8800 vom 23. März 2002, Berlin.

Essig, Hartmut (1990): Finanzierungssalden für den öffentlichen Bereich in den Volkswirtschaftlichen Gesamtrechnungen und in der Finanzstatistik. In: Statistisches Bundesamt (Hrsg.): Wirtschaft und Statistik 6/1990. Wiesbaden, S. 383–388.

Essig, Hartmut (2000): Staatsabgrenzung in den Volkswirtschaftlichen Gesamtrechnungen und in der Finanzstatistik. In: Dickertmann, Dietrich/Lehmann, Matthias/Rückle, Dieter (Hrsg.): Schriftenreihe der Studienschwerpunkte Finanzwissenschaft/ Betriebswirtschaftliche Steuerlehre/ Wirtschaftsprüfung und Controlling Nr. 54. Trier, S. 1–102.

Europäische Kommission (1996): Europäisches System Volkswirtschaftlicher Gesamtrechnungen. ESVG 1995, Luxemburg.

Europäische Kommission (2002): Handbuch zum ESVG 1995: Defizit und Schuldenstand des Staates. Amt für amtliche Veröffentlichungen der Europäische Gemeinschaften, Luxemburg.

Europäische Kommission (2009): Die Finanzverfassung der Europäischen Union. 4. Ausgabe, Luxemburg.

Europäische Kommission (2014): Europäisches System Volkswirtschaftlicher Gesamtrechnungen. ESVG 2010, Luxemburg.

Eurostat (2008): Eurostat Manual of Supply, Use and Input-Output Tables, Luxemburg.

Färber, Gisela (2013): Verlängerung des Solidaritätszuschlags: Falsches Signal der Steuerpolitik? ifo Schnelldienst 18/2013, München.

Fehr, Hans/Kindermann, Fabian/Wiegard, Wolfgang (2008): Dokumentation zu "Finanzausgleich zum Selberrechnen".

Fischer-Menshausen, Herbert (1988): Finanzausgleich II: Grundzüge des Finanzausgleichsrecht. In: Albers, Willi/Zottmann, Anton (Hrsg.): Bildung bis Finanzausgleich. Handbuch der Wirtschaftswissenschaft 2, J.C.B. Mohr u. a., Tübingen und andere Orte.

Fox, Klaus-Peter (2005): 50 Jahre Steuerschätzung: Die Notwendigkeit einer undankbaren Aufgabe. Wirtschaftsdienst 2005/4, S. 244–248.

Frey, René L./Brugger, Ernst A. (1984): Infrastruktur, Spillovers und Regionalpolitik. Methode und praktische Anwendung der Inzidenzanalyse in der Schweiz. Rüegger Verlag, Diessenhofen.

Fuest, Clemens (2007): Solidaritätszuschlag abschaffen? Wirtschaftsdienst 8, S. 492.

Graf, Carola (2007): Zuständigkeiten und Befugnisse der Länder im Bereich der Gesetzgebung nach der Föderalismusreform. Parlamentarischer Beratungs- und Gutachterdienst des Landtags Nordrhein-Westfalen 14/523, Düsseldorf.

Großmann, Anett/ Hohmann, Frank/Khoroshun, Oleksiy/Lehr, Ulrike (2011): The Russian Economic-Environmental-Emission model "e3.ru". Has been developed during the Project "Support to the Development of New Generation Models to estimate and forecast GHG Emissions and Efficiency of Russian Climate Change Mitigation Measures and Policy (EuropeAid/129527/C/SER/RU), Osnabrück.

Großmann, Anett/Hohmann, Frank/Wiebe, Kirsten Svenja (2013): PortableDyme – A simplified software package for econometric model building. In: Bardazzi, Rossella/Ghezzi, Leonardo (Eds.): Macroeconomic modelling for policy analysis. XXth INFORUM World Conference, Firenze University Press, Firenze.

Grundmann, Markus (2013): Länder erhöhen Grunderwerbsteuer.

Gude, Juliane/Müller, Wolfgang/Schulze-Steikow, Renate (2006): Öffentliche Finanzen im Jahr 2005. In: Statistisches Bundesamt (Hrsg.): Wirtschaft und Statistik 4/2006. Wiesbaden, S. 395–404.

Hahlen, Johann (2002): Entwicklungen des deutschen Sozialstaates – Daten der amtlichen Statistik. In: Statistisches Bundesamt (Hrsg.): Wirtschaft und Statistik 12/2002. Wiesbaden, S. 1044–1055.

Halder, Gitte/Münzenmaier, Werner/Weiß, Reinhold (2013): Bruttoinlandsprodukt statt Steuerkraft als Ausgleichsgröße im Länderfinanzausgleich? Statistische Analysen 01/2013, Stuttgart.

Hanesch, Walter (2010): Die Entwicklung der Grundsicherung im Alter im Zeitraum 2008 bis 2020. Expertise für den Sozialverband VdK Hessen-Thüringen, Darmstadt.

Hausner, Karl Heinz (2003): Vergleich des bundesstaatlichen Finanzausgleichs in Österreich und Deutschland vor dem Hintergrund der Ökonomischen Theorie des Föderalismus. Europäische Hochschulschriften V/3011. Peter Lang, Frankfurt am Main und andere.

Hausner, Karl Heinz/Engelhard, Heidemarie/Weber, Enzo (2014): Arbeitsmarkt und öffentliche Haushalte. Kosten der Arbeitslosigkeit nochmals gesunken. IAB-Kurzbericht 2/2104, Nürnberg.

Hechtner, Frank (2013): Ökonomische Anreizwirkungen im bundesstaatlichen Finanzausgleich. Diskussionsbeiträger der FU Berlin. FACTS 2013/15, Berlin.

Heck, Stephan (2005): Interregionale und Interpersonelle Einkommensverteilungswirkungen der öffentlichen innerdeutschen Finanztransferströme seit der deutschen Vereinigung in Westdeutschland – Eine theoretische und empirische Analyse. Dissertation, Giessen.

Heilemann, Ulrich (1994): Konsolidierungs- und Wachstumserfordernisse: Fiskalperspektiven der BRD in den 90er Jahren, Essen.

Heinemann, André W. (2006): Länderfinanzausgleich 2005: Kritische Bewertung des „Prämienmodells". Wirtschaftsdienst 2006/10, S. 651–659.

Heinemann, André W. (2014): Steuerautonomie bei der Grunderwerbsteuer – ein Steuerwettlauf der Länder „nach oben? Finanzpolitik Aktuell Nr. 40, Bremen.

Heller, Robert F. (2010): Haushaltsgrundsätze für Bund, Länder und Gemeinden. Handbuch zum Management der öffentlichen Finanzen. R.v. Decker Verlag, Heidelberg, München, Landsberg, Frechen, Hamburg.

Henke, Klaus-Dirk/Schuppert, Gunnar Folke (1993): Rechtliche und finanzwissenschaftliche Probleme der Neuordnung der Finanzbeziehungen von Bund und Ländern im vereinten Deutschland. Nomos Verlag, Baden-Baden.

Hensel, Albert (1922): Der Finanzausgleich im Bundesstaat in seiner staatsrechtlichen Bedeutung, Berlin.

Hetmeier, Heinz-Werner/Vogel, Silvia (2014): Bildungsfinanzbericht 2013. Im Auftrag des Bundesministeriums für Bildung und Forschung und der Ständigen Konferenz der Kultusminister der Länder in der Bundesrepublik Deutschland, Wiesbaden.

Hildebrand, Jan/Riedel, Donata/Afhüppe, Sven (2014): Schäubles großer Plan. In: Handelsblatt vom 15. September 2014, S. 4–7.

Hofmann, Michael/Kempkes, Gerhard/Seitz, Helmut (2008): Demographic Change and Public Sector Budgets in a Federal System. CESifo Working Paper 2317, Dresden.

Hofmann, Michael/Seitz, Helmut (2007): Demographiesensitivität und Nachhaltigkeit der Länder- und Kommunalfinanzen: Ein Ost-West-Vergleich. Dresden Discussion Paper Series in Economics 17/07, Dresden.

Holub, Hans-Werner/Schnabl, Hermann (1994): Input-Output-Rechnung: Input-Output-Analyse. Oldenbourg Verlag, München, Wien.

Hummel, Marlies/Leibfritz, Willi (1986): Die Stadtstaaten im Länderfinanzausgleich. Gutachten im Auftrag des Bundesministers für Finanzen. ifo-Studien zur Finanzpolitik 45, München.

Immervoll, Herwig/Lindström, Klas/Mustonen, Esko/Riihelä, Marja/Viitamäki, Heikki (2005): Static Data „Ageing" Techniques. Accounting for Population Changes in Tax-Benefit Microsimulation Models. EUROMOD Working Paper No. EM7/05, p. 1–25.

INFORUM (2000): INTERDYME. A Package of Programs for Building Interindustry Dynamic Macroeconomic Models. Version 3.10 Matching G7.31.

INFORUM (2009): The G7 user guide and reference for G7.3. Economics Department University of Maryland, Maryland.

INFORUM (2009 a): MACFIXER – Macro Variable Fixing Program for InterDyme Models.

Institut für Wissen in der Wirtschaft [IWW] (2010): Vier Bundesländer erhöhen ab 2011 die Grunderwerbsteuer. WISO Steuerbrief 12/2010, S. 5.

Jacobi, Lucas (2008): Die Determinanten der Verwaltungsausgaben der deutschen Bundesländer.

Jellinek, Georg (1929): Allgemeine Staatslehre. 3. Auflage. Julius Springer Verlag, Berlin.

Kampmann, Brigitte (1995): Staatsverschuldung – Begrenzungskonzepte in der Kritik. Schriften zur monetären Ökonomie 38. Nomos-Verlag, Baden-Baden.

Karrenberg, Hanns (1977): Der Staatssektor in der Input-Output-Rechnung. Die Input-Output-Verflechtung der Gebietskörperschaften in den Jahren 1968 bis 1973. RWI-Papiere 5, Essen.

Kasten, Tanja (2013): Eine Diskussion mit vielen Missverständnissen. ifo Schnelldienst 18/2013, München.

Kauder, Volker/Ramsauer, Peter/Struck, Peter (2005): Entwurf eines Gesetzes zur Abschaffung der Eigenheimzulage. Gesetzesentwurf der Fraktionen CDU/CSU und SPD. Bundestagdrucksache 16/108 vom 29. November 2005. Bundesanzeiger Verlagsgesellschaft GmbH, Köln.

Kirchhof, Paul (1982): Der Verfassungsauftrag zum Länderfinanzaugsleich als Ergänzung fehlender und als Garant vorhandener Finanzautonomie. Peter Deubner Verlag GmbH, Köln.

Kitterer, Wolfgang/Plachta, Robert C. (2008): Reform des Bund-Länder-Finanzausgleichs als Kernelement einer Modernisierung des deutschen Föderalismus. Nomos Verlag, Baden-Baden.

Knörzer, Thomas (2008): Das System der öffentlichen Haushalte. Bundesministerium der Finanzen, Berlin.

Komarnicki, Johann/Neuhaus, Karl-Herbert (1972): Der Staatssektor in der Input-Output-Rechnung. Verflechtungstabellen für die Bundesrepublik Deutschland nach Aufgabenbereichen und Branchen 1954–1967. Duncker & Humblot, Berlin.

Kommission für die Finanzreform (1966): Gutachten für die Finanzreform in der Bundesrepublik Deutschland. Kohlhammer, Stuttgart und andere.

Korte, Anja (2008): Die konkurrierende Steuergesetzgebung des Bundes im Bereich der Finanzverfassung: Steuerautonomie der Länder ohne Reform? Schriften zum Steuerrecht Band 99. Duncker & Humblot Verlag, Berlin.

Krüger-Hemmer, Christiane (1982): Der Staatssektor in der Input-Output-Rechnung: Die Input-Output-Verflechtung des Staates in den Jahren 1974 bis 1978. RWI-Papiere 16, Essen.

Lachmuth, Annemarie/Georgii, Harald/Borhanian, Sarab (2006): Föderalismusreform 2006. Grundsatzänderung – Synopse. Wissenschaftliche Dienste des Deutschen Bundestages 3-313/06, S. 1–22.

Lemmers, Jens (2013): Abbau des Solidaritätszuschlags geboten. DSI kompakt No. 3, Berlin.

Lenk, Thomas/Kaiser, Karolina (2003): Das Prämienmodell im Länderfinanzausgleich – Anreiz und Verteilungswirkungen. Diskussionsbeitrag des Instituts für Finanzen 12/42, Leipzig.

Lenk, Thomas/Kuntze, Martina (2012): Neuordnung der föderalen Finanzverfassung nach 2019 unter besonderer Berücksichtigung der kommunalen Finanzausstattung. Gutachten im Auftrag der Bertelsmann Stiftung, Gütersloh.

Lichtblau, Karl (1999): Finanzausgleich: Reformoptionen und ein konkreter Vorschlag. In: Morath, Konrad (Hrsg.): Reform des Föderalismus. Bad Homburg, S. 95–115.

Lichtblau, Karl/Meyer, Bernd (2005): Bundesländer- Ranking: Bundesländer im Vergleich: Wer wirtschaftet am besten? Köln.

Lietmeyer, Volker (1986): Microanalytic Tax Simulation Models in Europe: Development and Experience in the German Federal Ministry of Finance. In: G.H. Orcutt, J. Merz and H. Quinke (Eds.): Microanalytic Simulation Models to Support Social and Financial Policy. Amsterdam, p. 139–152.

Loidl-Stuppi, Jutta (2005): Wie die Lohnsteuer in den Länderfinanzausgleich einfließt. Statistisches Monatsheft Baden-Württemberg 2/2005, S. 5–10.

Loidl-Stuppi, Jutta (2011): Gebt Baden-Württemberg, was Baden-Württemberg gehört. Statistisches Monatshaft Baden-Württemberg 3/2011, S. 45–50.

Maaß, Siegfried (1967): Die statistische Behandlung des Staatssektors in Input-Output-Tabellen. Dissertation, Heidelberg.

Mai, Ralf (2004): Abwanderung aus Ostdeutschland. Strukturen und Milieus der Altersselektivität und ihre regionalpolitische Bedeutung. Europäische Hochschulschriften Band 394, Frankfurt am Main.

Maier, Tobias/Zika, Gerd/Wolter, Marc Ingo/Kalinowski, Michael/Helmrich Robert (2014): Engpässe im mittleren Qualifikationsbereich trotz erhöhter Zuwanderung. Aktuelle Ergebnisse der BIBB-IAB-Qualifikations- und Berufsfeldprojektionen bis zum Jahr 2030 unter Berücksichtigung von Lohnentwicklungen und beruflicher Flexibilität. BIBB Report 23/14, Bonn.

Maiterth, Ralf/Sureth, Caren (2007): Aufkommenswirkungen des Erbschaftsteuerreformvorschlags der CDU/ CSU-Mittelstandsvereinigung, Paderborn.

Mathes, Andreas (2006): Neugliederung des Bundesgebiets auf Basis von Kreisdaten. Ein finanzwissenschaftlicher Ansatz. Dissertation. Kovač Verlag, Hamburg.

Meade, Douglas S. (1996): An Overview of Interdyme.

Meyer, Bernd (2010): Ressourceneffiziente Wirtschaftsentwicklung unter dem Primat ökologischer Ziele. In: Seidl, Irmi & Zahrnt, Angelika (Hrsg.): Postwachstumsgesellschaft, Konzepte für die Zukunft. Marburg, S. 167–178.

Meyer, Bernd (2016): Die Modellierung der Großen Transformation. In: Held, Martin/ Kubon-Gilke, Gisela/Sturn, Richard (Hrsg.): Jahrbuch Normative und institutionelle Grundfragen der Ökonomik. Band 15: Politische Ökonomik großer Transformationen, Metropolis-Verlag, Marburg.

Meyer, Bernd/Ahlert, Gerd (2016): Imperfect Markets and the Properties of Macro-Economic-Environmental Models as Tools for Policy Evaluation. GWS Discussion Paper 2016/9, Osnabrück.

Meyer, Bernd/Bockermann, Andreas/Ewerhart, Georg/Lutz, Christian (1998): Modellierung der Nachhaltigkeitslücke. Eine umweltökonometrische Analyse. Physika-Verlag, Heidelberg.

Meyer, Bernd/Bockermann, Andreas/Ewerhart, Georg/Lutz, Christian (1999): Marktkonforme Umweltpolitik. Wirkungen auf Luftschadstoffemissionen, Wachstum und Struktur der Wirtschaft. Physika-Verlag, Heidelberg.

Meyer, Bernd/Ewerhardt, Georg (2001): INFORGE: Ein disaggregiertes Simulations- und Prognosemodell für Deutschland. In: Lorenz, Hans-Walter/Meyer, Bernd (Hrsg.): Studien zur Evolutorischen Ökonomik IV: Evolutorische Makroökonomik, Nachhaltigkeit und Institutionenökonomik. Berlin, S. 45–65.

Meyer, Bernd/Uno, Kimio (1999): COMPASS: Ein globales Energie-Wirtschaftsmodell. ifo-Studien 45, S. 703–718.

Meyer, Mark/Distelkamp, Martin/Ahlert, Gerd/Meyer, Bernd (2013): Macroeconomic Modelling of the Global Economy-Energy-Environment Nexus. An Overview of

Recent Advancements of the Dynamic Simulation Model GINFORS. GWS Discussion Paper 2013/5, Osnabrueck.

Mönnig, Anke (2008): Product Tax Modelling in INFORGE. GWS Discussion Paper 2008/9, Osnabrück.

Mönnig, Anke/Wolter, Marc Ingo (2010): Der Wachstumsbeitrag einer Senkung des Mehrwertsteuersatzes auf Hotelübernachtungen. Eine Simulationsrechnung. GWS Discussion Paper 2010/1, Osnabrück.

Mönnig, Anke/Wolter, Marc Ingo (2015): Die Entwicklung des Arbeitskräftebedarfs nach Bundesländern und Regionen bis 2030. In: Zika, Gerd/Maier, Tobias (Hrsg.): Qualifikation und Beruf in Deutschlands Regionen bis 2030. Konzepte, Methoden und Ergebnisse der BIBB-IAB-Projektionen. IAB-Bibliothek 353, Institut für Arbeitsmarkt und Berufsforschung (IAB), Nürnberg.

Müller, Heiko (2004): Das Aufkommen der Steuern vom Einkommen in Deutschland. Gründe für die vom Volkseinkommen abweichende Entwicklung Anfang und Mitte der 1990er Jahre. Dissertation. Deutscher Universitätsverlag, Wiesbaden.

Neutmann, W.-D. (1983): Sozialversicherungsbeiträge und -leistungen. In: Hansen, Gerd & Westphal, Uwe (Hrsg.): SYSIFO – Ein ökonometrisches Konjunkturmodell für die Bundesrepublik Deutschland. Frankfurt am Main, S. 438–481.

Oates, Wallace E. (1972): Fiscal Federalism. Harcourt Brace Jovanovich, New York.

Olsen, Mancur (1969): The Priciple of "Fiscal Equivalence": The Division of Responsibilities Among Different Levels of Government. American Economic Review 59, p. 479–487.

Peffekoven, Rolf (1987): Zur Neuordnung des Länderfinanzausgleichs. Finanzarchiv N.F. 45/2, S. 181–228.

Peffekoven, Rolf (1999): Das Urteil des Bundesverfassungsgerichts zum Länderfinanzausgleich. Wirtschaftsdienst 1999/XII, S. 709–715.

Peichl, Andreas (2005): Die Evaluation von Steuerreformen durch Simulationsmodelle. Finanzwissenschaftliche Diskussionsbeiträge 05–1, Köln.

Pohlan, Jörg/Wessendrof, Jörn/Wixforth, Jürgen/Gutsche Rümenapp, Gertz/Gutsche, Jens-Martin (2007): Die demografische Entwicklung Ostdeutschlands und ihre Auswirkungen auf die öffentlichen Finanzen. Forschungen 128. Bundesministerium für Verkehr, Bau und Stadtentwicklung, Bundesamt für Bauwesen und Raumforschung, Bonn.

Pollitt, Hector (2014): E3ME Technical Manual, Version 6.0, Cambridge.

Popitz, Johannes (1927): Der Finanzausgleich. In: Gerloff, Wilhelm, Meisel, Franz (Hrsg.): Handbuch der Finanzwissenschaft. Tübingen, S. 338–375.

Popitz, Johannes (1932): Der künftige Finanzausgleich zwischen Reich, Ländern und Gemeinden, Berlin.

Quaas, Georg (2009): Ganzheitliche Wirkungen von Dummyvariablen auf die Prognosegenauigkeit ökonometrischer Modelle – analysiert am Beispiel des RWI-Konjunkturmodells KM59, Leipzig.

Radke, Sabine (2014): Verkehr in Zahlen 2014/2015. Bundesministerium für Verkehr und digitale Infrastruktur. DVV Media Group GmbH, Hamburg.

Rappen, Hermann (2012): Probleme der Grunderwerbsteuer und ihrer Anhebung durch die Länder. Forschungsprojekt im Auftrag der Bundesvereinigung Spitzenverbände der Immobilienwirtschaft. Rheinisch-Westfälisches Institut für Wirtschaftsforschung, Essen.

Räth, Norbert/Braakmann, Albert (2011): Revision der Volkswirtschaftlichen Gesamtrechnungen 2011 für den Zeitraum 1991 bis 2010. In: Statistisches Bundesamt (Hrsg.): Wirtschaft und Statistik 9/2011. Wiesbaden, S. 825–866.

Rehm, Hans (2006): Statistiken der öffentlichen Finanzen – aussagekräftiger und aktueller. In: Statistisches Bundesamt (Hrsg.): Wirtschaft und Statistik 3/2006. Wiesbaden, S. 279–302.

Rehm, Hans (2009): Qualitätssicherung der Finanzstatistiken. In: Statistisches Bundesamt (Hrsg.): Methoden-Verfahren-Entwicklungen. Wiesbaden, S. 27–29.

Reineke, Ulrich (2010): Bundesmittel und Bundeszuschüsse an die gesetzliche Rentenversicherung. Aufgaben, Bedeutung und Entwicklung. Pressefachseminar der Deutschen Rentenversicherung Bund am 22. und 23. Juli 2010, Erkner.

Renzsch, Wolfgang (2012): Länderfinanzausgleich. In: Historisches Lexikon Bayerns (21. August 2012).

Rheinisch-Westfälisches Institut für Wirtschaftsforschung [RWI] (1992): Wer finanziert die deutsche Einheit? RWI-Konjunkturbrief 3/1992, Essen.

Rosenfeld, Martin T. W./Alecke, Björn/Franz, Peter/Heimpold, Gerhard/Kilper, Heiderose/Kunkel, Kirsten/Untiedt, Gerhard/Zillmer, Sabine (2007): Interregionale Ausgleichspolitik in Deutschland: Untersuchungen zu den Effekten ausgewählter Systeme zur Herstellung von „gleichwertigen Lebensverhältnissen". Institut für Wirtschaftsforschung Halle, Halle.

Sachverständigenrat [SVR] (1994): Den Aufschwung sichern – Arbeitsplätze schaffen. Jahresgutachten 1994/1995, Stuttgart.

Sachverständigenrat [SVR] (2000): Jahresgutachten 2000/01 des Sachverständigenrates zur Begutachtung der gesamtwirtschaftlichen Entwicklung. Bundestagsdrucksache 14/4792 vom 29. November 2000.

Sachverständigenrat [SVR] (2001): Jahresgutachten 2001/02 des Sachverständigenrates zur Begutachtung der gesamtwirtschaftlichen Entwicklung. Bundestagsdrucksache 14/7569 vom 21. November 2001.

Sachverständigenrat [SVR] (2003): Staatsfinanzen konsolidieren – Steuersystem reformieren. Jahresgutachten 2003/04, Wiesbaden.

Sachverständigenrat [SVR] (2005): Die Chance nutzen – Reformen mutig voranbringen. Jahresgutachten 2005/06.

Sachverständigenrat [SVR] (2007): Das Erreichte nicht verspielen. Jahresgutachten 2007/08, Wiesbaden.

Sachverständigenrat [SVR] (2007 a): Staatsverschuldung wirksam begrenzen. Expertise im Auftrag des Bundesministers für Wirtschaft und Technologie, Wiesbaden.

Sachverständigenrat [SVR] (2008): Die Finanzkrise meistern – Wachstumskräfte stärken. Jahresgutachten 2008/09, Wiesbaden.

Sachverständigenrat [SVR] (2011): Herausforderungen des demografischen Wandels. Expertise im Auftrag der Bundesregierung.

Sachverständigenrat [SVR] (2014): Mehr Vertrauen in Marktprozesse. Jahresgutachten 2014/2015.

Sandhop, Karsten (2006): Preise im Juli 2006. In: Statistisches Bundesamt (Hrsg.): Wirtschaft und Statistik 8/2006. Wiesbaden, S. 857–862.

Schemmel, Lothar (2008): Verfassungswidriger Solidaritätszuschlag. Unzumutbar und unzulässig, Berlin.

Schick, Gerhard (2004): Steuerautonomie und Wirtschaftskraftausgleich. Wirtschaftsdienst 4/2004, S. 230–235.

Schmalwasser, Oda/Müller, Aloysius (2009): Gesamtwirtschaftliche und sektorale nichtfinanzielle Vermögensbilanzen. In: Statistisches Bundesamt (Hrsg.): Wirtschaft und Statistik 2/2009. Wiesbaden, S. 137–147.

Schmalwasser, Oda/Schidlowski, Michael (2006): Kapitalstockrechnung in Deutschland. In: Statistisches Bundesamt (Hrsg.): Wirtschaft und Statistik 11/2006. Wiesbaden, S. 1107–1123.

Schmidt, Kurt (1988): Finanzausgleich. In: Albers, Willi/Zottmann, Anton (Hrsg.): Handwörterbuch der Wirtschaftswissenschaft 2. Stuttgart und andere Orte, S. 607.

Schmuck, Otto (2000): Föderalismus. In: Weidenfels, Werner & Wessels, Wolfgang (Hrsg.): Europa von A bis Z. Bonn, S. 213–216.

Schoof, Dieter (1998): Von den Schwierigkeiten der Steuerschätzung. Deutsche Steuer-Zeitung 86/6. Bonn, S. 209–214.

Schulemann, Olaf (2010): Der umstrittende Solidaritätszuschlag. Mythen und Fakten. Sonderinformation 62. Karl-Bräuer-Institut des Bundes der Steuerzahler e.V., Berlin.

Seitz, Helmut (2007): The Impact of Demographic Change on Fiscal Policy in Germany. In: Hamm, Ingrid, Seitz, Helmut & Werding, Martin (Eds.): Demographic Change in Germany. Berlin, p. 129–164.

Seitz, Helmut (2008): Die Demographieabhängigkeit der Ausgaben und Einnahmen der öffentlichen Haushalte. Eine empirische Analyse unter Berücksichtigung der föderalen Verflechtungen.

Seitz, Helmut/Freigang, Dirk/Högel, Sörgen/Kemkes, Görgen (2007): Die Auswirkungen der demographischen Veränderungen auf die Budgetstrukturen der öffentlichen Haushalte. Perspektiven der Wirtschaftspolitik 2/8, S. 147–164.

Seitz, Helmut/Kempkes, Gerhard (2007): Fiscal Federalism and Demography. Public Finance Review 35/3, p. 385–413.

Sonnenburg, Anja/Stöver, Britta/Ulrich, Philip/Wolter, Marc Ingo (2015): Auswirkungen des demographischen Wandels auf Branchen in Deutschland und potenzielle Rückwirkungen auf Hamburg. Endbericht im Auftrag der Freien und Hansestadt Hamburg, Behörde für Wirtschaft, Verkehr und Innovation, Osnabrück.

Spahn, Paul B./Galler, Heinz P./Kaiser, Helmut/Kassella, Thomas/Merz Joachim (1992): Mikrosimulation in der Steuerpolitik, Heidelberg.

Stache, Dietrich/Forster, Thomas/Kuschel, Marion/Meißmer, Christian/Schmidt, Pascal (2007): Ausgaben des Staates nach Aufgabenbereichen – Datenbasis zur Beurteilung der Qualität der Staatsausgaben. In: Statistisches Bundesamt (Hrsg.): Wirtschaft und Statistik 12/2007. Wiesbaden, S. 1180–1197.

Stahl, Dieter (2005): Ausgleichsgrad und Anreizwirkungen des deutschen Länderfinanzausgleichs: Eine kritische Analyse. Forschungs- und Sitzungsbericht der ARL, S. 206–230.

Statistische Ämter der Länder (2014): Volkswirtschaftliche Gesamtrechnungen der Länder. Entstehung, Verteilung und Verwendung des Bruttoinlandsprodukts in den Ländern der Bundesrepublik Deutschland 1991 bis 2013. Reihe 1, Länderergebnisse Band 5, Stuttgart.

Statistisches Bundesamt [StBA] (2001): Volkswirtschaftliche Gesamtrechnungen. Einkommensrechnung – Überblick über die Methoden und Grundlagen in der Bundesrepublik Deutschland. In: Statistisches Bundesamt (Hrsg.): Methoden und Verfahren. Wiesbaden, S. 1–103.

Statistisches Bundesamt [StBA] (2003): Klassifikation der Wirtschaftszweige mit Erläuterungen. Ausgabe 2003. SFG Servicecenter Fachverlage, Wiesbaden.

Statistisches Bundesamt [StBA] (2006): 20 % mehr Grundsicherungsempfänger im Jahr 2005. Pressemitteilung Nr. 487 vom 21. November 2006, Wiesbaden.

Statistisches Bundesamt [StBA] (2007): Volkswirtschaftliche Gesamtrechnungen. Inlandsprodukt nach ESVG 1995 – Methoden und Grundlagen – Neufassung nach Revision 2005. Fachserie 18, Reihe S. 22, Wiesbaden.

Statistisches Bundesamt [StBA] (2008): Pressemitteilung Nr. 280 vom 05. August 2008.

Statistisches Bundesamt [StBA] (2008 a): Die Bundesländer. Strukturen und Entwicklungen, Wiesbaden.

Statistisches Bundesamt [StBA] (2009): Volkswirtschaftliche Gesamtrechnungen. Inlandsproduktberechnung. Detaillierte Jahresergebnisse. Fachserie 18, Reihe 1.4, Wiesbaden.

Statistisches Bundesamt [StBA] (2009 a): Bevölkerung Deutschlands bis 2060. Ergebnisse der 12. Koordinierten Bevölkerungsvorausberechnung, Wiesbaden.

Statistisches Bundesamt [StBA] (2010): Volkswirtschaftliche Gesamtrechnungen. Inlandsproduktberechnung. Detaillierte Jahresergebnisse. Fachserie 18, Reihe 1.4, Wiesbaden.

Statistisches Bundesamt [StBA] (2010 a): Volkswirtschaftliche Gesamtrechnungen der Länder. Arbeitnehmerentgelt, Bruttolöhne und -gehälter in den Ländern und Ost-West-Großraumregionen Deutschlands 1991 bis 2009. Reihe 1, Länderergebnisse 2, Wiesbaden.

Statistisches Bundesamt [StBA] (2010 b): Finanzen und Steuern. Vierteljährliche Kassenergebnisse des öffentlichen Gesamthaushalts 1.-4. Vierteljahr 2009. Fachserie 14, Reihe 2, Wiesbaden.

Statistisches Bundesamt [StBA] (2011): Finanzen und Steuern. Vierteljährliche Kassenergebnisse des öffentlichen Gesamthaushalts 1.-4. Vierteljahr 2010. Fachserie 14, Reihe 2, Wiesbaden.

Statistisches Bundesamt [StBA] (2012): Finanzen und Steuern. Vierteljährliche Kassenergebnisse des öffentlichen Gesamthaushalts 1.-4. Vierteljahr 2011. Fachserie 14 Reihe 2, Wiesbaden.

Statistisches Bundesamt [StBA] (2013): Statistik der Sozialhilfe. Eingliederungshilfe für behinderte Menschen 2010, Wiesbaden.

Statistisches Bundesamt [StBA] (2013 a): Statistisches Jahrbuch 2013. Deutschland und Internationales, Wiesbaden.

Statistisches Bundesamt [StBA] (2013 b): Finanzen und Steuern. Fachbegriffe der Finanz- und Personalstatistiken, Wiesbaden.

Statistisches Bundesamt [StBA] (2014): Volkswirtschaftliche Gesamtrechnungen. Inlandsproduktberechnung. Detaillierte Jahresergebnisse 2013. Fachserie 18, Reihe 1.4, Wiesbaden.

Statistisches Bundesamt [StBA] (2014 a): Finanzen und Steuern. Vierteljährliche Kassenergebnisse des öffentlichen Gesamthaushalts. 1.-4. Vierteljahr 2013. Fachserie 14, Reihe 2, Wiesbaden.

Statistisches Bundesamt [StBA] (2014 b): Finanzen und Steuern. Steuerhaushalt 2013. Fachserie 14, Reihe 4, Wiesbaden.

Statistisches Bundesamt [StBA] (2014 c): Bevölkerung und Erwerbstätigkeit 2011. Vorläufige Ergebnisse der Bevölkerungsfortschreibung auf Grundlage des Zensus 2011 (Zensusdaten mit dem Stand vom 10. April 2014), Wiesbaden.

Statistisches Bundesamt [StBA] (2014 d): Gesundheit. Ausgaben 2012. Fachserie 12, Reihe 7.1.1, Wiesbaden.

Statistisches Bundesamt [StBA] (2014 e): Bildungsfinanzbericht. Ausgaben für Bildung (Tabellenteil) 2013, Wiesbaden.

Statistisches Bundesamt [StBA] (2014 f): Bildung und Kultur. Schnellmeldungsergebnisse zu Schülerinnen und Schülern der allgemeinbildenden und beruflichen Schulden – vorläufige Ergebnisse – Schuljahr 2013/14, Wiesbaden.

Statistisches Bundesamt [StBA] (2014 g): Bildung und Kultur. Studierende an Hochschulen. Wintersemester 2013/2014. Fachserie 11, Reihe 4.1, Wiesbaden.

Statistisches Bundesamt [StBA] (2014 h): Finanzen und Steuern. Rechnungsergebnisse der öffentlichen Haushalte 2011. Fachserie 14 Reihe 3.1, Wiesbaden.

Statistisches Bundesamt [StBA] (2014 i): Volkswirtschaftliche Gesamtrechnungen. Konzeptionelle Unterschiede zwischen ESVG 2010 und ESVG 1995, Wiesbaden.

Statistisches Bundesamt [StBA] (2014 j): Finanzen und Steuern. Steuerhaushalt. Fachserie 14, Reihe 4, Wiesbaden.

Statistisches Bundesamt [StBA] (2015): Bevölkerung Deutschlands bis 2060. Ergebnisse der 13. Koordinierten Bevölkerungsvorausberechnung, Wiesbaden.

Steinbrecher, Johannes/Thater, Christian/Thum, Marcel (2010): Langfristige Prognose der Einnahmenentwicklung für den Landeshaushalt des Freistaates Sachsen bis zum Jahr 2025. Gutachten im Auftrag des Sächsischen Staatsministeriums der Finanzen. ifo Dresden Studien 57, Dresden.

Stocker, Andrea/Großmann, Anett/Hinterberger, Friedrich/Wolter, Marc Ingo (2014): A low growth path in Austria: potential causes, consequences and policy options. Empirica – Journal of European Economics, New York.

Stocker, Andrea/Großmann, Anett/Madlener, Reinhard/Wolter, Marc Ingo (2011): Sustainable energy development in Austria until 2020: Insights from applying the integrated model "e3.at". Energy Policy 39(10), doi: 10.1016/j.enpol.2011.07.2009, S. 6082–6099.

Teichmann, Dieter/Vesper, Dieter (1998): Öffentliche Haushalte 1998/99: Kurskorrektur notwendig. Wochenbericht 36/98, Berlin.

Truger, Achim/Eicker-Wolf, Kai/Blumtritt, Marcus (2007): Auswirkungen der (Wieder-) Einführung einer Vermögensteuer auf die hessischen Landesfinanzen. Gutachten, Düsseldorf.

Truger, Achim/Vesper, Dieter (2014): Zur Reform des Länderfinanzausgleichs – eine Notwendigkeit? Gutachten im Auftrag des Instituts für Makroökonomie und Konjunkturforschung (IMK) in der Hans-Böckler-Stiftung, Berlin.

Ulrich, Philip/Wolter, Marc Ingo (2013): LÄNDER-Modell 2013. Grundlagen, Ansätze und erste Analysen zum aktuellen Modell. GWS Discussion Paper 2013/6, Osnabrück.

Ulrich, Volker/Erbsland, Manfred (1997): Der langfristige Zusammenhang zwischen demographischen und budgetären Variablen. Finanzarchiv 54, S. 203–232.

Vesper, Dieter (2012): Finanzpolitische Entwicklungstendenzen und Perspektiven des öffentlichen Dienstes in Deutschland. Gutachten im Auftrag des Instituts für Makroökonomie und Konjunkturforschung in der Hans-Böckler-Stiftung, Berlin.

Walter, Carola (1999): Lohnsteuerzerlegung 1995. Statistik in Sachsen II/99, S. 49–54.

Werding, Martin (2011): Demographie und öffentliche Haushalte. Simulation zur langfristigen Tragfähigkeit der gesamtstaatlichen Finanzpolitik in Deutschland. Arbeitspapier 03/2011, Bochum.

West, Guy R. (1995): Comparison of Input-Output + Econometric and Computable General Equilibrium Impact Models at the Regional Level. Economic System Research 7, p. 209–227.

Wiegard, Wolfgang (2006): Reform des föderalen Finanzsystems aus ökonomischer Sicht. In: Wendisch, Patrick & Fonger, Matthias (Hrsg.): Reform des föderalen Finanzsystems in Deutschland. Ergebnisse einer Tagung der Handelskammer Bremen in Kooperation mit dem DIHK und der Forschungsstelle Finanzpolitik Bremen. Baden-Baden, S. 19–32.

Wieland, Joachim (2003): Rechtliche Rahmenbedingungen für eine Wiedereinführung der Vermögensteuer. Rechtsgutachten erstattet für ver.di. Institut für Steuerrecht Johann Wolfgang Goethe-Universität, Frankfurt am Main.

Wiemers, Jürgen (2000): Die Modellierung des Staatssektors in makroökonometrischen Modellen. Diskussionspapiere 119, Halle.

Winker, Peter (1997): Empirische Wirtschaftsforschung. Springer Verlag, Berlin, Heidelberg, New York.

Winker, Peter (2010): Empirische Wirtschaftsforschung und Ökonometrie. 3. Auflage, Berlin, Heidelberg.

Wixforth, Jürgen (2007): Auswirkungen einer geänderten Lohnsteuerzerlegung zwischen Stadtstaat und Umland – das Beispiel Hamburg. Raumforschung und Raumordnung 1/2007, S. 44–55.

Woisin, Matthias (2008): Das eingerostete Scharnier: Umsatzsteuerverteilung zwischen Bund und Ländern. Wirtschaftsdienst 2008/7, S. 446–450.

Wolter, Marc Ingo (2002): Altersvorsorgesysteme und wirtschaftliche Entwicklung: die Erweiterung des makroökonometrischen Modells INFORGE um die Rentenversicherung. Europäische Hochschulschriften V/2928, Frankfurt am Main und andere.

Zimmermann, Horst (2008): Die Steuerschätzung in Deutschland als Mehr-Ebenen-Aufgabe. Wirtschaftsdienst 2008/4, S. 242–247.

Zinsmeister, Florian (2009): Die Finanzierung der deutschen Einheit – Zum Umgang mit den Schuldlasten der Wiedervereinigung. In: DIW (Hrsg.): Die Wirtschaft in Ostdeutschland 20 Jahre nach dem Fall der Mauer – Rückblick, Bestandsaufnahme, Perspektiven. Vierteljahreshefte zur Wirtschaftsforschung 78, Duncker & Humblodt, Berlin.

Drucksachen des Bundesrates und Bundestages

BT-Drucks. 13/890: *Antwort der Bundesregierung auf die Große Anfrage der Abgeordneten Joachim Poß, Ingrid Matthäus-Maier, Hans Gottfried Bernrath, weiterer Abgeordneter und der Fraktion der SPD (Drucksache 13/21). Auswirkungen des Solidaritätszuschlages ab dem 1. Januar 1995 auf die Steuerbelastung der Bürger und die wirtschaftliche Entwicklung. Drucksache des Deutschen Bundestages 13/890 vom 24. März1995.*

BT-Drucks. 13/6798: *Antwort des Parlamentarischen Staatssekretärs Hansgeorg Hauser vom 17. Januar 1997 auf eine schriftliche Anfrage des Abgeordneten Manfred Hampel (SPD) bezüglich der Namensgebung. Drucksache des Deutschen Bundestages 13/6798 vom 24. Januar 1997.*

BT-Drucks. 14/5951: *Entwurf eines Gesetzes über verfassungskonkretisierende allgemeine Maßstäbe für die Verteilung des Umsatzsteueraufkommens, für den Finanzausgleich unter den Ländern sowie für die Gewährung von Bundesergänzungszuweisungen (Maßstäbegesetz – MaßstG) vom 7. Mai 2001.*

BT-Drucks. 14/6577: *Entwurf eines Gesetzes über verfassungskonkretisierende allgemeine Maßstäbe für die Verteilung des Umsatzsteueraufkommens, für den Finanzausgleich unter den Ländern sowie für die Gewährung von Bundesergänzungszuweisungen (Maßstäbegesetz – MaßstG) vom 4. Juli 2001.*

BT-Drucks. 14/7063: *Entwurf eines Gesetzes zur Fortführung des Solidarpaktes, zur Neuordnung des bundesstaatlichen Finanzausgleichs und zur Ab- wicklung des Fonds „Deutsche Einheit" (Solidarpaktfortführungsgesetz – SFG) vom 9. Oktober 2001.*

BT-Drucks. 14/7256: *Entwurf eines Gesetzes zur Fortführung des Solidarpaktes, zur Neuordnung des bundesstaatlichen Finanzausgleichs und zur Ab- wicklung des Fonds „Deutsche Einheit" (Solidarpaktfortführungsgesetz – SFG) vom 1. November 2011.*

BT-Drucks. 16/6223: *Antwort der Bundesregierung auf die Kleine Anfrage der Abgeordneten Bodo Ramelow, Dr. Gesine Lötzsch, Dr. Dietmar Bartsch, weiterer Abgeordneter und der Fraktion DIE LINKE (Drucksache 16/6126). Bestandsaufnahme der finanzpolitischen Auswirkungen der schrittweisen Rückführung der Solidarpakt-II-Mittel auf die Etats der ostdeutschen Länder. Drucksache des Deutschen Bundestages 16/6223 vom 9. August 2007.*

BT-Drucks. 17/3815: *Sechster Bericht zur Lage der älteren Generation in der Bundesrepublik Deutschland – Altersbilder in der Gesellschaft und Stellungnahme der Bundesregierung. Drucksache des Deutschen Bundestages 17/3815 vom 17. November 2010.*

BR-Drucks. 163/93: *Beschluss des Bundesrates für die Neuregelung des Finanz- ausgleichs. Drucksache des Deutschen Bundesrates 163/93 vom 26. März 1993.*

BR-Drucks. 181/08: *Verordnung des Bundesministerium der Finanzen. Zweite Verordnung zur Durchführung des Finanzausgleichsgesetzes im Ausgleichsjahr 2006. Drucksache des Deutschen Bundesrates 181/08 vom 14. März 2008.*

BR-Drucks. 551/11: *Verordnung des Bundesministerium der Finanzen. Zweite Verordnung zur Durchführung des Finanzausgleichsgesetzes im Ausgleichsjahr 2010. Drucksache des Deutschen Bundesrates 551/11 vom 16. September 2011.*

BR-Drucks. 425/14: *Verordnung des Bundesministerium der Finanzen. Zweite Verordnung zur Durchführung des Finanzausgleichsgesetzes im Ausgleichsjahr 2013. Drucksache des Deutschen Bundesrates 425/14 vom 18. September 2014.*

Gesetze und Verordnungen

BGBl. I 1991/38: *Gesetz zur Einführung eines befristeten Solidaritätszuschlags und zur Änderung von Verbrauchsteuer- und anderen Gesetzen (Solidaritätsgesetz) vom 24. Juni 1991.*

BGBl. I 1993/30: *Gesetz über Maßnahmen zur Bewältigung der finanziellen Erblasten im Zusammenhang mit der Herstellung der Einheit Deutschlands, zur langfristigen Sicherung des Aufbaus in den neuen Ländern, zur Neuordnung des bundesstaatlichen Finanzausgleichs und zur Entlastung der öffentlichen Haushalte (Gesetz zur Umsetzung des Föderalen Konsolidierungsprogramms – FKPG) vom 23. Juni 1993.*

BGBl. I 1997/72: *Gesetz zur Fortsetzung der Unternehmenssteuerreform vom 29. Oktober 1997.*

BGBl. I 1997/78: *Gesetz zur Senkung des Solidaritätszuschlags vom 21. November 1997.*

BGBl. I 1997/86: *Gesetz zur Finanzierung eines zusätzlichen Bundeszuschusses zur gesetzlichen Rentenversicherung vom 19. Dezember 1997.*

BGBl. I 2001/42: *Zweites Gesetz zur Familienförderung vom 16. August 2001.*

BGBl. I 2003/66: *Viertes Gesetz für moderne Dienstleistungen am Arbeitsmarkt vom 24. Dezember 2003.*

BGBl. I 2005/76: *Gesetz zur Abschaffung der Eigenheimzulage vom 22. Dezember 2005.*

BGBl. I 2006/30: *Haushaltsbegleitgesetz 2006 (HBeglG 2006) vom 29. Juni 2006.*

BGBl. I 2007/40: *Unternehmenssteuerreformgesetz 2008 vom 14. August 2007.*

BGBl. I 2008/57: *Gesetz zur Förderung von Kindern unter drei Jahren in Tageseinrichtungen und in Kindertagespflege (Kinderförderungsgesetz – KiföG) vom 10. Dezember 2008.*

BGBl. I 2008/63: *Jahressteuergesetz 2009 (JstG 2009) vom 19. Dezember 2008.*

BGBl. I 2008/64: *Gesetz zur Umsetzung steuerrechtlicher Regelungen des Maßnahmenpakets „Beschäftigungssicherung durch Wachstumsstärkung" vom 21. Dezember 2008.*

BGBl. I 2008/64: *Gesetz zur Förderung von Familien und haushaltsnahen Dienstleistungen (Familienleistungsgesetz – FamLeistG) vom 22. Dezember 2008.*

BGBl. I 2009/11: *Gesetz zur Sicherung von Beschäftigung und Stabilität in Deutschland vom 2. März 2009.*

BGBl. I 2009/29: *Gesetz zur Neuregelung der Kraftfahrzeugsteuer und Änderung anderer Gesetze vom 29. Mai 2009.*

BGBl. I 2009/51: *Gesetz zur Modernisierung des Haushaltsgrundsätzegesetzes und zur Änderung anderer Gesetze (Haushaltsgrundsätzemodernisierungsgesetz – HGrGMoG) vom 31. Juli 2009.*

BGBl. I 2009/53: *Begleitgesetz zur zweiten Föderalismusreform vom 10. August 2009.*

BGBl. I 2009/81: *Gesetz zur Beschleunigung des Wirtschaftswachstums (Wachstumsbeschleunigungsgesetz) vom 22. Dezember 2009.*

BGBl. I 2011/51: *Verordnung über die Ermittlung der Schlüsselzahlen für die Aufteilung des Gemeindeanteils an der Einkommensteuer für die Jahre 2012, 2013 und 2014 vom 28. September 2011.*

BGBl. I 2011/55: *Steuervereinfachungsgesetz 2011 vom 1. November 2011.*

BGBl. I 2011/64: *Gesetz zur Umsetzung der Beitreibungsrichtlinie sowie zur Änderung steuerrechtlicher Vorschriften (Beitreibungsrichtlinie- Umsetzungsgesetz – BeitrR-LUmsG) vom 7. Dezember 2011.*

BGBl. I 2014/27: *Gesetz über die Leistungsverbesserungen in der gesetzlichen Rentenversicherung (RV-Leistungsverbesserungsgesetz) vom 23. Juni 2014.*

BGBl. I 2014/45: *Verordnung über die Festsetzung der Länderschlüsselzahlen und die Ermittlung der Schlüsselzahlen für die Aufteilung des Gemeinde anteils am Aufkommen der Umsatzsteuer nach § 5c des Gemeindefinanzreformgesetzes vom 23. September 2014.*

BGBl. I 2014/63: *Gesetz zur weiteren Entlastung von Ländern und Kommunen ab 2015 und zum quantitativen und qualitativen Ausbau der Kindertagesbetreuung sowie zur Änderung des Lastenausgleichsgesetzes vom 22. Dezember 2014.*

BGBl. I 2015/30: *Gesetz zur Anhebung des Grundfreibetrags, des Kinderfreibetrags, des Kindergeldes und des Kinderzuschlags vom 16. Juli 2015.*

RL 77/388/EWG: *Sechste Richtlinie des Rates vom 17. Mai 1977 zur Harmonisierung der Rechtsvorschriften der Mitgliedstaaten über die Umsatzsteuern – Gemeinsames Mehrwertsteuersystem: einheitliche steuerpflichtige Bemessungsgrundlage. In: Amtsblatt der Europäischen Gemeinschaften vom 13. Juni 1977, 20. Jahrgang Nr. L 145.*

Verordnung (EWG, EURATOM) Nr. 1553/89: *Verordnung (EWG; EURATOM) Nr. 1553/89 des Rates vom 29. Mai 1989 über die endgültige einheitliche Regelung für die Erhebung der Mehrwertsteuereigenmittel (ABl. L 155 vom 7. Juni 1989).*

Verordnung (EG) Nr. 1500/2000: *Verordnung (EG) Nr. 1500/2000 der Kommission vom 10. Juli 2000 zur Durchführung der Verordnung (EG) Nr. 2223/96 des Rates im Hinblick auf die Ausgaben und Einnahmen des Staates. In: ABl. EG Nr. L 172 vom 10. Juli 2000, Stand 30. Oktober 2003.*

Verordnung (EG) Nr. 2223/96: *Verordnung (EG) Nr. 2223/96 des Rates vom 25. Juni 1996 zum Europäischen System Volkswirtschaftlicher Gesamtrechnungen auf nationaler und regionaler Ebene in der Europäischen Gemeinschaft (Abl. EG Nr. L 310). Stand 11. August 2010.*

Anhang

Anhang 1: Güterverzeichnis CPA 2002

Lfd. Nr.	Gütergruppengliederung 1-71	Lfd. Nr.	Gütergruppengliederung 1-59
1	Erzeugnisse der Landwirtschaft und Jagd	1	Erzeugnisse der Landwirtschaft und Jagd
2	Forstwirtschaftliche Erzeugnisse und DL	2	Forstwirtschaftliche Erzeugnisse und DL
3	Fische und Fischereierzeugnisse	3	Fische und Fischereierzeugnisse
4	Kohle und Torf	4	Kohle und Torf
5	Erdöl, Erdgas, DL für Erdöl-, Erdgasgewinnung	5	Erdöl, Erdgas; DL für Erdöl-, Erdgasgewinnung
6	Uran- und Thoriumerze	6	Uran- und Thoriumerze
7	Erze	7	Erze
8	Steine und Erden, sonstige Bergbauerzeugnisse	8	Steine u. Erden, sonstige Bergbauerzeugnisse
9	Nahrungs- und Futtermittel	9	Nahrungs- und Futtermittel, Getränke
10	Getränke		
11	Tabakerzeugnisse	10	Tabakerzeugnisse
12	Textilien	11	Textilien
13	Bekleidung	12	Bekleidung
14	Leder und Lederwaren	13	Leder und Lederwaren
15	Holz; Holz-, Kork-, Flechtwaren (ohne Möbel)	14	Holz; Holz-, Kork-, Flechtwaren (ohne Möbel)
16	Holzstoff, Zellstoff, Papier, Karton und Pappe	15	Papier, Pappe und Waren daraus
17	Papier-, Karton- und Pappewaren		
18	Verlagserzeugnisse	16	Verlags-u. Druckerzeugnisse, bespielte Ton-, Bild- u. Datenträger
19	Druckerzeugnisse, bespielte Ton-, Bild- und Datenträger		
20	Kokerei- und Mineralölerzeugnisse, Spalt- u. Brutstoffe	17	Kokerei- und Mineralölerzeugnisse, Spalt- u. Brutstoffe
21	Pharmazeutische Erzeugnisse	18	Chemische Erzeugnisse
22	Chemische Erzeugnisse (ohne pharmazeutische Erzeugnisse)		
23	Gummiwaren	19	Gummi- und Kunststoffwaren
24	Kunststoffwaren		
25	Glas und Glaswaren	20	Glas, Keramik, bearbeitete Steine und Erden
26	Keramik, bearbeitete Steine und Erden		
27	Roheisen, Stahl, Rohre und Halbzeug daraus	21	Metalle und Halbzeug daraus
28	Nichteisenmetalle und Halbzeug daraus		
29	Gießereierzeugnisse		
30	Metallerzeugnisse	22	Metallerzeugnisse
31	Maschinen	23	Maschinen
32	Büromaschinen, Datenverarbeitungsgeräte und -einrichtungen	24	Büromaschinen, Datenverarbeitungsgeräte u. -einrichtungen
33	Geräte der Elektrizitätserzeugung, -verteilung u. ä.	25	Geräte d. Elektrizitätserzeugung, -verteilung u. ä.
34	Nachrichtentechnik, Rundfunk-, Fernsehgeräte, elektronische Bauelemente	26	Nachrichtentechnik, Rundfunk-, Fernsehgeräte, elektronische Bauelemente
35	Medizinisch, mess-, regelungstechnische, optische Erzeugnisse, Uhren	27	Medizinisch, mess-, regelungstechnische, optische Erzeugnisse, Uhren

Anhang 1: Güterverzeichnis CPA 2002 (Fortsetzung)

Lfd. Nr.	Gütergruppengliederung 1-71	Lfd. Nr.	Gütergruppengliederung 1-59
36	Kraftwagen und Kraftwagenteile	28	Kraftwagen und Kraftwagenteile
37	Sonstige Fahrzeuge (Wasser-, Schienen-, Luftfahrzeuge u. a.)	29	Sonstige Fahrzeuge (Wasser-, Schienen-, Luftfahrzeuge u. a.)
38	Möbel, Schmuck, Musikinstrumente, Sportgeräte, Spielwaren u. ä.	30	Möbel, Schmuck, Musikinstrumente, Sportgeräte, Spielwaren u. ä.
39	Sekundärrohstoffe	31	Sekundärrohstoffe
40	Elektrizität, Fernwärme, DL der Elektrizitäts- u. Fernwärmeversorgung	32	Energie (Strom, Gas) u. DL der Energieversorgung
41	Gase, DL der Gasversorgung		
42	Wasser und DL der Wasserversorgung	33	Wasser und DL der Wasserversorgung
43	Vorbereitende Baustellenarbeiten, Hoch- und Tiefbauarbeiten	34	Bauarbeiten
44	Bauinstallations- und sonstige Bauarbeiten		
45	Handelsleistungen mit Kfz; Reparatur an Kfz; Tankleistungen	35	Handelsleistungen mit Kfz; Reparatur an Kfz; Tankleistungen
46	Handelsvermittlungs- und Großhandelsleistungen	36	Handelsvermittlungs- u. Großhandelsleistungen
47	Einzelhandelsleistungen; Reparatur an Gebrauchsgütern	37	Einzelhandelsleistungen; Reparatur an Gebrauchsgütern
48	Beherbergungs- und Gaststätten-DL	38	Beherbergungs- u. Gaststätten-DL
49	Eisenbahn-DL	39	Landverkehrs-u. Transportleistungen in Rohrfernleitungen
50	Sonst. Landverkehrs- u. Transportleistungen in Rohrfernleitungen		
51	Schifffahrtsleistungen	40	Schifffahrtsleistungen
52	Luftfahrtleistungen	41	Luftfahrtsleistungen
53	DL bezüglich Hilfs- und Nebentätigkeiten für den Verkehr	42	DL bezüglich Hilfs- u. Nebentätigkeiten für den Verkehr
54	Nachrichtenübermittlungs-DL	43	Nachrichtenübermittlungs-DL
55	DL der Kreditinstitute	44	DL der Kreditinstitute
56	DL der Versicherungen (ohne Sozialversicherung)	45	DL der Versicherungen (oh. Sozialversicherung)
57	DL des Kredit- und Versicherungshilfsgewerbes	46	DL des Kredit- u. Versicherungshilfsgewerbes
58	DL des Grundstücks- und Wohnungswesens	47	DL des Grundstücks- u. Wohnungswesens
59	DL der Vermietung beweglicher Sachen (ohne Personal)	48	DL der Vermietung bewegl. Sachen (ohne Personal)
60	DL der Datenverarbeitung und von Datenbanken	49	DL der Datenverarbeitung und von Datenbanken
61	Forschungs- und Entwicklungsleistungen	50	Forschungs- und Entwicklungsleistungen
62	Unternehmensbezogene DL	51	Unternehmensbezogene DL
63	DL der öffentlichen Verwaltung, Verteidigung	52	DL der öffentlichen Verwaltung, Verteidigung, SV
64	DL der Sozialversicherung		
65	Erziehungs- und Unterrichts-DL	53	Erziehungs- u. Unterrichts-DL
66	DL des Gesundheits-, Veterinär- und Sozialwesens	54	DL des Gesundheits-,Veterinär- u. Sozialwesens
67	Abwasser-, Abfallbeseitigungs- u. sonstige Entsorgungsleistungen	55	Abwasser-, Abfallbeseitigungs- u. sonstige Entsorgungsleistungen
68	DL von Interessenvertretungen, Kirchen u. ä.	56	DL von Interessenvertretungen, Kirchen u. ä.
69	Kultur-, Sport- und Unterhaltungs-DL	57	Kultur-, Sport- u. Unterhaltungs-DL
70	Sonstige DL	58	Sonstige DL
71	DL privater Haushalte	59	DL privater Haushalte

Quelle: Eigene Darstellung basierend auf CPA 2002

Anhang 2: Kontensystem der VGR (Variablenbezeichnung im Modell)

	Gegenstand der Nachweisung	Gesamte Volkswirt-schaft	Nichtfinanzielle Kapital-gesellschaften	Finanzielle Kapital-gesellschaft	Staat	Bund	Länder	Gemeinden	Sozialver-sicherungen	Private Haus-halte, private Org. o. E.	Übrige Welt
	PRODUKTIONSKONTO										
	Produktionswert	P1000RT	P1000RN	P1000RF	P1000RG	P1S1311A	P1S1312A	P1S1313A	P1S1314A	P1000RH	-
-	**Vorleistungen**	P2000UT	P2000UN	P2000UF	P2000UG	P2S1311V	P2S1312V	P2S1313V	P2S1314V	P2000UH	-
=	**Bruttowertschöpfung**	B1G00BT	B1G00BN	B1G00BF	B1G00BG	B1gS1311V	B1gS1312V	B1gS1313V	B1gS1314V	B1G00BH	-
-	**Abschreibungen**	K1000UT	K1000UN	K1000UF	K1000UG	K1S1311V	K1S1312V	K1S1313V	K1S1314V	K1000UH	-
=	**Nettowertschöpfung**	B1N00BT	B1N00BN	B1N00BF	B1N00BG	B1nS1311	B1nS1312	B1nS1313	B1nS1314	B1N00BH	B1N00BW
	EINKOMMENSENTSTEHUNGSKONTO										
-	**Geleistete Arbeitnehmerentgelte**	D1000UT	D1000UN	D1000UF	D1000UG	D1S1311V	D1S1312V	D1S1313V	D1S1314V	D1000UH	D1000UW
-	**Geleistete sonstige Produktionsabgaben**	D2900UT	D2900UN	D2900UF	D2900UG	D29S1311V	D29S1312V	D29S1313V	D29S1314V	D2900UH	-
+	**Empfangene sonstige Subventionen**	D3900RT	D3900RN	-	D3900RG	-	D39S1312A	D39S1313A	-	D3900RH	-
=	**Betriebsüberschuss/ Selbstständigeneinkommen**	B2N00BT	B2N00BN	B2N00BF	B2N00BG	B23nS1311	B23nS1312	B23nS1313	B23nS1314	B2N00BH	B2N00BW
	PRIMÄRES EINKOMMENSVERTEILUNGSKONTO										
+	**Empfangene Arbeitnehmerentgelte**	D1000RT	-	-	-	-	-	-	-	D1000RH	D1000RW
-	**Geleistete Subventionen**	D3000UT	-	-	D3S13V	D3S1311V	D3S1312V	D3S1313V	D3S1314V	-	D3000UW
-	Gütersubventionen	D3100UT	-	-	D31S13V	D31S1311V	D31S1312V	D31S1313V	-	-	D3100UW
-	Sonstige Subventionen	D3900UT	-	-	D39S13V	D39S1311V	D39S1312V	D39S1313V	D39S1314V	-	D3900UW
+	**Empfangene Produktions- und Importabgaben**	D2000RT	-	-	D2000RG	D2S1311A	D2S1312A	D2S1313A	-	-	D2000RW
+	Gütersteuern	D2100RT	-	-	D21S13A	D21S1311A	D21S1312A	D21S1313A	-	-	D2100RW
+	*Mehrwertsteuer*	D2110RT	-	-	D211S13A	D211S1311A	D211S1312A	D211S1313A	-	-	D2110RW
+	*Importabgaben*	D2120RT	-	-	D212S13A	D212S1311A	-	-	-	-	D2120RW
+	*Sonstige Gütersteuern*	D2140RT	-	-	D214S13A	D214S1311A	D214S1312A	D214S1313A	-	-	D2140RW
+	Sonstige Produktionsabgaben	D2900RT	-	-	D29S13A	D29S1311A	D29S1312A	D29S1313A	-	-	-
-	**Geleistete Vermögenseinkommen**	D4000UT	D4000UN	D4000UF	D4000UG	D4S1311V	D4S1312V	D4S1313V	D4S1314V	D4000UH	D4000UW
-	Zinsen	D4100UT	D4100UN	D4100UF	D41S13V	D41S1311V	D41S1312V	D41S1313V	D41S1314V	D4100UH	D4100UW
-	Ausschüttungen, Entnahmen	D4200UT	D4200UN	D4200UF	-	-	-	-	-	-	D4200UW
-	Reinvestierte Gewinne an die übrige Welt	D4300UT	D4300UN	-	-	-	-	-	-	-	D4300UW
-	Vermögenseinkommen aus Versicherungsverträgen	D4400UT	-	D4400UF	-	-	-	-	-	-	-
-	Pachteinkommen	D4500UT	D4500UN	-	-	-	-	-	-	D4500UH	-
+	**Empfangene Vermögenseinkommen**	D4000RT	D4000RN	D4000RF	D4000RG	D4S1311A	D4S1312A	D4S1313A	D4S1314A	D4000RH	D4000RW
+	Zinsen	D4100RT	D4100RN	D4100RF	D41S13A	D41S1311A	D41S1312A	D41S1313A	D41S1314A	D4100RH	D4100RW
+	Ausschüttungen, Entnahmen	D4200RT	D4200RN	D4200RF	D42S13A	D42S1311A	D42S1312A	D42S1313A	-	D4200RG	D4200RW
	Reinvestierte Gewinne an die übrige Welt	D4300RT	D4300RN	-	-	-	-	-	-	-	D4200RW
+	Vermögenseinkommen aus Versicherungsverträgen	D4400RT	D4400RN	D440RF	-	-	-	-	-	D4400RH	D4400RW
+	Pachteinkommen	D4500RT	D4500RN	-	D44S13A	D45S1311A	D45S1312A	D45S1313A	D45S1314A	D4500RH	-
=	**Primäreinkommen (Nettonationaleinkommen)**	B5N00BT	B5N00BN	B5N00BF	B5N00BG	B5nS1311	B5nS1312	B5nS1313	B5nS1314	B5N00BH	B5N00BW

Anhang 2: Kontensystem der VGR (Variablenbezeichnung im Modell, Fortsetzung)

	Gegenstand der Nachweisung	**Gesamte Volkswirtschaft**	**Nichtfinanzielle Kapitalgesellschaften**	**Finanzielle Kapitalgesellschaft**	**Staat**	**Bund**	**Länder**	**Gemeinden**	**Sozialversicherungen**	**Private Haushalte, private Org. o. E.**	**Übrige Welt**
	KONTO DER SEKUNDÄREN EINKOMMENSVERTEILUNG										
-	**Geleistete Einkommen- und Vermögensteuern**	D5000UT	D5000UN	D5000UF	-	-	-	-	-	D5000UH	D5000UW
+	Empfangene Einkommen- und Vermögensteuern	D5000RT	-	-	D5000RG	D5S1311A	D5S1312A	D5S1313A	-	-	D5000RW
+	Einkommensteuern		-	-	D51S13A	D51S1311A	D51S1312A	D51S1313A	-	-	
+	Sonstige direkte Steuern und Abgaben		-	-	D59S13A				-	-	-
-	**Geleistete Sozialbeiträge**	D6100UT	-	-	-	-	-	-	-	D6100UH	D6100UW
-	Tatsächliche Sozialbeiträge	D6110UT	-	-	-	-	-	-	-	D6110UH	D6110UW
-	*Tatsächliche Sozialbeiträge der Arbeitgeber*	D6111UT	-	-	-	-	-	-	-	D6111UH	D6111UW
-	*Sozialbeiträge der Arbeitnehmer*	D6112UT	-	-	-	-	-	-	-	D6112UH	D6112UW
-	*Sozialbeiträge der Selbstständigen und Nichterwerbstätigen*	D6113UT	-	-	-	-	-	-	-	D6113UH	-
-	Unterstellte Sozialbeiträge	D6120UT	-	-	-	-	-	-	-	D6120UH	-
+	Empfangene Sozialbeiträge	D6100RT	D6100RN	D6100RF	D6100RG	D61S1311A	D61S1312A	D61S1313A	D61S1314A	D6100RH	D6100RW
+	Tatsächliche Sozialbeiträge				D611S13A	-	-	-	D611S1314A	-	
+	Unterstellte Sozialbeiträge				D612S13A	D612S1311A	D612S1312A	D612S1313A	D612S1314A		-
-	**Geleistete monetäre Sozialleistungen**	D6200UT	D6200UN	D6200UF	D62S13V	D62S1311V	D62S1312V	D62S1313V	D62S1314V	D6200UH	D6200UW
+	Empfangene monetäre Sozialleistungen	D6200RT	-	-	-	-	-	-	-	D6200RH	D6200RW
-	**Geleistete sonstige laufende Transfers**	D7000UT	D7000UN	D7000UF	D7000UG	D7S1311V	D7S1312V	D7S1313V	D7S1314V	D7000UH	D7000UW
-	Nettoprämien für Schadensversicherungen					-	-	D71S1313V	-		
-	Laufende Transfers innerhalb des Staatssektors		-	-	D73S13V	D73S1311V	D73S1312V	D73S1313V	D73S1314V	-	-
-	Laufende Transfers im Rahmen internationaler Zusammenarbeit		-	-		D74S1311V	-	-	D74S1314V	-	
-	Übrige laufende Transfers			-		D75S1311V	D75S1312V	D75S1313V	D75S1314V		
+	Empfangene sonstige laufende Transfers	D7000RT	D7000RN	D7000RF	D7000RG	D7S1311A	D7S1312A	D7S1313A	D7S1314A	D7000RH	D7000RW
+	Schadensversicherungsleistungen					-	-	D72S1313A	-		
+	Laufende Transfers innerhalb des Staatssektors		-	-	D73S13A	D73S1311A	D73S1312A	D73S1313A	D73S1314A	-	-
+	Laufende Transfers im Rahmen internationaler Zusammenarbeit		-	-		D74S1311A	D74S1312A	-	-	-	
+	Übrige laufende Transfers					D75S1311A	D75S1312A	D75S1313A	D75S1314A		
=	**Verfügbares Einkommen (Ausgabenkonzept)**	B6N00BT	B6N00BN	B6N00BF	B6N00BG	B6nS1311	B6nS1312	B6nS1313	B6nS1314	B6N00BH	B6N00BW

Anhang 2: Kontensystem der VGR (Variablenbezeichnung im Modell, Fortsetzung)

	Gegenstand der Nachweisung	Gesamte Volkswirtschaft	Nichtfinanzielle Kapitalgesellschaften	Finanzielle Kapitalgesellschaft	Staat	Bund	Länder	Gemeinden	Sozialversicherungen	Private Haushalte, private Org. o. E.	Übrige Welt
	EINKOMMENSVERWENDUNGSKONTO										
-	**Konsumausgaben**	P3000UT	-	-	P3000UG	P3S1311V	P3S1312V	P3S1313V	P3S1314V	P3000UH	-
+	**Zunahme betrieblicher Versorgungsansprüche**	D8000RT	D8000RN	D8000RF	-	-	-	-	-	D8000RH	-
=	**Sparen**	B8N00BT	B8N00BN	B8N00BF	B8N00BG	B8nS1311	B8nS1312	B8nS1313	B8nS1314	B8N00BH	B8N00BW
	VERMÖGENSÄNDERUNGS- UND SACHVERMÖGENSBILDUNGSKONTO										
-	**Geleistete Vermögenstransfers**	D9000UT	D9000UN	D9000UF	D9000UG	D9S1311V	D9S1312V	D9S1313V	D9S1314V	D9000UH	D9000UW
-	Investitionszuschüsse		-	-		D92S1311V	D92S1312V	D92S1313V	D92S1314V	-	
-	Sonstige Vermögenstransfers					D99S1311V	D99S1312V	D99S1313V	-		
+	**Empfangene Vermögenstransfers**	D9000RT	D9000RN	-	D9000RG	D9S1311A	D9S1312A	D9S1313A	D9S1314A	D9000RH	D9000RW
+	Vermögenswirksamen Steuern		-	-		-	D91S1312A	-	-	-	-
+	Investitionszuschüsse			-		D92S1311A	D92S1312A	D92S1313A	D92S1314A		
+	Sonstige Vermögenstransfers			-		D99S1311A	D99S1312A	D99S1313A	-		
-	**Bruttoinvestitionen**	P5000UT	P5000UN	P5000UF	P5000UG	P5S1311V	P5S1312V	P5S1313V	P5S1314V	P5000UH	-
+	**Abschreibungen**	K1000UT	K1000UN	K1000UF	K1000UG	K1S1311V	K1S1312V	K1S1313V	K1S1314V	K1000UH	-
-	**Nettozugang an nichtprod. Vermögensgütern**	K2000UT	K2000UN	-	K2000UG	K2S1311V	K2S1312V	K2S1313V	-	K2000UH	-
=	**Finanzierungssaldo**	B9000BT	B9000BN	B9000BF	B9000BG	B9S1311	B9S1312	B9S1313	B9S1314	B9000BH	B9000BW

\- kein Gegenstand der Nachweisung

Quelle: Erweiterte Darstellung basierend auf Ahlert et al. 2009, S. 98–135

Anhang 3: Einnahmen und Ausgaben lt. Finanzstatistik

AUSGABEN	EINNAHMEN
Personalausgaben	**Steuern und steuerähnliche Abgaben**
Aufwendungen für Abgeordnete und ehrenamtlich Tätige	**Einnahmen aus wirtschaftlicher Tätigkeit**
Beamtenbezüge	**Zinseinnahmen**
Angestelltenvergütung	vom öffentlichen Bereich
Entgelte der Arbeitnehmerinnen und Arbeitnehmer	von anderen Bereichen
Arbeiterlöhne	
Beschäftigungsentgelte u. ä.	
Versorgungsbezüge u. dgl.	
Beihilfen, Unterstützungen u. dgl.	
Sonstige personalbezogene Ausgaben	
Laufender Sachaufwand	
Unterhaltung des unbewegl. Vermögens	
Bewirtschaftung der Grundstücke	
Sonst. sächl. Verwaltungsausgaben	
Militär. Beschaffungen, Anlagen usw.	
Erstattungen an andere Bereiche	
Sonstige Zuschüsse für laufende Zwecke	
Zinsausgaben	
an öffentlichen Bereich	
an andere Bereiche	
Allgemeine Zuweisungen	**Allgemeine Zuweisungen und Umlagen**
an Länder	von Ländern
an Gemeinden/Gv.	von Gemeinden/Gv.
an sonstigen öffentlichen Bereich	vom sonstigen öffentlichen Bereich
Sonstige lfd. Zuweisungen und Zuschüsse	**Sonst. lfd. Zuweisungen und Zuschüsse**
an öffentlichen Bereich	vom öffentlichen Bereich
an Bund	vom Bund
an Sondervermögen	von Sondervermögen
an Länder	von Ländern
an Gemeinden/Gv.	von Gemeinden/Gv.
an Zweckverbände	vom sonstigen öffentlichen Bereich
an Sozialversicherungsträger	von anderen Bereichen
an andere Bereiche	**Sonstige Einnahmen der lfd. Rechnung**
Renten, Unterstützungen u. Ä.	Gebühren, sonstige Entgelte
an Sonstige	sonstige Verwaltungseinnahmen
an öffentliche Unternehmen	
sonstige an Unternehmen	
an soziale und ähnliche Einrichtungen	
an übrige Welt	
abzüglich Zahlungen von gleicher Ebene	**abzüglich Zahlungen von gleicher Ebene**
Ausgaben der laufenden Rechnung	***Einnahmen der laufenden Rechnung***

Anhang 3: Einnahmen und Ausgaben lt. Finanzstatistik (Fortsetzung)

AUSGABEN	EINNAHMEN
Sachinvestitionen	**Veräußerung von Vermögen**
Baumaßnahmen	Veräußerung von Sachvermögen
Erwerb von Sachvermögen	Veräußerung von Beteiligungen
Erwerb von unbeweglichen Sachen	
Erwerb von beweglichen Sachen	
Vermögensübertragungen	**Vermögensübertragungen**
Zuweisungen und Zuschüsse f. Investitionen	Zuweisungen und Zuschüsse f. Investitionen
an öffentlichen Bereich	vom öffentlichen Bereich
an Bund	vom Bund
an Länder	von Sondervermögen
an Gemeinden/Gv.	von Ländern
an Zweckverbände	von Gemeinden/Gv.
an sonstigen öffentlichen Bereich	vom sonst. öffentlichen Bereich
an andere Bereiche	von anderen Bereichen
Sonstige Vermögensübertragungen	**Sonstige Vermögensübertragungen**
an öffentlichen Bereich	vom öffentlichen Bereich
an andere Bereiche	von anderen Bereichen
Darlehen	**Darlehensrückflüsse**
an öffentlichen Bereich	vom öffentlichen Bereich
an Länder	von Ländern
an Gemeinden/Gv.	von Gemeinden/Gv.
an Zweckverbände	von Zweckverbänden
an sonstigen öffentlichen Bereich	vom sonstigen öffentlichen Bereich
an andere Bereiche	von anderen Bereichen
Erwerb von Beteiligungen	**Schuldenaufnahmen beim öffentl. Bereich**
Tilgungsausgaben an öffentl. Bereich	
abzüglich Zahlungen von gleicher Ebene	**abzüglich Zahlungen von gleicher Ebene**
Ausgaben der Kapitalrechnung	***Einnahmen der Kapitalrechnung***
Bereinigte Ausgaben	***Bereinigte Einnahmen***
FINANZIERUNGSSALDO	

Quelle: In Anlehnung an StBA 2010 b

Anhang 4: *Abrechnungsergebnisse des Länderfinanzausgleichs im Jahr 2010, in Mrd. €*

Nr.		NW	BY	BW	NI	HE	SN	RP	ST	SH	TH	BB	MV	SL	BE	HH	HB	Insgesamt
1.	Einwohner (30.06.)	**17.851**	**12.519**	**10.750**	**7.932**	**6.064**	**4.154**	**4.007**	**2.345**	**2.831**	**2.241**	**2.508**	**1.647**	**1.020**	**3.444**	**1.779**	**660**	**81.751**
1.1	Einwohner Land "veredelt"																	83.810
1.2	Einwohner Gemeinden "veredelt"																	84.014
2.	**Lohnsteuer**																	
2.1	Lohnsteuer vor Abzug von Kindergeld, Minijob, Altersvorsorgezulage (vor Zerlegung, vor Verteilung)	41,3	31,2	26,7	12,5	17,6	4,2	6,4	2,1	4,3	2,1	2,6	1,4	1,7	5,8	7,4	1,6	169,0
2.2	Zerlegungsanteile	-3,2	-0,2	-1,4	2,1	-2,0	1,2	1,6	0,8	1,2	0,8	1,3	0,6	0,1	0,1	-2,7	-0,4	0,0
2.3	Pauschalsteuer Minijobs	0,1	0,1	0,1	0,0	0,0	0,0	0,0	0,0	0,0	0,0	0,0	0,0	0,0	0,0	0,0	0,0	0,3
2.4	steuerliches Kindergeld	-1,5	-1,0	-0,7	-0,5	-0,4	-0,2	-0,2	-0,1	-0,2	-0,1	-0,1	-0,1	-0,1	-0,2	-0,2	0,0	-5,6
	Kindergeld Familienkassen	-7,8	-5,1	-4,6	-3,4	-2,6	-1,4	-1,6	-0,8	-1,2	-0,8	-0,9	-0,6	-0,4	-1,3	-0,7	-0,3	-33,2
2.5	Erstattung BMF Altersvorsorgezulage	-0,5	-0,5	-0,4	-0,2	-0,2	-0,2	-0,1	-0,1	-0,1	-0,1	-0,1	-0,1	0,0	-0,1	0,0	0,0	-2,6
2.6	*Lohnsteueraufkommen lt. FAG*	28,3	24,6	19,6	10,5	12,5	3,6	6,0	2,0	4,1	2,0	2,9	1,4	1,3	4,4	3,8	0,9	127,9
3.	***Veranlagte Einkommensteuer***																	
3.1	Veranlagte Einkommensteuer	6,7	6,5	5,7	2,6	2,3	0,4	1,4	0,3	1,3	0,2	0,2	0,2	0,2	1,3	1,5	0,3	31,2
3.2	Erstattung BMF	0,0	0,0	0,0	0,0	0,0	0,0	0,0	0,0	0,0	0,0	0,0	0,0	0,0	0,0	0,0	0,0	0,0
3.3	*Veranlagte Einkommensteuer lt. FAG*	6,7	6,5	5,7	2,6	2,3	0,4	1,4	0,3	1,3	0,2	0,2	0,2	0,2	1,3	1,5	0,3	31,2
4.	***Abgeltungsteuer auf Zins- und Veräußerungserträge***																	
4.1	Zinsabschlag	1,4	1,4	1,0	0,5	3,1	0,0	0,2	0,0	0,2	0,0	0,0	0,0	0,0	0,3	0,2	0,1	8,5
4.2	Zerlegungsanteile	0,4	0,4	0,4	0,3	-2,2	0,1	0,2	0,1	0,0	0,1	0,1	0,0	0,0	0,1	0,1	0,0	0,0
4.3	EU-Quellensteuer auf Zinserträge	0,0	0,0	0,0	0,0	0,0	0,0	0,0	0,0	0,0	0,0	0,0	0,0	0,0	0,0	0,0	0,0	0,2
4.4	*Zinsabschlag lt. FAG*	1,8	1,9	1,4	0,7	0,9	0,2	0,4	0,1	0,2	0,1	0,1	0,1	0,1	0,3	0,3	0,1	8,7
5.	**Nicht veranlagte Steuern vom Ertrag**																	
5.1	Nicht veranlagte Steuern vom Ertrag	4,3	3,0	1,6	1,1	1,6	0,3	0,8	0,1	0,3	0,1	0,1	0,1	0,2	0,7	0,7	0,1	15,0
5.2	Erstattung BMF	-0,8	-0,1	-0,3	-0,2	0,0	0,0	-0,1	0,0	-0,1	0,0	0,0	0,0	0,0	-0,1	-0,1	0,0	-2,0
5.3	*Nicht veranlagte Steuern vom Ertrag lt. FAG*	3,5	2,8	1,3	0,9	1,6	0,2	0,6	0,1	0,3	0,1	0,1	0,1	0,1	0,6	0,6	0,1	13,0
6.	**Körperschaftsteuer**																	
6.1	Körperschaftsteuer	2,0	2,6	2,2	1,2	1,1	0,1	0,8	0,1	0,6	0,0	0,2	0,0	0,1	0,6	0,3	0,1	12,0
6.2	Zerlegungsanteile	-0,1	0,3	-0,2	0,1	0,4	0,0	0,0	0,0	-0,3	0,0	0,1	0,0	0,0	-0,2	0,0	-0,1	0,0
6.3	Erstattung BMF	0,0	0,0	0,0	0,0	0,0	0,0	0,0	0,0	0,0	0,0	0,0	0,0	0,0	0,0	0,0	0,0	0,0
6.4	*Körperschaftsteuer lt. FAG*	1,9	2,9	1,9	1,2	1,5	0,1	0,7	0,1	0,3	0,1	0,3	0,0	0,1	0,4	0,3	0,1	12,0
7.	**Gewerbesteuerumlage lt. FAG**	0,4	0,4	0,3	0,2	0,2	0,1	0,1	0,0	0,1	0,0	0,0	0,0	0,0	0,1	0,1	0,0	1,8
8.	**Ländersteuern**	2,7	2,4	1,9	0,9	1,0	0,3	0,5	0,1	0,4	0,1	0,2	0,1	0,1	0,6	0,6	0,1	12,1
8.1	Vermögensteuer	0,0	0,0	0,0	0,0	0,0	0,0	0,0	0,0	0,0	0,0	0,0	0,0	0,0	0,0	0,0	0,0	0,0
8.2	Erbschaftsteuer	1,1	0,9	0,8	0,3	0,4	0,0	0,1	0,0	0,1	0,0	0,0	0,0	0,0	0,2	0,3	0,0	4,4
8.3	Steuerkraftzahl der Grunderwerbsteuer	1,1	1,1	0,8	0,4	0,4	0,2	0,2	0,1	0,2	0,1	0,1	0,1	0,0	0,3	0,2	0,0	5,3
	Aufkommen Grunderwerbsteuer	1,1	1,0	0,8	0,4	0,4	0,1	0,2	0,1	0,2	0,1	0,1	0,1	0,0	0,4	0,3	0,0	5,3
	Bemessungsgrundlage Grunderwerbsteuer	30,6	29,7	22,6	11,4	11,5	4,3	5,9	1,7	6,0	1,6	2,5	2,0	1,2	8,8	6,2	1,2	147,0
8.4	KfZ-Steuer	0,0	0,0	0,0	0,0	0,0	0,0	0,0	0,0	0,0	0,0	0,0	0,0	0,0	0,0	0,0	0,0	0,0
	Kompensationsbeträge KfZ-Steuer	1,9	1,5	1,3	0,9	0,7	0,4	0,5	0,2	0,3	0,2	0,3	0,2	0,1	0,2	0,2	0,1	9,0
8.5	Rennwett-/ Lotteriesteuer	0,3	0,2	0,2	0,1	0,1	0,0	0,1	0,0	0,0	0,0	0,0	0,0	0,0	0,1	0,1	0,0	1,4
	Totalisatorsteuer	0,0	0,0	0,0	0,0	0,0	0,0	0,0	0,0	0,0	0,0	0,0	0,0	0,0	0,0	0,0	0,0	0,0
8.6	Feuerschutzsteuer	0,1	0,1	0,0	0,0	0,0	0,0	0,0	0,0	0,0	0,0	0,0	0,0	0,0	0,0	0,0	0,0	0,3
8.7	Biersteuer	0,2	0,2	0,0	0,0	0,0	0,1	0,0	0,0	0,0	0,0	0,0	0,0	0,0	0,0	0,0	0,0	0,7
8.8	Spielbankabgabe	0,0	0,0	0,0	0,0	0,0	0,0	0,0	0,0	0,0	0,0	0,0	0,0	0,0	0,0	0,0	0,0	0,1
8.9	Insgesamt	4,6	4,0	3,2	1,8	1,7	0,7	1,0	0,4	0,7	0,4	0,4	0,3	0,2	0,9	0,8	0,2	21,3

Anhang 4: Abrechnungsergebnisse des Länderfinanzausgleichs im Jahr 2010, in Mrd. €, Fortsetzung

		NW	BY	BW	NI	HE	SN	RP	ST	SH	TH	BB	MV	SL	BE	HH	HB	Insgesamt
9	***Steuern der Länder nach dem Aufkommen***	23,5	21,2	16,5	8,9	10,1	2,7	5,1	1,5	3,4	1,4	2,0	1,0	1,1	4,0	3,7	0,8	107,0
10	***Länderanteile an der Umsatzsteuer***																	
10.1	Ergänzungsanteile nach § 2 Abs. 1 FAG	0,0	0,0	0,0	1,4	0,0	2,6	0,5	1,5	0,2	1,4	1,2	1,0	0,3	0,4	0,0	0,0	10,5
10.2	Restverteilung nach Einwohnern nach § 2 Abs. 2 FAG	15,3	10,7	9,2	6,8	5,2	3,6	3,4	2,0	2,4	1,9	2,1	1,4	0,9	3,0	1,5	0,6	70,1
10.3	Umsatzsteuer insgesamt	15,4	10,8	9,3	8,2	5,2	6,1	3,6	3,5	2,7	3,3	3,3	2,5	1,1	3,5	1,5	0,6	80,6
11	**Förderabgabe**	0,0	0,0	0,0	0,5	0,0	0,0	0,0	0,0	0,1	0,0	0,0	0,0	0,0	0,0	0,0	0,0	0,6
12	***Kürzung nach § 7 Abs. 3 FAG***																	
12.1	**Steuern der Länder nach dem Aufkommen je Einwohner in €**	1,3	1,7	1,5	1,1	1,7	0,7	1,3	0,6	1,2	0,6	0,8	0,6	1,0	1,2	2,1	1,2	1,3
	je Einwohner	1,3	1,7	1,5	1,1	1,7	0,7	1,3	0,6	1,2	0,6	0,8	0,6	1,0	1,2	2,1	1,2	1,3
	je Einwohner im Vorjahr	1,4	1,7	1,5	1,1	1,7	0,6	1,3	0,6	1,2	0,6	0,8	0,6	1,1	1,0	2,1	1,3	1,3
12.2	***Veränderungsrate ggü. Vorjahr in v.H.***	-4,3	0,5	2,8	3,1	0,1	7,4	-0,5	4,1	-1,5	2,2	-0,5	2,9	-5,4	16,1	1,9	-4,3	0,5
12.3	**Differenz zum Länderdurchschnitt in%-Pkt.**	-4,9	0,0	2,3	2,5	-0,4	6,9	-1,1	3,5	-2,0	1,7	-1,1	2,3	-5,9	15,6	1,3	-4,9	0,0
12.4	**überproportionaler Zuwachs**	0,0	0,0	0,0	0,0	0,0	0,0	0,0	0,0	0,0	0,0	0,0	0,0	0,0	0,1	0,0	0,0	0,0
12.5	**Kürzung des überproportionalen Zuwachs um 12%**	23,5	21,2	16,4	8,9	10,1	2,7	5,1	1,5	3,4	1,4	2,0	1,0	1,1	4,0	3,7	0,8	0,0
13	**Steuern der Länder lt. FAG**	38,8	32,0	25,7	17,6	15,4	8,8	8,7	5,0	6,2	4,8	5,4	3,5	2,2	7,4	5,3	1,4	188,1
14	**Steuern der Gemeinden im LFA**																	
14.1	Gemeindeanteil Lohnsteuer	4,2	3,7	2,9	1,6	1,9	0,5	0,9	0,3	0,6	0,3	0,4	0,2	0,2	0,7	0,6	0,1	0,0
	Gemeindeanteil veranlagte Einkommensteuer	1,0	1,0	0,9	0,4	0,3	0,1	0,2	0,0	0,2	0,0	0,0	0,0	0,0	0,2	0,2	0,1	0,0
	Gemeindeanteil Zinsabschlag	0,2	0,2	0,2	0,1	0,1	0,0	0,0	0,0	0,0	0,0	0,0	0,0	0,0	0,0	0,0	0,0	0,0
14.2	Gemeindeanteil Umsatzsteuer	0,9	0,5	0,5	0,3	0,3	0,2	0,2	0,1	0,1	0,1	0,1	0,1	0,0	0,2	0,1	0,0	3,6
14.3	Realsteuerkraft Grundsteuer A	0,1	0,1	0,0	0,1	0,0	0,0	0,0	0,0	0,0	0,0	0,0	0,0	0,0	0,0	0,0	0,0	0,0
14.4	Realsteuerkraft Grundsteuer B	2,5	1,7	1,6	1,2	0,9	0,4	0,5	0,2	0,4	0,2	0,2	0,2	0,1	0,4	0,3	0,1	0,0
14.5	Realsteuerkraft Gewerbesteuer	7,9	6,6	5,5	3,0	3,5	1,1	1,4	0,6	1,1	0,6	0,8	0,4	0,4	1,0	1,4	0,3	0,0
	Aufkommen Grundsteuer A																	0,4
	Aufkommen Grundsteuer B																	11,0
	Aufkommen Gewerbesteuer																	35,7
	Grundbetrag Grundsteuer A (Vorjahr)	0,0	0,0	0,0	0,0	0,0	0,0	0,0	0,0	0,0	0,0	0,0	0,0	0,0	0,0	0,0	0,0	0,1
	Grundbetrag Grundsteuer B (Vorjahr)	0,6	0,4	0,4	0,3	0,2	0,1	0,1	0,1	0,1	0,0	0,1	0,0	0,0	0,1	0,1	0,0	2,6
	Grundbetrag Gewerbesteuer (Vorjahr)	1,9	1,6	1,3	0,7	0,8	0,3	0,3	0,1	0,3	0,1	0,2	0,1	0,1	0,2	0,3	0,1	8,4
14.6	abzgl. Gewerbesteuerumlage im LFA, gezahlt an die Länder	0,4	0,4	0,3	0,2	0,2	0,1	0,1	0,0	0,1	0,0	0,0	0,0	0,0	0,1	0,1	0,0	1,8
	abzgl. Gewerbesteuerumlage im LFA, gezahlt an den Bund	0,3	0,2	0,2	0,1	0,1	0,0	0,1	0,0	0,0	0,0	0,0	0,0	0,0	0,0	0,1	0,0	1,2
14.7	64% der Steuern der Gemeinden	10,3	8,5	7,2	4,0	4,3	1,4	2,0	0,8	1,5	0,7	1,0	0,5	0,5	1,5	1,7	0,4	46,4
15	**Ausgleichszuweisungen/ Ausgleichsbeiträge (-)**																	
15.5	Finanzkraftmesszahl	49,1	40,5	32,9	21,6	19,7	10,2	10,7	5,8	7,7	5,5	6,4	4,0	2,7	8,9	6,9	1,8	234,5
15.6	Ausgleichsmesszahl	49,9	35,0	30,1	22,2	17,0	11,6	11,2	6,6	7,9	6,3	7,1	4,6	2,9	13,0	6,7	2,5	234,5
15.7	FKMZ in v.H. der AGMZ	98,4	115,7	109,4	97,5	116,1	88,0	95,6	88,0	97,0	87,8	90,2	86,3	94,1	68,8	102,8	74,1	0,0
15.8	Überschüsse/Fehlbeträge	-0,8	5,5	2,8	-0,5	2,7	-1,4	-0,5	-0,8	-0,2	-0,8	-0,7	-0,6	-0,2	-4,1	0,2	-0,6	0,0
15.9	Ausgleichszuweisungen	0,4	0,0	0,0	0,3	0,0	0,9	0,3	0,5	0,1	0,5	0,4	0,4	0,1	2,8	0,0	0,4	7,1
15.10	Überschussabschöpfungen	0,0	3,6	1,7	0,0	1,8	0,0	0,0	0,0	0,0	0,0	0,0	0,0	0,0	0,0	0,1	0,0	7,2
15.11	Ausgleichsbeiträge (AGZ=AGB)	0,0	3,5	1,7	0,0	1,8	0,0	0,0	0,0	0,0	0,0	0,0	0,0	0,0	0,0	0,1	0,0	7,1
15.12	Ausgleichsbeiträge in v.H. der Überschüsse	0,0	64,4	59,8	0,0	64,5	0,0	0,0	0,0	0,0	0,0	0,0	0,0	0,0	0,0	48,7	0,0	0,0

Quelle:BR-Drucks. 551/11

Anhang 4: Abrechnungsergebnisse des Länderfinanzausgleichs in den Jahren 2005–2020, in Mrd. €, Fortsetzung

Bitte Auswahl treffen: **Variable** **Bundesland** **Einheit:** Mrd. €

Allgemeiner Finanzbedarf
Aufkommen Grunderwerbsteuer
Ausgleichsbeiträge (AGZ=AGB)
Ausgleichsmesszahl
Ausgleichszuweisungen
BEZ (AL)
BEZ (Kosten politische Führung)

Hessen
Mecklenburg-Vorpommern
Niedersachsen
Nordrhein-Westfalen
Rheinland-Pfalz
Saarland
Sachsen
Sachsen-Anhalt

	2005	2006	2007	2008	2009	2010	2011	2012	2013	2014	2015	2016	2017	2018	2019	2020
Bayern	29,2	32,1	35,4	37,1	34,3	35,0	37,9	40,4	42,2	43,6	44,9	45,8	46,9	47,9	49,0	50,2
Baden-Württemberg	25,1	27,6	30,5	31,9	29,5	30,1	32,4	34,3	35,7	36,8	37,9	38,5	39,4	40,2	41,1	42,1
Brandenburg	6,0	6,6	7,3	7,5	6,9	7,1	7,6	8,0	8,3	8,5	8,7	8,9	9,0	9,2	9,4	9,6
Hessen	14,3	15,6	17,2	18,0	16,6	17,0	18,3	19,5	20,3	20,9	21,5	21,8	22,3	22,7	23,2	23,7
Mecklenburg-Vorpommern	4,1	4,4	4,8	5,0	4,6	4,6	5,0	5,3	5,4	5,6	5,7	5,8	5,8	5,9	6,0	6,1
Niedersachsen	18,7	20,6	22,6	23,6	21,8	22,2	23,9	25,3	26,2	27,0	27,7	28,1	28,7	29,2	29,8	30,4
Nordrhein-Westfalen	42,3	46,4	51,1	53,3	49,1	49,9	53,8	56,9	59,0	60,8	62,4	63,4	64,6	65,8	67,2	68,6
Rheinland-Pfalz	9,5	10,4	11,5	12,0	11,0	11,2	12,1	12,9	13,4	13,8	14,2	14,4	14,8	15,0	15,4	15,7
Saarland	2,5	2,7	2,9	3,1	2,8	2,9	3,1	3,2	3,3	3,4	3,5	3,5	3,6	3,6	3,7	3,8
Sachsen	10,0	11,0	12,0	12,5	11,5	11,6	12,5	13,1	13,6	14,0	14,3	14,5	14,7	14,9	15,2	15,5
Sachsen-Anhalt	5,8	6,3	6,9	7,1	6,5	6,6	7,0	7,4	7,6	7,8	7,9	8,0	8,0	8,1	8,2	8,3
Schleswig-Holstein	6,6	7,3	8,0	8,4	7,8	7,9	8,6	9,1	9,4	9,8	10,0	10,2	10,4	10,6	10,9	11,1
Thüringen	5,5	6,0	6,5	6,8	6,2	6,3	6,7	7,1	7,3	7,4	7,6	7,7	7,8	7,9	8,0	8,1
Berlin	10,7	11,8	13,0	13,7	12,7	13,0	14,0	14,8	15,4	15,9	16,4	16,7	17,0	17,4	17,8	18,2
Bremen	2,1	2,3	2,5	2,6	2,4	2,5	2,7	2,9	3,0	3,1	3,2	3,2	3,3	3,3	3,4	3,5
Hamburg	5,5	6,1	6,7	7,1	6,6	6,7	7,2	7,6	7,9	8,2	8,5	8,7	8,9	9,1	9,3	9,6

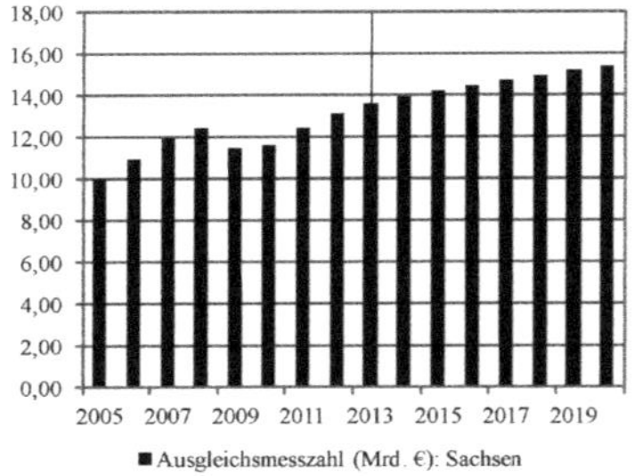

Quelle: BR-Drucks. 425/14 (und ältere Jahrgänge) und eigene Berechnungen

Anhang 5: Kontensystem der VGR für Bund, Länder, Gemeinden und Sozialversicherungen in den Jahren 1991–2020, in Mrd. €, Ausschnitt aus einer Auswertungsdatei

Bitte Auswahl treffen: **Variable** **Einheit:** Mrd. €

Vermögenseinkommen (Einnahme)
Zinsen
Nettopachten u.ä.
Vermögenseinkommen aus Versicherungsverträgen
Ausschüttungen
Produktions- und Importabgaben
Gütersteuern
Sonstige Produktionsabgaben

Bund
Länder
Gemeinden
Sozialversicherungen

	1991	1992	1993	1994	1995	1996	1997	1998	1999	2000	2001	2002	2003	2004	2005	2006	2007
Produktions- und Importabgaben	99,2	105,9	111,1	121,1	112,9	107,4	108,3	113,8	126,1	128,5	133,6	138,2	142,5	139,8	144,7	148,6	163,0

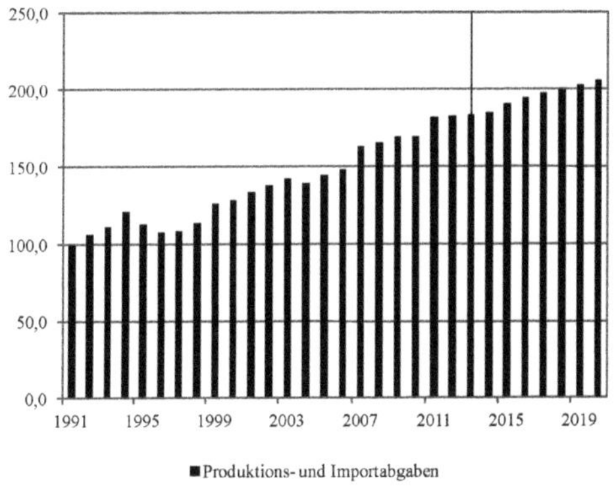

Quelle: StBA 2014 und eigene Berechnungen

Anhang 6: Ausgewählte finanzstatistische Größen für die Bundesländer und Gemeinden in den Jahren 1992–2020, in Mrd. €, Ausschnitt aus einer Auswertungsdatei

Bitte Auswahl treffen:

Variable

- Laufender Sachaufwand
- Zinsausgaben
- Allgemeine Zuweisungen und Umlagen (Ausgaben)
- Sonstige lfd. Zuweisungen und Zuschüsse (Ausgaben)
- Sachinvestitionen
- Zuweisungen und Zuschüsse für Investitionen (Ausgat
- Bereinigte Ausgaben
- Finanzierungssaldo

Landes- oder Gemeindehaushalt?

- Landeshaushalt
- Gemeindehaushalt
- Landes- und Gemeindehaushalt

Einheit: Mrd. € (absolute Größe)
€ (pro Kopf)

	1992	1993	1994	1995	1996	1997	1998	1999	2000	2001	2002	2003	2004	2005	2006	2007	2008	2009	2010	2011	2012
Baden-Württemberg	5,8	5,4	4,7	4,4	4,2	4,1	4,0	4,3	4,9	4,9	5,2	4,2	3,6	3,6	3,9	4,0	4,4	4,9	4,7	4,9	4,4
Bayern	7,2	6,8	6,7	6,6	6,3	6,2	6,2	6,5	6,4	6,5	6,2	5,6	5,1	4,9	5,3	6,0	6,3	6,6	7,3	7,6	6,9
Brandenburg	1,8	1,8	1,9	1,9	1,8	1,7	1,7	1,6	1,6	1,6	1,5	1,3	1,2	1,0	1,1	1,1	0,9	1,0	0,9	0,9	0,8
Hessen	2,8	2,7	2,4	2,3	2,3	2,1	1,9	2,1	2,2	2,3	2,3	2,2	2,1	2,1	2,0	2,3	2,2	2,4	2,9	3,0	2,7
Mecklenburg-Vorpommern	1,4	1,4	1,5	1,3	1,3	1,3	1,2	1,1	1,0	1,0	0,9	0,8	0,8	0,7	0,8	0,7	0,6	0,7	0,7	0,7	0,7
Niedersachsen	3,2	3,1	3,0	2,9	2,6	2,4	2,4	2,4	2,6	2,4	2,3	2,1	1,8	1,7	1,7	1,7	1,9	2,3	2,3	2,4	2,2
Nordrhein-Westfalen	6,7	6,4	5,9	5,4	5,0	5,1	4,9	4,9	4,8	4,5	4,4	4,0	4,0	3,7	3,5	3,5	3,4	3,5	3,4	3,5	3,2
Rheinland-Pfalz	1,7	1,6	1,5	1,5	1,6	1,5	1,5	1,6	1,6	1,7	1,4	1,3	1,2	1,1	1,1	1,1	1,2	1,2	1,3	1,3	1,2
Saarland	0,3	0,3	0,3	0,3	0,3	0,2	0,3	0,2	0,3	0,3	0,2	0,2	0,3	0,3	0,3	0,3	0,3	0,2	0,3	0,3	0,2
Sachsen	3,9	3,8	4,1	3,7	3,2	2,7	2,6	2,5	2,4	2,2	2,1	2,5	2,4	2,1	2,2	2,1	2,2	2,2	2,5	2,6	2,4
Sachsen-Anhalt	2,1	2,0	1,8	1,7	1,6	1,7	1,8	1,6	1,4	1,4	1,2	1,2	1,1	0,9	0,8	0,9	0,8	0,9	1,0	1,0	0,9
Schleswig-Holstein	1,0	1,0	1,0	1,1	1,1	1,0	0,9	1,0	1,0	0,9	0,9	0,9	0,8	0,8	0,9	0,9	1,0	0,9	1,0	1,0	0,9
Thüringen	2,1	2,2	2,1	1,8	1,7	1,5	1,5	1,5	1,4	1,3	1,3	1,2	1,1	0,9	1,0	1,0	1,0	1,1	1,1	1,1	1,0
Berlin	0,8	0,8	0,8	1,0	0,8	0,6	0,6	0,4	0,4	0,4	0,3	0,3	0,3	0,4	0,3	0,3	0,3	0,4	0,4	0,4	0,5
Bremen	0,3	0,3	0,2	0,2	0,2	0,2	0,2	0,3	0,2	0,3	0,2	0,2	0,2	0,1	0,1	0,1	0,1	0,1	0,1	0,1	0,1
Hamburg	0,6	0,6	0,6	0,5	0,6	0,6	0,5	0,6	0,6	0,6	0,4	0,5	0,5	0,5	0,4	0,4	0,5	0,6	0,5	0,5	0,5

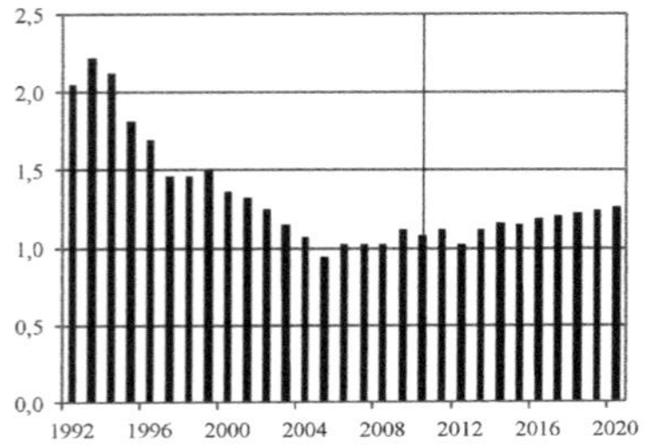

■ Sachinvestitionen (Mrd. €): Thüringen

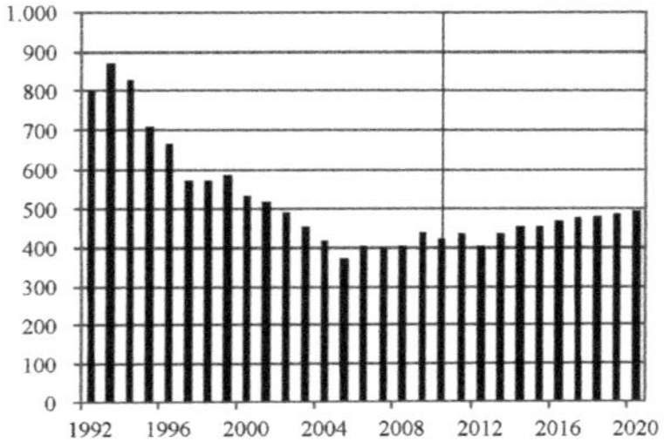

■ Sachinvestitionen pro Kopf (€): Thüringen

- Baden-Württemberg
- Bayern
- Brandenburg
- Hessen
- Mecklenburg-Vorpommern
- Niedersachsen
- Nordrhein-Westfalen
- Rheinland-Pfalz
- Saarland
- Sachsen
- Sachsen-Anhalt
- Schleswig-Holstein
- Thüringen
- Berlin

Anhang 6: Ausgewählte finanzstatistische Größen für Bund, Länder, Gemeinden und Sozialversicherungen in den Jahren 1992–2020, in Mrd. €, Ausschnitt aus einer Auswertungsdatei, Fortsetzung

Bitte Auswahl treffen: **Variable** **Bund, Land, Gemeinde oder SV?** **Einheit:** Mrd. €

Laufender Sachaufwand
Zinsausgaben
Allgemeine Zuweisungen und Umlagen (Ausgaben)
Sonstige lfd. Zuweisungen und Zuschüsse (Ausgaben)
Sachinvestitionen
Zuweisungen und Zuschüsse für Investitionen (Ausgab
Bereinigte Ausgaben
Finanzierungssaldo

Bund
Länder
Gemeinden
Sozialversicherungen

	1992	1993	1994	1995	1996	1997	1998	1999	2000	2001	2002	2003	2004	2005	2006	2007
Bund	220,4	236,1	244,7	251,9	252,0	245,9	261,8	270,9	265,0	265,7	279,3	280,7	273,6	281,5	282,8	292,6
Länder	214,7	225,6	229,6	237,2	242,3	241,5	243,6	245,2	249,3	255,5	256,0	258,6	255,9	259,3	258,7	263,9
Gemeinden	142,3	147,9	149,5	151,2	147,8	143,1	141,9	144,1	145,1	147,9	149,2	149,8	149,2	153,3	155,7	160,7
Sozialversicherungen	0,0	341,7	360,6	386,6	404,6	412,5	420,3	423,9	432,7	446,9	464,2	472,5	466,1	469,0	467,0	467,3

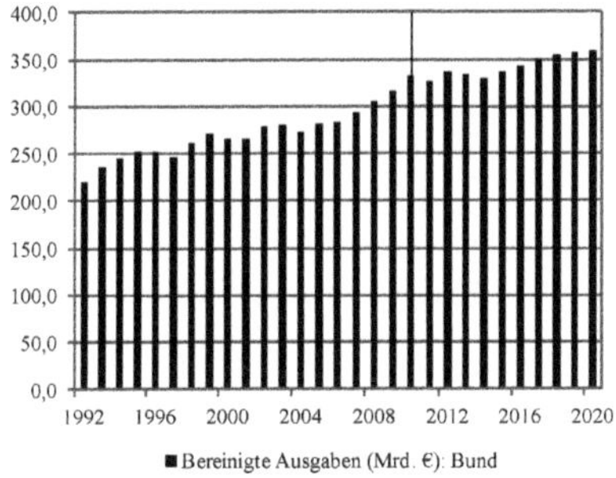

Quelle: StBA 2014 a und ältere Jahrgänge sowie eigene Berechnungen

Anhang 7: Einnahmen und Ausgaben lt. VGR (verkürzt)

ESVG 95 Code	AUSGABEN	ESVG 95 Code	EINNAHMEN
P.2	Vorleistungen	P.11+P.12	Marktproduktion und Nichtmarktproduktion für die Eigenverwendung
D.1	Arbeitnehmerentgelt	P.131	Zahlungen für sonstige Nichtmarktproduktion
		D.39	Sonstige Subventionen
D.29	Sonstige Produktionsabgaben	D.2	Produktions- und Importabgaben
D.3	Subventionen		
D.4	Vermögenseinkommen	D.4	Vermögenseinkommen
D.62+D.631	Monetäre Sozialleistungen und soziale Sachtransfers	D.5	Einkommen- und Vermögensteuern
		D.61	Sozialbeiträge
D.7	Sonstige laufende Transfers	D.7	Sonstige laufende Transfers
D.9	Vermögenstransfers	D.9	Vermögenstransfers
P.5	Bruttoinvestitionen		
K.2	Nettozugang an nicht produzierten Vermögensgütern		
Gesamtausgaben des Staates		**Gesamteinnahmen des Staates**	
FINANZIERUNGSSALDO			

Quelle: In Anlehnung an Europäische Kommission 1996

Anhang 8: Einnahmen, Ausgaben und Finanzierungssaldo des Bundes lt. VGR in den Jahren 1991–2020, in Mrd. €

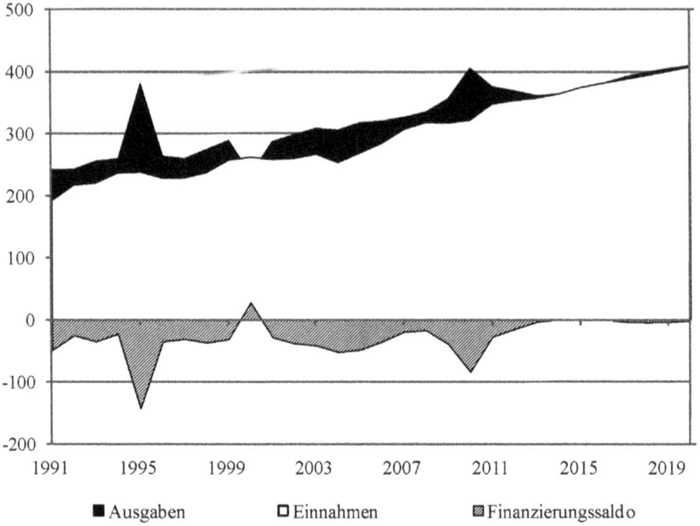

Quelle: StBA 2014 und eigene Berechnungen

Anhang 9: Einnahmen, Ausgaben und Finanzierungssaldo der Länder lt. VGR in den Jahren 1991–2020, in Mrd. €

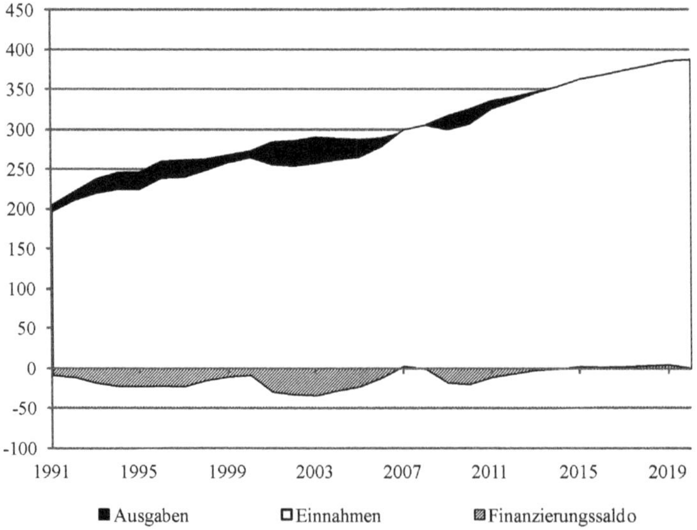

Quelle: StBA 2014 und eigene Berechnungen

Anhang 10: Einnahmen, Ausgaben und Finanzierungssaldo der Gemeinden lt. VGR in den Jahren 1991–2020, in Mrd. €

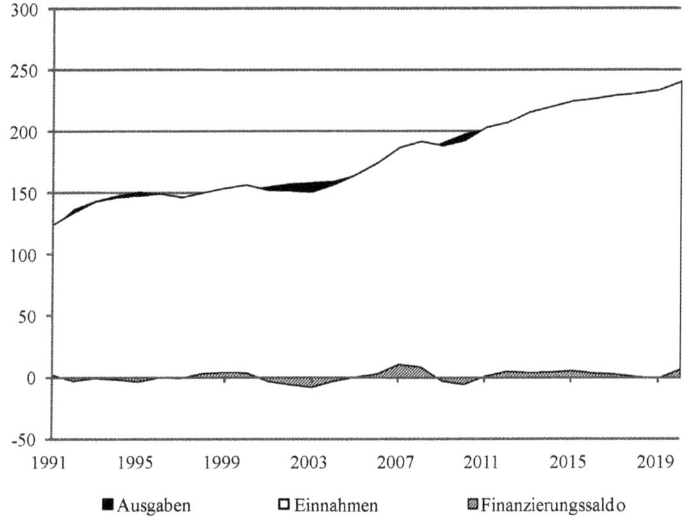

Quelle: StBA 2014 und eigene Berechnungen

Anhang 11: Einnahmen, Ausgaben und Finanzierungssaldo der Sozialversicherungen lt. VGR in den Jahren 1991–2020 in Mrd. €

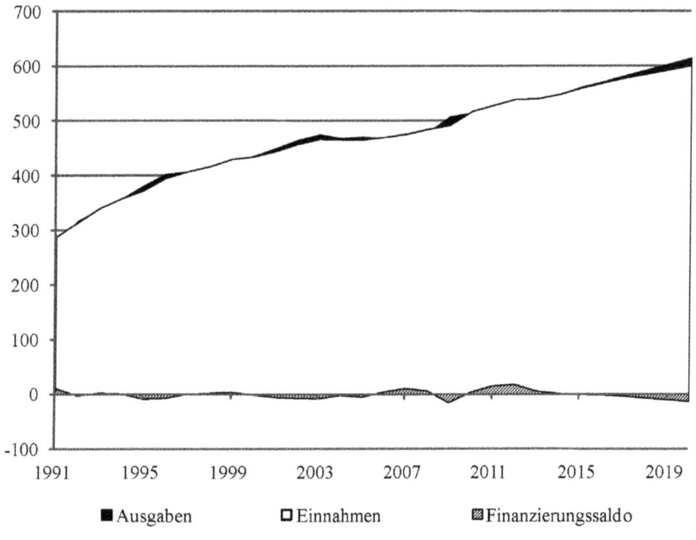

Quelle: StBA 2014 und eigene Berechnungen

Anhang 12: Steuereinnahmen im Trennsystem für Bund (oben) und Länder (unten) in den Jahren 1991–2020, in Mrd. €

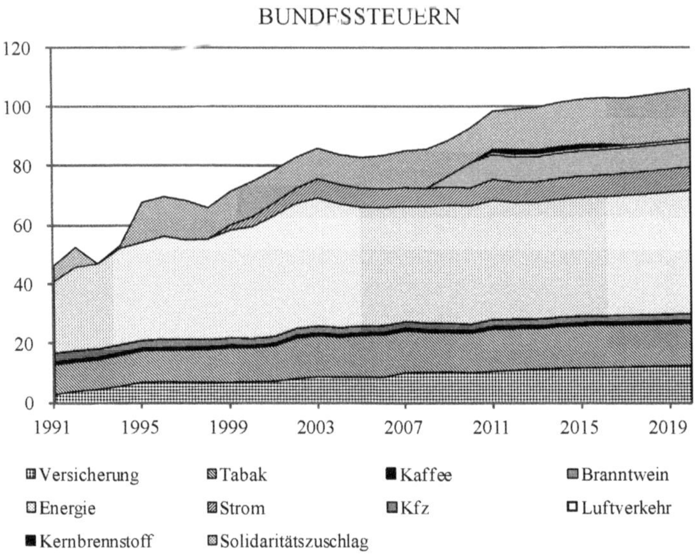

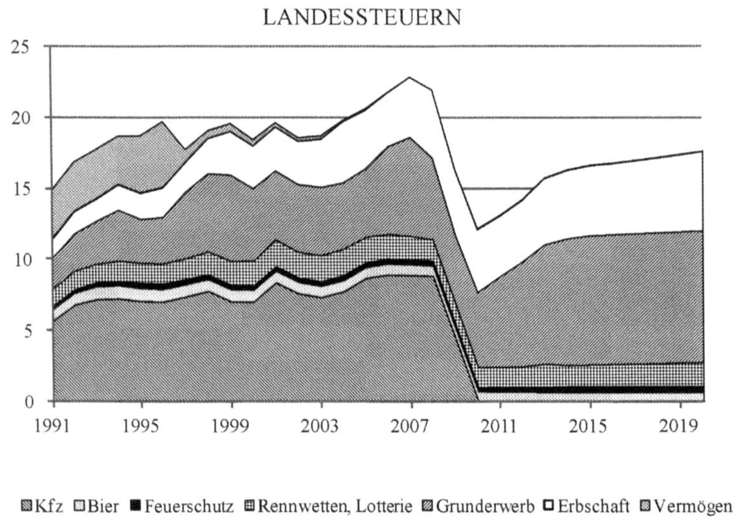

Quelle: StBA 2014 j und eigene Berechnungen

Anhang 12: Steuereinnahmen im Trennsystem für Gemeinden in den Jahren 1991–2020, in Mrd. €, Fortsetzung

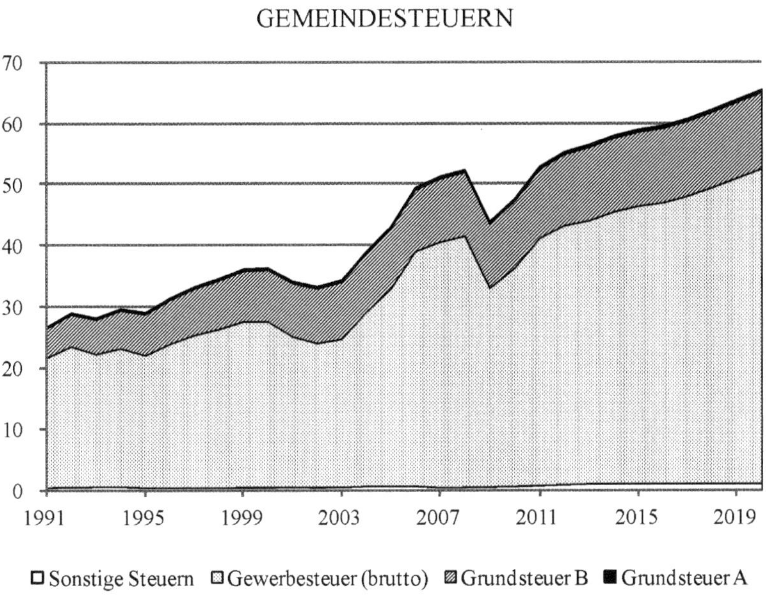

Quelle: StBA 2014 j und eigene Berechnungen

www.ingramcontent.com/pod-product-compliance
Ingram Content Group UK Ltd.
Pitfield, Milton Keynes, MK11 3LW, UK
UKHW021901290926
8980IPUK00015B/995

Steffen Schniepp

Die Liquiditätszusage

Rechtliche Einordnung und gesellschaftsrechtliche Folgen, insbesondere die Rücknahme der einmal erteilten Zusage

PETER LANG
Internationaler Verlag der Wissenschaften

Bibliografische Information der Deutschen Nationalbibliothek
Die Deutsche Nationalbibliothek verzeichnet diese Publikation in der Deutschen Nationalbibliografie; detaillierte bibliografische Daten sind im Internet über <http://www.d-nb.de> abrufbar.

Zugl.: Tübingen, Univ., Diss., 2007

D 21
ISSN 0531-7312
ISBN 978-3-631-58088-2

www.peterlang.de

Meinen Eltern

Vorwort

Die vorliegende Arbeit wurde im Wintersemester 2007/2008 von der Juristischen Fakultät der Eberhard-Karls-Universität Tübingen als Dissertation angenommen. Mit großer Freude darf ich sie nun der wissenschaftlichen Öffentlichkeit vorlegen. Rechtsprechung und Literatur sind bis März 2008 berücksichtigt.

Ich danke allen, die zum Gelingen dieser Arbeit beigetragen und mir bei der Entstehung dieser Arbeit zur Seite gestanden haben. Einige von Ihnen möchte ich aber an dieser Stelle besonders hervorheben.

Mein besonderer Dank gilt meinem Doktorvater, Herrn Professor Dr. Harm Peter Westermann, für die hervorragende und engagierte Betreuung der Arbeit und die Erstellung des Erstgutachtens.

Herrn Professor Dr. Mathias Habersack danke ich für die zügige Erstellung des Zweitgutachtens.

Meiner langjährigen Lebensgefährtin Frau Nicole Yasmine Jackson gebührt großer Dank für die umfangreiche und sorgfältige Durchsicht der Arbeit. Ihre geduldige und stets aufmunternde Art hat die Entstehung und den Abschluss der Arbeit erst ermöglicht.

Herrn Diplom Betriebswirt (BA) Metin Anar danke ich für die kritische Durchsicht des Manuskripts und für viele interessante und befruchtende fachliche Diskussionen.

Besonderer Dank gilt auch meinen Eltern Christa und Jürgen Schniepp, die mir die juristische Ausbildung und die Erstellung der Arbeit ermöglicht haben und mich dabei stets tatkräftig und umfassend unterstützt haben.

Auch der Kanzlei Jauch, Kunz, von Wahlert in Stuttgart und insbesondere ihrem im letzten Jahr verstorbenen Seniorpartner Herrn Jobst von Wahlert möchte ich an dieser Stelle aufrichtig danken. So fand ich durch ihn meinen Doktorvater und durch seine Kanzlei eine vielfältige und großzügige finanzielle Unterstützung meiner Arbeit. Auch Herrn Jobst von Wahlert soll daher diese Arbeit im stillen Gedenken gewidmet sein.

Nürnberg/Tübingen, im April 2008

Steffen Schniepp

Inhaltsverzeichnis

A. Die Problemstellung

Gerät eine Kapitalgesellschaft in Zahlungsschwierigkeiten oder zeichnet sich gar ihre Insolvenz ab, so stellt sich in der Praxis für die Gläubiger offener Forderungen in aller Regel nur noch die Frage, ob und gegebenenfalls wie sie diese Forderungen noch realisieren können.

Sehr häufig wird in derartigen Fällen aber die Gesellschaft finanziell so stark angeschlagen sein, dass eine Begleichung der Außenstände durch sie ohne fremde Hilfe ausgesprochen unwahrscheinlich bzw. nahezu ausgeschlossen ist.

Für die Gläubiger bleibt daher regelmäßig nur noch ein Erfolg versprechender Weg, die offenen Forderungen einzutreiben; und zwar gegebenenfalls außerhalb der Gesellschaft stehende Dritte für die Verbindlichkeiten der Gesellschaft in Anspruch zu nehmen.

Derartige Möglichkeiten eröffnen sich für den Gläubiger vor allem dann, wenn zuvor Kreditsicherheiten zu seiner Absicherung vereinbart wurden. In der Praxis sind hierbei vor allem Bürgschaften oder aber auch Patronatserklärungen, als so genannte *Personalsicherheiten*, von größter Relevanz.

Den *Personalsicherheiten* allen gemein ist dabei die Grundkonstellation, wonach sich – ganz pauschal – ein außerhalb der Gesellschaft stehender Dritter seinerseits selbst gegenüber Einzelnen oder aber allen Gläubigern der Kapitalgesellschaft verpflichtet hat, für diese finanziell einzustehen und damit für die Begleichung ihrer Schulden persönlich haften zu wollen.

In den Fällen, in denen tatsächlich derartiges zuvor vereinbart wurde, sind die Gesellschaftsgläubiger in der beneidenswerten Situation, dass sie nunmehr diese Dritten für die Verbindlichkeiten der Gesellschaft haftbar machen können und damit für den Fall, dass diese noch finanziell leistungsfähig sind, Befriedigung ihrer offenen Forderungen erreichen können. Stand die nun insolvente oder zumindest finanziell angeschlagene Gesellschaft in einem Konzernverbund, ergibt sich für ihre Gläubiger häufig noch eine weitere Möglichkeit. In der Praxis erscheint es dann für diese nahe liegend, zuerst zu versuchen, das herrschende Unternehmen für die Verbindlichkeiten der insolventen Tochter in Anspruch zu nehmen, wobei sich zumindest nach dem derzeit geltenden GmbH-Konzernrecht dieses Vorgehen nicht selten sowohl im In- wie auch im Ausland als wenig Erfolg versprechend darstellt.[1]

Fehlen aber ausdrückliche Erklärungen gegenüber den Gesellschaftsgläubigern, so ist eine Haftung Dritter für die offenen Verbindlichkeiten der Gesellschaft nicht schon deshalb von vornherein ausgeschlossen.

In bestimmten Fällen haben gerade die an der Gesellschaft wirtschaftlich selbst beteiligten Personen ein besonderes Interesse daran gehabt, die mittlerweile angeschlagene Gesellschaft zu unterstützen. Deshalb haben unter Umständen auch einzelne GmbH-Gesellschafter, Aktionäre oder Muttergesellschaften in wirtschaftlich besseren Zeiten gegenüber ihrer Gesellschaft bzw. gegenüber ihrer Tochtergesellschaft selbst eine Er-

---

1 BGHZ 122, 123, vgl. auch die Besprechungen von Schmidt, ZIP 1993, 549; Westermann ZIP 1993, 554; Ebenroth/Wilken, ZIP 1993, 558; Schulze-Osterloh, ZIP 1993, 1838, 1839, Lutter, JZ 1993, 580; vgl. außerdem einen vergleichbaren Sachverhalt in Großbritannien: Nicholas v. Soundcraft Electronics Ltd., J. Bus Law 1994, S. 160

klärung abgegeben, wonach sie für eine ausreichende Finanzausstattung der Gesellschaft stets persönlich aufkommen wollen. Daneben sind selbst Konstellationen denkbar, in denen sogar wirtschaftlich nicht beteiligte Dritte derartige Zusagen abgeben, doch sind diese in der Praxis höchst selten.

Wie noch zu zeigen sein wird, kann sich durch diese intern gebliebenen Erklärungen aber auch für die Gläubiger der Gesellschaft eine durchaus Erfolg versprechende Möglichkeit bieten, ihre offenen Forderungen doch noch zu realisieren.

Wirtschaftlicher Anlass für die Abgabe einer derartigen Erklärung wird nicht selten die finanzielle Krise der Gesellschaft bzw. der Tochtergesellschaft sein, die dadurch nochmals finanziell gestärkt werden soll; entweder vor dem Hintergrund einer drohenden Insolvenzantragspflicht der Geschäftsführung oder aber schlicht vor dem wirtschaftlichen Hintergrund, dass dieser dadurch nochmals die Möglichkeit gegeben werden soll, wieder Kredit bei Dritten zu erhalten, um damit weiterhin am wirtschaftlichen Verkehr teilnehmen zu können.

Thema dieser Arbeit sollen nunmehr nur diese letztgenannten Zusagen sein, also die, die an die Gesellschaft selbst gerichtet wurden und nicht gegenüber Dritten direkt abgegeben wurden. Charakteristisch für diese Art der Zusage ist dabei ihr Charakter als so genanntes „Gesellschaftsinternum".

Weiterhin beschränkt sich die Darstellung auf derartige Erklärungen, die rechtsverbindlich abgegeben wurden. Daneben sind selbstverständlich auch solche denkbar, die den Zusagenden in keinster Weise rechtlich, sondern allenfalls moralisch binden und verpflichten, doch sind diese so genannten „good-will" Erklärungen in der Praxis nur von geringer Relevanz und insbesondere für die Gesellschaftsgläubiger ohne Auswirkungen, weswegen eine Darstellung derselben unterbleiben soll.

Neben der Rechtsnatur[2] derartiger Zusagen soll durch diese Arbeit insbesondere untersucht und dargestellt werden, inwieweit sich der Zusagende von einer einmal erteilten Erklärung wieder lösen kann[3] und welches rechtliche Schicksal seine Verpflichtung für den Fall der Insolvenz der Gesellschaft ereilt[4].

---

2 Vgl. unter B.

3 Vgl. unter F.

4 Vgl. unter G.

B. Die Rechtsnatur der Liquiditätszusage

Erklärungen und Zusagen der oben bezeichneten Art sind in der Wirtschaftspraxis vielfältig und darüber hinaus in zahllosen Variationen und Spielarten denkbar. Allen gemein ist jedoch, neben ihrer Erklärung gegenüber der Gesellschaft selbst, dass derjenigen Gesellschaft, an die sich die Zusage richtet, versprochen und zugesichert wird, sie mit *finanziellen Mitteln* zu versorgen, um es ihr zu ermöglichen, ihren Verbindlichkeiten nachzukommen.

Eine Erklärung dieses Inhalts könnte daher beispielhaft wie folgt lauten:

> *(...) Ich verpflichte mich hiermit, die Versorgung der Gesellschaft XY mit finanziellen Mitteln sicherzustellen, sodass diese jederzeit in der Lage sein wird, ihren finanziellen Verpflichtungen nachzukommen. (...)*

Welche Rechtsfolgen an derartige Erklärungen anzuknüpfen sind, richtet sich in erster Linie nach der Rechtsnatur derselben, weswegen auch in einem ersten Schritt die Rechtsnatur der Liquiditätszusage näher betrachtet werden soll.

B.I. Die Rechtsnatur der Liquiditätszusage im Allgemeinen

Zunächst soll an dieser Stelle untersucht werden, wie die Liquiditätszusage *allgemein* rechtlich charakterisiert werden kann, was sich entscheidend danach bestimmt, wie diese inhaltlich konkret ausgestaltet ist.

In diesem Zusammenhang ist zu berücksichtigen, dass die einzelnen Zusagen in verschiedensten Ausgestaltungen möglich sind, weswegen sich dann aber die Frage stellt, ob und gegebenenfalls wie es die Rechtsnatur der Liquiditätszusage beeinflussen kann, wenn die Zusage gegenüber der Gesellschaft vor dem Hintergrund abgegeben wird, dass diese verpflichtet sein soll, sämtliche gewährten finanziellen Mittel zumindest irgendwann auch wieder zurückzubezahlen.

Ein anderer Aspekt ergibt sich aus der Frage, ob die Rechtsnatur sich nicht ferner auch nach der Gesellschaftsform der Vertragspartnerin richtet, oder ob sie völlig losgelöst von dieser bestimmt werden kann.

Es sind daher grundsätzlich auch die verschiedensten Ansätze bei der Bestimmung der Rechtsnatur der Liquiditätszusage denkbar:

B.I.1. Zusage des Gesellschafters das Stammkapital zu erhöhen

Wird einer Gesellschaft, die in der Rechtsform der GmbH organisiert ist, eine Liquiditätszusage erteilt, so könnte man zunächst versucht sein, Rechtsfolgen oder aber Rechtsnatur derselben mit Hilfe des gesetzlichen Instrumentariums des GmbH-Gesetzes zu bestimmen. Allerdings steht unabhängig vom sonstigen Verständnis der Liquiditätszusage jedenfalls fest, dass eine derartige Zusage eines Gesellschafters oder aber der Muttergesellschaft, wonach er oder sie selbst künftig für ausreichende Liquidität der Gesellschaft sorgen werde, keinesfalls als *Zusage einer künftigen Erhöhung des Stammkapitals* anzusehen ist.[5]

Der Nominalbetrag des Stammkapitals ergibt sich als Teil des gesellschaftlichen Kernkapitals[6] aus der rechtswirksam im Gesellschaftsvertrag vereinbarten und im Handelsregister verlautbarten Stammkapitalziffer[7].

Bekanntlich ist das Stammkapital der GmbH derjenige Haftungsfonds, welcher den Gläubigern der Gesellschaft, aufgrund der Registerpublizität erkennbar, Aussicht auf Befriedigung ihrer Forderungen bieten soll.[8] Allerdings kann das Stammkapital einer GmbH ausschließlich Aussagen über den Gründungszeitraum der Gesellschaft treffen, und daneben noch Dritten Informationen hinsichtlich des finanziellen Status der Gesellschaft liefern[9]. Somit gehören die jeweiligen Regelungen des Stammkapitals als Teil der Finanzverfassung der Gesellschaft dem Verbandsrecht an.

Für sich genommen spricht diese Feststellung zwar keineswegs grundsätzlich gegen die Auffassung, bei der Liquiditätszusage handle es sich um eine Zusage an die GmbH das Stammkapital zukünftig zu erhöhen. Allerdings erkennt man zumindest dann, wenn man die wirtschaftlichen Umstände und Anforderungen der Praxis in diesem Zusammenhang beleuchtet, dass der tatsächliche Wille des erklärenden Gesellschafters oder der erklärenden Obergesellschaft keine Erhöhung des Stammkapitals beinhalten wird. Diesen geht es vielmehr einzig darum, die wirtschaftliche Leistungsfähigkeit der Gesellschaft zu erhöhen, ein Interesse an zusätzlichen formalen Hindernissen, wie etwa dem gesetzlichen Erfordernis eines Gesellschafterbeschlusses oder einer Handelsregistereintragung haben diese dagegen nicht. Neben diesem Aspekt, welcher zugegebenermaßen eher die Praktikabilität und die einfachere Umsetzung der wirtschaftlichen Ziele im Auge hat, sprechen aber auch noch andere, m. E. bedeutsamere Gründe gegen eine derartige Ausgestaltung.

Erbringt der zusichernde Gesellschafter oder die zusichernde Obergesellschaft die erforderlichen finanziellen Mittel durch eine Erhöhung des Stammkapitals, so muss dieses Kapital als Eigen- und damit als Kernkapital der Gesellschaft betrachtet werden[10]. Konsequenz daraus ist für die Leistenden aber, dass damit dieses Kapital sämtlichen Kapitalerhaltungsvorschriften des GmbHG unterfällt. In der Folge wird es damit nur schwerlich wieder möglich sein, dieses Kapital an die Obergesellschaft oder aber den Gesellschafter zurückzuführen. Diese strengen Bindungen des Kernkapitals[11] erschweren damit ganz entscheidend eine flexible wirtschaftliche Lösung für den Zusagenden, der der Gesellschaft unter Umständen nur kurzfristig finanziell den

---

5 So auch Forschbach, Liquiditätszusagen, S. 75 f.

6 Zum Begriff und der Bestimmung des so genannten *Kerneigenkapitals* entweder durch formale oder materielle Abgrenzung vgl. Wiedemann, in: FS Beusch S. 894f

7 Habersack, in: Ulmer/Habersack/Winter, GmbHG, § 30 Rn. 25; Goerdeler/Müller, in: Hachenburg, GmbHG, § 30 Rn. 20, Winter/Westermann, in: Scholz, GmbHG, § 5 Rn. 10

8 Ulmer, in: Ulmer/Habersack/Winter, GmbHG, § 5 Rn. 9

9 Ulmer, in: Ulmer/Habersack/Winter, GmbHG, § 5 Rn. 9; Winter, in: Scholz, GmbHG, 8. Auflage, § 5 Rn. 11

10 Wiedemann, in: FS Beusch S. 898

11 Wiedemann, in: FS Beusch S. 898

Rücken stärken will, nicht aber eine dauerhafte Erhöhung ihres Eigenkapitals und damit ihrer Haftungsmasse erreichen will.

Vor demselben wirtschaftlichen Hintergrund spielt auch eine weitere Überlegung eine Rolle, die gegen die Ausgestaltung der Liquiditätszusage als Versprechen einer zukünftigen Stammkapitalerhöhung spricht:

Wie oben dargelegt führt eine Erhöhung des Stammkapitals immer zu einer Erhöhung des Eigenkapitals der Gesellschaft. In diesem Zusammenhang ist es daher notwendig, dieses Eigenkapital vom Fremdkapital scharf abzugrenzen, was insbesondere dann deutlich wird, wenn es darum geht, wie das Eigenkapital gegenüber dem Fremdkapital vom Gesellschafter oder der herrschenden Gesellschaft aufzubringen ist. Wie *Wiedemann* hierzu treffend ausführt[12], kann diese Abgrenzung nicht mehr rein formal vorgenommen werden, sondern es muss zumindest daneben auch eine materielle Abgrenzung zwischen Eigen- und Fremdkapital erfolgen.

Mit anderen Worten bedeutet dies, dass einer Gesellschaft nur in bestimmter Form Eigenkapital zugeführt werden kann, wohingegen Fremdkapital weitestgehend schrankenlos zuführbar ist. Auf den konkreten Fall bezogen heißt das aber, dass der Gesellschaft Eigenkapital nur dergestalt zugeführt werden kann, dass es zumindest bestimmungsgemäß auch dauerhaft in ihr verbleibt[13].

Diese Abgrenzung, und damit Voraussetzung, wird insbesondere dann relevant, wenn die Liquiditätszusage durch die Gewährung eines Darlehens nach § 488 BGB erfüllt werden soll. Dagegen ist von der wirtschaftlichen Zielsetzung der Liquiditätszusage ausgehend nichts einzuwenden, vielmehr ist es durchaus möglich, durch eine vorübergehende Darlehensgewährung den Liquiditätsengpass der Gesellschaft zu beseitigen. Ebendiese Möglichkeit scheidet aber dann aus, wenn man in der Liquiditätszusage ein wie oben geartetes Versprechen sehen wollen würde. Sollte nämlich tatsächlich die Zusage erfüllt werden müssen, so wäre der zusagende Gesellschafter oder auch die zusagende Gesellschaft daran gehindert, die Verpflichtung aus der Liquiditätszusage durch eine kurzfristige Darlehensgewährung zu erfüllen, und zwar schon allein deshalb, weil sich das Eigenkapital einer Gesellschaft zumindest materiell vom Fremdkapital dadurch abgrenzt, dass es für das Eigenkapital eine so genannte „Investitionsfunktion“[14] verlangt, die sich als dauerhafte Vermögensüberlassung gegenüber der Gesellschaft darstellt.

Gerade die Erfüllung mittels Darlehenshingabe wird aber sehr häufig die wirtschaftlichste und damit die für den Zusagenden interessanteste sein[15], sodass ihm ein entsprechender Wille unterstellt werden muss, wonach er im Zweifel eine Konstellation wählen will, die ihm diese Erfüllungsmöglichkeit auch eröffnet. Daher scheidet die Zusage, wonach er zukünftig eine Stammkapitalerhöhung durchführen werde, aus.

Zusammenfassend kann damit für die GmbH festgehalten werden, dass obschon die hier behandelten Liquiditätszusagen im Ergebnis zu einer Erhöhung der Leistungspflicht des jeweiligen Gesellschafters oder aber der Muttergesellschaft führen können und daneben die Finanzkraft der Gesellschaft stärken, also mithin durchaus vergleich-

---

[12] Wiedemann, in: FS Beusch, S. 896

[13] So im Ergebnis Wiedemann, in: FS Beusch, S. 896

[14] Karsten Schmidt, in: FS Goerdeler, S. 487, 491; Wiedemann, in: FS Beusch, S. 896

[15] Vgl. dazu näher unter B.II.2.

bare Ergebnisse erzielt werden wie auch bei einer Erhöhung des Stammkapitals, diese in der Praxis doch regelmäßig außerhalb des Gesellschaftsstatuts vereinbart werden.

Wird einer Aktiengesellschaft eine solche Liquiditätszusage erteilt, so ändert sich am oben Ausgeführten vom Grundsatz her nichts. Zwar könnte man sich auch hier auf den Standpunkt stellen, dass es Inhalt der Zusage sein soll, der Aktiengesellschaft zukünftig das Grundkapital zu erhöhen, doch sprechen hier die insoweit inhaltsgleichen Regelungen des AktG gegen eine solchen Auffassung. Die strenge Bindung des Kernkapitals ergibt sich hier insbesondere aus den Regelungen der §§ 57, 58 AktG.

Damit gilt sowohl für die GmbH wie auch für die AG inhaltsgleich, dass es sich bei der diskutierten Form der Liquiditätszusage nicht um eine Zusage von Seiten eines Gesellschafters, Aktionärs oder der Muttergesellschaft handelt, das Stamm- bzw. Grundkapital zukünftig zu erhöhen.

B.I.2. Nebenleistungspflicht iSd § 3 II GmbHG bzw. §§ 54, 55 AktG

Nur der Vollständigkeit halber sei in diesem Zusammenhang auch erwähnt, dass in der Liquiditätszusage auch die Normierung von so genannten Nebenleistungspflichten[16] gesehen werden könnte.

Dem Grunde nach ist es zwar denkbar, dass sich die Gesellschafter einer GmbH über ihre Einlagepflicht hinaus zu beliebigen weiteren einmaligen wie auch wiederkehrenden Leistungen an die GmbH verpflichten können. Aber nur wenn diese Gesellschafterpflichten dann aber auch direkt an die Mitgliedschaft in der Gesellschaft gebunden werden sollen, handelt es sich um Nebenpflichten iSd § 3 II GmbHG, mit der Konsequenz, dass eine förmliche Festlegung in der Satzung notwendig ist.[17]

Diesem Ansatz ist durchaus zuzugeben, dass es unter seiner Zuhilfenahme möglich wäre, die Liquiditätszusage als Darlehensgewährung zu konstruieren[18] und damit zumindest zum Teil die praktischen und wirtschaftlichen Anforderungen erfüllen zu können. Trotzdem wird auch dieser Ansatz m. E. der Rechtsnatur der Liquiditätszusage nicht gerecht. Entscheidendes Erfordernis einer Nebenleistungsverpflichtung iSd § 3 II GmbHG ist die Verbindung der Verpflichtung einerseits, mit den mitgliedschaftlichen Rechten des Gesellschafters andererseits. Diese Verbindung passt aber strukturell nicht zur Liquiditätszusage, da diese in aller Regel zum einen selbst keinerlei mitgliedschaftlichen Rechte umfassen soll und zum anderen von ihrem Verständnis her nicht so gelagert ist, dass sie ipso iure mit der Veräußerung des Gesellschaftsanteils auf den Erwerber übergehen soll. Genau das wäre allerdings die Konsequenz einer Nebenleistungspflicht iSd § 3 II GmbHG.

Mit anderen Worten sind die wirtschaftlichen Überlegungen des Zusagenden grundsätzlich völlig unabhängig von seinen mitgliedschaftlichen Rechten als Gesellschafter, vielmehr ist sogar durchaus eine – wenn auch eine praktisch sehr seltene – Variante der

---

16 Vgl. die grundlegenden Darstellungen derartiger Verpflichtungen in: Noack, Gesellschaftervereinbarungen bei Kapitalgesellschaften; sowie Ullrich, ZGR 1985, 235 ff.

17 BGH BB 1993, 667

18 BGH WM 1989, 190

Liquiditätszusage denkbar, bei der ein außerhalb der Gesellschaft stehender Dritter eine derartige Zusage abgibt, was dann aber nach einem derartigen Verständnis der Liquiditätszusage von vornherein ausgeschlossen wäre.

Schlussendlich ist auch auf den erheblichen praktischen Nachteil hinsichtlich der Handhabbarkeit der Liquiditätszusage unter den im GmbHG normierten Formvorschriften hinzuweisen, sodass auch diese Überlegung verdeutlicht, dass damit die praktischen Erscheinungsformen der Liquiditätszusage nicht zutreffend erfasst werden können.

Für die Aktiengesellschaft gilt das oben Ausgeführte ebenfalls entsprechend. Derartige Nebenleistungen werden gar von §§ 54, 55 AktG noch stärker eingeschränkt, was sie wiederum für die Liquiditätszusagen noch unpraktikabler macht. Vornehmlich gilt aber hier ebenfalls der Aspekt, dass ein Übergang der Verpflichtung mit dem Gesellschaftsanteil bei seiner Veräußerung gerade nicht gewollt sein wird. Damit sind die oben aufgezeigten Regelungen für die Liquiditätszusage auch bei der Aktiengesellschaft nicht einschlägig.

B.I.3. Schuldrechtliche Nebenabrede zu Gesellschaftsvertrag oder Satzung

Die Zusage selbst hat also nach dem bisher Festgestellten rein schuldrechtlichen Charakter und wird, wie oben bereits erörtert, prinzipiell außerhalb des Gesellschaftsvertrages oder der Satzung abgegeben. Denkbar wäre daher, sie als schuldrechtliche Nebenabrede zum Gesellschaftsvertrag oder der Satzung zu begreifen.[19] Dieses Verständnis als solch *schuldrechtliche Nebenabrede* hätte den Vorteil gegenüber dem oben dargestellten korporativen Ansatz, dass derartige rein schuldrechtliche Pflichten formlos zwischen den Gesellschaftern oder Aktionären begründet, geändert oder aufgehoben werden könnten.[20] Weiter wäre damit auch gewährleistet, dass diese Rechte und Pflichten, namentlich also in erster Linie die Zahlungspflicht, nur durch Abtretung oder Schuldübernahme auf den Erwerber übergehen könnten.[21]

Für die Situation der GmbH hinsichtlich solcher Nebenabreden gilt allerdings Folgendes:

Unter dieser Bezeichnung werden grundsätzlich Vereinbarungen zwischen den Gründern oder späteren GmbH-Gesellschaftern zusammengefasst, die sich auf Rechtsverhältnisse in oder zur Gesellschaft beziehen und satzungsergänzenden Charakter haben, dagegen aber keine Aufnahme in die notarielle Urkunde gefunden haben.[22]

Derartige, außerhalb des Gesellschaftsvertrages stehende zusätzliche, das gesellschaftliche Verhältnis betreffende Abreden sind grundsätzlich vor dem Hintergrund

19 Vgl. zur grundlegenden Abgrenzung derartiger Verpflichtungen Noack, Gesellschaftervereinbarungen bei Kapitalgesellschaften; sowie Ullrich, ZGR 1985, 235 ff.

20 Lutter/Bayer, in: Lutter/Hommelhoff, GmbHG § 3 Rn. 59; sowie auch RG 112, 277; BGH BB 1993, 677

21 Lutter/Bayer, in: Lutter/Hommelhoff, GmbHG § 3 Rn. 59

22 Emmerich, in: Ulmer/Habersack/Winter, GmbHG, § 3 Rn. 114; Ulmer, in: Hachenburg, GmbHG, § 3 Rn. 116

der Vertragsfreiheit zulässig und formlos wirksam.[23] Maßgebliches Kriterium ist also auch hier die Vereinbarung unter den Gesellschaftern.[24]

Dem entspricht das Verständnis der hier behandelten Liquiditätszusagen allerdings ebenfalls nicht, da nicht mit den übrigen Gesellschaftern eine vertragliche Vereinbarung getroffen wird oder werden soll, sondern stattdessen gegenüber der Gesellschaft selbst versprochen wird, ihr gegebenenfalls Liquidität zuzuführen. Eine Verpflichtung gegenüber den übrigen Gesellschaftern will der Versprechende nicht übernehmen, sondern sie vielmehr gar vermeiden, dagegen ist einziger Zweck seines Versprechens, die Finanzausstattung der Gesellschaft zu verbessern. Daraus lässt sich aber auch direkt schließen, dass in diesem Fall der versprechende Gesellschafter keinerlei Interesse daran haben kann, irgendwelchen gesellschafts- oder schuldrechtliche Verpflichtungen gegenüber den Mitgesellschafter zu begründen. Es wäre damit auch verfehlt, ihm gegebenenfalls ein solches Bewusstsein zu unterstellen. Für die GmbH erweist sich daher auch dieser Ansatz als unzutreffend.

Bei der Aktiengesellschaft stellt sich die Situation wie folgt dar:

Grundsätzlich könnten die Liquiditätszusagen auch hier als schuldrechtliche Verträge und damit auch als so genannte satzungsergänzende Nebenabreden aufgefasst werden[25]. An der grundsätzlichen Zulässigkeit derartiger Abreden ist nicht zu zweifeln.[26] Auch unterliegen diese nicht den Formvorschriften des § 23 AktG, sowie der Handelsregisterpublizität. Und auch die Veräußerung der Aktien führt nicht zur Weiterleitung der Pflichten aus der Nebenabrede.[27] Die Annahme einer Nebenabrede führt somit bei der Aktiengesellschaft zu identischen Ergebnissen wie auch bei der GmbH, sodass diese Konstruktion aus denselben Gründen m. E. nicht in der Lage ist, das Wesen und den Charakter der Liquiditätszusage zutreffend zu erfassen und zu regeln. Es ist damit von keinerlei auch nur irgendwie gearteter Nebenabrede auszugehen.

B.I.4. Gewillkürtes Ergänzungskapital mit schuldrechtlichem Charakter

Da wie oben gezeigt nicht das Stammkapital erhöht (werden soll), sondern vielmehr zusätzlich auf vertraglicher Ebene weiteres Kapital bereit gestellt werden soll, wird man somit bei der Liquiditätszusage von einer Zusage ausgehen müssen, die sich auf so genanntes *„gewillkürtes Ergänzungskapital“*[28] bezieht. Als Zuführungsmöglichkeit für derartiges Kapital wird unter anderem das Gesellschafterdarlehen genannt, welches der Gesellschaft zusätzlich zu ihrem Kernkapital so genanntes Zusatzkapital zuführt, gleichzeitig aber von der eigentlichen Mitgliedschaft abgekoppelt ist.[29]

23 Emmerich, in: Scholz, GmbHG, 9. Auflage, § 3 Rn. 71
24 Bartl, in: Heidelberger Kommentar zum GmbHG, § 2 Rn. 11.
25 Beck´sches Handbuch der AG, § 3 Rn. 390
26 Vgl. dazu Baumann/Reiss, ZGR 1989, 157, 200 f.
27 Noack, Gesellschaftervereinbarungen bei Kapitalgesellschaften, S. 173 f.
28 Zum Begriff vgl. Wiedemann, FS Beusch, S. 893, 898ff.
29 In der Praxis geschieht dies häufig allein dadurch, dass eine über die Dauer der Gesellschaftszugehörigkeit hinausgehende Kündigungsfrist für das Darlehen vereinbart wird.

Das inhaltliche Verständnis, wonach durch die Zusage *„gewillkürtes Ergänzungskapital"* zugeführt werden soll, entspricht dem Verständnis der Liquiditätszusage m. E. sowohl in praktischer und wirtschaftlicher Hinsicht, wie auch vor dem Hintergrund der jeweiligen Bedürfnisse von Gesellschaft und Zusagendem gleichermaßen.

Insbesondere dem Kapitalgeber wird es sehr häufig nur darauf ankommen, der Gesellschaft Kapital zuzuführen, welches nicht den jeweiligen Ausschüttungssperren des § 172 HGB, §§ 30, 31 GmbHG oder der §§ 57ff. AktG unterworfen ist und darüber hinaus auch nicht mit einem Publizitätserfordernis belastet ist. Damit weist die Zusage dann aber eine rein schuldrechtliche Natur auf und eben gerade keine organisationsrechtliche.[30] Dieses Ergebnis hat auch vor dem Hintergrund Bestand, dass in bestimmten Fällen den Gesellschaftsgläubigern die Zusage bereits aufgrund der Bilanzpublizität des § 325 I S. 1 HGB zur Kenntnis gelangt ist[31], denn diese Publizität vermittelt den Gläubigern nicht den Eindruck, das Stammkapital sei erhöht worden oder werde in näherer Zukunft erhöht, vielmehr müssen diese hinnehmen, dass die Liquiditätszusage als neben dem Statut stehende Abrede zu verstehen ist, die den Gesellschafter lediglich schuldrechtlich gegenüber der Gesellschaft verpflichtet.

B.II. Das Wesen der Liquiditätszusage und der schuldrechtliche Typ des Vertrages

Wie oben festgestellt wurde, handelt es sich bei der Liquiditätszusage um eine an die Gesellschaft gerichtete, schuldrechtliche Erklärung, die inhaltlich der Gesellschaft verbindlich zusagt, im Falle ihrer Inanspruchnahme durch die Gesellschaftsgläubiger und bei gleichzeitigem Nichtvorhandensein von ausreichenden Eigenmitteln, dieser Kapital zur Verfügung zu stellen.[32]

Dieses allgemeine Verständnis der Liquiditätszusage kann nun durch unterschiedliche Ausformungen und Akzentuierungen der jeweiligen Zusage zwar modifiziert werden, allerdings ist allen derartigen Erklärungen der Charakter einer *Ausstattungsverpflichtung* gemein, welche entweder die Muttergesellschaft, oder aber der Gesellschafter übernimmt. Was aber diese *Ausstattungsverpflichtung* beinhaltet, wie sie durch den Zusagenden erfüllt werden kann und wie ihre schuldrechtliche Ausgestaltung im Speziellen vorgenommen werden kann, soll nun in einem weiteren Schritt näher untersucht werden.

B.II.1. Das Wesen des Ausstattungsanspruchs

Das Wesen dieses Anspruchs wird streng genommen durch das oben gewählte allgemeine Verständnis bereits vorgegeben.

Für den Fall, dass die Gesellschaft nicht mehr in der Lage ist, ihren Verbindlichkeiten nachzukommen, hat sich entweder der Gesellschafter oder aber die Muttergesell-

---

30 Rosenberg/Kruse, BB 2003, 642; Wiedemann/Hermanns, ZIP 1994, 998; Forschbach, Liquiditätszusagen, S. 76

31 Wiedemann/Hermanns, ZIP 1994, 998

32 Vgl. oben unter B I, so auch Wiedemann/Hermanns ZIP 1994, 998

schaft verpflichtet, ausreichend Kapital zur Verfügung zu stellen, damit die Erfüllung von Seiten der Gesellschaft gewährleistet ist.

Während nun aber die Gesellschaft ihre Verbindlichkeiten beispielsweise aus dem abgeschlossenen Darlehensvertrag in aller Regel nur durch Zahlung an den jeweiligen Gläubiger erfüllen kann, stellt sich für den Schuldner des Ausstattungsanspruchs zunächst die Frage, wie er seine Verbindlichkeiten aus dieser gegenüber der Gesellschaft als Gläubigerin erfüllen kann.

B.II.1.a. Erfüllungsmöglichkeiten

Sofern nicht der Wortlaut der Erklärung selbst diese Frage beantwortet, indem er beispielsweise die Zulässigkeit verschiedener Erfüllungsmöglichkeiten ausschließt oder gar nur die Zulässigkeit einer bestimmten Zahlungsart zulässt, so stehen dem Zusagenden vom Grundverständnis her eine Vielzahl unterschiedlicher Erfüllungsmöglichkeiten offen, welche einzig der Maßgabe unterliegen, dass damit die Gesellschaft in die Lage versetzt werden muss, ihren Verbindlichkeiten nachkommen zu können.

Die geschuldete Ausstattungsleistung kann der Zusagende also sowohl durch die Leistung liquider Mittel erfüllen als auch ohne Weiteres beispielsweise durch eine Verstärkung des Anlagevermögens.[33]

Auch die Leistung liquider Mittel kann in höchst unterschiedlicher Form erfolgen, insbesondere kann der Zusagende ebenso durch eine nur vorübergehende Hingabe finanzieller Mitteln dafür sorgen, dass die Gesellschaft ihren Verpflichtungen gegenüber Dritten nachkommen kann.[34] Aber selbst ohne die Hingabe eigener Mittel ist es dem Zusagenden grundsätzlich möglich, seiner vertraglichen Verpflichtung nachzukommen, indem er etwa einen Dritten dazu veranlasst, der Gesellschaft finanzielle Mittel, wie etwa einen Kredit, zu gewähren. Dadurch sorgt er dafür, dass die Gesellschaft in der Lage ist, ihre Verbindlichkeiten zu erfüllen und erfüllt damit gleichzeitig seine Ausstattungsverpflichtung gegenüber der Gesellschaft. Aus diesem Grund ist aber auch der von *Rüßmann*[35] vertretene Ansatz abzulehnen, wonach eine Liquiditätszusage zwei Primärpflichten begründe, namentlich neben der Ausstattungsverpflichtung auch eine Geldleistungsverpflichtung, die allerdings erst durch den Eintritt der Zahlungsunfähigkeit der Gesellschaft, aufschiebend bedingt sei.

Dieser Ansatz basiert auf der m. E. unzutreffenden Annahme, wonach eine trotz Vorliegen einer Liquiditätszusage eintretende Zahlungsunfähigkeit der Gesellschaft nicht mehr durch eine „Ausstattung auf beliebige Art und Weise" behoben werden könne.[36] Richtig ist vielmehr, dass auch die Zahlungsunfähigkeit einer Gesellschaft nicht lediglich durch Zahlung einer Geldsumme vom Zusagenden behoben werden

---

33 So auch Gerth, Atypische Kreditsicherheiten, S. 145; Obermüller, ZGR 1975, 1, 29; Bordt, WPg 1975, 285, 289 f.; Mosch, Patronatserklärungen, S. 133 f. für die Patronatserklärung , sowie Gerth, Atypische Kreditsicherheiten, S. 271 für die Liquiditätszusage; anders dagegen Rüßmann, Patronatserklärungen, S. 162, 163, der jedoch verkennt, dass die Zahlungsunfähigkeit der Gesellschaft auch durch Kreditgewährung eines Dritten oder aber durch Stundung fälliger Verbindlichkeiten auf Bewirken des Zusagenden hin behoben werden kann.

34 Vgl. zur darlehensweisen Gewährung von liquiden Mitteln auch unten unter B.II.2.

35 Rüßmann, Patronatserklärungen, S. 162 ff., 164

36 So aber Rüßmann, Patronatserklärungen, S. 162 f.

kann. Zwar wird dies der einfachste und sicherste Weg für den Zusagenden sein, dennoch sind darüber hinaus eine Vielzahl anderer Erfüllungsmöglichkeiten denkbar, weswegen es nicht gerechtfertigt wäre, in diesem Fall die geschuldete *Ausstattung* der Gesellschaft auf eine reine Zahlungsverpflichtung des Zusagenden zu verkürzen. Die in diesem Zusammenhang aufzuwerfende Frage, ob es dem Zusagenden auch tatsächlich gelingt, seinerseits rechtzeitig zu leisten oder nicht, wird m. E. erst bei der Frage relevant, ob sich der Zusagende gegebenenfalls schadensersatzpflichtig gemacht hat.[37]

Eine Besonderheit bei der Erfüllung solcher Ausstattungsversprechen ergibt sich außerdem aus seinem Wesen und Inhalt, und wird bei der Patronatserklärung zutreffend auch als so genanntes *Weiterleitungsrisiko*[38] bezeichnet.

Dabei wird angenommen, dass der Anspruch der Gesellschaft gegen die Muttergesellschaft oder den Gesellschafter dahin gehe, dass diese jeweils verpflichtet sein sollten, ihr ausreichende Mittel zur Verfügung zu stellen, damit sie ihre Verbindlichkeiten erfüllen könne. Dies habe dann aber auch zur Folge, dass diese Verpflichtung nicht schon automatisch mit der einmaligen Zuführung von Geldmitteln an die Gesellschaft in Höhe der offenen Verbindlichkeiten erfüllt sein müsse.[39] Sofern etwa die einmalige Zuführung nicht ausreichend war oder aber die ausgereichten Mittel anderweitig – möglicherweise sogar abredewidrig – verwendet wurden, sei die Ausstattungsverpflichtung noch nicht vollständig erfüllt und der Patron zu Ausreichung weiterer finanzieller Mittel verpflichtet. Mit anderen Worten übernehme der Patron also das Insolvenzrisiko der Gesellschaft aufgrund seiner Erklärung für die gesamte Kreditlaufzeit.[40]

Dieser Ansatz trifft auch bei der Liquiditätszusage zu, da durch diese ebenfalls ein solcher Ausstattungsanspruch begründet wird. Es entspricht aber dem Wesen desselben, dass dieser erst dann erfüllt ist, wenn die Gesellschaft auch tatsächlich in der Lage ist, ihre Verbindlichkeiten zu bedienen. Wurden aber die an sich dafür als ausreichend erachteten Mittel, die der Zusagende zur Verfügung gestellt hatte anderweitig verwendet oder aber von anderen Gläubigern gepfändet, so ist die Gesellschaft wiederum nicht mehr in der Lage, den sonstigen Verbindlichkeiten gegenüber ihren Gläubigern nachzukommen. Es wird damit aber auch augenscheinlich, dass die Finanzausstattung der Gesellschaft immer noch unzureichend ist und daher der Ausstattungsanspruch noch nicht erfüllt wurde, weswegen sich für den Zusagenden eine weitergehende Leistungspflicht ergibt.

B.II.1.b. Klagbarkeit

Die oben erörterten Wahlmöglichkeiten bei den Erfüllungsarten haben nun allerdings Konsequenzen für die Klagbarkeit des Anspruchs der Gesellschaft gegen den Gesellschafter bzw. gegen die Muttergesellschaft aus der erteilten Liquiditätszusage.

Sollte die Gesellschaft nun feststellen, dass sich ihre Insolvenz abzeichnet, so wird sie zunächst versuchen, diese dadurch abzuwenden, dass sie den zusagenden Gesell-

---

37 Vgl. dazu unter G.II.3.

38 Rümker, WM 1974, 990, 991

39 Rüßmann, Patronatserklärungen, S. 168; vgl. zur identischen Problematik bei der Patronatserklärung: Gerth, Atypische Kreditsicherheiten, S. 149; Obermüller, Ersatzsicherheiten, Rn. 335; Rümker WM 1974, 991

40 So bei der Patronatserklärung: Rümker WM 1974, 991

schafter, oder die zusagende Muttergesellschaft in Anspruch zu nehmen versucht. Weigern diese sich aber ihrerseits zu leisten, so steht die Gesellschaft vor der Frage, ob sie ihre Ansprüche aus der Liquiditätszusage gegebenenfalls gerichtlich geltend machen kann. Will die Gesellschaft nun die geschuldete Finanzausstattung einklagen, so steht sie in erster Linie vor dem Problem der Formulierung des Klagantrags. Da aber wie oben erwähnt eine Klage auf *„Finanzausstattung"* verschiedene Erfüllungsmöglichkeiten des Beklagten vorsähe, wäre ein derartig formulierter Klagantrag nicht bestimmt iSd § 253 II Nr. 2 ZPO.

Etwas anderes ergäbe sich nur dann, wenn man die Verpflichtung aus der Liquiditätszusage als gesetzlich nicht geregelte *facultas alternativa* ansehen könnte. Eine solche ist aber dadurch gekennzeichnet, dass von vornherein nur eine bestimmte Leistung geschuldet wird, die der Gläubiger auch einklagen kann. Der Schuldner wiederum soll lediglich in der Lage sein, sich durch eine andere Leistung, die selbst nicht Schuldgegenstand ist, von seiner Verpflichtung zu befreien.[41] Bei der Ausstattungsverpflichtung aus der Liquiditätszusage stehen die verschiedenen Erfüllungsmöglichkeiten des Zusagenden aber gleichrangig nebeneinander, sodass es keine Hauptleistung im Sinne der Definition einer *facultas alternativa* gibt. Der Zusagende schuldet somit nicht eine nach Art und Weise genau umschriebene Leistung, sondern nur den auf verschiedene Weise zu bewirkenden Erfolg, die Gesellschaft mit ausreichender Finanzausstattung zu versehen.[42]

Vereinzelt wird auch von Seiten der Literatur vertreten, bei der Ausstattungsverpflichtung handle es sich um ein *Wahlschuldverhältnis iSd § 262 BGB*.[43] Dieses Verständnis hätte dann zur Folge, dass auf Erfüllung „der einen oder anderen" Leistung geklagt werden könnte, mit der Konsequenz, dass dann auch unter Beachtung der Voraussetzungen der §§ 262, 264 BGB entsprechend vollstreckt werden könnte. Die vorzugswürdige Ansicht lehnt allerdings eine solche Wahlschuld ab und verneint in der Konsequenz daher auch die Möglichkeit einer Erfüllungsklage.[44] Dieser Ansicht ist schon deshalb zuzustimmen, da das Wesen der *Wahlschuld* sich vom Wesen der durch die Liquiditätszusage begründeten Schuld grundsätzlich unterscheidet. Bei der *Wahlschuld* ist vorgesehen, dass mehrere verschiedene Leistungen in der Weise geschuldet werden, dass nach späterer Wahl nur eine von ihnen zu erbringen ist.[45]

Bei der Liquiditätszusage wird es aber unmöglich sein, alle Ausstattungsmöglichkeiten näher zu umreißen, sodass das Schuldverhältnis also hinsichtlich seiner ganzen Erfüllungsmöglichkeiten nicht erfassbar erscheint. Diese Einschätzung wird auch dadurch belegt, dass davon auszugehen ist, dass nicht nur die oben dargestellten Erfül-

---

41 Ziegler, AcP 1971, 193, 203

42 Stecher, Patronatserklärungen, 82 f.

43 v. Westphalen, Rechtsprobleme der Exportfinanzierung, S. 205; Schaffland, BB 1977, 1021, 1023

44 So für die entsprechende Problematik bei der Patronatserklärung: Gerth, Atypische Kreditsicherheiten, S. 147; Köhler, WM 1978, 1338, 1365; sowie im Ergebnis wohl auch Obermüller, ZGR 1975, 1, 29 wonach Erfüllungsklagen „kaum möglich" sein werden; anders jedoch Forschbach, Liquiditätszusagen, S. 124 ff., die zwar eine Wahlschuld ebenfalls ablehnt, die Klagbarkeit aber mit dem Verweis auf die Schutzwürdigkeit des Begünstigten trotzdem bejaht

45 Heinrichs, in: Palandt, BGB, § 262 Rn. 1

lungsmodi grundsätzlich zulässig sind, sondern darüber hinaus wird man auch die verschiedensten Kombinationen derselben als zulässige Erfüllungsmöglichkeiten auffassen müssen.[46] Mit anderen Worten definiert also die Ausstattungsverpflichtung der Liquiditätszusage die geschuldete Ausstattungsleistung gerade nicht. Während aber die Wahlschuld nach ihrem Verständnis von einer zunächst zwar unbestimmten, aber durchaus bestimmbaren Leistung ausgeht,[47] kann die Erfüllung der Liquiditätszusage durch eine nicht genauer bestimmbare Vielzahl von verschiedensten Erfüllungsmöglichkeiten erfüllt werden[48], weswegen die Annahme einer *Wahlschuld* ausscheiden muss.

Nur der Vollständigkeit halber sei auch noch darauf hingewiesen, dass auch die Annahme einer *Schuld mit Ersetzungsbefugnis* dem Wesen der in der Liquiditätszusage enthaltenen Ausstattungsverpflichtung nicht entspricht.[49] Eine solche Schuld wird allein dadurch gekennzeichnet, dass nur eine gewisse Leistung geschuldet ist[50], wobei es dabei dem Schuldner aber vorbehalten bleibt, sich durch eine andere als die geschuldete Leistung von seiner Verbindlichkeit zu befreien. Es wird ihm also nur die Möglichkeit eröffnet an Erfüllungs Statt zu leisten.[51]

Entgegen der oben dargestellten Ansicht, stehen *Forschbach*[52] und ihr insoweit folgend auch *Rüßmann*[53] für die Liquiditätszusage auf dem Standpunkt, dass trotz der unüberwindlichen Schwierigkeiten bei der Formulierung eines Klagantrages, eine Erfüllungsklage, gerichtet auf Ausstattung der Gesellschaft ausnahmsweise zulässig und möglich sein soll.

Entsprechendes wird auch von einzelnen Stimmen in der Literatur für die Patronatserklärung vertreten. So wollen sich auch *Michalski*[54] und *Schäfer*[55] nicht mit der prozessualen Undurchsetzbarkeit des Ausstattungsanspruches abfinden. Sie vertreten daher zur Patronatserklärung den Ansatz, dass es dem klagenden Gläubiger[56] in aller Regel völlig gleichgültig sein dürfte, welche Ausstattungsmodalität bzw. welche Kombination derselben der Zusagende wählt, um seine Ausstattungsverpflichtung zu erfüllen. Als Konsequenz ergebe sich dann aber, dass es auch zulässig sein müsse, auf „Ausstattung in Höhe der fälligen Kreditrestschuld" zu klagen und diesen Titel dann nach

---

46 So zur Patronatserklärung auch Gerth, Atypische Kreditsicherheiten, S. 146

47 Heinrichs, in: Palandt, BGB, § 262 Rn. 1

48 Zu denken ist in diesem Zusammenhang allein an die Vielzahl der Möglichkeiten das Anlagevermögen zu erhöhen, worin sich aber die Erfüllungsmöglichkeiten bei Weitem noch nicht erschöpfen

49 So auch Forschbach, Liquiditätszusagen, S. 127 f.

50 Im Unterschied zur Wahlschuld hat hierbei die Schuld von Anfang an einen bestimmten Inhalt

51 Heinrichs, in: Palandt, BGB, § 262 Rn. 8

52 Forschbach, Liquiditätszusagen, S. 123 ff., erkennt die oben dargestellte Problematik bei der Formulierung des Klagantrages zwar an, dennoch will sie aber bei der Liquiditätszusage eine Klagbarkeit annehmen, da dem Gläubiger der Gesellschaft bei der Liquiditätszusage kein Schadensersatzanspruch gegen den Zusagenden zustünde und für diesen demzufolge nicht hinnehmbare Schutzlücken entstünden, weswegen die These, dass Erfüllungsansprüche nicht durchsetzbar sein sollen, in diesem Fall „nicht akzeptabel" sei

53 Vgl. insoweit ohne Begründung Rüßmann, Patronatserklärungen, S. 172

54 Michalski, WM 1994, 1229, 1240

55 Schäfer, WM 1999, 153, 156 f.

56 Im Falle der Patronatserklärung handelt es sich hierbei um den kreditgebenden Dritten

§ 887 I ZPO zu vollstrecken.[57] Im Ergebnis solle demnach der Gläubiger der Gesellschaft die Gesellschaft nach Ermächtigung durch das Vollstreckungsgericht von ihrer Kreditverbindlichkeit mittels Erlass der Forderung befreien. Für die dadurch entstandenen Kosten, also mit anderen Worten den Forderungsbetrag, den dieser durch den Erlass verloren hat, solle er dann vom Patron gem. § 887 I ZPO Ersatz verlangen können.[58]

Als Begründung hierfür führt *Michalski* an, dass der Ausstattungsanspruch auf einen bestimmten Erfolg gerichtet sei und nur auf unbestimmtem Weg herbeigeführt werden könne, sodass diese Schuld mit der wahlweisen Schuld mehrerer unterschiedlicher Leistungserfolge nichts gemein habe.[59] Als Konsequenz daraus ergebe sich dann aber auch, dass die Wahlschuldregeln prozessrechtlich keine Bedeutung haben könnten.[60]

Die im Rahmen der Patronatserklärung zusätzlich auftretende Problematik, wie hoch der Umfang der Ausstattungsverpflichtung des Patrons tatsächlich ist, lösen die Vertreter dieser Ansicht dadurch, dass sie zwar einräumen, dass auch dieser für den Klagenden nicht bestimmbar sei, er dann aber eben von vornherein nur die fällige Kreditrestschuld einklagen solle, da der Gläubiger diese ja beziffern könne.[61] Dabei weist aber schon *Schäfer* selbst darauf hin, dass es sich mit dieser offenen Teilklage allenfalls um einen Kunstgriff handeln könne.[62]

Dieser Ansatz ließe sich nun aber auch entsprechend auf die Liquiditätszusage übertragen, indem man eine Klage, gerichtet „auf Ausstattung“ zulassen würde. Die zusätzliche Problematik bei der Patronatserklärung, wonach die Höhe der Ausstattungsverpflichtung für den Klagenden nicht ersichtlich und damit auch nicht bezifferbar ist, besteht bei der Liquiditätszusage nicht. Die Gesellschaft kann den Ausstattungsanspruch nur selbst gegen den Zusagenden geltend machen, wobei es für sie dann auch ohne Weiteres möglich wäre, diesen der Höhe nach zu beziffern. Die Höhe ergibt sich für die Gesellschaft aus der Summe ihrer offenen Verbindlichkeiten, hinsichtlich derer sie zum jetzigen Zeitpunkt nicht in der Lage ist, ihnen mit eigenen finanziellen Mitteln nachzukommen.

Dieser Ansatz und damit auch seine Übertragbarkeit auf die Liquiditätszusage ist m. E. aber aus zwei Gründen abzulehnen:

Zum einen liegt ihm das verfehlte Verständnis zu Grunde, dass nur dann ein rechtlich wirksamer Ausstattungsanspruch bestehen könne, wenn dieser auch gerichtlich durchsetzbar sei. *Michalski* führt an dieser Stelle sogar aus, dass das Prozessrecht nicht dazu dienen könne, der Verwirklichung des materiellen Rechts Hindernisse in den Weg zu stellen.[63] Dem ist aber entgegenzuhalten, dass die gerichtliche Durchsetzbar-

---

57 Michalski, WM 1994, 1229, 1240;

58 Schäfer, WM 1999, 153, 156; Michalski, WM 1994, 1229, 1240 f.; Schröder, ZGR 1982, 552, 562

59 Michalski, WM 1994, 1229, 1240

60 Michalski, WM 1994, 1229, 1240

61 Schäfer, WM 1999, 153, 156; Michalski, WM 1994, 1229, 1240 f.; Schröder, ZGR 1982, 552, 562

62 Schäfer, WM 1999, 153, 156

63 Michalski, WM 1994, 1229, 1240

keit eines Anspruchs schon kraft Vereinbarung ausgeschlossen werden kann[64], oder aber gar der Gesetzgeber selbst derartige Ansprüche vorsieht.[65] Die Funktion des Prozessrechts ist demgegenüber eine gegenteilige. Gerade dort wo ein materieller Anspruch besteht, ist es Aufgabe des Prozessrechts nach Möglichkeiten der prozessualen Durchsetzung zu suchen. Nicht aber kann das Fehlen derartiger Möglichkeiten den Schluss rechtfertigen, ein Anspruch bestünde in materieller Hinsicht nicht.

Zum anderen, muss der Klagantrag zumindest dahingehend bestimmt sein, dass er auch vollstreckt werden kann. Grundsätzlich ist damit also die Eignung für die Vollstreckung der maßgebliche Prüfungsmaßstab für die Bestimmtheit des Antrags. Ganz allgemein steht daher also das Vollstreckungsverfahren zur Konkretisierung unbestimmter Titel nicht zur Verfügung. Würde man aber dem letztgenannten Ansatz folgen, so müsste in der Konsequenz genau diese Art der Konkretisierung vorgenommen werden. Der Antrag selbst ist unbestimmt, und wäre als solcher keinesfalls vollstreckbar. Erst der Erlass der Forderung durch den Gläubiger eröffnet nun den Weg über § 887 I ZPO, und damit den Weg der Vollstreckung an sich.

Diesem Ansatz ist nun zwar zuzugeben, dass er zu dem wirtschaftlich durchaus wünschenswerten Ergebnis gelangt, dass die Gesellschaft schon vor ihrer eigenen Insolvenz in der Lage sein soll, die Erfüllung der Ausstattungsverpflichtung gerichtlich geltend zu machen und in der Folge auch zu vollstrecken. Allerdings verkehrt dieser Ansatz Aufgaben und Funktionen des Vollstreckungsverfahrens in sein Gegenteil, indem er es der Vollstreckung selbst aufgibt, den titulierten Anspruch näher zu konkretisieren und damit erst vollstreckbar zu machen. Konsequenz dieses Ansatzes wäre nun aber, dass das erkennende Gericht sehenden Auges einen so nicht vollstreckbaren Anspruch titulieren müsste, einzig in der Gewissheit, dass im Rahmen der Vollstreckung der Gläubiger diesen Anspruch erlassen würde, um damit dann den Anspruch zu konkretisieren.

Auch der herangezogene Vergleich mit dem Beseitigungsanspruch aus § 1004 BGB, bei dem anerkannt ist, dass die Art der zur Störungsbeseitigung führenden Handlung nicht anzugeben ist, da dem Schuldner verschiedene Wege der Störungsbeseitigung offen stehen ist nicht zutreffend.[66] Ganz im Gegensatz zu etwaigen Ansprüchen aus § 1004 BGB handelt es sich bei den hier diskutierten Ansprüchen aus der Ausstattungsverpflichtung um vertragliche Ansprüche, die im konkreten Fall dadurch gekennzeichnet sind, dass es den Parteien offen stand, die Verpflichtung des Zusagenden beim Vertragsschluss näher zu konkretisieren und damit gegebenenfalls ein einklagbares Wahlschuldverhältnis zu statuieren. Die Tatsache, dass eine derartige Übereinkunft nicht vorliegt, kann nun aber m. E. nicht dadurch korrigiert werden, dass man eine gerichtliche Geltendmachung unter Außerachtlassung vollstreckungsrechtlicher Grundsätze zulässt.

Als Konsequenz daraus bleibt daher festzuhalten, dass ein der Vorschrift des § 253 II Nr. 2 ZPO entsprechender *bestimmter Klagantrag* ohne gleichzeitige Einschränkung

64 J. Schmidt, in: Staudinger, BGB, Einl. zu §§ 241 ff. Rn. 154 f.

65 In diesem Zusammenhang ist an die Naturalobligationen der §§ 762, 764, 765 zu denken

66 Schäfer, WM 1999, 153, 156

der Erfüllungsmöglichkeiten nicht zu formulieren sein wird, mit der Folge, dass auch eine Erfüllungsklage der Gesellschaft gegen den Zusagenden nicht möglich ist.

B.II.2. Der schuldrechtliche Typ des Vertrages bei der Liquiditätszusage

Steht nun an dieser Stelle also fest, wie das Ausstattungsversprechen an sich inhaltlich, wie auch von seinem Wesen her einzustufen ist, so stellt sich in der Folge die Frage nach der Einkleidung desselben in einen vom Gesetz vorgesehenen Vertragstyp, mit anderen Worten also danach, wie dieser Ausstattungsanspruch vertraglich umgesetzt werden kann.

Die Beantwortung dieser Frage hängt im Wesentlichen davon ab, wie die Zusage in concreto inhaltlich ausgestaltet wurde, ob also ausdrückliche Regelungen im Rahmen der Liquiditätszusage getroffen wurden, die beispielsweise eine Rückzahlungsverpflichtung der erhaltenen Mittel festlegen oder aber eine solche ausdrücklich ausschließen.

In Ermangelung derartiger wünschenswerter Ausführungen muss die Lösung dieser Frage allzu oft anhand allgemeiner Kriterien vorgenommen werden, auf welche in der Folge näher eingegangen werden soll.

Die Beantwortung dieser Frage ist dabei auch für die Praxis nicht unerheblich, da sie wiederum direkte Auswirkungen auf verschiedene gesetzliche Voraussetzungen hat, wie namentlich die Formbedürftigkeit nach den Regelungen des BGB. In der Literatur werden dazu ersichtlich zwei konträre Ansätze vertreten, die sich hinsichtlich ihrer Formerfordernisse grundlegend unterscheiden:

B.II.2.a. Schenkweise erteiltes Schuldversprechen

Gerth unterscheidet bei der Frage der Rechtsnatur der Zusage in zwei Grundformen:[67]

In der zweiten wird ausdrücklich eine darlehensweise Ausgestaltung des Ausstattungsanspruchs vorgenommen[68], mit der Konsequenz, dass schon von vornherein keine Schwierigkeiten hinsichtlich der rechtlichen Einordnung des schuldrechtlichen Typs des Vertrages entstehen können.

In der ersten fehlt dagegen eine solche ausdrückliche Ausgestaltung. In dieser Konstellation erfasst er dann aber die Liquiditätsgarantie als schenkweise erteiltes Schuldversprechen gem. §§ 516, 780 BGB des Gesellschafters oder der Muttergesellschaft gegenüber der Gesellschaft selbst[69]. Praktische Konsequenz dieser Ansicht ist aber, dass die Liquiditätsgarantie damit gem. § 518 I S. 1 BGB notariell zu beurkunden ist.

Nach seiner Ansicht erfolgt die Erteilung der Liquiditätszusage unentgeltlich iSd § 516 I BGB. Dabei legt auch er zunächst zutreffend den bereits vom *Reichsgericht* erörterten Begriff der „Unentgeltlichen Zuwendung" zu Grunde, indem auch er ausführt,

---

[67] Gerth, Atypische Kreditsicherheiten, S. 272, 273
[68] Gerth, Atypische Kreditsicherheiten, S. 275, 280-284
[69] Gerth, Atypische Kreditsicherheiten, S. 279

dass eine solche erst dann vorliege, wenn durch Rechtsgeschäft festgesetzt sei, dass der Erwerb von einer ausgleichenden Zuwendung rechtlich nicht abhängen solle.[70]

Dem entgegen bestehe ein Abhängigkeitsverhältnis immer dann, wenn entweder eine synallagmatische, konditionale oder kausale Verknüpfung von Leistung und Gegenleistung vereinbart werde.[71]

Gerths Ansicht zufolge seien aber nun bei der Liquiditätszusage weder synallagmatische noch konditionale Abreden getroffen worden, sodass einzig eine kausale Verknüpfung überhaupt in Betracht komme.[72] Eine solche könne aber allenfalls dann angenommen werden, wenn man dafür die – selbstverständliche – Erwartung des Zusagenden ausreichen lassen wollte, wonach dieser erwarte, dass die Gesellschaft wieder in die Lage komme, Dividenden zahlen zu können.[73] Da aber eine solche Entwicklung nicht mit ausreichender Sicherheit erwartet werden könne, müsse auch eine solche kausale Verknüpfung für die Liquiditätszusage ausscheiden, weswegen bei dieser von Unentgeltlichkeit iSd § 516 I BGB auszugehen sei.[74]

B.II.2.b. Aufschiebend bedingtes Darlehensversprechen

Die gegenteilige Ansicht hierzu vertreten *Wiedemann/Hermanns*, die wiederum der Meinung sind, dass derartige Zusagen von der Gesellschaft nur dahingehend verstanden werden könnten, dass von Seiten der Gesellschafter in schlechten Zeiten zugeschossenes Kapital in besseren Zeiten wieder zurückzuführen sei.[75]

Damit könne die Zusage nur ein aufschiebend bedingtes Darlehensversprechen iSd § 488 I BGB darstellen, mit der Maßgabe, dass das Darlehen zur Rückerstattung fällig werden solle, sobald der Liquiditätsengpass der Gesellschaft beseitigt sei.[76]

B.II.2.c. Stellungnahme

M. E. ist *Gerths* Ansatz abzulehnen.

Dieser muss sich entgegen halten lassen, dass vor dem wirtschaftlichen Hintergrund des kaufmännischen Lebens festzustellen ist, dass die unentgeltliche, altruistische Leistung, selbst von Mutter- an Tochtergesellschaften, die absolute Ausnahme darstellt, wovon im Übrigen der Gesetzgeber selbst ausgeht, wie sich unschwer aus § 354 HGB ergibt. Daher ist nun m. E. entgegen *Gerths* Auffassung bei vielen dieser Zusagen davon auszugehen, dass sie zwar die Zurverfügungstellung von Fremdkapital einerseits gewährleisten, welches aber in aller Regel in wirtschaftlich besseren Zeiten wieder an den Gesellschafter oder aber die Muttergesellschaft zurückgeführt werden soll. Dies muss wohl häufig auch dann gelten, wenn dem ausdrücklichen Wortlaut der Erklärung, wie so oft, eine derartige Rückzahlungsverpflichtung nicht zu entnehmen ist.

---

70 RGZ 163, 356

71 RGZ 163, 356

72 Gerth, Atypische Kreditsicherheiten, S. 277

73 Gerth, Atypische Kreditsicherheiten, S. 277, der sich hierbei allerdings auf die Liquiditätszusage im Rahmen eines Konzernverhältnisses bezieht, jedoch kann auch für eine solche Zusage von Seiten eines Gesellschafters nichts anderes gelten

74 Gerth, Atypische Kreditsicherheiten, S. 278 f.

75 Wiedemann/Hermanns, ZIP 1994, 998; zustimmend auch Rüßmann, Patronatserklärungen, S. 177

76 Wiedemann/Hermanns, ZIP 1994, 998

Dies wird sich zumeist schon aus der wirtschaftlichen Zielsetzung des Zusagenden ergeben, denn diese wird in aller Regel davon getragen sein, einen nur vorübergehenden Liquiditätsengpass zu überbrücken. Denn ginge der Zusagende von einer nicht nur vorübergehenden Unterkapitalisierung aus, so müsste er grundsätzlich der Gesellschaft Eigenkapital[77] zuführen, was er aber durch die Abgabe dieser Art von Zusage explizit unterlässt.

Auch in der konkreten Situation der beabsichtigten Abwendung der Insolvenzantragspflicht[78] wird dies deutlich: Geht der Zusagende von einem vorübergehenden Zustand der drohenden Insolvenz aus, so wird er die Liquiditätszusage als Mittel wählen, diesem Zustand zu begegnen, wohingegen er bei dauerhafter Zahlungsunfähigkeit nicht umhin käme, das Eigenkapital der Gesellschaft zu erhöhen oder andernfalls die Gesellschaft zu liquidieren. Geht der Zusagende also wirtschaftlich betrachtet von einem nur vorübergehenden Zustand aus, so ist nicht ersichtlich warum seiner Zusage nicht die kaufmännisch vernünftige Überlegung entnommen werden sollte, nach Überwindung dieser wirtschaftlich schlechten Situation eine Rückzahlung des zur Verfügung gestellten Kapitals verlangen zu können. Vielmehr entspricht gerade dieses Bild der wirtschaftlichen und kaufmännischen Realität viel eher, mit der Konsequenz, dass dieses Verständnis daher auch der jeweiligen Erklärung, gegebenenfalls durch zulässige Auslegung gem. §§ 133, 157 BGB, zu entnehmen ist.

Allerdings ist auch dem Verständnis von *Wiedemann/Hermanns*, die in der Liquiditätszusage stets ein Versprechen mit dem Inhalt sehen, zeitlich befristet Fremdkapital zu überlassen[79], nicht vollumfänglich zuzustimmen.

Diese gehen davon aus, dass die Gesellschaft die Liquiditätszusage nur als vorübergehende Überlassung von Mitteln verstehen könne[80], was allerdings m. E. nicht in allen Fällen richtig ist.[81] Der Zusagende ist nicht daran gehindert, seine Verpflichtung aus der Liquiditätszusage etwa durch Hingabe verlorener Zuschüsse, einer Kapitalerhöhung oder aber der Leistung in die freie Rücklage zu erfüllen. Sieht er aber gerade einen dieser Wege zu Erfüllungszwecken vor, so kann das oben Gesagte nicht ohne Weiteres gelten. Vielmehr ergibt die Auslegung eines derartigen Verhaltens nun, dass keine bloß vorübergehende Überlassung von Fremdkapital von Seiten des Zusagenden bezweckt sein wird, sondern vielmehr die dauerhafte Erhöhung der Kapitalausstattung der Gesellschaft als solche. Bei der Auslegung kann in diesen Fällen dann aber gerade nicht mehr davon ausgegangen werden, die Gesellschaft habe die Zusage nur so verstehen können, als dass darin zum einen eine nur vorübergehende Kapitalüberlassung beinhaltet sein sollte und zum anderen, als Konsequenz hieraus sich für sie eine Rückzahlungsverpflichtung ergeben sollte. Entgegen alldem musste und konnte sie vielmehr diese Konstellation nur als dauerhafte Kapitalüberlassung von Seiten der Muttergesellschaft oder aber eines Gesellschafters auffassen.

---

77 Vgl. dazu insbesondere unter C.I.1.a.

78 Vgl. dazu unter D.

79 Wiedemann/Hermanns, ZIP 1994, 998

80 Wiedemann/Hermanns, ZIP 1994, 998

81 Im Ergebnis ebenfalls anderer Auffassung: Rosenberg/Kruse, BB 2003, 642

Augenscheinlich wird der Widerspruch vor allem dann, wenn die Erfüllung durch eine Kapitalerhöhung erreicht werden soll. In diesem Fall geht der Zusagende offensichtlich selbst nicht von einem nur vorübergehenden Liquiditätsengpass aus, weswegen eine bloß vorübergehende Kapitalüberlassung kein taugliches Instrument mehr darstellt. Vor diesem Hintergrund lässt sich dann auch der Ansatz von *Wiedemann/Hermanns* nicht mehr aufrechterhalten, wonach die Gesellschaft immer von einer bloß vorübergehenden Überlassung ausgehen müsse.[82]

Zusammenfassend lässt sich also festhalten, dass zwar grundsätzlich von einer Rückführungsverpflichtung durch die Gesellschaft auszugehen ist. Für die wohl häufigsten Fälle der Liquiditätszusage wird dies am ehesten dem wirtschaftlichen Verständnis wie auch dem Willen der Parteien gerecht.

Allerdings verbleibt ausreichend Raum für Ausnahmen von diesem Grundsatz, sodass sich die Frage, ob für die Gesellschaft eine Rückzahlungsverpflichtung bestehen soll oder nicht, einzig anhand des konkreten Inhalts der getroffenen Vereinbarung ermitteln lässt, die gegebenenfalls dann gerade vor dem oben erörterten Hintergrund auszulegen ist. Rechtstechnisch lässt sich dieser Inhalt dann so umsetzen, dass für den Normalfall und praktisch häufigsten Fall der Liquiditätszusage die Zusage selbst ein aufschiebend bedingtes Darlehensversprechen gem. § 488 BGB darstellt; [83] und zwar mit dem Inhalt, dass der Gesellschafter oder die Muttergesellschaft ein aufschiebend bedingtes Versprechen abgibt, der Gesellschaft bei Bedingungseintritt ein Darlehen zu gewähren. Als Bedingungseintritt ist hier der Zeitpunkt festgelegt, zu dem die Gesellschaft ihren Verbindlichkeiten aus eigener Kraft nicht mehr nachkommen kann. Weitestgehend ähnlich ist auch der Ansatz, wonach je nach konkreter Ausgestaltung der Zusage ein gem. § 315 BGB konkretisierungsbedürftiger Darlehensvertrag oder aber einen Darlehensvorvertrag[84] angenommen wird. Für die oben erörterten Ausnahmefälle wird man dagegen mit *Gerth* das Vorliegen eines Schenkungsversprechens gem. § 516 I BGB annehmen müssen.[85]

B.III. Direktansprüche der Gesellschaftsgläubiger gegen den Zusagenden

An dieses Ergebnis schließt sich aber dann die nächste Frage an, inwieweit den zusagenden Gesellschafter oder die zusagende Muttergesellschaft außerhalb der Insolvenz[86] der Tochter überhaupt ein Haftungsrisiko trifft. Mit anderen Worten stellt sich also die Frage, ob die Gläubiger der Gesellschaft aus der Liquiditätszusage in irgendeiner Weise Direktansprüche gegen den zusagenden Gesellschafter oder die Mutterge-

[82] So im Ergebnis auch Rosenberg/Kruse, BB 2003, 642

[83] Wiedemann/Hermanns, ZIP 1994, 998; ablehnend Forschbach, Liquiditätszusagen, S. 86 f., die zwar ebenfalls grundsätzlich von der Vereinbarung einer Rückzahlungspflicht ausgeht, jedoch trotzdem einen Vertrag sui generis annehmen will; ebenso Rüßmann, Patronatserklärungen, S. 163

[84] Zur grundlegenden Unterscheidung siehe K. Schmidt, JZ 1976, 756 ff. mwN

[85] Gerth, Atypische Kreditsicherheiten, S. 291

[86] Zur Situation bei Insolvenz der Gesellschaft vgl. unter G.

sellschaft herleiten können. Solche Ansprüche wären grundsätzlich nur dann denkbar, wenn es sich bei der Liquiditätszusage um einen echten Vertrag zu Gunsten Dritter gem. §§ 328 ff. BGB handeln würde. Soweit die Zusage selbst diesbezüglich keine oder nur unzureichende Regelungen enthält, muss diese Einordnung durch Auslegung vorgenommen werden.

B.III.1. Meinungsstand

Für diejenigen Zusagen, bei denen keine ausdrücklichen Regelungen vorgenommen wurden, ist die Frage, ob es sich bei ihnen um einen echten Vertrag zugunsten Dritter handeln kann umstritten:

Dabei wird eine Einordnung der Liquiditätszusage als echter Vertrag zu Gunsten Dritter von der *überwiegenden Meinung* des Schrifttums generell für ausgeschlossen gehalten.[87] Für diese Ansicht wird zur Begründung nahezu einhellig angeführt, dass es sich bei der Liquiditätszusage zwar um einen einseitig verpflichtenden Vertrag handle, dieser aber ausschließlich den Gesellschafter bzw. die Muttergesellschaft gegenüber der Gesellschaft selbst verpflichte. Bei dieser Zielsetzung liege es weder in der Absicht noch im Interesse der Vertragsparteien, dass sämtliche künftigen Gesellschaftsgläubiger durch Vertrag zu ihren Gunsten nach § 328 II BGB einen eigenen Anspruch gegen den zusagenden Gesellschafter bzw. die Muttergesellschaft erhielten. *Obermüller* merkt dazu außerdem an, dass Voraussetzung eines Vertrages iSd § 328 BGB wäre, dass eine Leistungspflicht des Zusagenden an den Dritten bestünde[88], was freilich bei der Liquiditätszusage gerade nicht vorläge, da allenfalls eine Leistungspflicht an die Gesellschaft statuiert werden solle.

Eine *andere Ansicht*[89] nimmt pauschal einen echten Vertrag zu Gunsten Dritter für die dargestellten Konstellationen an. Zwar habe die Liquiditätszusage in der Tat nicht den Inhalt, dass der jeweilige Gläubiger sofort und selbst das Recht habe, vom Zusagenden Leistung an sich zu verlangen. Allerdings habe dieser sehr wohl einen Anspruch auf Aufrechterhaltung der Zahlungsfähigkeit der Gesellschaft gegen den Zusagenden, weswegen der Gläubiger zumindest in dem Fall, in dem die unterstützte Gesellschaft insolvent werde, einen eigenen Anspruch aus eigenem Recht gegen den Zusagenden auf Zahlung an die Gesellschaft habe. Dies erkläre sich vor dem Hintergrund, dass der Erklärende für den Fall der Insolvenz seine Ausstattungsverpflichtung verletzt habe und dadurch die Insolvenzreife der Tochtergesellschaft wegen Zahlungsunfähigkeit eingetreten sei.

---

87 Bordt, WPg 1975, 285, 291; Gerth, Atypische Kreditsicherheiten, S. 286; Michalski, WM 1994, 1229, 1230; Schaffland BB 1977, 1021, 1023; Merkel, in: Schimanski/Bunte/Lwowski, Bankrechts-Handbuch, § 98, Rn. 199; ders., in: Lutter/Scheffler/Schneider, Handbuch der Konzernfinanzierung, Rn. 17.78, Rüßmann, Patronatserklärungen, S. 167; Wiedemann/Hermanns, ZIP 1994, 999; K. Schmidt, in: FS Werner, S. 777, 781, wie auch mit eingehender Begründung Rosenberg/Kruse, BB 2003, 641, 643

88 Obermüller, Ersatzsicherheiten, Rn. 355

89 Pesch, WM 1998, 1609, 1611

Eine *dritte Ansicht*[90] stellt auf den jeweiligen Einzelfall ab, danach solle ein echter Vertrag zugunsten Dritter vorliegen, wenn die Liquiditätszusage vereinbarungsgemäß bei Kreditverhandlungen mit Dritten offengelegt werde, oder gar durch den Zusagenden selbst gezielt mitgeteilt werde. Auch in Konstellationen in denen sich der Zusagende neben der Liquiditätszusage noch einem oder mehreren Gläubigern der unterstützten Gesellschaft dahingehend verpflichte, die erklärte Zusage während der Dauer der Geschäftsbeziehungen nicht abzuziehen, solle ein echter Vertrag zu Gunsten Dritter vorliegen. Schließlich solle auch dann ein solcher Vertrag zu Gunsten Dritter anzunehmen sein, wenn den Vertragsparteien bewusst war, dass die Gläubiger der unterstützten Gesellschaft von der Erklärung erhebliche Vermögensdispositionen abhängig machten.

B.III.2. Stellungnahme

Nach meiner Ansicht ist mit der überwiegenden Meinung generell kein echter Vertrag zu Gunsten der Gläubiger der Gesellschaft anzunehmen.

Gegen den Ansatz von *Pesch* spricht schon die Auslegungsregel des § 328 II BGB, wonach neben den Wortlaut bei der Auslegung in erster Linie der Vertragszweck treten soll.[91]

Geht man aber von der Konstellation aus, in der der Zusagende der Gesellschaft gerade nicht gestattet, im Rahmen ihrer Verhandlungen auf den ihr zustehenden Ausstattungsanspruch hinzuweisen, um ihre Kreditfähigkeit zu erhöhen, so ergäbe sich nach *Peschs* Ansatz trotzdem selbst für diesen Fall eine Haftung des Zusagenden im Außenverhältnis. Dem steht allerdings entgegen, dass hier keinesfalls davon ausgegangen werden kann, dass der Zusagende tatsächlich eine Außenhaftung übernehmen wollte, vielmehr verfolgten die Parteien keinen anderen Zweck als der Gesellschaft die weitere Teilnahme am Wirtschaftsleben zu sichern. Wie das *OLG Celle* an dieser Stelle zutreffend ausführt, war hier nicht die Besicherung von Fremdverbindlichkeiten der von den Parteien verfolgte Zweck, sondern die Eröffnung des Insolvenzverfahrens über das Vermögen der Gesellschaft abzuwenden und damit dieser die Teilnahme am Wirtschaftsleben zu sichern.[92] Demgemäß kann dem Vertragszweck also gerade nicht entnommen werden, dass Dritte hierdurch Ansprüche gegen den Zusagenden erwerben sollten. Anhand dieser Konstellation wird nun aber m. E. deutlich, dass bei der Liquiditätszusage nicht grundsätzlich von einem echten Vertrag zugunsten Dritter ausgegangen werden kann, da dies insoweit in den meisten Fällen dem Vertragszweck und damit dem Parteiwillen widersprechen wird.

Daneben ist aber auch die einzelfallbezogene Einstufung als Vertrag zugunsten Dritter generell abzulehnen.

---

90 Horn, in: Staudinger, BGB, Vor. §§ 765 ff., Rn. 407; Schneider, ZIP 1989, 619, 623, Möser, DB 1979, 1470; Forschbach, Liquiditätszusagen, S. 94 f.

91 BGH, NJW 1991, 2209

92 OLG Celle, NdsRPfl 2000, 309, 310

Der Zusagende und die Gesellschaft kontrahierten im Zusammenhang der Liquiditätszusage weder ausschließlich noch überwiegend im Interesse der Gesellschaftsgläubiger.[93] Die Gesellschaft zu unterstützen kann rein strategische Gründe haben und damit allenfalls reflexartig oder gar gänzlich zufällig gläubigerschützende Wirkungen entfalten. Aus der Sicht des Zusagenden stellt sich die Situation aber so dar, dass die Gläubiger der Gesellschaft selbst das Insolvenzrisiko ihrer Vertragspartner und damit eben auch der unterstützten Gesellschaft tragen müssen. Weswegen sie in diesem Zusammenhang auch nicht schutzwürdig sind, da sie sich mit ihrem Wunsch nach Sicherheitenstellung im Rahmen der Vertragsverhandlungen eben nicht durchsetzen konnten. Gegen die Annahme eines echten Vertrags zu Gunsten Dritter spricht daneben auch ganz entscheidend die Auslegungsregel des § 329 BGB. Demgemäß ist das Versprechen, eine Schuld des Vertragspartners zu erfüllen, im Zweifel als Erfüllungsübernahme aufzufassen und nicht als befreiende Schuldübernahme oder Schuldbeitritt.[94] Mit anderen Worten erwirbt im Zweifel also der Gläubiger selbst dann keine Ansprüche gegen den Versprechenden, wenn sich ein Vertragspartner zur Befriedigung der Schuld eines anderen verpflichtet. Die Liquiditätszusage stellt gegenüber der Erfüllungsübernahme allerdings ein Minus dar, da durch sie keine Verpflichtung eingegangen wird, eine bestimmte Verbindlichkeit der Gesellschaft zu tilgen, sondern nur, dieser die Bedienung ihrer Verbindlichkeiten zu ermöglichen. Insoweit wird man erst recht den Gesellschaftsgläubigern keine eigenen Ansprüche zubilligen können.[95] Daran kann auch der einvernehmliche Einsatz dieser Liquiditätszusage im Rechtsverkehr zur Stärkung der Kreditfähigkeit der Gesellschaft nichts ändern, solange darin noch kein erklärtes Angebot zur Abgabe einer Patronatserklärung zu erblicken ist und diese für den Fall der Abgabe in einem Konzernverhältnis nicht im Geschäftsbericht der Muttergesellschaft erwähnt wird.[96]

Damit bleibt festzuhalten, dass die Liquiditätszusage generell nicht als echter Vertrag zu Gunsten Dritter iSd §§ 328 ff. BGB einzustufen ist.

B.IV. Die Abtretbarkeit des Ausstattungsanspruchs

Steht nun fest, dass den Gesellschaftsgläubigern grundsätzlich keinerlei Direktansprüche gegen den Zusagenden zustehen sollen, so gewinnt die Frage an Bedeutung, ob nicht die Gesellschaft ihrerseits in der Lage sein soll, ihren Anspruch gegen den Zusagenden auf Ausstattung an Dritte abzutreten, mit dem Ziel, diesen damit zu einem eigenen Anspruch gegen den Zusagenden zu verhelfen. Die Problematik dreht sich dabei im Wesentlichen darum, ob damit eine Inhaltsänderung des Ausstattungsanspruchs iSd § 399 1. Alt BGB verbunden wäre, mit der Konsequenz, dass eine solche Abtretung unmöglich wäre.

---

93 Im Ergebnis ebenso: OLG Celle, NdsRPfl 2000, 309, 310
94 Grüneberg, in: Palandt, BGB, § 329 Rn. 5
95 So auch im Ergebnis LG Frankfurt a. M., AG 1977, 322
96 Rosenberg/Kruse, BB 2003, 641, 643

Die wohl *überwiegende Meinung* verneint das Vorliegen einer solchen Inhaltsänderung[97] und bejaht demzufolge in der Konsequenz ohne Weiteres die Abtretbarkeit des Ausstattungsanspruchs.

Rüßmann schränkt die Abtretbarkeit des Ausstattungsanspruches dahingehend ein, dass er zwar grundsätzlich die Abtretbarkeit unter Verweis auf § 399 Alt. 1 BGB verneint, jedoch zumindest die so genannte „Geldleistungsverpflichtung", die sich seiner Ansicht nach als zweite Primärpflicht erst mit Eintritt der Zahlungsunfähigkeit der Gesellschaft in einen Zahlungsanspruch in Höhe des zur Beseitigung der Zahlungsunfähigkeit notwendigen Geldbetrages gegen den Zusagenden konkretisiert, zulassen will.[98]

Dagegen führt *Michalski* aus, dass das Interesse des Zusagenden an die Gesellschaft leisten zu müssen schutzwürdig sei, mit der Folge, dass jedenfalls dann, wenn es dem Zusagenden gerade darauf angekommen sei, die Erklärung nur gegenüber der Gesellschaft abzugeben, um damit keine Verpflichtung gegenüber deren Gläubigern einzugehen, es dem Zusagenden demzufolge auch unzumutbar sei, an die Gläubiger der Gesellschaft leisten zu müssen.[99]

Ihm ist dabei insoweit zuzustimmen, dass ein solches Interesse durchaus dann bestehen kann, wenn die Parteien hinsichtlich der Liquiditätszusage ein Verwendungs- und Offenlegungsverbot vereinbart haben, da man in diesen Fällen von einem stillschweigend vereinbarten Abtretungsverbot gem. § 399 2. Alt. BGB wird ausgehen müssen. Darüber hinaus sind insbesondere auch in Konzernverhältnissen weitere ähnlich gelagerte Konstellationen denkbar, in denen die Obergesellschaft bewusst nur gegenüber ihrer Tochter und gerade nicht gegenüber Dritten eine Liquiditätszusage abgibt. Man wird bei diesen dann im Einzelfall wohl auch von einem solch konkludenten Abtretungsverbot ausgehen müssen. In Fällen, in denen die Liquiditätszusage als Darlehensvorvertrag einzustufen ist, ergibt sich ferner die Besonderheit, dass der Anspruch der Gesellschaft auf Einräumung und Ausnutzung des Kredits als höchstpersönlicher Anspruch nicht abtretbar ist.[100] Abtretbar ist in diesen Fällen einzig der Anspruch auf Auszahlung der Darlehenssumme.[101]

Bejahte man nun mit der *herrschenden Lehre* die grundsätzliche Abtretbarkeit des Ausstattungsanspruchs, so würden dadurch aber die Erfüllungsmöglichkeiten des Schuldners erheblich eingeschränkt. Die Ausstattungspflicht würde sich in eine Zahlungspflicht gegenüber dem Zessionar umwandeln.

---

97 Gerth, Atypische Kreditsicherheiten, S. 292; für den Fall, dass der Zusagende nur durch Leistung liquider Mittel erfüllen kann, sowie für den Fall der darlehensweisen Erfüllung der Ausstattungsverpflichtung S. 303; Möser, DB 1979, 1470; Obermüller, Ersatzsicherheiten, Rn. 357; Wittig, in: Hellner/Steuer, Bankrecht und Bankpraxis, Rn. 4/2915

98 Rüßmann, Patronatserklärungen, S. 166

99 Michalski, WM 1994, 1229, 1230; ähnlich auch: HFA IDW 2/76, WPg 1976, 531; sowohl auch Rüßmann, Patronatserklärungen, S. 165.

100 Wittig, in: Hellner/Steuer, Bankrecht und Bankpraxis, Rn. 4/2869

101 Obermüller, Ersatzsicherheiten, Rn. 358; Wittig, in: Hellner/Steuer, Bankrecht und Bankpraxis, Rn. 4/2869

Es wäre damit als Konsequenz dieses Ansatzes hinzunehmen, dass dem Zusagenden gegebenenfalls eine für ihn wirtschaftlich günstigere Möglichkeit als die Ausstattung mit Barmitteln genommen würde[102]. Dies überzeugt aber nicht, denn in der Umwandlung eines Ausstattungsanspruches in einen Zahlungsanspruch kann m. E. nur eine generell abtretungshindernde Inhaltsänderung iSd § 399 1. Alt. BGB gesehen werden. Der Zusagende kann seine Ausstattungsverpflichtung bei fehlender entgegenstehender Vereinbarung grundsätzlich auch auf andere Weise als durch Hingabe liquider Mittel erfüllen[103], und zwar unabhängig von der Frage, ob diese von der Gesellschaft zurück zu bezahlen sind oder nicht. Ließe man aber nun die Abtretung zu, so würden allein aufgrund der erfolgten Abtretung diese Erfüllungsmöglichkeiten für den Zusagenden ausgeschlossen. Der ursprüngliche Ausstattungsanspruch hätte sich damit in einen Zahlungsanspruch umgewandelt, weswegen schon deshalb von einer unzulässigen Inhaltsänderung iSd § 399 1. Alt. BGB auszugehen wäre.

Entsprechendes spricht aber auch gegen den Ansatz *Rüßmanns*[104]. So geht er zu Unrecht davon aus, dass immer dann, wenn die eingegangene Ausstattungsverpflichtung tatsächlich zu erfüllen sei, diese vom Zusagenden nur durch Zuführung *eigener liquider Mittel* erfüllt werden könne. Wie bereits weiter oben ausgeführt[105], kann der Zusagende aber grundsätzlich immer, namentlich auch bei Fälligkeit seiner Ausstattungsverpflichtung, seine eingegangene Verpflichtung auf unterschiedlichste Weise erfüllen. Entgegen der Auffassung *Rüßmanns,* kommt es daher auch zu diesem Zeitpunkt weder zu einer Konkretisierung des Ausstattungsanspruch in einen Anspruch auf Geldleistung noch zu einer sonstigen Einschränkung der Erfüllungsmöglichkeiten für den Zusagenden. Im Ergebnis besteht daher auch kein bloßer Anspruch auf Geldleistung, der seinerseits ohne Inhaltsänderung abtretbar wäre.

Dieses Ergebnis hat auch vor der Interessenlage der Beteiligten Bestand: Zwar hat der Zusagende nicht, wie *Michalski* aber meint, bereits ein schutzwürdiges Interesse, nur an die Gesellschaft leisten zu müssen. Derartige Fragen spielen einzig bei der Fragestellung eine Rolle, ob ein ausdrückliches oder stillschweigendes Abtretungsverbot vereinbart wurde. M. E. ist aber keineswegs ersichtlich, warum der Zusagende die Umwandlung seiner Ausstattungsverpflichtung in eine Zahlungsverpflichtung hinnehmen müsste. Ließe man dies zu, so könnte die vom Zusagenden eingegangene Verpflichtung nachträglich einseitig erweitert werden, indem ihm nach Abtretung derselben nunmehr lediglich eine einzige Möglichkeit der Erfüllung bliebe, namentlich die Leistung liquider Mittel.

---

102 So zum Beispiel Rosenberg/Kruse, BB 2003, 641, 644; vgl. dazu auch insbesondere Schröder, ZGR 1982, 552, 563 f.

103 So zum Beispiel durch Erlass von Forderungen, Erhöhung des Anlagevermögens oder durch Bestellung von Sicherheiten für die Gesellschaft; dieses Problem stellt sich bei Gerth, Atypische Kreditsicherheiten S. 272, 273, 274, sowie zusammenfassend S. 292 ff. aber nicht, da er bei den von ihm behandelten Grundformen der Liquiditätszusage jeweils nur von solchen ausgeht, die ausschließlich durch Leistung liquider Mittel zu erfüllen sind, weswegen in der Konsequenz selbstverständlich eine Inhaltsänderung iSd § 399 Alt 1 BGB nicht anzunehmen ist.

104 Rüßmann, Patronatserklärungen, S. 165; vgl. oben

105 Vgl. oben unter B.II.1.a.

Rosenberg/Kruse führen diesbezüglich zwar aus, dass der Fortfall der weiteren Leistungsmöglichkeiten nichts an der Tatsache ändere, dass auch die Leistung an den Zessionar den vom Zusagenden vorrangig verfolgten Zweck erfülle[106], doch steht dieser Punkt auch nicht in Frage. Selbstverständlich wird auch so die Teilnahme der Gesellschaft am Wirtschaftsleben gewährleistet, doch wird zu diesem Zweck gleichsam die Verpflichtung des Zusagenden einseitig erweitert und darüber hinaus der Zessionar begünstigt, ohne dass der Zusagende darauf überhaupt noch Einfluss nehmen könnte. Wäre der ursprüngliche Gesellschaftsgläubiger nämlich nach wie vor nur Gläubiger der Gesellschaft, so hätte er zum einen kein eigenes Forderungsrecht gegen den Zusagenden, zum anderen könnte dieser wiederum seine Verpflichtung aus der Liquiditätszusage durch finanzielle Ausstattung der Gesellschaft erfüllen.

Mit der Abtretung soll nun aber einzig und allein das Ziel verfolgt werden, dem Gesellschaftsgläubiger ein eigenes Forderungsrecht gegen den Zusagenden zu verschaffen mit anderen Worten soll der Zessionar also nur in die Rechtsposition des Zedenten eintreten, wohingegen dadurch eine zusätzliche Erweiterung seiner Rechtsposition im Vergleich zu der des bisherigen Gläubiger nicht erfolgen soll und kann. Eben dies wäre aber die Konsequenz, denn der neue Gläubiger erhielte dann nicht nur die Rechtsposition der abtretenden Gesellschaft, sondern zusätzlich würde sich der Ausstattungsanspruch zu einem Zahlungsanspruch konkretisieren. Die Gesellschaft hätte also in der Konsequenz ein rechtliches „Mehr“ abgetreten als ihr überhaupt selbst zustand. Gegen dieses Ergebnis spricht nun aber ganz entscheidend die Schutzwürdigkeit des Zusagenden, der seinerseits darauf vertrauen durfte, dass sich an seiner eingegangenen Verpflichtung nachträglich nichts mehr ändern würde, sofern er nicht ausdrücklich zustimmt. Keinesfalls kann dabei m. E. aber angenommen werden, der Zusagende müsse eben die Abtretbarkeit ausschließen, andernfalls habe er in eine derartige nachträgliche Veränderung seiner Verpflichtung eingewilligt. Dies ergibt sich schon daraus, dass es dem Grundverständnis eines jeden Vertragsverhältnisses entsprechen dürfte, dass sich der Verpflichtungsinhalt nachträglich nicht mehr ohne eigenes Zutun erweitern soll. Wollen die Parteien dagegen eine solche Erweiterung herbeiführen, so können sie dies nur durch eine übereinstimmende Änderung des bisherigen Verpflichtungsinhalts tun. Da m. E. auch keine außergewöhnlichen Gründe ersichtlich sind, weswegen von diesem Grundverständnis eine Ausnahme gemacht werden sollte, ist daher die Abtretbarkeit des Ausstattungsanspruchs abzulehnen.

B.V. Die Zwangsvollstreckung der Gesellschaftsgläubiger in den Ausstattungsanspruch

Gerät die Gesellschaft nun in die Krise, so werden ihre Gläubiger zunächst versucht sein, sich ihre Forderungen gegen diese titulieren zu lassen, um dann den Ausstattungsanspruch der Gesellschaft gegen den Zusagenden zu pfänden und sich zur Einziehung überweisen zu lassen. Grundvoraussetzung einer derartigen Verwertung ist aber, dass der Anspruch überhaupt pfändbar ist.

---

106 Rosenberg/Kruse, BB 2003, 641, 644

Die grundsätzliche Pfändbarkeit des Ausstattungsanspruchs wird nahezu einhellig bejaht.[107] Danach kann der Gesellschaftsgläubiger den Ausstattungsanspruch in Höhe seiner noch offenen Forderung pfänden, wobei es dem Gläubiger an dieser Stelle auch keinerlei Schwierigkeiten bereiten wird, seinen Anspruch exakt zu beziffern.

Dem widerspricht ersichtlich einzig *Pesch*, der auf die Unbestimmtheit des Ausstattungsanspruchs abstellt und daher eine Pfändbarkeit gar gänzlich ausschließen will.[108] Er argumentiert hierbei ähnlich wie schon bei der Frage der fehlenden Klagbarkeit[109], wenn er ausführt, die Vollstreckbarkeit sei schon deshalb ausgeschlossen, weil der Ausstattungsanspruch selbst zu unbestimmt sei, weswegen er auch nicht eingeklagt werden könne.

Unterstützung erhält er dabei vom *LG München I*, das gar sämtliche „harte" Patronatserklärungen aufgrund eben dieser Unbestimmtheit des Ausstattungsanspruchs generell für nichtig ansieht und dazu ausführt, dass eine vertragliche Schuld, die mangels Bestimmbarkeit nicht klagbar sei, auch nicht im Sinne des Vertragsrechts eine konkrete Schuld sein könne.[110] Allerdings ist diese Entscheidung durch Versäumnisurteil aufgehoben worden[111] und darüber hinaus in Rechtsprechung wie auch Literatur völlig zu Recht auf Ablehnung gestoßen.[112] Dieser Entscheidung liegt offenbar die verfehlte Auffassung zu Grunde, dass nur ein prozessual durchsetzbarer Anspruch auch rechtsgeschäftlich vereinbart werden könne.[113]

Es ist damit mit der *herrschenden Lehre* zunächst von der Pfändbarkeit auszugehen, denn auch die Ausführungen *Peschs* hinsichtlich der Unbestimmbarkeit des Ausstattungsanspruchs überzeugen an dieser Stelle nicht. Der Gläubiger kann seinen Anspruch hier ja exakt beziffern[114], da er nur in Höhe seines Anspruchs gegen die Gesellschaft überhaupt in den Ausstattungsanspruch pfänden kann.

Bedeutsamer ist dagegen die Überlegung, wonach trotz der grundsätzlichen Zulässigkeit der Pfändung in den Ausstattungsanspruch die Interessen des Zusagenden ausreichend gewahrt werden müssen. An dieser Stelle unterscheidet sich aber die Interessenlage bei der Pfändung von der bei der Abtretung[115] ganz erheblich. Der Zusagende hat auch nach dieser Lösung nach wie vor die Möglichkeit, seine Verpflichtung aus der

---

107 Michalski, WM 1994, 1229, 1230; Forschbach, Liquiditätszusagen, S. 134 ff.; Bordt, WPg 1975, 285, 291; Gerth, Atypische Kreditsicherheiten, S. 312, sowie für die Konstellation, dass die Ausstattungsverpflichtung mittels Hingabe eines Darlehens erfüllt wird S. 320; Merkel, in: Schimansky/Bunte/Lwowski, Bankrechts-Handbuch, § 98 Rn. 8; Schaffland, BB 1977, 1021, 1023; Wiedemann/Hermanns, ZIP 1994, 1002

108 Pesch, WM 1998, 1609, 1611

109 Siehe unter B.II.1.b.

110 LG München I, WM 1998, 1285, 1286

111 Unveröffentlichte Entscheidung des OLG München v. 21.10.1998, WM 1999, 686, die rechtskräftig ist

112 Merkel, in: Schimansky/Bunte/Lwowski, Bankrechts-Handbuch, 2. Auflage, § 98 Rn. 2

113 Vgl. Fleischer, WM 1999, 666, 670; Schäfer, WM 1999, 153, 155; sowie bereits unter B.II.1.b.

114 Was allerdings nur für die Liquiditätszusage grundsätzlich gilt, und dagegen aber im Zusammenhang mit den Patronatserklärungen Schwierigkeiten bereitet; vgl. dazu B.II.1.b.

115 Vgl. dazu bereits unter B.IV.

Liquiditätszusage nach seinen Vorstellungen zu erfüllen. Insbesondere ist es ihm immer noch möglich, diesen Verpflichtungen auch anders als durch Hingabe liquider Mittel nachzukommen.

Dies ergibt sich daraus, dass zumindest solange die Gesellschaft ihren Verpflichtungen nachkommt, eine *Verwertung* des gepfändeten Ausstattungsanspruchs ausscheiden muss, was auch dem Verständnis der Liquiditätszusage entspricht, wonach eine Leistungspflicht für den Zusagenden nur dann eintritt, wenn die Gesellschaft ihrerseits nicht mehr in der Lage ist, ihre Verbindlichkeiten aus eigener Kraft zu erfüllen. Der Zusagende soll damit bestimmungsgemäß erst dann leistungspflichtig werden, wenn die Gesellschaft nicht mehr über die ausreichende Liquidität zur Erfüllung ihrer Verbindlichkeiten verfügt.[116] Gerät die Gesellschaft nun aber in die Krise, und droht daher die Zwangsvollstreckung in den Ausstattungsanspruch der Gesellschaft, so steht der Zusagende vor der Wahl, entweder die geschuldete „ausreichende Finanzausstattung" der Gesellschaft herbeizuführen, oder aber dies zu unterlassen. Unterlässt er dies aber und kann die Gesellschaft demzufolge ihren Verbindlichkeiten nicht mehr nachkommen, was in der Konsequenz die Insolvenz der Gesellschaft bedeuten dürfte, so wandelt sich dieser Ausstattungsanspruch in einen Schadensersatzanspruch der Gesellschaft gegen den Zusagenden um, da die Erfüllung der geschuldeten Ausstattung spätestens jetzt unmöglich geworden ist.[117]

Gerade darin liegt aber auch der Unterschied zur Abtretung des Ausstattungsanspruchs, die m. E. nicht möglich sein kann[118]. Während bei der Abtretung dem Zusagenden bereits mit der Abtretung selbst die Möglichkeit genommen würde, anders als durch Zahlung seinen Verpflichtungen nachzukommen und damit also allenthalben seine Verpflichtung nachträglich erweitert würde, geschieht dies bei der Pfändung gerade nicht. Bei dieser verfügt der Zusagende weiterhin über das von der Ausstattungsverpflichtung vorgesehene Wahlrecht hinsichtlich seiner Erfüllungsmittel. Erst mit dem Zeitpunkt, an dem der Zusagende wiederum selbst seinen Verpflichtungen aus der Liquiditätszusage nicht mehr nachkommt und damit seine eigenen vertraglichen Pflichten verletzt, kann der gepfändete Anspruch überhaupt erst verwertet werden. Erst mit seiner eigenen Pflichtverletzung verwandelt sich damit die Ausstattungsverpflichtung in eine Zahlungsverpflichtung.

Gegen dieses Ergebnis bestehen auch keine Bedenken, insbesondere werden die Interessen des Zusagenden dadurch ausreichend gewahrt, dass zwar die *Pfändung* in den

---

116 Rosenberg/Kruse, BB 2003, 641, 644; Gerth, Atypische Kreditsicherheiten, S. 312; hält für den Fall, dass der Vollstreckungsversuch in liquide Mittel der Gesellschaft fruchtlos war, den Eintritt der aufschiebenden Bedingung für die Leistungspflicht des Zusagenden für gegeben. Im Ergebnis auch Bordt, WPg 1975, 285, 291, der ausführt, dass der Kreditgeber zunächst gegen die Gesellschaft vorgehen müsse. Erst wenn feststünde, dass die Gesellschaft zahlungsunfähig sei, sei der Kreditgeber auch in der Lage den Ausstattungsanspruch zur Befriedigung seiner Forderung zu verwerten

117 Vgl. dazu eingehend unter G.

118 Vgl. dazu B.IV.

Ausstattungsanspruch zugelassen wird, eine *Verwertung* desselben aber erst dann möglich wird, wenn der Zusagende seinerseits seine vertraglichen Verpflichtungen verletzt hat.

Nach alldem ist die Pfändung des Ausstattungsanspruchs m. E. grundsätzlich zulässig.

B.VI. Die Abgrenzung der Liquiditätszusage von anderen Haftungsgrundlagen

Trotz der teilweise eklatanten Unterschiede hinsichtlich der Rechtsnatur der Zusage zu anderen Haftungsgrundlagen, bereitet es erfahrungsgemäß dennoch sehr häufig Schwierigkeiten, diese von verschiedenen anderen Haftungsgrundlagen im Einzelfall abzugrenzen. Die Probleme resultieren vorwiegend daraus, dass wirtschaftlich ähnliche oder teilweise gar identische Ergebnisse mit verschiedensten Konstruktionen erzielt werden können, obschon es sich rechtsdogmatisch um unterschiedliche Haftungsgrundlagen handelt. Im nächsten Abschnitt sollen daher weitere, vor allem im Rahmen der Konzernhaftung häufig vorkommende, Haftungsgrundlagen dargestellt werden, um anhand dieser eine Abgrenzung zur hier diskutierten Liquiditätszusage vorzunehmen.

B.VI.1. Die Bürgschaft

Nicht nur in Konzernverhältnissen, sondern weit darüber hinaus, ist die Bürgschaft im Rahmen der Kreditsicherung anzutreffen. Sie stellt im Wirtschaftsverkehr die meistverbreitete Form der persönlichen Sicherung einer Schuld dar.[119]

Durch den zwischen Bürge und Gläubiger geschlossenen Bürgschaftsvertrag übernimmt der Bürge die Verpflichtung, für die Verbindlichkeit eines Dritten einzustehen.[120] Mit anderen Worten begründet der Bürgschaftsvertrag damit eine vertragliche Beziehung zwischen Bürge und Gläubiger. Durch diesen übernimmt der Bürge eine eigene vertragliche Verpflichtung, die neben die schon bestehende vertragliche Beziehung zwischen Gläubiger und Hauptschuldner tritt.[121] Damit stehen dem Gläubiger zwei Forderungen zu, eine gegen den Hauptschuldner, sowie eine weitere gegen den Bürgen.[122] Einziger Zweck der Bürgschaft ist es dabei aber, die Hauptforderung des Gläubigers gegen den Hauptschuldner abzusichern.

B.VI.1.a. Bürgschaftsvertrag

Wie eingangs bereits erwähnt, handelt es sich beim Bürgschaftsvertrag um einen Vertrag zwischen dem Bürgen und dem Gläubiger. Dieser Vertrag begründet eine einseitige Verbindlichkeit des Bürgen gegenüber dem Gläubiger. Vor dem Hintergrund des enormen Haftungsrisikos des Bürgen, muss die Bürgschaftserklärung inhaltlich be-

---

119 Reinicke/Tiedtke; Kreditsicherung, Rn. 85

120 Schmitz/Wassermann/Nobbe, in: Schimansky/Bunte/Lwowski, Bankrechts-Handbuch, § 91 Rn. 1; Reinicke/Tiedtke, Kreditsicherung, Rn. 85

121 Schmitz/Wassermann/Nobbe, in: Schimansky/Bunte/Lwowski, Bankrechts-Handbuch, § 91 Rn. 1

122 Reinicke/Tiedtke, Kreditsicherung, Rn. 85

stimmt sein. Neben dem Verbürgungswillen muss sie die zu sichernde Hauptforderung, sowie die Person des Gläubigers und des Schuldners hinreichend deutlich bezeichnen.[123] Schließlich unterliegt der Bürgschaftsvertrag seinerseits der gesetzlichen Formvorschrift des § 766 BGB.

B.VI.1.b. Umfang der Haftung

i Die Akzessorietät der Bürgschaft

Maßgebliches Charakteristikum der Bürgschaft ist ihre so genannte Akzessorietät: Bei der Bürgschaft handelt es sich um ein Einstehen für fremde Schuld. Vor diesem Hintergrund ordnet § 767 BGB an, dass die Verpflichtung aus der Bürgschaft vom jeweiligen Bestand der Hauptschuld abhängig, also akzessorisch ist.[124] Diese Abhängigkeit gilt sowohl für die Entstehung, wie auch für den Fortbestand und den Umfang der Bürgschaftsverpflichtung.[125] Sofern also die zu sichernde Verbindlichkeit nicht entstanden ist, bleibt die Bürgschaft selbst gegenstandslos, insbesondere ist es dem Gläubiger grundsätzlich nicht gestattet, ihr eine andere Schuld des Hauptschuldners unterzulegen.[126] Erlischt dagegen die einmal entstandene Hauptschuld, so erlischt damit auch die Bürgschaft.[127] Ferner ergibt sich aus der gesetzlich angeordneten Akzessorietät der Bürgschaft aber auch, dass die Bürgschaftsschuld vom Umfang der Hauptschuld abhängig sein muss, die Verpflichtung des Bürgen sich also grundsätzlich allein am Umfang der Hauptschuld orientiert. Die Frage, ob darüber hinaus eine Erstreckung der Bürgschaftsschuld auch auf etwaige Nebenforderungen vorliegen soll, ist eine Frage des Einzelfalls und gegebenenfalls durch Auslegung zu ermitteln.[128]

ii Die Einreden des Bürgen

Neben den Einwendungen und Einreden des Bürgen aus eigenem Recht verfügt der Bürge daneben noch über die Möglichkeit, alle Einwendungen und Einreden geltend zu machen, die dem Hauptschuldner selbst gegen die Hauptschuld zustehen. Dies ergibt sich ebenfalls aus dem akzessorischen Charakter der Bürgschaft[129] und ist darüber hinaus aber auch zumindest für die echten Einreden in § 768 BGB normiert. Neben diesen verleiht ihm das Gesetz zusätzlich die besonderen Bürgschaftseinreden der §§ 770, 771 und 776 BGB.

---

123 BGH NJW 1992, 1448; Schmitz/Wassermann/Nobbe, in: Schimansky/Bunte/Lwowski, Bankrechts-Handbuch, § 91 Rn. 5; sowie eingehend zum Bestimmtheitsgrundsatz: Reinicke/Tiedtke, Kreditsicherung, Rn. 99 ff.

124 BGHZ 90, 190; Larenz/Canaris, Schuldrecht II/2, § 60 III; Horn, in: Staudinger, BGB, Vor. § 765 Rn. 18

125 Schmitz/Wassermann/Nobbe, in: Schimansky/Bunte/Lwowski, Bankrechts-Handbuch, § 91 Rn. 103

126 BGH WM 1992, 1016, 1017

127 Sprau, in: Palandt, BGB, § 765 Rn. 13

128 Horn, in: Staudinger, BGB, § 765 Rn. 40

129 Horn, in: Staudinger, BGB, §768 Rn. 16; Schmitz/Wassermann/Nobbe, in: Schimansky/Bunte/Lwowski, Bankrechts-Handbuch, § 91 Rn. 132 ff.

Zusammengefasst bedeutet dies für den Bürgen, dass seine Position als akzessorisch für eine fremde Schuld Haftender dadurch gewährleistet wird, dass er nur in dem Umfang zu haften hat, in dem auch die Hauptforderung besteht.[130]

B.VI.1.c. Die Abgrenzung zur Liquiditätszusage

Die Unterschiede zur hier thematisierten Liquiditätszusage sind, wie sich unschwer erkennen lässt, grundlegender Art:

Zunächst sind diese bereits rein *formeller Natur*, was sich daran zeigt, dass die bürgschaftsrechtlichen Regelungen allesamt dem Gesetz zu entnehmen sind, es sich also ganz im Gegensatz zur Liquiditätszusage um ein gesetzlich normiertes Haftungsinstitut handelt.

Ein ungleich bedeutsamerer Unterschied zeigt sich zudem in der *Person des Vertragspartners* der jeweiligen Erklärungen. Während die Bürgschaft gegenüber dem Gläubiger der Hauptschuld abgegeben wird, erfolgt die Abgabe der Liquiditätszusage einzig gegenüber der Gesellschaft selbst, weswegen bei ihr auch von einem so genannten *Gesellschaftsinternum* die Rede ist. Es kommt bei der Bürgschaft also, ganz im Gegensatz zur Liquiditätszusage, ein einseitig verpflichtender Vertrag zustande, aus dem der Gläubiger direkte Ansprüche gegen den Bürgen ableiten kann, wohingegen die Liquiditätszusage ausschließlich die Gesellschaft gegenüber dem Zusagenden berechtigt.[131]

Ein weiterer Unterschied zeigt sich auch bei der Frage nach der Abhängigkeit beider Haftungsgrundlagen von der jeweiligen Hauptschuld: Während durch die Bürgschaft eine Verpflichtung des Bürgen geschaffen wird, die akzessorisch neben die Hauptschuld des Hauptschuldners tritt, einzig mit dem Zweck, diese abzusichern, ist bei der Liquiditätszusage *keine* derartige *Akzessorietät* erkennbar. Die Liquiditätszusage sichert als solche grundsätzlich nicht eine einzelne Forderung ab, sondern begünstigt sämtliche Gläubiger der Gesellschaft mittelbar dadurch, dass erforderlichenfalls die Liquidität der unterstützten Gesellschaft sichergestellt wird. Schon deshalb kann weder Entstehung, noch Umfang oder Erlöschen der Liquiditätszusage akzessorisch mit dem Bestand einer Gläubigerforderung verbunden sein.

Ein wichtiger Unterschied zwischen Bürgschaft und Liquiditätszusage liegt in den verschiedenen *Erfüllungsmöglichkeiten:* Die Bürgschaft ist – in ihrer Grundform – auf eine Erfüllung durch Zahlung an den Gläubiger ausgerichtet. Dies ist bei der Liquiditätszusage nicht zwingend. So erfolgt die Leistung des Zusagenden bei der Liquiditätszusage ausschließlich an die Gesellschaft als Begünstigte. Dabei stehen dem Zusagenden, wie oben erörtert[132], eine Vielzahl von Möglichkeiten offen, seiner Verpflichtung nachzukommen. Vergleicht man daher die konkrete Situation bei der Inanspruchnahme

---

130 Schmitz/Wassermann/Nobbe, in: Schimansky/Bunte/Lwowski, Bankrechts-Handbuch, § 91 Rn.103

131 Siehe oben unter B.III.

132 Vgl. dazu eingehend unter B.II.1.a.

aus Bürgschaft oder Liquiditätszusage, so wird der grundlegende Unterschied deutlich: Während der Zusagende seine Verpflichtung aus der Liquiditätszusage durchaus auch durch eine Darlehensgewährung an die Gesellschaft erfüllen könnte, steht diese Möglichkeit dem Bürgen nicht offen.

Diesem Vorteil steht allerdings ein nicht unerheblicher Nachteil für den Zusagenden gegenüber, der häufig unter dem Stichwort des *Weiterleitungsrisikos* diskutiert wird:[133] Namentlich kann es für den Zusagenden unter Umständen gerade nicht genügen, wenn er lediglich einen Betrag in Höhe der zum Zeitpunkt der Inanspruchnahme ausstehenden Verbindlichkeiten der Gesellschaft an diese entrichtet, da er das so genannte *Weiterleitungsrisiko* trägt, er also die Gesellschaft bis zur vollständigen Tilgung der Kreditsumme finanziell ausstatten muss. Hat die Gesellschaft aber den erhaltenen Geldbetrag, gegebenenfalls sogar abredewidrig, anderweitig eingesetzt und ist sie nunmehr nicht mehr in der Lage, den Forderungen des Gläubigers nachzukommen, dann realisiert sich in diesem Liquiditätsengpass nur die Tatsache, dass die Finanzausstattung der Gesellschaft nach wie vor unzureichend ist, mit anderen Worten also, die vollständige Erfüllung der Ausstattungsverpflichtung noch nicht erfolgt ist. Es kann sich damit durch die Liquiditätszusage eine über die vom Hauptschuldner geschuldete Summe hinausgehende Haftung für den Zusagenden ergeben.

Ein derartiges Risiko besteht bei der Bürgschaft nicht. Dies erklärt sich daraus, dass bei einer Bürgschaft zwar ebenfalls eine Verpflichtung übernommen wird, wobei allerdings das Gesetz in § 774 I S. 1 BGB von der Leistung des Bürgen an den Gläubiger des Begünstigten ausgeht, während durch die Liquiditätszusage eine Verpflichtung dergestalt übernommen wird, dass die Begünstigte selbst finanziell ausgestattet wird. Mit anderen Worten wird also durch die Bürgschaft eine *Zahlungspflicht* konstatiert, während die Liquiditätszusage eine *Ausstattungspflicht* beinhaltet. Praktische Folge dieses unterschiedlichen Verpflichtungsgehalts ist, dass bei einer Zahlungspflicht bereits dadurch Erfüllung eintritt, dass an den Dritten gezahlt wurde, wohingegen sich die Frage nach einer ausreichenden Finanzausstattung allein danach richtet, ob die Begünstigte fortan in der Lage ist, ihren Verbindlichkeiten nachzukommen. Sofern sie dies nicht ist, ist es aber, was die Erfüllung der Ausstattungsverpflichtung angeht, unerheblich, ob bereits Zahlungen an die Gesellschaft getätigt wurden. In der Konsequenz bedeutet dies nun aber, dass durch die Bürgschaft eine über die tatsächlichen Verbindlichkeiten hinausgehende Zahlungsverpflichtung grundsätzlich nicht begründet werden kann, während eine derartige Beschränkung bei der Liquiditätszusage gerade fehlt.

Im Ergebnis führt daher die Liquiditätszusage zu einer *potentiell* höheren Haftung als die Bürgschaft.

---

[133] Siehe oben unter B.II.1.a; außerdem wird diese Problematik insbesondere auch im Zusammenhang mit Patronatserklärungen erörtert, wobei sich hinsichtlich der grundsätzlichen Problemstellung für die Liquiditätszusage keinerlei Unterschiede ergeben. Zu dieser Problematik bei den Patronatserklärungen siehe weiter unten unter B.VI.6.

B.VI.2. Der Schuldbeitritt

Eine weitere Möglichkeit eine Gesellschaft zu unterstützen ist der *Schuldbeitritt*. Dabei tritt in den hier behandelten Konstellationen entweder die Muttergesellschaft oder aber ein Gesellschafter[134] der jeweiligen Gesellschaft der Gesellschaftsschuld bei. In diesen Fällen spricht man dann von einem *Schuldbeitritt*, der auch als *kumulative Schuldübernahme* oder aber *Schuldmitübernahme* bezeichnet wird.[135]

B.VI.2.a. Bedeutung des Schuldbeitritts

Ein Schuldbeitritt zeichnet sich grundsätzlich dadurch aus, dass *neben* die Haftung des als solchen forthaftenden Schuldners die Haftung eines Beitretenden tritt.[136]

An der Schuld des bisherigen Alleinschuldners ändert sich durch den Schuldbeitritt selbst nichts, vielmehr tritt die Haftung des Beitretenden zusätzlich hinzu, sodass eine Gesamtschuld entsteht[137], der aber, wie *Westermann* ausführt, „seine Herkunft aus einer Beitrittserklärung noch anhafte".[138]

Der Beitretende wiederum übernimmt nunmehr also die Schuld als eigene, so dass seine Schuld zwar in der Entstehung von der des Schuldners abhängig ist, in der Entwicklung allerdings aufgrund § 425 BGB völlig selbstständig ist.[139] Darin ist dann auch der Unterschied zur Bürgschaft zu erkennen, bei der eine akzessorische und subsidiäre Haftung konstruiert wird, wohingegen durch den Beitritt eine Gesamtschuld entsteht. Das hat zur Folge, dass nur bei Nichtbestehen der Schuld auch der Beitritt selbst gegenstandslos ist. Darüber hinaus ist ebendieser als solcher auch keiner Bestätigung mehr zugänglich[140].

Dem Wesen der Gesamtschuld entspricht es ferner, dass Schuldner und Beitretender nur eine Leistung schulden, die der Gläubiger von beiden voll verlangen kann. Der Gläubiger erhält also in der Person des Beitretenden einen zusätzlichen, gleichrangigen Schuldner.[141]

B.VI.2.b. Zulässigkeit

Hinsichtlich der Zulässigkeit des Schuldbeitritts ist zum einen festzustellen, dass eine ausdrückliche gesetzliche Regelung des vertraglichen Schuldbeitritts nicht existiert.

Allerdings enthält das Gesetz selbst wiederum verschiedene Anordnungen eines solchen, so beispielsweise in §§ 2382, 2383 BGB, wie aber auch im Handelsgesetzbuch in den Regelungen der §§ 25, 28, 130 HGB.[142]

---

134 Zu den Grenzen derartiger Zusagen und der Anwendung der vom BVerfG entwickelten Grenzen der Zulässigkeit derartiger Erklärungen vgl. Westermann, in: Erman, BGB, Vor. § 414 Rn. 7 mwN

135 Westermann, in: Erman, BGB, Vor. § 414 Rn. 6

136 Statt aller: Grüneberg, in: Palandt, BGB, Vor § 414 Rn. 2

137 Horn, in: Staudinger, BGB, Vor. §§ 765 Rn. 363

138 Westermann, in: Erman, BGB, Vor. § 414 Rn. 9

139 Reichel, Schuldmitübernahme, S. 334

140 BGH NJW 1987, 1698

141 BGH WM 1976, 1109

142 Vgl. hierzu auch die Aufzählung bei Reichel, Schuldmitübernahme, S. 91 ff.

Die grundsätzliche Zulässigkeit einer vertraglichen Schuldmitübernahme ist daher auch völlig unbestritten und ergibt sich schon aus der in § 311 BGB normierten Vertragsfreiheit des BGB.[143]

B.VI.2.c. Form

Da der vertragliche Schuldbeitritt selbst nicht gesetzlich geregelt ist, finden sich diesbezüglich auch keinerlei Formvorschriften, welche ihn direkt erfassen könnten. Aber auch sonst unterfällt der Beitritt keinerlei Formvorschriften[144], insbesondere sind weder die Regelungen des § 780 BGB noch des § 766 BGB direkt oder entsprechend auf ihn anzuwenden.[145]

B.VI.2.d. Die Abgrenzung zur Liquiditätszusage

Der Schuldbeitritt unterscheidet sich trotz verschiedener Überschneidungen im Rahmen seiner wirtschaftlichen Funktion als Kreditsicherungsmittel von der hier thematisierten Liquiditätszusage grundlegend:

Zum einen sind schon die *Vertragsparteien* bei beiden Haftungsgrundlagen verschieden. Der Schuldbeitritt wird zwischen Beitretendem und Gläubiger vereinbart, wohingegen die Liquiditätszusage an die unterstützte Gesellschaft adressiert ist, mit der Konsequenz, dass sie – zumindest theoretisch – ein reines Gesellschaftsinternum bleiben kann.[146] Der Zusagende ist daher nicht gegenüber dem Gläubiger der Gesellschaft verpflichtet, sondern gegenüber der Gesellschaft selbst, welche von ihm die Erfüllung seiner Ausstattungsverpflichtung verlangen kann[147].

Ein weiterer Unterschied zwischen Liquiditätszusage und Schuldbeitritt liegt in den verschiedenen *Erfüllungsmöglichkeiten*, die dem Zusagenden im Vergleich zum Beitretenden offen stehen:

Beim Schuldbeitritt und der dadurch entstehenden Gesamtschuld richtet sich die Erfüllung grundsätzlich nach der ursprünglich bestehenden Schuld des Schuldners. Hat dieser also, etwa durch eine Kreditaufnahme, einen Zahlungsanspruch begründet, so kann auch der Beitretende nur noch durch Zahlung gegenüber dem Gläubiger seine eigene Schuld aus dem erklärten Beitritt erfüllen. Die Liquiditätszusage dagegen enthält eine Ausstattungsverpflichtung gegenüber der Gesellschaft, mit der Folge, dass der Zusagende verschiedene Möglichkeiten bei der Erfüllung seiner Verbindlichkeit hat.[148]

---

143 Horn, in: Staudinger, BGB, Vor. zu §§ 765 Rn. 363; Westermann, in: Erman, BGB, Vor. § 414 Rn. 6

144 RG, 59, 233; Möschel, in: MüKo, BGB, 3. Auflage, Vor. § 414, Rn. 14

145 Reichel, Schuldmitübernahme, S. 191 ff. differenzierend danach, ob ein solcher zu Sicherungszwecken abgegeben wurde Dehn, WM 1993, 2115, 2118

146 Siehe zur insoweit identischen Situation bei der Bürgschaft oben unter B.VI.1.c; sowie bei der Garantie unten unter B.VI.3.c.

147 Vgl. dazu bereits oben unter B.III.

148 Vgl. die identische Situation bei der Bürgschaft unter B.VI.1.c.; sowie zu den verschiedenen Erfüllungsmöglichkeiten oben unter B.II.1.

Im Gegensatz zur Liquiditätszusage trägt auch der Beitretende kein so genanntes *Weiterleitungsrisiko.*[149]

Durch den Schuldbeitritt entsteht eine Gesamtschuld, was wiederum gem. § 425 BGB grundsätzlich die Unabhängigkeit der Verbindlichkeit des Beitretenden von der des Schuldners zur Folge hat, wobei sich allerdings durch einen Schuldbeitritt für den Beitretenden keine über die Verbindlichkeit des Schuldners hinausgehende Haftung ergeben kann. Dies folgt aus dem Wesen der Gesamtschuld, da der Beitretende die Gesamtschuld mit Zahlung an den Gläubiger zum Erlöschen bringen kann, und auch der Gläubiger die Leistung zwar von beiden, dann aber nur einmal fordern kann.

B.VI.3. Die Garantie

B.VI.3.a. Begriff und Inhalt

Der gesetzlich nicht geregelte Garantievertrag hat sich im Rechtsverkehr zu einem eigenständigen Vertragstyp entwickelt. Er stellt das selbstständige Versprechen dar, einem anderen dafür einzustehen, dass ein bestimmter tatsächlicher oder rechtlicher Erfolg eintritt, oder sich die Gefahr eines bestimmten künftigen Schadens nicht verwirklicht.[150] Die sich aus dem Garantievertrag ergebende Verpflichtung tritt selbstständig neben die Hauptverbindlichkeit und ist sowohl von deren Entstehen wie auch deren Fortbestand unabhängig.[151] Ganz anders als bei der Bürgschaft ist die Garantie damit also nicht akzessorisch zur Hauptverbindlichkeit ausgestaltet. Bedeutung erlangt dies vor allem vor dem Hintergrund, dass dem Garanten etwaige Gegenrechte aus dem Hauptschuldverhältnis nicht zustehen[152], da sich diese Möglichkeit bei der Bürgschaft nur vor dem Hintergrund ihrer strengen Akzessorietät ergibt, die der Garantie gerade fehlt.

Die Garantie weist ein so genanntes aleatorisches Moment auf[153], was wiederum zur Folge hat, dass eine Garantie nur in den Fällen möglich ist, in denen sich das Risiko, welches mit dem Hauptvertrag verbunden ist, noch nicht realisiert hat.[154]

Die Garantie lässt sich je nach Person des Garanten in Fremd- oder Eigengarantien unterscheiden, wobei im Rahmen der Kreditsicherung die Fremdgarantien die bedeutendere Rolle spielen. Bei einer solchen verspricht nicht der Schuldner selbst, sondern ein Dritter für den Erfolg einzustehen, sodass also dem Kreditgeber ein weiterer Schuldner zur Verfügung stehen soll, mit der Folge, dass dieser sich als Versprechens-

---

149 Vgl. zur insoweit identischen Situation bei der Bürgschaft oben unter B.VI.1.c.

150 RGZ 61, 157, 160; 90, 415 f.; 103, 231, 237; 137, 83, 85; 146, 120, 123; 147, 42; BGH WM 1960, 18; 1961, 204, 206; 1968, 680, 682; BGHZ 90, 287, 290 ff.; BGH ZIP 1996, 454; BGH NJW 1996, 2596, 2570; Zeiss, in: Soergel, § 414 Vor. 11; Möschel, in: MüKo, BGB, § 414 Vor. 19, Herrmann, in: Erman, BGB, Vor. 765 Rn. 19

151 Herrmann, in: Erman, BGB, Vor. § 765, Rn. 19

152 BGH NJW 1967, 1020

153 Herrmann, in: Erman, BGB, Vor. § 765, Rn. 19

154 Stammler, Der Garantievertrag, AcP 69 (1886), S. 123 f.

empfänger bei Enttäuschung der garantierten Erwartung zumindest beim Garanten schadlos halten kann.[155]

Inhaltlich ist damit der Garantievertrag auf die Schadloshaltung des Gläubigers bei Nichteintritt des garantierten Erfolges oder der Verwirklichung der übernommenen Gefahr gerichtet.[156] Mit anderen Worten also, ist die primäre Leistungsverpflichtung in der Leistung von Schadensersatz zu sehen, weswegen auf den Umfang des Erfüllungsanspruchs die Grundsätze des Schadensersatzrechts anzuwenden sind.[157]

Obwohl die Garantie vor allem hinsichtlich der durch sie erzielbaren praktischen Ergebnisse der Bürgschaft in weiten Teilen sehr ähnlich ist, ist nach der vorzugswürdigen Ansicht das Bürgschaftsrecht trotzdem nicht analog auf die Garantie anzuwenden.[158] Dies ist bereits vor dem Hintergrund verständlich, da der Garantie jegliche Akzessorietät fehlt, welche aber für die Bürgschaft charakteristisch ist.[159]

Die selbstständige Abtretbarkeit der Ansprüche aus einem Garantievertrag ist ohne Weiteres zu bejahen, außerdem gehen mit der Abtretung der Hauptforderung die Rechte aus dem Garantievertrag nicht gem. § 401 BGB mit über.[160]

B.VI.3.b. Form

Da die Garantie nicht gesetzlich geregelt ist, können dem Gesetz selbst keinerlei zwingende Formvorschriften entnommen werden. Eine entsprechende Anwendung der Formvorschrift des § 766 BGB aus dem Bürgschaftsrecht ist ebenfalls nicht angezeigt[161], was sich daraus ergibt, dass es sich dabei um eine Ausnahmevorschrift aus dem Bereich des Bürgschaftsrechts handelt.[162] Eine Garantie kann daher formfrei vereinbart werden.

B.VI.3.c. Die Abgrenzung zur Liquiditätszusage

Wie sich unschwer erkennen lässt, eignen sich Garantie wie auch Liquiditätszusage gleichermaßen zur Kreditsicherung. Bei der Garantie erfüllt die Fremdgarantie diese Funktion am ehesten, häufigster Anwendungsfall dürften dabei Konzernverhältnisse sein, wobei die Muttergesellschaft dann eine Garantie gegenüber dem Gläubiger der Tochtergesellschaft abgeben wird, um damit der Tochter selbst beim jeweiligen Gläubiger Kreditwürdigkeit zu verschaffen. Denkbar sind daneben auch Konstellationen, die sich nicht im Rahmen von Konzernverhältnissen abspielen, etwa dann, wenn einzelne Gesellschafter selbst eine Garantie für die Schuld der Gesellschaft übernehmen, um damit beispielsweise ein Kreditinstitut zur Kreditvergabe zugunsten der Gesellschaft zu bewegen. Die Anwendungsbereiche der beiden Haftungsgrundlagen können sich folglich in der Praxis durchaus überschneiden. Trotz aller Gemeinsamkeiten weist

155 BGH WM 1968, 680
156 BGH NJW 1985, 2942
157 BGH NJW 1985, 2942
158 BGH NJW 1967, 1021, RG 72, 142; Habersack, in: MüKo, BGB, § 765 Rn. 15; aA nur Larenz/Canaris, Schuldrecht II/2, § 64 III 3b
159 Vgl. zur Bürgschaft B.VI.1.
160 BGH WM 1964, 61
161 Herrmann, in: Erman, BGB, Vor. § 765, Rn. 21
162 Siehe oben unter B.VI.3.a.

die Garantie verschiedene grundlegende Unterschiede zur hier thematisierten Liquiditätszusage auf:

Entsprechend der Situation bei Bürgschaft[163] und Schuldbeitritt[164] zeigt sich ein bedeutender Unterschied zwischen Liquiditätszusage und Garantie bereits bei der *Person des Vertragspartners*. Während die Liquiditätszusage bekanntlich gegenüber der Gesellschaft selbst abgegeben wird und damit ein einseitig verpflichtender Vertrag zwischen Zusagendem und unterstützter Gesellschaft zustande kommt, stellt sich die Situation bei der Garantie grundverschieden dar. Das Wesen liegt zwar auch in der Begründung einer eigenen Schuld, und zwar in der Form, dass eine Verpflichtung dahingehend übernommen wird, dem Gläubiger für einen bestimmten wirtschaftlichen Erfolg einzustehen. Die Begründung dieser unabhängigen Schuld erfolgt allerdings immer gegenüber dem Begünstigten selbst, sodass der Garantievertrag zwischen Garant und Gläubiger der Gesellschaft geschlossen wird.

Damit spielen zwar beide Haftungsgrundlagen grundsätzlich im Drei-Personen-Verhältnis, doch erlangt der Begünstigte einzig durch die Garantie einen direkten Anspruch gegen den Garanten, wohingegen er als Gläubiger der Gesellschaft durch eine Liquiditätszusage allenfalls mittelbar begünstigt wird.

Ein weiterer grundlegender Unterschied zwischen beiden Haftungsgrundlagen ist darin zu sehen, wie die daraus resultierenden *Verpflichtungen* jeweils *erfüllt* werden können. Ähnlich wie die Bürgschaft[165] verlangt die Garantie zu Erfüllungszwecken die Leistung an den Gläubiger in Geld. Bei der Garantie ergibt sich dies insbesondere dann, wenn sie als Mittel der Kreditsicherung eingesetzt wird. Ihrem Grundverständnis entsprechend, enthält sie die Verpflichtung des Garanten für einen bestimmten Erfolg einzustehen. Während nun eine Vielzahl weiterer tatbestandlicher Erfolge denkbar ist, reduzieren sich diese im Rahmen der Kreditsicherung doch im Wesentlichen auf das Einstehen des Garanten für die Rückzahlung der Kreditsumme durch die Gesellschaft. Kann die Gesellschaft den tatbestandlichen Erfolg nicht selbst herbeiführen, so hat der Garant nur eine einzige Möglichkeit seiner Garantieverpflichtung nachzukommen, und zwar indem er selbst Zahlung leistet und damit den Erfolg selbst herbeiführt, für den er bereit war einzustehen.

Ganz anders dagegen die Situation bei der Liquiditätszusage. Diese enthält eine Ausstattungsverpflichtung gegenüber der Gesellschaft, mit der Folge, dass der Zusagende in der Wahl seiner Mittel, derer er sich zur Erfüllung bedienen kann, frei ist.[166]

---

163 Siehe oben unter B.VI.1.c.

164 Siehe oben unter B.VI.2.d.

165 Vgl. oben unter B.VI.1.c.

166 Vgl. die identische Situation bei der Bürgschaft unter B.VI.1.c.; sowie zu den verschiedenen Erfüllungsmöglichkeiten oben unter B.II.1.a.

Im Zusammenhang mit dem so genannten *Weiterleitungsrisiko* zeigen sich ebenfalls grundlegende Unterschiede zwischen beiden Haftungsgrundlagen:[167] Bei der Garantie ist es nicht möglich, dass sich durch sie eine über die vom Hauptschuldner geschuldete Summe hinausgehende Haftung für den Garanten ergibt. Dies liegt bereits im Wesen der Garantie begründet, wonach einzig für den Eintritt eines bestimmten Erfolges eingestanden wird. Tritt dieser aber ein, wie regelmäßig dann, wenn die Rückzahlung der Kreditsumme erfolgt ist, so besteht eine darüber hinausgehende Verpflichtung des Garanten nicht mehr.

B.VI.4. Die Verlustübernahme nach § 302 AktG und die Sicherheitsleistung nach § 303 AktG

In Fällen, in denen einem Unternehmen, das einem Konzern angehört, Kredite gewährt werden sollen, ergibt sich für den potentiellen Kreditgeber vielfach eine veränderte Ausgangslage gegenüber der Kreditgewährung an ein nicht konzernangehöriges Unternehmen. Dies erklärt sich aus der gesetzlich angeordneten Wirkung der Unternehmensverträge, durch welche die Tochterunternehmen mit der Konzernmuttergesellschaft verbunden sind. Der Abschluss eines solchen Vertrages löst für die Muttergesellschaft die besonderen gesetzlichen Verpflichtungen der §§ 302, 303 AktG aus. In diesem Zusammenhang ist dabei sehr häufig von der so genannten *Verlustübernahmepflicht* der Obergesellschaft die Rede.[168]

§ 302 AktG normiert dabei für die Fälle, in denen mit einer Aktiengesellschaft als Untergesellschaft[169] ein Beherrschungs- und Gewinnabführungsvertrag besteht, eine Pflicht des anderen Vertragsteils gegenüber der Aktiengesellschaft, jeden während der Vertragsdauer sonst entstehenden Jahresfehlbetrag auszugleichen, soweit dieser nicht dadurch ausgeglichen ist, dass den freien Rücklagen Beträge entnommen werden, die während der Vertragslaufzeit in sie eingestellt wurden.

Sinn und Zweck dieser Regelung ergibt sich bereits aus der Regierungsbegründung, die dazu schlicht ausführt, dass derjenige, der die Geschicke der Gesellschaft bestimmen könne oder aber ihren ganzen Gewinn erhielte, auch für die Verluste einzustehen habe.[170] Auch die *Literatur* stimmt diesem Verständnis grundsätzlich zu, indem sie die Verlustübernahme als notwendiges Korrelat der Gewinnabführung bzw. der Leitungsmacht begreift.[171]

Derartige Konzernverhältnisse sind sowohl mit Aktiengesellschaften wie auch mit GmbHs als Untergesellschaften denkbar. Allerdings enthält das GmbHG keine den §§ 302, 303 AktG entsprechenden Regelungen, weswegen an dieser Stelle eine getrennte Darstellung erfolgt.

---

167 Vgl. zur insoweit identischen Situation bei der Bürgschaft oben unter B.VI.1.c.

168 Hüffer, AktG, § 302 Rn. 1; Merkel, in: Schimansky/Bunte/Lwowski, Bankrechts-Handbuch, § 98 Rn. 49

169 In welcher Gesellschaftsform die Obergesellschaft wiederum organisiert ist, ist an dieser Stelle für die Abgrenzung zur Liquiditätszusage ohne Belang, sodass eine diesbezügliche Unterscheidung und Darstellung nicht vorgenommen wird.

170 Begr. RegE., in Kropff, AktG, 1965, S. 391

171 Statt aller: Koppensteiner, in: Kölner Kommentar zum Aktiengesetz, § 302, Rn. 6 bzw. Rn. 9

B.VI.4.a. Die Aktiengesellschaft als Untergesellschaft

i Die Voraussetzungen der Verlustübernahme nach § 302 AktG

Damit der beherrschten Aktiengesellschaft ein derartiger Anspruch gegen ihre Muttergesellschaft zustehen kann, müssen die gesetzlichen Voraussetzungen der Verlustübernahmepflicht vorliegen, welche allesamt in § 302 I AktG enthalten sind:

Zunächst muss ein *Beherrschungs- oder ein Gewinnabführungsvertrag* iSd § 291 AktG bestehen.

Des Weiteren müsste rechnerisch *während der Vertragsdauer* ein entsprechender *Jahresfehlbetrag* entstehen. Von einem solchen wäre dann auszugehen, wenn ein negativer Saldo vorläge, der wiederum als Posten 20 bzw. 19 der Gewinn- und Verlustrechnung (GuV) gem. § 275 II, III HGB auszuweisen wäre, sofern ihm nicht der Anspruch der Gesellschaft auf Verlustübernahme gegenüberstünde.[172] Tatsächlich kann dieser negative Saldo freilich nicht entstehen, da § 275 III S. 2 HGB normiert, dass der Ertrag aus der Verlustübernahme in die GuV mit einzustellen ist.

Der Jahresfehlbetrag darf ferner nicht durch *Entnahme aus anderen Gewinnrücklagen* ausgeglichen werden, wobei allerdings nur diejenigen Gewinnrücklagen relevant sind, die während der Vertragslaufzeit eingestellt wurden.

ii Der Beginn und das Ende der Verlustausgleichspflicht

Auszugleichen sind gem. § 302 I AktG nur die „während der Vertragsdauer“ entstandenen Jahresfehlbeträge.

Hinsichtlich des *Beginns* der Verlustausgleichspflicht ergibt sich daraus zunächst eindeutig, dass Verlustvorträge aus vorangegangenen Jahren grundsätzlich nicht erfasst sein können.[173] Umstritten ist demgegenüber die Frage, wie die Verluste zu beurteilen sind, die zwischen dem letzten Bilanzstichtag und dem Wirksamwerden des Unternehmensvertrages, also der Handelsregistereintragung gem. § 294 II AktG eingetreten sind.

Während die Vertreter der ganz *herrschenden Meinung* auf den Wortlaut des Gesetzes abstellen weswegen stets der gesamte Jahresfehlbetrag auszugleichen sei, sofern nur der Bilanzstichtag in die Vertragslaufzeit falle,[174] stellt dagegen *K. Schmidt* auf den Sinn und Zweck der Regelung des § 302 AktG ab und bevorzugt in diesen Fällen, m. E. zutreffend, die Bildung eines Rumpfgeschäftsjahres[175] mit der Konsequenz, dass die Verluste des Geschäftsjahres nur anteilig auszugleichen wären.

Das *Ende* der Verlustausgleichspflicht wiederum bestimmt sich grundsätzlich nach dem Zeitpunkt, an dem der Unternehmensvertrag außer Kraft tritt, etwa durch Kündigung oder Aufhebung.

---

172 Altmeppen, in: MüKo, AktG, § 302 Rn. 28; Koppensteiner, in: Kölner Kommentar zum Aktiengesetz, § 303 Rn. 9;

173 Allgemeine Auffassung: vgl. K. Schmidt, ZGR 1983, 513, 523

174 Altmeppen, in: MüKo, AktG, § 302 Rn. 37; Koppensteiner, in: Kölner Kommentar zum Aktiengesetz, § 302 Rn. 15; Meister, WM 1976, 1182, 1183 f.; Schatz, Konzernrecht, S. 108; Sonnenschein, Organschaft und Konzerngesellschaftsrecht, S. 330

175 K. Schmidt, ZGR 1983, 513, 523 f.

iii Die Höhe des Verlustausgleichsanspruchs

Für die Höhe dieses Verlustausgleichanspruches ist nach dem gesetzlichen Leitbild allein die Höhe des Jahresfehlbetrags maßgebend, welcher wiederum anhand der gesetzlichen Bewertungsvorschriften zu ermitteln ist.[176] Nach zutreffender Ansicht entsteht dieser Anspruch am Bilanzstichtag und wird auch am selben Tag fällig.[177]

iv Die Ansprüche nach Beendigung des Unternehmensvertrages nach § 303 AktG

Um einen umfassenderen Gläubigerschutz zu gewährleisten, bedarf es nun aber weiterer gesetzlicher Instrumentarien, was damit zusammenhängt, dass mit dem Ende des Unternehmensvertrages automatisch auch die mit der Verlustausgleichspflicht bezweckte Kapitalerhaltung endet, was wiederum auch die Lebensfähigkeit der früheren Tochtergesellschaft in Frage stellen kann.[178] Während nun durch § 302 AktG ein Ausgleichsanspruch der Tochtergesellschaft gegen die Muttergesellschaft normiert wird, der den Tochtergläubigern nur mittelbar zugute kommt, ist der Regelungsinhalt des § 303 AktG ein grundsätzlich anderer: Dieser ordnet an, dass nach dem Ende eines Beherrschungs- oder Gewinnabführungsvertrages den Gläubigern der Tochtergesellschaft gegebenenfalls selbst ein direkter Anspruch auf Sicherheitsleistung gegen die Muttergesellschaft zustehen soll, wofür dann aber die folgenden Voraussetzungen erfüllt sein müssen:

Zunächst muss ein *Beherrschungs- oder Gewinnabführungsvertrag* beendet worden sein, was grundsätzlich immer dann der Fall ist, wenn der bezeichnete Vertrag außer Kraft tritt.

Zusätzlich muss eine *Forderung* im Sinne eines schuldrechtlichen Anspruchs bereits *begründet* worden sein.

Für die Ansprüche aus § 303 AktG gilt zudem eine *Ausschlussfrist* von 6 Monaten, innerhalb derer sich die Gläubiger beim jeweils anderen Vertragsteil gemeldet haben müssen, um damit zu erkennen zu geben, dass und in welcher Form dieser Sicherheit zu leisten habe.[179]

Liegen alle diese Voraussetzungen vor, so steht den Gläubigern gem. § 303 AktG ein Anspruch auf Sicherheitsleistung gegen die Muttergesellschaft zu. Übertragen auf die Situation der Kreditvergabe an die ehemalige Tochtergesellschaft bedeutet dies dann, dass der Kreditgeber für die noch ausstehende Forderung aus dem Kreditverhältnis die Leistung einer Sicherheit von der ehemaligen Muttergesellschaft verlangen kann.

---

[176] Zur bilanziellen Ermittlung vgl. Müller W., in: FS Kropff, S. 522 ff.

[177] BGH NJW 2000, 210; Emmerich/Sonnenschein/Habersack, KonzernR, § 20 V 5 a; aA Koppensteiner, in: Kölner Kommentar zum Aktiengesetz, § 302, Rn. 26 f.; OLG Schleswig, AG 1988, 383

[178] BGH NJW 1986, 188

[179] Hüffer, AktG, § 303 Rn. 4

B.VI.4.b. Die GmbH als Untergesellschaft

Auch für die GmbH ist es grundsätzlich möglich, Unternehmensverträge abzuschließen[180]. Dabei ist es unerheblich, ob die GmbH als herrschendes oder als beherrschtes Unternehmen beteiligt ist.[181]

i Das Zustandekommen des Unternehmensvertrages

Die formellen wie auch die materiellen Voraussetzungen eines wirksamen Abschlusses eines Unternehmensvertrages sind mittlerweile durch den *BGH* zumindest für die Praxis weitgehend entschieden[182]. Demnach sind folgende Mindestvoraussetzungen einzuhalten:

Beim Vertragsschluss muss zumindest die *Schriftform* gewahrt werden.

Der Vertrag wird nur wirksam, wenn ihm die *Gesellschafterversammlung* der abhängigen Gesellschaft *zustimmt*[183], wobei dieser Beschluss entsprechend § 53 II 1 GmbHG der notariellen Beurkundung bedarf.[184]

Schließlich ist zur Wirksamkeit auch die *Zustimmung* der *Hauptversammlung* bzw. der *Gesellschafterversammlung* der *herrschenden Gesellschaft* erforderlich.[185]

Zuletzt ist die angestrebte Veränderung der Struktur der abhängigen Gesellschaft gem. § 54 GmbHG in das für sie zuständige *Handelsregister einzutragen.*[186] Der Unternehmensvertrag kann auch in das für die herrschende Gesellschaft zuständige Handelsregister eingetragen werden[187], wobei hierzu teilweise sogar die Ansicht vertreten wird, eine solche Eintragung habe auch hier zwingend zu erfolgen.[188]

ii Die Wirkung des Unternehmensvertrages

Hinsichtlich der Wirkungen eines wirksam geschlossenen Unternehmensvertrages in haftungsrechtlicher Hinsicht, ist nun auf die Ausführungen zur Aktiengesellschaft zu verweisen[189].Ob darüber hinaus allerdings durch einen entsprechenden Unternehmensvertrag auch eine Verpflichtung des Mutterunternehmens für ihr Tochterunternehmen bestehen soll, die Liquidität dieser allgemein und vollumfänglich sicherzustellen, wird insoweit ersichtlich nur vereinzelt vertreten.[190]

---

180 Lutter/Hommelhoff, in: Lutter/Hommelhoff; GmbHG, Anh. § 13 Rn. 31

181 Lutter/Hommelhoff, in: Lutter/Hommelhoff; GmbHG, Anh. § 13 Rn. 32

182 BGH 105, 324; BGH GmbHR 1992, 253

183 BGH 105, 324, 332

184 BGH 105, 324, 332 und insb. 342

185 So ausdrücklich für die GmbH BGH 105, 333; wie auch durch BGH GmbHR 1992, 253 ff. ausdrücklich bestätigt

186 BGH 105, 324, 342

187 Priester, Bildung und Auflösung, S. 175

188 Schneider, WM 1986, 181, 186; LG Bonn, GmbHR 1993, 443; aA aber mit guten Gründen Ulmer, in: Hachenburg, GmbHG, Anh 201; Vetter, AG 1994, 110

189 Siehe oben unter B.VI.4. bzw. unter B.VI.4.a.

190 Vgl. hierzu eingehend, m. E. aber zu weitgehend: Kleindiek, Strukturvielfalt, S. 162 ff.

B.VI.4.c. Der Wert als Sicherungsmittel

Der tatsächliche wirtschaftliche Wert dieser gesetzlichen Regelungen für den potentiellen Kreditgeber einer Gesellschaft, die als Untergesellschaft mit einem anderen Unternehmen verbunden ist, bedarf weiterer Erläuterungen:

Der Kreditgeber kann sich zum einen den Verlustausgleichsanspruch aus § 302 AktG gegen die Obergesellschaft zur Sicherheit seiner Forderungen aus dem Darlehensvertrag abtreten lassen[191]. Allerdings ist die gesetzlich angeordnete Verlustausgleichspflicht gem. § 302 AktG, wie auch die Pflicht zur Sicherheitsleistung gem. § 303 AktG allein für den Kreditgeber unzureichend[192]. So weist das Haftungssystem der §§ 302, 303 AktG grundsätzliche Schwächen auf[193], wobei besonders ins Gewicht fällt, dass für den Kreditgeber nicht ersichtlich oder gar nachprüfbar ist, ob der Unternehmensvertrag wirksam zustande gekommen ist und daher als Basis des Ausgleichsanspruchs überhaupt dienen kann. Weiter bestehen unter Umständen Unsicherheiten bezüglich des Umfangs der Verlustübernahmepflicht, wie auch bezüglich der Ermittlung des Verlustes, was sich etwa aus bestehenden Verlustvorträgen aus der Zeit vor Inkrafttreten des Unternehmensvertrages ergeben kann. Sofern der Ausgleichsanspruch nicht zur Sicherheit abgetreten wurde, ist er für den Kreditgeber schon deshalb unzureichend, da er vom Insolvenzverwalter im Falle der Insolvenz der Untergesellschaft, ebenso wie der Anspruch aus § 303 AktG, nur einheitlich geltend gemacht werden kann.[194]

Schlussendlich können Verzögerungen bei der Feststellung der Höhe der Ausgleichsforderung im Jahresabschluss, oder aber Nichtigkeitsklagen der sich gegen den festgestellten Anspruch wehrenden Obergesellschaft die tatsächliche Ausgleichsforderung für den Kreditgeber entwerten. Dies gilt auch dann, wenn der Anspruch aufgrund einer Pfändung[195] oder aufgrund einer Abtretung gegen die Muttergesellschaft geltend gemacht wird. Der einzige Vorteil einer Abtretung gegenüber der Pfändung und Überweisung kann demzufolge in einer möglichen Rangverbesserung gegenüber den übrigen Gläubigern gesehen werden[196]. Darüber hinausgehende Vorteile erwachsen dem Kreditgeber durch eine Abtretung dagegen nicht.[197] Nicht zuletzt deshalb hat wohl

---

191 Diese ist auch zulässig: Koppensteiner, in: Kölner Kommentar zum Aktiengesetz, § 302 Rn. 20 sofern die Gesellschaft für ihren Anspruch den vollen Gegenwert erhält

192 Merkel, in: Schimansky/Bunte/Lwowski, Bankrechts-Handbuch, § 98 Rn. 72

193 Vgl. hierzu eingehend: Obermüller, Ersatzsicherheiten, Rn. 134

194 Merkel, in: Schimansky/Bunte/Lwowski, Bankrechts-Handbuch, § 98 Rn. 81

195 Nach BGH WM 1985, 1267 zulässig

196 Merkel, in: Schimansky/Bunte/Lwowski, Bankrechts-Handbuch, § 98 Rn. 81

197 Merkel, in: Schimansky/Bunte/Lwowski, Bankrechts-Handbuch, § 98 Rn. 81; Obermüller, Ersatzsicherheiten, Rn. 130 ff.; ders, Die Bank im Konkurs und Vergleich ihres Kunden, Rn. 697 ff. weist darüber hinaus noch auf mögliche Nachteile in der Situation der kapitalersetzenden Darlehen hin, indem er Darlehen einer Bank, die sich die Verlustausgleichsansprüche abtreten lässt, den einschränkenden Regeln über kapitalersetzende Darlehen unterwerfen will, wohingegen er für die Konstellationen, in denen keine vorherige Abtretung erfolgt, er auch keinerlei Vorzugsstellung der Bank gegenüber den übrigen Gläubigern mehr erblickt, weswegen diese Darlehen dann nicht den oben genannten Beschränkungen unterliegen sollen.

auch der *BGH* in diesem Zusammenhang festgestellt, dass die Verlustausgleichsverpflichtung keine ausreichende Kreditsicherheit darstelle, da damit die Illiquidität der Untergesellschaft nicht verhindert werden könne.[198]

B.VI.4.d. Die Abgrenzung zur Liquiditätszusage

Die Unterschiede zur hier diskutierten Liquiditätszusage sind grundlegend:

Während die Liquiditätszusage eine rein *vertragliche Verpflichtung* ist, handelt es sich bei der Verlustübernahme, wie auch der damit verbundenen Verpflichtung zur Sicherheitsleistung, um eine gesetzlich angeordnete Haftung. Grundlage dieser ist zwar ebenfalls eine vertragliche Regelung zwischen Ober- und Untergesellschaft in Form eines Unternehmensvertrages, doch ergibt sich die Rechtsfolge selbst unmittelbar aus gesetzlichen Regelungen.

Die Liquiditätszusage ist außerdem nicht auf *Konzernverhältnisse beschränkt.*

Im Gegensatz zur Liquiditätszusage wohnt der Verlustübernahme des § 302 AktG eine *zeitliche Komponente* dahingehend inne, dass sich eine Ausgleichspflicht nur einmal jährlich auf Grundlage des festgestellten Jahresabschlusses ergeben kann. Ein derartiger Inhalt ist einer Liquiditätszusage fremd, denn sie soll vielmehr gerade die Liquidität der Gesellschaft zu jedem Zeitpunkt des Jahres gewährleisten.

Der bedeutendste Unterschied zur Liquiditätszusage ist allerdings im *Sinn und Zweck* der Verlustübernahme im Vergleich zur Liquiditätszusage zu sehen.

Die Verlustübernahme dient dazu, das bilanzielle Anfangsvermögen der Tochtergesellschaft für den Zeitraum des Bestehens des Unternehmensvertrages zu sichern. Ein darüber hinausgehender Zweck ergibt sich aus den gesetzlichen Regelungen dagegen nicht. Dies erscheint auch stimmig, da die Pflicht zum Verlustausgleich nur als Korrelat zu den Vorteilen der Obergesellschaft aus dem Unternehmensvertrag zu betrachten ist. Demgemäß ist diese Pflicht auch nur vor dieser Zielsetzung des Gesetzgebers zu begreifen. Ganz anders dagegen die Zielsetzung bei der Liquiditätszusage, die als solche, unabhängig von ihrer konkreten Ausgestaltung, zwar durchaus auch auf einen Höchstbetrag beschränkbar ist, doch selbst in diesen Fällen soll sie gerade die Liquidität der Gesellschaft gewährleisten. Diese ist wiederum aber grundsätzlich unabhängig von einer früheren Finanzausstattung oder einem bilanziellen Anfangsvermögen der Gesellschaft. Die Liquiditätszusage greift vielmehr immer schon dann ein, wenn bei der Gesellschaft ein Liquiditätsengpass entsteht. Dass darüber hinaus ein Verlust erwirtschaftet wird, der sich im Jahresabschluss feststellen ließe, ist zwar möglich, keinesfalls aber notwendig. Mit anderen Worten kann die Gesellschaft immer schon dann vom Zusagenden die Zuführung finanzieller Mittel verlangen, wenn sie selbst ihre Verbindlichkeiten nicht mehr bedienen kann.

---

[198] BGH WM 1988, 1530

B.VI.5. Die Organschaftserklärung

Wie bereits oben[199] erörtert, ist die konzernrechtliche Haftung aus Sicht der Kreditgeber in aller Regel unzureichend, weswegen die praktische Relevanz der Verlustübernahme als Mittel der Kreditsicherung verschwindend gering ist. Konsequenz dieses Ergebnisses ist aber nun, dass in der Praxis zunehmend versucht wird, die Schwächen der gesetzlichen Haftung vertraglich abzuwenden. Dazu bedienen sich die Beteiligten dann häufig einer so genannten *Organschaftserklärung* oder auch *Organschaftsrevers*, auf die hier ebenfalls kurz eingegangen werden soll:

Bei dieser handelt es sich streng genommen nur um eine weitere Ausprägung der Patronatserklärung[200], wobei sich allerdings diese Form in der Praxis begrifflich verselbstständigt hat, was unter Umständen auch mit der unterschiedlichen konzernrechtlichen Ausgangslage zu tun hat. Die Bezeichnung als „Organschaftserklärung" orientiert sich am steuerrechtlichen Begriff der „Organschaft" des Körperschaftssteuergesetzes, wohingegen die praktische Bedeutung dieser im Kreditsicherungsrecht zu sehen ist. Für die zivil- und gesellschaftsrechtliche Beurteilung ist nicht die Muttergesellschaft, sondern die Tochtergesellschaft als Organgesellschaft relevant. Bei ihr kann es sich um eine Aktiengesellschaft, eine Kommanditgesellschaft auf Aktien oder aber auch um eine GmbH handeln, da die wesentlichen Rechtsgrundsätze für den Aktien- wie auch den GmbH-Konzern weitgehend deckungsgleich sind.[201]

Derartige Erklärungen gegenüber dem Kreditgeber der Tochtergesellschaft haben daher einzig den Zweck, die schon gesetzlich angeordneten Haftungsfolgen im Rahmen von Beherrschungs- und Gewinnabführungsverträgen zu vervollständigen, indem sie die noch bestehenden Sicherheitslücken für die Gläubiger einer abhängigen Gesellschaft zu schließen versuchen[202]. Sie enthalten demnach, je nach Ausgestaltung, in der Regel die folgenden Punkte:

Sehr häufig wird mit ihr eine Bestätigung der Obergesellschaft, einen *Unternehmensvertrag wirksam abgeschlossen* zu haben, verbunden sein. Da hinsichtlich der tatsächlichen Wirksamkeit des Unternehmensvertrages aber erst eine rechtskräftige Entscheidung eines Gerichts endgültige Gewissheit bringen kann, wird in vielen Fällen auch vereinbart, dass auf entsprechende Anforderung des Kreditgebers die Muttergesellschaft in *entsprechender Anwendung des § 303 AktG Sicherheit zu leisten* habe und zwar nicht nur in den Fällen, in denen es zur Beendigung des Unternehmensvertrages komme, sondern auch in den Fällen, in denen derselbe gar nicht erst wirksam zustande gekommen war.

Darüber hinaus verpflichten sich Mutter- wie auch Tochtergesellschaft häufig gegenüber dem Kreditgeber, den bestehenden Unternehmensvertrag weder *aufzuheben*, noch zu *kündigen* oder *abzuändern*, solange dem Kreditgeber noch Ansprüche gegen die Tochtergesellschaft zustehen. In eine ähnliche Richtung gehen auch diejenigen Erklärungen, in denen sich Mutter- wie auch Tochtergesellschaft gegenüber dem Kreditgeber verpflichten, den *Unternehmensvertrag* nur *einvernehmlich* mit ihm zu *beenden*.

199 Siehe unter B.VI.4.c.

200 Lwowski/Groeschke, WM 1994, 613, 616, 620

201 Merkel, in: Schimansky/Bunte/Lwowski, Bankrechts-Handbuch, § 98 Rn. 51 mwN

202 Stützle, Finanzierung, S. 81 ff.

Eine weitere wichtige Erklärung ist auch die Bestätigung, dass bei Wirksamwerden des Unternehmensvertrages keine *Verlustvorträge* bestanden haben.

Weiterhin kann durch eine derartige Erklärung auch klargestellt werden, dass sich die Verlustübernahmepflicht auch auf etwa auftretende *Abwicklungsverluste* im Insolvenzfalle erstrecken solle, oder aber auch auf Verluste in so genannten *Rumpfgeschäftsjahren*, wie sie beispielsweise bei der Beendigung von Unternehmensverträgen während eines laufenden Geschäftsjahres gebildet bzw. errechnet werden könnten.[203]

Der Unterschied zur Liquiditätszusage ergibt sich bereits daraus, dass es sich bei ihnen zwar auch um rechtsgeschäftliche Verpflichtungen handelt, allerdings ergänzen diese nur die gesetzlich bereits normierten Ansprüche. Mit einer Organschaftserklärung wird also einzig der *Zweck* verfolgt, den Adressaten gegen Maßnahmen der Muttergesellschaft zu schützen, durch die diese den Verlustausgleichsanspruch der Tochtergesellschaft beeinträchtigt. In erster Linie soll damit die Verwertbarkeit des Anspruchs der abhängigen Gesellschaft aus § 302 AktG als Kreditsicherheit verbessert werden.[204]

Der charakteristische Unterschied zwischen beiden Rechtsinstitutionen liegt allerdings in der Person des *Adressaten der Erklärung*. Während die Liquiditätszusage gegenüber der Tochtergesellschaft erklärt wird, wird die Organschaftserklärung – als besondere Form einer Patronatserklärung – gegenüber dem Gläubiger abgegeben.

Zudem ist auch ihre Anwendung auf Konzernverhältnisse beschränkt, weswegen insoweit auf die Ausführungen zum gesetzlichen Verlustausgleichsanspruch gem. § 302 AktG zu verweisen ist.[205]

B.VI.6. Die Patronatserklärung

Patronatserklärungen werden als *„Atypische Sicherheiten"* bezeichnet[206] und haben im Rahmen der Konzernfinanzierung eine immense praktische Relevanz. Unter derartigen „atypischen" Sicherungsmitteln werden allgemein diejenigen Sicherungsinstrumente verstanden, die eigentlich nicht die Anforderungen einer banküblichen Sicherheit erfüllen, sondern bei denen es sich um für Sondersituationen in der Bankpraxis entwickelte, spezifische, schuldrechtliche Sicherungsvereinbarungen handelt.[207] Dabei werden Patronatserklärungen vielfach als geradezu „geborene"[208] *„Atypische Sicherheiten"* bezeichnet. Ihr eigentlicher praktischer Anwendungsbereich liegt im Rahmen von Konzernverhältnissen, daher beschränkt sich die folgende Darstellung auch auf diese, obwohl darüber hinaus eine Vielzahl weiterer Anwendungsbereiche denkbar ist[209], die allerdings in der Praxis eine vergleichsweise untergeordnete Rolle spielen. Hauptmotiv für die Abgabe einer Patronatserklärung anstatt einer „klassischen" Sicherheit wie der

---

203 Obermüller, Handbuch Insolvenzrecht für die Kreditwirtschaft, Rn. 182
204 Gerth, AG 1984, 94; Stützle, Finanzierung, S. 81, 86 ff.
205 Vgl. oben unter B.VI.4.d.
206 Gerth, Atypische Kreditsicherheiten, S. 19
207 Merkel, in: Schimansky/Bunte/Lwowski, Bankrechts-Handbuch, § 98 Rn. 1
208 Merkel, in: Lutter/Scheffler/Schneider, Handbuch der Konzernfinanzierung § 17 Rn. 76
209 Vgl. insbesondere die umfassenden Darstellungen bei Schneider, ZIP 1989, 619;sowie Habersack, ZIP 1996, 257; sowie Rüßmann, Patronatserklärungen, S. 19 ff.

Bürgschaft oder Garantie wird zumeist die Möglichkeit sein, entsprechend § 251, 285 Nr. 3 HGB nicht zum Bilanzvermerk oder zum Ausweis im Geschäftsbericht verpflichtet zu sein.[210] Ein weiteres Motiv ist steuerrechtlicher Natur. Patronatserklärungen sind im Vergleich zur Bürgschaft im Rahmen von § 1 Außensteuergesetz günstiger [211] ferner kann der Patron eine Erhöhung der Körperschaftsteuerbelastung umgehen.[212]

Die Patronatserklärungen weisen große Ähnlichkeit zu den hier diskutierten Liquiditätszusagen auf. Dies zeigt sich auch darin, dass der Begriff der Patronatserklärung vereinzelt auch für die Liquiditätszusagen verwendet wird und diese häufig nur als besondere Erscheinungsform der Patronatserklärung betrachtet werden.[213] Oftmals werden zudem mit der Patronatserklärung dieselben wirtschaftlichen Interessen verknüpft sein wie mit der Liquiditätszusage, sodass es schon allein dadurch zu gewissen Überschneidungen kommen kann. Die Patronatserklärung ihrerseits tritt in der Praxis in verschiedensten Ausgestaltungen auf, deren Charakteristikum darin zu sehen ist, dass der Patron dem Kreditgeber der von ihr unterstützten Gesellschaft für den Fall der Kreditgewährung an die unterstützte Gesellschaft ein irgendwie geartetes Wohlverhalten zusagt.[214] Da die praktische Relevanz der Patronatserklärung zumeist nur in Konzernverhältnissen liegt, hatte die *Literatur* zunächst versucht, diese als Erklärung zu definieren, in der sich eine Muttergesellschaft dem Kreditgeber gegenüber verpflichte, Maßnahmen zu treffen, die die Rückzahlung des Kredits fördern, insbesondere die Tochtergesellschaft finanziell so auszustatten, dass sie jederzeit ihre Verbindlichkeiten gegenüber dem Kreditgeber erfüllen könne.[215] Weitergehend wurden gar garantieähnliche Verpflichtungen unter den Begriff der Patronatserklärung gefasst.[216] Um dieses weite Feld der Patronatserklärungen auch vor dem Hintergrund ihrer jeweiligen Rechtsnatur unterscheiden zu können, werden die Patronatserklärungen zunächst ganz allgemein in *„harte"* und *„weiche"* unterteilt. Bei den *„weichen"* Patronatserklärungen handelt es sich um solche, bei denen sich aus der Erklärung selbst keine Verpflichtung der Patronin ergibt, die Tochter finanziell auszustatten.[217] Sie sind daher zumeist, nicht aber zwingend[218], ihrem Text nach bloße unverbindliche Inaussichtstellungen oder Tatsachenbeschreibungen[219] oder werden sehr häufig bewusst als unverbindliche

---

210 Lwowski, Das Recht der Kreditsicherung, Rn. 441; Rümker; WM 1974, 990; Bordt, WPg 1975, 285, 288

211 Lwowski, Das Recht der Kreditsicherung, Rn. 443; einschränkend für „harte" Patronatserklärungen Merkel, in: Schimansky/Bunte/Lwowski, Bankrechts-Handbuch, § 98 Rn. 13

212 Lwowski , Das Recht der Kreditsicherung, Rn. 443; Mosch, Patronatserklärungen, S. 6; Schröder, ZGR 1982, 552, 563

213 So zum Beispiel Rosenberg/Kruse, BB 2003, 641 ff.

214 Obermüller, ZGR 1975, 1, 2; anders, dabei aber zu weit Schneider, ZIP 1989, 619 ff., der zusätzlich dazu ebenfalls „konzernexterne Patronatserklärungen zugunsten Dritter" und so genannte „kollektive Patronatserklärungen" für möglich hält

215 Kamprad, DB 1969, 327; Bankgeschäftliches Formularbuch, S. 425, 1c; S. 436, 13c; Winden, in: Enzyklopädisches Lexikon für das Geld-, Bank- und Börsenwesen, S. 1080

216 Rümker, WM 1974, 990

217 Rosenberg/Kruse, BB 2003, 641; Goette, DStR 1993, 1753, 1754

218 Fried, Die weiche Patronatserklärung, S. 94; aA Michalski, WM 1994, 1229, 1230

219 Rummel, in: FS Doralt, S. 493, 494

Absichtserklärungen formuliert[220] oder gar als bloße *good-will*-Erklärungen bezeichnet.[221] Weiter lassen sie sich zutreffend von den *„harten"* Patronatserklärungen danach unterscheiden, ob sie einen Sicherungswert haben oder aber wie die *„weichen"* über keinen solchen verfügen[222] und die Position des Kreditgebers lediglich in anderer Weise rechtlich, wirtschaftlich oder moralisch aufbessern.[223] Bei den *„harten"* Patronatserklärungen wiederum übernimmt die Patronin gegenüber dem Kreditgeber rechtsverbindlich die Verpflichtung, die Tochter finanziell so auszustatten, dass sie ihre Verpflichtungen aus dem Kreditverhältnis erfüllen kann.[224] Diese Erklärungen enthalten demnach die Zusage von bestimmten Maßnahmen oder Unterlassungen im Hinblick auf die Liquidität oder Kapitalausstattung der Tochtergesellschaft.[225] Sie verleihen daher dem Kreditinstitut einen Sicherungswert[226] und sind deshalb auch wegen ihrer Verwandtschaft mit einer Garantie bilanziell bewertbar.[227] Diese Unterteilung kann allerdings nur ein erster Anhaltspunkt sein, vielmehr sind an dieser Stelle vor dem Hintergrund der Ähnlichkeiten zur Liquiditätszusage die am häufigsten verwendeten Grundformen[228]der Patronatserklärung einzeln zu betrachten. Darüber hinaus werden Patronatserklärungen in der Praxis häufig auch aus einer Kombination der nun darzustellenden Grundformen bestehen, wobei dann zu beachten ist, dass der Sicherheitswert der Erklärungen immer nur so hoch sein kann, wie der Wert der stärksten in ihr enthaltenen Erklärung.[229]

B.VI.6.a. Grundform 1: Auskunft über das Beteiligungsverhältnis

Patronatserklärungen dieser Art enthalten in aller Regel bestimmte Auskünfte und lauten beispielhaft wie folgt:

> *Die Firma X ist eine 100%ige Tochtergesellschaft von uns. Ihre Leitung genießt unser volles Vertrauen.*[230]

Erklärungen dieser Art enthalten also nur Auskünfte über die jeweiligen Beteiligungsverhältnisse der Muttergesellschaft an ihrer Tochtergesellschaft, wobei aber von Seiten

---

220 Küffner, DStR 1996, 146

221 Reinicke/Tiedtke, Kreditsicherung, Rn. 602

222 Merkel, in: Schimansky/Bunte/Lwowski, Bankrechts-Handbuch, § 98 Rn. 24; vgl. eingehend Fried, Die weiche Patronatserklärung, S. 93 ff.

223 Merkel, in: Schimansky/Bunte/Lwowski, Bankrechts-Handbuch, § 98 Rn. 24

224 Rosenberg/Kruse, BB 2003, 641

225 Küffner, DStR, 1996, 146, 147

226 Limmer, DStR 1993, 1750

227 Merkel in: Schimansky/Bunte/Lwowski, Bankrechts-Handbuch, § 98 Rn. 25

228 Die Darstellung der einzelnen Grundformen orientiert sich im Wesentlichen an der Reihenfolge Obermüllers, ZGR 1975, 1 ff., darüber hinaus werden noch weitergehende Differenzierungen vorgenommen vgl. dazu eingehend: Obermüller, Ersatzsicherheiten, S. 2 ff.; Lwowski, Das Recht der Kreditsicherung, Rn. 445 ff.; Mosch, Patronatserklärungen, S. 8 ff.; Rümker, WM 1974, 990 ff.; Bordt, WPg 1975, 285, 286 f.; Schaffland, BB 1977, 1021, 1022; wie noch weiter differenzierend Gerth, Atypische Kreditsicherheiten, 2. Auflage, 1980, S. 31 ff.

229 Obermüller, Ersatzsicherheiten, S. 3

230 Obermüller, ZGR 1975, 1, 3

der Muttergesellschaft keine ausdrückliche Verpflichtung übernommen wird, diesen geschilderten Zustand aufrechtzuerhalten. Letzten Endes verweist die Muttergesellschaft also den Kreditgeber in der Konsequenz lediglich darauf, dass dieser der Tochter dasselbe Vertrauen schenken soll, wie es auch sie selbst als Muttergesellschaft tut.[231]

Bei dieser Konstellation wird man daher von einem stillschweigenden Auskunftsvertrag ausgehen müssen, was sich daraus ergibt, dass in der Auskunftserteilung nicht lediglich eine Gefälligkeit der Muttergesellschaft ohne entsprechenden Rechtsbindungswillen erblickt werden kann, sondern vielmehr die Erklärung der Muttergesellschaft im geschäftlichen Verkehr und außerdem in aller Regel erst auf Verlangen des Kreditgebers abgegeben wird. In der Praxis wird daher zumeist auch der tatsächliche Wortlaut der Erklärung das Ergebnis eingehender Verhandlungen zwischen den Beteiligten sein.

Weiteres Indiz für das Vorliegen eines rechtsgeschäftlichen Willens, ist die Vereinbarung einer Vergütung.[232] Zwar ist als solche keine Vergütung der Muttergesellschaft durch den Kreditgeber der Tochtergesellschaft für die Auskunftserteilung vereinbart, dennoch wird man aber – wertend betrachtet – die Abgabe der Patronatserklärung als entgeltliche Leistung ansehen müssen.[233] Zwar steht ihre Abgabe selbst nicht im Gegenseitigkeitsverhältnis zur Kreditgewährung, da diese von Seiten des Kreditgebers deshalb erfolgt, weil er seinerseits Zinsen erzielen will, doch ist gerade die Kreditgewährung der einzige Grund weswegen die Patronatserklärung tatsächlich abgegeben wird. Sie wird daher auch von Seiten der Muttergesellschaft nur für den Fall abgegeben werden, dass diese sicher ist, dass ihre Tochter auch tatsächlich Kredit erhält. Insgesamt besteht daher eine Verknüpfung, die *Obermüller* zu Recht als ausreichend für die Annahme der Entgeltlichkeit ansieht.[234]

Sofern man aber all dem nicht folgen will, so wird man trotzdem das Vorliegen eines stillschweigenden Vertragsschlusses nicht leugnen können, denn entscheidendes Indiz für einen konkludenten Abschluss eines Auskunftsvertrages ist, dass dem Auskunftsgebenden erkennbar war, dass für den Anfragenden die Auskunft von erheblicher Bedeutung ist und dass er diese zur Grundlage wesentlicher Entscheidungen machen will.[235] So aber stellt sich die Situation auch hier dar, da für die Muttergesellschaft erkennbar ist, dass es dem Empfänger der Auskunft auf den Erhalt einer verbindlichen Auskunft ankommt, da er seinerseits die Kreditgewährung einzig auf diese hin veranlassen will. Die Muttergesellschaft aber gibt ihrerseits wiederum zu erkennen, dass sie für die Richtigkeit der Auskunft einstehen will. Darin ist somit ein stillschweigender Abschluss eines Auskunftsvertrages zu sehen.[236]

---

231 Obermüller, ZGR 1975, 1, 4
232 Sprau, in: Palandt, BGB, § 675 Rn. 30
233 Obermüller, ZGR 1975, 1, 5
234 Obermüller, ZGR 1975, 1, 5
235 BGH NJW, 1989, 2882; BGH ZIP 1999, 275; BGHZ 7, 372, 375
236 RGZ 131, 239

Im Ergebnis besteht daher ein die Muttergesellschaft verpflichtendes Auskunftsschuldverhältnis.[237] Aus diesem Vertrag ergibt sich für den Kreditgeber ein Anspruch gegen die Muttergesellschaft auf richtige, vollständige und gewissenhafte Auskunftserteilung durch die Muttergesellschaft.[238] Darüber hinausgehende Unterrichtungspflichten entstehen für den Patron hierdurch jedoch nicht.[239] Im Falle der Unrichtigkeit der erteilten Auskunft steht dem Kreditinstitut ein Schadensersatzanspruch gegen die Muttergesellschaft zu, sofern es als Erklärungsempfänger auf die Richtigkeit und Vollständigkeit vertraut hat.

B.VI.6.b. Grundform 2: Aushöhlungsverbot

Eine zweite, in der Praxis ebenfalls häufige, Erscheinungsform der Patronatserklärungen ist die Erklärung der Muttergesellschaft gegenüber dem Kreditgeber der Tochter, wonach diese nicht von der Muttergesellschaft ausgehöhlt werde. Derartige Erklärungen lauten in der Regel wie folgt:

> *Wir werden unsere Tochter nicht in einer Weise aushöhlen, dass sie nicht mehr in der Lage ist, ihren Verpflichtungen nachzukommen.*[240]

Auch bei dieser Form ist zunächst zu klären, ob nur eine unverbindliche Mitteilung der Muttergesellschaft über ihre Absichten und Pläne vorliegt oder aber darin ein Vertrag zu sehen ist. Auch hier ist die Frage, ob eine auf rechtliche Bindung zielende Willenserklärung vorliegt, zum einen anhand der wirtschaftlichen Bedeutung der Angelegenheit, zum anderen anhand des erkennbaren Interesses des Begünstigten, wie auch anhand der dem Leistenden erkennbaren Gefahr, in die der Begünstigte durch eine fehlerhafte Leistung gelangen kann, zu beurteilen.[241]

An dieser Stelle gelten die obigen Ausführungen zum Auskunftsvertrag entsprechend. Anlass der Erklärung ist die Kreditgewährung für die Tochtergesellschaft, welche wirtschaftlich auch der Muttergesellschaft und damit der Erklärenden zugute kommt. Zu diesem wirtschaftlichen Eigeninteresse tritt nun in den allermeisten Fällen der Umstand, dass der Kreditgeber nicht bereit wäre, ohne eine derartige Erklärung der Tochtergesellschaft Kredit zu gewähren. Allein aus diesem Umstand kann die Muttergesellschaft schon entnehmen, dass dem Kreditgeber daran gelegen ist, dass die Muttergesellschaft die wirtschaftliche Leistungsfähigkeit ihrer Tochter nicht beeinträchtigt und damit die Erfüllung des Vertrages mit der Tochtergesellschaft vereitelt. Bestätigt nun die Muttergesellschaft dem Kreditinstitut ein solches Verhalten zu unterlassen, so ist einer dahingehenden Erklärung auch ein rechtlicher Bindungswille beizulegen.[242]

Obermüller führt dazu zutreffend aus, dass zwar der erkennbare Wille der Muttergesellschaft dahin gehe, eine Inanspruchnahme wie bei Bürgschaft oder Garantie grund-

---

237 Gerth, Atypische Kreditsicherheiten, S. 64; Mosch, Patronatserklärungen, S. 52 ff.; Obermüller, ZGR 1975, 1, 6
238 Sprau, in: Palandt, BGB, § 675, Rn. 33;
239 Obermüller, ZGR 1975, 1, 6
240 Obermüller, ZGR 1975, 1, 3
241 Armbrüster, in: Erman, BGB, Vor. § 145 Rn. 7 mwN
242 Obermüller, ZGR 1975, 1, 8

sätzlich zu vermeiden, dies allein aber nicht dazu führen könne, dass damit ein rechtlicher Bindungswille gänzlich zu verneinen sei, denn wenn schon die Muttergesellschaft nicht für die Schulden ihrer Tochter aufkommen wolle, so könne sie doch zumindest den rechtlichen Bindungswillen haben, ihr nicht die Erfüllung ihrer Verpflichtungen zu erschweren.[243] Im Anschluss daran stellt sich aber die Frage, ob durch eine derartige Erklärung nicht auch der Tochtergesellschaft eigene Rechte gegen die Muttergesellschaft eingeräumt werden sollten.

Dies ließe sich unter dem Hinweis darauf, dass die Patronatserklärung im Interesse der Tochter abgegeben werde, auch durchaus vertreten, wenn man aus dieser Tatsache folgern wollte, dass dadurch der Erklärung einzig die Absicht zu Grunde liegen könne, der Tochter selbst einen Anspruch gegen die Muttergesellschaft zu verschaffen.

Dennoch verkennt dieser Ansatz m. E. die Tatsache, dass die Erklärung in erster Linie im Interesse des Empfängers und damit des Kreditgebers abgegeben wurde, der ein Interesse daran hat, dass sich sein Zugriffsobjekt für die Erfüllung seines Darlehensrückzahlungsanspruchs nicht verändert.[244] Um dies zu gewährleisten, ist es für ihn notwendig, selbst die Möglichkeit zu erhalten, auf die Maßnahmen der Muttergesellschaft Einfluss zu nehmen. An der Verschaffung eines derartigen Rechts für die Tochtergesellschaft selbst ist ihm also nicht gelegen. Es ist hier deshalb von einem unechten Vertrag zugunsten Dritter auszugehen, und zwar in Form eines einseitig verpflichtenden Vertrages eigener Art.[245]

Auch durch diese Erklärung wird die Muttergesellschaft nicht zur Leistung von Zuschüssen an die Tochter verpflichtet, vielmehr räumt sie dem Kreditinstitut einen Unterlassungsanspruch gegen die Muttergesellschaft ein.[246]

Verletzt die Muttergesellschaft nun ihre Pflichten aus der Erklärung, so steht dem Kreditgeber ein Schadensersatzanspruch zu. Von einer solchen Pflichtverletzung ist aber nur dann auszugehen, wenn die Muttergesellschaft nach Abgabe der Patronatserklärung noch Gewinne in *unvertretbarem Maße*[247] entnommen hat und dieser dann ebendiese Mittel fehlen, um ihre Verbindlichkeiten aus dem Kreditvertrag zu erfüllen.[248]

Dabei ist allerdings nicht entscheidend, ob die entnommenen Gewinne die Kreditsumme überhaupt erreichen oder gar übersteigen, da unterstellt wird, dass diese Finanzmittel zur Förderung des Geschäftbetriebes verwendet worden wären, und damit zumindest zur Grundlage weiterer Gewinne gemacht worden wären.[249]

---

243 Obermüller, ZGR 1975, 1, 8
244 So auch Obermüller, ZGR 1975, 1, 9
245 Obermüller, ZGR 1975, 1, 9
246 Obermüller, ZGR 1975, 1, 9
247 Obermüller, ZGR 1975, 1, 10
248 Obermüller, ZGR 1975, 1, 10
249 Obermüller, ZGR 1975, 1, 10

B.VI.6.c. Grundform 3: Änderung der Beteiligung

Eine weitere Form der Patronatserklärung wird häufig wie folgt formuliert:

> *Wir beabsichtigen nicht, die Beteiligung an unserer Tochtergesellschaft während der Laufzeit des Kredits wesentlich zu reduzieren oder aufzugeben.*[250]
> *Sollten wir entgegen dem bisher Gesagten eine Aufgabe oder wesentliche Reduzierung unserer Beteiligung in Erwägung ziehen, werden wir uns rechtzeitig mit Ihnen in Verbindung setzen, um eine zufrieden stellende Lösung zu finden.*[251]

Im Rahmen dieser Erklärung ergibt sich alleine aus dem ersten Satz noch kein Rechtsbindungswille, vielmehr ist darin eine bloße Absichtserklärung zu sehen.[252]

Der zweite Satz wiederum lässt jedoch erkennen, dass die Muttergesellschaft für den Fall des Abstandnehmens von ihren ursprünglichen Plänen eine bestimmte Verpflichtung eingehen will. Sie erklärt gegebenenfalls eine „zufrieden stellende" Lösung mit ihrem Vertragspartner suchen zu wollen, wodurch dann in Anlehnung an die Grundsätze aus Treu und Glauben eine Anpassung an die veränderten Verhältnisse herbeigeführt werden soll.[253] Auch in dieser Konstellation ist für die Patronin die Bedeutung, die diese Erklärung für das Kreditinstitut hat, zu erkennen, weswegen auch hier von einem Rechtsbindungswillen der Muttergesellschaft ausgegangen werden muss. Zwar beabsichtigt die Muttergesellschaft gerade mit der Abgabe einer derartigen Erklärung, eine Zahlungsverpflichtung zu vermeiden, doch ist auch ihr ersichtlich, dass das Kreditinstitut den Kredit nur vor dem Hintergrund der Beteiligungsverhältnisse zu gewähren bereit ist. Ändern sich diese aber nun, so soll eine „zufrieden stellende Lösung" erarbeitet werden, was aber nur bedeuten kann, dass das Kreditunternehmen zumindest irgendwie geartete rechtliche Ansprüche erhalten will.

Insgesamt ist daher von einem einseitig verpflichtenden Vertrag auszugehen und nicht von einer bloßen moralischen Verpflichtung des Zusagenden.[254] Das Kreditinstitut kann seine Ansprüche aus der Patronatserklärung allerdings erst dann geltend machen, wenn die Muttergesellschaft eine Änderung in den Beteiligungsverhältnissen in Erwägung zieht.[255] Eine solche Änderung kann zum einen durch die Herabsetzung des Kapitals der Tochtergesellschaft, wie aber auch durch eine teilweise oder gar vollständige Veräußerung der Aktien oder Gesellschaftsanteile vollzogen werden. Darüber

---

250 Rümker, WM 1974, 990; Lwowski, Das Recht der Kreditsicherung, S. 37; anders Gerth, Atypische Kreditsicherheiten, S. 90, der von der Zusage ausgeht, dass die momentane Beteiligung für die Laufzeit des Kredits nicht geändert wird.

251 Obermüller, ZGR 1975, 1, 3

252 Obermüller, ZGR 1975, 1, 11; anders bei Gerth, Atypische Kreditsicherheiten, S. 90, der im Fall der Zusage einen Rechtsbindungswillen der Muttergesellschaft bejaht. In diesem Fall enthalte die Erklärung eine rechtsgeschäftliche Verfügungsbeschränkung, die allerdings nur schuldrechtlich wirke

253 Obermüller, ZGR 1975, 1, 11

254 So auch Obermüller, ZGR 1975, 1, 12 der ansonsten eine Haftungsfreizeichnungsklausel von Seiten der Patronin verlangt

255 Obermüller, ZGR 1975, 1, 12; anders nur Rehbinder, S. 333, der für den Fall, dass die Erklärung gegenüber geschäftsunerfahrenen oder wirtschaftlich schwächeren Personen abgegeben wird, eine Einstandspflicht bejahen will

hinaus kann eine solche Herabsetzung aber auch durch eine Kapitalerhöhung unter Hereinnahme eines oder mehrerer Aktionäre oder Gesellschafter erfolgen.[256] Dies erklärt sich damit, dass sich der Parteiwille auf den Erhalt der Bonität der Tochtergesellschaft gründet, was aber nicht nur durch die Höhe des Kapitals der Gesellschaft beeinflusst wird. Ferner kann vielmehr auch das Verhältnis der Anteile der Muttergesellschaft im Verhältnis zu den von Dritten gehaltenen Anteilen die Bonität der Tochtergesellschaft beeinflussen. Deshalb sind auch derartige Veränderungen als von der Erklärung mitumfasst anzusehen. Damit wird aber andererseits auch deutlich, dass der Kreditgeber, solange nur die Beteiligung der Muttergesellschaft unverändert bleibt, keinerlei Ansprüche gegen diese geltend machen kann, um selbst eine drohende Insolvenz der Tochtergesellschaft tatsächlich abzuwenden.[257] Werden nun also derartige Veränderungen erwogen, so hat das Kreditinstitut zunächst einen Anspruch darauf, dass es diesbezüglich unterrichtet wird.[258] In der Folge kann es verlangen, dass die Muttergesellschaft in Verhandlungen über eine „zufrieden stellende Lösung" eintritt, wobei es dabei keine bestimmte Lösung verlangen kann, es sei denn die Ablehnung dieser verstieße gegen Treu und Glauben, weil keinerlei anderer, dem Kreditinstitut zumutbarer, Ausweg ersichtlich wäre.[259] Sollte die Muttergesellschaft diesen Pflichten nicht nachkommen, so steht dem Kreditinstitut ein Schadensersatzanspruch wegen Nichterfüllung zu. Das gleiche gilt auch dann, wenn die Muttergesellschaft die Verhandlungen zwar aufnimmt, dann aber scheitern lässt, denn durch diesen Vertrag haben sich beide Parteien ebenfalls verpflichtet, zur Erreichung eines gemeinsamen Vertragszwecks zusammenzuwirken.[260] Große Schwierigkeiten dürfte es dem Kreditgeber aber in den allermeisten Fällen bereiten, einen konkreten Schaden zu berechnen.[261]

B.VI.6.d. Grundform 4: Moralische Verbindlichkeit

Eine ebenfalls häufig gebrauchte Form der Patronatserklärung wird gewöhnlich wie folgt vereinbart:

> *Wir haben mit Rücksicht auf unser Ansehen Verbindlichkeiten unserer Tochter stets so betrachtet wie eigene Verbindlichkeiten.*[262]

Bei einer derartigen Erklärung kann man entgegen den oben dargestellten Formen der Patronatserklärung nicht von einem Vertrag ausgehen, sondern allenfalls von einem reinen so genannten *gentlemen's agreement*. Unter einem solchen wird allgemein eine allein auf den guten Willen und kaufmännische Anständigkeit abgestellte Zusage verstanden, die nach dem Willen beider Parteien keinen klagbaren Anspruch begründet und bei der vom Schuldner als anständigem Kaufmann erwartet wird, dass er schon aus

256 Obermüller, ZGR 1975, 1, 12
257 Rümker, WM 1974, 990, 994; Geigy-Werthemann, Garantieähnliche Erklärungen, S. 28, 33;
258 Obermüller, ZGR 1975, 1, 13
259 Obermüller, ZGR 1975, 1, 13
260 Obermüller, ZGR 1975, 1, 14
261 Vgl. hierzu Obermüller, ZGR 1975, 1, 14
262 Gerth, Atypische Kreditsicherheiten, S. 52; Obermüller, ZGR 1975, 1, 4;

moralischen Gründen das gewünschte Verhalten übt, soweit er dazu in der Lage ist.[263] Mit anderen Worten soll der Erfolg also einzig im Vertrauen auf das Wort des Partners oder die Regeln des Anstandes erreicht werden.[264]

Genau dem aber entspricht eine Patronatserklärung diesen Inhalts, denn in ihr wird rein auf das Verhalten der Muttergesellschaft in der Vergangenheit verwiesen, daneben wird außerdem auf ihr Ansehen an sich hingewiesen und Bezug genommen. Dadurch verdeutlicht sie erklärtermaßen aber auch nur, dass sie die Erklärung als moralische Verpflichtung ihrerseits begriffen hat und nicht als rechtliche, welche auf einen Vertragsschluss deuten würde. Der Kreditgeber kann daher bei dieser Erklärung auch nicht annehmen, einen klagbaren Anspruch zu erhalten.[265] Im Ergebnis steht es dem Kreditgeber damit offen, ob er auf dieses Verhalten der Muttergesellschaft auch in der Zukunft vertrauen will.

B.VI.6.e. Grundform 5: Einflussnahme

Als eine weitere Form der Patronatserklärung wird ihre Zusage, Einfluss auf die Tochter zu nehmen, charakterisiert und daher in aller Regel so oder ähnlich formuliert:

> *Wir werden unseren Einfluss bei der Tochtergesellschaft geltend machen, damit diese ihren Verbindlichkeiten aus dem genannten Kredit nachkommt.*[266]

Bei dieser Spielart der Patronatserklärung handelt es sich um keine bloß moralische Verpflichtung, die die Muttergesellschaft eingeht, vielmehr kann der Kreditgeber davon ausgehen, dass sie sich auch rechtlich binden will.[267]

Der Kreditgeber weiß, dass die Muttergesellschaft entsprechende Einflussmöglichkeiten tatsächlich besitzt, insofern stellt ein diesbezüglicher Anspruch gegen die Muttergesellschaft für das Kreditinstitut einen gewissen Wert dar. Erkennt nun aber die Muttergesellschaft diesen Willen des Kreditgebers und Vertragspartners und gibt daraufhin trotzdem eine entsprechende Erklärung ab, so übernimmt sie damit auch eine rechtliche Verpflichtung; keine bloß moralische. Eine solche Patronatserklärung ist daher auch als einseitig verpflichtender Vertrag aufzufassen.[268]

Selbstverständlich entstehen allein durch diese Erklärung keine unmittelbaren Rechtsfolgen für die Tochtergesellschaft, denn durch diesen Vertrag kann sie rechtlich nicht verpflichtet werden.[269] Allerdings muss sie nun damit rechnen, dass in der Folge die Muttergesellschaft im Rahmen ihrer gesetzlichen Einflussmöglichkeiten der Abwicklung dieses Kreditvertrages bei der Tochtergesellschaft entsprechende Aufmerksamkeit schenken wird. Die Muttergesellschaft schuldet durch diese Erklärung nun-

---

263 BGH, BB 1964, 410

264 Armbrüster, in: Erman, BGB, Vor. § 145, Rn. 8

265 Gerth, Atypische Kreditsicherheiten, S. 56; Schaffland, BB 1977, 1021, 1024, Mosch, Patronatserklärungen, S. 43, 45; Obermüller, ZGR 1975, 1, 15; Gerth, Atypische Kreditsicherheiten, S. 106

266 Obermüller, ZGR 1975, 1, 4

267 Gerth, Atypische Kreditsicherheiten, S. 106

268 Obermüller, ZGR 1975, 1, 16

269 dies wäre ansonsten ein unzulässiger Vertrag zulasten Dritter

mehr Einflussnahme auf die Tochtergesellschaft. Allerdings kann sich diese nur so gestalten, dass sie diese im Rahmen ihrer Aktionärs- oder Gesellschafterstellung ausübt, mithin also die von ihr gewählten Aufsichtsratsmitglieder bzw. die von ihr bestellten Geschäftsführer dazu anhält im Rahmen ihrer Überwachungspflichten bzw. ihrer Pflicht zur ordnungsgemäßen Geschäftsführung auf die ordnungsgemäße Durchführung des Kreditvertrages zu achten.[270] Dadurch ergibt sich allerdings keine Vorzugsstellung des Kreditgebers unter den Gläubigern[271], da die Einflussmöglichkeiten bereits dort enden, wo auch die gesetzlichen Aufgaben des Aufsichtsrats enden bzw. dort, wo die Pflichten des Geschäftsführers aus § 43 I GmbHG enden. Mit anderen Worten endet die Bedeutung der Erklärung bereits damit, dass die Mutter- die Tochtergesellschaft anhält, ihre ohnehin bestehenden Sorgfaltspflichten zu beachten.[272] Weitergehende vertragliche Verpflichtungen der Muttergesellschaft, etwa ihrer Tochtergesellschaft gegebenenfalls selbst Gelder zuzuführen, entstehen durch diese Erklärung nicht.

Für den Fall, dass die Muttergesellschaft die von ihr gewählten Aufsichtsratsmitglieder nicht zu einer besonders gründlichen Prüfung der entsprechenden Vorgänge anhält, verletzt sie damit ihre Pflicht aus der Patronatserklärung.[273]

Voraussetzung eines Schadensersatzanspruchs ist allerdings, dass die Pflichtverletzung der Aufsichtsratsmitglieder adäquat kausal für den Schaden war. Im Ergebnis ist dies also nicht bereits dann gegeben, wenn der Tochtergesellschaft an sich bereits die finanziellen Mittel zur Erfüllung ihrer Verbindlichkeiten gefehlt haben, denn dann ist das Verhalten der Aufsichtsratsmitglieder gerade nicht für die Entstehung des Schadens ursächlich.[274] Das Verschulden der Aufsichtsratsmitglieder der Tochtergesellschaft muss sich die Muttergesellschaft über § 278 BGB als eigenes zurechnen lassen. Die Streitfrage, ob § 278 BGB auf Vorstände oder satzungsmäßig bestellte Vertreter Anwendung findet, ist hier unerheblich, da sich die Diskussion in diesen Fällen vor dem Hintergrund der Verschuldenszurechnung des Vertreters für die von ihm vertretene Gesellschaft abspielt.[275] Hier aber erwächst nun der Muttergesellschaft eine Verpflichtung gegenüber dem Kreditgeber aus der Patronatserklärung. Demnach muss sie vereinbarungsgemäß ihre Tochtergesellschaft überwachen. Um aber diese schuldrechtliche Verpflichtung gegenüber einem Dritten zu erfüllen, bedient sie sich nun dieser Aufsichtsratsmitglieder als Erfüllungsgehilfen, was wiederum durchaus auch mit der aktienrechtlichen Stellung des Aufsichtsratsmitglieds vereinbar ist.[276] Bei den Aufsichtsratsmitgliedern der Tochtergesellschaft handelt es sich also um Erfüllungsgehilfen der Muttergesellschaft gegenüber dem Kreditgeber, weswegen eine Verschuldenszurechnung nach § 278 BGB erfolgen kann.

---

270 Gerth, Atypische Kreditsicherheiten, S. 106

271 Gerth, Atypische Kreditsicherheiten, S. 106; Mosch, Patronatserklärungen, S. 113-116; Schaffland, BB 1977, 1021, 1024; Obermüller, ZGR 1975, 1, 17; anders nur Köhler, WM 1978, 1338, 1347 f., für den Fall, dass zwischen Mutter- und Tochtergesellschaft ein Abhängigkeitsverhältnis besteht

272 Obermüller, ZGR 1975, 1, 18

273 Obermüller, ZGR 1975, 1, 18

274 Obermüller, ZGR 1975, 1, 18

275 Vgl. zum Streitstand: Westermann, in: Erman, BGB, § 278 Rn. 9 mwN

276 Obermüller, ZGR 1975, 1, 19

B.VI.6.f. Grundform 6: Aufrechterhaltung der Bonität

Eine weitere Grundform der Patronatserklärung lautet wie folgt:

> *Wir möchten bemerken, dass es unser Prinzip ist, die Bonität unserer Tochter aufrechtzuerhalten.*[277]

Ausgangspunkt dieser Erklärung ist eine Auskunft der Muttergesellschaft über die gegenwärtigen Grundzüge ihrer Geschäftspolitik.[278] Diese Auskunft wird, für den Erklärenden erkennbar, vom Kreditinstitut zur Grundlage seiner Entscheidung gemacht, sodass schon deshalb vom Vorliegen eines stillschweigend geschlossenen Auskunftsvertrages auszugehen ist.[279] Diese Auskunft bezieht sich allerdings einzig und allein auf den gegenwärtigen Stand der Planungen, mit der Konsequenz, dass die zukünftigen Planungen grundsätzlich von dieser Auskunft noch nicht mitumfasst sind.

Der maßgebliche Unterschied zum gewöhnlichen Auskunftsvertrag liegt aber darin, dass sich die von der Muttergesellschaft erteilte Auskunft nicht auf Dritte, sondern auf die eigene Person bezieht, mit der Konsequenz, dass der Auskunftserteilende selbst Einfluss darauf hat, ob seine Auskunft auch in Zukunft noch richtig sein wird oder nicht. Die Folgerungen, die aus diesem Ergebnis gezogen werden, sind allerdings höchst unterschiedlich:

Gerth, *Canaris* sowie *Lwowski* vertreten diesbezüglich die Auffassung, die Rechtsnatur dieser Erklärung erschöpfe sich in einem Auskunftsschuldverhältnis, das eine Mitteilung über eigenes Verhalten zum Gegenstand habe.[280] Eine darüber hinausgehende Haftung aus Vertrauensschutzgründen sei schon alleine deshalb abzulehnen, weil das Kreditinstitut ja durchaus erkenne, dass von Seiten der Muttergesellschaft gerade keine Bürgschaft gestellt werde, insoweit der Kredit also auf eigenes Risiko vergeben werde.[281]

Die *herrschende Lehre* wiederum ist der Ansicht, dass der Auskunftsvertrag die Muttergesellschaft auch dahingehend verpflichte, ihr Verhalten gegenüber der Tochter so zu wählen, dass sich an der Richtigkeit der Auskunft auch in Zukunft nichts ändern werde.[282] Argument hierfür sei, dass die Muttergesellschaft unter dem Hinweis auf ihre Geschäftspolitik gerade die Übernahme einer Bürgschaft oder sonstigen Sicherheit abgelehnt habe. Erkenne sie aber nun, dass das Kreditinstitut nur unter dem Hinweis auf die bisherige Geschäftspolitik der Mutter bereit sei, auf die Stellung von Sicherheiten zu verzichten, so ergebe sich nach Treu und Glauben eine Pflicht für die Muttergesellschaft, die erklärte Geschäftpolitik so lange nicht zu ändern, wie der Kreditgeber

---

[277] Rümker, WM 1974, 990; Geigy-Werthemann, Garantieähnliche Erklärungen, S. 21; Obermüller, ZGR 1975, 1, 4; Gerth, Atypische Kreditsicherheiten, S. 5

[278] Obermüller, ZGR 1975, 1, 20

[279] Gerth, Atypische Kreditsicherheiten, S. 118

[280] Gerth, Atypische Kreditsicherheiten, S. 128; Canaris, Vertrauenshaftung, S. 369 f.; Lwowski, Das Recht der Kreditsicherung, Rn. 454

[281] Gerth, Atypische Kreditsicherheiten, S. 122

[282] Obermüller, ZGR 1975, 1, 21

dadurch einen Ausfall erleiden würde.[283] Ferner wäre auch für den Fall, dass es der Muttergesellschaft jederzeit frei stünde ihre Geschäftspolitik zu ändern, die Patronatserklärung ihrerseits wertlos, weswegen nicht ersichtlich wäre, warum die Einräumung eines Kredits von Verhandlungen hinsichtlich ihres Wortlauts abhängig gemacht werden sollte.[284]

Bordt ist dagegen der Auffassung, dass die Verlautbarung nur eine „allgemeine Erklärung rein tatsächlicher Art ohne rechtsgeschäftlichen Verpflichtungswillen" sei, weswegen aus ihr keine Ansprüche oder haftungsrechtliche Konsequenzen gezogen werden könnten.[285]

Dies geht allerdings m. E. schon allein vor dem Hintergrund zu weit, dass eine derartige Erklärung in aller Regel im Rahmen von Verhandlungen über eine Kreditvergabe abgegeben werden wird. Der Erklärung aber eine solch geringe Bedeutung beimessen zu wollen, entspricht daher nicht dem Willen der Parteien, die die Gewährung eines Kredits von dieser abhängig machen.

Anderer Ansicht ist diesbezüglich auch *Rümker*, der ausführt, dass die Parteien eine rechtsgeschäftliche Haftung gerade vermeiden wollten.[286] Dies sei auch allen Beteiligten bewusst gewesen, da, „gemessen an den Maßstäben der traditionellen" Rechtsgeschäftslehre, von der Muttergesellschaft gerade kein Interzessionsvertrag abgeschlossen werden sollte. Motiv für die Abgabe einer derartigen Erklärung sei vielmehr einzig die Vermeidung eines Bilanzausweises gewesen, was in derartigen Konstellationen eben mit dem Sicherungsinteresse des Kreditgebers konkurriere. Allerdings will *Rümker,* offenbar als Ausgleich dafür, ein gesetzliches Schuldverhältnis entstehen lassen,[287] was er mit den Vertrauenselementen im Verhältnis zwischen Muttergesellschaft und Kreditinstitut begründet, wie aber auch mit dem Eigeninteresse der Muttergesellschaft an der Kreditgewährung für die Tochtergesellschaft.[288] Aus diesem solle dann eine Informationspflicht für die Tochtergesellschaft folgen.

Diese Auffassung ist ebenfalls abzulehnen. Es ist in diesem Zusammenhang nur schwerlich einzusehen, dass *Rümker* offenbar ein gesetzliches Schuldverhältnis vor dem Hintergrund des in die Muttergesellschaft gesetzten Vertrauens konstruieren will, wo er doch ausführt, dass der tatsächliche Wille der Parteien erkennbar dahin gehe, eine rechtsgeschäftliche Haftung auszuschließen.

Zwar ist ihm insoweit zuzugeben, dass ein solches Schuldverhältnis auf der Inanspruchnahme und Gewährung von Vertrauen im geschäftlichen Verkehr beruhen kann[289] und dass das Kreditinstitut der Muttergesellschaft auch in der Tat besonderes Vertrauen entgegen gebracht hat. Insoweit ist es auch zutreffend, dass der von der

---

283 Obermüller, ZGR 1975, 1, 21; so auch Rehbinder, S. 332, der davon spricht, dass die Patronatserklärung das Zögern des Kreditinstituts beim Vertagschluss mit der Tochtergesellschaft „zielbewusst überwunden" habe; im Ergebnis auch Müller, ZGR 1977, 1, 28; Geigy-Werthemann, Garantieähnliche Erklärungen, S. 33

284 Obermüller, ZGR 1975, 1, 21

285 Bordt, Wpg 1975, 285, 292-294

286 Rümker, WM 1974, 990, 992; ebenfalls Geigy-Werthemann, Garantieähnliche Erklärungen S. 31; und im Ergebnis auch Rehbinder, S. 332 (es liege „wohl" keine Willenserklärung vor)

287 Rümker, WM 1974, 990, 992

288 Rümker, WM 1974, 990, 993

289 Canaris, Vertrauenshaftung, S. 442 ff.

Muttergesellschaft geführte Konzern selbst als Unternehmenseinheit zu betrachten ist, in der der Wille der Konzernleitung die Konzernunternehmen zu einem Ganzen vereinigt[290].

Und dennoch ist es nicht ersichtlich, dass das Kreditinstitut sich nun auf eine darauf gründende Vertrauenshaftung berufen können soll, wo doch zunächst Einigkeit bestanden habe, dass durch die Erklärung keine rechtlichen und damit einklagbaren Ansprüche entstehen sollten, sondern eben nur moralische.

Nach der m. E. vorzugswürdigen Ansicht ist deshalb von einem Vertrag auszugehen, der als ein Vertrag eigener Art zu betrachten ist, da er zwar einerseits wesentliche Elemente des Auskunftsvertrages enthält, wirtschaftlich aber auch mit dem Garantievertrag verwandt ist.

Mit wirksamem Vertragsschluss entsteht damit ein Erfüllungsanspruch des Kreditgebers gegen die Muttergesellschaft, mit dem Inhalt, die Bonität der Tochtergesellschaft aufrecht zu erhalten.[291] Wie dieser Anspruch von der Muttergesellschaft tatsächlich zu erfüllen ist, ist allerdings vertraglich nicht festgelegt. Es steht der Muttergesellschaft daher auch frei, die Bonität etwa durch Darlehensgewährung, Kapitalerhöhung oder Ausstattung mit Anlagegütern herbeizuführen.[292]

Im Falle der Nichterfüllung durch die Muttergesellschaft entsteht für den Kreditgeber ein verschuldensunabhängiger Schadensersatzanspruch. Es handelt sich zwar um einen Vertrag eigener Art, jedoch enthält dieser Elemente von Auskunfts- und Garantievertrag, welche wiederum für den Fall der Nichterfüllung im Wesentlichen die gleichen Folgen vorsehen.[293]

B.VI.6.g. Grundform 7: Ausstattungsverpflichtung

Eine weitere Formulierung der Patronatserklärung lautet wie folgt:

> ***Wir werden dafür Sorge tragen, dass unsere Tochter bis zur vollständigen Rückzahlung des Kredits in der Weise geleitet und finanziell ausgestattet wird, dass sie jederzeit in der Lage ist, ihre Verpflichtungen im Zusammenhang mit diesem Kredit zu erfüllen.***[294]

Durch eine derartige Erklärung wird eine vertragliche Verpflichtung von Seiten der Muttergesellschaft übernommen, was sich insoweit eindeutig in der Formulierung „dafür Sorge zu tragen" zeigt.[295] Als solche wird somit ein einseitig verpflichtender Vertrag eigener Art zwischen Muttergesellschaft und Kreditgeber geschlossen[296], und zwar in Form eines unechten Vertrags zugunsten der Tochtergesellschaft.[297] Inhaltlich geht der Anspruch des Kreditgebers gegen die Muttergesellschaft nun dahin, dass diese

---

290 Rümker, WM 1974, 990, 993
291 Obermüller, ZGR 1975, 1, 22
292 So auch Obermüller , ZGR 1975, 1, 22
293 Obermüller, ZGR 1975, 1, 24
294 Rümker, WM 1974, 990; Obermüller, ZGR 1975, 1, 4
295 AA nur Winden, Banklexikon, S. 1080
296 Gerth, Atypische Kreditsicherheiten, S. 143; Obermüller, ZGR 1975, 1, 27
297 Mosch, Patronatserklärungen, S. 133; Schraepler, ZKW 1975, 215, 216; Gerth, Atypische Kreditsicherheiten, S. 144; Obermüller, ZGR 1975, 1, 27; Kamprad, DB 1969, 327, 328

verpflichtet ist, ihrer Tochter ausreichende Mittel zur Verfügung zu stellen, damit diese ihre Verbindlichkeiten aus dem Kreditvertrag erfüllen kann. Dies hat zur Folge, dass die Muttergesellschaft ihre Verpflichtungen nicht schon mit der einmaligen Zuführung von Geldmitteln an ihre Tochter in Höhe der gesamten Kreditsumme nebst Zinsen erfüllt hat.[298] Mit anderen Worten trägt sie also das Insolvenzrisiko der Tochtergesellschaft aufgrund der Erklärung für die gesamte Kreditlaufzeit.[299] Dies gilt selbst dann, wenn die Muttergesellschaft der Tochtergesellschaft die erforderliche Gesamtkreditsumme mit der Maßgabe zur Verfügung stellt, sie zur Tilgung der entsprechenden Kreditsumme zu verwenden und diese dann anderweitig verwendet wird oder aber von anderen Gläubigern gepfändet wird. Hieran zeigt sich ja dann offenkundig, dass die Finanzausstattung der Tochtergesellschaft nicht ausreicht, weswegen die Muttergesellschaft entsprechend ihrer Zusage erneut zu leisten hat, um ihre Verpflichtung tatsächlich zu erfüllen. Dies wird zutreffend als so genanntes *Weiterleitungsrisiko* der Patronin hinsichtlich der zur Verfügung gestellten Mittel bezeichnet.[300]

Daraus schließt nun *Rümker* zutreffend, dass eine derartige Patronatserklärung in dieser Fassung eine allgemeine Liquiditätsgarantie darstellen würde, was insbesondere vor dem Hintergrund bemerkenswert sei, dass Bürgschaft oder Garantie nicht so weit reichend seien und doch die Patronatserklärung vielfach rechtlich als „Minus" gegenüber diesen Sicherungsmitteln betrachtet werde.[301] Daher merkt er an, dass das Kreditinstitut nun aber alleine dadurch keinen Anspruch auf Fortbestand der Tochtergesellschaft für die Dauer der Kreditgewährung erlangen könne, da dies einen zu weitgehenden Eingriff in die unternehmerische Gestaltungsfreiheit der Muttergesellschaft bedeuten würde. Seiner Ansicht nach sei daher vor dem Hintergrund von Treu und Glauben die Muttergesellschaft ausnahmsweise berechtigt, die Zins- und Tilgungsraten für die Tochtergesellschaft direkt an das Kreditinstitut zu entrichten, was in diesem Fall auch unabhängig von einer etwaigen Drittleistungsbefugnis gem. § 267 BGB möglich sein müsse.[302] Dem Umfang nach sind von dieser Patronatserklärung sämtliche aus dem Kreditverhältnis herrührende Forderungen erfasst.[303] Sofern die Muttergesellschaft nun einen etwaigen Liquiditätsengpass bei ihrer Tochter erst verspätet behebt und damit diese ihren Verpflichtungen aus dem Kreditverhältnis nicht zum Fälligkeitszeitpunkt nachkommen kann, kommt zunächst für den Kreditgeber die Geltendmachung eines Verzögerungsschadens in Betracht[304], wobei eine Mahnung entbehrlich ist.[305] Für den Fall, dass die Muttergesellschaft die entsprechende Ausstattung nicht vornimmt und

298 Gerth, Atypische Kreditsicherheiten, S. 149; Obermüller, ZGR 1975, 1, 27; Rümker WM 1974, 990 991

299 Rümker, WM 1974, 990, 991

300 Gerth, Atypische Kreditsicherheiten, S. 149; Rümker, WM 1974, 990, 991; Obermüller, ZGR 1975, 1, 27

301 So im Ergebnis wohl auch Käser, Das Auslandsgeschäft der Banken, S. 32

302 Rümker WM 1974, 992; so wohl auch Schaffland, BB 1977, 1021, 1022

303 Obermüller ZGR 1975, 1, 27

304 Gerth, Atypische Kreditsicherheiten, S. 153

305 Obermüller, ZGR 1975, 1, 28

die Tochter in der Folge in Insolvenz fällt, so ist ab diesem Zeitpunkt der Muttergesellschaft die Erfüllung ihrer Verpflichtung aus der Patronatserklärung unmöglich, weswegen sie dann auch Schadensersatz wegen Nichterfüllung zu leisten hat.[306]

B.VI.6.h. Auswirkungen der Zahlung auf den Schadensersatzanspruch durch die Muttergesellschaft

Mit der Zahlung auf den Schadensersatzanspruch durch die Muttergesellschaft ergibt sich vom Grundsatz her folgende Situation:

Die Kreditforderung des Kreditgebers gegen die Tochtergesellschaft geht weder unter noch auf die Muttergesellschaft über, vielmehr erfüllt diese nicht als Dritte iSd § 267 BGB die Schuld der Tochter, sondern sie leistet auf ihre eigene Verbindlichkeit aus der von ihr erteilten Patronatserklärung. Allerdings kann dies nicht dazu führen, dass der Kreditgeber die Zahlung ein weiteres Mal von der Tochtergesellschaft verlangen kann, weswegen dieses Ergebnis der Korrektur bedarf:

Die *herrschende Meinung* wendet auf derartige Konstellationen § 255 BGB entsprechend an. Zwar habe die Muttergesellschaft nicht für den Verlust eines Rechts Ersatz zu leisten, da die Forderung ja noch fortbestehe und nur uneinbringlich sei, allerdings werde auch eine Entwertung eines Rechts vor dem Hintergrund der Insolvenz des Schuldners als ausreichend erachtet und damit § 255 BGB entsprechend angewendet, mit der Folge, dass die Muttergesellschaft nur Zug um Zug gegen Abtretung der Forderung aus dem Kreditverhältnis gegen die Tochtergesellschaft zu leisten brauche.[307]

Zum gleichen Ergebnis kommt auch *Obermüller*, der im Wege der ergänzenden Vertragsauslegung zu einem Anspruch auf Abtretung kommt, indem er unterstellt, dass die Parteien selbstverständlich keinen doppelten Anspruch auf Rückzahlung für das Kreditinstitut durch die Patronatserklärung vereinbaren wollten.[308] Ein originärer Anspruch der Muttergesellschaft etwa aus GoA oder Bereicherungsrecht bestehe dagegen nicht, da wie oben erwähnt, die Patronin auf ihre eigene Verbindlichkeit leiste.

B.VI.6.i. Formvorschriften

Nach einhelliger Meinung[309] findet § 766 BGB auf keine der Patronatserklärungen entsprechende Anwendung, weswegen diese formfrei vereinbart werden kann.

---

[306] Obermüller, ZGR 1975, 1, 28; Gerth, Atypische Kreditsicherheiten, S. 161; Mosch, Patronatserklärungen, S. 141; vgl. zur entsprechenden Problematik bei der Liquiditätszusage unter G

[307] Heinrichs, in: Palandt, BGB, § 255 Rn. 2 mwN

[308] Obermüller, ZGR 1975, 1, 30

[309] Obermüller, ZGR 1975, 1, 32; ders., Ersatzsicherheiten, Rn. 2; Lwowski, Das Recht der Kreditsicherung, Rn. 444; Merkel, in: Schimansky/Bunte/Lwowski, Bankrechts-Handbuch, § 98 Rn. 18; Möser, DB 1979, 1470, 1471

B.VI.6.j. Die Unterschiede zu anderen Sicherungsmitteln

i Die Liquiditätszusage

Während allen Formen der Patronatserklärung gemein ist, dass sie gegenüber dem Gläubiger der unterstützten Gesellschaft oder aber zumindest gegenüber Dritten abgegeben werden, unterscheidet sich die Liquiditätszusage davon grundlegend.

Sie wird gegenüber der unterstützten Gesellschaft selbst erteilt und daher ihrem Grundverständnis nach auch zutreffend als *Internum* bezeichnet. Während bei ihr daher Anspruchsberechtigter und Leistungsempfänger einzig und allein die Gesellschaft selbst ist, kann bei der Patronatserklärung ein Dritter als Gläubiger die Leistung des Patrons an die Gesellschaft fordern.[310]

In der Praxis treten die Liquiditätszusagen dagegen auch nicht in so genannter „weicher“ oder unverbindlicher Form auf, wie dies bei der Patronatserklärung teilweise der Fall ist. Dies folgt daraus, dass für derartige Zusagen keinerlei Bedürfnis besteht. Mit einer bloßen moralischen Verpflichtung des Zusagenden ist der Gesellschaft in aller Regel nicht gedient, während unter Umständen potentielle Kreditgeber und damit Dritte bei entsprechenden Patronatserklärungen durchaus bereit sein können Kredite zu gewähren. Bei der Liquiditätszusage dagegen soll nicht bereits durch die Abgabe und Mitteilung der Zusage an Dritte dieser zu einem Verhalten wie etwa zur Kreditvergabe bewegt werden, vielmehr soll dieses Ziel dadurch erreicht werden, dass die Leistungskraft der Gesellschaft durch die Zusage auch tatsächlich erhöht wird und Dritte daher wieder Vertrauen in die Gesellschaft als Vertragspartnerin fassen. Dies kann aber nur durch eine Zusage erfolgen, die den Zusagenden rechtlich gegenüber der Gesellschaft verpflichtet. Insoweit sind die Gestaltungsmöglichkeiten bei der Liquiditätszusage – zumindest in der Praxis – deutlich geringer als bei der Patronatserklärung.

Weitere Unterschiede bestehen dagegen nicht, weswegen die Liquiditätszusage auch häufig als so genannte *konzerninterne Patronatserklärung* bezeichnet und behandelt wird.[311]

ii Die Bürgschaft

Im Unterschied zur Bürgschaft ist die Patronatserklärung[312] nur bedingt von Bestehen und Umfang der Hauptverbindlichkeit abhängig. Zwar kann der Patron die Zahlung für den Fall verweigern, dass die Hauptschuld nicht oder nicht mehr besteht, allerdings kann es unter Umständen für den Patron nicht genügen, wenn er lediglich einen Betrag in Höhe des ausstehenden Kredits an die Tochter aufbringt, da er das *Weiterleitungsrisiko* trägt, also er die Tochtergesellschaft bis zur vollständigen Tilgung der Kreditsumme finanziell ausstatten muss.

In erster Linie wird durch die Bürgschaft aber ganz im Gegensatz zur Patronatserklärung eine Verpflichtung übernommen, für die Verbindlichkeiten eines Dritten einzustehen. Dabei geht das Gesetz in § 774 I S. 1 BGB von der Leistung des Bürgen an

---

310 Michalski, WM 1984, 1229, 1230

311 So z. B. Rosenberg/Kruse, BB 2003, 641, 642

312 Es handelt sich hier um eine solche der Grundform 7, die eine Ausstattungsverpflichtung enthält

den Gläubiger aus, während bei der Patronatserklärung eine Leistung an die Tochtergesellschaft selbst zu erfolgen hat.

Weiterhin unterscheiden sich Bürgschaft und Patronatserklärung dadurch, dass durch erstere eine *Zahlungs*pflicht konstatiert wird, während letztere eine *Ausstattungs*pflicht beinhaltet. Hinsichtlich der Unterschiede zwischen beiden ist auf die obigen Ausführungen zu verweisen.[313]

Nur für den Fall, dass dieser Ausstattungspflicht nicht nachgekommen wird, entsteht ein Schadensersatzanspruch gegen den Patron, der dann die Zahlung des Patrons an den Gläubiger anordnet.

iii Die Garantie

Von der Garantie unterscheidet sich die Patronatserklärung aus ähnlichen Gründen.

Bei der Garantie übernimmt der Versprechende die von der Schuld des Hauptschuldners unabhängige Verpflichtung, für das Eintreten eines gewissen wirtschaftlichen Erfolges einzustehen[314]. Der Garant übernimmt also ein Risiko, dass sonst der Gläubiger tragen müsste.[315]

Zwar entsteht durch Garantie wie auch Patronatserklärung eine eigene Schuld, die im Übrigen streng nichtakzessorisch ausgestaltet ist[316], doch verlangt auch hier die Garantie im Unterschied zur Patronatserklärung die Zahlung, nicht dagegen die Ausstattung.

Außerdem ist auch durch sie nur eine Zahlung in Höhe der Hauptschuld gewährleistet, wodurch sich eine über den Nennbetrag der Hauptschuld hinausgehende Verpflichtung aus der Garantie ähnlich wie bei der Bürgschaft und damit im Gegensatz zur Patronatserklärung nicht ergeben kann.

---

313 Vgl. zur identischen Situation bei Bürgschaft und Liquiditätszusage oben unter B.VI.1.c.

314 Reimer-Schmidt, in: Soergel, BGB, Vor. § 765 Anm. 29 mwN

315 BGH, WM 1999, 779, 780

316 Reinicke/Tiedtke, Kreditsicherung, Rn. 602

C. Das Zustandekommen der Liquiditätszusage

Unabhängig davon welchen Ansatz man oben[317] weiter verfolgt und für zutreffend erachtet, erfordern doch beide zur Wirksamkeit der Liquiditätszusage die Annahme der Gesellschaft. Entweder muss die Gesellschaft also ein aufschiebend bedingtes Darlehensversprechen annehmen, oder aber einen konkretisierungsbedürftigen Darlehensvertrag bzw. Darlehensvorvertrag.

Um diese Annahme aber wirksam vornehmen zu können, muss sie selbst ordnungsgemäß vertreten sein. Es ist daher nun die Frage der Organkompetenz innerhalb der Gesellschaft für die bezeichnete Annahme zu erörtern.

C.I. Die Situation bei der GmbH

In der Folge sollen zunächst die speziellen Anforderungen bei der GmbH näher untersucht werden.

C.I.1. Anwendbarkeit der Grundsätze zum Eigenkapitalersatz auf die Liquiditätszusage?

Wie oben bereits erwähnt, verfolgt der Zusagende in aller Regel das Ziel, die Kreditfähigkeit der Gesellschaft gegenüber Dritten mit der Abgabe der Zusage zu erhöhen oder gar in vielen Fällen, diese erst wieder herzustellen.[318]

Zumindest dieser wirtschaftliche Hintergrund ist aber auch für eigenkapitalersetzende Gesellschafterdarlehen kennzeichnend. Dies wird auch dadurch deutlich, dass Stimmen in der Literatur bei der Liquiditätszusage ohne nähere Erörterung vom Vorliegen so genannter eigenkapitalersetzender Darlehen ausgehen.[319]

Die Einordnung der den Liquiditätszusagen zu Grunde liegenden Darlehen bzw. Darlehensversprechen bedarf allerdings einer genaueren Erörterung. Denn gerade die Einordnung als so genannte eigenkapitalersetzende Darlehen beeinflusst nicht zuletzt die Frage nach der Organkompetenz zur Annahme derselben. Immer dann, wenn trotz ordnungsgemäßer und vollständiger Aufbringung des Stammkapitals die Gesellschaft weiteres Kapital benötigt, stellt sich vom Grundsatz her für den oder die Gesellschafter die Frage, ob sie entweder die Gesellschaft liquidieren, oder ihr aber neues *Eigenkapital* zuführen, um diese damit in die Lage zu versetzen, dass sie weitergeführt werden kann.

---

317 Siehe oben unter B.II.2., entweder aufschiebend bedingtes Darlehensversprechen oder konkretisierungsbedürftiger Darlehensvertrag

318 Vgl. oben unter A.

319 Wiedemann/Hermanns, ZIP 1994, 997, 999

C.I.1.a. Der Begriff des Eigenkapitals

Der Begriff des Eigenkapitals wird in verschiedener Weise verwendet. Im Wesentlichen erfolgt eine Unterteilung desselben in drei verschiedene Formen, mit jeweils unterschiedlichem Bedeutungsgehalt:

i Formelles Eigenkapital

Allgemein kann das Eigenkapital definiert werden als der in Geldwerten ausgedrückte Anteil des Eigentümers am Unternehmen.[320]

Bei den hier diskutierten Kapitalgesellschaften zeigt die Eigenkapitalziffer also an, in welcher Höhe das von den Gesellschaftern eingelegte Kapital durch thesaurierte Gewinne gemehrt und durch nicht ausgeglichene Verluste vermindert wurde. Dabei kommt dem Eigenkapital bei diesen eine wesentliche Aufgabe, nämlich die so genannte *Haftungsaufgabe*, zu.[321]

An der Eigenkapitalziffer lässt sich daher bei den Kapitalgesellschaften ablesen, bis zu welcher Höhe Verluste durch die Gesellschaft getragen werden können. Ist aber das bilanzielle Eigenkapital durch Verlust aufgebraucht, so ist die Gesellschaft bilanziell überschuldet, ist das effektive Eigenkapital aufgebraucht, so ist sie rechnerisch überschuldet.[322]

ii Materielles Eigenkapital

Diesem in den Bilanzvorschriften des HGB definierten Eigenkapitalbegriff wird außerdem ein so genannter *materieller Eigenkapitalbegriff* gegenübergestellt.[323]

Sinn und Zweck dieser materiellen Abgrenzung von Eigen- und Fremdkapital ist die korrekte haftungs- und bilanzrechtliche Erfassung von Gesellschafterleistungen, die als Eigenkapitalersatz anzusehen sind.

Während die formale Abgrenzung von Eigen- und Fremdkapital dadurch erfolgt, dass Fremdkapital durch das Vorliegen schuldrechtlicher Ansprüche gekennzeichnet ist, orientiert sich die materielle Abgrenzung danach, welche Funktion mit der Finanzierungsmaßnahme verfolgt wird.

Eigenkapital dient demnach dazu, Verluste der Gesellschaft zu decken und kann daher auch nicht in der Insolvenz zur Tabelle angemeldet werden, wohingegen Fremdkapital dem gerade nicht dient und daher grundsätzlich an die Gläubiger zurückzuzahlen ist.

---

320 Rückle/Klatte, in: HURB, S. 118

321 Lutter/Hommelhoff, ZGR 1979, 31, 59; K. Schmidt, GesR, § 18 II 2b

322 Zu den Auswirkungen der Liquiditätszusage auf die Überschuldung, vgl. unter D.I.

323 Lutter/Hommelhoff, ZGR 1979, 31, 42 ff.; K. Schmidt, in: FS Goerdeler, S. 487, 490 ff.; Priester, DB 1991, 1917; Habersack, ZGR 2000, 384, 385

Das materielle Eigenkapital weist thesenartig zusammengefasst also die folgenden Merkmale auf:[324]

- Es rührt von den Mitgliedern her;
- Es ist haftendes Kapital, wodurch aber eine Geltendmachung im Insolvenzver fahren ausgeschlossen ist;
- Es ist gebundenes Kapital und damit einer freien Kreditkündigung entzogen.

Diese materiellen Kriterien des Eigenkapitals erfüllt damit das formelle Eigenkapital immer, das formelle Fremdkapital dagegen grundsätzlich nie.

iii Funktionales Eigenkapital

Zusätzlich hat sich zu den Kategorien Fremd- und Eigenkapital eine weitere herausgebildet, die dadurch gekennzeichnet ist, dass es sich hierbei formell um Fremdkapital handelt, das aber gleichzeitig die Kriterien des materiellen Eigenkapitals erfüllt. Diese dritte Kategorie wird *funktionales Eigenkapital*[325], *nachrangiges Haftkapital*[326] oder *Quasi-Eigenkapital*[327] genannt.

(1) Eigenkapitalersetzende Gesellschafterdarlehen als funktionales Eigenkapital

Praktische Relevanz erlangt diese Unterscheidung nun aber häufig dann, wenn ein oder aber mehrere Gesellschafter der Gesellschaft kein Eigenkapital zuführen, sondern ihr stattdessen ein Darlehen gewähren. Die Motive für eine derartige Finanzierung sind vielseitig.

Zum einen bietet diese Fremdkapitalfinanzierung den Vorteil der größeren Flexibilität, im Vergleich zu einer förmlichen Kapitalerhöhung.[328] Daneben ist eine derartige Fremdkapitalzufuhr grundsätzlich steuerlich günstiger.[329] Außerdem bleiben durch eine Darlehenszufuhr aus gesellschaftsrechtlicher Sicht die Gewinnverteilungs- wie auch die Herrschaftsverhältnisse in der Gesellschaft unverändert.[330]

Schließlich bietet die Zuführung von Fremdkapital gegenüber der Eigenkapitalzufuhr den nicht unerheblichen Vorteil, dass das Eigenkapital mit dem wirtschaftlichen Zusammenbruch der Gesellschaft in aller Regel endgültig verloren sein wird, wohingegen sich der Gesellschafter im Falle der Fremdkapitalzufuhr zumindest grundsätz-

---

324 K. Schmidt, in: FS Goerdeler, S. 487, 491; ders., GesR § 18 II 2 a

325 Hommelhoff, ZGR 1988, 460, 491; K. Schmidt, ZIP 1999, 1241; Habersack, ZGR 2000, 384, 385; BGH ZIP 1995, 124, 125

326 Lutter/Hommelhoff, ZGR 1979, 31

327 K. Schmidt, in: FS Goerdeler, S. 487, 493

328 Hueck, in: Baumbach/Hueck, GmbHG, 32a Rn. 2; Hommelhoff, in: v. Gerkan/Hommelhoff; Handbuch des Kapitalersatzrechts, Rn. 2.4, S. 18; v. Caemmerer, in: FS Pieter Sanders, S. 17, 20; Lutter, in: FS Riesenfeld, S. 165, 180/181; Gehde, Eigenkapitalersetzende Gesellschafterleistungen, S. 70;

329 Gehde, Eigenkapitalersetzende Gesellschafterleistungen, S. 71/72; Hommelhoff, in: v. Gerkan/Hommelhoff, Handbuch des Kapitalersatzrechts, Rn. 2.4, S. 18

330 Schouler, Grundlagen des Eigenkapitalrechts, S. 54

lich am Insolvenzverfahren als Insolvenzgläubiger beteiligen kann. Es kann damit mit anderen Worten also eine Risikobeschränkung erreicht werden.[331]

Erfolgte diese Darlehensgewährung in Krisenzeiten, so spricht man von *eigenkapitalersetzenden Gesellschafterdarlehen*.[332] Bei ihnen wird nun aber die Frage diskutiert, inwieweit diesbezüglich Einschränkungen vorgenommen werden müssen, um die übrigen Gläubiger der Gesellschaft nicht unbillig zu benachteiligen. Ausgangspunkt dieser Überlegung ist einerseits die so genannte *Finanzierungsfreiheit* der Gesellschaft, in die die Gerichte auch mit Eigenkapitalersatzregeln nicht eingreifen können und wollen. Demgegenüber stehen aber die §§ 30, 31 GmbHG, die zutreffend als Ausprägung der Grundsätze der Kapitalerhaltung angesehen werden[333] und auf derartige Darlehen nach einhelliger Auffassung zumindest analoge Anwendung finden sollen.[334] Dies ergibt sich zunächst schon daraus, dass diese Darlehen nicht mehr als Fremdkapital im eigentlichen Sinne betrachtet werden, sondern als so genanntes *funktionales Eigenkapital*[335], welches daher auch konsequenterweise den Kapitalerhaltungsvorschriften des GmbHG unterfallen müsse. Wie aber nun diese Einstufung als *funktionales Eigenkapital* dogmatisch gerechtfertigt werden kann, obwohl es sich eigentlich doch formal betrachtet um Fremdkapital handelt, dazu werden eine Vielzahl von Begründungsansätzen vertreten:[336]

Wurde zunächst vom *BGH* unter Heranziehung von § 242 BGB ausgeführt, dass ein Gesellschafter, der eine GmbH mit nicht bilanzierten Fremdmitteln fortgeführt habe, sich den Einwand widersprüchlichen Verhaltens entgegenhalten lassen müsse, sofern er das Darlehen in der Folge nicht als haftendes Kapital begreifen wolle[337], so gibt es nun zahlreiche weitere Ansätze:

Einerseits wird ganz pauschal auf die verschiedenen *Gläubigerschutzaspekte* abgestellt, wie zum einen darauf, dass durch derartiges Verhalten der „Todeskampf" der Gesellschaft verlängert würde, was die Gläubigerinteressen wiederum nachhaltig gefährden könne[338], andererseits sehen andere darin eine Abwälzung des Finanzierungsrisikos der Gesellschaft auf die Gläubiger[339]. Ein weiterer Begründungsansatz ist aber auch, dass der kreditierende Gesellschafter seinerseits nunmehr eine *Doppelrolle* einnehme, und zwar als Gesellschafter einerseits, wie aber auch gleichzeitig als außenstehender Dritter[340]. Eine solche Konstellation berge aber nun ebenfalls verschiedene Risiken für die Gesellschaftsgläubiger dahingehend, dass den Gesellschaftern, im Gegensatz zu den übrigen Gläubigern, weitaus bessere Informationsmöglichkeiten zur Verfü-

---

331 Wüst, Gläubigerschutz bei der GmbH, S. 15, Lutter, FS Riesenfeld, S. 165, 181

332 Löwisch, Eigenkapitalersatzrecht, Rn. 119

333 Goette, GmbH, § 4 Rn. 2

334 Statt aller Goette, GmbH, § 4 Rn. 2; Lutter/Hommelhoff, in: Lutter/Hommelhoff, GmbHG, §§ 32a/b Rn. 11

335 Einhellige Auffassung statt aller daher Goette, GmbH, § 4 Rn.2; Lutter/Hommelhoff, in: Lutter/Hommelhoff, GmbHG, §§ 32a/b Rn. 2

336 Vgl. zu den verschiedenen normativen Rechtfertigungsansätzen Löwisch, Eigenkapitalersatzrecht, Rn. 39 ff. mwN

337 BGH NJW 1960, 285

338 Boujong GmbHR 1992, 207, 209; kritisch Bezzenberger, Erwerb eigener Aktien, S. 34 ff.

339 Röhricht, Eigenkapitalersetzende Leistungen, S. 318

340 Maier-Reimer, in: FS Rowedder, S. 270

gung stünden, die wiederum von diesen gläubigergefährdend ausgenutzt werden könnten. Daher könnten vor allem in derartigen Konstellationen, vielfach Spekulationen auf dem Rücken der Gesellschaftsgläubiger ausgetragen werden[341]

All diese Begründungs- und Rechtfertigungsansätze münden in ein allgemeines Prinzip, das der *BGH* schließlich als Mitverantwortung des GmbH-Gesellschafters für eine ordnungsgemäße Unternehmensfinanzierung charakterisiert hat.[342]

Diesem Grundverständnis ist vollumfänglich zuzustimmen.[343] Auch durch die verschiedenen Gesetzesnovellen hat sich an diesen Aspekten dem Grunde nach nichts verändert, sodass diese auch weiterhin eine tragfähige Begründung der analogen Anwendung der Kapitalerhaltungsregeln darstellen.[344]

Weitgehende Einigkeit herrscht auch hinsichtlich des Krisenbegriffs des § 32 a GmbHG. Prinzipiell ist von einer solchen immer dann auszugehen, wenn die Gesellschaft nicht kreditwürdig war und deshalb ohne das Darlehen hätte liquidiert werden müssen, wohingegen eine Unterbilanz grundsätzlich nicht erforderlich ist.[345]

Von einer solchen Kreditunwürdigkeit kann dann ausgegangen werden, wenn ein außenstehender Dritter der Gesellschaft überhaupt keinen, zumindest aber keinen unter marktüblichen Konditionen, Kredit gewährt hätte.[346]

(2) Die Liquiditätszusage als Eigenkapitalersatz?

Der Liquiditätszusage liegt in den allermeisten Fällen das Verständnis zu Grunde, dass die erhaltenen Mittel zumindest irgendwann von der Gesellschaft wieder zurückzubezahlen sind. Wirtschaftlich betrachtet besteht also häufig eine ganz ähnliche Situation, wie auch bei den eigenkapitalersetzenden Gesellschafterdarlehen. Es stellt sich daher die Frage, ob deshalb nicht bereits die *Zusage* des Darlehens selbst *eigenkapitalersetzend* sein kann.

Im Rahmen der hier untersuchten Anforderungen, die an die *Annahme* einer solchen Zusage gestellt werden, erlangt diese Problematik bei der Frage Relevanz, ob nicht auch die selben Anforderungen beim Zustandekommen der Liquiditätszusage einzuhalten sind, wie dies auch für das Zustandekommen von eigenkapitalersetzenden Gesellschafterdarlehen diskutiert werden. Die Beantwortung dieser Frage richtet sich danach, ob die Liquiditätszusage selbst eigenkapitalersetzenden Charakter aufweist, und daher wie ein eigenkapitalersetzendes Darlehen zu behandeln ist.

Diese Ansicht wird allerdings nur vereinzelt vertreten.[347] *Rowedder* ist dabei der Meinung, dass die tatsächliche Überlassung des Darlehens keine zwingende Voraussetzung

---

341 Fleischer, ZGR 2001, 1, 12

342 BGH 90, 389.

343 Siehe auch Wiedemann, FS Besuch, S. 893, 909 f.

344 Lutter/Hommelhoff, in: Lutter/Hommelhoff, GmbHG, §§ 32a/b Rn. 10. Demnach treten die Neuregelungen nur neben die schon bestehenden Ansätze zur Kapitalerhaltung bei der GmbH, mit der Konsequenz, dass ein zweistufiger Eigenkapitalschutz der Gesellschaft besteht.

345 Statt aller: Lutter/Hommelhoff, in: Lutter/Hommelhoff, GmbHG, §§ 32a/b Rn. 18

346 Statt aller: Lutter/Hommelhoff, in: Lutter/Hommelhoff, GmbHG, §§ 32a/b Rn. 19

347 Pentz, in: Rowedder/Schmidt-Leithoff, GmbHG, § 32a Rn. 142; im Ergebnis wohl auch Wiedemann/Herrmanns, ZIP 1994, 997, 1001 f.

der Anwendbarkeit des § 32 a GmbHG sei, vielmehr werde bereits das Darlehensversprechen vom Anwendungsbereich des Absatzes 1 erfasst.[348] Als logische Konsequenz seien daher die in der Krise erteilten Versprechen ohne die Kündigungsmöglichkeit des § 610 BGB aF zu erfüllen.

Die Rechtsprechung[349] ist gegenteiliger Auffassung, indem sie anführt, dass nur bereits ausbezahlte Darlehen den Tatbestand der so genannten eigenkapitalersetzenden Gesellschafterdarlehen erfüllen könnten.

Dieser Ansatzpunkt wurde im Rahmen der Grundsatzentscheidung des *BGH* zum Finanzplankredit[350] vom 29.6.1999 präzisiert[351] und kann nunmehr als absolut *herrschende Meinung* bezeichnet werden.

Demnach kämen also sowohl die Rechtsprechungsregeln (§§ 30, 31 GmbHG), wie auch die insolvenzrechtlichen Regeln (§§ 32a, 32b GmbHG) zum Eigenkapitalersatz nur dann zur Anwendung, wenn der Gesellschafter der Gesellschaft das eigenkapitalersetzende Darlehen auch bereits gewährt habe.[352]

Die Abrede der Gesellschafter untereinander, wonach der Gesellschaft ein Darlehen gewährt werden solle, stelle dagegen keine eigenständige Kategorie des Eigenkapitalersatzrechts dar. Die Frage, inwieweit der Gesellschafter verpflichtet sei, dieses Darlehen tatsächlich zur Verfügung zu stellen, sei einzig eine Frage der zu Grunde liegenden Abrede.[353]

Die im Rahmen des Finanzplankredits gemachten Ausführungen sind aber vom Grundsatz her auch auf die Liquiditätszusage anwendbar.

Lässt man nämlich die Unterschiede hinsichtlich der Beteiligten wie auch des Inhalts der Abrede beiseite, so handelt es sich bei beiden grundsätzlich um eine bloße Zusage, der Gesellschaft Kredit zu gewähren. Diese Zusage weist daher in beiden Konstellationen selbst noch keinen eigenkapitalersetzenden Charakter auf, mit der Konsequenz, dass erst für den Fall der tatsächlichen Auszahlung des versprochenen Darlehens die Regelungen über eigenkapitalersetzende Gesellschafterdarlehen Platz greifen.

Selbst wenn man allerdings dieser Argumentation nicht folgen will und eine Vergleichbarkeit von Finanzplankredit und Liquiditätszusage an dieser Stelle leugnet, so spricht darüber hinaus auch die typische Ausgestaltung der Liquiditätszusage gegen die Anwendbarkeit der Kapitalersatzregeln bereits auf die Zusage.

Könnte man sich bei einer gewöhnlichen Darlehenszusage unter Umständen noch auf den Standpunkt stellen, dass zumindest nach *wertender Betrachtung*, der Tatbe-

---

348 Pentz, in: Rowedder/Schmidt-Leithoff, GmbHG, § 32a Rn. 142, sowie ausdrücklich für die Liquiditätszusage in der Vorauflage Rn. 41, sowie Stodolkowitz, in: MüKo, InsO, § 135 Rn. 52, 20

349 BGHZ 133, 298; BGHZ 142, 116, 122 = BGH ZIP 1999, 1263; zustimmend auch K. Schmidt, ZIP 1999, 1241, 1244; ders. ZIP 1999, 1821, 1823, ders., in: Scholz, GmbHG, 9. Auflage §§ 32a, 32b Rn. 39; sowie ausdrücklich auch für die Liquiditätszusage Forschbach, Liquiditätszusagen, S. 152 ff.; Löwisch, Eigenkapitalersatzrecht, Rn. 491

350 Siehe dazu auch unter F.

351 BGH ZIP 1999, 1263

352 BGH ZIP 1999, 1263, 1264

353 BGH ZIP 1999, 1263

stand des kapitalersetzenden Darlehens mit dem zur Kreditauszahlung verpflichtenden Vertrag bereits erfüllt sei und es daher nicht mehr auf den Eintritt eines nicht zum Tatbestand gehörenden weiteren Umstandes ankommen könne[354], so trifft diese Betrachtungsweise bei der Liquiditätszusage m. E. unter keinen Umständen mehr zu.

Bei dieser handelt es sich üblicherweise um ein aufschiebend bedingtes Darlehensversprechen, sodass ein weiterer Umstand – die Illiquidität der Gesellschaft – erst hinzutreten muss, dass der Darlehensvertrag überhaupt zustande kommt und die Rechtsfolgen desselben ausgelöst werden. Es fehlt daher im Gegensatz zur gewöhnlichen Darlehenszusage noch an der Vollendung des Tatbestandes. Liegt aber erst mit Eintritt dieses Umstandes der volle Tatbestand des Darlehens überhaupt vor, so ist kein Grund ersichtlich, weswegen diesem schon zuvor, bei bloßem Vorliegen der übrigen Voraussetzungen, ein eigenkapitalersetzender Charakter zukommen solle.

C.I.1.b. Zwischenergebnis

Zusammenfassend ist für die Liquiditätszusage daher festzustellen, dass die Zusage allein noch keinen eigenkapitalersetzenden Charakter aufweist. Kommt es allerdings später zur Auszahlung der Darlehenssumme, so wird bei Vorliegen der weiteren Voraussetzungen in aller Regel ein eigenkapitalersetzendes Darlehen anzunehmen sein.

C.I.2. Die Organkompetenz bei eigenkapitalersetzenden Gesellschafterdarlehen

Wie nun festgestellt, weisen also die Liquiditätszusagen selbst zwar noch keinen, die aufgrund solcher Zusagen dann aber tatsächlich ausgezahlten Darlehen dagegen in aller Regel sehr wohl, eigenkapitalersetzenden Charakter auf. Die Auswirkungen dieses Ergebnisses auf die Organkompetenz bei der annehmenden Gesellschaft sollen in der Folge untersucht werden.

Bei den eigenkapitalersetzenden Gesellschafterdarlehen ist die Frage nach der Organkompetenz umstritten. Es werden dabei verschiedene Ansätze vertreten:

Ausgangspunkt der Diskussion ist dabei, dass nach dem Normalstatut einer GmbH einerseits die Darlehensaufnahme grundsätzlich als Teil der laufenden Geschäftsführung in die Zuständigkeit der Geschäftsführung fällt.[355] Ebenso einhellig anerkannt wie selbstverständlich ist allerdings auch, dass über das Eigenkapital einer Gesellschaft nicht die Geschäftsführung entscheiden können soll, sondern ausschließlich die Gesellschafter selbst.[356] Deutlich wird dies insbesondere für die GmbH bei den Regelungen der §§ 3 I Nr. 3, 53 I, 55, 58 GmbHG, die das Stammkapital betreffen, wie allerdings auch bei den Regelungen der §§ 26, 46 Nr. 1 GmbHG, die darüber hinaus Nachschüsse und Rücklagen erfassen. Im Spannungsfeld zwischen Darlehensaufnahme einerseits und Eigenkapital der Gesellschaft andererseits befinden sich aber die eigenkapitalersetzenden Darlehen, die zwar formal betrachtet lediglich Darlehensverträge zwischen Gesellschaft und Gesellschafter darstellen, aber dennoch Parallelen zum Eigenkapital

---

354 So Stodolkowitz, in: MüKo, InsO, § 135 Rn. 20
355 Lutter/Hommelhoff, ZGR 1979, 31, 43
356 Lutter/Hommelhoff, ZGR 1979, 31, 43

aufweisen. Daher spielt sich nun diese Diskussion auch zwischen den oben aufgezeigten Grundpositionen ab.

Eine Ansicht geht davon aus, dass der Geschäftsführer der GmbH selbst die Kompetenz besitzt, einen derartigen Darlehensvertrag zu schließen.[357] Dem liegt die Überlegung zu Grunde, dass es sich bei diesen Darlehen gerade nicht um Eigenkapital handle, sondern diese eben nur eigenkapitalersetzend seien, was in der Konsequenz aber nur hieße, dass diese von der Rechtsordnung dem Eigenkapital zwar in mancherlei Hinsicht gleichgestellt werden, nicht aber schon zu Eigenkapital gemacht werden dürften.[358] Gerade bei der Liquiditätszusage handle es sich lediglich um die Zusage von so genanntem „gewillkürtem Ergänzungskapital“[359], welches damit eben kein Eigenkapital darstelle und somit dazu führe, dass das Organisationsstatut der Gesellschaft unberührt bleibe.[360] Ein gewichtiger Unterschied im Vergleich zu den Entscheidungen einer Gesellschaft, welche grundsätzlich einen Gesellschafterbeschluss erfordern, sei im Übrigen auch darin zu sehen, dass durch die Liquiditätszusage nur der Zusagende selbst verpflichtet werde, also gerade nicht auch die anderen Gesellschafter ebenfalls zu einer Leistung verpflichtet werden könnten.[361] Aus diesen Gründen sei nach dieser Ansicht ein Gesellschafterbeschluss nicht notwendig, weswegen es bei der Kompetenz von Geschäftsführer oder Vorstand belassen werden solle, derartige Verträge zu schließen. *K. Schmidt* ist der Auffassung, dass zumindest dann, wenn Fragen der Gleichbehandlung von Gesellschaftern oder Strukturfragen der Unternehmensfinanzierung anstünden, der Geschäftsführer zur Vorlage der Sache an die Gesellschafter verpflichtet sein solle. Komme er allerdings dieser Pflicht nicht nach, so ändere dieses Pflichtversäumnis an der Wirksamkeit der eigenkapitalersetzenden Maßnahme nichts.[362]

Die Gegenauffassung geht davon aus, dass ein wirksamer Darlehensvertrag nur dann geschlossen werden könne, wenn ein mit qualifizierter Mehrheit gefasster Gesellschafterbeschluss vorliege.[363]

Diese Auffassung trägt dem Umstand Rechnung, dass diese Darlehen wirtschaftlich betrachtet eher dem Eigenkapital der Gesellschaft zuzuordnen sind, und daher auch hinsichtlich ihrer Aufnahme unter die strengen Regelungen des GmbHG fallen sollen.

Dieses Erfordernis ist m. E. auch durchaus gerechtfertigt. Wie *Lutter/Hommelhoff*[364] ausführen, könnte beim eingangs dargestellten Lösungsweg ansonsten die folgende Konstellation entstehen: Verschiedene Gesellschafter einer GmbH versuchen zunächst eine Kapitalerhöhung durchzuführen und scheitern dabei aber am Widerspruch der

---

357 Habersack, in: Ulmer/Habersack/Winter, GmbHG, § 32a/b Rn. 226; einschränkend K. Schmidt, in: Scholz, GmbHG §§ 32a, 32b Rn. 110; Heidinger, in: Michalski, GmbHG, §§ 32a, 32 b Rn. 374; Ulmer, in: Hachenburg, GmbHG, §§ 32 a, b Rn. 177; Wiedemann, in: FS Beusch, 1993, S. 901; Forschbach, Liquiditätszusagen, S. 107 ff.

358 Wiedemann/Hermanns, ZIP 1994, 997, 999

359 Siehe oben unter B.I.4.

360 Wiedemann/Hermanns, ZIP 1994, 997, 999

361 So im Ergebnis auch Wiedemann/Hermanns, ZIP 1994, 999, die ausführen, dass nur der Gesellschafter selbst zur Kreditierung verpflichtet wird, und sich darüber hinaus etwaige Erstattungsansprüche nach Diskreditierung allein gegen ihn richten.

362 K. Schmidt, in: Scholz,GmbHG, §§ 32a, 32b Rn. 110

363 Lutter/Hommelhoff, ZGR 1979, 31, 43f.; Westermann, ZIP 1982, 379, 388

364 Lutter/Hommelhoff, ZGR 1979, 31, 43

anderen Gesellschafter, sodass kein qualifizierter Gesellschafterbeschluss erreicht werden kann. Nunmehr könnten die unterlegenen Gesellschafter eine Finanzmittelverstärkung der Gesellschaft schon durch den Abschluss eines Darlehensvertrages mit eigenkapitalersetzender Wirkung erreichen, welcher dann in die Kompetenz der Geschäftsführung fiele. Die Unbilligkeit dieses Ergebnisses wird dann deutlich, wenn man sich nun vor Augen führt, dass es die Eigenkapitalbasis eines Unternehmens ist, die ganz entscheidend den Umfang bestimmt, in dem das Unternehmen am Wirtschaftsverkehr teilnehmen kann. Sie bestimmt neben dem Umfang der künftigen Investitionen auch den Umfang der Geschäftsabschlüsse sowie der Kreditaufnahmen. Damit beeinflusst sie aber das unternehmerische Risiko, das mit der Geschäftstätigkeit der Gesellschaft verbunden ist, ganz entscheidend. Die Eigenkapitalbasis ist somit eine unternehmerische Leitentscheidung, denen allen gemein ist, dass die Entscheidungskompetenz hierüber nur der Gesellschaftergemeinschaft zustehen kann. Aber auch die Aufnahme eigenkapitalersetzender Darlehen stellt eine solche unternehmerische Leitentscheidung dar, da auch sie die Kapitalbasis des Unternehmens maßgeblich beeinflusst, obwohl es sich rechtstheoretisch nur um „gewillkürtes Ergänzungskapital" handelt und somit gerade nicht um Eigenkapital im technischen Sinne. Dann aber stellt sich doch die Frage, ob die Unterschiede so gravierend sind, dass schon deshalb andere Erfordernisse für Eigenkapitalersatz und Eigenkapital gelten können. M. E. kann auch für die eigenkapitalersetzenden Darlehen nur das gleiche gelten wie für das Eigenkapital selbst. Die wirtschaftlichen Auswirkungen hinsichtlich der Finanzausstattung des Unternehmens sind nahezu identisch. Ferner hat das Erfordernis eines qualifizierten Gesellschafterbeschlusses eine weitere Schutzrichtung. Durch ein derartiges Erfordernis wird der jeweiligen Gesellschafterminderheit ein gewisser Schutz zuteil, der andernfalls vollständig verloren ginge. Dieses Erfordernis gewährleistet diesen Gesellschaftern trotz ihrer geringen Beteiligung einen Einfluss auf die Geschäftspolitik des Unternehmens, indem es zumindest die unternehmerischen Leitentscheidungen auch ihrer Entscheidung mit unterwirft. Wollte man dagegen auf dieses Erfordernis bei eigenkapitalersetzenden Darlehen gänzlich verzichten, so entzöge man diesen Gesellschaftern faktisch ihren Einfluss auf die Unternehmenspolitik völlig, da dann der oben aufgezeigte Weg der Umgehung offen stünde.[365]

Dieser Minderheitenschutz erfordert aber m. E. unbedingt einen entsprechenden Gesellschafterbeschluss als Wirksamkeitserfordernis, denn einzig durch dieses Erfordernis verbleiben die unternehmerischen Leitentscheidungen in der Hand der Gesellschaftergesamtheit und damit auch der Hand der Minderheitsgesellschafter. Die Auffassung der Gegenmeinung, die dazu ausführt, ein Gesellschafterbeschluss sei bei der Kapitalerhöhung auch nur deshalb notwendig, weil ja diese schon konstruktiv die Änderung des Gesellschaftsvertrages voraussetze[366], verkennt m. E., dass maßgeblicher Sinn und Zweck dieser Regelung nicht ein bloßer Selbstzweck, im Sinne einer Dokumentierung

---

365 Sehr plastisch veranschaulichen dies Lutter/Hommelhoff, ZGR 1979, 31, 43, indem sie anhand eines Beispiels darstellen, wie es dem Minderheitsgesellschafter eines mittleren Brennstoffhandels ansonsten unmöglich wäre, die Umwandlung dieses Unternehmens in ein weltweit operierendes Ölhandelsunternehmen mit hohem Risikopotential durch die Gesellschaftermehrheit zu verhindern.

366 Wiedemann/Hermanns, ZIP 1994, 994, 999

im Gesellschaftsvertrag oder der Satzung ist, sondern dieses Erfordernis bei der Kapitalerhöhung vielmehr eine gesetzliche Wertung zum Ausdruck bringt, wonach die unternehmerischen Leitentscheidungen den Gesellschaftern zustehen sollen und dabei gleichzeitig auch den Minderheitsgesellschaftern eine Entscheidungskompetenz in diesem Rahmen verbleiben soll. Dies alles kann aber mit dem Lösungsansatz der Gegenmeinung nicht gewährleistet werden, weswegen diese abzulehnen ist.

Das oben Ausgeführte gilt unter dem Eindruck der Auswirkungen, die ein derartiges Darlehen auf die Insolvenzantragspflicht hat, m. E. umso mehr.[367] Es kann nicht in die Entscheidungsgewalt eines einzelnen Gesellschafters und der Geschäftsführung gestellt werden, statt die Liquidation der Gesellschaft zu betreiben, durch Zuführung von weiterem *Fremdkapital* die Fortführung der Gesellschaft zu ermöglichen. Auch dies ist eine Entscheidung, die nur die Gesellschaftergesamtheit treffen kann.[368]

Insgesamt erscheint es mir deshalb zu formal, sich entsprechend der Gegenauffassung auf den Standpunkt zu stellen, dass es sich ja tatsächlich nicht um Eigenkapital im technischen Sinn handle, weswegen die Geschäftsführung zur Aufnahme eines solchen Darlehens in der Lage sein soll. Grundsätzlich handelt es sich zwar um Fremdkapital, welches aber aufgrund seiner wirtschaftlichen Verwendung einerseits und seiner Herkunft von Gesellschafter oder Muttergesellschaft andererseits, zumindest wirtschaftlich betrachtet, viel eher zum Eigenkapital als zum Fremdkapital der Gesellschaft zu zählen ist. Diese Erkenntnis dann allerdings hinsichtlich der Wirksamkeitsvoraussetzungen nicht zu berücksichtigen, erschiene mir unzutreffend.

C.I.3. Die Organkompetenz bei der Liquiditätszusage

Die dargestellte Problematik lässt sich nun allerdings auch auf die Liquiditätszusage selbst übertragen.

Sie erlangt ihren eigenkapitalersetzenden Charakter allerdings erst mit Eintritt der Krise und der damit einhergehenden Auszahlung des Darlehens, sodass es sich insoweit nicht um die identische Situation wie bei der Darlehensaufnahme selbst handelt. Bei der Liquiditätszusage liegt also im Gegensatz zur Darlehnsaufnahme im Zeitpunkt der Annahme durch die Gesellschaft nicht bereits der eigenkapitalersetzende Charakter vor.[369] Somit könnte man sich nun auf den Standpunkt stellen, dass das oben erörterte Bedürfnis eines Gesellschafterbeschlusses hier schon deshalb ausscheiden müsse, weil die Zusage selbst nicht eigenkapitalersetzend sei.

Dieser Ansatz geht jedoch m. E. fehl, denn auch er verkennt den *Sinn und Zweck* dieses Erfordernisses. Maßgeblich kann auch an dieser Stelle nur sein, dass es sich hierbei um eine *Finanzierungsentscheidung* der Gesellschaft handelt, die deshalb eigenkapitalersetzend ist, weil sie gerade die Krisenfinanzierung mit einbezieht. Die Beteiligten treffen zu diesem Zeitpunkt bereits eine Entscheidung für den Fall der Krise, und zwar eine Fortführung der Gesellschaft durch Zuführung von funktionalem Eigenkapital vorzunehmen. Nähme die Gesellschaft das Darlehen aber in Krisenzeiten auf,

---

367 Siehe unter D.II, D.III.

368 So im Ergebnis auch Westermann, ZIP 1982, 379, 388

369 Vgl. oben unter C.I.1.a.iii. (2)

so wäre inhaltlich die identische Entscheidung zu treffen, sodass der einzige Unterschied darin zu sehen ist, dass einmal erst in der Krise eine Finanzierungsentscheidung getroffen würde, wohingegen bei der Liquiditätszusage die identische Entscheidung zu treffen ist, diese aber außerhalb der Krise erfolgt. Vom Zeitpunkt der Entscheidung kann aber nicht allein abhängen, welche Anforderungen an das Zustandekommen derartiger Vereinbarungen zu stellen sind. Diese werden vielmehr maßgeblich dadurch beeinflusst, wie bedeutend die Entscheidung für Gesellschaft und Gesellschafter als solche ist. Hinsichtlich der Bedeutung für die Gesellschaft ergeben sich aber keine Unterschiede zur Vereinbarung eigenkapitalersetzender Darlehen, sodass eine unterschiedliche Behandlung ihrer jeweiligen Wirksamkeitsvoraussetzungen auch nicht angezeigt ist.

Ein differenzierterer Ansatz an dieser Stelle hilft auch nur scheinbar weiter. Man könnte nun einerseits die Annahme der Zusage selbst der Kompetenz von Geschäftsführer oder Vorstand unterwerfen, dagegen aber die zeitlich später erfolgende tatsächliche Darlehensaufnahme dann, vom Vorliegen eines qualifizierten Gesellschafterbeschlusses abhängig machen. Dies hätte zugegebenermaßen die Konsequenz, dass erst zum Zeitpunkt von Krise und Auszahlung des Darlehens, und damit erst mit Vorliegen des eigenkapitalersetzenden Charakters, die Notwendigkeit eines Gesellschafterbeschlusses bejaht würde und damit die oben dargestellten zutreffenden Ansätze zu den eigenkapitalersetzenden Gesellschafterdarlehen stringent weitergeführt würden. Zwar berücksichtigt dieser Ansatz scheinbar den zeitlichen Ablauf des eigenkapitalersetzenden Charakters vollumfänglich, doch verkennt er dabei m. E. die praktischen Auswirkungen der zu Grunde liegenden schuldrechtlichen Konstruktion[370]. Folgte man dem oben ausgeführten Ansatz[371], wonach es sich bei der Liquiditätszusage um einen Vorvertrag handelt, so würde sich die Gesellschaft zumindest dem Grunde nach dann schadensersatzpflichtig machen, wenn die spätere Darlehensaufnahme am fehlenden Gesellschafterbeschluss scheitern würde. Zwar wird die praktische Relevanz dieses Anspruchs in aller Regel zu vernachlässigen sein, doch erscheint es mir trotzdem verfehlt, eine derartige Konstellation überhaupt zuzulassen.

Bedeutender ist allerdings die folgende Überlegung: Führt nun schon die Zusage selbst dazu, dass die Gesellschaft nochmals Kredit bei Dritten erhält oder zumindest dazu, dass die Gesellschaft sich vor dem Hintergrund der erteilten Liquiditätszusage entschließt weiterhin am Wirtschaftsverkehr teilzunehmen, so entsteht bereits allein durch sie bei Dritten der Eindruck, die Gesellschaft verfüge über eine ausreichende Kapitaldeckung. Könnte aber dann bei Eintritt der Krise der Gesellschafter durch einen ablehnenden Gesellschafterbeschluss die tatsächliche Kreditierung schon dadurch verhindern, dass er die Annahme des Darlehensvertrages von Seiten der Gesellschaft vereitelte, so würden damit die Gläubigerinteressen nicht unwesentlich gefährdet. Diese Möglichkeit darf dem Zusagenden gerade vor dem oben erörterten Hintergrund des Gläubigerschutzes, der der Einstufung als eigenkapitalersetzend ja zu Grunde liegt, nicht offen stehen. Es erscheint daher m. E. geradezu zwingend, bereits die Annahme der Zusage selbst dem Erfordernis eines Gesellschafterbeschlusses zu unterstellen und

---

370 Siehe unter B.II.2.

371 Siehe unter B.II.2.b.

damit, obschon zu diesem Zeitpunkt noch nicht notwendigerweise eigenkapitalersetzend, bereits die *Finanzierungsentscheidung* der Gesellschaft dieser Anforderung zu unterstellen.

Zusammenfassend kann daher festgehalten werden, dass die Liquiditätszusage nur dann wirksam von Seiten der Gesellschaft angenommen werden kann, wenn ein qualifizierter Gesellschafterbeschluss vorliegt, der auch zur förmlichen Kapitalerhöhung notwendig gewesen wäre.[372]

C.II. Die Situation bei der AG

C.II.1. Anwendbarkeit der Grundsätze zum Eigenkapitalersatz auf die AG

Zunächst muss festgestellt werden, ob die für die GmbH dargestellten Grundsätze der Kapitalerhaltung auch auf die Aktiengesellschaft angewendet werden können.

In einem zweiten Schritt ist dann zu untersuchen, welche Konsequenzen sich aus dem gefundenen Ergebnis für die Anforderungen an die Organkompetenz ergeben.

C.II.1.a. Die grundsätzliche Anwendbarkeit der Eigenkapitalersatzregeln

Die Anwendbarkeit der oben dargelegten Grundsätze auf die Aktiengesellschaft war in der Literatur lange Zeit umstritten.[373]

Westermann war zunächst der Ansicht, dass sich die Grundsätze der Rechtsprechung zu den Gesellschafterdarlehen nicht auf die Aktiengesellschaft übertragen ließen. Maßgebliches Argument hierfür sei das Verhältnis des Gläubigerschutzes des § 57 AktG im Verhältnis zum Gläubigerschutz des § 30 GmbHG. Die Kapitalbindung sei bei der Aktiengesellschaft bedeutend stärker ausgestaltet als bei der GmbH, was konsequent auch in § 58 V AktG fortgeführt werde, der nur die Ausschüttung des ordnungsgemäß festgestellten Bilanzgewinn zulasse, wohingegen eine Qualifizierung als eigenkapitalersetzendes Darlehen bei der GmbH nicht zu einer solch absoluten Bindung des Kapitals führe.[374] Außerdem verneinte er nach der – bewussten – Nichtregelung des Gesetzgebers im Rahmen der GmbH-Novelle eine Lücke im Aktiengesetz, vielmehr sei darin eine bewusste Ausklammerung der Aktiengesellschaft von diesen

---

[372] aA Forschbach, Liquiditätszusagen, S. 110, die basierend auf der Ablehnung des Erfordernisses eines annehmenden Gesellschafterbeschluss bei eigenkapitalersetzenden Gesellschafterdarlehen auch bei der Liquiditätszusage stets auf den jeweiligen Einzelfall abstellen will und insoweit die „Grundsätze über die Vornahme außergewöhnlicher Geschäfte" anwenden will

[373] Ablehnend Westermann, ZIP 1982, 379, 388; Rümker, ZIP 1982, 1385, 1395; Obermüller, ZIP 1982, 915, 921. Bejahend Immenga, ZIP 1983, 1405 ff.; K. Schmidt, ZHR 147 (1983), 165, 171 ff.; ders., AG 1984, 12 ff.; Lutter/Hommelhoff/Timm, BB 1980, 737, 741 ff.

[374] Westermann, ZIP 1982, 379, 387

Grundsätzen durch den Gesetzgeber zu sehen, weswegen eine analoge Anwendung dieser Regeln auf die Aktiengesellschaft zu unterbleiben habe.[375]

Erst in der Folge nahm der *BGH*[376] einmalig zu dieser Problematik Stellung und vertrat dabei die Auffassung, dass die gesetzlichen Kapitalersatzregeln der GmbH-Novelle 1980 weder unmittelbar, noch entsprechend auf die Aktiengesellschaft angewendet werden könnten. Allerdings seien die diesen Regeln zu Grunde liegenden Grundsätze auf die Aktiengesellschaft anwendbar.[377] Diese Grundsätze seien nun nicht schematisch anzuwenden, vielmehr seien die aktienrechtlichen Besonderheiten, namentlich die vom typischen GmbH-Gesellschafter abweichende Rechtsstellung des Aktionärs zu berücksichtigen[378], die ihrerseits keinerlei Weisungsbefugnis gegenüber dem Vorstand haben, wie auch kein laufendes Informationsrecht außerhalb der Hauptversammlung und der dort anstehenden Tagesordnung.[379] Da die Kapitalersatzregeln nun aber vom Gedanken der Verantwortung der Gesellschafter für eine ordnungsgemäße Unternehmensfinanzierung der Gesellschaft getragen werden, stelle sich in der Folge die Frage, inwieweit diese *Finanzierungsverantwortung* auch jedem einzelnen Aktionär obliege. Nach Ansicht des *BGH* könne diese Finanzierungsverantwortung nicht jeden Aktionär gleichsam und unabhängig von seiner Beteiligung treffen, vielmehr sei ein gewisses Mindestmaß an Einfluss auf die Gesellschaft erforderlich, sodass der *BGH* nur von einer derartigen Verantwortung ausgehen will, wenn der Aktionär zumindest über eine Sperrminorität verfügt.[380] Die grundsätzliche Erstreckung der Grundsätze des Kapitalersatzes auf die Aktiengesellschaft ist seitdem auch in der Literatur einhellig anerkannt.[381] Für die Übertragbarkeit der Grundsätze zum Kapitalersatz auch auf die Aktiengesellschaft gibt es eine Reihe von Gründen.

K. Schmidt führt dazu m. E. zutreffend aus, dass es beim Thema Eigenkapitalersatz um die unterschiedliche Behandlung von Eigen- und Fremdkapital gehe, und damit gleichermaßen um die Frage, welche in Kreditform zur Verfügung gestellten Mittel in Anbetracht ihrer Funktion als Risikokapital zu behandeln seien und damit als „Nachrangiges Haftkapital"[382] neben das Eigenkapital zu stellen seien.[383] Als Konsequenz daraus ergebe sich dann eben auch, dass immer dort wo Fremd- von Eigenkapital zu unterscheiden sei, sich auch die Frage nach Eigenkapitalersatz und seiner jeweiligen Behandlung stellen könne und damit dann eben auch bei eigenkapitalersetzenden Akti-

---

375 Westermann, ZIP 1983, 1281, 1282

376 BGHZ 90, 381 ff.

377 BGHZ 90, 381, 386 f.

378 BGHZ 90, 381, 387 f.

379 Vgl. § 131 AktG gegenüber § 51 a GmbHG

380 BGHZ 90, 381, 389 ff.

381 Statt aller: Lutter, in: Kölner Kommentar zum Aktiengesetz, § 57 Rn. 84 ff., 87; Wiesner, in: Münchner Handbuch des GesR IV, § 16 Rn. 50 ff.; Ketzer, Eigenkapitalersetzende Aktionärsdarlehen, S. 21; Müller, Gesellschafterdarlehen, S. 138 ff; Junker, ZHR 156 (1992), 394, 411 f.; Claussen; AG 1985, 173, 175/176; aA Bayer in: v. Gerkan/Hommelhoff, Handbuch des Kapitalersatzrechts, Rn. 11.32, S. 323, sowie Ehricke, Konzernunternehmen in der Insolvenz, S. 198 ff., die jeweils eine analoge Anwendung der §§ 32 a, 32 b GmbHG bejahen

382 Grundlegend dazu Lutter/Hommelhoff, ZGR 1979, 31, Hommelhoff, ZGR 1988, 460, 462 f.; vgl. auch unter C.I.1.a.iii.

383 K. Schmidt, ZIP 1991, 1, 2

onärsdarlehen.[384] Für *K. Schmidt* gelten diese Grundsätze damit überall dort, wo *Finanzierungsfreiheit*, *Finanzierungsverantwortung* und *Gläubigerschutz* gegeneinander abgewogen werden müssten.[385] Der Ansatz von *K. Schmidt* ist allerdings für die Aktiengesellschaft in dieser Generalität nur dann zutreffend, wenn das AktG, wie eben auch das GmbHG, im Hinblick auf die Gesellschafterfremdkapitalfinanzierung in der Krise, unter Berücksichtigung des allgemeinen Rechtsprinzips des angemessenen Ausgleichs von Chancen und Risiken, eine ergänzungsbedürftige Unvollständigkeit aufweisen würde. Denn tragendes Argument der Kapitalerhaltungsgrundsätze war, wie oben bei der GmbH erörtert[386], die Problematik, dass durch die Fortführung der Gesellschaft in der Krise mit Hilfe von Gesellschafterfremdkapital eine einseitige Risikoverlagerung auf die Gesellschaftsgläubiger eintrete.[387] Grundkonzeption des GmbH-Rechts wie auch des Aktienrechts ist allerdings eine Risikoteilung zwischen Gesellschaftern und Gläubigern entsprechend dem allgemeinen Rechtsprinzip. Das Aktienrecht ist dabei wie folgt ausgestaltet:

Den Aktionären steht der unternehmerische Bilanzgewinn zu, sofern er nicht durch Gesetz, Satzung oder Hauptversammlungsbeschluss von der Verteilung ausgeschlossen ist.[388] Weiterhin sollen die Aktionäre trotz fehlendem Einfluss auf die Geschäftsführung die eigentliche Verfügungsgewalt über die Aktiengesellschaft mittels der Hauptversammlung ausüben.[389] Darüber hinaus sind sie durch die Gewährung eines Haftungsprivilegs von der unbeschränkten Außenhaftung frei.[390] Damit stehen dem Aktionär also weit reichende Chancen zu, sodass der Gesetzgeber sicherstellen musste, dass dem auch die entsprechenden Risiken gegenüberstehen. Deutlich wird dies dadurch, dass die Aktionäre durch den Gesetzgeber verpflichtet werden, das satzungsmäßig festgelegte Grundkapital zum einen real aufzubringen[391], wie auch nominell zu erhalten.[392] Daneben ist aber trotz des vergleichsweise umfassenden Vermögensschutzes des § 57 I AktG auch in der AG das vor einer Rückführung an die Gesellschafter geschützte Gesellschaftsvermögen nicht für die Gläubiger als Garantiefond konzipiert, vielmehr stellt es das Betriebskapital der Gesellschaft dar, welches allerdings dann auch durch Verluste der Gesellschaft vermindert werden kann.[393] Damit befindet sich nun aber der Gläubiger der Aktiengesellschaft in einer entsprechenden Position wie auch der Gläubiger einer GmbH, weswegen auch hier das Risiko der Uneinbringlichkeit seiner Forderungen dadurch minimiert werden soll, dass auch nach der Konzeption des Aktiengesetzes die Stellung des Insolvenzantrages rechtzeitig erfolgen muss.[394]

---

384 K. Schmidt, ZIP 1991, 1, 2

385 K. Schmidt, in: Scholz, GmbHG, 9. Auflage, §§ 32a, 32b Rn 22

386 Siehe unter C.I.

387 Siehe oben unter C.I.

388 Vgl. §§ 58 IV, 60 AktG

389 Vgl. §§ 118 ff, 119 II AktG

390 Vgl. § 1 I S. 2 AktG

391 Vgl. § 27 II, 36 II, 54 II, III, 6 AktG, vgl. zu diesen Grundsätzen auch K. Schmidt, GesR, § 29 II 2, S. 887 ff. Lutter, in: Kölner Kommentar zum Aktiengesetz, § 66 Rn.2

392 Vgl. §§ 57, 58 IV; 62, 71 ff. AktG; vgl. zu diesen Grundsätzen auch K. Schmidt, GesR, § 29 II 2, S. 896 ff. ; Lutter, in: Kölner Kommentar zum Aktiengesetz, § 57 Rn.2

393 Immenga; ZIP 1983, 1405, 1408

394 Vgl. § 92 II AktG

Als Zwischenergebnis kann damit festgehalten werden, dass Aktiengesellschaft wie auch GmbH zumindest an dieser Stelle dieselben Grundprobleme aufwerfen. Konsequenz daraus muss dann m. E. aber auch sein, dass die Lösung des Problems, des „Zurverfügungstellens" von Gesellschafterfremdkapital in der Krise, ausgehend von den gleichen Grundüberlegungen, zu lösen ist. Mit anderen Worten ist auch der Aktionär grundsätzlich frei, der Gesellschaft über das gesetzliche Mindestgrundkapital hinaus weitere Kapitalmittel zur Verfügung zu stellen.[395] Dabei bleibt es ihm auch generell unbenommen, dies durch eine Darlehensfinanzierung vorzunehmen. Diese Art der Finanzierung soll demnach nicht durch die §§ 32 a, b GmbHG einem „grundsätzlichen Unwerturteil" unterworfen werden.[396] Auch bei der Aktiengesellschaft besteht somit eine entsprechende *Finanzierungsfreiheit* für die Gesellschafter. Demnach kann auch hier die schon bei der GmbH erörterte Situation eintreten, dass die Gesellschaft über den Punkt der Kreditunwürdigkeit hinaus durch die Gesellschafter mit Hilfe von Fremdkapital geführt wird, obwohl eigentlich aus kaufmännischer Sicht die Zuführung von Eigenkapital notwendig gewesen wäre. Da aber diese Konstellation auch vom AktG grundsätzlich zugelassen wird und damit die schon bei der GmbH aufgezeigten Gefahren für die Gläubiger auch hier entstehen, ist die Situation bei GmbH und Aktiengesellschaft damit hinsichtlich des *Gläubigerschutzes* insoweit vergleichbar[397], dass die gesetzlichen Regeln auch bei der Aktiengesellschaft unvollständig sind, mit der Folge, dass auch hier die durch Rechtsprechung und Lehre entwickelten Grundsätze des Kapitalersatzes Anwendung finden müssen.

C.II.1.b. Unternehmerisches Eigeninteresse des Aktionärs

Allerdings muss nun dabei eine nicht unbeachtliche Einschränkung vorgenommen werden, die sich auch auf die *Finanzierungsverantwortung* der einzelnen Gesellschafter bezieht. Es soll dabei, entsprechend der zutreffenden Ansicht des *BGH*[398], in diesem Punkt nur das Fremdkapital erfasst werden, welches von Aktionären, die über einen Gesellschaftsanteil von mindestens 25 % verfügen, zur Verfügung gestellt wurde.

Diese Einschränkung erklärt sich dadurch, dass GmbH und Aktiengesellschaft sich von ihrer gesetzlichen Grundkonzeption her grundlegend unterscheiden. Die Aktiengesellschaft ist im Gegensatz zur GmbH nicht als Mitunternehmergemeinschaft ausgestaltet, sondern als Publikumsgesellschaft angelegt. Damit sollte es großen Unternehmen ermöglicht werden, ihren großen Kapitalbedarf zu decken, indem sie ihre Mitgliedschaftsrechte an eine große Zahl von Anlegern verkaufen können.[399] In diesem Zusammenhang wird die Aktiengesellschaft daher auch häufig als so genanntes „Kapitalsammelbecken" bezeichnet.[400] Die Anteile einer Aktiengesellschaft sind demnach,

---

395 Ketzer, Eigenkapitalersetzende Aktionärsdarlehen, S. 20

396 Ulmer, ZIP 1984, 1163, 1166; Anders nur Flume, Die juristische Person, S. 84 f.; Immenga, Die personalistische Kapitalgesellschaft, S. 418 ff., 423

397 So im Ergebnis auch Ketzer, Eigenkapitalersetzende Aktionärsdarlehen, S. 47

398 BGHZ 90, 381, 389 ff.

399 Raiser/Veil, Kapitalgesellschaften, § 4 Rn. 11 ff., Wiedemann, Gesellschaftsrecht, § 2 II 2 c, S. 121 ff.

400 Wiedemann, Gesellschaftsrecht, § 2 II 2 c, S. 123; Kübler, Gesellschaftsrecht, § 14 II, S. 152; Assmann, in: Großkommentar zum Aktiengesetz, Einleitung Rn. 292 f.

ihrer Grundkonzeption nach, auf eine Vielzahl von Anlegern verteilt, die ihrerseits in den allermeisten Fällen reine Anlagezwecke mit ihrer Mitgliedschaft verbinden. Es wird damit sehr schnell der Unterschied zum Grundmodell der GmbH deutlich, bei der der Gesellschafter in aller Regel seine Gesellschafterstellung aufgrund eines direkten unternehmerischen Interesses an der Gesellschaft selbst begleitet.

An dieser Stelle zeigt sich daher, dass die zur GmbH entwickelten Grundsätze nicht ohne Modifikationen auf die Aktiengesellschaft Anwendung finden können, denn maßgeblicher Hintergrund der Kapitalersatzgrundsätze bei der GmbH ist es doch gerade, dass der Gesellschafter eine Doppelrolle einnimmt, und zwar einerseits als außerhalb der Gesellschaft stehender Darlehensgeber, und andererseits als Teil der Mitunternehmergemeinschaft und damit ein *unternehmerisches Eigeninteresse* verfolgt. Dieses Eigeninteresse weist der typische Aktionär allerdings in den seltensten Fällen auf, sodass diese Grundüberlegung und der damit einhergehende Interessenkonflikt für die Aktiengesellschaft nicht uneingeschränkt gelten kann. Die bloßen Kapitalanlageinteressen eines typischen Aktionärs wandeln sich erfahrungsgemäß erst dann in ein *unternehmerisches Interesse* an der Gesellschaft selbst um, wenn ein gewisses Mindestmaß an Einflussnahme auf die Unternehmensführung wie auch –politik möglich wird, de facto also erst dann, wenn der Aktionär selbst wiederum über eine *unternehmerische Beteiligung* verfügt.[401]

Die Rechtsprechung hat in diesem Zusammenhang eine Beteiligungsgrenze von 25 % als angemessen erachtet. Dabei stellt sie maßgeblich auf den Erhalt einer Sperrminorität ab, die in aller Regel faktisch einen erheblichen Einfluss auf die Geschicke der Gesellschaft ermöglicht.[402] Allerdings ist diese Grenze unter Berücksichtigung der zutreffenden *herrschenden Meinung* nicht absolut. Hat also ein Aktionär trotz geringerer Beteiligung tatsächlich aber doch Einfluss auf die Geschicke der Aktiengesellschaft, so unterfallen seine gewährten Fremdmittel den Bindungen des Kapitalersatzrechts.[403]

Ein weiteres, zugegebenermaßen rein rechtspolitisches Argument ergibt sich außerdem dann, wenn man die Situation für institutionelle Kreditgeber näher beleuchtet. Würde man nämlich die Grundlagen des Kapitalersatzes ohne die Einschränkung nach dem Anteil der Beteiligung anwenden, so würde sich in der Praxis das Problem stellen, dass Fremdmittel von institutionellen Kreditgebern, die wiederum im Rahmen ihres Wertpapiergeschäfts Anteile der jeweiligen Aktiengesellschaft halten, in der Krise den Bindungen des Kapitalersatzrechts unterfielen.[404] Ebendiese Problematik könnte überdies auch für Lieferanten der Aktiengesellschaft zutreffen, die offene Forderungen zunächst stehen gelassen haben, in der Hoffnung, diese zu einem späteren Zeitpunkt dann realisieren zu können.[405]

---

401 Eine solche wird vereinzelt auch für den GmbH-Gesellschafter verlangt, vgl. Ulmer, ZIP 1984, 1163, 1164

402 Schouler, Grundlagen des Eigenkapitalersatzrechts, S. 295

403 Junker, ZHR 156 (1992), 395, 403 ff.

404 Schouler, Grundlagen des Eigenkapitalersatzrechts, S. 293, ebendiese Problematik sieht auch Westermann, ZIP 1982, 379, 388, der allerdings daraus eine andere Konsequenz für die Anwendbarkeit der Kapitalersatzgrundsätze auf die AG zieht

405 Schouler, Grundlagen des Eigenkapitalersatzrechts S. 293

Die sich daraus ergebende wirtschaftliche Konsequenz ist ebenso offensichtlich wie unbeabsichtigt. Es könnten in derartigen Zeiten vernünftigerweise einer Aktiengesellschaft keine Fremdmittel mehr zugeführt werden, oder aber es könnten grundsätzlich keine Anteile von derartigen Gesellschaften erworben werden. Diese Konsequenz ist allerdings mit der oben skizzierten Grundidee der Aktiengesellschaft nicht zu vereinbaren, und liefe auch den Bestrebungen zuwider, diese Gesellschaftsform allgemein wirtschaftlich interessanter zu machen.

Selbst *Westermann*, der die grundsätzliche Übertragbarkeit der Grundsätze der GmbH auf die Aktiengesellschaft zumindest vor der Entscheidung des *BGH*[406] ablehnte, erkennt in diesem Zusammenhang die von der Rechtsprechung vorgenommene Einschränkung als Notwendigkeit an.[407] Er führt hierzu aus, dass dann, wenn entgegen seiner Auffassung die Grundsätze auch auf die Aktiengesellschaft angewendet würden, so doch zumindest die nicht maßgeblich beteiligten Aktionäre bzw. deren Aktionärsdarlehen ausgeklammert werden müssten.[408]

Zusammenfassend ist damit zunächst festzustellen, dass die Grundlagen des für die GmbH entwickelten Kapitalersatzrechts auch für die Aktiengesellschaft zumindest in eingeschränkter Form Geltung beanspruchen.[409]

C.II.1.c. Der Umfang der Sonderbehandlung als Eigenkapitalersatz

Umstritten ist nun an dieser Stelle allerdings nach wie vor der Umfang der eigenkapitalähnlichen Sonderbehandlung des Gesellschafterfremdkapitals in der Aktiengesellschaft.

Westermann ist dabei der Auffassung, dass jede Rückzahlung von Gesellschafterdarlehen außerhalb des Anteils am ordnungsgemäß ermittelten Gewinn unzulässig sei.[410] Dies begründet er damit, dass der aktienrechtliche Gläubigerschutz des § 57 AktG weiter gehe als der des GmbHG, weswegen diese Ungleichbehandlung angezeigt sei.

Derselben Ansicht ist in diesem Zusammenhang auch *Ketzer*, er führt hierzu aus, dass § 57 I AktG zwar missverständlich formuliert sei, aber nicht bloß die Einlagen erfasse, sondern das gesamte Vermögen der Aktiengesellschaft, weswegen daher auch gem. § 58 V AktG nur der ordnungsgemäß festgestellte und zur Ausschüttung beschlossene Bilanzgewinn ausschüttungsfähig sei.[411] Allerdings macht er auch deutlich, dass die Grundsätze der kapitalersetzenden Gesellschafterdarlehen auch auf die AG anwendbar sein sollen, da zumindest die Schutzrichtung bei beiden identisch sei.[412]

Andere wollen dagegen diejenigen Gesellschafterfremdmittel erfassen, welche rechnerisch zur Deckung des Grundkapitals und der Rücklage gem. §§ 150 I, II AktG, 272

---

406 BGHZ 90, 381 ff.

407 Westermann, ZIP 1983, 1281, 1284

408 Westermann, ZIP 1983, 1281, 1284

409 So im Ergebnis auch Ketzer, Eigenkapitalersetzende Aktionärsdarlehen, S. 21; Farrenkopf, Kapitalersetzende Gesellschafterdarlehen, S. 149; Müller, Gesellschafterdarlehen, S. 159

410 Westermann, ZIP 1982, 379, 387

411 Ketzer, Eigenkapitalersetzende Aktionärsdarlehen, S. 50

412 Ketzer, Eigenkapitalersetzende Aktionärsdarlehen, S. 50

II Nr. 1-3 HGB erforderlich sind.[413] Wieder andere dagegen wollen das Gesellschafterfremdkapital nur soweit von einer eigenkapitalähnlichen Sonderbehandlung erfasst sehen, soweit es rechnerisch zur Deckung des satzungsgemäßen Grundkapitals und einer darüber hinausgehenden Überschuldung erforderlich sei.[414]

Für die Problematik der Organkompetenz ist eine Auseinandersetzung mit diesen verschiedenen Ansätzen allerdings entbehrlich, sodass hierzu nicht weiter Stellung genommen wird.

C.II.2. Auswirkungen auf die Organkompetenz

Hinsichtlich der oben erörterten Problematik, wonach der Zusage selbst noch kein eigenkapitalersetzender Charakter zukommt, wohl aber dem dann auf deren Grundlage ausgezahlten Darlehen,[415] ergeben sich keinerlei Unterschiede zur Situation bei der GmbH. Wurde nun oben die grundsätzliche Anwendbarkeit der Grundlagen des Kapitalersatzes auch auf die Aktiengesellschaft bejaht, so stellt sich im Anschluss daran die Frage, ob damit auch das zur Organkompetenz bei der GmbH Gesagte ohne Weiteres auch für die Aktiengesellschaft gelten kann.

Auch hier besteht die gleiche Problematik wie bei der GmbH, da es auch dabei in erster Linie darum geht, mit der Liquiditätszusage die Kreditwürdigkeit der Gesellschaft zu erhöhen oder wiederherzustellen. Dabei treten dieselben Problemfelder auf, indem nun auch hier bereits im Vorfeld der Krise eine unternehmerische Leitentscheidung der Gesellschaft zu treffen ist, die Gesellschaft gegebenenfalls nicht zu liquidieren, sondern mit Fremdmitteln weiterzuführen und damit die Kapitalisierung zu erhöhen.[416] Auch hinsichtlich des Minderheitenschutzes im Rahmen der Mitgesellschafter gilt das bei der GmbH ausgeführte entsprechend.

Nach alledem ist damit entsprechend den Überlegungen bei der GmbH festzuhalten, dass m. E. auch die Annahme der Liquiditätszusage durch die Aktiengesellschaft nicht durch den Vorstand erfolgen kann. Dies muss aus denselben Gründen gelten, wie bei der GmbH und ihrem Geschäftsführer auch. Denn auch der Vorstand ist entsprechend den Regelungen des AktG nicht in der Lage, eine Kapitalerhöhung durchzuführen. Daher kann es ihm auch nicht durch den Umweg über ein eigenkapitalersetzendes Gesellschafterdarlehen ermöglicht werden, die Kapitalisierung der Gesellschaft selbstständig im Rahmen seiner Geschäftsführungsbefugnis aus § 77 AktG durchzuführen. Die schon bei der GmbH erörterte Vergleichbarkeit von Eigenkapital der Gesellschaft und Eigenkapitalersatz rechtfertigt auch bei der AG dieselben Anforderungen an die Organkompetenz der Gesellschaft. Mit anderen Worten ist also auch bei der Aktiengesellschaft für die Wirksamkeit der Annahme einer Liquiditätszusage ein Hauptversammlungsbeschluss notwendig, der auch zur Durchführung einer ordentlichen Kapitalerhöhung notwendig gewesen wäre.

---

413 Schwark, JZ 1984, 1036; Lutter, in: Kölner Kommentar zum Aktiengesetz, § 57 Rn. 94

414 Immenga, ZIP 1983, 1405, 1411 f., Ketzer, Eigenkapitalersetzende Aktionärsdarlehen, S. 185

415 Siehe oben unter C.I.1.a.iii. (2)

416 Vgl. oben die identischen Überlegungen zur GmbH

C.III. Ausblick: Die Auswirkungen des Gesetzes zur Modernisierung des GmbH-Rechts und zur Bekämpfung von Missbräuchen (MoMiG[417]) auf die Organkompetenz

Obschon zum Zeitpunkt der Abgabe der Arbeit, wie auch zum Zeitpunkt der Drucklegung noch nicht Gesetz, soll an dieser Stelle bereits ein Ausblick auf die sich abzeichnende grundlegende Änderung des Eigenkapitalersatzrechts durch das MoMiG erfolgen. Dies drängt sich hier schon deshalb auf, da insbesondere bei der Untersuchung der Organkompetenz verschiedentlich auf Parallelen zwischen Liquiditätszusage und eigenkapitalersetzenden Gesellschafterdarlehen hingewiesen wurde. Sollte aber das MoMiG tatsächlich in Form des nunmehr vorliegenden Gesetzesentwurfes der Bundesregierung[418] in geltendes Recht umgesetzt werden, so rechtfertigen diese Parallelen nicht mehr ohne Weiteres die dargestellten Ergebnisse, da ebendieses Eigenkapitalersatzrecht weit reichende Änderungen bzw. Streichungen erfahren wird.

Es soll daher im Folgenden untersucht werden, ob bzw. inwieweit die obigen Ausführungen zur Organkompetenz auch nach einer solchen Reformierung des Eigenkapitalersatzrechts noch Gültigkeit beanspruchen können oder ob in der geplanten Gesetzesänderungen eine gesetzgeberische Neuausrichtung enthalten ist, die auch die oben gefunden Ergebnisse in Frage stellt.

C.III.1. Die geplanten Gesetzesänderungen im Kapitalersatz- und Kapitalerhaltungsrecht

Zunächst sollen kurz die geplanten Gesetzesänderungen dargestellt werden. Es erfolgt an dieser Stelle bewusst keine umfassende Auseinandersetzung mit sämtlichen Teilaspekten des MoMiG[419], da weite Teile der geplanten Regelung für die hier untersuchten Fragestellungen ohne Belang sein dürften.

C.III.1.a. Der aktuelle Stand des Gesetzgebungsverfahrens

Am 29.05.2006 wurde der Referentenentwurf des MoMiG vorgelegt. Bereits dieser hat zahlreiche Reaktionen des Schrifttums ausgelöst.[420] Fast genau ein Jahr später wurde

---

417 Im Folgenden nur noch MoMiG

418 Im Folgenden: Regierungsentwurf

419 Vgl. dazu jeweils mit weiteren Nachweisen die Untersuchungen zum Referentenentwurf von Huber/Habersack, BB 2006, 1 ff.; K. Schmidt; ZIP 2006, 1925 ff.; ders., GmbHR 2007, 1 ff.; Kammeter/Geißelmeier, NZI 2007, 214 ff.; Eidenmüller, ZGR 2007, 168 ff.; Schäfer, DStR 2006, 2085 ff.; Römermann, GmbHR 2006, 673 ff.; Seibert, ZIP 2006, 1157 ff.; Haas, GmbHR 2006, 729 ff.; sowie bereits zum Regeierungsentwurf ebenfalls mit weiteren Nachweisen von K. Schmidt, GmbHR 2007, 1072 ff.; Wälzholz, DStR 2007, 1914 ff.; Heckschen, DStR 2007, 1442 ff.; Drygala, NZG 2007, 561 ff.; Breitenstein/Meyding, BB 2007, 1457 ff.; Noack DB 2007; 1395 ff.; Stellungnahme der Centrale für GmbH Dr. Otto Schmidt, GmbHR 2007, 754 ff.

420 Vgl. dazu eingehend: Bork, ZGR 2007, 250 ff.; Eidenmüller, ZGR 2007, 168 ff.; Schäfer, DStR 2006, 2085 ff.; Römermann, GmbHR 2006, 673 ff.; Seibert, ZIP 2006, 1157 ff.; Haas, GmbHR 2006, 729 ff.

schließlich am 23.05.2007 der Regierungsentwurf des MoMiG vorgelegt.[421] Auch dieser wurde vom juristischen Schrifttum bereits in verschiedenen Beiträgen kommentiert.[422] Am 23.01.2008 wurde der Rechtsausschuss des Bundestages zu der geplanten Gesetzesänderung angehört.[423] Ausweislich der Pressemitteilung des Deutschen Bundestages gingen zwar die Meinungen der Sachverständigen in einzelnen Teilbereichen der Reform noch auseinander[424], doch scheint insbesondere bei den angestoßenen weit reichenden Veränderungen des Eigenkapitalersatzrechts Einigkeit zu herrschen[425], weswegen insofern auch nicht von einer Kurskorrektur im weiteren Gesetzgebungsverfahren auszugehen ist. Nicht zuletzt auch angesichts der Vorabstimmung des Gesetzesentwurfs mit den rechtspolitisch maßgeblichen Kräften bis zum heutigen Tage, wird ein Inkrafttreten des MoMiG in der ersten Hälfte des Jahres 2008 erwartet.[426]

C.III.1.b. Die geplanten Änderungen des Rechts der kapitalersetzenden Darlehen im Einzelnen

Aufbauend auf den Grundlagenarbeiten von *Huber* und *Habersack*[427] sah zunächst der Referentenentwurf, und sieht nunmehr auch der Regierungsentwurf, eine grundlegende Reformierung des Rechts der kapitalersetzenden Darlehen vor:

Nach Maßgabe des Entwurfs sollen sowohl die Novellen- als auch die Rechtsprechungsregeln aufgehoben werden.[428] Zukünftig werden daher *sämtliche* Kreditforderungen eines Gesellschafters in der Insolvenz nur noch nachrangig berücksichtigt, was sich nicht zuletzt in einer neuen Fassung des § 39 InsO[429] widerspiegeln soll. Es wird also mit anderen Worten die Rechtsfigur *des eigenkapitalersetzenden Darlehens* insgesamt aufgegeben.[430] Die Sonderbehandlung der Gesellschafterdarlehen ist nach dem

---

421 Regierungsentwurfs eines Gesetzes zur Modernisierung des GmbH-Rechts und zur Bekämpfung von Missbräuchen (MoMiG), Beilage zu ZIP Heft 23/2007 und abzurufen unter http://www.gmbhr.de/volltext.htm

422 Breitenstein/Meyding, BB 2007, 1457 ff.; Noack DB 2007; 1395 ff.; Stellungnahme der Centrale für GmbH Dr. Otto Schmidt, GmbHR 2007, 754 ff.

423 http://www.bundestag.de/ausschuesse/a06/tagesordnungen/a06_085to.pdf; vgl. hierzu auch die Stellungnahmen der einzelnen Sachverständigen unter http://www.bundestag.de/ausschuesse/a06/anhoerungen/28_MoMiG/04_Stellungnahmen/index.htm

424 Hib-Meldung des Deutschen Bundestag, abrufbar unter http://www.bundestag.de/aktuell/hib/2008/2008_022/04

425 Vgl. insoweit bereits die Darstellung der zukünftigen Rechtslage bei Haas, ZInsO 2007, 617 ff.

426 So auch die Einschätzungen von Seibert, BB 2007, Heft 23 Kolumne: Die erste Seite; Noack; DB 2007, 1395, 1396

427 Huber/Habersack, BB 2006, 1 ff.

428 Vgl. dazu insbesondere Bayer/Graff, DStR 2006, 1654 ff.; Schiffer, BB 2006 Beilage 7, 14; K. Schmidt, ZIP 2006, 1925 ff.; Kleindiek, ZGR 2006, 335, 350 ff.; Schröder/Grau, ZInsO 2007, 353 ff.

429 Soweit Gesetze in der Fassung des Regierungsentwurfes zum MoMiG vom 23.5.2007 genannt werden sollen, so werden diese nachfolgend mit einem „-E" gekennzeichnet

430 Noack, DB 2007, 1395, 1397; Ekkenga, WM 2006, 1986; Breitenstein/Meyding, BB 2007, 1457, 1459; Bork, ZGR 2007, 250; Mülbert, WM 2006, 1977; Flitsch, DZWiR 2006, 397; Buck, Die Kritik am Eigenkapitalersatzgedanken, 2006 49 ff., 97 ff.; K. Schmidt, ZIP 2006, 1925

Konzept des Entwurfs nunmehr eine haftungs- und insolvenzrechtliche.[431] Sie erfasst alle Gesellschafterdarlehen und gleichgestellten Finanzierungen und hängt nicht mehr von dem bisher notwendigen Eigenkapitalersatztatbestand[432], namentlich der Gewährung derselben „in der Krise der Gesellschaft", ab.[433] Konsequenterweise sieht der Entwurf daher auch vor, die rechtsformspezifischen, gesellschaftsrechtlich und gerade nicht insolvenzrechtlich konzipierten Grundregeln der §§ 32 a, 32 b GmbHG abzuschaffen. Gleiches gilt für die in den §§ 129 a, 172 a HGB enthaltenen Verweisungsnormen. Auch diese Vorschriften werden aufgehoben,[434] da die neuen Regelungen rechtsformneutral gelten sollen[435] und demzufolge auch nicht mehr rechtsformspezifisch platziert werden. Die neuen Regelungen sollen vielmehr alle Gesellschaftsformen erfassen, bei denen kein persönlich haftender Gesellschafter eine natürliche Person ist und bei denen auch keine natürliche Person als Gesellschafter-Gesellschafter haftet.[436] Die durch den Entwurf gestrichenen Eigenkapitalersatzregeln werden dabei durch ein reines Insolvenzanfechtungskonzept ersetzt[437]: So sollen bereits erfolgte Erfüllungshandlungen bei Forderungen auf Rückgewähr eines Gesellschafterdarlehens gem. § 135 InsO-E[438] bzw. gem. § 6 AnfG-E[439] innerhalb der dort normierten Zeiträume stets vom Insolvenzverwalter bzw. vom Gläubiger selbst angefochten werden können.

Auch § 30 GmbHG wird geändert, indem durch § 30 I S. 2 GmbHG-E klargestellt wird, dass die in § 30 GmbHG enthaltene Auszahlungssperre nicht mehr wie bisher auf Gesellschafterdarlehen angewandt werden soll.[440] Dadurch wird die von der Rechtsprechung seit geraumer Zeit praktizierte[441] parallele Anwendung des Rechts der Kapitalerhaltung auf Gesellschafterdarlehen aufgegeben.[442] Diese Änderung stößt auf ge-

---

431 Vgl. Begründung des Regierungsentwurf S. 61, abzurufen unter http://www.gmbhr.de/volltext.htm; so überdies auch schon zum Referentenentwurf: K. Schmidt, in: Scholz, GmbHG, §§ 32a, 32b Rn. 256; zu den geplanten Gesetzesänderungen im Insolvenzrecht vgl. die Ausführungen unter C.IV.1.

432 Vgl. dazu die Ausführungen unter C.I.1.a.

433 So auch schon zum Referentenentwurf: Bork, ZGR 2007, 250, 254; K. Schmidt, in: Scholz, GmbHG, §§ 32a, 32b Rn. 256

434 Vgl. Art 1 Nr. 22, Art 3. Nr. 11; Art. 3 Nr. 13 des Regierungsentwurfes, abzurufen unter http://www.gmbhr.de/volltext.htm

435 Vgl. Begründung des Regierungsentwurf S. 61, abzurufen unter http://www.gmbhr.de/volltext.htm

436 So schon zum Referentenentwurf: K. Schmidt, in: Scholz, GmbHG, §§ 32a, 32b Rn. 256

437 Vgl. Art. 9 Nr. 5 und insbesondere Art 9 Nr. 8 des Regierungsentwurfs

438 Vgl. Art. 9 Nr. 8 des Regierungsentwurfs, abzurufen unter http://www.gmbhr.de/volltext.htm

439 Vgl. Art. 11 Nr. 1 des Regierungsentwurfs, abzurufen unter http://www.gmbhr.de/volltext.htm

440 Vgl. Regierungsentwurf Art. 1 Nr. 20, sowie die Begründung des Regierungsentwurf S. 61, abzurufen unter http://www.gmbhr.de/volltext.htm

441 So die zur aktuellen Rechtslage entwickelten so genannten „Rechtssprechungsregeln"; vgl. dazu BGH NJW 1960; 285, 288; NJW 1977, 104, 105; NJW 1980, 592; NJW 1981, 2570, 2571; NJW 1982, 383, 384; GmbHR 1988, 301, 302; NJW 1993, 3265, 3266; NJW 1994, 2760, 2764; NJW 1996, 1341, 1342; ZIP 2001, 235; NZG 2005, 179; sowie K. Schmidt, in: Scholz, GmbHG §§ 32a, 32b Rn. 78 mwN aus der Rechtsprechung

442 So ausdrücklich die Begründung des Regierungsentwurf S. 61, abzurufen unter http://www.gmbhr.de/volltext.htm; vgl. dazu statt aller: K. Schmidt, in: Scholz, GmbHG §§ 32a, 32b Rn. 238 bzw. § 30 Rn. 71; ders., ZIP 2006, 1925, 1933 (beides noch zum Referentenentwurf)

teiltes, wenngleich überwiegend zustimmendes Echo in der Literatur.[443] Zukünftig sind also als Fremdkapital gegebenen Beträge grundsätzlich nie dem Eigenkapital der Gesellschaft zuzurechnen.[444] Die bisherige Unterscheidung zwischen „normalen" und „kapitalersetzenden" Gesellschafterdarlehen wird dadurch ausdrücklich aufgegeben[445], weswegen zukünftig auch die Rückzahlung von Gesellschafterdarlehen während des „normalen Lebens" der Gesellschaft stets unproblematisch möglich sein soll. Mithin soll insbesondere der Geschäftsführer oder Vorstand der Gesellschaft nicht mehr berechtigt sein, den Abzug von Gesellschafterleistung außerhalb des Insolvenzverfahrens zu verhindern.[446]

Ausweislich der Begründung beabsichtigt der Reformgeber mit diesen weit reichenden Eingriffen in das Kapitalersatz- und Kapitalerhaltungsrecht in erster Linie eine Vereinfachung des Rechts der GmbH.[447] Diese Grundkonzeption des MoMiG wird dabei – soweit ersichtlich – bislang überwiegend auch von der juristischen Literatur[448] begrüßt und stößt nur vereinzelt auf Ablehnung.[449]

C.III.2. Die konkreten Auswirkungen auf die Organkompetenz bei der Liquiditätszusage

i Die Aufgabe des Eigenkapitalersatzrechts

Ausweislich der Begründung des Regierungsentwurfs strebt der Gesetzgeber insbesondere nach einer Vereinfachung des geltenden Rechts. Im Zusammenhang mit der Rechtsfigur des Eigenkapitalersatzrechts ist dem Reformvorhaben zudem die klare Wertung zu entnehmen, zukünftig keine Unterscheidung mehr nach der Art des Gesellschafterdarlehens vorzunehmen und die bislang für eigenkapitalersetzende Darlehen

---

443 Ablehnend etwa Bork, ZGR 2007, 250, 264 f.; Kleindiek, ZGR 2006, 335, 352 f., 355 ff.; Hommelhoff, in: Gesellschaftsrechtliche Vereinigung, Die GmbH-Reform in der Diskussion, 2006, S. 115, 119 ff.; grundsätzlich zustimmend wohl Beschluss E. IV. 17. der Beschlüsse des 66. Deutschen Juristentags, GmbHR 2006, XXX; Bayer/Graff, ,DStR 2006, 1654, 1656 f.; Breitenstein/Meyding, BB 2006, 1457, 1461; Flesner, NZG 2006, 641, 647; Gesmann-Nuissl, WM 2006, 1756, 1761

444 Vgl. Begründung des Regierungsentwurf S. 61, abzurufen unter http://www.gmbhr.de/volltext.htm

445 Vgl. Begründung des Regierungsentwurf S. 61, abzurufen unter http://www.gmbhr.de/volltext.htm

446 So noch zum Referentenentwurf: K. Schmidt, in: Scholz, GmbHG, §§ 32a, 32b Rn. 256

447 Vgl. Begründung des Regierungsentwurf S. 61, abzurufen unter http://www.gmbhr.de/volltext.htm

448 Vgl. hierzu v. a. Bork, ZGR 2007, 250 ff.; Bayer/Graff, DStR 2006, 1654 ff.; Römermann, GmbHR 2006, 673, 677 f.; Schäfer, DStR 2006, 2085, 2086 ff.; Mülbert, WM 2006, 1977, 1978 mwN

449 Zur Verteidigung der alten Rechtsordnung etwa Hommelhoff, in: Gesellschaftsrechtliche Vereinigung, Die GmbH-Reform in der Diskussion, 2006, S. 115 ff.

vorgenommene ausnahmsweise Zurechnung zum Eigenkapital der Gesellschaft aufzugeben.[450]

Vor dem Hintergrund dieser neuen gesetzgeberischen Wertung lässt sich aber der noch weiter oben zur aktuellen Rechtslage vertretene Ansatz, wonach die rechtswirksame Annahme der Liquiditätszusage durch die Gesellschaft in Anlehnung an die Erfordernisse bei eigenkapitalersetzenden Darlehen einen qualifizierten Gesellschafterbeschluss erfordere[451], nicht mehr ohne Weiteres aufrechterhalten. So wurde als Rechtfertigung für eine entsprechende Sonderbehandlung des eigenkapitalersetzenden Gesellschafterdarlehens bisher stets seine „Nähe“[452] zum Eigenkapital der Gesellschaft hervorgehoben. Dieser Begründungsansatz wird aber nun durch das MoMiG in Zweifel gezogen, da zukünftig eine Differenzierung zwischen eigenkapitalersetzenden Darlehen und „normalen“ Gesellschafterdarlehen ausdrücklich entfallen soll und demnach Fremdkapital nicht mehr – auch nicht im Ausnahmefall – dem Eigenkapital *zugerechnet* werden soll.[453] Diese Konzeptionsänderung führt nun aber unweigerlich dazu, dass auch die bisherige Rechtfertigung für das Aufstellen zusätzlicher Anforderungen an das wirksame Zustandekommen einzelner Gesellschafterdarlehen entfallen wird. Es wird demzufolge zukünftig möglich sein, die Annahme jedes Gesellschafterdarlehens – unabhängig davon ob eigenkapitalersetzend oder nicht – rechtswirksam auch ohne einen entsprechenden Gesellschafterbeschluss zu erklären.

Der – theoretisch ebenfalls denkbare – konträre Ansatz, der vor dem Hintergrund dieser Gleichstellung die Annahme *sämtlicher* Gesellschafterdarlehen dem Erfordernis eines qualifizierten Gesellschafterbeschluss unterstellen will, überzeugt nicht. Zwar könnte man sich zunächst, ausgehend vom reinen Wortlaut der geänderten Vorschriften, durchaus auf den Standpunkt stellen, der Gesetzgeber ordne nunmehr für sämtliche Gesellschafterdarlehen einen Nachrang in der Insolvenz der Gesellschaft an, was wiederum gerade für das Eigenkapital der Gesellschaft typisch sei und was doch zumindest auf Rechtsfolgenseite zu einer Annäherung von Gesellschafterfremdfinanzierung und Eigenkapitalausstattung führe. Demnach könnte dann aber weiter argumentieren werden, der Gesetzgeber wolle durch diese Annäherung der Rechtsfolgen die bislang lediglich für die eigenkapitalersetzenden Gesellschafterdarlehen bestehende Vergleichbarkeit mit dem Eigenkapital für alle Gesellschafterdarlehen herstellen, was im Ergebnis aber auch dazu führen müsse, dass zukünftig die Annahme sämtlicher Gesellschafterdarlehen dem Erfordernis eines Gesellschafterbeschlusses unterworfen sein solle.

Gegen diesen Ansatz spricht jedoch bereits die in der Begründung des Regierungsentwurfs enthaltene Zielsetzung des Vorhabens: So sollen die Gesetzesänderungen zu einer *Vereinfachung* des Rechts der GmbH führen[454]. Ferner soll die Attraktivität die-

---

450 Vgl. Begründung des Regierungsentwurf S. 61, abzurufen unter http://www.gmbhr.de/volltext.htm
451 Vgl. hierzu unter C.I.3.
452 Vgl. hierzu unter C.I.2.
453 Vgl. hierzu ausdrücklich die Begründung des Regierungsentwurf S. 61, abzurufen unter http://www.gmbhr.de/volltext.htm
454 Vgl. Regierungsentwurf S.1, abzurufen unter http://www.gmbhr.de/volltext.htm

ser Gesellschaftsform mittels zahlreicher Deregulierungen gesteigert werden.[455] Würde man nun aber jede Annahme eines Gesellschafterdarlehens einem zusätzlichen Wirksamkeitserfordernis, namentlich dem Erfordernis eines entsprechenden Gesellschafterbeschlusses, unterstellen, so würde der mit der Reform verbundene Ansatz der Vereinfachung zumindest in diesem Teilbereich konterkariert. Schlussendlich enthält die Begründung des Regierungsentwurfs ferner die insoweit eindeutige Wertung, wonach die als Fremdkapital gegebenen Beträge gerade nicht dem Eigenkapital zuzurechnen seien.[456] Damit macht bereits die Begründung selbst unmissverständlich deutlich, dass die Änderung des Regelungskonzepts keinesfalls so interpretiert werden darf, zukünftig etwa sämtliche Gesellschafterdarlehen dem Eigenkapital anzunähern und Sonderregeln für diese aufzustellen.

ii Die Fortgeltung der Rechtsprechungsregeln über die Finanzplankredite

Ungeachtet der oben bezeichneten Streichung der §§ 32a, 32b GmbHG, sowie der Neufassung des § 30 I GmbHG und der damit einhergehenden intendierten „Abschaffung" der Rechtsprechungsregeln[457] lässt der Entwurf jedoch die vom *BGH* entwickelte Finanzplanrechtsprechung[458] unberührt.[459]

Vor diesem Hintergrund stellt sich die Frage, ob das noch oben – unter Zugrundelegung der aktuellen Rechtslage – erörterte Erfordernis eines entsprechenden Gesellschaftervotums[460] nicht auch nach Änderung bzw. Streichung der eigenkapitalersatzrechtlichen Vorschriften weiterhin Bestand haben kann und sich ein entsprechendes Erfordernis nicht zumindest aus der Ähnlichkeit von Liquiditätszusage und Finanzplankredit ableiten und somit aufrechterhalten lässt. Namentlich ist zu fragen, ob die vom *BGH* im Zusammenhang mit den Finanzplankrediten aufgestellten Grundsätze[461] auch für die Liquiditätszusage entsprechend gelten und insbesondere auch schon im Rahmen der Wirksamkeitserfordernisse der beiden Rechtsinstitute parallele Anwendung finden können.

Unbestritten weisen Finanzplankredit und Liquiditätszusage verschiedene Parallelen auf.[462] Ferner ist gemeinhin davon auszugehen, dass jedenfalls die Finanzplanabrede nur unter Mitwirkung *sämtlicher* Gesellschafter wird gefasst werden können.[463] Fraglich erscheint jedoch, ob bereits die vorhandenen Parallelen zwischen den beiden

---

455 Vgl. Regierungsentwurf S.1, abzurufen unter http://www.gmbhr.de/volltext.htm

456 Vgl. Begründung des Regierungsentwurf S. 61, abzurufen unter http://www.gmbhr.de/volltext.htm

457 Art 1 Nr. 20 des Regierungsentwurfs; vgl. dazu auch K. Schmidt, in: Scholz, GmbHG, §§ 32a, 32b Rn. 240, 241; ders., ZIP 2006, 1925, 1933 (beides noch zum Referentenentwurf)

458 BGH NJW 1999, 2809; vgl. dazu auch weiter unten unter F. III. 2. a.

459 K. Schmidt, in: Scholz, GmbHG, §§ 32a, 32b Rn. 240, 241; ders., ZIP 2006, 1925, 1933 (beides noch zum Referentenentwurf)

460 Vgl. dazu die Ausführungen unter C.I.3.

461 BGH NJW 1999, 2809; vgl. dazu auch weiter unten unter F.III.2.a.

462 Vgl. hierzu ausführlich unter F.III.2.

463 Vgl. hierzu ausführlich unter F.III.2. a.

Rechtsinstituten ausreichen können, ein entsprechendes[464] Wirksamkeitserfordernis, namentlich einen zustimmenden Gesellschafterbeschluss, bei der annehmenden Gesellschaft für die Liquiditätszusage zu rechtfertigen. Zwar sind m. E. die Ähnlichkeiten der beiden Rechtsinstitute in anderem Zusammenhang durchaus geeignet, einen teilweisen Gleichlauf der Lösungen für beide Rechtsinstitute zu rechtfertigen[465], doch gilt dies bei den hier untersuchten Anforderungen an die Organkompetenz. gerade nicht:

Das Rechtsinstitut des Finanzplankredits ist maßgeblich durch eine vertragliche Übereinkunft aller Gesellschafter untereinander gekennzeichnet.[466] Daran ändert auch der Umstand nichts, dass möglicherweise ebenso die Gesellschaft selbst in die Finanzplanabrede mit einbezogen wird, denn zwingende Voraussetzung ist die letztgenannte Einbeziehung freilich nicht.[467] Nach richtigem Verständnis ergibt sich daher bei diesem Rechtsinstitut der *einlageähnliche Charakter* desselben und damit die vom *BGH* statuierte Bindung der Gesellschafter[468] bereits aus der besonderen Art des Zustandekommens der schuldrechtlichen Abrede selbst und dabei namentlich aus der Beteiligung aller Gesellschafter. Eine so getroffenen Abrede im Gesellschafterkreis gleicht – wertungsmäßig betrachtet[469] – einer Vereinbarung der Gesellschafter, ihrer Gesellschaft *Eigenkapital* zuzuführen, weswegen hierin bereits die eigentliche Rechtfertigung für ihre *Sonderbehandlung*, namentlich die Rechtfertigung für die sinngemäße Anwendung der gesetzlichen Regelungen über die Erfüllung von Einlagepflichten auch auf den Finanzplankredit liegt.[470] Die *Sonderbehandlung* des Finanzplankredits ergibt sich also bereits aus der Finanzplanabrede selbst und wird demzufolge auch durch die Streichung der eigenkapitalersatzrechtlichen Regelungen nicht berührt.

Grundlegend anders jedoch ist die Situation bei der Liquiditätszusage: Bei der Erteilung derselben selbst sind nicht zwingend alle Gesellschafter beteiligt, vielmehr wird diese im Regelfall zumeist nur von einem einzelnen Gesellschafter erteilt werden. Erst ein obligatorischer Gesellschafterbeschluss, dessen Rechtfertigung hier erst zu begründen ist, würde demnach die Mitwirkung sämtlicher Gesellschafter an dieser Finanzierungsmaßnahme sicherstellen.[471] Aus diesem Umstand wird aber bereits ersichtlich, warum der bloße Verweis auf die Ähnlichkeit zum Finanzplankredit nicht geeignet sein kann, das Erfordernis eines annehmenden Gesellschafterbeschlusses bei der Liquiditätszusage zu rechtfertigen:

Während beim Finanzplankredit der *einlageähnliche Charakter* der eingegangenen Verpflichtung bereits aus der zwischen den Gesellschaftern untereinander getroffenen Abrede selbst folgt, ergibt sich die *Einlageähnlichkeit* der Liquiditätszusage[472] - und

---

464 Beim Finanzplankredit bedarf freilich die Annahme der „einlageähnlichen Mittel" keiner entsprechenden Zustimmung der Gesellschafterversammlung der annehmenden Gesellschaft mehr

465 Vgl. hierzu die Ausführungen im Zusammenhang mit der Kündbarkeit der Zusage unter F.III.2.b.

466 BGH NJW 1999, 2809

467 BGH NJW 1999, 2809

468 BGH NJW 1999, 2809, 2810; vgl. dazu auch die Ausführungen unter F.III.2.a.

469 Bormann spricht in diesem Zusammenhang vom *„materiellen Eigenkapitalcharakter"*, Bormann, DB 2006, 2616; ders., Eigenkapitalersetzende Gesellschafterleistungen, 2001, S. 196 ff.

470 BGH NJW 1999, 2809, 2810; vgl. dazu auch die Ausführungen unter F.III.2.a.

471 Gerade darin liegt ja auch der Hauptgrund für das Aufstellen eines solchen Erfordernisses; vgl. dazu bereits die Ausführungen unter C.I.2. bzw. C.I.3.

472 Unter Zugrundelegung der aktuell geltenden Rechtslage vor Einführung des MoMiG

damit die Rechtfertigung für ihre *Sonderbehandlung* – erst durch einen später eintretenden, wenngleich von den Beteiligten möglicherweise vorhergesehenen, *zusätzlichen* äußeren Umstand, namentlich den *Eintritt der Krise*. Mithin führt unter Zugrundelegung der aktuellen Rechtslage also erst das Hinzutreten eines weiteren äußeren Umstandes zur Rechtfertigung einer Sonderbehandlung des Rechtsinstituts als solches und damit zur Rechtfertigung des Erfordernisses eines Gesellschafterbeschlusses. Ebendieser bisher maßgebliche Umstand wird jedoch durch den Gesetzgeber zukünftig ausdrücklich für irrelevant und ungeeignet erklärt, eine unterschiedliche rechtliche Behandlung verschiedener Gesellschafterfremdfinanzierungen zu rechtfertigen. Die Aussage des Gesetzgebers ist also insoweit eindeutig und kann auch nicht durch den bloßen Verweis auf die Ähnlichkeit zu einem anderen, nicht von der Gesetzesänderung betroffenen, Rechtsinstitut entkräftet werden. Es wird deshalb zukünftig bei entsprechender Beachtung der Intention des Gesetzgebers nicht mehr möglich sein, zusätzliche rechtliche Erfordernisse für eine wirksame Annahmeerklärung der Liquiditätszusage durch die Gesellschaft aufzustellen. Während somit die Einführung des MoMiG keine Auswirkungen auf die rechtliche Behandlung des Finanzplankredits haben wird, entzieht sie dem bislang aufgestellten Erfordernis eines entsprechenden Gesellschafterbeschlusses bei der Liquiditätszusage seine gesetzliche Rechtfertigung. Die rechtswirksame Annahme einer Liquiditätszusage wird also zukünftig vom Geschäftsführer oder Vorstand auch ohne entsprechende Beteiligung der Gesellschafter oder Aktionäre[473] möglich sein.

---

473 Wie oben ausgeführt, beabsichtigt der Gesetzgeber eine rechtsformneutrale Ausgestaltung der Gesellschafterdarlehen. Für die Aktiengesellschaft gilt entsprechendes

D. Die Auswirkungen der wirksamen Liquiditätszusage

D.I. Die Auswirkungen auf die Überschuldung nach § 19 InsO

Liquiditätszusagen werden sehr häufig dann abgegeben, wenn sich die zu unterstützende Gesellschaft in einem Stadium der drohenden oder gar der bereits bestehenden Überschuldung befindet.

Allerdings sind mit der Überschuldung sowohl für die Organe der Aktiengesellschaft wie auch für die der GmbH verschiedene, äußerst einschneidende Konsequenzen verbunden. In diesem Zusammenhang ist nicht zuletzt an die gesetzlich vorgegebenen Insolvenzantragspflichten des § 92 AktG wie auch des § 64 GmbHG zu denken. Durch diese Regelungen werden Vorstand bzw. Geschäftsführer der jeweiligen Gesellschaft zu einer Insolvenzantragsstellung verpflichtet und an die Missachtung dieser Verpflichtung empfindliche, persönliche, sowohl zivil- als auch strafrechtliche Konsequenzen geknüpft.

Haben aber Muttergesellschaft oder Gesellschafter nach wie vor Vertrauen in die sich in der Krise befindliche Gesellschaft und wollen diese daher eine derartige Verpflichtung des Vorstandes oder des Geschäftsführers verhindern, so bleibt ihnen vom Grundsatz her nur noch die Möglichkeit, die vorliegende Überschuldung der Gesellschaft zu beseitigen.

Um dieses Ziel zu erreichen, wird nun häufig, statt der „klassischen" Möglichkeit, der überschuldeten Gesellschaft Eigenkapital zuzuführen, auch die Abgabe einer Liquiditätszusage zur Überwindung der Überschuldung erwogen. Dieses in der Wirtschaftspraxis beobachtete Verhalten macht aber unter rechtlichen Gesichtspunkten nur dann Sinn, wenn dadurch überhaupt eine Abwendung der Überschuldung erreicht werden kann und daher Vorstand oder Geschäftsführer von ihrer gesetzlich normierten Insolvenzantragspflicht auch tatsächlich befreit werden können.

Um eine abschließende Bewertung vornehmen zu können, ist zunächst der insolvenzrechtliche Überschuldungstatbestand und die dahinter stehende gesetzliche Wertung zu untersuchen.

D.I.1. Der Zweck des Insolvenzgrundes der Überschuldung

D.I.1.a. Die Motive des historischen Gesetzgebers

Während die Zahlungsunfähigkeit gem. §§ 11, 17 I InsO einen allgemeinen Insolvenzeröffnungsgrund bei allen insolvenzfähigen Rechtssubjekten darstellt, ist der Tatbestand der Überschuldung dadurch gekennzeichnet, dass er gem. § 19 I InsO nur bei juristischen Personen einen solchen darstellt.

Er erfasst damit also nur diejenigen Rechtssubjekte, deren Haftung auf das Vermögen des Rechtssubjekts selbst beschränkt ist.

In der Begründung zu § 64 GmbHG heißt es daher auch:

> *„Da für die Verbindlichkeiten der Gesellschaft nur das Gesellschaftsvermögen haftet, so muss die Eröffnung des Konkurses nicht bloß bei Eintritt der Zahlungsunfähigkeit, sondern auch im Falle der Überschuldung stattfinden."*

Damit wird ersichtlich, dass diese Haftungsbeschränkung für den historischen Gesetzgeber die Motivation zur Einführung des Insolvenzeröffnungsgrundes[474] der Überschuldung war.[475] Die Verfahrenseröffnungsgründe der Konkursordnung wurden ohne wesentliche Veränderungen in die Insolvenzordnung übernommen. Der Gesetzgeber hat darüber hinaus als zusätzlichen Insolvenzeröffnungsgrund die drohende Zahlungsunfähigkeit gem. § 18 InsO aufgenommen. Damit wird deutlich, dass auch der Gesetzgeber der Insolvenzordnung in der fehlenden persönlichen Haftung die Legitimation für den Insolvenzeröffnungsgrund der Überschuldung sieht.

Demgegenüber hat bereits der historische Gesetzgeber die Ausdehnung des Konkursgrundes der Überschuldung auf natürliche Personen abgelehnt. In den Motiven zu derselben heißt es:[476]

> *Was sie (die Gläubiger; der Verf.) zu fordern haben ist Befriedigung; ob sie dies aus den eigenen Mitteln des Gemeinschuldners erlangen, oder vermöge des demselben noch zustehenden Kredits, ist für sie unerheblich. Kredit ist im Verkehrsleben Vermögen.*

Sowie weiter unten:[477]

> *„So lange derselbe (der Gemeinschuldner; der Verf.) seinen Verbindlichkeiten nachkommt, hat niemand das Recht, in seine Verhältnisse sich einzudrängen, ihn aus dem Besitz zu setzen und seine produktive Tätigkeit zu unterbrechen, möchte auch bei gleichzeitigem Andrängen aller Gläubiger sein Vermögen zur vollständigen Befriedigung derselben nicht ausreichen."*

Damit zeigt sich aber, dass der persönliche Kredit, im Sinne eines Vertrauens in die Kreditwürdigkeit, der natürlichen Personen im Verkehrsleben entgegengebracht wird, als entscheidendes Argument gegen die Einführung des Konkursgrundes der Überschuldung bei natürlichen Personen angesehen worden war. Da Kredit im Verkehrsleben allerdings Vermögen darstellt, kann auch der bilanziell überschuldete, aber persönlich kreditwürdige Schuldner seine Gläubiger noch befriedigen. Dieser persönliche Kredit resultiert aber nach der Auffassung des Gesetzgebers allein in der jeweils unbeschränkten Haftung, wie sich insbesondere aus folgender Überlegung des historischen Gesetzgebers ergibt:[478]

> *„Während ein Schuldner sonst mit seinem zukünftigen Vermögen den Gläubigern verhaftet bleibt, während Ehre und Kreditwürdigkeit ihm verbieten, die Gläubiger in größere Verluste*

---

[474] Damals noch Konkurseröffnungsgrund
[475] Siehe insbesondere die Motive zur Konkursordnung, abgedruckt in Hahn, Materialien IV, S. 375
[476] Hahn, Materialien IV, S. 291
[477] Hahn, Materialien IV, S. 292
[478] Hahn, Materialien IV, S. 390

zu ziehen, sind die Gläubiger der Aktiengesellschaft ausschließlich auf das Vermögen des Kapitalvereins angewiesen.“

Vor dem Hintergrund dieses allgemeinen Verständnisses wird somit die Wertung des Gesetzgebers verständlich, der den Insolvenzeröffnungsgrund der Überschuldung nur auf beschränkt haftende Rechtssubjekte anwendet.

D.I.1.b. Die Absicherung des Prinzips der beschränkten Haftung

Ganz allgemein lässt sich zunächst festhalten, dass jedwede Haftungsbeschränkung eine Belastung des Rechtsverkehrs darstellt. Daher bedarf sie bereits als solche einer besonderen Legitimation.

Diese erfolgt gesetzestechnisch durch ein System der Kapitalerhaltung, wie es wiederum für Kapitalgesellschaften typisch ist und sich daher auch nur bei diesen finden lässt.[479]

Die Gesellschafter einer Kapitalgesellschaft haften nicht mit ihrem persönlichen Vermögen für die Verbindlichkeiten der Gesellschaft, vielmehr müssen sie der Gesellschaft einen Haftungsfonds[480] zur Verfügung stellen, was sie durch Einlegung des Mindestkapitals in die Gesellschaft bei deren Gründung vornehmen. Dieser Haftungsfonds gewährleistet zwar nicht unter allen Umständen auch eine vollständige Befriedigung der Gläubiger der Gesellschaft, doch ist die Haftung der Gesellschaft aber auch nicht auf dieses von den Gesellschaftern selbst investierte Kapital beschränkt, vielmehr steht den Gläubigern das gesamte Gesellschaftsvermögen als Haftungskapital zur Verfügung. Im Ergebnis bedeutet das dann, dass für den Fall, dass die Gesellschaft Gewinne thesauriert hat, das Eigenkapital der Gesellschaft, welches dem Verlustausgleich dient, höher ist als das investierte Kapital.

Hinsichtlich dieses Haftungsfonds der Gesellschaft enthält das Gesetz nun verschiedenste Regelungen, die neben dem Mindestkapital auch Regelungen über die Aufbringung des vereinbarten Stamm- bzw. Grundkapitals, die Erhaltung des aufgebrachten Kapitals, wie auch über Verbote von Rückzahlungen so genannter eigenkapitalersetzenden Gesellschafterdarlehen enthalten.[481] Im Rahmen dieser gesetzlichen Regelungen kommt nun aber dem insolvenzrechtlichen Überschuldungstatbestand und seiner Rechtsfolge der Insolvenzantragspflicht des Vorstandes bzw. Geschäftsführers, die Aufgabe zu, dieses System der Kapitalaufbringung und Kapitalerhaltung abzusichern.[482]

Mit anderen Worten bedeutet dies, dass für den Fall, dass das Vermögen der Gesellschaft verwirtschaftet wurde, für eine gesetzlich angeordnete Haftungsbeschränkung

---

479 K. Schmidt, GesR, § 18 IV 1 b bb; Roth, ZGR 1986, 371, 379; ders., GmbHR 1985, 137, 140; Ketzer, Eigenkapitalersetzende Aktionärsdarlehen, S. 2 ff.; Lutter/Hommelhoff, ZGR 1979, 31, 57 ff.; Habersack, in: Ulmer/Habersack/Winter, GmbHG, § 30 Rn. 1; Ulmer, in: Hachenburg, GmbHG, Anh. § 30 Rn. 52; Lutter, in: FS Riesenfeld, S. 165, 168; aA: dagegen Lehmann, ZGR 1986, 345, 354, der die Rechtfertigung im volkswirtschaftlichen Effekt der Kapitalakkumulation zur Finanzierung von unternehmerischem Handeln sieht

480 Wüst, JZ 1985, 817, nennt diesen „Risikopolster“ oder „Präventivpuffer“

481 Vgl. hierzu und zur Systematisierung dieser Regelungen K. Schmidt, GesR, § 18 IV 1 b bb

482 BGH ZIP 1994, 1103, 1109; dazu Wilhelm, EWiR 1994, 791

auf dieses Vermögen keinerlei Rechtfertigung mehr bestehen kann. Allerdings soll nach dem gesetzlichen Leitbild nun gerade keine persönliche Haftung der Gesellschafter eintreten, sondern Geschäftsführer bzw. Vorstand sollen verpflichtet werden, durch ihre Insolvenzantragspflicht eine rechtzeitige Beseitigung der Gesellschaft und damit ihr Ausscheiden aus dem Erwerbsleben zu veranlassen.[483] Zusammengefasst heißt das, dass für den Fall, dass der Haftungsfonds der Gesellschaft aufgezehrt ist, diese nicht mehr fortgeführt werden darf.[484]

D.I.1.c. Die Auflösung der Kapitalgesellschaften durch Eröffnung des Insolvenzverfahrens

Ein weiterer wesentlicher Unterschied zwischen Kapitalgesellschaften und natürlichen Personen im Rahmen der insolvenzrechtlichen Regelungen besteht in den Wirkungen des Insolvenzverfahrens.

Während bei natürlichen Personen gem. § 201 InsO die unbefriedigt gebliebenen Gläubiger mit dem Abschluss des Insolvenzverfahrens ihre Forderungen gegen den Schuldner wieder unbeschränkt geltend machen können, ist dies bei Kapitalgesellschaften gerade nicht der Fall.[485] Kapitalgesellschaften werden gem. § 262 I Nr. 3 AktG bzw. gem. § 60 I Nr. 4 GmbHG aufgelöst. In den Fällen, in denen die Eröffnung des Insolvenzverfahrens abgelehnt wird, erfolgt die Auflösung gem. § 262 I Nr. 4 AktG bzw. gem. § 60 I Nr. 5 GmbHG bereits mit Rechtskraft des ablehnenden Beschlusses. Wirtschaftliche Konsequenz ist dann aber, dass die Gläubiger der Kapitalgesellschaften, die ihrerseits im Insolvenzverfahren keine oder nur unvollständige Befriedigung erlangen, mit ihren Forderungen endgültig ausfallen. Dieser Nachteil der Gesellschaftsgläubiger gegenüber den Gläubigern natürlicher Personen muss gesetzessystematisch dadurch ausgeglichen werden, dass der Zeitpunkt der Insolvenzeröffnung bei Kapitalgesellschaften vorverlagert wird. Nur dadurch kann diesen Gläubigern unter Umständen noch ein größeres Gesellschafts- und damit Haftungskapital als Zugriffsobjekt zur Verfügung gestellt werden, was es dann wiederum rechtfertigt, ihre Befriedigung nach Abschluss des Insolvenzverfahrens von vornherein auszuschließen.

D.I.1.d. Die Verhinderung von Risikoabwälzungen

Bei der Feststellung der Überschuldung ist ein weiterer Aspekt zu beachten:

Die von einer Kapitalgesellschaft erwirtschafteten Gewinne kommen wirtschaftlich betrachtet den Gesellschaftern zugute. Die ausgeschütteten Gewinne fließen den Gesellschaftern unmittelbar zu und müssen – zumindest grundsätzlich – auch nicht mehr zurückgezahlt werden, wenn die Gesellschaft anschließend Verluste erwirtschaftet. Thesaurierte Gewinne wiederum mehren das Reinvermögen der Gesellschaft und steigern damit den potentiellen Verkaufspreis der Gesellschaft. Als Gegengewicht hierzu treffen aber auch Verluste die Gesellschafter, indem eben keine Gewinne ausgeschüttet

483 BGH ZIP 1994, 1103, 1109

484 Roth, ZGR 1986, 371, 380

485 So schon die Motive zur Konkursordnung, die darauf hinwiesen, dass bei den Aktiengesellschaften eine Haftung mit künftigem Vermögen nicht stattfinde, Hahn, Materialien IV, S. 390; ebenso auch Lutter, in: FS Riesenfeld, S. 165, 166

werden können, und der potentielle Kaufpreis der Gesellschaft gegebenenfalls unter den Wert der jeweiligen Geschäftsanteile fällt. Dem gesetzlichen Leitbild der Kapitalgesellschaft entsprechend, erwerben die Gesellschafter mit ihrem Kapitaleinsatz die Chance auf Gewinn, tragen aber als Entsprechung hierzu auch das Risiko des Verlustes ihres bereits investierten Kapitals.

Dieses gesetzliche Leitbild der gerechten Verteilung von Chance und Risiko wird durch den Überschuldungstatbestand der Insolvenzordnung sichergestellt. Denn gäbe es die Überschuldung als Insolvenzgrund nicht, so könnte dieses austarierte System zuungunsten der Gläubiger der Kapitalgesellschaft verschoben werden:

Denn würde im Zeitpunkt der Überschuldung weder Eigenkapital zugeführt noch die Gesellschaft durch Eröffnung des Insolvenzverfahrens aufgelöst, so könnten die Gesellschafter von nun an das weitere Risiko gänzlich auf die Gläubiger abwälzen. Denn mit den Verlusten, die zum Eintritt der Überschuldung geführt haben, haben die Gesellschafter bereits ihr eingesetztes Kapital verloren. Neue, die Überschuldung weiter vertiefende Verluste, gingen von nun an einzig zu Lasten der nicht ausreichend gesicherten Gläubiger, da durch diese ihre Insolvenzquote verringert würde.

Aufgabe des Überschuldungstatbestandes ist es daher, ebendiese Abwälzung zu verhindern, was der *BGH* unter Berufung auf *Ulmer* so ausgedrückt hat:

> *„Der Normzweck der gesetzlichen Konkursantragspflicht besteht darin, konkursreife Gesell schaften mit beschränktem Haftungsfonds vom Geschäftsverkehr fernzuhalten, damit durch das Auftreten solcher Gebilde nicht Gläubiger geschädigt oder gefährdet werden."*[486]

D.I.1.e. Zusammenfassung

Die Überschuldung ist im Vergleich zur Zahlungsunfähigkeit in aller Regel der zeitlich frühere Insolvenzauslöser[487], sodass der Überschuldungstatbestand dem Schutz des Rechtsverkehrs dadurch dient, dass er bereits bei absehbarer Zahlungsunfähigkeit eine weitere Verringerung des Gesellschafts- und damit des Haftungsvermögens verhindert. Damit sichert er den Gläubigern zumindest einen minimalen Haftungsfonds, der bei Zuwarten bis zum endgültigen Eintritt der Zahlungsunfähigkeit der Gesellschaft aller Voraussicht nach ebenfalls aufgezehrt wäre.

Er hat damit den Charakter eines *präventiven Gefährdungstatbestandes*, der die Eröffnung des Insolvenzverfahrens vor den Zeitpunkt der Zahlungsunfähigkeit vorverlegen will, um damit eine möglichst vollständige Befriedigung der Gläubiger zu gewährleisten.[488] Weiter ist der Überschuldungstatbestand charakterlich ein Prognosetatbestand, der die prognostizierte Illiquidität enthält.[489] Konsequenterweise besagt daher auch § 19 II 2 InsO, dass nur bei überwiegender Wahrscheinlichkeit der Fortführung des Unternehmens diese Fortführung auch der Bewertung des Vermögens zu Grunde gelegt werden darf.

---

486 BGH ZIP 1994, 1103, 1108

487 Drukarczyk, ZGR 1979, 553, 559

488 K. Schmidt, AG 1978, 334; ders., JZ 1982, 167; Kupsch, WPg 1982, 273, 277; ders., BB 1984, 159, 160

489 K. Schmidt, JZ 1982, 165, 169

D.I.2. Der Überschuldungstatbestand des § 19 II InsO

Gem. § 19 II S. 1 InsO liegt eine Überschuldung immer dann vor, wenn das Vermögen des Schuldners die bestehenden Verbindlichkeiten nicht mehr deckt.

Bei der Bewertung des Vermögens ist jedoch dann die Fortführung des Unternehmens zu Grunde zu legen, sofern sie nach den Umständen überwiegend wahrscheinlich ist.

D.I.2.a. Der modifizierte zweistufige Überschuldungsbegriff

Wie die Überschuldung einer Gesellschaft in der Praxis bestimmt werden kann, war lange Zeit sehr umstritten. Der Rechtsausschuss hat deshalb in seiner Begründung zu § 19 InsO auch ausdrücklich Folgendes ausgeführt:[490]

> *„Der Ausschuss weicht damit entschieden von der Auffassung ab, die in der Literatur vordringt und der sich kürzlich auch der BGH angeschlossen hat (BGHZ 119, 201, 214).*
> *Wenn die positive Prognose stets zu einer Verneinung der Überschuldung führen würde, könnte eine Gesellschaft trotz fehlender persönlicher Haftung weiter wirtschaften, ohne dass ein die Schulden deckendes Kapital zur Verfügung steht. Dies würde sich erheblich zum Nachteil der Gläubiger auswirken, wenn sich die Prognose – wie im vom BGH entschiedenen Fall – als falsch erweist."*

Anhand dieser Begründung wird deutlich, dass sich der Gesetzgeber mit dem Überschuldungsbegriff des § 19 II InsO gegen die bis dato von *K. Schmidt* und *Ulmer* entwickelte, so genannte *modifizierte zweistufige Überschuldungsprüfung*[491] gewandt hat. Nach diesem in der *Literatur*[492] bis zur Einführung der Insolvenzordnung vorherrschenden Verständnis der Überschuldung bestand diese aus zwei Elementen, der der *rechnerischen Überschuldung* und der *Prognose*.[493] Diesem Verständnis hatte sich der *BGH* später ebenfalls angeschlossen.[494]

Demnach war zunächst die rechnerische Überschuldung zu bestimmen, indem man unter Zugrundelegung der Liquidationswerte[495] überprüfte, ob die Gläubiger aus dem

---

490 Rechtsausschuss zum RegE InsO, BT-Drucks. 12/7302, S. 157, abgedruckt in Kübler/Prütting, InsO, RWS-Dok. 18, S. 175

491 K. Schmidt, AG 1978, 334, 337 f.; ders., ZIP 1980, 233; ders.; JZ 1982, 165, 168 ff.; ders., Gutachten, S. D. 63; Ulmer, KTS 1981, 469

492 Ulmer, KTS 1981, 469, 474; Ulmer, in: Hachenburg, GmbHG, § 63 Rn. 35 ff.; Schulze-Osterloh, in: Baumbach/Hueck, GmbHG, 15. Auflage, § 63 Rn. 8; Lutter/Hommelhoff, GmbHG, 14. Auflage, § 63 Rn. 5 f.; Meyer-Landrut/Miller/Niehus, GmbHG, § 63 Rn. 4; Kilger, in: K. Schmidt, KO, § 102 Anm. 2 b; Veit, Sonderbilanzen, S. 131 ff.; Kupsch, WPg 1982, 273, 275 ff.; Hommelhoff, in: FS Döllerer, S. 245, 247 ff.; Zeuner, Möglichkeiten der Sanierung, S. M 11, M 18 ff.; Harneit, Überschuldung, S. 43 ff.; Roth, GmbHR 1985, 137, 142; Schaub, DStR 1993, 1483; Schüppen, DB 1994, 197

493 Scholz, in: Rowedder/Schmidt-Leithoff, GmbHG, 3. Auflage, Vor. § 64 Rn. 16

494 Unter anderem in: BGH ZIP 1994, 701, 703; ZIP 1994, 1103, 1110; ZIP 1995, 23, 25; dazu EWiR 1995, 367 (Fleck); BGH GmbHR 1997, 501, 503; und zuletzt: BGH ZIP 2000, 455, 456

495 Zu den Einzelheiten der Bestimmung von Liquidationswerten auf der Grundlage der modifizierten zweistufigen Überschuldensprüfung siehe auch Haack, Der Konkursgrund der Überschuldung, S. 77 ff.; Zilias, WPg 1977, 445, 448

noch am Stichtag vorhandenen Gesellschaftsvermögen befriedigt werden könnten.[496] Musste man dies aber verneinen und ergab sich dadurch eine rechnerische Überschuldung der Gesellschaft, so wurde die rechtliche Überschuldung allein dadurch nur indiziert.[497] Eine solche sollte sich nach diesem Verständnis nur dann ergeben, wenn darüber hinaus auch eine Fortbestehensprognose für die Gesellschaft negativ ausfiel, wobei diese Prognose festzustellen versuchte, ob die Gesellschaft für den Fall ihrer Fortführung voraussichtlich in der Lage sein würde, unter Berücksichtigung von Kreditspielraum und Finanzierungsmöglichkeiten, die in absehbarer Zeit fällig werdenden Verbindlichkeiten zu erfüllen.[498]

Mit Einführung des § 19 InsO und der dahinter stehenden Wertung des Gesetzgebers kann die *modifizierte zweistufige Überschuldungsprüfung* nicht mehr uneingeschränkt zu Grunde gelegt werden. Der *BGH* hat sich diesbezüglich zwar noch nicht festgelegt, allerdings dürfte auch er seine bisherige Rechtsprechung[499] nicht mehr aufrecht erhalten können.

Durch § 19 II InsO sind wesentliche Änderungen dadurch eingetreten, dass es nun nicht mehr möglich ist, im Falle der rechnerischen Überschuldung nach Liquidationswerten die Überschuldung schon allein deshalb zu verneinen, weil die Fortbestehensprognose positiv ausfällt. Vielmehr ist es im Fall einer positiven Fortführungsprognose trotz rechnerischer Überschuldung wegen des eindeutigen Wortlauts des § 19 II S. 2 InsO notwendig, einen Überschuldungsstatus aufzustellen, in dem dann das Vermögen der Gesellschaft mit Fortführungswerten angesetzt wird. Nur wenn das so ermittelte Vermögen die Verbindlichkeiten der Gesellschaft übersteigt, kann die Überschuldung verneint werden.[500]

D.I.2.b. Die drei Stufen der Überschuldungsprüfung gem. § 19 II InsO

Das *insolvenzrechtliche Schrifttum*[501] hat – quasi als Reaktion – nun eine *dreistufige* Methode entwickelt, mit deren Hilfe der Überschuldungsstatus einer Gesellschaft gem. § 19 II InsO aufzustellen sei.

In einem ersten Schritt solle zunächst ermittelt werden, ob die mit ihren Liquidationswerten bewerteten Aktiva die Verbindlichkeiten der Gesellschaft decken. Falls ja, sei bereits an dieser Stelle festgestellt, dass keine Überschuldung der Gesellschaft vor-

---

496 BGH ZIP 1994, 295; vgl. dazu EWiR 1994, 275 (v. Gerkan)

497 K. Schmidt, AG 1978, 334, 338; ders., ZIP 1980, 233, 235; Kupsch, WPg 1982, 273, 279

498 Ulmer, in: Hachenburg, GmbHG, § 63 Rn. 37

499 So unter anderem noch in: BGH ZIP 1994, 701, 703; ZIP 1994, 1103, 1110; ZIP 1995, 23, 25; dazu EWiR 1995, 367 (Fleck); BGH GmbHR 1997, 501, 503; und zuletzt: BGH ZIP 2000, 455, 456

500 So die absolut herrschende Meinung sowohl zum Aktien- wie auch zum GmbH-Gesetz: statt aller Schulze-Osterloh, in: Baumbach/Hueck, GmbHG, § 64 Rn. 11; mit weiteren Nachweisen

501 Bork, ZIP 2000, 1709; Goetsch, in: Breutigam/Blersch/Goetsch, InsO, § 19 InsO Rn. 24; Haarmeyer/Wutzke/Förster, Kap. 1 Rn. 95; Uhlenbruck, in: Gottwald, Insolvenzrechtshandbuch, § 6 Rn. 15; Schmerbach, in: Wimmer, InsO, § 19 Rn. 6a; Paulus, ZGR 2002, 320, 325; Uhlenbruck, in: Uhlenbruck, InsO, § 19 Rn. 17, Pape, in: Kübler/Prütting, InsO, § 19 Rn. 7; sowie auch vereinzelt aus dem gesellschaftsrechtlichen Schrifttum: Schmidt-Leithoff, in Rowedder/Schmidt-Leithoff, GmbHG, § 63 Rn 74

liege. Liege allerdings nach dieser Berechnungsweise eine Überschuldung vor, so müsse weiter geprüft werden, ob die Fortführung des Unternehmens nach den gesamten Umständen überwiegend wahrscheinlich sei oder aber, ob diese Fortführensprognose negativ ausfalle. Für die Fälle, in denen nach dieser Prüfung nicht von einer überwiegend wahrscheinlichen Fortführung der Gesellschaft ausgegangen werden könne, stehe zumindest dann die Überschuldung der Gesellschaft fest. Sei dagegen aber von der weiteren Fortführung auszugehen, so müsse in einem letzten Schritt geprüft werden, ob die mit Fortführungswerten angesetzten Aktivposten der Gesellschaft in der Lage wären, die bestehenden Verbindlichkeiten zu decken. In diesem Fall liege keine Überschuldung vor, wohingegen sonst die Überschuldung endgültig feststehe.

Maßgebliches Kriterium dieser Ansicht ist also die Unterscheidung zwischen Liquidations- und Fortführungswert. Als *Liquidationswert* eines Vermögensgegenstandes sei dabei sein Veräußerungserlös abzüglich der Umsatzsteuer anzusehen, der bei einer Liquidation voraussichtlich zu erzielen wäre, wobei grundsätzlich von einer Einzelveräußerung ausgegangen werden müsse.[502] Der *Fortführungswert* eines Gegenstandes stelle dagegen den Wert dar, der dem Vermögensgegenstand unter Berücksichtigung der Erwartung zukomme, dass er in Zukunft einen Beitrag zum Unternehmensertrag leisten werde. Dabei stehe das Sanierungskonzept der Geschäftsleitung bei der Wertfindung im Vordergrund. Als Anhaltspunkt zur Bestimmung desselben könne daher die Überlegung dienen, welcher Anteil des gesamten Kaufpreises bei einer Veräußerung des Unternehmens insgesamt aller Voraussicht nach auf den einzelnen Vermögensgegenstand entfiele.[503]

Dem tritt nun aber das *gesellschaftsrechtliche Schrifttum* entgegen, wobei es die Ansicht vertritt, dass auch unter Geltung des aktuellen § 19 II InsO direkt mit der Prüfung der Frage nach der Fortführungsprognose begonnen werden könne. Es solle dann alleine vom Ergebnis derselben abhängen, ob entweder Liquidations- oder aber Fortführungswerte für die Aktiva anzusetzen seien.[504]

Die letztgenannte Auffassung verkennt allerdings m. E. den direkten Zusammenhang zwischen Fortführungsprognose einerseits und dem Grad der rechnerischen Überschuldung andererseits. Je höher die rechnerische Überschuldung tatsächlich ausfällt, umso höhere Anforderungen müssen aber auch an eine seriöse Bejahung der Fortführungswahrscheinlichkeit der Gesellschaft an sich gestellt werden, was sich zum einen daraus erklärt, dass es mit der Höhe der rechnerischen Überschuldung für die Gesellschaft immer schwieriger werden wird, in naher Zukunft die Gläubiger auch tatsächlich zu befriedigen und damit die Gesellschaft erfolgreich fortzuführen. Zum anderen nimmt mit wachsendem Grad der rechnerischen Überschuldung auch der Gefähr-

---

502 Schulze-Osterloh, in: Baumbach/Hueck, GmbHG, § 64 Rn. 24

503 Schulze-Osterloh, in: Baumbach/Hueck, GmbHG, § 64 Rn. 24; Steffan, ZInsO 2003, 106, 109; inhaltlich gleichbedeutend Habersack, in: Großkommentar zum Aktiengesetz, § 92 Rn. 55, der auf den steuerlichen Teilwert zurückgreifen will

504 K. Schmidt, ZGR 1998, 663, 654; Habersack, in Großkommentar zum Aktiengesetz, § 92 Rn. 54 f.; Lutter, ZIP 1999, 641, 643; Lutter/Kleindiek, in: Lutter/Hommelhoff, GmbHG, § 64 Rn. 13; Schulze-Osterloh, in Baumbach/Hueck, GmbHG, § 64 Rn. 24; sowie aus dem insolvenzrechtlichen Schrifttum: Drukarczyk, in: MüKo, InsO, § 19 Rn. 84 ff.; Mönning, in Nerlich/Römermann, InsO, § 19 Rn. 17

dungsgrad für die Gläubiger stetig zu. Konsequenterweise muss dann also für den Fall einer höheren rechnerischen Überschuldung auch eine höhere Fortführungswahrscheinlichkeit gefordert werden, wohingegen bei einem geringeren Grad der Überschuldung eine „einfache" überwiegende Wahrscheinlichkeit hinsichtlich der zukünftigen Erfüllung der Zahlungsverpflichtungen ausreichend sein wird. Nicht zuletzt vor dem Hintergrund des Gläubigerschutzes erscheint es daher sachgerecht, Geschäftsführung oder Vorstand zu veranlassen, zuerst einen Überschuldungsstatus nach Liquidationswerten aufzustellen und erst dann unter Berücksichtigung dieses Ergebnisses ihre Fortführungsprognose zu treffen. Da auch die *dreistufige* Methode eine solche vorsieht und für den Fall einer positiven Prognose auch nach dieser Fortführungswerte anzusetzen sind, wird durch sie ebenfalls verhindert, dass grundsätzlich durchaus überlebensfähige Gesellschaften in einem Insolvenzverfahren liquidiert werden. Insgesamt ist daher die *dreistufige Überschuldungsprüfung* vorzugswürdig.

D.I.2.c. Die Fortbestehensprognose

Entsprechend § 19 II 2 InsO ist eine Untersuchung vorzunehmen, ob die Fortführung des Unternehmens überwiegend wahrscheinlich ist.

Von einer solch überwiegend wahrscheinlichen Fortführung des Unternehmens wird man dann ausgehen können, wenn die Gesellschaft trotz ihrer jetzigen wirtschaftlichen Krise jedenfalls in der nächsten Zukunft ihre Verbindlichkeiten mit überwiegender Wahrscheinlichkeit wird erfüllen können.[505] Nach der zutreffenden *herrschenden Meinung* innerhalb des Schrifttums ist dieser Prognose mindestens ein Zeitraum von zwölf Monaten zugrundezulegen, bei einem Stichtag innerhalb eines Geschäftsjahres dagegen der Zeitraum bis zum Abschluss des folgenden Geschäftsjahres.[506] Um nun eine zutreffende Fortbestehensprognose erstellen zu können, bieten sich vornehmlich zwei Methoden an:[507]

i Der Ertrags- und Finanzplan

Bei dieser Methode versucht die Geschäftsleitung zunächst, durch die Aufstellung eines Ertrags- und Finanzplans für Dritte erkennbar, Aussagen über die zukünftige Liquidität des Unternehmens zu machen.[508]

---

505 Lutter/Kleindiek, in: Lutter/Hommelhoff, GmbHG, § 64 Rn. 11

506 Habersack, in: Großkommentar zum Aktiengesetz zum AktG, § 92 Rn. 52; Schulze-Osterloh, in: Baumbach/Hueck, GmbHG, § 64 Rn. 12; Ulmer, in: Hachenburg, GmbHG, § 63, Rn. 37; Goetsch, in: Breutigam/Blersch/Goetsch, InsO, § 19 Rn. 20; Hess, in: Hess/Weis/Wienberg, InsO, § 19 Rn. 33; vgl. auch Haas, DStR 2003, 423, 425; Schmidt-Leithoff, in: Rowedder/Schmidt-Leithoff, GmbHG, § 63 Rn. 70

507 Das Erstellen der Fortführungsprognose ist weitgehend identisch mit der Prüfung der drohenden Zahlungsunfähigkeit iSd § 18 II InsO; vgl. dazu insbesondere: Uhlenbruck, in: Gottwald, Insolvenzrechtshandbuch, § 6 Rn. 25; Schmidt-Leithoff, in: Rowedder/Schmidt-Leithoff, GmbHG, § 63 Rn. 69

508 Bork, ZIP 2000, 1709, 1710; zur praktischen Erstellung eines solchen vgl. überdies: Drukarczyk, in: MüKo, InsO, § 19 Rn. 58 ff.; Steffan, ZInsO 2003, 106, 109

Grundlage der nun darzustellenden Methode ist ein aussagekräftiges Unternehmenskonzept[509], auf dessen Basis dann die Planansätze zu entwickeln sind, welche wiederum in die eigentliche Finanzplanung münden. Dort wird dann beurteilt, ob und gegebenenfalls wie das Unternehmen seine fälligen Zahlungsverpflichtungen im Prognosezeitraum wird erfüllen können.[510]

Zusammengefasst enthält dieser Finanzplan somit nur eine systematische Gegenüberstellung geplanter Einnahmen und Ausgaben.[511] In einem letzten Schritt wird dann anhand der Ergebnisse des Finanzplans die eigentliche Fortbestehensprognose selbst abgeleitet. Dabei ist nach wie vor umstritten, inwieweit die von § 19 II 2 InsO verlangte *überwiegende Wahrscheinlichkeit* der Fortführung der Gesellschaft gemessen werden kann. Während *Drukarczyk/Schüler* wollen diese mit statistischen Methoden anhand der denkbaren Entwicklungen (Szenarien) bestimmen[512] wollen, lehnen *Groß/Amen* dies vor dem Hintergrund der Manipulierbarkeit ab und fassen daher die *überwiegende Wahrscheinlichkeit* stattdessen als juristisches Beweismaß auf, das der Richter in einem gerichtlichen Verfahren bei seiner Überzeugungsmeinung auszulegen habe.[513]

ii Die Indikatoren für eine positive Fortbestehensprognose

Eine weitere Methode, derer sich die Praxis zur Erstellung der Fortführungsprognose bedient, basiert auf Ableitung aus verschiedenen Indikatoren. Nach dieser Vorgehensweise sollen auch Fälle denkbar sein, in denen sich Aussagen über die Überlebenschancen der Gesellschaft schon ohne Aufstellung und Bewertung eines umfassenden Zahlenwerkes treffen lassen, weil die der Geschäftsführung oder dem Vorstand bekannten Umstände nach der allgemeinen Erfahrung eine entsprechend positive oder negative Bewertung nahe legen.[514]

Bork betrachtet in diesem Zusammenhang zum Beispiel diejenigen Gläubiger, die nach wie vor zur Kreditgewährung bereit sind, als solche Indikatoren für eine positive Fortführungsprognose, wohingegen „ungeduldige" oder „Druck machende" Gläubiger als negative Indikatoren anzusehen seien.[515] Konsequenterweise geht er über diese Umstände aber noch hinaus, wenn er insbesondere ausführt, dass eine Erklärung von Seiten der Gesellschafter, in der sie signalisierten, weitere finanzielle Beiträge zu leisten, ebenfalls zumindest tendenziell für eine positive Fortführungsprognose spreche.[516] Diese Aussage ließe sich nun allerdings auch auf eine derartige Erklärung der Mutter-

---

509 Siehe dazu Anforderungen an Sanierungskonzepte des FAR/IDW, abgedruckt in: FN-IDW 1991, 319

510 Vgl. zur Finanzplanung in kleineren und mittelständischen Unternehmen Heim/Kless, DStR 1999, 387

511 Bork, ZIP 2000, 1709, 1711

512 Drukarczyk/Schüler, WPg 2003, 56; dies., in: MüKo, InsO, § 19 Rn. 58

513 Groß/Amen, WPg 2002, 225; dies., WPg 2002, 433; dies., WPg 2003, 67

514 Bork, ZIP 2000, 1709, 1713, der die Wiedergabe solcher Faktoren und Entscheidungen des BGH zum Überschuldungstatbestand der KO enthält, die ein Ableiten einer positiven Fortbestehensprognose aus solchen Faktoren gutheißen; zustimmend auch K. Schmidt, in: Scholz, GmbHG, 9. Auflage, Vor. § 64 Rn. 18; ablehnend dagegen Höffner, BB 1999, 198, 204

515 Bork, ZIP 2000, 1709, 1713

516 Bork, ZIP 2000, 1709, 1713

gesellschaft zugunsten ihrer Tochtergesellschaft übertragen, sodass man unter Zugrundelegung von *Borks* Ansicht auch in diesen Konstellationen zu einer positiven Fortführungsprognose kommen müsste.

Liquiditätszusagen stellen, unabhängig von ihrer spezifischen Ausgestaltung, aber ebenfalls Erklärungen dar, die die Bereitschaft eines Gesellschafters oder aber der Muttergesellschaft signalisieren, finanzielle Unterstützung bereit zu stellen. Inhaltlich bekundet damit der Zusagende, weiterhin Vertrauen in die Wirtschaftlichkeit der sich in der Krise befindlichen Gesellschaft zu haben. Diese Einschätzung von Seiten der Gesellschafter oder aber der Muttergesellschaft kann nun nach dieser Ansicht dazu führen, dass sich die Fortbestehensprognose der Gesellschaft allein aufgrund der Abgabe der Zusage bereits positiv darstellt und zwar allein vor dem Hintergrund, dass die wirtschaftlich hinter der Gesellschaft stehenden Personen sie weiterhin unterstützen und sie nicht der Liquidation zuführen wollen. Durch ihr persönliches finanzielles Engagement dokumentieren sie darüber hinaus auch, dass sie sich zumindest nicht in vollem Umfang auf die gesetzlich angeordnete Trennung der Haftungssubjekte von Gesellschaft einerseits und Gesellschafter andererseits zurückziehen wollen. Demgemäß kann also die Abgabe einer Liquiditätszusage im Rahmen der Überschuldungsprüfung zu einer positiven Fortführungsprognose führen und damit gegebenenfalls zu einer Abwendung der Überschuldung der Gesellschaft.

Praktische Schwächen dieser Ansicht stellen allerdings die weit reichenden Konsequenzen für den Geschäftsführer oder aber den Vorstand der Gesellschaft dar. Stützt beispielsweise der Geschäftsführer einer GmbH in der Krise seine positive Prognoseentscheidung allein auf derartige Faktoren, so muss ihm dabei bewusst sein, dass er das nicht unbeträchtliche Risiko trägt, dass sich in einem Gerichtsverfahren wegen Insolvenzverschleppung unter Umständen nicht mehr beweisen lässt, dass die Fortsetzungsprognose zum Stichtag tatsächlich positiv war. Er läuft damit stets Gefahr, von der Gesellschaft gem. § 64 II und 43 II GmbHG und von den Gläubigern gem. §823 II BGB iVm. § 64 I GmbHG in Anspruch genommen zu werden.[517]

iii Stellungnahme

Gegenüber der Fortführungsprognose auf Grundlage eines Ertrags- und Finanzplans bestehen keine Bedenken, vielmehr werden durch objektive und für Dritte nachvollziehbare und nachprüfbare Aussagen über die zukünftige Liquidität der Gesellschaft im Normalfall wirtschaftlich fundierte Prognoseentscheidungen getroffen. Ob dagegen die Fortführungsprognose allein anhand positiver oder negativer Indikatoren getroffen werden kann, erscheint dagegen m. E. fraglich.

Grundsätzlich dient die Fortführungsprognose zwar dazu, überlebensfähige Gesellschaften nicht vorschnell zu liquidieren, andererseits darf durch sie nicht der Gläubigerschutz ausgehebelt werden. Konsequenz einer positiven Fortführungsprognose ist, dass der nach wie vor zu erstellende Überschuldungsstatus nunmehr nach Fortführungswerten und nicht mehr nach Liquidationswerten zu erstellen ist. Rechtfertigung für eine derartige Ansetzung von Fortführungswerten anstatt der Liquidationswerte, ist aber der Gedanke der Wirtschaftlichkeit der Gesellschaft, mit anderen Worten also

---

[517] BGH ZIP 1994, 1103; BGH ZIP 1995, 124;

sind nur bei solchen Gesellschaften auch die Fortführungswerte anzusetzen, bei denen davon auszugehen ist, dass sie sich noch weiterhin in wirtschaftlicher Art und Weise am Markt bewähren können, mithin also überlebensfähig sind.

Verdeutlicht man sich dagegen die Folgen einer fehlerhaften Prognoseentscheidung, also die Insolvenz der Gesellschaft beispielsweise durch Zahlungsunfähigkeit, entgegen der positiven Fortführungsprognose, so wird deutlich, dass dadurch den Gläubigern zwischenzeitlich ihr Zugriffsobjekt weitestgehend entzogen wurde, sie also aller Voraussicht nach keine vollständige – nicht selten sogar überhaupt keine – Befriedigung mehr erlangen können. Wegen dieser weit reichenden wirtschaftlichen Auswirkungen für die Gläubiger kann daher eine solche Prognoseentscheidung m. E. nicht alleine auf die Grundlage eines positiven Indikators gestellt werden. Zwar wäre es für die Gesellschafter durchaus wünschenswert, könnten sie allein durch die Abgabe einer Liquiditätszusage die Fortführungsprognose positiv beeinflussen, doch kann durch eine solche Zusage allenfalls ein Rückschluss auf die persönliche Einschätzung des Zusagenden gezogen werden, der offensichtlich der Auffassung ist, die Krise könne durchaus noch überwunden werden.

Die Prognoseentscheidung kann aber nicht allein daran fest gemacht werden, dass der Gesellschafter oder aber die Muttergesellschaft dieser Auffassung ist, vielmehr muss eine derartige Prognose anhand von Ertragszahlen, geplanten Einnahmen und geplanten Ausgaben getroffen werden, um damit die Gläubiger der Gesellschaft vor einem möglichen Totalverlust ihrer Forderungen zu schützen, da nur so ein ausreichendes Maß an Objektivität gewährleistet ist und nur so dem Gläubigerschutzgedanken des § 19 InsO genüge getan ist.

Abschließend bleibt damit festzuhalten, dass die Abgabe einer Liquiditätszusage allein m. E. noch nicht ausreichen kann, eine positive Fortführungsprognose zu rechtfertigen. Allerdings kann sie durchaus als zusätzlicher Aspekt in die Prognoseentscheidung mit einfließen und die Entscheidung, ob Fortführungswerte oder aber Liquidationswerte anzusetzen sind, mit beeinflussen.

D.I.3. Aufstellung des Überschuldungsstatus

Wie eingangs erwähnt muss nach Treffen der Prognose ein Überschuldungsstatus, oder auch eine so genannte Überschuldungsbilanz, aufgestellt werden.

In ihm ist das Aktivvermögen des Schuldners, den am Stichtag bestehenden Verbindlichkeiten gegenüberzustellen. Der Sinn und Zweck dieser Überschuldungsbilanz ist es dabei nun, das *Schuldendeckungspotential* der Gesellschaft aufzuzeigen[518], weswegen sie auch nicht durch eine Unternehmensbewertung nach der Ertragswertmethode ersetzt werden kann.[519] Sie richtet sich auch nicht nach den Regeln der Handelsbi-

518 Schulze-Osterloh, in: Baumbach/Hueck, GmbHG, 17. Auflage, § 64 Rn. 13

519 H.-P. Müller, in: Kölner Schrift, S. 97, 105 Rn. 21 Drukarczyk/Schüler, in: Kölner Schrift, 2. Auflage, S. 95 ff., Rn. 13 ff. aA aber Spliedt, DB 1999, 1941, 1944 ff., der im Falle einer positiven Fortführungsprognose eben diese Methode anwenden will

lanz[520], obwohl sie zweckmäßigerweise in aller Regel aus einer zeitnahen Handelsbilanz entwickelt wird.[521]

Auch für den Überschuldungsstatus ist zwischen dem Ansatz und der Bewertung grundsätzlich zu unterscheiden. Das Ergebnis der Fortbestehensprognose wiederum nimmt grundsätzlich nur Einfluss auf die Bewertung der einzelnen Vermögensgegenstände. Im Ergebnis entscheidet der Ausgang der Prognose also nur, ob die Bewertung des Gesellschaftsvermögens anhand von Fortführungs- oder aber von Liquidationswerten zu erfolgen hat. Nur in absoluten Einzelfällen hat dagegen dieses Ergebnis Einfluss auf die Frage, ob der Vermögensgegenstand überhaupt als Aktiv- oder Passivposten im Überschuldungsstatus angesetzt wird oder nicht.[522]

In einem nächsten Schritt ist an dieser Stelle zu untersuchen, ob die Liquiditätszusage im Überschuldungsstatus der Gesellschaft überhaupt berücksichtigt werden kann und damit die Entscheidung, ob die Gesellschaft tatsächlich überschuldet ist, beeinflussen kann.

D.I.4. Die Berücksichtigung der Liquiditätszusage im Überschuldungsstatus der Gesellschaft

D.I.4.a. Die Berücksichtigung als Aktivposten

Grundsätzlich sind auf der Aktivseite der Überschuldungsbilanz nur diejenigen Vermögenswerte anzusetzen, die im Falle der Insolvenzeröffnung gem. § 35 InsO zu den verwertbaren Bestandteilen der Masse gehören würden.[523] Dies gilt selbst dann, wenn die Fortführungsprognose positiv ausgefallen ist.[524]

Ob die Liquiditätszusage nun ebenfalls als ein derartiger Vermögenswert einzustufen ist, dazu schweigen bisher sowohl die Rechtsprechung, wie auch die juristische Literatur weitestgehend[525].

Der Untersuchung dieser Frage soll daher zunächst eine kurze Darstellung der identischen Problematik im Rahmen der Patronatserklärung vorangestellt werden, um gegebenenfalls übertragbare Ansätze auch im Hinblick auf die verwandte Liquiditätszusage zu erörtern.

i Die Situation bei der Patronatserklärung

Bei der Patronatserklärung ist die Frage, ob sie in der Überschuldungsbilanz als Aktivposten aufzunehmen ist nach wie vor umstritten:

---

520 BGH NJW 1994, 1477, 1478; Pape, in: Kübler/Prütting, InsO, § 19 Rn. 9

521 IDW FAR 1/1996 (4.1.) erschienen in: WPg 1997, 22, 24

522 Schulze-Osterloh, in: Baumbach/Hueck, GmbHG, § 64 Rn. 13

523 BGH 119, 214; Schulze-Osterloh, in: Baumbach/Hueck, GmbHG, § 64 Rn. 14; Lutter/Kleindiek, in: Lutter/Hommelhoff, GmbHG, § 64 Rn. 20; eingehend Uhlenbruck, in: K. Schmidt, Die GmbH in Sanierung, Krise und Insolvenz, Rn. 886 ff.

524 Schulze-Osterloh, in: Baumbach/Hueck, GmbHG, § 64 Rn. 14

525 Vgl. bislang einzig Rüßmann, Patronatserklärungen, S. 179, der – allerdings ohne nähere Begründung – von einer Aktivierbarkeit der Liquiditätszusage im Überschuldensstatus ausgeht

(1) Der Ansatz der herrschenden Meinung

Die überwiegende Auffassung des Schrifttums geht dahin, die Aufnahme der Ansprüche aus der Patronatserklärung in die Überschuldungsbilanz der Gesellschaft als Aktivposten zuzulassen.[526] Voraussetzung für die Aktivierung sei allerdings, dass die Patronatserklärung zugunsten aller Gläubiger und nicht ausschließlich zugunsten bestimmter Gläubiger, eines Konsortiums oder gar eines einzelnen Gläubigers abgegeben wurde.[527]

(2) Der Ansatz von Haack und Obermüller

Nach der Gegenansicht solle dagegen eine derartige Aktivierung im Überschuldungsstatus grundsätzlich überhaupt nicht möglich sein.[528] Diese Ansicht vertreten insbesondere *Haack*[529] und *Obermüller*[530], die der Auffassung sind, Patronatserklärungen seien generell schon kein Mittel der Überschuldungsabwendung.

Zur Begründung führen beide an, dass der Patronatserklärung, unabhängig von ihrer konkreten Ausgestaltung, unter keinen Umständen eine *einklagbare Verpflichtung* der Muttergesellschaft bzw. des Gesellschafters entnommen werden könne, die Verbindlichkeiten der unterstützten Gesellschaft auch zu erfüllen.[531] Die Gläubiger der Gesellschaft hätten also keinen unmittelbaren Anspruch gegen die Patronin auf Begleichung ihrer Forderungen.[532] Ihrer Auffassung zufolge seien die Gläubiger daher im Falle einer Pflichtverletzung der Patronin auf die Geltendmachung von Schadensersatzansprüchen beschränkt, was aber auf die Überschuldung der Gesellschaft ohne Einfluss sei.[533]

ii Die Situation bei der Liquiditätszusage

Wie eingangs erwähnt, ist die Frage der Aktivierung der Liquiditätszusage sowohl in der *juristischen Literatur* als auch in der *Rechtsprechung* noch weitestgehend unerörtert geblieben. Überwiegend wird ohne Begründung schlicht die Aktivierbarkeit von Liquiditätsausstattungsgarantien im Überschuldungsstatus behauptet.[534] Außerdem

---

526 Lutter/Kleindiek, in: Lutter/Hommelhoff, GmbHG, § 64 Rn. 15; Kuhn/Uhlenbruck, KO, § 102, Rn. 6 m; Noack, Gesellschaftervereinbarungen bei Kapitalgesellschaften, S. 77; K. Schmidt, in: Scholz, GmbHG, 9. Auflage, Vor. § 64 Rn. 24; Braun/Uhlenbruck, Unternehmensinsolvenz, S. 295; Budde/Förschle/Kofahl, Sonderbilanzen P, Rn. 121; Wolf, Überschuldung, S. 94 f.; Pape, in: Kübler/Prütting, Kommentar zur Insolvenzordnung, Bd. I und II, Stand 2001;Uhlenbruck, in: K. Schmidt, Die GmbH in Sanierung, Krise und Insolvenz, Rn. 895; Uhlenbruck, in: Uhlenbruck; InsO, § 19 Rn. 46

527 BGH ZIP 1992, 338; Horn, EWiR 1985, 669; Lutter/Kleindiek, in: Lutter/Hommelhoff, GmbHG § 64, Rn. 15; dem halten Kuhn/Uhlenbruck, KO, § 102 Rn. 6 m aber entgegen, dass sich die Gesamtverbindlichkeiten einer Gesellschaft auch dann reduzieren, wenn eine „harte Patronatserklärung" gegenüber einem einzelnen Gläubiger abgegeben wurde

528 So wohl neuerdings: Amelung bei Kraemer Fach 6 Kap 2 Rn. 52

529 Haack, Der Konkursgrund der Überschuldung, S. 179

530 Obermüller, ZGR 1975, 1, 31

531 Obermüller, ZGR 1975, 1, 4 ff., 46; Haack, Der Konkursgrund der Überschuldung, S. 179

532 Haack, Der Konkursgrund der Überschuldung, S. 179

533 Haack, Der Konkursgrund der Überschuldung, S. 179

534 Pape/Uhlenbruck, Rn. 322; Wolf, Überschuldung, S. 95; Rüßmann, Patronatserklärungen; S. 179

geht wohl auch die *Rechtsprechung* von einer grundsätzlichen Aktivierbarkeit der Liquiditätszusage im Überschuldungsstatus aus, zumindest wird sie von ihr als Mittel zur Abwendung der Überschuldung betrachtet.[535]

Ob nun allerdings diese Auffassung und damit die Aktivierbarkeit der Liquiditätszusage gerechtfertigt ist, hängt m. E. in erster Linie davon ab, ob man dem Ansatz der *herrschenden Meinung*[536] zur Aktivierbarkeit von Forderungen aus Patronatserklärungen folgen will oder nicht. Diesem Ansatz zufolge ist die entscheidende Voraussetzung für eine entsprechende Aktivierbarkeit von Patronatserklärungen[537], dass sie zugunsten aller Gläubiger abgegeben wurde. Diese Voraussetzung erklärt sich damit, dass die Überschuldungsbilanz vom Grundsatz her, allein das so genannte *Schuldendeckungspotential* der Gesellschaft aufzeigen soll.[538] Durch sie soll daher eine objektive Aussage dahingehend ermöglicht werden, ob die Gesellschaft noch in der Lage ist, ihren Verbindlichkeiten nachzukommen und damit also, ob die Gesamtheit der Gläubiger aller Voraussicht nach befriedigt werden kann oder nicht. Patronatserklärungen dagegen, die nur gegenüber einzelnen Gläubigern abgegeben wurden, verpflichten auch den Patron nur gegenüber diesen, sodass diese auch nicht allen Gläubigern in ihrer Gesamtheit gleichermaßen zugute kommen können. Entsprechend haben derartige Erklärungen auch keinen direkten Einfluss auf das *Schuldendeckungspotential* der Gesellschaft an sich.

Dem hält einzig *Kuhn/Uhlenbruck* entgegen, dass sich auch durch eine solche Patronatserklärung die Gesamtverbindlichkeiten der Gesellschaft reduzierten[539], weswegen durchaus auch die anderen Gläubiger davon profitierten. Dieser Auffassung ist jedoch nicht zuzustimmen. Grundsätzlich ist es zwar zutreffend, dass sich im Falle der Erfüllung der Verbindlichkeit durch den Patron die Summe der Gesamtverbindlichkeiten reduziert[540], allerdings ist diese Konstellation der einzige Fall, in der tatsächlich eine mittelbare Begünstigung der anderen Gläubiger eintritt. In der ebenfalls denkbaren Konstellation, dass die Gesellschaft ebendiese Verbindlichkeit bereits selbst erfüllt hat, wird auch die Patronatserklärung hinfällig und entfaltet keinerlei Wirkung für die

---

535 So wohl das OLG Celle, NdsRPfl 2000, 309 f. wenn es ausführt, der Sinn einer solche Liquiditätszusage könne nur darin gesehen werden, die Eröffnung des Gesamtvollstreckungsverfahrens zu verhindern; sowie dem für die Patronatserklärung zustimmend auch Marotzke, ZInsO 2004, 601, 602

536 Lutter/Kleindiek, in: Lutter/Hommelhoff, GmbHG, § 64 Rn. 15; Kuhn/Uhlenbruck, KO, § 102 Rn. 6 m; Noack, GesR, Rn. 77; K. Schmidt, in: Scholz, GmbHG, 9. Auflage, Vor. § 64 Rn. 24; Braun/Uhlenbruck, Unternehmensinsolvenz, S. 295; Budde/Förschle/Kofahl, Sonderbilanzen P, Rn. 121; Wolf, Überschuldung, S. 94 f.; Pape, in: Kübler/Prütting, Kommentar zur Insolvenzordnung, Bd. I und II, Stand 2001; Uhlenbruck, in: K. Schmidt, Die GmbH in Sanierung, Krise und Insolvenz, Rn. 895; Uhlenbruck, in: Uhlenbruck, § 19 Rn. 46; Uhlenbruck, Die GmbH und Co & KG, S. 293; Temme, Eröffnungsgründe S. 155 ff., Michalski, WM 1994, 1229, 1229, 1239 f.; Fleischer WM 1999, 666

537 Aktivierbar sind von vornherein nur derartige Erklärungen, die dem Gläubiger einen unmittelbaren durchsetzbaren Anspruch geben, sodass hier ausschließlich von den so genannten „harten" Patronatserklärungen die Rede ist; zur Unterscheidung vgl. eingehend oben unter V.

538 Schulze-Osterloh, in: Baumbach/Hueck, GmbHG, 17. Auflage, § 64 Rn. 13

539 Kuhn/Uhlenbruck; KO, § 102 Rn. 6

540 Sofern dadurch keine Rückzahlungsverpflichtung an den Patron entsteht, dazu später mehr unter b.

übrigen Gläubiger. Damit weist diese Art der Patronatserklärung viel eher Parallelen zur Bürgschaft auf, mithin also zu einer klassischen Kreditsicherheit, die ihrerseits grundsätzlich nicht im Überschuldungsstatus zu aktivieren sind.[541]

In die gleiche Richtung zielt auch die Überlegung, wonach als Aktivposten der Überschuldungsbilanz grundsätzlich nur diejenigen Vermögenswerte in Betracht kommen, die im Falle der Insolvenz zu den verwertbaren Bestandteilen der Masse gem. § 35 InsO gehören, mithin also grundsätzlich *allen Gläubigern* zu ihrer Befriedigung dienen sollen.[542] Während deshalb die gegenüber allen Gläubigern abgegebenen Patronatserklärungen in die Masse fallen[543], gilt dies wiederum nicht für diejenigen, die nur gegenüber einem Gläubiger abgegeben wurden. Dies erklärt sich bereits daraus, dass aus diesen einzig der jeweilige Gläubiger seinerseits Ansprüche ableiten kann, weswegen diese auch ersichtlich nicht in die Masse fallen können.[544] Insgesamt bleibt damit festzuhalten, dass die *herrschende Lehre*[545] vollkommen zu Recht für die Aktivierbarkeit der Patronatserklärung verlangt, dass diese gegenüber allen Gläubigen abgegeben wurde.

Übertragen auf die Liquiditätszusage bedeutet dieses Ergebnis, dass die Aktivierbarkeit der Liquiditätszusage unter Zugrundelegung dieser Auffassung konsequenterweise ebenfalls bejaht werden müsste. Erblickt man im Überschuldungsstatus zu Recht die Analyse des *Schuldendeckungspotentials* der Gesellschaft, so ist deshalb auch für die darin aktivierten Posten zu verlangen, dass diese ebendieses Potential der Gesellschaft auch tatsächlich erhöhen.

Der grundlegende Unterschied der Liquiditätszusage zur Patronatserklärung zeigt sich in ihrem Charakter als so genanntes Gesellschaftsinternum. Während die Patronatserklärung darauf angelegt ist, gegenüber außerhalb der Gesellschaft stehenden Dritten abgegeben zu werden, wird die Liquiditätszusage gegenüber der Gesellschaft selbst abgegeben. Demzufolge wird es nur in den seltensten Fällen überhaupt sinnvoll sein[546], diese auf einzelne Gläubigerforderungen zu beschränken. Vielmehr wird es am ehesten ihrer wirtschaftlichen Zielsetzung entsprechen, wenn sie eine allgemeine Kapitalausstattungsverpflichtung gegenüber der Gesellschaft enthält, die gleichsam alle

---

541 Pape/Uhlenbruck, Rn. 322; Lutter/Kleindiek, in: Lutter/Hommelhoff, GmbHG, § 64 Rn. 20

542 BGH 119, 214; Schulze-Osterloh, in: Baumbach/Hueck, GmbHG, § 64 Rn. 14; Lutter/Hommelhoff GmbHG, § 64 Rn. 20; eingehend Uhlenbruck, in: K. Schmidt, Die GmbH in Sanierung, Krise, Insolvenz, Rn. 886 ff.

543 Lwowski/Peters, in: MüKo, InsO, § 35, Rn. 405; BGH ZIP 1992, 338, 341 f.; Kuhn/Uhlenbruck, KO § 1 Rn. 87; Holzer, in: Kübler/Prütting, InsO, § 35 Rn. 87

544 Lwowski/Peters, in: MüKo, InsO, § 35 Rn. 405; aA K. Schmidt, Wege zum Insolvenzrecht der Unternehmen, 1990, S. 82 f.

545 Lutter/Kleindiek, in: Lutter/Hommelhoff, GmbHG, § 64 Rn. 15; Kuhn/Uhlenbruck, KO, § 102 Rn. 6 m; Noack, GesR, Rn. 77; K. Schmidt, in: Scholz, GmbHG, 9. Auflage Vor. § 64 Rn. 24; Braun/Uhlenbruck, Unternehmensinsolvenz, S. 295; Budde/Förschle/Kofahl, Sonderbilanzen P, Rn. 121; Wolf, Überschuldung, S. 94 f.; Uhlenbruck, in: K. Schmidt, Die GmbH in Sanierung, Krise und Insolvenz, Rn. 895; Uhlenbruck, in: Uhlenbruck, InsO, § 19 Rn. 46; Uhlenbruck, Die GmbH und Co & KG, S. 293; Temme, Eröffnungsgründe S. 155 ff., Michalski, WM 1994, 1229, 1239 f.; Fleischer WM 1999, 666

546 Gleichwohl ist auch eine solche Ausgestaltung aufgrund der Vertragsfreiheit dennoch theoretisch denkbar

potentiellen Verbindlichkeiten derselben erfasst. Geht man von dieser Ausgestaltung der Zusage aus, so werden nicht nur einzelne Forderungen abgesichert oder aber nur einzelne Gesellschaftsgläubiger begünstigt, vielmehr werden alle Gesellschaftsgläubiger gleichermaßen begünstigt, indem die Gesellschaft einen Anspruch gegen den Gesellschafter oder die Muttergesellschaft auf Kapitalausstattung erwirbt. Die Situation stellt sich also ähnlich dar wie bei Abgabe einer Patronatserklärung gegenüber allen Gesellschaftsgläubigern, sodass dementsprechend auch hier die Aktivierbarkeit bejaht werden muss.

Dieses Ergebnis hat auch vor dem Hintergrund der gegensätzlichen Auffassung von *Haack*[547] und *Obermüller*[548] im Rahmen der Diskussion um die Aktivierbarkeit von Patronatserklärungen Bestand, deren Ansatz meines Erachtens abzulehnen ist. Zunächst ist festzuhalten, dass die Diskussion zwar ausschließlich im Rahmen der Patronatserklärung geführt wird und sich beide auch nur auf diese beziehen, doch lässt sich die dieser Auffassung zu Grunde liegende Wertung auch auf die hier thematisierte Liquiditätszusage übertragen.

Haack stellt dabei in erster Linie auf die Tatsache ab, dass weder „harte" noch „weiche" Patronatserklärung den Patron in rechtlich verbindlicher Weise verpflichteten, die Schulden der Gesellschaft zu erfüllen und den Gläubigern auch keinen unmittelbaren Anspruch auf Begleichung ihrer Forderungen gegen den Patron gebe. Dieser Ansatz verkennt nun aber m. E. schon die Tatsache, dass die Ausstattungsverpflichtung der Patronin sehr wohl rechtlich verbindlich vereinbart werden kann. Zwar kann der Gläubiger in der Tat nicht erfolgreich auf Erfüllung derselben klagen, doch ist dies nicht dadurch bedingt, dass etwa die Erklärung bzw. Verpflichtung selbst rechtlich unverbindlich wäre. Die Unmöglichkeit der Einklagbarkeit ergibt sich einzig als Konsequenz daraus, dass es dem Gläubiger nicht möglich sein wird, die Klagforderung selbst in der von § 253 II Nr. 2 ZPO geforderten Bestimmtheit zu formulieren[549], was aber lediglich an der Natur des Ausstattungsanspruches liegt. Beide erkennen zwar nun zutreffend, dass den Gläubigern bei einer etwaigen Pflichtverletzung von Seiten des Patrons ein Schadensersatzanspruch zustehe, doch schließen beide dann daraus, dass dieser Schadensersatzanspruch gegen die Patronin wiederum für die Überschuldung der Gesellschaft ohne Bedeutung sein müsse.[550]

Übertragen auf die Liquiditätszusage müsste dann aber das gleiche gelten, da auch hier die Ausstattungsverpflichtung nicht einklagbar ist.[551] Damit reduziert nun dieser Ansatz aber völlig zu Unrecht die Frage der Aktivierbarkeit im Überschuldungsstatus auf die Frage, ob die Ausstattungsverpflichtung aus der Zusage im Weigerungsfall auch schon vorher gerichtlich geltend gemacht werden kann oder nicht. Die Lösung dieser Frage muss aber m. E. an ganz anderer Stelle gesucht werden: Für die Frage der Aktivierbarkeit im Überschuldungsstatus kann es nur darauf ankommen, ob dieser Vermögensgegenstand im Zeitpunkt der Insolvenzeröffnung als Massegegenstand für alle Gläubiger verwertbar wird oder nicht. Dabei steht der Gesellschaft bei der Liquidi-

---

547 Haack, Der Konkursgrund der Überschuldung, S. 179

548 Obermüller, ZGR 1975, 1, 4 ff.; 31, 46

549 Siehe oben unter B.II.1.b.

550 Haack, Der Konkursgrund der Überschuldung; S. 179; Obermüller, ZGR 1975, 1, 4 ff., 46

551 Siehe oben unter B.II.1.b.

tätszusage zunächst zwar keinerlei Möglichkeit zur Verfügung, die Ausstattungsverpflichtung der Muttergesellschaft oder des Gesellschafters im Weigerungsfall gerichtlich geltend zu machen[552], muss sie aber später doch Insolvenzantrag stellen, so steht jedenfalls zu diesem Zeitpunkt unverrückbar fest, dass der Zusagende nicht mehr in der Lage sein wird, für eine *ausreichende* Kapitalausstattung zu sorgen, da mit Stellung des Insolvenzantrags spätestens augenscheinlich wird, dass die Kapitalausstattung der Gesellschaft offenbar nicht ausreichend ist, bzw. war.

Darüber hinaus ist es zum anderen für den Zusagenden nun auch nicht mehr möglich, die ausreichende Kapitalausstattung der Gesellschaft herzustellen, da diese als Kapitalgesellschaften gem. § 262 I Nr. 3 AktG bzw. gem. § 60 I Nr. 4 GmbHG aufgelöst werden und der Ausstattungsanspruch nur im werbenden Stadium der Gesellschaft ordnungsgemäß erfüllt werden kann.[553]

Vor dem Gesichtspunkt der *Unmöglichkeit* der Herbeiführung des geschuldeten Erfolges steht also der Gesellschaft spätestens zu diesem Zeitpunkt ein Schadensersatzanspruch gegen den Zusagenden zu. Derartige Ansprüche fallen wiederum aber grundsätzlich in die Insolvenzmasse und stehen damit bestimmungsgemäß *allen* Gläubigern zur Erfüllung ihrer offenen Forderungen zur Verfügung.[554] Es handelt sich hierbei auch nicht um solche Ansprüche, die erst infolge der Insolvenzeröffnung entstehen, wie beispielsweise Ansprüche aufgrund einer Insolvenzanfechtung, die grundsätzlich nicht aktiviert werden können.[555] Zwar entstehen diese Schadensersatzansprüche hier auch erst mit Eröffnung des Insolvenzverfahrens, doch hängt der Zeitpunkt nur damit zusammen, dass erst mit diesem der Eintritt der Unmöglichkeit feststeht, sodass sich diese Konstellation doch grundlegend von der einer Insolvenzanfechtung unterscheidet.

Betrachtet man die hinter der Aktivierung stehende gesetzliche Wertung des § 19 InsO, so erkennt man m. E., dass es zur Ermittlung des Schuldendeckungspotentials der Gesellschaft deshalb geboten ist, die Liquiditätszusage im Überschuldungsstatus zu aktivieren, da sie im Falle der Insolvenz allen Gesellschaftsgläubigern als Massegegenstand, und zwar in Gestalt eines Schadensersatzanspruches der Gesellschaft gegen den Zusagenden zur Verfügung steht und damit auch unmittelbar zugute kommt.

D.I.4.b. Die Berücksichtigung als Passivposten

Steht nun fest, dass die Liquiditätszusage grundsätzlich in den Überschuldungsstatus als Aktivposten aufgenommen werden kann, so stellt sich – quasi als Kehrseite – aber die Frage, ob nicht damit auch eine Passivierung einer möglicherweise bestehenden Gegenforderung geboten ist. Bestünde eine solche Pflicht zur Passivierung, so wäre für die Frage der Überschuldung der Gesellschaft die Aktivierung wirtschaftlich betrachtet gleichsam egalisiert. In der Konsequenz hieße dies aber dann auch, dass sich die Liquiditätszusage als Instrument der Überschuldungsabwendung nicht eignen würde.

---

552 Im Falle der ernsthaften und endgültigen Erfüllungsverweigerung ist dies gegebenenfalls anders, da dann schon vorher ein Schadensersatzanspruch geltend gemacht werden kann

553 Vgl. dazu eingehend unter G.II

554 Lwowski/Peters, in: MüKo, InsO, § 35 Rn. 405;

555 Kirchhof, in: Heidelberger Kommentar zur InsO, § 19 Rn. 18

Zunächst soll auch hier der Beantwortung dieser Frage eine kurze Darstellung der Situation bei der Patronatserklärung vorangestellt werden, um in einem weiteren Schritt diese Frage bei der Liquiditätszusage unter Zugrundelegung vergleichbarer Ansätze zu untersuchen.

i Die Situation bei der Patronatserklärung

Die nahezu einhellige Meinung in der Literatur verneint eine Passivierungspflicht für die Patronatserklärung.[556] Dabei ergebe sich die Begründung dieser Auffassung schon aus dem Grundverständnis der Patronatserklärung, wonach der Anspruch auf Kapitalausstattung zumindest grundsätzlich keinen Gegenanspruch der Muttergesellschaft oder des Gesellschafters begründe, der überhaupt zu passivieren wäre.[557]

Erachtet man dieses Verständnis der Patronatserklärung allerdings als zutreffend, so stellt sich die Frage nach einer Passivierung schon allein deshalb nicht, weil keinerlei Rückgriffsanspruch besteht, der zu passivieren wäre.

ii Die Situation bei der Liquiditätszusage

Zumindest für die Liquiditätszusage, m. E. aber auch für die Patronatserklärung, ist dieses Verständnis der vereinbarten Ausstattungsverpflichtung nur bedingt zutreffend.

Unbenommen bleibt den Vertretern des oben geschilderten Ansatzes, dass es selbstverständlich möglich ist, die Ausstattungsverpflichtung dergestalt zu vereinbaren, dass mit ihr keinerlei Rückforderungsansprüche verbunden werden sollen. Allerdings ist diese Ausgestaltung weder zwingend, noch besonders wahrscheinlich.[558]

Dem Ansatz der *herrschenden Lehre* für die Patronatserklärung ist für die Liquiditätszusage damit nur soweit zuzustimmen, dass in den seltenen Fällen, in denen keine Rückforderung des Zusagenden begründet werden sollte, selbstverständlich auch keinerlei Passivierungspflicht im Überschuldungsstatus besteht.

(1) Passivierungspflicht bei vereinbarter Rückzahlung?

Weitaus schwieriger und von wesentlich größerer praktischer Relevanz ist nun aber die Frage, ob eine Passivierungspflicht im Überschuldungsstatus besteht, wenn die Gesellschaft verpflichtet sein soll, die aufgrund der Ausstattungsverpflichtung von Seiten der Muttergesellschaft oder des Gesellschafters einmal geleisteten Mittel zumindest irgendwann wieder zurückzuführen.

Die Beantwortung dieser Frage ist dabei von erheblicher Bedeutung für die Frage nach der tatsächlichen Überschuldung der Gesellschaft:

Würde man eine derartige Passivierungspflicht für geboten erachten, so fände auf der Passivseite der Überschuldungsbilanz für den Fall der Erfüllung der Ausstattungsverpflichtung durch den Zusagenden lediglich ein so genannter *Passivtausch* statt, wobei dann, wenn die Gesellschaft die erhaltenen Mittel vereinbarungsgemäß zur Tilgung

---

556 Wolf, Überschuldung, S. 95; Uhlenbruck, in: K. Schmidt, Die GmbH in Sanierung, Krise und Insolvenz, Rn. 895; Küffner, DStR 1996, 146, 148, Kuhn/Uhlenbruck, KO, § 192 Rn. 6 m

557 Vgl. Uhlenbruck, in: K. Schmidt, Die GmbH in Sanierung, Krise und Insolvenz, Rn. 895; Kuhn/Uhlenbruck, KO, § 102 Rn. 6 m;

558 Vgl. zu dieser Problematik bereits oben unter B.II

ihrer Verbindlichkeiten eingesetzt hätte, die bisher bestehenden Verbindlichkeiten gegenüber „gewöhnlichen" Gläubigern durch eine Verbindlichkeit gegenüber dem Zusagenden ersetzt würden. Es käme dadurch also allenthalben zu einem Austausch der Gesellschaftsgläubiger[559], was aber rechnerisch auf den Status der Überschuldung der Gesellschaft ohne Auswirkung bliebe, sodass eine Abwendung der Überschuldung allein durch die Abgabe einer derartigen Liquiditätszusage nicht möglich wäre.

Entsprechend dem vertraglichen Zweck einer Rückzahlungsverpflichtung muss m. E. aber davon ausgegangen werden, dass mit Erfüllung durch den Zusagenden dieser automatisch eine Forderung gegen die Gesellschaft auf Rückzahlung der ausgereichten Mittel erwerben soll, was sich auf den Überschuldungsstatus aber nur so auswirken kann, dass eben auch zwingend eine Passivierung vorzunehmen ist, mithin sich also an der Situation der Überschuldung für die Gesellschaft nichts ändert. Zudem hat eine entsprechende Passivierungspflicht m. E. bereits für den Fall konkrete Auswirkungen, bei dem noch keine Erfüllung durch den Zusagenden erfolgt ist: Denn hat dieser einmal versprochen, entsprechende finanzielle Mittel zuzuführen, so wird die Gesellschaft diese Zusage im Überschuldungsstatus regelmäßig als Forderung auf der Aktivseite verbuchen. Entsteht aber für den Fall der Erfüllung ihrer Forderung unmittelbar eine entsprechende Rückzahlungsverpflichtung, so besteht bereits im Zeitpunkt der Zusage eine aufschiebend bedingte Verbindlichkeit, deren einzige Bedingung die Erfüllung der Forderung durch den Zusagenden ist.

Für die Passivierung dieser Verbindlichkeit ergibt sich damit m. E. aber dann auch die Pflicht der Gesellschaft, diese zeitgleich mit einer etwaigen Aktivierung der Forderung vorzunehmen, wofür insbesondere die folgenden Überlegungen sprechen: Zum einen erscheint es schon nach den Grundsätzen ordnungsgemäßer Buchführung iSd § 249 HGB geboten, für die Rückzahlungsverpflichtung zumindest eine *Rückstellung für ungewisse Verbindlichkeiten* gem. § 249 I 1 HGB zu bilden. Diese betreffen regelmäßig solche Verbindlichkeiten gegenüber Dritten, also so genannte Außenverpflichtungen, die zwar dem Grunde oder der Höhe nach noch ungewiss sind[560], bei denen aber eine hinreichende Wahrscheinlichkeit des Bestehens oder der Entstehung der Verbindlichkeit vorliegt und zusätzlich eine ernsthafte Gefahr der Inanspruchnahme durch den Gläubiger gegeben ist.[561] All diese Voraussetzungen erfüllt aber auch die hier untersuchte Rückzahlungsverpflichtung. Zwar ist ihre Entstehung abhängig von der tatsächlich erfolgten finanziellen Ausstattung durch den Zusagenden und damit an sich ungewiss, doch liegt bereits im Zeitpunkt der Überschuldungsprüfung eine hinreichende Wahrscheinlichkeit vor, dass es zu einer Leistung durch den Zusagenden und damit zur Entstehung der Verbindlichkeit kommen wird. Die Tatsache, dass die Gesellschaft sich gezwungen sieht, einen Überschuldungsstatus aufzustellen, deutet in aller Regel darauf hin, dass die wirtschaftliche Situation der Gesellschaft bereits kritisch ist, weswegen der Zusagende auch mit einer baldigen Inanspruchnahme aus seiner erteilten Zusage rechnen muss.

---

559 Uhlenbruck, in: Uhlenbruck, InsO, § 19 Rn. 46; Wolf, Überschuldung, S. 95; Rüßmann; Patronatserklärungen, S. 179

560 Adler/Düring/Schmalz, § 249 HGB Rn. 42;

561 BFH BStBl 1993 II, 153, 154;

Es ist daher also im Überschuldungsstatus zumindest eine Passivierung als Rückstellung vorzunehmen. M.E. sollte statt einer solchen Rückstellung. sogar zu diesem Zeitpunkt bereits eine Passivierung als *Verbindlichkeit* gem. § 266 III C HGB erfolgen. Dies ergibt sich aus folgender Überlegung:

Grundsätzlich sind zwar nur die Schulden der Gesellschaft als Verbindlichkeiten auszuweisen, soweit sie nicht mangels Gewissheit als Rückstellungen auszuweisen sind. Allerdings ergibt sich eine Ausnahme, zumindest für die gewöhnliche Bilanzierung außerhalb des Überschuldungsstatus dann, wenn einer solchen ungewissen Verbindlichkeit eine Anschaffung synallagmatisch gegenübersteht[562], denn in diesen Fällen ist auch bei Vorliegen einer solchen Ungewissheit eine Passivierung als Verbindlichkeit vorzunehmen, da durch die Bilanz ansonsten ein nicht realisierter Ertrag ausgewiesen würde. In diesen Fällen ist für die Bilanzierung als Verbindlichkeit dann entweder der rechtliche Bestand der Verbindlichkeit oder aber zumindest die weitgehende Vollendung des Tatbestandes, der zur Entstehung der Verbindlichkeit führt, erforderlich, sofern mit der Entstehung sicher zu rechnen ist.[563] Diese so genannten *künftigen Verbindlichkeiten* unterscheiden sich von den Rückstellungen im Hinblick auf ihre Gewissheit hinsichtlich Entstehung und Höhe.

Bei der Rückzahlungsverpflichtung der Liquiditätszusage handelt es sich um eine *aufschiebend bedingte Verbindlichkeit*, deren Entstehung noch nicht gewiss ist. Dennoch werden nach zutreffender Ansicht auch diese bereits vor Bedingungseintritt als Verbindlichkeit passiviert, wenn mit dem Eintritt der Bedingung sicher zu rechnen ist.[564] Diese Ansicht verdient deshalb den Vorzug, da der Aktivierung des Ausstattungsanspruchs als Forderung, die Rückzahlungsverpflichtung der Gesellschaft – zumindest wirtschaftlich betrachtet – direkt gegenübersteht. Zwar handelt es sich zugegebenermaßen nicht um zwei *synallagmatische* Hauptpflichten, wie etwa bei einer Anschaffung, bei der der Lieferung der Sache die Bezahlung des vereinbarten Kaufpreises gegenübersteht, dennoch sind beide Konstellationen durchaus vergleichbar, da auch die Ausstattung der Gesellschaft nur vor dem Hintergrund der Rückzahlung der Mittel erfolgen soll.

Ferner entsteht bereits mit der Erfüllung der Ausstattungsverpflichtung auch die Rückzahlungsverpflichtung der Gesellschaft. Enthielte nun der Überschuldungsstatus nur die Ausstattungsverpflichtung des Zusagenden als Forderung der Gesellschaft, und damit als Aktivposten, so würde zwar kein nicht realisierter *Ertrag* ausgewiesen, allerdings ergäbe sich aus dem Überschuldungsstatus durch eine derartige Vorgehensweise eine wirtschaftlich nicht gerechtfertigte Überhöhung des *Schuldendeckungspotentials* der Gesellschaft. Während die Überschuldungsbilanz aber allein die Bestimmung dieses *Schuldendeckungspotentials* zum Ziel hat, versucht die „normale" Bilanz im Rahmen ihrer Gewinn- und Verlustrechnung dagegen den *Ertrag* des Unternehmens zu bestimmen.

Es erscheint m. E. nun durchaus gerechtfertigt, die Problematik des *„nicht realisierten Ertrages"* bei der „normalen" Bilanz als entsprechende Problematik der *fehlerhaf-*

---

562 Groh, BB 1988, 27; Moxter, BB 1998, 2464, 2466

563 Clemm/Erle, in: Bilanzkommentar, § 247 HGB Rn. 203

564 Kropff, in: Geßler/Hefermehl/Eckardt/Kropff, AktG § 149 Rn. 49; Robert Winnefeld, Bilanz-Handbuch D Rn. 1451

ten Bestimmung des Schuldendeckungspotentials im Rahmen der Überschuldungsbilanz zu begreifen. Führt man sich aber diese Parallelen zur „normalen" Bilanzierung vor Augen, so verlangt m. E. auch die Aufstellung des Überschuldungsstatus einer Gesellschaft regelmäßig bereits die Passivierung der Rückzahlungsverpflichtung als Verbindlichkeit, statt als bloße Rückstellung.

Die in diesem Zusammenhang zu Recht geforderte Voraussetzung, wonach mit dem Bedingungseintritt sicher zu rechnen sein muss[565], wird bei der Liquiditätszusage in aller Regel vorliegen, was sich schon daraus ergibt, dass regelmäßig nur bei angespannter wirtschaftlicher Situation der Gesellschaft überhaupt die Aufstellung eines Überschuldungsstatus erfolgen wird.

Insgesamt ist daher auch für diejenigen Fälle, in denen noch keine Erfüllung der Ausstattungsverpflichtung durch den Zusagenden erfolgt ist, bereits eine Passivierung der Rückzahlungsverpflichtung vorzunehmen. Dabei kann grundsätzlich dahinstehen, ob diese Passivierung als Rückstellung oder bereits als Verbindlichkeit vorzunehmen ist, da jedenfalls durch die Passivierung als solcher, die Aktivierung ihrerseits rechnerisch bereits wieder ausgeglichen wird.

Konsequenz dieses Ergebnisses ist aber dann, dass sich am Überschuldungsstatus der Gesellschaft selbst nichts ändert, es mithin also bei einer Überschuldung der Gesellschaft bleibt, und damit die Liquiditätszusage als wirksames Instrument der Überschuldungsabwendung so lange ausscheidet, so lange mit ihr eine Rückzahlungsverpflichtung für die Gesellschaft verknüpft wird.

(2) Passivierungspflicht bei eigenkapitalersetzendem Charakter der Zusage?

Die Vereinbarung einer Rückzahlungsverpflichtung führt also bei der Liquiditätszusage grundsätzlich dazu, dass sie als Instrument der Überschuldungsabwendung ungeeignet ist.

Wird nun aber die Liquiditätszusage mit einer Rückzahlungsverpflichtung versehen und damit schuldrechtlich als Darlehen ausgestaltet, so stellt sich die Frage, ob nicht ausnahmsweise dann auf eine Passivierung der Rückforderung verzichtet werden könnte, wenn es sich bei diesem Darlehen um ein eigenkapitalersetzendes handelt. Ein solches wird der Liquiditätszusage in den allermeisten Fällen auch zu Grunde liegen[566], sodass an dieser Stelle untersucht werden soll, ob aufgrund dieses eigenkapitalersetzenden Charakter der Liquiditätszusage nicht doch auch die Überschuldung der Gesellschaft abgewendet werden kann. Die Beantwortung dieser Frage hängt allein davon ab, ob auch das eigenkapitalersetzende Gesellschafterdarlehen im Überschuldungsstatus

---

565 Kropff, in: Geßler/Hefermehl/Eckardt/Kropff, AktG § 149 Rn. 49; Winnefeld, Bilanz-Handbuch D Rn. 1451

566 Vgl. oben unter C.I.1. bzw. für die AG unter C.II.2

zu passivieren ist oder nicht. Die Passivierung eigenkapitalersetzender Gesellschafterdarlehen war lange Zeit äußerst umstritten.[567]

Mit einer Grundsatzentscheidung vom 8.1.2001 hat der *BGH* nunmehr nach ausführlicher Auseinandersetzung mit der Gegenmeinung diesen langjährigen Streit beendet und eingehend dargelegt, dass auch die eigenkapitalersetzenden Gesellschafterdarlehen im Überschuldungsstatus zu passivieren seien.[568] Zwar erging diese Entscheidung noch zur Konkursordnung, allerdings verwies der *BGH* zur Begründung schon ausdrücklich auf die Regelungen der Insolvenzordnung, sodass sich auch unter ihrer Geltung nichts anderes ergeben könne. Der *BGH* begründete seine Entscheidung dabei mit zwei überzeugenden Argumenten:

- Erstens behielten die Forderungen auf Rückgewähr eigenkapitalersetzender Darlehen ihren Charakter als Verbindlichkeit, die demzufolge, wenn auch gem. § 39 I Nr. 5 InsO nachrangig, im Insolvenzverfahren angemeldet werden könnten.[569]
- Zweitens wäre es für den Geschäftsführer mit Unwägbarkeiten verbunden, wenn er zu entscheiden hätte, ob eine Gesellschafterleistung den Eigenkapital ersatzregeln unterliege oder nicht. Für ihn wäre es vielmehr mit schadensersatz rechtlichen, wie auch mit strafrechtlichen Risiken verbunden, den Eigenkapital ersatzcharakter zu verneinen und die Forderung im Überschuldungsstatus zu passivieren oder aber den Eigenkapitalersatz anzunehmen und deshalb auf eine Passivierung zu verzichten. Die Gesellschafter könnten diese Unabwägbarkei ten für den Geschäftsführer ja dadurch ausräumen, dass sie eine Rangrücktritts erklärung abgäben.[570]

Eine weitere Überlegung spricht ebenfalls für die Passivierung dieser Forderungen auch im Überschuldungsstatus:

Es sind durchaus Fälle denkbar, in denen das Vermögen der Gesellschaft ausreicht, die Forderungen der Drittgläubiger zu decken, nicht aber die eigenkapitalersetzenden Gesellschafterdarlehen zurückzuzahlen. Nähme man in derartigen Fällen diese dann aber mit in den Überschuldungsstatus auf, so wäre die Gesellschaft überschuldet. Folge des § 35 I Nr. 5 InsO wäre dann, dass die Drittgläubiger im Insolvenzverfahren zu 100 % befriedigt würden, wohingegen die Gesellschafter mit ihren nachrangigen Forderungen ausfielen. Würde man sich nun auf den Standpunkt stellen, dass der Tatbestand der Überschuldung nur die außenstehenden Gesellschaftsgläubiger schützen wol-

---

567 Für eine grundsätzliche Passivierungspflicht: Drukarczyk, in: MüKo, InsO, § 19; Rn. 105, 106; Priester, ZIP 1994, 413, 416; Temme, Eröffnungsgründe, S. 182 ff.; Haas, NZI 1999, 209, 214; K. Schmidt, in: Scholz, §§ 32a, 32b Rn. 60; Habersack, in: Großkommentar zum Aktiengesetz, § 92 Rn. 57; Gegen eine solche Passivierungspflicht: Hommelhoff, in: FS Döllerer, S. 256, Teller, Rangrücktrittsvereinbarungen, 2. Auflage, S. 85 ff.; Fleischer, ZIP 1996, 773 ff.; Schulze-Osterloh, in: Baumbach/Hueck, GmbHG, 16. und 17. Auflage, § 64 Rn. 18. Für eine Rückstellungspflicht in Zweifelsfällen: Ulmer, in: Hachenburg, GmbHG, § 63 Rn. 46a; Fleck, GmbHR 1989, 313, 323

568 BGH ZIP 2001, 235, 237

569 BGH ZIP 2001, 235, 237

570 BGH ZIP 2001, 235, 238

le, so spräche dies gegen eine Passivierung im Überschuldungsstatus.[571] Allerdings erlaubt die Insolvenzordnung auch den nachrangigen Gläubigern, die eigenkapitalersetzende Darlehen gewährt haben, ihre Forderungen gem. § 39 I Nr. 5 iVm. § 174 III 1 InsO zur Tabelle anzumelden, sodass es zwingend erscheint, auch diese in den Schutz des Überschuldungstatbestandes einzubeziehen. Demzufolge müssen dann aber auch eigenkapitalersetzende Darlehen im Überschuldungsstatus passiviert werden.

Nicht zuletzt aufgrund dieser Überlegung hat sich das *juristische Schrifttum* der Entscheidung des *BGH* angeschlossen und verlangt nunmehr ebenfalls die Passivierung eigenkapitalersetzender Darlehen im Überschuldungsstatus der Gesellschaft.[572]

Für die Liquiditätszusage ergibt sich damit eine Pflicht zur Passivierung der Rückforderung im Überschuldungsstatus auch dann, wenn die der Liquiditätszusage zu Grunde liegende schuldrechtliche Vereinbarung als eigenkapitalersetzendes Gesellschafterdarlehen einzustufen ist. Die insoweit zur Patronatserklärung vertretene gegenteilige Ansicht[573] dürfte mit der Entscheidung des *BGH* und der damit verbundenen Beendigung dieses Streits im *juristischen Schrifttum* ebenfalls überholt sein.

(3) Passivierungspflicht bei vereinbartem Rangrücktritt?

Die Wirtschaftspraxis steht also nun vor der Frage, ob es für den Zusagenden überhaupt eine Möglichkeit gibt, für den Fall einer vereinbarten Rückzahlungsverpflichtung und damit einer darlehensweisen Ausgestaltung, die erörterte grundsätzliche Passivierungspflicht zu verhindern. Nach Ansicht des *BGH*[574] bietet nur die Vereinbarung eines *Rangrücktritts* eine solche Möglichkeit.[575]

Zielsetzung der Beteiligten bei Vereinbarung derartiger Rangrücktrittsvereinbarungen ist es, die Eröffnung des Insolvenzverfahrens wegen Überschuldung zu verhindern. Dieses Ziel soll dabei aber nicht durch Mehrung des Vermögens der Kapitalgesellschaft erreicht werden, sondern durch den umgekehrten Weg; die Minderung der Verbindlichkeiten der Gesellschaft. Diese Verringerung muss und soll so umfassend ausgestaltet werden, dass das Gesellschaftsvermögen wieder ausreicht, die Verbindlichkeiten zu decken. Dazu ist es nun aber erforderlich, dass der oder die Gläubiger der Gesellschaft gewisse Einschränkungen ihrer eigenen Rechtspositionen gegenüber der Gesellschaft hinnehmen, die ihnen ihre Forderung ansonsten grundsätzlich verleihen würde. Im Spannungsfeld dieser Notwendigkeit stehen aber die jeweiligen Interessen des Gläubigers. Dieser verfolgt seinerseits das Interesse, von seiner eigenen Rechtsposition so wenig wie nur möglich aufgeben zu müssen. Dabei geht er – wirtschaftlich betrachtet – vielmehr gleichzeitig davon aus, dass sich die Vermögenssituation der Ge-

---

571 So der Ansatz von Bormann, GmbHR 2001, 686, 689, 690; sowie auch von Kleindiek, in: v. Gerkan/Hommelhoff, Handbuch des Kapitalersatzrechts, Rn. 7.30

572 Priester, EWiR 2001, 329; Wittig, NZI 2001, 169, 172; Paulus, ZGR 2002, 320, 326; K. Schmidt, GesR, § 18 III 5 c; Bauer, ZInsO 2001, 486, 489; Nerlich, in: Michalski, GmbHG § 60 Rn. 110; Altmeppen, ZIP 2001, 240; Uhlenbruck, in: Uhlenbruck, InsO, § 19 Rn. 70; Schmidt-Leithoff, in: Rowedder/Schmidt-Leithoff, GmbHG, § 63 Rn. 67; BGHZ 146, 264, 271

573 So wohl ohne nähere Erörterung Wolf, Überschuldung, S. 95

574 BGH ZIP, 2001, 235

575 Zur Terminologie und den verschiedenen Varianten derartiger Rangrücktrittsvereinbarungen vgl. eingehend Teller/Steffan, Rangrücktrittsvereinbarungen, Rn. 4 ff.

sellschaft zukünftig besser darstellen wird und er für den Fall der Erwirtschaftung von Gewinnen, zumindest dann wenn das Gesellschaftsvermögen die Schulden wieder übersteigt, die Befriedigung seiner Forderungen verlangen kann.[576]

Mit Inkrafttreten der Insolvenzordnung am 1.1.1999, wonach gem. § 39 I Nr. 5 InsO auch Rückzahlungsforderungen eigenkapitalersetzender Darlehen im Insolvenzverfahren als nachrangige Forderungen angemeldet werden können, und der Entscheidung des *BGH*[577], wonach derartige Rückforderungen im Überschuldungsstatus der Gesellschaft zu passivieren seien, sofern nicht ein Rangrücktritt vereinbart wurde[578], kann also festgehalten werden, dass nach nunmehr einhelliger Auffassung allein durch eine entsprechend formulierte Rangrücktrittsvereinbarung die Passivierungspflicht im Überschuldungsstatus der Gesellschaft verhindert werden kann.[579] Entfällt aber diese Passivierungspflicht, so wird eine entsprechende Aktivierung nicht schon rechnerisch wieder egalisiert, und es kann dadurch zumindest grundsätzlich die Überschuldung der Gesellschaft abgewendet werden. Auch auf die Liquiditätszusage lässt sich diese Gestaltungsmöglichkeit nun aber übertragen. Für den Fall, dass der Zusagende und die Gesellschaft einen entsprechenden Rangrücktritt für die Rückgewährforderung vereinbaren, wäre diese damit im Überschuldungsstatus der Gesellschaft auch nicht mehr zu passivieren.

Im Ergebnis könnte damit bereits durch die Abgabe einer Liquiditätszusage und die Aktivierung des Ausstattungsanspruchs im Überschuldungsstatus die Überschuldung der Gesellschaft auch dann abgewendet werden, wenn die Liquiditätszusage eine Rückzahlungsverpflichtung enthielte. Bezogen auf den konkret zu vereinbarenden Rangrücktritt bleibt dann nur noch die Frage zu erörtern, welchen Rang die subordinierte Forderung durch die Rangrücktrittsvereinbarung erhalten müsste, um eine Passivierung im Überschuldungsstatus entbehrlich machen zu können. Auch dazu werden allerdings verschiedene Auffassungen vertreten:

Vereinzelt wird behauptet, eine Überschuldung könne durch eine Rangrücktrittsvereinbarung nur dann überwunden werden, wenn der Gläubiger die Forderung für den Fall der Eröffnung des Insolvenzverfahrens gänzlich erlasse.[580]

Das Erfordernis eines solchen *Totalverzichts* überzeugt allerdings nicht, da, wie durch § 39 I Nr. 5 InsO klargestellt, eben auch Gesellschafter mit ihren Forderungen auf Rückgewähr eigenkapitalersetzender Gesellschafterdarlehen zumindest als nachrangige Gläubiger am Insolvenzverfahren teilnehmen können. Der zurücktretende Gesellschafter muss dann aber auch die Möglichkeit haben, zumindest vor den übrigen

576 Rangrücktrittsvereinbarungen sind selbstverständlich nicht auf Forderungen aus eigenkapitalersetzenden Darlehen beschränkt, allerdings treten sie praktisch nur in diesen Konstellationen auf, da ein „gewöhnlicher" Gläubiger in aller Regel nicht zugunsten der Lebensfähigkeit einer ihm fremden Gesellschaft Einschränkungen im Hinblick auf seine eigene Rechtsposition hinnehmen würde.

577 BGH ZIP 2001, 235, 237

578 BGH ZIP 2001, 235

579 Wolf, Überschuldung, S. 120; Uhlenbruck, in: Uhlenbruck, InsO, § 19 Rn. 66

580 Möhlmann, DStR 1998, 1843, 1846; Reck, GmbHR 1999, 267, 274; Hess, in: Hess/Weis/Wienberg, InsO, § 19 Rn. 43; Mönning, in: Nerlich/Römermann, InsO, § 19 Rn. 38; Holzer, in: Kübler/Prütting, InsO, § 39 Rn. 22a f.; Ehlers, DStR 1998, 1756, 1758

Gesellschaftern, denen ja nur ein Anspruch auf den Liquidationsüberschuss gem. § 199 S. 2 InsO zusteht, Befriedigung seiner subordinierten Forderung zu erlangen.

K. Schmidt erwägt die *Gleichstellung* der durch Rangrücktrittsvereinbarung subordinierten Forderung mit dem Eigenkapitalersatz, und will daher diese Forderung an der für den Eigenkapitalersatz geltenden Rangstelle des *§ 39 I Nr. 5 InsO* befriedigen.[581]

Dem wiederum tritt *Altmeppen* entgegen, der auf eine Passivierung der Forderung nur dann verzichten will, wenn der Inhaber hinter alle anderen Insolvenzgläubiger zurücktrete und damit eben auch hinter diejenigen Gesellschafter, die eine Forderung auf Rückgewähr eines eigenkapitalersetzenden Darlehens angemeldet haben. Mit anderen Worten soll eine Befriedigung damit erst an der Rangstelle des *§ 39 II InsO* erfolgen.[582]

Darüber, wie die Auffassung des *BGH* in dieser Frage[583] zu verstehen ist herrscht ebenfalls Uneinigkeit.[584] Klarheit besteht zunächst nur dahingehend, dass nach seiner Ansicht jedenfalls eine Befriedigung an der Stelle des Eigenkapitalersatzes gem. § 39 I Nr. 5 InsO und damit gleichrangig mit den nachrangigen Gläubigern ausgeschlossen sein solle.[585] Dagegen bleibt aber auch nach dieser Entscheidung offen, ob nach Ansicht des *BGH* der zurücktretende Gläubiger gar nur zusammen mit den Gesellschaftern einen Anspruch auf gleichmäßige Befriedigung aus dem Liquidationsüberschuss nach § 199 S. 2 InsO haben solle, mithin also gar hinter die Rangstelle des § 39 II InsO zurücktreten müsse.

M. E. muss nun aber in dem Umstand, dass es § 39 I Nr. 5 InsO erlaubt, Forderungen auf Rückgewähr eigenkapitalersetzender Darlehen im Insolvenzverfahren anzumelden, die gesetzliche Wertung erblickt werden, dass der Insolvenzgrund der Überschuldung auch die Inhaber dieser Forderungen schützen will. Will also nun ein Gläubiger die Überschuldung mittels Rangrücktritt verhindern, so hat er auch hinter die gleichfalls geschützten Gläubiger eigenkapitalersetzender Darlehen zurückzutreten. Wenn der *BGH* dagegen aber diese subordinierte Forderung gar mit dem Stammkapital der Gesellschaft gleichstellen will[586], so geht dies m. E. zu weit[587], allerdings sind diese Forderungen jedenfalls vor der Verteilung des Liquidationserlöses gem. § 199 S. 2 InsO zu befriedigen.

Es bleibt damit nur noch die Frage zu klären, ob diese Forderung nun ihrerseits auch hinter die sonst im Rang des § 39 II InsO zu befriedigenden Forderungen zurücktreten muss oder aber nach dem Verhältnis der Beträge der sich in diesem Rang befindenden Forderungen befriedigt werden soll. Diese – zugegebenermaßen sehr theoretische – Konstellation, wonach sich neben der Forderung des zurückgetretenen Gläubigers noch weitere Forderungen im Range des § 39 II InsO befinden, kann aber m. E. nur dadurch

---

581 K. Schmidt, ZIP 1999, 1241, 1247

582 Altmeppen, ZHR 164 (2000), 349, 373; ders. ZIP 2001, 240, 241

583 BGH ZIP 2001, 235 ff.

584 Vgl. die unterschiedlichen Schlussfolgerungen von Priester, EWiR 2001, 329, 330 und Goette, ZInsO 2001, 529, 535 hinsichtlich der vom BGH gebrauchten Formulierung „bis zur Abwendung der Krise“

585 BGH ZIP 2001, 235, 237

586 BGH ZIP 2001, 235, 237, an dieser Stelle spricht der BGH von „statutorischem Kapital“

587 So im Ergebnis auch Paulus, ZGR 2002, 320, 328

gelöst werden, dass der zurücktretende Gläubiger auch hinter diese Forderungen zurücktreten muss, will er die Passivierungspflicht im Überschuldungsstatus vermeiden. Dies folgt daraus, dass auch die Gläubiger dieses Ranges den Schutz des Überschuldungstatbestandes der Insolvenzordnung genießen, mit der Konsequenz, dass derjenige, der die Überschuldung der Gesellschaft mittels eines Vermögensopfers in Form des Rangrücktritts abzuwenden versucht, auch hinter alle nachrangigen Gesellschaftsgläubiger zurücktreten muss. Der Rang unmittelbar hinter dem des § 39 II InsO ist aber identisch mit dem Rang unmittelbar vor § 199 S. 2 InsO Die praktischen Auswirkungen dieser Streitfrage sind sehr gering, denn nachrangige Gläubiger haben – unabhängig davon, ob im Rang des § 39 I Nr. 5 InsO oder des § 39 II InsO oder gar diesem nachrangig – nahezu keine Aussicht auf den Erhalt einer Quote[588].

Zusammenfassend bleibt damit festzuhalten, dass derjenige, der eine Liquiditätszusage mit Rückzahlungsverpflichtung gegenüber der Gesellschaft abgibt, eine Passivierung im Überschuldungsstatus der Gesellschaft nur dann wird vermeiden können, wenn er darüber hinaus bereit ist, einen entsprechenden Rangrücktritt hinsichtlich dieser Rückzahlungsverpflichtung zu erklären.[589] Tut er dies, so kann die Liquiditätszusage selbst dann, wenn die Rückzahlung der erhaltenen Mittel vorgesehen ist, ein Instrument zur Abwendung der Überschuldung einer Gesellschaft darstellen.

D.II. Die Auswirkungen auf die Insolvenzantragspflicht des Geschäftsführers gem. § 64 GmbHG

Bei der GmbH als juristischer Person ist die Überschuldung Eröffnungsgrund für das Insolvenzverfahren. Der Überschuldungsbegriff des § 19 InsO deckt sich mit dem des § 64 I GmbHG, weswegen auf die obigen Ausführungen verwiesen werden kann.[590]

§ 64 I GmbHG verbindet aber nun mit der Überschuldung der Gesellschaft die Pflicht des Geschäftsführers, innerhalb der Frist des § 64 I GmbHG Insolvenzantrag zu stellen.

Die Rechtsfolgen eines Verstoßes gegen die Insolvenzantragspflicht des Geschäftsführers bestehen zum einen in einer strafrechtlichen Verantwortlichkeit des Geschäftsführers entsprechend § 84 GmbHG, wie auch in einer zivilrechtlichen Schadensersatzpflicht gegenüber der Gesellschaft und damit der Leistung in die Insolvenzmasse gem. § 64 II 1 GmbHG.

Die Liquiditätszusage wirkt sich auf die Insolvenzantragspflicht des § 64 GmbHG nur mittelbar aus:

Wird sie ohne eine entsprechende Rückzahlungsverpflichtung wirksam abgegeben, so kann die Ausstattungsverpflichtung im Überschuldungsstatus der GmbH aktiviert werden, und demzufolge die Überschuldung der Gesellschaft abwenden.

Wird sie nur unter Vereinbarung einer Rückzahlungsverpflichtung der erhaltenen Ausstattung abgegeben, so kann sie nur dann die Überschuldung der Gesellschaft ab-

---

588 Klopp/Kluth, in: Gottwald, Insolvenzrechtshandbuch, § 19 Rn. 35

589 So wohl zumindest im Ergebnis auch Forschbach, Liquiditätszusagen, S. 61 ff. wenn sie insoweit auf die entsprechende Situation der eigenkapitalersetzenden Gesellschafterdarlehen verweist

590 Siehe oben unter D.I.

wenden, wenn hinsichtlich dieser Rückforderung ein entsprechender Rangrücktritt zwischen dem Zusagenden und der Gesellschaft vereinbart wurde.[591] Wird aber die Überschuldung der Gesellschaft durch die Abgabe einer Liquiditätszusage verhindert, so entfallen schon tatbestandlich die Voraussetzungen des § 64 GmbHG weswegen eben auch eine Insolvenzantragspflicht des GmbH-Geschäftsführers entfällt.

D.III. Die Auswirkungen auf die Insolvenzantragspflicht des Vorstandes gem. § 92 AktG

§ 92 II AktG enthält eine Insolvenzantragspflicht für den Vorstand der AG, welche entsprechend § 92 II 2 AktG auch bei der AG bereits durch die Überschuldung der Gesellschaft ausgelöst wird. Dabei ist auch im Aktienrecht der Überschuldungsbegriff deckungsgleich mit dem des § 19 II InsO[592], weswegen auch hier auf die obigen Ausführungen verwiesen werden kann.[593]

Neben der Insolvenzantragspflicht des Abs. 2 enthält § 92 III AktG ein so genanntes Zahlungsverbot des Vorstandes[594].

Verletzt der Vorstand nun seine Pflichten zur rechtzeitigen Insolvenzantragstellung aus § 92 II AktG, so macht er sich damit gem. § 93 II AktG gegenüber der Gesellschaft schadensersatzpflichtig. Daneben sieht auch das Aktiengesetz in § 401 I Nr. 2 AktG eine strafrechtliche Verantwortlichkeit der Vorstandsmitglieder vor. Bei einem Verstoß gegen das Zahlungsverbot des § 92 III AktG hat die Gesellschaft entsprechend § 93 III Nr. 6 AktG einen Anspruch auf Ersatz der Masseschmälerung gegen den Vorstand.[595] Auch diese gesetzlichen Konsequenzen können durch die Liquiditätszusage, entsprechend der Situation bei der GmbH, dadurch abgewendet werden, indem durch diese gegebenenfalls die Überschuldung der Gesellschaft verhindert werden kann und damit eine entsprechende Insolvenzantragspflicht erst gar nicht entsteht.

D.IV. Ausblick: Die Auswirkungen des MoMiG auf Überschuldung und Insolvenzantragspflicht im Zusammenhang mit der Liquiditätszusage

Neben zahlreichen Normen des „klassischen" Gesellschaftsrechts[596] werden durch das MoMiG voraussichtlich auch verschiedene insolvenzrechtliche Regelungen geändert werden. Auch diese Änderungen sind bisweilen weit reichend. Sie führen zudem dazu, dass einzelne der oben aufgezeigten Grundsätze im Zusammenhang mit der Liquiditätszusage und ihrer Berücksichtigung im Überschuldungsstatus zukünftig keine Gültigkeit mehr beanspruchen können.

---

591 Vgl. dazu näher oben unter D.I.4.b.ii. (3)
592 Vgl. Hüffer, AktG, § 92 Rn. 1 ff.
593 Siehe oben unter D.I.
594 Vgl. dazu Liebs, FS Rittner S. 369
595 Hüffer, AktG, § 92 Rn. 1 ff.
596 Vgl. dazu insbesondere die Darstellung zur Reform des Eigenkapitalersatzrechts unter C.III.

Zunächst sollen die wesentlichen insolvenzrechtlichen Reformbestrebungen kurz dargestellt werden. Dabei soll auch an dieser Stelle eine umfassende Auseinandersetzung mit sämtlichen insolvenzrechtlichen Aspekten der Reform[597] unterbleiben. Vielmehr beschränken sich die folgenden Ausführungen auf die im Regierungsentwurf des MoMiG enthaltenen Änderungen der Insolvenzordnung, des GmbHG sowie des AktG, die für die hier untersuchte Problematik von Relevanz sind.

D.IV.1. Die geplanten Gesetzesänderungen im Insolvenzrecht

Wie bereits weiter oben erwähnt[598], wird das MoMiG das Eigenkapitalersatzrecht der Kapitalgesellschaften völlig neu konzipieren, indem sowohl die Novellen- als auch die Rechtsprechungsregeln aufgehoben werden.[599] Diese Bestrebungen spiegeln sich zudem auch in zahlreichen korrespondierenden Gesetzesänderungen und –anpassungen des Insolvenzrechts wieder.

D.IV.1.a. Die Neufassung des § 39 I Nr. 5, IV, V InsO

Entsprechend dem Reformvorhaben des Gesetzgebers, soll § 39 InsO durch das MoMiG neu gefasst werden.[600] Bereits durch diese Neufassung wird ein grundsätzliches Nachrangprinzip für Gesellschafterdarlehen und vergleichbare Sachverhalte eingeführt.[601] Demnach sind zukünftig alle Gesellschafterdarlehen und dem gleichgestellte Handlungen in der Insolvenz der Gesellschaft gem. § 39 I Nr. 5 InsO-E nachrangig zu befriedigen.

Dies gilt gem. § 39 IV InsO-E sowohl für alle Kapitalgesellschaften, als auch für juristische Personen oder Gesellschaften ohne Rechtspersönlichkeit, bei der keine natürliche Person persönlich haftender Gesellschafter ist.

---

597 Vgl. zu den insolvenzrechtlichen und insolvenznahen Änderungen des MoMiG die Untersuchungen von Wälzholz, DStR 2007, 1914 ff.; Bayer/Graff, DStR 2006, 1654 ff.; Bormann, DB 2006, 2616 ff.; Burgard/Gundlach; ZIP 2006, 1568 ff.; Drygala, NZG 2007, 561 ff.; Noack, DB 2007, 1395 ff.; Schmitt, ZGR 2007, 311 ff.; Von der Linden, DZWiR 2007, 5 ff.; Hoelzle, DStR 2007, 1185 ff.; Jacoby, ZGR 2007, 271 ff.; Kammeter/Geißelmeier, NZI 2007, 214 ff.; Kiethe, ZIP 2007, 1248 ff.; Knopf/Mock, GmbHR 2007, 852 ff.; Poertzgen, NZI 2007, 15 ff.; ders., ZInsO 2007, 574 ff.; K. Schmidt, ZIP 2006, 1925 ff.; ders., DB 2006, 2503 ff.; Schröder/Grau, ZInsO 2007, 353 ff.; Willemer/Ringe, EuZW 2006, 621 ff.

598 Vgl. dazu die obigen Ausführungen unter C.III.

599 Vgl. dazu die obigen Ausführungen unter C.III. sowie Bayer/Graff, DStR 2006, 1654 ff.; Schiffer, BB 2006 Beilage 7, 14 ff.; K. Schmidt, ZIP 2006, 1925 ff.; Kleindiek, ZGR 2006, 335, 350 ff.; Schröder/Grau, ZInsO 2007, 353 ff.

600 Vgl. Art. 9 Nr. 5 des Regierungsentwurfs, abzurufen unter http://www.gmbhr.de/volltext.htm

601 Vgl. Begründung des Regierungsentwurf, S. 61, abzurufen unter http://www.gmbhr.de/volltext.htm; die Regelung des § 19 II S. 3 InsO-E hat diesbezüglich somit nur noch klarstellende Funktion

Gem. § 39 V InsO-E wird auch das bisher in § 32 a III S. 2 GmbHG enthaltene Kleinbeteiligungsprivileg in der Insolvenzordnung verortet.[602] Inhaltliche Auswirkungen hat dies insoweit nur für die Aktiengesellschaft, bei der die *Rechtsprechung* bislang für die analoge Anwendung des Eigenkapitalersatzrechts regelmäßig eine Sperrminorität von 25 % des Grundkapitals verlangte.[603] Das MoMiG wird nun zu einer generellen Anwendung des Rechts der Gesellschafterdarlehen auch auf Aktionäre führen, wobei eine Privilegierung nur für so genannte nicht geschäftsführende Aktionäre bzw. Gesellschafter vorgesehen ist, die ihrerseits mit höchstens 10 % am Haftkapital der Gesellschaft beteiligt sind.

D.IV.1.b. Die Berücksichtigung der Gesellschafterdarlehen im Überschuldungsstatus gem. § 19 II S. 3 InsO

Nach § 19 II S. 3 InsO-E sind Forderungen auf Rückgewähr von Gesellschafterdarlehen, die in einem Insolvenzverfahren über das Vermögen der Gesellschaft nach § 39 I Nr. 5 InsO-E berichtigt werden, nicht bei den Verbindlichkeiten nach § 19 II S. 1 InsO-E zu berücksichtigen. Auf die Gewährung oder das Stehenlassen in der Krise, mithin also auf die Eigenkapitalersatzfunktion, kommt es zukünftig nicht mehr an. Mit dieser Ergänzung soll die Entscheidung des *BGH*[604] rückgängig gemacht werden, nach der eigenkapitalersetzende Gesellschafterdarlehen ohne qualifizierten Rangrücktritt im Überschuldungsstatut der Gesellschaft zu passivieren sind.[605] Durch diese Neuregelung wird zukünftig die Vereinbarung eines bislang zur Abwendung der Passivierungspflicht im Überschuldungsstatus erforderlichen „qualifizierten Rangrücktritts" in den meisten Konstellationen überflüssig werden.[606] Diese Neukonzeption ist allerdings in der juristischen Literatur nicht unumstritten.[607], wobei insbesondere befürchtet wird, dass sie zu einem Anstieg der Anzahl masseloser Insolvenzen führen werde, da die mit dem Rangrücktritt verknüpfte Warnfunktion künftig wegfalle.[608] Dennoch ist zu konstatieren, dass diese Regelung schon im Referentenentwurf enthalten war und sich trotz aller Kritik[609] auch im Regierungsentwurf wiederfindet, sodass mit einer Umsetzung in geltendes Recht zu rechnen ist.

---

602 Zustimmend Bayer/Graff, DStR 2006, 1654, 1658; Flesner, NZG 2006, 641, 647; Gesmann-Nuissl, WM 2006, 1756, 1760; Hommelhoff, in: Gesellschaftsrechtliche Vereinigung, Die GmbH-Reform in der Diskussion, 2006, S. 115, 129 f.; Schiffer, BB 2006 Beilage 7, 14, 17; kritisch K. Schmidt, ZIP 2006, 1925, 1928; ablehnend Cahn, AG 2005, 217, 224 f.

603 BGHZ 90, 381, 389 ff.; BGH ZIP 2005, 1316, 1317

604 BGHZ 146, 264 ff.; vgl. dazu auch ausführlich Bormann, GmbHR 2001, 689 ff.

605 Begründung des Regierungsentwurf, S. 129, abzurufen unter http://www.gmbhr.de/volltext.htm

606 Kammeter/Geißelmeier, NZI 2007, 214, 218; kritisch K. Schmidt, GmbHR 2007, 1 ff.

607 Für eine ersatzlose Streichung: Poertzgen, GmbHR 2007, 1258, 1263; Haas, ZInsO 2007, 617, 627; kritisch bereits zum Referentenentwurf Bork, ZGR 2007, 250, 262; Bormann, DB 2006, 2616, 2619; K. Schmidt, ZIP 2006, 1925, 1931; ders., GmbHR 2007, 1, 10; auch vom 66. Deutschen Juristentag wurde diese Regelung abgelehnt, vgl. Nr. 23 der Beschlüsse des 66.Deutschen Juristentags, DB 2006, XXX

608 Poertzgen, GmbHR 2007, 1258, 1263

609 Bormann, DB 2006, 2616, 2619; K. Schmidt, ZIP 2006, 1925, 1931; ders., GmbHR 2007, 1, 10; auch vom 66. Deutschen Juristentag wurde diese Regelung abgelehnt, vgl. Nr. 23 der Beschlüsse des 66.Deutschen Juristentags, DB 2006, XXX

D.IV.1.c. Die Insolvenzantragspflicht gem. § 15a InsO-E

Die Insolvenzantragspflicht wird durch das MoMiG aus dem Gesellschaftsrecht in das Insolvenzrecht verlagert. Diese Verlagerung entspringt der erklärten Zielsetzung des Gesetzgebers, künftig alle in Deutschland tätigen Gesellschaften dem deutschen Insolvenzrecht zu unterstellen und diese Gesellschaften grundsätzlich gleich zu behandeln.[610] Demgemäß wird die Insolvenzantragspflicht in § 15 a InsO-E rechtsformneutral geregelt:

§ 15 a I InsO-E entspricht dabei inhaltlich den Regelungen der § 64 I GmbHG, § 92 II AktG, § 99 I GenG bzw. des § 130 a I HGB. Diese vorstehenden Regelungen werden durch das MoMiG aufgehoben und einheitlich durch § 15 a InsO-E ersetzt.[611] Die tatbestandlichen Voraussetzungen der Insolvenzverschleppung bleiben im Übrigen unverändert.[612] Auch bleibt weiterhin die Insolvenzantragspflicht der Organe der Gesellschaft als Schutzgesetz im Sinne des § 823 II BGB konzipiert, weswegen die Gläubiger insolventer Gesellschaften, deren Organvertreter nicht spätestens drei Wochen nach Eintritt der Zahlungsunfähigkeit und/oder Überschuldung Insolvenzantrag stellen, auch zukünftig vom pflichtwidrig und schuldhaft gegen die Antragspflicht verstoßenden Organ unmittelbar deliktischen Schadensersatz aus § 823 II BGB iVm. § 15 a I InsO-E verlangen können.[613] Nur der Vollständigkeit halber sei zudem erwähnt, dass – um Missbräuche mittels so genannter „Firmenbestatter" zu bekämpfen – in Zukunft auch die „Führungslosigkeit" der Gesellschaft mit besonderen Pflichten für die Gesellschafter verbunden sein wird, indem in diesen Fällen gem. § 15 a III InsO-E jeder Gesellschafter subsidiär insolvenzantragsverpflichtet sein soll.[614] Das Tatbestandsmerkmal der Führungslosigkeit wird dabei in § 35 I S. 2 InsO-E legaldefiniert. Mit dieser Neueinführung soll zukünftig den Gesellschaftern ein entsprechender Anreiz gegeben werden, für eine jederzeit ordnungsgemäße Vertretung der Gesellschaft Sorge zu tragen.[615] Bei Aktiengesellschaften und Genossenschaften trifft diese Verpflichtung im Falle der „Führungslosigkeit" nicht die Aktionäre, sondern stattdessen jedes Mitglied des Aufsichtsrats. Von diesem Grundsatz wird nur dann eine Rückausnahme gemacht, wenn der Gesellschafter oder das Mitglied des Aufsichtsrats von der Zahlungsunfähigkeit und der Überschuldung oder der Führungslosigkeit keine Kenntnis hatte, wobei die Beweislast hierfür beim Gesellschafter bzw. beim Aufsichtsratsmitglied liegt.[616]

---

610 Vgl. Begründung des Regierungsentwurf S.127, abzurufen unter http://www.gmbhr.de/volltext.htm; bzw. dazu Vallender, ZGR 2006, 425, 426

611 K. Schmidt, GmbHR 2007, 1072, 1077; Wälzholz, DStR 2007, 1914, 1915; Poertzgen, GmbHR 2007, 1258; ders., ZInsO 2006, 561, 567 f.; ders., NZI 2007, 15, 17; Knopf/Mock, GmbHR 2007, 852 ff.

612 Wälzholz, DStR, 2007, 1914, 1915; Poertzgen, GmbHR 2007, 1258, 1259

613 Poertzgen, ZInsO 2007, 574, 575; ders., GmbHR 2007, 1258, 1259; Schulze-Osterloh, in: Baumbach/Hueck, GmbHG, § 64 Rn. 90 ff. mwN

614 Vgl. Begründung des Regierungsentwurf S. 61, abzurufen unter http://www.gmbhr.de/volltext.htm

615 Begründung des Regierungsentwurf S. 127, abzurufen unter http://www.gmbhr.de/volltext.htm

616 Begründung des Regierungsentwurf S. 128, abzurufen unter http://www.gmbhr.de/volltext.htm

D.IV.1.d. Die Insolvenzverursachungshaftung nach § 64 S.3 GmbHG-E und § 92 II S. 3 AktG-E

Obschon die Insolvenzantragspflicht zukünftig rechtsformneutral geregelt werden soll, verbleibt die bisherige Innenhaftung nicht nur in den gesellschaftsrechtlichen Spezialgesetzen, sie wird sogar noch erweitert:

So sehen § 64 GmbHG-E und § 92 II S. 3 AktG-E zukünftig erstmals vor, dass Geschäftsführer und Vorstand zukünftig persönlich für solche Zahlungen an die Gesellschafter oder Aktionäre haften sollen, die erstmals zur Zahlungsunfähigkeit der Gesellschaft gem. § 17 InsO *führen mussten.*[617]

Diese Formulierung des Gesetzgebers ist ausgesprochen weit, nicht zuletzt auch deshalb, weil nach Ansicht der offenbar *herrschende Meinung*[618] der Begriff der „Zahlungen" im Sinne der vorbezeichneten Vorschriften nicht nur Abflüsse von Geldmitteln, sondern auch sonstige Verringerungen des Aktivvermögens umfasst.[619]

D.IV.2. Die konkreten Auswirkungen des MoMiG auf die Liquiditätszusage

Insbesondere die durch Einführung des § 19 II S. 3 InsO-E getroffene gesetzgeberische Entscheidung, rückt die noch oben[620] zur aktuellen Rechtslage vertretenen Ansätze in ein anderes Licht. Vor dem Hintergrund dieser Entscheidung sind die noch zur alten Rechtslage vertretenen Ansätze in weiten Teilen nicht mehr ohne Weiteres aufrechtzuerhalten.

D.IV.2.a. Die Berücksichtigung der Liquiditätszusage im Überschuldungsstatus der Gesellschaft

Der Gesetzgeber ordnet zukünftig ausdrücklich an, sämtliche Gesellschafterdarlehen in einem eventuell zu erstellenden Überschuldungsstatus nicht mehr zu passivieren. Diese Neuregelung korrespondiert dabei mit der durch Neufassung des § 39 I Nr. 5, IV, V InsO-E geschaffenen Regelung, wonach zukünftig sämtliche Gesellschafterdarlehen in der Insolvenz der Gesellschaft nur noch nachrangig zu berücksichtigen sind.

Betrachtet man nun aber den Umstand, dass die Liquiditätszusage in der Praxis zumeist von einem Gesellschafter abgegeben werden wird und geht man ferner vom Regelfall der – im Auszahlungsfall – *darlehensweisen* Ausreichung der Mittel[621] aus, so liegt, zumindest in den in der Praxis am häufigsten auftretenden Konstellationen, der Liquiditätszusage ein aufschiebend bedingtes Darlehensversprechen eines Gesellschaf-

---

617 Vgl. Regierungsentwurf Art. 1 Nr. 43 und Art. 5 Nr. 11, abzurufen unter http://www.gmbhr.de/volltext.htm

618 Poertzgen, ZInsO, 2006, 561, 564 ff.; Schulze-Osterloh, in: Baumbach/Hueck, GmbHG, § 64 Rn. 84 mwN zum Meinungsstand

619 Vgl. Begründung des Regierungsentwurf S. 106, abzurufen unter http://www.gmbhr.de/volltext.htm

620 Vgl. die Ausführungen unter D.I.4.

621 Vgl. dazu die Ausführungen unter B.II.2.

ters zugunsten seiner Gesellschaft zu Grunde. In diesen Fällen muss dann aber m. E auch bereits bei der Frage der Passivierungspflicht des Rückzahlungsanspruchs der Zusage der neu eingeführten Wertung des Gesetzgebers Rechnung getragen werden. So ordnet § 19 II S. 3 InsO-E für den oben dargestellten Fall einer Liquiditätszusage an, dass der nach Auszahlung des Darlehens, mithin also nach Erfüllung der Liquiditätszusage, entstehende Rückzahlungsanspruch des Gesellschafters jedenfalls im Überschuldungsstatus nicht zu passivieren ist. Dies gilt dabei unabhängig vom Vorliegen eines qualifizierten Rangrücktritts. Bereits hieraus wird aber ersichtlich, dass es zukünftig nicht mehr sachgerecht sein kann, einen noch nicht endgültig entstandenen Rückzahlungsanspruch[622] im Überschuldungsstatus der Gesellschaft zu passivieren, wenn dies ausweislich des Gesetzeswortlauts nicht einmal für den tatsächlich entstandenen Rückzahlungsanspruch des Gesellschafters gelten soll.

Für die Praxis wird die Liquiditätszusage demnach als Instrument der Insolvenzabwendung an Bedeutung gewinnen, da der Ausstattungsanspruch der Gesellschaft jedenfalls nach wie vor im Überschuldungsstatus aktiviert werden kann, der mit der Auszahlung entstehende Rückzahlungsanspruch jedoch nicht mehr passiviert werden muss. Entgegen den noch zur aktuellen Rechtslage aufgestellten Grundsätzen führt damit bereits die Vereinbarung einer wirksamen Liquiditätszusage zukünftig nicht mehr zu einer bloßen Bilanzverlängerung im Rahmen der Überschuldungsbilanz einer Gesellschaft, sondern zu einer rechnerischen Erhöhung des Schuldendeckungspotentials derselben. So wird es also zukünftig möglich sein, durch die bloße Abgabe einer Liquiditätszusage die rechnerische Überschuldung einer Gesellschaft zu überwinden und die Fortführung des Unternehmens über diesen Punkt hinaus zu gewährleisten.

Grundlegend unterschiedlich werden jedoch auch nach Einführung des MoMiG nach wie vor die Konstellationen zu beurteilen sein, bei denen der Zusagende selbst nicht gleichzeitig Gesellschafter der Gesellschaft ist. Es verbleibt in diesen Fällen, insbesondere auch in den praktisch ebenfalls bedeutsamen Konzernverhältnissen, beim schon weiter oben dargestellten Ergebnis.[623] Soll auch hier die Passivierungspflicht im Überschuldungsstatus der Gesellschaft entfallen, so bedarf es entweder eines Verzichts auf die Vereinbarung eines Rückzahlungsanspruchs des Zusagenden oder aber eines entsprechendes Rangrücktritts des Zusagenden für seinen Rückzahlungsanspruch gegen die Gesellschaft.

D.IV.2.b. Die Auswirkungen der Liquiditätszusage auf die Insolvenzantragspflicht

Im Zusammenhang mit der Insolvenzantragspflicht der Organe ergeben sich durch das MoMiG keine inhaltlichen Veränderungen. Wie eingangs erwähnt[624], wird die Insolvenzantragspflicht lediglich rechtsformneutral geregelt und inhaltlich nicht modifiziert. Dennoch wird sich die Einführung des § 19 II S. 3 InsO-E auf die Insolvenzantragspflicht der Organe mittelbar auswirken:

622 Dieser ist hinsichtlich seiner Entstehung ja bekanntlich vom Eintritt einer Bedingung, namentlich der Erfüllung des Ausstattungsanspruchs durch den Zusagenden, abhängig

623 Vgl. unter D.I.

624 Vgl. dazu die Ausführungen unter D.IV.1.c.

Zwar besteht auch weiterhin eine Pflicht des Geschäftsführers und des Vorstandes, bei Überschuldung der Gesellschaft innerhalb der gesetzlich normierten Frist einen Insolvenzantrag zu stellen, doch entfällt diese Pflicht im Ergebnis nunmehr unter Umständen bereits dadurch, dass die Liquiditätszusage für sich genommen zukünftig bereits ausreichen kann, die Überschuldung der Gesellschaft zu überwinden. Es ist daher denkbar, dass die Insolvenzantragspflicht des § 15 a InsO-E zukünftig in Konstellationen tatbestandlich entfallen wird, in denen unter Geltung der alten Rechtslage aufgrund nach wie vor vorliegender Überschuldung noch eine Insolvenzantragspflicht für die Organe der Gesellschaft bestand.

E. Die Bilanzierung der wirksamen Liquiditätszusage

Wurde eine Liquiditätszusage wirksam vereinbart, so steht die Praxis meist vor Problem, ob und gegebenenfalls wie sich diese bilanziell erfassen lässt. Wurde oben bereits ihre Aufnahme in die Überschuldungsbilanz der unterstützten Gesellschaft diskutiert, so soll nun untersucht werden, ob sie auch – zumindest in irgendeiner Form – im gewöhnlichen Jahresabschluss der Gesellschaft aufgeführt werden muss oder nicht und ob auch für den Fall, dass die Zusage, wie häufig, in Konzernverhältnissen abgegeben wurde, die zusagende Muttergesellschaft diese in ihrem Jahresabschluss zu berücksichtigen hat.

Im Folgenden muss daher zwischen dem Ansatz im Jahresabschluss der Muttergesellschaft (siehe unter I.) und dem entsprechenden Ansatz bei der Tochtergesellschaft (siehe unter II.) grundlegend unterschieden werden.

E.I. Die Bilanzierung bei der Muttergesellschaft

Erörtert man die Fragestellung zunächst vor dem wirtschaftlichen Hintergrund der Abgabe einer Liquiditätszusage so erkennt man, dass wirtschaftlich betrachtet in den allermeisten Fällen von der Muttergesellschaft das Ziel verfolgt werden wird, der Tochtergesellschaft dahingehend den Rücken zu stärken, dass diese nochmals Kredit bei Dritten erhält. Dieses wirtschaftliche Ziel der Muttergesellschaft soll daher bilanzrechtlich erfasst und im Jahresabschluss dargestellt werden. Dabei stehen sich aber nun die widerstreitenden Interessen von Muttergesellschaft einerseits, die einen entsprechenden Ausweis in ihrer Bilanz vermeiden will, sowie andererseits diejenigen, ihrer potentiellen Gläubigern gegenüber, welche ein möglichst umfassendes Bild hinsichtlich der Kapitalausstattung der Muttergesellschaft erhalten wollen. Diese werden deswegen ein großes Interesse daran haben, dass sie sich über etwa vorliegende Verbindlichkeiten der Muttergesellschaft möglichst weit reichend und umfassend informieren können. Anhand dieser konträren Interessen ist nun zu untersuchen, ob und gegebenenfalls wie eine von der Muttergesellschaft erteilte Liquiditätszusage bei ihr nun tatsächlich zu bilanzieren ist.

E.I.1. Die Aufnahme in den Jahresabschluss

Untersucht man die wirtschaftlichen Zielsetzungen der Muttergesellschaft, die diese mit der Abgabe derartiger Zusagen zu erzielen versucht, genauer, so ergibt sich folgendes:

Im Rahmen der Liquiditätszusage sichert die Muttergesellschaft der Tochtergesellschaft zu, ihr gegebenenfalls Kapital zuzuführen, sofern sie dies benötigt[625]. Damit übernimmt die Muttergesellschaft wirtschaftlich betrachtet aber eine *Haftung* für ihr

---

[625] Darüber hinaus sind auch andere Ausgestaltungen der Liquiditätszusage grundsätzlich denkbar, wodurch aber der Tochtergesellschaft in aller Regel kein zusätzlicher Kredit bei Dritten verschafft werden kann. Die Darstellung beschränkt sich daher auch hier auf diese verbindlichen und unbeschränkten Zusagen an die Gesellschaft

Tochterunternehmen. Unter Haftungsverhältnissen im bilanzrechtlichen Sinne werden alle diejenigen Verbindlichkeiten verstanden, für die der Unternehmer nur unter bestimmten Umständen in Anspruch genommen werden kann, wobei er selbst mit dem Eintritt dieser Umstände nicht rechnet.[626] Da § 251 HGB aber im Satz 1 dieser Regelung den Grundsatz vom Vorrang der Passivierung anordnet[627], stellt sich im Rahmen der Diskussion einer Vermerkpflicht dann aber die Frage, ob nicht diese Haftungsverhältnisse im Jahresabschluss bereits als Verbindlichkeiten der Muttergesellschaft zu behandeln sind.

Die Beantwortung dieser Frage richtet sich in erster Linie und ganz allgemein danach, ob bei vernünftiger kaufmännischer Beurteilung[628] der Unternehmer mit dem Eintritt einer nach Grund und Höhe bereits bestimmten Haftung rechnen muss oder nicht.[629] Für den Fall, dass aufgrund dieser Beurteilung vom Eintritt einer Haftung auszugehen wäre, müssten derartige Haftungsverhältnisse bilanzrechtlich als Verbindlichkeiten der Muttergesellschaft angesehen werden, mit der Folge, dass sie als solche bereits im Jahresabschluss passiviert werden müssten. Bestünde dagegen bei dieser Verbindlichkeit nur noch im Hinblick auf ihre endgültige Entstehung und/oder ihre Höhe Ungewissheit und wäre aber mit einer Inanspruchnahme aus ihr nach dem Bilanzstichtag mit überwiegender Wahrscheinlichkeit zu rechnen, so müsste die Gesellschaft entsprechend § 249 HGB eine Rückstellung bilden.[630]

Die Erfassung der Liquiditätszusage als Verbindlichkeit der Muttergesellschaft wird dem wirtschaftlichen Verständnis derselben allerdings nicht gerecht, vielmehr geht die Muttergesellschaft betriebswirtschaftlich betrachtet grundsätzlich davon aus, dass die Tochtergesellschaft ihren Verpflichtungen nachkommen kann und sie selbst überhaupt nicht in Anspruch genommen wird. Es handelt sich aus Sicht der Muttergesellschaft bei der von ihr erteilten Liquiditätszusage also nur um ein Sicherungsmittel, aus dem sie nach ihrer Vorstellung nie in Anspruch genommen werden wird.

Dieses Verständnis der Liquiditätszusage erklärt dann auch die Auffassung des nahezu gesamten *Schrifttums*, wonach keine zu passivierende Verbindlichkeit vorliege und außerdem erst Recht kein Anlass für eine Rückstellung bestehe[631]. Diese nahezu *einhellige Meinung* betrachtet die Liquiditätszusage vielmehr als eine so genannte *Eventualverbindlichkeit*, die entweder unter der Bilanz oder aber im Anhang zur Bilanz

---

626 Adler/Düring/Schmalz, § 251 Anm. 1; Ellrott, in: Bilanzkommentar, § 251 Rn. 3

627 Vgl. dazu Ellrott, in: Bilanzkommentar, § 251 Rn. 3

628 Zum Begriff vgl. Westermann, in: HURB, S. 351 ff.

629 Walz, in: Heymann, HGB, § 251 Rn. 3

630 Clemm/Nonnenmacher, in: Bilanzkommentar, 3. Auflage, § 249 Rn. 25; Herrmann/Heuer/Raupach, EStG, § 5 Anm. 60 r; Knobbe-Keuk, Bilanz und Unternehmenssteuerrecht, S. 121; Mayer-Wegelin, in: Küting/Weber, Handbuch der Rechnungslegung, § 249 Rn. 49 ff.; Walz, in: Heymann, HGB, § 251 Rn. 9

631 Bordt, Wpg. 1975, 285, 287 und Schaffland, BB 1977, 1021 gehen vom Vorliegen einer so genannten Eventualverbindlichkeit aus; ebenso im Ergebnis Adler/Düring/Schmalz § 251 Tz. 307; Obermüller, ZGR, 1975 S. 41; Rümker, WM 1974, S. 990; Schraepler, ZKW 1975, 215 ff.; andere Ansicht nur Winden, in: Enzyklopädisches Lexikon für das Geld- Bank- und Börsenwesen, S. 1080

zu vermerken ist.[632] Da das Gesetz den Begriff der *Eventualverbindlichkeit* selbst nicht näher definiert, ist die Bilanzierungspraxis zunächst dazu übergegangen, eine solche bereits dann anzunehmen, sobald das Gesetz einen Ausweis unter der Bilanz vorsah.[633] Diese Verbindlichkeiten entsprechen damit in rechtlicher Hinsicht solchen Verbindlichkeiten, die aufschiebend bedingt sind.[634] Bei diesen liegt gem. § 158 I BGB vor Eintritt der Bedingung keinerlei Verpflichtung im Rechtssinne vor, wohingegen eine rein wirtschaftliche Belastung bereits trotzdem gegeben ist. Von den zu passivierenden Verbindlichkeiten oder Rückstellungen unterscheiden sich diese *Eventualverbindlichkeiten* also allein durch die Wahrscheinlichkeit der Inanspruchnahme.

Eine *Eventualverbindlichkeit* lässt sich daher als aufschiebend bedingte Verbindlichkeit charakterisieren, bei der die Bedingung, von der die Wirksamkeit des Schuldverhältnisses abhängt, noch nicht eingetreten ist und mit deren Eintritt auch kaum zu rechnen ist.[635] Damit hat sich am allgemeinen Verständnis der *Eventualverbindlichkeit* unter Geltung des aktuellen § 251 HGB im Vergleich zur früheren Regelung derselben in § 151 AktG aF nichts geändert. Vor dem Hintergrund der damals geltenden Rechtslage verblieb für den Ansatz unter der Bilanz und damit als Eventualverbindlichkeit, ebenfalls nur ein sehr eingeschränkter Anwendungsbereich und zwar für diejenigen wirtschaftlichen Risiken, die zwar möglicherweise eine Belastung darstellen könnten, mit deren Eintritt aber gleichzeitig der Bilanzierende nicht rechnete.[636] § 251 HGB regelt nun derartige Haftungsverhältnisse nur insoweit, als er für bestimmte Arten von Verbindlichkeiten festgelegt, dass dann, wenn sie nicht zu passivieren sind, ein Bilanzvermerk zu erfolgen hat. Die Liquiditätszusage selbst wird in § 251 HGB nicht genannt, allerdings erfasst diese Regelung unter anderem Verbindlichkeiten aus Bürgschaften, sowie solche aus Gewährleistungsverträgen. Damit entspricht sie dahingehend dem früher nur für die Aktiengesellschaft einschlägigen § 151 V AktG aF.

Unter Geltung des alten Rechts wurde von *Teilen des Schrifttums* zunächst versucht, die Liquiditätszusage als *Eventualverbindlichkeit* unter eine der in § 151 V AktG aF genannten Verbindlichkeiten zu subsumieren. Dabei wurde zunächst durchaus zutreffend erkannt, dass unter Verbindlichkeiten aus Bürgschaften iSd § 151 V Nr. 2 AktG aF auch tatsächlich nur solche verstanden werden konnten, die auch aus einer Bürgschaft iSd 765 BGB herrührten. Mithin musste also zwingend auch eine Bürgschaft im Rechtssinn vorliegen[637].

Einigkeit herrschte im *Schrifttum* weitgehend auch hinsichtlich der Reichweite des Begriffs der Verbindlichkeiten aus Gewährleistungsverträgen iSd § 151 V Nr. 3 AktG aF Eine gesetzliche Definition dieser Art von Verbindlichkeiten lag damals, wie heute im Hinblick auf § 251 HGB, ebenfalls nicht vor. Das *Schrifttum* verwies deshalb schon

---

632 Vgl. Walz in: Heymann, HGB, § 251 Rn. 9; Allstadt-Schmitz, in: Münch Komm. InsO, BankR IV Rn. 683; sowie zur alten Rechtslage Gerth, Atypische Kreditsicherheiten, S. 26, 323 mwN; Rüßmann, Patronatserklärungen, S. 178; Forschbach, Liquiditätszusagen, S. 139 ff.

633 So noch zum inzwischen aufgehobenen § 151 V AktG, der insoweit im nun für diesen Fall einschlägigen § 251 HGB aufgeht, Bordt, Wpg. 1975, 285, 287

634 Hüttemann, Bilanzierung, Band 2 S. 10 f.

635 Ellrott, in: Bilanzkommentar, § 251 Rn. 25

636 Mellerowicz in: Großkommentar zum Aktiengesetz zum AktG, § 151 Anm. 143

637 Bordt, Wpg. 1975, 285, 288

damals in erster Linie darauf, dass § 261 b HGB aF[638] noch auf so genannte Verbindlichkeiten aus Garantievertrag abstellte. Die Änderung der Bezeichnung im Aktiengesetz von 1937 sollte nach *einhelliger Auffassung* aber keine sachliche Änderung herbeiführen[639]. Im Gegensatz dazu sollte es sich bei *Garantieverträgen* wie auch bei *Gewährleistungsverträgen* um solche Verträge handeln, „in denen sich jemand verpflichtet, für das Eintreten eines gewissen Erfolges einzustehen“[640].

Bei den daraus resultierenden Verbindlichkeiten handelte es sich daher nur um einen bilanzrechtlichen Begriff, der nicht nur *Garantieverträge* im engeren Sinne umfassen sollte[641]. Es hatte sich somit insgesamt die Auffassung verfestigt, dass eine Vermerkpflicht iSd § 151 V Nr. 3 AktG aF immer dann begründet werden sollte, wenn eine vertragliche oder vertragsähnliche Verpflichtung bestand, die wiederum das Einstehen für einen Erfolg oder eine Leistung enthielt, und nicht schon unter die Nr. 1 oder Nr. 2 gefasst werden konnte.[642] Dabei machte es schon auf Grundlage der damals geltenden Rechtslage keinerlei Unterschied, ob es sich um Gewährleistungszusagen für eigene oder fremdgeschuldete Verbindlichkeiten handelte[643].

Neben diesem einhelligen Verständnis verfolgte *Mosch*[644] einen weiteren Ansatz. Seiner Ansicht nach sollte ein Gewährleistungsvertrag iSd § 151 V Nr. 3 AktG aF nur bei Vorliegen der folgenden Voraussetzungen gegeben sein: Seines Erachtens musste eine vertragliche Primärleistungspflicht der Muttergesellschaft vorliegen, die für den Fall, dass sie nicht schon vollwirksam bestand, doch zumindest *unabhängig vom Willen der Muttergesellschaft* zum Entstehen gebracht werden konnte. Daneben musste diese Pflicht unter *Erweiterung der Zugriffsmöglichkeiten der Gläubiger* auf ein Einstehen für einen Erfolg oder eine Leistung oder für den Nichteintritt eines bestimmten Nachteils oder Schadens gerichtet sein.[645] Man erkennt hierbei, dass *Mosch* die *herrschende Auffassung* somit nur geringfügig modifiziert und präzisiert hat, sodass auch er grundsätzlich vom gleichen Ausgangspunkt wie die *herrschende Lehre* ausging. Ein Unterschied bestand allerdings im Merkmal der *Willensunabhängigkeit. Mosch* führte hierzu zutreffend aus, dass die Ergänzung dieses Merkmals dem Umstand Rechnung trage, dass die Leistungspflicht der Muttergesellschaft bei vielen Erklärungen noch nicht mit der Abgabe der Erklärung selbst eintrete, sondern vielmehr erst dann, wenn darüber hinaus eine weitere, zusätzliche Bedingung eintrete.[646] Diesem zusätzlichen

---

638 Durch die Aktienrechtsnovelle vom 19.9.1931 ins HGB aufgenommen

639 Bordt, Wpg. 1975, 285, 288

640 z. B. Adler/Düring/Schmalz, 3. Auflage, § 151 Tz. 211

641 Adler/Düring/Schmalz 3. Auflage, § 151 Tz. 211; Heinichen, in Großkommentar zum Aktiengesetz zum AktG 1939, § 131 Anm. 11; Schlegelberger/Quassowski, Aktiengesetz, 3. Auflage, § 131 Anm. 62

642 Adler/Düring/Schmalz, 3. Auflage, § 151 Tz. 304;Mellerowicz in Großkommentar zum Aktiengesetz zum AktG, § 151 Anm. 150

643 Adler/Düring/Schmalz, 3. Auflage, § 151 Tz. 305, WP Handbuch 1973, S. 657; Mellerowicz in Großkommentar zum Aktiengesetz zum AktG, § 151 Anm. 150; aA Kropff, AktG 1965, § 151 Anm. 135 bis 137, der aber eine freiwillige Einbeziehung von Gewährleistungen für eigenen Verpflichtungen für zulässig hält

644 Mosch, Patronatserklärungen, S. 175

645 Mosch, Patronatserklärungen, S. 175

646 Mosch, Patronatserklärungen, S. 178

Erfordernis liegt damit die durchaus zutreffende Überlegung zu Grunde, wonach dann, wenn die zusätzliche Bedingung in einer Handlung oder Entscheidung der Muttergesellschaft selbst besteht, auch keine Vermerkpflicht und insoweit also auch kein *Gewährleistungsvertrag* im oben bezeichneten Sinne bestehen kann.

Diesem Ansatz ist schon deshalb zuzustimmen, da es in derartigen Konstellationen die Muttergesellschaft ja selbst in der Hand hat, ob sie haftet oder nicht, damit könnte eine Haftung also nur mit ihrer eigenen Zustimmung ausgelöst werden. Überdies ergibt sich dies auch schon durch den Vergleich mit einer aufschiebend bedingten Bürgschaftsverpflichtung, die ebenfalls dann nicht vermerkpflichtig ist, wenn die Bedingung in einer Handlung oder Entscheidung der Muttergesellschaft besteht.[647] Eine tatbestandliche Einschränkung der *herrschenden Meinung* wiederum stellt das Erfordernis der so genanten *Erweiterung der Zugriffsmöglichkeiten* dar. Dieses Erfordernis basiert auf folgender Grundüberlegung:

Der in der Praxis häufigste Fall der Abgabe einer Liquiditätszusage sei die Abgabe einer solchen im Rahmen eines Konzernverhältnisses. Als Konsequenz daraus ergebe sich aber auch, dass die Muttergesellschaft an der Tochtergesellschaft kapitalmäßig beteiligt sei und ihr darüber hinaus nicht selten auch außerhalb derartiger Erklärungen noch weiteres Fremdkapital als Darlehen zur Verfügung stelle. Diese gesellschaftsrechtliche Beteiligungsposition wie auch eine gegebenenfalls bestehende Darlehensforderung der Mutter- gegen die Tochtergesellschaft sei aber als solche bereits ein Vermögensbestandteil der Muttergesellschaft, mit der Konsequenz, dass die Gläubiger der rechtlich selbstständigen Tochtergesellschaft auf diese nicht zugreifen könnten. Wirtschaftlich betrachtet bedeute dies allerdings keinesfalls, dass diese Rechtsgüter der Muttergesellschaft ungefährdet wären. Vielmehr habe in aller Regel die Tochtergesellschaft die Darlehenssumme verwendet um damit Anlage- oder Umlaufvermögen anzuschaffen, was wiederum dem Gläubigerzugriff in vollem Umfang unterliege. Daraus schließt *Mosch* ebenfalls zutreffend, dass eine gegebenenfalls zwangsweise Verwertung der Vermögensgegenstände der Tochtergesellschaft sich allein schon wegen der Konzernverflechtung direkt auf den Wert der Beteiligung der Muttergesellschaft oder auf eine gegebenenfalls bestehende Darlehensforderung auswirke.[648] Dies bedeute also, dass die Muttergesellschaft bereits ohne *Gewährleistungsvertrag* Gefahr laufe ihre Vermögenspositionen zu verlieren, oder wie *Mosch* es ausdrückt, dass dadurch Vermögensteile „risikobehaftet“ seien.[649] Dieser letzten Schlussfolgerung ist aber entgegenzuhalten, dass dieses Risiko sich allein aus der Konzernverflechtung der Gesellschaften ergibt, und im Übrigen auch bereits bilanziell erfasst ist, indem diese Forderungen bei der Muttergesellschaft als Forderungen gegenüber verbundenen Unternehmen gem. § 266 II B. II Nr. 2 HGB auf der Aktivseite der Bilanz erfasst werden. Dadurch wird entsprechend den bilanzrechtlichen Vorschriften die Risikolage für Außenstehende bereits ersichtlich.

---

647 Mosch, Patronatserklärungen, S. 178
648 Mosch, Patronatserklärungen, S. 179
649 Mosch, Patronatserklärungen, S. 179

Mosch will aber aus dem festgestellten trotzdem die Konsequenz ziehen, dass eine Vermerkpflicht für eine Liquiditätszusage[650] nur dann bestehen könne, wenn durch sie und damit also durch die Abgabe der Zusage selbst, noch auch ein *darüber hinausgehendes* Risiko für die Muttergesellschaft entstehe. Ein solches könne seines Erachtens aber nur dann vorliegen, wenn sich die Substanz der den Gläubigern zur Verfügung stehenden Vermögenswerte der Muttergesellschaft tatsächlich erhöht habe und sich nicht allein in den bereits bilanzierten Beteiligungen bzw. Forderungen erschöpfe.[651] Eine Bilanzierungspflicht könne demnach also nur dann bestehen, wenn das Vermögen der Muttergesellschaft zusätzlich potentiell belastet werde. [652]

Praktische Relevanz erlangt diese Diskussion ausschließlich für den Fall, dass die Muttergesellschaft nicht zusichert, weitere eigene Mittel einzusetzen, um einen bestimmten Erfolg zu erreichen, sondern dagegen nur erklärt, ihre bereits eingesetzten Vermögenswerte nicht abzuziehen. Dann ist *Mosch* insoweit zuzustimmen, dass tatsächlich kein weitergehendes Risiko im oben erörterten Sinn für das Vermögen der Muttergesellschaft durch die Zusage entsteht, sodass dann auch keinerlei Veranlassung besteht, ein solches zusätzlich zu bilanzieren.

Diese Konstellation ergibt sich in der Praxis aber vorwiegend im Rahmen der Patronatserklärung, die entsprechend ihrer Ausgestaltung in so genannte „harte" und „weiche" Patronatserklärungen unterteilt wird. Entsprechend dieser Einteilung nimmt die *herrschende Meinung* dann auch die Bilanzierung vor, indem sie „harte" Patronatserklärungen zwingend bilanzieren will, „weiche" dagegen grundsätzlich nicht[653].

Daraus folgt dann aber auch, dass sowohl *herrschende Lehre* wie auch *Mosch* bei Patronatserklärungen immer zu denselben Ergebnissen hinsichtlich der Bilanzierungspflicht führen, da eine „weiche" Patronatserklärung dann anzunehmen ist, wenn durch sie gerade keine Verpflichtung der Muttergesellschaft zur weitergehenden Kapitalausstattung der Tochtergesellschaft geschaffen werden soll. Mit anderen Worten also genau in den Konstellationen, in denen *Mosch* schon das Vorliegen eines Gewährleistungsvertrages im bilanzrechtlichen Sinne verneint.

Eine derartige Unterscheidung existiert bei der Liquiditätszusage, in der hier behandelten Form, nicht. Bei ihr handelt es sich schon vor dem Hintergrund ihres Charakters als gewillkürtes Ergänzungskapital mit schuldrechtlichem Charakter[654] um eine Zusage der Muttergesellschaft weiteres Kapital zuzuführen, sodass eine „weiche" Liquiditätszusage nur schwerlich denkbar erscheint[655].

Die oben erörterten Einschränkungen des Begriffs des *Gewährleistungsvertrages* im bilanzrechtlichen Sinne führen im Rahmen der Liquiditätszusage demnach nie zu ei-

---

650 Mosch geht zwar von einer Patronatserklärung aus, wodurch sich aber hinsichtlich der vorliegenden Problematik keinerlei Änderungen ergeben

651 Mosch, Patronatserklärungen, S. 180

652 Mosch, Patronatserklärungen, S. 180

653 BGH, DStR 1993, 1753 f; OLG Karlsruhe, DStR 1993, 487; Rümker, WM 1974, 990; Gerth, AG 1984, 98; Stellungnahme des IDW, WPg 1976, 530 ff.; Vollmer ZBB 1993, 89, 90; andere Ansicht nur Küffner, DStR 1996, 146, 149 f

654 Siehe oben unter B.I.

655 Gleichwohl sind solche vor dem Hintergrund der Vertragsfreiheit natürlich nicht ausgeschlossen. Ihre praktische Bedeutung dürfte aber sehr gering sein, weswegen sie hier auch nicht thematisiert werden soll

nem anderen Ergebnis, da stets eine Erweiterung der Zugriffsmöglichkeiten für die Gläubiger mit der Abgabe einer entsprechenden Zusage verbunden sein wird.

Zusammenfassend kann daher festgestellt werden, dass die Liquiditätszusage im Jahresabschluss der Muttergesellschaft aufgeführt werden muss. Sie ist damit bilanzrechtlich mit einer „harten" Patronatserklärung zu vergleichen und damit als *Eventualverbindlichkeit* auszuweisen.

E.I.2. Die Höhe des Bilanzvermerks

Steht nun also fest, dass ein Bilanzvermerk bei der Muttergesellschaft zu erfolgen hat, so stellt sich anschließend nur noch die Frage, in welcher Höhe die Liquiditätszusage bilanziert werden muss. Hierzu wurden bereits zur alten Rechtslage schon verschieden Ansatzpunkte vertreten.

Wenig oder gar keine Schwierigkeiten werfen von vornherein diejenigen Liquiditätszusagen, oder auch Patronatserklärungen auf, die eine bereits feststehende oder aber einfach zu bestimmende Haftungshöchstsumme beinhalten.[656] Diese Ausgestaltung der Liquiditätszusage soll im Folgenden daher auch nicht näher beleuchtet werden. Vielmehr treten dann Probleme auf, wenn eine Liquiditätszusage vorliegt, bei der keinerlei Haftungshöchstsumme vereinbart wurde.[657]

Vom Grundsatz ändert sich zwar auch hier im Vergleich zu derartigen Zusage mit vereinbarter Haftungshöchstsumme nichts, denn während bei diesen die festgeschriebenen Höchstsummen das jeweils konkrete Haftungsrisiko für den Zusagenden erkennbar definieren, fehlt eine solche Definition zwar im Regelfall der Liquiditätszusage, allerdings kann dies am grundsätzlichen Ansatzpunkt nichts ändern. Als solcher kann für die Höhe des Vermerks dabei auch nur die *Höhe des Haftungsrisikos* der Muttergesellschaft allein maßgeblich sein. Daher muss der genaue Inhalt einer solchen Zusage näher betrachten werden.

Sagt die Muttergesellschaft zu, gegebenenfalls die *erforderliche Liquidität* zuzuführen, so sind davon streng genommen sämtliche jemals entstehende Verbindlichkeiten der Tochtergesellschaft vollständig mitumfasst. Das entsprechende Haftungsrisiko ist für die Muttergesellschaft damit aber in keinster Weise abschätz- oder gar vorher bestimmbar.

E.I.2.a. Bilanzierung in Höhe der gesamten Verbindlichkeiten

Legt man dieses Ergebnis konsequent zu Grunde, so ließe sich bei dieser Form der Zusage daher durchaus der Ansatz vertreten, dass der Bilanzvermerk bei der Mutterge-

---

656 So beispielsweise dann, wenn sich (1) die Muttergesellschaft gegenüber der Tochtergesellschaft verpflichtet, gegebenenfalls die Verbindlichkeiten aus einem vorher näher bestimmten einzelnen Rechtsgeschäft zu übernehmen; oder aber (2), wenn sich die Muttergesellschaft gegenüber der Tochtergesellschaft verpflichtet, nur bis zu einer bestimmten Höchstsumme der Tochter gegebenenfalls Liquidität zuzuführen

657 Eine solche liegt dann vor, wenn die Muttergesellschaft ihrer Tochter gegenüber erklärt, sie werde ihr gegebenenfalls die *erforderliche Liquidität* zuführen

sellschaft sämtliche Verbindlichkeiten der Tochtergesellschaft sowie deren gesamte Rückstellungen mitumfassen müsse.[658]

Betrachtet man diesen Ansatzpunkt allerdings näher, so erkennt man, dass dieser die eigene Kapitaldecke und damit die am Bilanzstichtag vorhandenen eigenen Deckungsmittel der Tochtergesellschaft völlig außer Betracht ließe. Will man aber nun das wirtschaftliche Risiko der Muttergesellschaft in ihrer eigenen Bilanz zutreffend wiedergeben, so wäre es nicht gerechtfertigt die Deckungsmittel der Tochtergesellschaft wiederum überhaupt nicht zu berücksichtigen.[659]

E.I.2.b. Bilanzierung in Höhe der tatsächlichen bilanziellen Deckungslücke

Ein möglicher weiterer Lösungsansatz wäre es demnach, die tatsächliche bilanzielle Deckungslücke bei der Tochtergesellschaft als wirtschaftliches Garantierisiko der Mutter zu begreifen, und demzufolge bei dieser dann selbst in der Bilanz zu vermerken.[660]

Dieser Ansatz will also die Schulden der Tochtergesellschaft am Bilanzstichtag als Verbindlichkeiten bei der Muttergesellschaft bilanzieren, sofern sich die Liquiditätszusage allein auf diese Schuld beziehe.[661] Diese Überlegung wird in der Praxis allerdings viel eher der Situation bei einer Patronatserklärung gerecht,[662] insbesondere dann, wenn, wie in der Praxis sehr häufig, der potentielle Kreditgeber die Abgabe einer solchen Patronatserklärung verlangt. In dieser Situation lässt sich dann, zumindest rein wirtschaftlich betrachtet, die Patronatserklärung dem jeweiligen Kredit zuordnen und sich somit dann daraus die Höhe des Haftungsrisikos für die Muttergesellschaft bestimmen. Dieses Risiko besteht dann genau in Höhe der Darlehenssumme, für die die Muttergesellschaft gegebenenfalls einstehen muss. Diese Art der Bilanzierung wird damit dem wirtschaftlichen Hintergrund der derartig abgegebenen Erklärung gerecht, da in diesen Fällen die Patronatserklärung lediglich kreditsichernden Charakter hat, und zumeist einzig einem einzelnen Kreditgeber gegenüber abgegeben wurde.[663]

Schwierigkeiten bereitet dieser Ansatz aber dann, wenn sich, wie regelmäßig bei der Liquiditätszusage, dem Parteiwillen unter keinen Umständen entnehmen lässt, dass die

---

658 So noch zur alten Rechtslage Bordt, WPg 1975, 285, 291 f. und Gerth, Atypische Kreditsicherheiten, S. 323, die dies beide aber nur als ersten Ansatz sehen und selbst beide ebenfalls differenzieren

659 So im Ergebnis auch die oben genannten

660 Aus der Facharbeit des IdW erschienen in: Die Wirtschaftsprüfung 1976 S. 528 ff.; so im übrigen auch ausdrücklich für die Liquiditätszusage Rüßmann, Patronatserklärungen, S. 179, wonach die „geschätzte Liquiditätslücke" der Tochtergesellschaft bei der Muttergesellschaft passiviert werden soll

661 Dieser Ansatz geht dabei von einer Patronatserklärung aus und bezieht seine Begründung auch ausschließlich auf diese, demgemäß will dieser Ansatz in Höhe des Kreditvolumens beim Kreditgeber bilanzieren, welchem gegenüber die Patronatserklärung auch abgegeben wurde. Dieser Ansatz kann aber auch auf die Liquiditätszusage übertragen werden, da insoweit ebenfalls von einer Deckungslücke am Bilanzstichtag ausgehend die Höhe des Bilanzvermerks selbst bestimmt werden kann

662 So auch der oben genannte Lösungsansatz, der sich direkt nur auf die Bilanzierung von Patronatserklärungen bezieht

663 Zu den Auswirkungen derartiger Erklärung auf die Überschuldung vgl. unter D.I.

Erklärung sich nur auf diese einzelne Verbindlichkeit beziehen soll und damit auch nur diese allein abdecken soll. Um nun auch derartige Konstellationen lösen zu können wird der oben dargestellte Ansatz dann noch erweitert.

Es soll dann trotzdem in Höhe der Verbindlichkeiten gegenüber dem Kreditgeber zu bilanzieren sein, da insoweit zumindest in dieser Höhe „primär und mindestens Gewähr geleistet werde."[664]

Zumindest an diesem Punkt liegt diesem Ansatz also der wirtschaftlich wertende Aspekt zu Grunde, dass sofern eine dogmatische Bestimmung der Höhe nicht möglich sei, diese zumindest so festgelegt werden müsse, dass damit das Risiko annähernd erfasst werde. Legt man diese Zielsetzung tatsächlich zu Grunde, so erscheint in der Tat die Konstruktion über ein „Mindestrisiko“ noch am ehesten zutreffend.

Daher ist diesem Ansatz insoweit zumindest zuzugeben, dass er das tatsächliche Haftungsrisiko, das die Muttergesellschaft zu tragen hat, wenigstens vom Ergebnis her zu bestimmen versucht. Damit trägt dieser Ansatz auch, entgegen dem vorher erörterten Ansatz, zumindest dem Umstand Rechnung, dass die Tochtergesellschaft selbst über eigenes Kapital und damit auch über eigene finanzielle Deckungsmittel verfügt. Das Haftungsrisiko beschränkt sich also nur auf die tatsächlich vorliegende Lücke zwischen vorhandenem Kapital und offenen Verbindlichkeiten der Tochtergesellschaft. Zumindest an dieser Stelle ist damit der letztgenannte Ansatz dem zuvor erörterten vorzugswürdig, da dieser ebendiese eigenen Deckungsmittel der Tochter schlicht außen vor lässt und somit von einer wirtschaftlich wertlosen Tochtergesellschaft ausgeht, was zumindest in den allermeisten Fällen nicht den tatsächlichen Umständen entsprechen wird.

Doch auch der letztgenannte Ansatz begegnet praktischen Bedenken vor dem Hintergrund, dass er zur Bestimmung der bilanziellen Deckungslücke bei der Tochtergesellschaft nur die bilanzierten Werte zu Grunde legen kann.

Führt dieser Ansatz bei liquiden Deckungsmitteln der Tochtergesellschaft noch zu wirtschaftlich zutreffenden Ergebnissen, so versagt er häufig bei so genannten illiquiden Deckungsmitteln. Zwar kann beispielsweise das Anlagevermögen auf der Aktivseite der Bilanz durchaus mit dem Verkehrswert angesetzt werden, doch lässt sich daraus nicht ersehen, ob dieser Wert bei einer unter Umständen notwendig werdenden Veräußerung auch tatsächlich zu erzielen ist. Der Wertansatz in der Bilanz und der tatsächliche wirtschaftliche Wert, welcher sich am möglichen Verwertungserlös orientiert, müssen somit nicht identisch sein, sondern werden sich dagegen in der Praxis sehr häufig nicht unerheblich unterscheiden.

Neben diesen praktischen Schwierigkeiten bei der Bestimmung und Bezifferung des Haftungsrisikos spricht aber m. E. auch ein dogmatischer Grund entschieden gegen die Anwendung dieses Ansatzes. So wird dieser Ansatz insbesondere. der Rechtsnatur der Liquiditätszusage in keinster Weise gerecht: Diese deckt von ihrem Grundverständnis her gerade nicht nur eine einzelne, ohne weiteres bestimmbare Verbindlichkeit gegenüber einem Kreditgeber ab, sondern sie sichert der Tochtergesellschaft selbst zu, für die *notwendige Liquidität* zu sorgen. Dabei wird zwar unter Umständen eine solche Liquiditätszusage im wirtschaftlichen Rahmen einer Kreditaufnahme vereinbart, doch

---

[664] Aus der Facharbeit des IdW erschienen in: Die Wirtschaftsprüfung 1976 S. 528

ist dies unter nicht zwingend. Vielmehr sind zahlreiche weitere Situationen denkbar, in denen diese vereinbart werden, wie sich insbesondere auch aus ihren Auswirkungen auf eine Insolvenzantragspflicht ersehen lässt.[665] Diesem rechtlichen Verständnis der Liquiditätszusage muss daher m. E. aber auch bei der Bilanzierung Rechnung getragen werden, indem grundsätzlich aus der Bilanz der Muttergesellschaft zwar einerseits möglichst klar hervorgehen soll, wie groß das jeweilige Haftungsrisiko tatsächlich ist, wobei aber gleichzeitig auch der Umstand Berücksichtigung finden muss, dass sich die Zusage schon von ihrem Verständnis her auf sämtliche bestehende und zukünftige Verbindlichkeiten der Tochtergesellschaft bezieht und diese daher mitumfasst.

Überdies ist m. E. auch die Aussage unzutreffend, dass wirtschaftlich betrachtet zumindest in Höhe des Kreditumfanges beim Kreditgeber gehaftet werde. Die Haftung bestimmt sich vielmehr alleine aus der zu Grunde liegenden Vereinbarung zwischen Mutter- und Tochtergesellschaft, die aber grundsätzlich nicht von einer irgendwie gearteten Mindesthaftung ausgeht. Tilgt nun die Tochtergesellschaft beispielsweise selbst über einen langen Zeitraum ihre langfristigen Verbindlichkeiten, bis sie schließlich aufgrund völlig anderer wirtschaftlicher Umstände die Muttergesellschaft aus ihrer Liquiditätszusage in Anspruch nehmen muss, so ist die tatsächliche Haftung für die Muttergesellschaft wesentlich geringer, wohingegen für den Fall dass keinerlei Tilgung erfolgt ist und statt dessen nur weiter Verbindlichkeiten entstanden sind, die Haftung größer als zunächst angenommen sein wird. Daran erkennt man nun aber, dass sich eine Mindesthaftung ebenso wenig aus der Zusage konstruieren lässt wie eine Höchsthaftung, was allein im Wesen der abgegebenen Zusage liegt.

Damit wird m. E. aber deutlich, dass auch dieser Lösungsansatz für die Liquiditätszusage abzulehnen ist, da auch er nicht in der Lage ist, das tatsächliche wirtschaftliche Risiko, welches die Muttergesellschaft trägt, zutreffend in der Bilanz der Muttergesellschaft wiederzugeben, ohne dabei die rechtliche Ausgestaltung der Liquiditätszusage zu missachten.

E.I.2.c. Verzicht auf einen Bilanzvermerk

Aufgrund dieser Schwierigkeiten bei der Bezifferung des Bilanzvermerks will *Mellerowicz* offensichtlich auf einen Bilanzvermerk gänzlich verzichten und allein auf eine Angabe im Geschäftsbericht ausweichen.[666]

Diese Ansicht verkennt aber m. E. wiederum die Tatsache, dass eine Angabe im Geschäftsbericht grundsätzlich als wesentlich schwächeres Publizitätsmittel im Vergleich zum Bilanzvermerk anzusehen ist. Rechtlicher Hintergrund der Bilanzierungspflicht als solcher ist aber unter anderem der Gläubigerschutz weswegen ein möglicher Lösungsansatz diesem auch Rechnung tragen muss. Daher dürfen aber auch die praktischen Schwierigkeiten, die bei der Bezifferung des Bilanzpostens zweifellos entstehen,

---

665 Siehe unter D.I.; D.II.; D.III.

666 Zumindest noch zur alten Rechtslage: Mellerowicz in: Großkommentar zum Aktiengesetz (alt) § 151 Anm. 144

nicht schon dazu führen, dass die Lösung derselben einseitig auf Kosten des Gläubigerschutzes gesucht wird. Es kann deshalb nicht auf einen Bilanzvermerk verzichtet werden und auf ein schwächeres Publizitätsmittel ausgewichen werden.

E.I.2.d. Bilanzierung eines Merkpostens

i Der Ansatz von Gerth

Einen weitaus pragmatischeren Lösungsansatz verfolgte *Gerth* schon zur alten Rechtslage.[667]

Er vertrat die Auffassung, dass die Liquiditätszusage in der oben dargestellten offenen Ausgestaltung nur mit einem Betrag von 1,- DM (heute wohl 1,- €) in der Bilanz der Muttergesellschaft zu vermerken sei. Diese Ansicht begründete er damit, dass dieser Ausgestaltung der Liquiditätszusage ein nicht exakt bezifferbares Risiko immanent sei, welches deshalb auch bilanztechnisch nicht zu erfassen sei. Der einzig gangbare Weg sei es daher, die Zusage selbst mit einem bloßen Merkposten in der Bilanz zu repräsentieren, und daneben einen verbalen Hinweis[668] in die Bilanz einzufügen, welcher auf den Geschäftsbericht verweise, in dem dann auf die nicht bezifferbaren Risiken hingewiesen werden solle.[669] Seiner Auffassung nach stand einer derartigen Berichterstattung auch nicht der § 160 IV 3 AktG aF mit seiner enthaltenen Schutzklausel entgegen. Zwar sieht auch er die Konsequenz seines Ansatzes, wonach durch die Berichterstattung die Liquiditätszusage selbst auch allen Gläubigern bekannt werde und damit das Risiko für die Muttergesellschaft wirtschaftlich höher werde, doch wäre dies seines Erachtens kein ausreichender Grund, der zwingend zur Anwendung der Schutzklausel führen müsste.[670]

Diese Ausführungen überzeugen schon deshalb, weil zum einen die Schutzklausel des § 160 IV 3 AktG aF so ausgestaltet war, dass sie nur für „Einzelheiten" gelten sollte, dagegen aber nicht zum völligen Verschweigen berechtigen sollte.[671] Weiter ist *Clausen* zuzustimmen, der zutreffend ausführt, dass grundsätzlich jegliche Offenlegung von Verlusten nachteilig sei. Daher sei auch die Publizierung der drohenden Inanspruchnahme für Verbindlichkeiten von abhängigen Gesellschaften nachteilig, was aber für sich genommen nicht schon zu einer Befreiung von dieser Bilanzierungspflicht führen dürfe.[672]

---

667 Gerth, Atypische Kreditsicherheiten, S. 323

668 Bspw.: *„Weitere nicht bezifferbare Gewährleistungsverbindlichkeiten sind im Geschäftsbericht erläutert„*

669 Gerth, Atypische Kreditsicherheiten, S. 323

670 Ebenso Bordt, WPg 1975, 285, 292

671 Kropff in: Geßler/Hefermehl/Eckhardt/Kropff, AktG, § 160 Rn 116

672 Clausen, in: Kölner Kommentar zum Aktiengesetz, § 160 Rn. 83

ii Der Ansatz von Bordt

Bordt[673] wählte zur alten Rechtslage einen weiteren Ansatz:

Dem Grunde nach stimmt auch er mit *Gerth*[674] überein, wenn er ebenfalls einen bloßen Merkposten bilanzieren will, wobei er zusätzlich dazu das Risiko der Inanspruchnahme der Muttergesellschaft für Verbindlichkeiten der Tochtergesellschaft in den allgemeinen Abschlusserläuterungen näher konkretisieren will. Dies soll dadurch erreicht werden, dass in diesen Abschlusserläuterungen auf das gesamte Fremdfinanzierungsvolumen der Tochtergesellschaft hingewiesen werden solle[675], mit anderen Worten also die Höhe der am Bilanzstichtag offenen Verbindlichkeiten der Tochtergesellschaft darin aufgeführt werden solle. Dieser Ansatz hat nun den Vorteil, dass einzig durch ihn aus der Bilanz der Muttergesellschaft selbst und nicht erst aus dem Geschäftsbericht ersichtlich wird, wie groß das Haftungsrisiko tatsächlich ist bzw. am Bilanzstichtag war. Allerdings hat er wiederum den Nachteil, dass sich am Bilanzstichtag das tatsächliche Haftungsrisiko, welches die Liquiditätszusage eigentlich abdecken will, noch nicht endgültig bestimmen lässt, denn diese Form der Liquiditätszusage beinhaltet nicht die Verbindlichkeiten der Tochter am Bilanzstichtag, sondern alle Verbindlichkeiten, zu denen der Tochtergesellschaft zum Zeitpunkt der Inanspruchnahme die Mittel fehlen. Beschränkt man nun bilanziell dieses Haftungsrisiko aber auf die fremdfinanzierten Mittel am Bilanzstichtag, so verkürzt man damit die Vereinbarung zwischen Mutter- und Tochtergesellschaft erheblich. Dies kann aber rechtswirksam unter keinen Umständen durch einen Bilanzvermerk erfolgen. M. E. bestünde dazu aber auch keine Notwendigkeit, denn auch *Bordt* fordert eine ergänzende Berichterstattung im Geschäftsbericht[676], sodass es nicht notwendig wäre, schon im Rahmen des Vermerks Ausführungen hinsichtlich der Höhe zu machen.

iii Stellungnahme und eigener Ansatz

Zusammenfassend lässt sich festhalten, dass die Bestimmung der tatsächlichen Höhe des Haftungsrisikos für die Muttergesellschaft nicht zutreffend vorgenommen werden kann. Daher kann auch der Bilanzvermerk für die Liquiditätszusage dieses Risiko nicht zutreffend darstellen. Um nun trotzdem insbesondere dem Gläubigerschutzgedanken der Bilanzierungsvorschriften des HGB Rechnung zu tragen erscheint es mir zutreffend, zunächst mit einem bloßen Erinnerungsposten in Höhe von 1,- Euro zu bilanzieren, um dann an dieser Stelle bereits in der Bilanz weiter auf den Geschäftsbericht zu verweisen, welchem dann entnommen werden kann, wie hoch das wirtschaftliche Risiko der Liquiditätszusage für die Muttergesellschaft tatsächlich sein kann bzw. dass der tatsächliche Umfang einer möglichen Haftung zum jetzigen Zeitpunkt eben noch nicht abschließend bestimmt werden kann.

Die übrigen Ansätze, welche allesamt versuchen, bereits im Bilanzvermerk die Höhe des Haftungsrisikos darzustellen, sind schon im Hinblick auf den rechtlichen Charakter der Liquiditätszusage abzulehnen, denn die Muttergesellschaft übernimmt ein

---

673 Bordt, WPg 1975, 285, 291f.; ihm folgend auch Forschbach, Liquiditätszusagen, S. 141

674 Gerth, Atypische Kreditsicherheiten, S. 323

675 Bordt, WPg 1975, 285, 292

676 Bordt, WPg 1975, 285, 291 f.

noch nicht genau bezifferbares finanzielles Haftungsrisiko, welches damit zwingend auch bilanzrechtlich als solches dargestellt werden muss.

Es erscheint daher verfehlt, wenn nun von Teilen der Literatur versucht wird, dieses Risiko im Rahmen der Bilanzierung erstmals abschließend zu erfassen, da es auch wirtschaftlich betrachtet noch nicht näher erfassbar ist. Als Konsequenz aus der Rechtsnatur des Ausstattungsanspruchs und damit der Liquiditätszusage ergibt sich also die dargestellte Unbestimmbarkeit hinsichtlich des Haftungsumfangs, weswegen es aber entschieden gegen diese Ansätze spricht, dass durch sie bilanzrechtlich ein Mehr an Bestimmbarkeit oder Bezifferbarkeit dokumentiert wird als tatsächlich besteht.

Wird nun diese möglichst genaue Bilanzierung unter dem Hinweis auf die schützenswerten Interessen potentieller Gläubiger vorgenommen und deshalb häufig auch behauptet, dass eben gewisse Ungenauigkeiten im Bezug auf die Rechtsnatur der Liquiditätszusage wie auch im Bezug auf die tatsächliche Berechnung des Haftungsrisikos unter diesem Eindruck hingenommen werden müssten, so geht auch diese Argumentation m. E. fehl.

Betrachtet man beispielhaft *Bordts* Ansatz genauer, so stellt man dabei fest, dass durch den Bilanzausweis in Höhe der nach seinem Ansatz bestimmten Summe das Gläubigerinteresse tatsächlich, entgegen der Zielsetzung verkürzt wird. Zwar erkennt der potentielle Gläubiger zunächst, dass Eventualverbindlichkeiten in unter Umständen nicht unerheblicher Höhe bestehen, doch wird ihm dadurch gleichzeitig auch vermittelt, dass damit das Haftungsrisiko der Gesellschaft umfänglich erfasst sei.

Eben dies entspricht aber nicht dem Inhalt der erteilten Liquiditätszusage, welche unter Umständen eine wesentlich höhere Haftung begründet als in der Bilanz ausgewiesen. Diesen Umstand erkennt der Gläubiger bei einem derartigen Ansatz allerdings ebenfalls erst durch den Geschäftsbericht. Als Konsequenz ist damit m. E. der Bilanzierungspflicht dadurch zu entsprechen, dass die Liquiditätszusage als Eventualverbindlichkeit mit einem Erinnerungsposten in Höhe von 1,- Euro bilanziert wird und nähere Erläuterungen dazu im Geschäftsbericht vorgenommen werden.

E.II. Die Bilanzierung bei der Tochtergesellschaft

Nach dem oben Ausgeführten bleibt nunmehr noch die Frage zu klären, ob und gegebenenfalls in welcher Form, die Tochtergesellschaft die ihr gegenüber erklärte Liquiditätszusage bilanzieren muss.

Ausdrückliche gesetzliche Regelungen liegen auch für sie nicht vor, sodass einzig die Möglichkeit verbleibt, eine Bilanzierung gemäß den allgemeinen Vorgaben zur Aufstellung einer Bilanz gem. § 266 HGB vorzunehmen. Eingangs ist allerdings schon fraglich, ob es sich dabei um einen Aktivposten oder um einen Passivposten in der Bilanz handelt.

E.II.1. Die Bilanzierung als Passivposten

Geht man zunächst rein von der wirtschaftlichen Funktion der Liquiditätszusage für die Tochtergesellschaft aus, so könnte man der Auffassung sein, dass etwaige Ansprüche aus dieser als Eigen- oder Fremdkapital der Tochtergesellschaft zu passivieren wären.

Verstärkt wird dieser Eindruck nicht zuletzt auch durch die oben festgestellten rechtlichen Auswirkungen hinsichtlich der Insolvenzantragspflicht der Geschäftsführung, welche durch eine derartige Zusage verhindert werden kann, sofern für den Rückforderungsanspruch gegebenenfalls ein Rangrücktritt vereinbart wurde.[677]

Demnach unterscheiden sich sowohl wirtschaftliche als auch rechtliche Folgen nur bedingt von denen, die bei den so genannten eigenkapitalersetzenden Darlehen eintreten. Auch diese Darlehen können, sofern ein Rangrücktritt vereinbart wurde, die Insolvenzantragspflicht der Geschäftsführung abwenden[678], sodass wirtschaftlich ähnliche Ergebnisse erzielt werden. Doch auch die Bilanzierung dieser eigenkapitalersetzenden Darlehen ist umstritten:

Einerseits vertritt die *ganz herrschende Meinung* eine Passivierung als Fremdkapital[679] und normiert damit die strenge Einhaltung des Vorsichtsgebot und des Imparitätsprinzips[680], indem auch temporär nicht durchsetzbare Ansprüche und damit insoweit „zweifelhafte“ Ansprüche stets mit dem vollen Rückzahlungsbetrag zu passivieren seien, solange sie nur rechtlich begründet seien.[681]

Allerdings widerspricht dem eine *andere Ansicht* ganz entschieden, die eine Passivierung als Eigenkapital vornehmen will.[682] Diese Ansicht stellt maßgeblich darauf ab, dass eigenkapitalersetzende Darlehen wirtschaftlich betrachtet die Funktion von Eigenkapital wahrnähmen und daher eher als so genanntes „funktionelles Eigenkapital“ oder „materielles Eigenkapital“ aufzufassen seien. Da eine Rückforderung solange ausgeschlossen sei, solange sich die wirtschaftliche Situation der Gesellschaft nicht verändere, könne durchaus die Frage aufgeworfen werden, ob sich diese überhaupt noch unter den Darlehensbegriff des § 488 BGB fassen lassen.[683]

Weiter wird auch erwogen, einen Sonderposten zwischen Eigen- und Fremdkapital festzulegen, und diese Darlehen darunter zu bilanzieren.[684]

Allerdings bestehen trotz der wirtschaftlich ähnlichen Situation auch gewichtige Unterschiede zwischen eigenkapitalersetzenden Darlehen und der Liquiditätszusage: Während die oben kurz dargestellte Diskussion stets vor dem Hintergrund von bereits valutierten Darlehen geführt wird, liegt die Konstellation bei der Liquiditätszusage anders. Hier verspricht zwar regelmäßig die Muttergesellschaft der Tochtergesellschaft

---

677 Siehe unter D.I.4.b.ii. (3)

678 BGH ZIP 2001, 235, 237; sowie näher unter D.I.4.B.ii. (2)

679 Fleck, FS Döllerer, 109, 112; Adler/Düring/Schmaltz, 3. Auflage § 152 AktG Tz. 37; jeweils mwN

680 Adler/Düring/Schmaltz, 3. Auflage § 152 AktG Tz. 37, Kamprad, GmbHR 1985, 352, 354

681 Kamprad, GmbHR 1985, 352, 354

682 Hommelhoff, WPg 1984, 629, 632; weitere Nachweise bei K. Schmidt, Festschrift für Goerdeler, 487, 507, Fn. 72

683 Westermann, FS Oppenhoff, S. 535, 536, 554

684 Schulze-Osterloh, in: Baumbach/Hueck, GmbHG, 15. Auflage, § 42 Rn 226

ein Darlehen zu gewähren[685], doch kommt es in diesem Zeitpunkt nicht zur Valutierung. Vielmehr handelt es sich um ein aufschiebend bedingtes Darlehensversprechen gegenüber der Tochter.[686] Zwar kann nun die Tochtergesellschaft ihrerseits mit diesem Versprechen ihre Kreditwürdigkeit erhöhen, doch erfolgt dies nicht dadurch, dass sich eine das Eigenkapital der Gesellschaft erhöhende Veränderung der Kapitaldecke der Tochtergesellschaft eingestellt hätte. Eine solche Veränderung wäre allenfalls bei valutierten Forderungen denkbar, nicht schon bei Erklärung des Versprechens selbst.

Noch eindeutiger ist insoweit, dass grundsätzlich schon die Passivierung als Verbindlichkeit hier nicht in Betracht kommen kann.[687] Eine Verbindlichkeit kann unabhängig von der Frage, ob eigenkapitalersetzendes Darlehen oder nicht, nur dann angenommen werden, wenn eine Rückzahlungsverpflichtung in irgendeiner Form bestünde. Solange aber keine Valutierung stattgefunden hat, kann auch keine Rückzahlungsverpflichtung der Tochtergesellschaft gegenüber der Muttergesellschaft bestehen, die zu bilanzieren wäre.

E.II.2. Die Bilanzierung als Aktivposten

Damit erscheint einzig der Ansatz als Aktivposten überhaupt denkbar zu sein und dabei insbesondere der Ansatz als Forderung gegenüber verbundenen Unternehmen iSd § 266 II B II 2. HGB[688]. Im Grunde besteht ein Forderungsrecht der Tochtergesellschaft gegen die Muttergesellschaft auf Erfüllung ihrer Ausstattungsverpflichtung, weswegen eine Bilanzierung als Aktivposten und dabei insbesondere als Forderung zunächst zutreffend erscheint. Doch auch dieser Ansatz begegnet erheblichen Bedenken[689]:

Das Forderungsrecht der Tochtergesellschaft ist von der Voraussetzung abhängig, dass diese selbst nicht mehr in der Lage ist, ihren Verbindlichkeiten nachkommen zu können. Davon ist aber zum Zeitpunkt der Zusage, wie auch zum Bilanzstichtag, noch nicht auszugehen. Demnach fehlt es an einer Entstehungsvoraussetzung des Anspruches gegen die Muttergesellschaft, weswegen auch das Forderungsrecht zum Zeitpunkt der Bilanzierung ausgeschlossen ist. Es drängt sich daher die Frage auf, ob eine Bilanzierung als Forderung dann aber überhaupt sachgerecht sein kann. M. E. kann eine derartige Aktivierung hier nicht erfolgen.

Zwar sind Forderungen auch dann Vermögensgegenstände, wenn sie noch nicht fällig oder als Naturalobligation nicht einklagbar sind[690], allerdings muss der Anspruch am Bilanzstichtag zumindest bereits entstanden sein oder doch bezüglich seiner wesentlichen Entstehungsvoraussetzungen so weit verwirklicht sein, dass mit der rechtli-

---

685 Siehe oben unter B.II.2.c.

686 Siehe oben unter B.II.2.

687 Vgl. hierzu die bereits im Rahmen der Bilanzierung bei der Muttergesellschaft geführte Diskussion unter E.I.1.

688 Nur sofern tatsächlich ein Konzernverhältnis besteht, andernfalls müsste unter sonstige Vermögensgegenstände bilanziert werden

689 So auch Forschbach, Liquiditätszusagen, S. 143 f.

690 BFHE 90, 319, Adler/Düring/Schmaltz, § 246 Rn. 51, 75 Schulze-Osterloh, in: Baumbach/Hueck, GmbHG § 42 Rn. 73; Walz, in: Heymann, HGB, § 246 Rn. 14

chen Entstehung sicher gerechnet werden kann und entgegenstehende Risiken vernachlässigt werden können.[691]

Bei der Liquiditätszusage ist dagegen noch nicht einmal sicher, ob die Voraussetzungen des Ausstattungsanspruchs zu irgendeinem Zeitpunkt überhaupt jemals vorliegen werden, demnach kann eine Aufnahme als Aktivposten ebenfalls nicht erfolgen. Eine derartige Bilanzierung trotzdem zuzulassen, hieße im Ergebnis aber auch, dass es der Tochtergesellschaft möglich wäre auf diesem Weg indirekt ihr Eigenkapital zu erhöhen[692], was wiederum im Hinblick auf den Gläubigerschutz des HGB im allgemeinen und das Vorsichtsprinzip des § 252 I Nr. 4 HGB im speziellen, nicht zulässig sein kann.

E.II.3. Stellungnahme

Eine Bilanzierung bei der Tochtergesellschaft muss m. E. gänzlich unterbleiben. Dafür spricht die Tatsache, dass das HGB keinen passenden Bilanzierungsposten vorsieht. Ferner steht diesem Lösungsansatz nicht der gesetzlich angeordnete Gläubigerschutz entgegen, da auf die Bilanzierung eines Forderungsrechts der Gesellschaft verzichtet wird, und damit die Kapitalausstattung der Gesellschaft konservativ dargestellt wird.

Insgesamt entspricht die Nicht-Bilanzierung am ehesten dem Vorsichtsprinzip des § 252 I Nr. 4 HGB, da die Bilanzierung einer Forderung unterbleibt, die unter Umständen nie fällig wird. Es wäre m. E. auch geradezu systemfremd ein bedingtes Forderungsrecht vor Bedingungseintritt, und damit eine so genannte „unsichere Forderung“ mit dem vollen Wert als Aktivposten in der Bilanz anzusetzen.

Dieser Lösungsansatz trägt damit dem Gläubigerschutz am ehesten Rechnung und versagt es insbesondere der Tochtergesellschaft, den oben aufgezeigten indirekten Weg zur Erhöhung des Eigenkapitals zu gehen.

---

691 Schulze-Osterloh, in: Baumbach/Hueck, GmbHG § 42 Rn. 73; Walz, in: Heymann, HGB, § 246 Rn. 14

692 Verbindlichkeiten bleiben unverändert, während sich die Aktivseite erhöht

F. Die Kündbarkeit der Liquiditätszusage

Die für die Praxis bei Weitem wichtigste Frage stellt sich für den Zusagenden im Hinblick darauf, ob er sich von einer einmal wirksam erteilten Liquiditätszusage auch wieder einseitig lösen kann. Die Gründe hierfür können höchst unterschiedlicher Natur sein. Zu denken ist in diesem Zusammenhang einerseits an die Änderung der Konzernstrategie, wonach ein zunächst vorgenommenes finanzielles Engagement bei einer Tochtergesellschaft nunmehr „zurückgefahren" werden soll, oder aber an die persönliche Entscheidung eines Gesellschafters seine persönliche Unterstützung für die Gesellschaft zu beschränken. Insbesondere wird aber der Zusagende dann versucht sein, sich von seiner erteilten Zusage zu lösen, wenn er seinerseits erkennt, dass seine Inanspruchnahme daraus droht oder gar unvermeidlich wird, namentlich also im Zeitpunkt der Krise der Gesellschaft.

Wie bereits die Interessenlage der Beteiligten zeigen wird, kann die Beantwortung dieser Frage nicht einheitlich erfolgen, vielmehr hängt sie entscheidend davon ab, ob sich die Gesellschaft zum Zeitpunkt der Rücknahme der Zusage in der Krise befindet oder nicht.

F.I. Die grundsätzliche Kündbarkeit der Liquiditätszusage

Die grundsätzliche Kündbarkeit der Liquiditätszusage wird außerhalb der Krise der Gesellschaft mittlerweile im Ergebnis weitestgehend bejaht[693], einzig die Begründungsansätze dazu differieren:

F.I.1. Die Ansätze des Schrifttums

Die Ansätze im juristischen Schrifttum sind bisweilen konträr:

Bordt behandelte von vornherein nur diejenige Form der Liquiditätszusage, bei der neben der Liquiditätsgarantie der Mutter- an die Tochtergesellschaft auch eine Zusage gegenüber dem Kreditinstitut erfolgt war, wonach sich diese dem Kreditgeber gegenüber verpflichtete, die Liquiditätszusage auch tatsächlich aufrecht zu erhalten.[694]

Er ging dabei offenbar – allerdings ohne weitere Begründung – davon aus, dass eine Änderung oder Ungültigerklärung der Liquiditätszusage weiterhin möglich sein solle, mit der Konsequenz, dass dann eben Schadensersatz zu leisten sei.[695]

Der *Hauptfachausschuss* ging dagegen in der identischen Konstellation ausdrücklich vom Gegenteil aus, indem er ausführte, dass sich die Gewährleistungsfunktion der Zusage in der Konstellation, in der eine Verpflichtung zur Aufrechterhaltung der der

---

693 Wiedemann/Herrmanns, ZIP 1994, 997, 1000; Lutter/Hommelhoff, in: Lutter/Hommelhoff, GmbHG, §§ 32 a/b Rn. 185; Rosenberg/Kruse, BB 2003, 641, 645 f.; Bordt, WPg 1975, 285, 291; aA: Aus der Facharbeit des IdW, erschienen in WPg 1976, 528, 531; Rüßmann, Patronatserklärungen, S. 173; Forschbach, Liquiditätszusagen, S. 113 ff., 120

694 Bordt, WPg 1975, 285, 290

695 Bordt, WPg 1975, 285, 291 Fußnote 54

Tochter erteilten Zusage gegenüber dem Kreditgeber vorläge, allein daraus ergäbe, dass sich die Muttergesellschaft nicht mehr mit Wirkung für den Kreditgeber von ihrer Zusage gegenüber der Tochter lösen könne.[696] Auch diese Ansicht begründet aber die offenbar vorliegende grundsätzliche Ablehnung einer Kündigungsmöglichkeit nicht weiter.

Forschbach wiederum geht davon aus, dass auch der zusagende GmbH-Gesellschafter jederzeit in der Lage sein soll, seine einmal erteilte Zusage wieder zurückzunehmen[697]. Sie stellt insoweit maßgeblich darauf ab, dass die Liquiditätszusage keine eigenkapitalersetzende Gesellschafterleistung sei, weswegen sich auch keine Beschränkungen für den Zusagenden hinsichtlich der Rücknahme derselben ergeben könnten.[698] Zwar seien durchaus Parallelen zu den eigenkapitalersetzenden Gesellschafterdarlehen vorhanden, doch sei die bloße Zusage von Kapitalmitteln nicht geeignet, die Gläubiger über die Finanzausstattung der Gesellschaft zu täuschen, weswegen auch eine entsprechende Anwendung der Grundsätze des Eigenkapitalersatzrechts ausscheiden müsse[699].

Einen ähnlichen Ansatz verfolgt auch *Rüßmann*, der ebenfalls von einer generellen Kündbarkeit der unbegrenzten Liquiditätszusage unabhängig von der wirtschaftlichen Situation der Gesellschaft ausgeht.[700] Einschränkend setzt er dabei aber voraus, dass der Zusagende mit der Kündigung alle bereits wirksam begründeten Verbindlichkeiten der Gesellschaft befriedigen muss und die Kündigung daher erst nach entsprechender Befriedigung auch tatsächlich wirksam wird.[701] Demgegenüber soll die begrenzte Liquiditätszusage grundsätzlich nicht kündbar sein.[702]

Während also diese Teile des Schrifttums ohne Differenzierung nach der finanziellen Situation der Gesellschaft ihre jeweiligen Lösungsansätze wählen und dabei die Kündigungsmöglichkeit entweder grundsätzlich bejaht oder aber verneint werden, differenzieren die Vertreter der noch zu erörternden Ansätze in erster Linie nach der Frage, ob sich die Gesellschaft in der *Krise* befindet oder nicht:

F.I.2. Der Ansatz von Lutter/Hommelhoff

Lutter/Hommelhoff[703] sprechen sich für die grundsätzliche Kündbarkeit der Liquiditätszusage nur außerhalb der Krise der Gesellschaft aus.

Diesem Ansatz liegt dabei das Verständnis der Liquiditätszusage zu Grunde, wonach der GmbH-Gesellschafter der Gesellschaft verspricht, künftig für deren Liquidität zu sorgen. Unausgesprochen gehen sie darüber hinaus weiter von der Ausgestaltung

---

[696] Aus der Facharbeit des IdW, erschienen in WPg 1976, 528, 531
[697] Forschbach, Liquiditätszusagen, S. 178 f.
[698] Forschbach, Liquiditätszusagen, S. 162 ff., 178 f.
[699] Forschbach, Liquiditätszusagen, S. 174 ff.
[700] Rüßmann, Patronatserklärungen, S. 173
[701] Rüßmann, Patronatserklärungen, S. 173
[702] Rüßmann, Patronatserklärungen, S. 173
[703] Lutter/Hommelhoff, in: Lutter/Hommelhoff, GmbHG, §§ 32 a/b Rn. 185

derselben in Darlehensform aus, indem sie in diesem Zusammenhang danach differenzieren, ob die „Kreditmittel" von Seiten des Gesellschafters bereits gewährt wurden oder noch nicht.[704]

Für den Fall, dass von Seiten des Gesellschafters noch keine Valutierung des Darlehens erfolgt sei, unterfalle die Liquiditätszusage zwar schon von vornherein nicht den Regeln über eigenkapitalersetzende Darlehen. Sie sei aber trotzdem aufgrund ihres *„Sinn und Zwecks"* nur solange kündbar, wie sich die Gesellschaft ihrerseits nicht in der Krise befinde.[705] Bei bereits erfolgter Valutierung des Darlehens und damit der Liquiditätszusage, sollen nun aber die Regeln für eigenkapitalersetzende Darlehen Anwendung finden[706], mit der Konsequenz, dass der Gesellschafter seinen Rückzahlungsanspruch erst dann durchsetzen könne, wenn die Krise der Gesellschaft nachhaltig überwunden worden sei.[707]

F.I.3. Der Ansatz von Wiedemann/Herrmanns

Wiedemann/Herrmanns gehen bei ihren Erörterungen zunächst von der identischen Ausgestaltung der Liquiditätszusage aus, wie schon *Lutter/Hommelhoff*[708].

Auch nach ihrem Verständnis handelt es sich bei der Liquiditätszusage also um die Situation des GmbH-Gesellschafters, der seiner Gesellschaft eine Darlehenszusage erteilt.[709] Sie machen allerdings die Frage, ob und inwieweit der GmbH-Gesellschafter sich von der einmal erteilten Zusage wieder lösen könne, an einem grundsätzlich anderen Punkt fest:

Zunächst werfen sie die Frage auf, ob es hinsichtlich der Kündbarkeit der Zusage nicht einen Unterschied machen müsse, ob die Zusage einerseits *intern* geblieben sei oder aber andererseits nach *außen* gelangt sei. Dabei käme neben der bewussten Mitteilung derselben an einen Dritten auch die Aufnahme in den Jahresabschluss der Gesellschaft in Frage, da aufgrund der Handelsregistereinreichung gem. § 325 I S. 1 HGB die erteilte Zusage auch dadurch für Dritte ersichtlich werden könne.

F.I.3.a. Die intern gebliebene Liquiditätszusage

Die Behandlung intern gebliebener Liquiditätszusagen bereite nach Ansicht von *Wiedemann/Hermanns* keinerlei Schwierigkeiten, da diese ohne Weiteres gegenüber der Gesellschaft durch eine an sie adressierte Erklärung entsprechenden Inhalts gekündigt werden könne.[710] Dabei erkennen beide zwar, dass sich an die Rücknahme der Zusage grundsätzlich auch organisationsrechtliche Folgen in Form von Insolvenzantragspflicht[711] oder aber Haftung gem. §§ 30 ff. GmbHG anschließen könnten, doch könne das allein den Umstand, dass es sich hierbei um eine schuldrechtliche Verpflichtung

704 Lutter/Hommelhoff, in: Lutter/Hommelhoff, GmbHG, §§ 32 a/b Rn. 185
705 Lutter/Hommelhoff, in: Lutter/Hommelhoff, GmbHG, §§ 32 a/b Rn. 185
706 Lutter/Hommelhoff, in: Lutter/Hommelhoff, GmbHG, §§ 32 a/b Rn. 185
707 Hommelhoff, in: v. Gerkan/Hommelhoff, Rn. 1.7 ff.; Lutter/Hommelhoff, ZGR 1979, 31, 34
708 Lutter/Hommelhoff, in: Lutter/Hommelhoff, GmbHG, §§ 32 a/b Rn. 185
709 Wiedemann/Herrmanns, ZIP 1994, 997
710 Wiedemann/Herrmanns, ZIP 1994, 997, 999
711 Vgl. dazu D.II.

handle, nicht beseitigen.[712] Zwar sei die Zusage durch die Mitgliedschaft in der Gesellschaft motiviert gewesen, doch seien die aus diesem Versprechen entstehenden Rechte und Pflichten selbst nicht Teil der Mitgliedschaft, weswegen die Zusage auch als so genanntes *„Drittgeschäft“* zu qualifizieren sei, dessen Zustandekommen, Bestand wie auch seine Beendigungsmöglichkeiten sich ausschließlich nach den jeweils maßgeblichen schuldrechtlichen Normen richteten.[713] Die Tatsache, dass der Gesellschafter aufgrund seiner Stellung als Gesellschafter einerseits und aber Drittgläubiger andererseits eine Doppelstellung bekleide, führe allenfalls im Einzelfall dazu, dass der Vollzug des Vertrages von der gesellschaftlichen Treuepflicht beeinflusst werden könne[714], mit der Folge, dass gegebenenfalls Drittansprüche auf Zeit mit Rücksicht auf die Gesellschaft sowie die Mitgesellschafter nicht geltend gemacht werden könnten.

Als Ergebnis könne daher zumindest die intern gebliebene Liquiditätszusage entsprechend der ihr zu Grunde liegenden Vereinbarung grundsätzlich ohne weiteres gekündigt werden. Fehle es an derartigen vertraglichen Kündigungsmöglichkeiten, so solle eine Kündigung in entsprechender Anwendung der gesetzlichen Regelungen des § 609 BGB aF bzw. analog § 488 III S. 1 BGB möglich sein.

F.I.3.b. Die nach außen gelangte Liquiditätszusage

In denjenigen Fällen, in denen die Zusage nun aber einem Gläubiger mitgeteilt wurde oder als Teil des Jahresabschlusses[715] zum Handelsregister eingereicht wurde, müssten nach Ansicht von *Wiedemann/Herrmanns* grundsätzlich diejenigen geschützt werden, die auf den Fortbestand der Zusage vertraut hätten und allein aus diesem Grunde der Gesellschaft Kredit gewährt hätten.[716] In diesem Zusammenhang führen beide nun aber zutreffend aus, dass nach den allgemeinen Regeln des bürgerlichen Rechts derartiger Vertrauensschutz grundsätzlich nicht etwa durch die Einschränkung vertraglicher Gestaltungsmöglichkeiten gewährleistet werde, sondern allenfalls durch einen Schadensausgleich, mit anderen Worten also durch die Gewährung eines Schadensersatzanspruches.[717] Ihrer Ansicht nach, könne also die Liquiditätszusage ungeachtet der Frage, ob eine Kenntnisnahme Dritter vorliege oder nicht durch den Gesellschafter gekündigt werden.[718]

Hinsichtlich der Schadensersatzhaftung des Gesellschafters stellen sie folgende Überlegungen an: Eine Haftung nach erfolgter Kündigung könne sich aufgrund der fehlenden vertraglichen Verbindung zwischen Gesellschaftsgläubiger und Gesellschafter nur auf den Gedanken der Haftung für die Inanspruchnahme allgemeinen Vertrauens

---

712 Wiedemann/Herrmanns, ZIP 1994, 997, 1000
713 Wiedemann/Herrmanns, ZIP 1994, 997, 1000
714 Wiedemann, WM 1992, Beilage 7, S. 11; Wiedemann/Herrmanns, ZIP 1994, 997, 1000
715 Zur Behandlung der Liquiditätszusage im Jahresabschluss siehe E.
716 Wiedemann/Herrmanns, ZIP 1994, 997, 1000; dem folgend auch Forschbach, Liquiditätszusagen, S. 120
717 Wiedemann/Herrmanns, ZIP 1994, 997, 1000; so auch Forschbach, Liquiditätszusagen, S. 120
718 Wiedemann/Herrmanns, ZIP 1994, 997, 1000, zustimmend Forschbach, Liquiditätszusagen, S. 120

durch den Gesellschafter stützen lassen.[719] Dabei handle es sich im Falle der Liquiditätszusage um eine Erklärungshaftung, durch die das Vertrauen des Rechtsverkehrs auf die Richtigkeit und den Fortbestand einer Erklärung geschützt werde.[720] Vergleichbar sei eine derartige Haftung mit der des Auskunftsgebers[721], die ja nicht nur gegenüber dem Empfänger der Auskunft in Betracht käme, sondern auch gegenüber denjenigen Dritten, für die diese Auskunft, für den Auskunftserteilenden selbst wiederum erkennbar, als Dispositionsgrundlage gedient habe.[722] Übertragen auf die Kenntniserlangung über den Weg der Handelsregisterpublizität hieße dies dann auch, dass dem Gesellschafter dem die Publizität gem. § 325 I HGB ja regelmäßig bekannt sei, ein Berufen auf den Einwand, er habe nur Vertrauen der Gesellschaft, nicht aber bei Gläubigern begründet, unmöglich sei.[723]

Nach Ansicht von *Wiedemann/Herrmanns* stelle sich der Schadensersatzanspruch inhaltlich somit als Anspruch dar, nach dem der Gläubiger die Leistung des Gesellschafters an die Gesellschaft verlangen könne.[724] Einschränkend merken *Wiedemann/Herrmanns* noch an, dass sich der Gesellschafter dann von der Haftung befreien könne, wenn er seine Kündigung durch *actus contrarius* vornähme, der seinerseits, hinsichtlich der Deutlichkeit der Mitteilung, ihrer Begründung in nichts nachstehe.[725] Konkret hieße das dann, dass mit der Mitteilung der Kündigung an denjenigen Gläubiger, dem zuvor die Begründung der Liquiditätszusage mitgeteilt worden war, sein Vertrauen erschüttert werde, und damit für die Zukunft nicht mehr schutzwürdig sei. Sei die Existenz der Zusage dagegen im Wege des § 325 I HGB nach außen gelangt, so werde man dem Zusagenden auch gestatten müssen, seine Vertrauenshaftung durch entsprechenden Vermerk im Jahresabschluss zu vereiteln.[726]

F.I.3.c. Zwischenergebnis

Die Untersuchungen von *Wiedemann/Herrmanns* lassen sich wie folgt zusammenfassen:

- Die Liquiditätszusage ist durch den zusagenden Gesellschafter *grundsätzlich kündbar*.
- Die Frage, ob die Liquiditätszusage nach außen gelangt ist oder aber ein *Inter num* geblieben ist, ist für deren Kündbarkeit ohne Bedeutung.
- Für den Fall, dass die Zusage den Gesellschaftsgläubigern zur Kenntnis gelangt ist, steht diesen grundsätzlich ein Schadensersatzanspruch auf Ersatz ihres Vertrauensschadens gegen den Gesellschafter zu.

---

[719] Wiedemann, in: Soergel, BGB, Vor. § 275 Rn. 346 ff.; Wiedemann/Herrmanns, ZIP 1994, 997, 1000
[720] Wiedemann/Herrmanns, ZIP 1994, 997, 1000
[721] Wiedemann/Herrmanns, ZIP 1994, 997, 1000
[722] BGH BB 1976, 855
[723] Wiedemann/Herrmanns, ZIP 1994, 997, 1000
[724] Wiedemann/Herrmanns, ZIP 1994, 997, 1000
[725] Wiedemann/Herrmanns, ZIP 1994, 997, 1000
[726] Wiedemann/Herrmanns, ZIP 1994, 997, 1000

F.I.4. Der Ansatz von *Rosenberg/Kruse*

Rosenberg/Kruse erörtern die Frage der grundsätzlichen Kündbarkeit von Liquiditätszusagen vor dem Hintergrund etwa bestehender gesetzlicher Kündigungsrechte.[727] Im Falle der Vereinbarung eines vertraglichen Kündigungsrechts bereite die Kündbarkeit ersichtlich keine Probleme. Fehle aber ein solches, so stelle sich die Frage, ob und unter welchen Voraussetzungen überhaupt ein gesetzliches Kündigungsrecht vorliege.

F.I.4.a. Gesetzliches Kündigungsrecht für den Zusagenden?

Zunächst stellen sie fest, dass der Liquiditätszusage im Gegensatz zur Patronatserklärung keine Sicherungsfunktion im Hinblick auf die Verbindlichkeiten der Gesellschaft zukomme.[728] Daraus ergebe sich dann aber auch, dass ein außerordentliches Kündigungsrecht in Anlehnung an die Bürgschaftsrechtsprechung des *BGH*[729] nicht in Betracht komme.

Derartiges wird nach umstrittener Ansicht tatsächlich auch nur für die Patronatserklärung vertreten[730], wobei dieser Rechtsprechung der Gedanke zu Grunde liegt, dass niemand für immer und unter allen Umständen die Haftung für einen Dritten übernehmen will, weswegen er auch sinngemäß für alle anderen Drittsicherheiten Anwendung finden kann. Da es sich bei der hier diskutierten Zusage aber um keine derartige Drittsicherheit handelt, kann dieser Ansatz für die Liquiditätszusage in der Tat keine Anwendung finden. Bezüglich der Frage, ob dem Zusagenden ein Kündigungsrecht analog § 488 III S. 1 BGB zustehen soll, vertreten beide eine differenzierende Ansicht:[731]

Voraussetzung sei ihrer Auffassung nach zunächst, dass die Liquiditätszusage den Charakter eines Darlehens habe, was wiederum einzelfallabhängig durch Auslegung zu ermitteln sei.[732]

Diese Anforderung erklärt sich daraus, dass *Rosenberg/Kruse* entgegen der Auffassung von *Wiedemann/Herrmanns* nicht von der ausschließlich darlehensweisen Ausgestaltung des Ausstattungsversprechens ausgehen[733], sodass nach ihrer Ansicht eben auch Konstellationen denkbar seien, in denen keine Rückzahlung der erhaltenen Finanzmittel vorgesehen sei. Darüber hinaus setze eine Analogie zu § 488 III S. 1 BGB aber auch voraus, dass es sich um ein bereits valutiertes Darlehen handle, mit anderen Worten müsse eine derartige Analogie also solange ausscheiden, solange die finanziellen Mittel im Innenverhältnis noch nicht ausgereicht worden seien.[734] Weiter stehe

---

727 Rosenberg/Kruse, BB 2003, 641, 645

728 Rosenberg/Kruse, BB 2003, 641, 645; ebenso: Wittig, in: Hellner/Steuer, Bankrecht und Bankpraxis, Rn. 4/2923

729 BGH NJW 1986, 2308, 2309

730 Obermüller, Ersatzsicherheiten im Kreditgeschäft, S. 22, Pesch, WM 1998, 1609, 1614; Wittig, in: Hellner/Steuer, Bankrecht und Bankpraxis, Rn. 4/2886; aA: Rosenberg/Kruse, BB 2003, 641, 645

731 Rosenberg/Kruse, BB 2003, 641, 645

732 Rosenberg/Kruse, BB 2003, 641, 645

733 Rosenberg/Kruse, BB 2003, 641, 642; aA: Wiedemann/Herrmanns, ZIP 1994, 997, 998;vgl. zum schuldrechtlichen Typ des der Liquiditätszusage zu Grunde liegenden Vertrages auch unter B.II.2.

734 Rosenberg/Kruse, BB 2003, 641, 642

dem Zusagenden auch selbst dann kein außerordentliches Kündigungsrecht in Analogie zu § 490 I BGB zu, wenn er die Mittelausreichung darlehensweise schulde.[735]

Des Weiteren könne auch eine Anlehnung an einen in anderem Zusammenhang aufgeworfenen Ansatz des *BGH*[736] nicht erfolgen. In diesem Fall hatte der *BGH* die Auffassung vertreten, dass die Verpflichtung eines Gesellschafters zur Beschaffung des für die Gesellschaft erforderlichen Kapitals dann entfalle, wenn sich zwischen Zusage und Leistungszeitpunkt die Verhältnisse der Gesellschaft so verschlechtert hätten, dass mit einem Verlust des eingebrachten Kapitals gerechnet werden müsse.

Daraus könne nach Ansicht von *Rosenberg/Kruse* aber nun schon aufgrund der unterschiedlichen Interessenlage kein Kündigungsrecht des Gesellschafters hergeleitet werden.[737]

F.I.4.b. Vertrauensschaden nach erfolgter Kündigung?

Auch hinsichtlich der Frage des Ersatzes eines etwaigen Vertrauensschadens widersprechen *Rosenberg/Kruse*[738] der Ansicht *Wiedemann/Herrmanns.*[739]

Ihrer Ansicht nach solle den Gläubigern selbst dann kein Schadensersatzanspruch zustehen, wenn zwar die Erklärung gegenüber ihnen zuvor vereinbarungsgemäß eingesetzt wurde, darin aber noch kein Angebot auf Abschluss eines Patronatsvertrages liege. Dies begründen sie damit, dass die Gläubiger an dem rein konzerninternen[740] Vertragsverhältnis nicht beteiligt seien, weswegen sie auch kein schutzwürdiges Vertrauen auf dessen Fortbestand geltend machen könnten. Etwas anderes gelte allenfalls dann, wenn der Anspruch zuvor abgetreten worden sei.[741] Es sei bei dieser Argumentation insbesondere zu berücksichtigen, dass sich die Gläubiger mit ihrem Wunsch nach Stellung einer Sicherheit nicht durchsetzen konnten, weswegen eine Liquiditätszusage daher objektiv nicht geeignet sei, derartiges Vertrauen in die dauerhafte Stützung der Tochtergesellschaft zu erwecken. Einzige Konsequenz einer Rücknahme der Zusage sei dagegen nur, dass für diesen Fall den Gläubigern der Gesellschaft ihrerseits ein außerordentliches Kündigungsrecht hinsichtlich ihrer mit der Gesellschaft geschlossenen Verträge zugebilligt werden müsse.[742]

---

735 Rosenberg/Kruse, BB 2003, 641, 646
736 BGH WM 1968, 876
737 Rosenberg/Kruse, BB 2003, 641, 646
738 Rosenberg/Kruse, BB 2003, 641, 646, 647
739 Vgl. oben unter F.I.2.b.
740 Und wohl auch „gesellschaftsinternen" für den Fall der Zusage eines Gesellschafters
741 Zur Abtretbarkeit vgl. unter B.IV.
742 Rosenberg/Kruse, BB 2003, 641, 647

F.I.4.c. Zwischenergebnis

Die Ansicht *Rosenberg/Kruses* lässt sich wie folgt zusammenfassen:

- Die Zusage ist aufgrund vertraglichen Kündigungsrechts jederzeit kündbar.
- In Ermangelung eines vertraglichen Kündigungsrechts kommt ein solches gesetzlich nur in Analogie zu § 480 III S. 1 BGB in Betracht, wenn es sich bei der Zusage um eine solche mit *Darlehenscharakter* handelt, und darüber hinaus das Darlehen bereits *valutiert* ist.
- Ein Ersatz des Vertrauensschadens findet grundsätzlich nicht statt.

F.I.5. Stellungnahme

Entgegen den Ansätzen des älteren Schrifttums ist m. E. mit der jetzt insoweit einhelligen Auffassung danach zu differenzieren, ob sich die unterstützte Gesellschaft in der Krise befindet oder nicht.

Unproblematisch sind dabei diejenigen Konstellationen, in denen schon vertraglich ein entsprechendes Kündigungsrecht vereinbart wurde oder aber das Darlehen bereits valutiert wurde, sodass § 488 III S. 1 BGB als gesetzlicher Kündigungsgrund zur Verfügung steht.

Ferner ist die grundsätzliche Kündbarkeit der Liquiditätszusage m. E. aber entgegen der Ansicht von *Rosenberg/Kruse* auch für den Fall zu bejahen, in dem kein solches vertragliches Kündigungsrecht besteht und in dem auch das Darlehen noch nicht valutiert ist. Zwar ist ihnen zunächst zuzustimmen, dass ein Kündigungsrecht in Analogie zu § 490 BGB nicht in Betracht kommen kann. Dies ergibt sich bereits aus dem Sinn und Zweck der Liquiditätszusage, die vor dem Hintergrund abgegeben wird, dass sich die finanzielle Situation der Gesellschaft verschlechtert, zumindest aber verschlechtern kann. Ihre Ausgestaltung, für den Fall einer vereinbarten Rückzahlungsverpflichtung, als aufschiebend bedingtes Darlehensversprechen, bezieht gerade diese Verschlechterung der wirtschaftlichen Situation der Gesellschaft in die Zusage mit ein. Es wäre damit widersprüchlich, wenn man zunächst die Auszahlung des Darlehens an die Verschlechterung der wirtschaftlichen Situation der Gesellschaft knüpfte, um dann aber für den Fall des Vermögensverfalls, der drohenden Insolvenz der Gesellschaft oder ähnlichem, dem Zusagenden ein Kündigungsrecht an die Hand zu geben, welches es ihm ermöglichen würde, unmittelbar vor Bedingungseintritt, die Zusage noch zu Fall zu bringen.[743]

Dagegen kann m. E. aber die Zusage in Analogie zu § 488 III S. 1 BGB durchaus vom Zusagenden gekündigt werden. Insbesondere verlangt § 488 III S. 1 BGB nicht zwingend die Valutierung des Darlehens, sodass auch kein Grund ersichtlich ist, eine analoge Anwendung dieser Vorschrift von vornherein zu versagen. Das Darlehensversprechen ist gesetzlich als solches nicht geregelt, sodass eine Regelungslücke vorliegt. Dabei ist aber von einer planwidrigen auszugehen, da nicht anzunehmen ist, dass der Gesetzgeber das Darlehensversprechen als solches nicht anerkennen wollte. Vielmehr

---

[743] Insoweit handelt es sich um eine vergleichbare Situation wie bei den so genannten Risikodarlehen

ist mit den gesetzlichen Instrumentarien in vergleichbaren Situationen eine Lösung zu suchen.

Vergleicht man nun die Situation des Darlehensversprechens mit der Situation des gewährten Darlehens, so ist m. E. aber kein Grund ersichtlich, warum der Versprechende stärker an seiner Zusage festgehalten werden sollte, als derjenige, der tatsächlich bereits ein Darlehen gewährt hat. Dem Darlehensgeber wäre es nach dem gesetzlichen Leitbild ohne Weiteres möglich, sich innerhalb der gesetzlich vorgeschriebenen Kündigungsfrist wieder vom geschlossenen Vertrag zu lösen, wohingegen derjenige, der verspricht einen solchen Darlehensvertrag abzuschließen, sich wiederum nicht mehr in gleicher Weise von seinem Versprechen lösen könnte. Eine derartige Interpretation würde außerdem zu dem merkwürdigen Ergebnis führen, dass der Versprechende erst das Darlehen gewähren und den Darlehensbetrag auszahlen müsste, um in der Folge sofort gem. § 488 III S. 1 BGB zu kündigen und den ausgezahlten Betrag zurückzufordern, wollte er sich von seinen Verpflichtungen aus dem Versprechen befreien.

Zusammenfassend kann damit festgehalten werden, dass außerhalb der Krise die Zusage nicht nur vor dem Hintergrund eines schuldrechtlich vereinbarten Kündigungsrechts, sondern auch aufgrund eines gesetzlichen Kündigungsrechts gekündigt werden kann.

F.II. Die Kündbarkeit in der Krise der Gesellschaft

Wurde nun zunächst erörtert, ob eine Liquiditätszusage überhaupt gekündigt werden kann, so ist an dieser Stelle zu untersuchen, ob dieses Ergebnis uneingeschränkt auch für die Situation der finanziellen Krise der Gesellschaft gelten kann. Es soll also nun der Frage nachgegangen werden, ob die grundsätzliche Kündbarkeit der Zusage durch die Krise der Gesellschaft beschränkt oder gar ausgeschlossen wird.

F.II.1. Der Ansatz von Lutter/Hommelhoff

Der Ansatz von *Lutter/Hommelhoff* ist, wie oben[744] bereits erörtert, eindeutig. Sie sind der Auffassung, dass eine Kündigung der Zusage nur außerhalb der Krise erfolgen könne.

Für den Fall, dass von Seiten des Gesellschafters eine Valutierung des Darlehens noch ausstehe, unterfalle die Liquiditätszusage zwar schon von vornherein nicht den Regeln über eigenkapitalersetzende Darlehen. Ihre „Unkündbarkeit" in Krisenzeiten ergebe sich für diese Konstellationen aber aus ihrem „Sinn und Zweck".[745]

Für den Fall bereits erfolgter Valutierung des Darlehens sollen ihrer Ansicht nach die Regeln für eigenkapitalersetzende Gesellschafterdarlehen Anwendung finden[746],

---

744 Siehe unter F.I.1.

745 Lutter/Hommelhoff, in: Lutter/Hommelhoff, GmbHG, §§ 32a/b Rn. 185; ihnen ohne weiter Begründung folgend Wolf, ZIP 2006, 1885, 1890

746 Lutter/Hommelhoff, in: Lutter/Hommelhoff, GmbHG, §§ 32a/b Rn. 185

mit der Folge, dass der Gesellschafter seinen Rückzahlungsanspruch erst dann durchsetzen könne, wenn die Krise der Gesellschaft nachhaltig überwunden worden sei.[747]

F.II.2. Der Ansatz von Wiedemann/Herrmanns

Der Ansatz von *Wiedemann/Herrmanns* ist hinsichtlich der Kündbarkeit der Liquiditätszusage in der Krise vom Ergebnis her ähnlich.

Ausgangspunkt ist für sie die Tatsache, dass der Zusagende grundsätzlich in der Lage sei, die Zusage aufgrund der Regelungen des Darlehensrechts zu kündigen. Für den Fall, dass er dies tue und damit die Gesellschaft bei ihren Gläubigern „diskreditiere“ müsse sein Verhalten aber Anknüpfungspunkt gläubigerschützender Normen sein. In diesem Zusammenhang sei daher an die Regelungen der §§ 30 ff. GmbHG zu denken, die die Rückführung von Vermögenswerten, die ein Gesellschafter seiner Gesellschaft einmal zugeführt habe, beschränkten.[748] Die grundlegende Weichenstellung, die *Wiedemann/Herrmanns* nun in diesem Zusammenhang vornehmen, ist die Unterscheidung in diejenigen Konstellationen, in denen der Gesellschaft die versprochenen Mittel bereits zugeflossen sind und in diejenigen, in denen bislang noch keine Mittel zugeflossen sind.[749]

Für die erstgenannten Fälle wollen beide die Rechtsprechungsgrundsätze zum Eigenkapitalersatz, wie auch die gesetzlichen Regelungen der §§ 30 ff. GmbHG unmittelbar anwenden[750], was in der Konsequenz bedeuten würde, dass diejenigen Mittel, die dem Gesellschafter noch nicht zurück bezahlt wurden, für den Krisenfall einer Rückzahlungssperre unterlägen. Zusätzlich hätte der Zusagende gegebenenfalls diejenigen finanziellen Mittel zurückzuerstatten, die ihm vor Aufhebung dieser Sperre durch die Gesellschaft zurückbezahlt worden sind.[751] Diesbezüglich deckt sich ihr Ansatz also mit dem von *Lutter/Hommelhoff*.[752] Für diejenigen Fälle aber, in denen der Gesellschaft die versprochenen Mittel noch nicht zugeflossen sind, wählen *Wiedemann/Herrmanns* den folgenden Ansatz:[753] Zwar scheide eine unmittelbare Anwendung der §§ 30 ff. GmbHG aus, da diese Regelungen die Valutierung des Darlehens zwingend voraussetzten[754], doch wollen beide nun § 32 a GmbHG entsprechend auch auf diese Konstellationen anwenden. Aus dieser analogen Anwendung solle sich dann ergeben, dass dem Gesellschafter entweder die Möglichkeit zur Rücknahme des Darlehensversprechens in Krisenzeiten versagt werde oder aber ihm zwar diese Möglichkeit belassen werde, er aber gegebenenfalls vom Insolvenzverwalter auf Erstattung des Wertes der Zusage in Anspruch genommen werden könne. Die tatsächlichen Auswirkungen seien für den Zusagenden in beiden Varianten ähnlich, denn entweder könne er sich von der Zusage nicht lösen oder er wäre aber zumindest im Insolvenzfalle ver-

---

747 Hommelhoff, in: v. Gerkan/Hommelhoff, Rn. 1.7 ff.; Lutter/Hommelhoff, ZGR 1979, 31, 34
748 Wiedemann/Herrmanns, ZIP 1994, 997, 1001
749 Wiedemann/Herrmanns, ZIP 1994, 997, 1001
750 Wiedemann/Herrmanns, ZIP 1994, 997, 1001
751 Hommelhoff, in: v. Gerkan/Hommelhoff, Rn. 1.7 ff.; Lutter/Hommelhoff, ZGR 1979, 31, 34
752 Vgl. unter F.II.1.
753 Wiedemann/Herrmanns, ZIP 1994, 997, 1001
754 Wiedemann/Herrmanns, ZIP 1994, 997, 1001

pflichtet, denjenigen Betrag zu leisten, der zur Befriedigung der Gesellschaftsgläubiger erforderlich wäre.[755] Die analoge Anwendung begründen beide nun mit dem Normzweck des § 32 a I GmbHG. Ihrer Ansicht nach enthielten die §§ 32 a, 32 b GmbHG den Gedanken, dass den Gesellschafter zwar keine allgemeine Pflicht zur angemessenen Kapitalausstattung treffe, doch aber zumindest eine besondere „Finanzierungsverantwortung".[756] Dies habe dann aber auch zur Folge, dass Gesellschaften, die nicht über die gebotene Eigenkapitalausstattung verfügten, bei Dritten nicht bereits durch ihre Teilnahme am Wirtschaftsverkehr Vertrauen erwecken sollten, sie seien ihrerseits doch lebensfähig.[757] Entsprechendes träfe aber auch auf diejenigen Gesellschaften zu, die einzig deshalb noch am Wirtschaftsverkehr teilnähmen, weil der Gesellschafter die Bereitstellung liquider Mittel versprochen habe.[758] Bei wertender Betrachtung seien die Situationen also vergleichbar, sodass eine Gleichbehandlung gerechtfertigt erscheine.[759]

F.II.3. Der Ansatz von *Rosenberg/Kruse*

Rosenberg/Kruse sind im Ergebnis wohl auch der Auffassung, dass die Kündigung der Liquiditätszusage in der Krise der Gesellschaft nicht möglich sein soll.[760]

Zunächst stellen sie aber fest, dass aufgrund der fehlenden Sicherungsfunktion der Liquiditätszusage die direkte Anwendung von § 32 a II GmbHG ausscheide.

Für diejenigen Fälle aber, in denen der Liquiditätszusage ein Darlehensversprechen zu Grunde liege und die versprochenen Mittel bereits an die Gesellschaft ausgezahlt worden seien, seien aber dann, wenn der Zusagende das Darlehen zur Rückzahlung fällig stelle, die Grundsätze zu den eigenkapitalersetzenden Darlehen direkt anzuwenden.[761] Folglich ergebe sich auch, dass eine Kündigung zum Krisenzeitpunkt nicht mehr möglich sei.

Hinsichtlich der Zusagen ohne Darlehenscharakter, solle eine direkte Anwendung der §§ 30 ff. GmbHG aber ausgeschlossen sein. Entgegen der Ansicht von *Wiedemann/Herrmanns* sei daneben auch die analoge Anwendung des Eigenkapitalersatzrechts auf diese Art der Liquiditätszusage undenkbar.[762] Neben den methodischen Zweifeln, die sie an der Lösung *Wiedemann/Herrmanns* hinsichtlich der Modifikation von Tatbestands- wie auch Rechtsfolgenseite der Norm äußern, stützen sie sich bei der Ablehnung der Analogie im Wesentlichen auf Tendenzen der jüngeren Rechtsprechung. Ihrem Verständnis nach zeichne sich durch die Aussage des *OLG Celle*, wonach die Ausstattungspflicht des Zusagenden mit Eröffnung des Insolvenzverfahrens

755 Wiedemann/Herrmanns, ZIP 1994, 997, 1001

756 Vgl. dazu BGH ZIP 1980, 361, 364; BGH ZIP 1981, 974, 975 f.; Geßler, ZIP 1981, 228, 231; K. Schmidt, ZHR 147 (1983), 176; Ulmer, in: Hachenburg, GmbHG, §§ 32a/b Rn. 19; Habersack, in: Ulmer/Habersack/Winter, GmbHG, §§ 32a/b Rn. 11 ff.; Wiedemann, in FS Beusch, S. 902

757 Wiedemann/Herrmanns, ZIP 1994, 997, 1001; sowie eingehend unter C.I.1.a.iii.

758 Wiedemann/Herrmanns, ZIP 1994, 997, 1001

759 Wiedemann/Herrmanns, ZIP 1994, 997, 1001

760 Rosenberg/Kruse, BB 2003, 641, 648

761 Rosenberg/Kruse, BB 2003, 641, 648

762 Rosenberg/Kruse, BB 2003, 641, 648

untergehe[763] eine Tendenz dahingehend ab, dass dieser Ausstattungspflicht auch kein einlageähnlicher Charakter im Sinne der *BGH*-Rechtsprechung zu den Finanzplankrediten zukomme. Ihrer Lösung nach könne nun aber gegebenenfalls die vertragliche Vereinbarung zwischen Zusagendem und Gesellschaft zu einem Kündigungsausschluss für den Zusagenden führen.[764] Ziele diese vertragliche Abrede auf die Sicherung der Teilnahme der Gesellschaft am Wirtschaftsverkehr, so solle wohl die Liquiditätszusage unabhängig von den Eigenkapitalersatzregeln unkündbar sein.[765] Sie sind in diesem Zusammenhang auch der Ansicht, dass die besagte Abrede „regelmäßig“[766] auf eine derartige Sicherung zielen werde, mit der Konsequenz, dass daher wohl auch „regelmäßig“ eine Kündigung ausscheiden müsse.

F.II.4. Der Ansatz des OLG München I

Das *OLG München I*[767] erachtet unter Berufung auf die Ansicht von *Stodolkowitz*[768] dagegen die entsprechende Anwendbarkeit der Kapitalersatzvorschriften auch auf die Liquiditätszusage für gerechtfertigt. Dies folge daraus, dass bereits die vertragliche Verpflichtung, wonach sich der Zusagende zur Leistung verpflichte, als belastend für sein Vermögen anzusehen sei, mit der Folge, dass dann die Kündigung der Zusage, wertend betrachtet aber als Rücknahme dieser Leistung anzusehen sei.[769] Demzufolge liege darin dann bereits eine Rechtshandlung iSd § 135 InsO, die konsequenterweise dann aber auch anfechtbar sein müsse.[770]

F.II.5. Stellungnahme

Alle Ansätze wenden in den Fällen, in denen die Liquiditätszusage als Darlehensversprechen ausgestaltet wurde und die Darlehensvaluta bereits ausgezahlt ist das Eigenkapitalersatzrecht an. Es herrscht also zu Recht Einigkeit darüber, dass zumindest diese in Krisenzeiten grundsätzlich einer Auszahlungssperre unterfallen. Für die Konstellation der noch nicht valutierten Darlehen wiederum, sehen die oben genannten Auffassungen ebenfalls einhellig vor, die Kündigung der Zusage zu untersagen. Allerdings sind die Begründungsansätze gänzlich unterschiedlich:

---

763 OLG Celle, NdsRPfl 2000, 309, 310
764 Rosenberg/Kruse, BB 2003, 641, 648
765 So an dieser Stelle Rosenberg/Kruse, BB 2003, 641, 648, die hierzu nur ausführen: (..) „dürften konzerninterne Patronatserklärungen in der Krise (...) unkündbar sein“
766 Rosenberg/Kruse, BB 2003, 641, 648
767 OLG München I, Urt. v. 22.7.2004, S. 7
768 Stodolkowitz, in: MüKo, InsO, § 135 Rn. 20; siehe dazu auch bereits unter C.I.1.a.iii. (2)
769 OLG München I, Urt. v. 22.7.2004, S. 7
770 Stodolkowitz, in: MüKo, InsO, § 135 Rn. 20

Die Ansätze von *Lutter/Hommelhoff* wie auch der von *Rosenberg/Kruse* gehen zumindest in die gleiche Richtung, indem beide die Kündbarkeit in Krisenzeiten unter dem Hinweis auf *„Sinn und Zweck“*[771] bzw. *„Ziel“*[772] der Zusage verneinen.

Unabhängig von der Frage, ob durch diese Ansätze ein wirtschaftlich zutreffendes Ergebnis erzielt wird oder nicht, so überzeugt dieser Begründungsansatz m. E. jedoch nicht. Weder *„Sinn und Zweck“* noch *„Ziel“* der Liquiditätszusage sind allein taugliche Kriterien, anhand derer sich die Frage der Kündbarkeit derselben in der Krise der Gesellschaft beantworten ließe. Dies ergibt sich daraus, dass eine zutreffende Bestimmung dieser Begriffe für die verschiedenen Arten der Zusage unmöglich sein wird. Anschaulich wird diese Problematik vor allem dann, wenn man sich vor Augen führt, dass die Liquiditätszusage aus höchst unterschiedlichen Beweggründen abgegeben werden kann:

Zum einen kann sie deshalb abgegeben werden, weil es traditionell der Konzernpolitik entspricht, Tochtergesellschaften keine andere Unterstützung zukommen zu lassen, insbesondere etwa keine Bürgschaften oder ähnliches zur Verfügung zu stellen. Stattdessen kann es zur Abgabe einer solchen aber auch deshalb kommen, weil eine einzelne Investition der Gesellschaft eine wirtschaftliche „Besicherung“ der daraus entstehenden Verbindlichkeiten entweder durch die Muttergesellschaft oder durch einen Gesellschafter erfordert. Durch diese soll damit wirtschaftlich betrachtet also nur das Risiko einer konkreten Investition (ab-)gesichert werden. Daneben sind aber auch die Fälle vorstellbar, in denen vor dem Hintergrund einer derartigen Stützung der Gesellschaft Dritte wieder ermutigt werden sollen, der Gesellschaft Vertrauen entgegen zu bringen und dieser daher Kredite zu gewähren.

Vergleicht man aber diese verschiedenen Motivationen und Zielsetzungen mit denen, die offenbar *Lutter/Hommelhoff* oder *Rosenberg/Kruse* im Auge haben, so stellt man fest, dass sich diese doch ganz erheblich von den letztgenannten unterscheiden. Während *Lutter/Hommelhoff* keine näheren Ausführungen zum *„Sinn und Zweck“* der Zusage machen, gehen *Rosenberg/Kruse* davon aus, dass das *„Ziel“* der Liquiditätszusage „regelmäßig“ darin zu sehen sei, dass der Zusagende der Gesellschaft die weitere Teilnahme am Wirtschaftsleben ermöglichen wolle. Schon an der von *Rosenberg/Kruse* selbst gewählten Formulierung erkennt man aber, dass diese selbst auch davon ausgehen, dass neben den ihrer Ansicht nach typischen Zielen durchaus auch gänzlich andere mit der Abgabe einer derartigen Zusage verfolgt werden können.

M. E. erfasst aber sowohl der Ansatz von *Lutter/Hommelhoff,* wie auch der von *Rosenberg/Kruse* nur diejenigen Zusagen, die ihrerseits vor dem Eindruck der Abwendung der Überschuldung der Gesellschaft abgegeben werden[773]. Bei diesen kann nicht bestritten werden, dass die Abrede regelmäßig vorgenommen wird, um die gesetzlich normierten Insolvenzantragspflichten abzuwenden und damit der Gesellschaft zu ermöglichen, weiterhin am Wirtschaftsleben teilzunehmen. Ob nun bei diesen Zusagen allerdings ein Ausschluss des Kündigungsrechts allein vor dem Hintergrund des entgegenstehenden *„Sinn und Zwecks“* derselben bestehen kann, ist m. E. trotzdem zumin-

---

771 So Lutter/Hommelhoff vgl. oben unter F.II.1.

772 So Rosenberg/Kruse vgl. oben unter F.II.3.

773 Vgl. dazu oben unter D.I.

dest fraglich. Entscheidendes Argument gegen die Begründung der grundsätzlichen Unkündbarkeit derartiger Zusagen allein auf Grundlage ihres *„Sinn und Zwecks"* ist aber vielmehr die Tatsache, dass schon nicht jede Zusage diesen nur vermeintlich einheitlichen *„Sinn und Zweck"* bzw. diese einheitliche Zielsetzung überhaupt aufweist.

Wie eine der oben beispielhaft aufgezählten Konstellationen zeigt, zielt die dort erteilte Zusage einzig darauf ab, der Gesellschaft eine konkrete Investition wirtschaftlich zu ermöglichen, wohingegen ihre weitere Teilnahme am Wirtschaftsleben auch ohne diese Zusage zum Abgabezeitpunkt außer Frage steht. Damit ist weder die wirtschaftliche Situation der Gesellschaft noch die Motivation für den Zusagenden mit denjenigen Konstellationen vergleichbar, in denen ohne eine derartige Zusage die Gesellschaft bereits überschuldet und damit nicht mehr lebensfähig wäre. Konsequenz der hier diskutierten Auffassungen müsste dann aber sein, dass die Liquiditätszusage in Krisenzeiten nicht grundsätzlich unkündbar wäre, sondern davon abhinge, welches Ziel die Vertragsparteien mit ihr verfolgt hätten.[774]

Selbst wenn man die immensen prozess- bzw. beweisrechtlichen Schwierigkeiten dieser Ansätze außen vor ließe, so wären diese jedenfalls nicht in der Lage diejenigen Fälle zutreffend zu lösen, in denen mit der Abgabe der Zusage mehrere unterschiedliche Zielsetzungen von Seiten der Vertragsparteien verfolgt worden sind.

Aber auch der Begründungsansatz von *Wiedemann/Herrmanns* ist m. E. abzulehnen. Dieser basiert auf der Überlegung, dass § 32 a I GmbHG analog auch auf die noch nicht valutierte Zusage anzuwenden sei. Dagegen sprechen nun aber schon methodische Gründe.

Für die analoge Anwendung einer Norm ist charakteristisch, dass die planwidrige Regelungslücke des Gesetzgebers durch Modifikation der Tatbestandsseite einer dann analog anzuwendenden Norm geschlossen wird. Will man diesem Ansatz noch soweit folgen und bejaht man daher eine planwidrige Regelungslücke des GmbHG, indem man mit *Wiedemann/Herrmanns* annimmt, dass der Gesetzgeber schlicht versäumt hat, die Konstellation des noch nicht valutierten Darlehens zu regeln, so käme man zu einer tatbestandlichen Gleichstellung von valutiertem und nicht valutiertem Darlehen. Allerdings führt diese Gleichstellung allein noch nicht weiter, da die Rechtsfolgenseite des § 32 a GmbHG nur eine Rückzahlungssperre normiert, also letztlich nur die Rückführung bereits erhaltener Mittel verbietet.

Der Lösungsansatz von *Wiedemann/Herrmanns* kommt also nun mit der Modifikation der Tatbestandsseite allein nicht aus, vielmehr muss er auch die Rechtfolgenseite modifizieren, will er dem Insolvenzverwalter oder dem Geschäftsführer die Möglichkeit geben, aktiv gegen den Zusagenden vorzugehen und ihn zur Zahlung zu zwingen.[775] In der Konsequenz handelt es sich bei diesem Ansatz dann aber auch nicht mehr um eine Analogie, sodass m. E. auch dieser Begründungsansatz abgelehnt werden muss.

---

[774] So wohl Rosenberg/Kruse, BB 2003, 641, 648

[775] Wiedemann/Herrmanns äußern im Übrigen selbst die identischen Bedenken gegen ihren eigenen Lösungsansatz: vgl. Wiedemann/Herrmanns, ZIP 1994, 997, 1001, 1002

Diesen methodischen Bedenken begegnet der Ansatz des *OLG München I* zwar zunächst nicht, dennoch ist auch er m. E. abzulehnen.

Der Ausgangspunkt dieses Ansatzes ist dem von *Wiedemann/Herrmanns* sehr ähnlich, da auch dieser die Lösung dieses Problems im Bereich des Eigenkapitalersatzrechts sucht.[776] Zwar hat er den Vorteil, dass er die Schwierigkeiten, die sich aus einer analogen Anwendung des § 32 a GmbHG ergeben[777], dadurch umgeht, dass er m. E. zutreffend feststellt, die Auszahlung des Darlehens könne einzig auf Basis der vereinbarten vertraglichen Abrede verlangt werden. Allerdings hat dieser Ansatz im Gegenzug die Schwäche, dass er die Zusage selbst als eigenkapitalersetzend begreifen muss, um § 135 InsO überhaupt anwenden zu können. Die Zusage selbst kann aber m. E. nie eigenkapitalersetzend sein, vielmehr können diese Regelungen erst dann eingreifen, wenn es zur tatsächlichen Auszahlung gekommen ist.[778]

F.III. Eigener Lösungsansatz

Die oben dargestellten Lösungsansätze führen alle zu dem Ergebnis, dass es dem Zusagenden in Krisenzeiten nicht mehr möglich sein soll, sich von der einmal erteilten Zusage einseitig wieder zu lösen. Dabei ist dieses Ergebnis nicht zuletzt im Hinblick auf die Auswirkungen, die derartige Zusagen auf die Überschuldung der Gesellschaft haben können[779] zwar durchaus wünschenswert, doch lässt es sich m. E. mit den oben gewählten Ansätzen nicht dogmatisch zutreffend erzielen. Bei der Lösung dieses Problems ist an erster Stelle zu erörtern, mit Hilfe welcher gesetzlicher Vorschriften oder Rechtsinstitute überhaupt eine Problemlösung gefunden werden kann.

F.III.1. Lösung anhand der Regelungen über den Eigenkapitalersatz?

Weiter oben wurde bereits dargelegt, dass die Liquiditätszusage selbst nicht eigenkapitalersetzend ist und damit grundsätzlich erst das aufgrund derselben ausgezahlte Darlehen den Eigenkapitalersatzregeln unterfällt.[780] Es schließt sich dann aber die Frage an, ob die Rücknahme der Zusage sich überhaupt nach den gesetzlichen Regeln des Eigenkapitalersatzrechts bestimmen kann.

M. E. spricht schon der *Sinn und Zweck* des Eigenkapitalersatzrechts gegen die Anwendung desselben auf die Liquiditätszusage.

Schlagwortartig skizziert, handelt der Eigenkapitalersatz doch einzig von einer gesetzlichen, in Analogie zu § 30 GmbHG herausgearbeiteten, *Rückzahlungssperre*. Darüber hinaus unterliegt der Eigenkapitalersatz im Falle der Insolvenzeröffnung den Regeln der §§ 32 a, 32 b GmbHG sowie dem § 135 InsO und § 6 AnfG.[781]

---

[776] Vgl. dazu eingehend aber F.III.1.
[777] Vgl. oben beim Ansatz von Wiedemann/Herrmanns
[778] Vgl. dazu bereits unter C.I.1.a.iii. (2), sowie eingehend unter F.III.1.
[779] Vgl. dazu D.I.
[780] Vgl. oben unter C.I.1. bzw. C.I.1.a.iii. (2)
[781] K. Schmidt, ZIP 1999, 1241, 1242

Lässt man nun einzelne Besonderheiten und Nuancierungen beiseite, so können die Grundsätze zum Recht der eigenkapitalersetzenden Gesellschafterdarlehen in drei Rechtssätze zusammengefasst werden:[782]

- Gewährt ein Gesellschafter in der Krise ein Darlehen, anstelle einer in dieser Lage notwendigen Einlage, so sind diese Beträge als haftendes Kapital zu behandeln.
- Eine Rückzahlung darf erst dann erfolgen, wenn nach dieser ein Aktivvermögen in Höhe der Stammkapitalziffer verbleibt.
- Darlehensbeträge, die trotz der Sperre zurückgezahlt wurden, müssen der Geschäftsführer bzw. können der Insolvenzverwalter in das Gesellschaftsvermögen erstattet verlangen.

Es wird damit also deutlich, dass das Eigenkapitalersatzrecht grundsätzlich vom Gesetzgeber als ein reines Recht der *Kapitalerhaltung* konzipiert wurde. Hält man sich an diesen Grundsatz, so geht über dieses allgemeine Verständnis des Eigenkapitalersatzrechts daher aber schon ersichtlich der Lösungsansatz hinaus, der in entsprechender Anwendung von § 32 a I GmbHG den Zusagenden zur Gewährung der Darlehenssumme und damit zur *Auszahlung* finanzieller Mittel verpflichten will.[783] Denn das hieße, dass mit Hilfe der Regeln zum Eigenkapitalersatz über die bloße *Erhaltung* von Gesellschaftskapital hinaus, eine Pflicht zur *Zuführung* neuer Eigenmittel von Seiten des Zusagenden konstruiert würde, was wiederum m. E. mit Grundsätzen des Eigenkapitalersatzrechts allein keinesfalls zu rechtfertigen wäre. Damit steht dann aber fest, dass jedenfalls die Kompetenz von Geschäftsführer oder Insolvenzverwalter, den Zusagenden zur *Leistung der Darlehenssumme* auch tatsächlich zu veranlassen, außerhalb des Eigenkapitalrechts zu suchen sein muss. Problematischer ist in diesem Zusammenhang aber die Tatsache, dass bereits die bloße Zusage selbst, sofern man sie rein wirtschaftlich betrachtet, für die Gesellschaft einen gewissen *Vermögenswert* darstellen kann. Bei ihr handelt es sich nicht selten um eine „Finanzspritze", die es der Gesellschaft ermöglichen kann, weiterhin am Wirtschaftsverkehr teilzunehmen. Daher ließe sich, rein wertend betrachtet, nun aber durchaus anführen, die Situation, in der dieser *Vermögenswert* wieder zurückgenommen werden soll, sei mit der gleichzustellen, in der der Gesellschaft *Kapital* abgezogen werde. Allgemein formuliert könnte man also die Frage aufwerfen, ob nicht doch das Eigenkapitalersatzrecht zumindest bei der Beantwortung der Frage Platz greifen könnte, ob die Zusage selbst einer so genannten *„Rückgewährsperre"* und damit eben einer *„Kündigungssperre"* unterfalle[784], wonach zumindest also eine Kündigung aufgrund dieser Grundsätze ausgeschlossen wäre.

Der Unterschied zum eingangs erwähnten Ansatz liegt darin, dass sich die tatsächliche Pflicht zur Leistung nicht – m. E. systemfremd – aus dem Eigenkapitalersatzrecht ergäbe, sondern allein aus der vertraglichen Vereinbarung, die aufgrund des Eigenkapitalersatzrechts nun aber in Krisenzeiten nicht mehr gelöst werden könnte. M. E.

---

782 Hommelhoff, in v. Gerkan/Hommelhoff, Rn. 1. 7 ff.; Lutter/Hommelhoff, ZGR 1979, 31, 34

783 So aber Wiedemann/Herrmanns, ZIP 1994, 997, 1001 f.; zu den methodischen Zweifeln an dieser Auffassung vgl. unter F.II.4.

784 Vgl. dazu den nahezu identischen Ansatz des OLG München I unter F.II.4.

müsste dafür aber bereits in der Erklärung der Zusage selbst eine eigenkapitalersetzende Leistung zu erblicken sein, was nach dem oben Ausgeführten grundsätzlich abzulehnen ist.[785] Gegen diese Lösung spricht zudem ebenfalls die folgende Überlegung:

Die Grundaussage des Eigenkapitalersatzrechts ist, dass es zu einer Umqualifizierung von bereits erhaltenem *Kapital* in *haftendes Kapital* kommt, welches dann der Gesellschaft auch nicht mehr ohne Weiteres entzogen werden kann. Die bereits zugeführten Mittel wandeln sich also in haftende Mittel um und dienen damit der Gesellschaft zur Erfüllung ihrer Verbindlichkeiten. Übertragen auf die Situation der zunächst nur erteilten nicht aber bereits erfüllten Zusage, bedeutete dies, dass die erteilte Zusage mit Kriseneintritt in *haftendes Kapital* umzuqualifizieren wäre, und damit einer entsprechenden Sperrung unterläge. Ginge man noch soweit, dass man die erteilte Zusage tatsächlich bereits als *Kapital* betrachten wollte, was zumindest dann nicht ganz fernliegend erscheint, wenn man sich die wirtschaftlichen Folgen der bloßen Erteilung der Zusage vor Augen führt, so muss aber spätestens die Umqualifizierung der Zusage in *haftendes Kapital* ausscheiden.

Denn während für das Eigenkapitalersatzrecht die Situation charakteristisch ist, in der der Gesellschaft bereits zugeführtes *potentiell haftendes Kapital* entzogen werden soll, so stellt sich die Situation der Zusage doch unterschiedlich dar.

Die erteilte Zusage selbst, hat für sich allein genommen noch nicht den Charakter von *potentiell haftendem Kapital*, da diese allein als Haftungsobjekt untauglich ist. Ganz im Gegensatz aber zu tatsächlich zugeführten Finanzmitteln; diese kann die Gesellschaft unmittelbar zur Erfüllung ihrer Verbindlichkeiten einsetzen oder aber die Gläubiger derselben können auf sie als Haftungsobjekt zugreifen. Bei der erteilten Zusage allerdings kommt es für die Gesellschaft wie auch für deren Gläubiger erst mit der tatsächlichen Auszahlung der versprochenen Mittel zu einer Erhöhung desjenigen Kapitals der Gesellschaft, das gegebenenfalls auch zur Haftung und Erfüllung ihrer Verbindlichkeiten herangezogen werden kann. Die Zusage allein mag aus den oben genannten Gründen für die wirtschaftliche Situation der Gesellschaft und ihre Teilnahme am Wirtschaftsverkehr damit durchaus günstig und nützlich sein, dennoch darf nicht übersehen werden, dass dieser bisher keinerlei finanzielle Mittel zugeführt wurden. Der wirtschaftliche Wert der Zusage ergibt sich vielmehr nur daraus, dass bei Bedingungseintritt von Seiten des Zusagenden die Zuführung von Kapital geschuldet wird, das dann zu einer besseren Kapitalausstattung der Gesellschaft führt und gegebenenfalls die Anwendung der Eigenkapitalersatzregeln zur Folge hat. Es kommt damit erst mit der Auszahlung der versprochenen Mittel zur Zuführung von *potentiell haftendem Kapital*, welches von den Eigenkapitalersatzregeln erfasst und geschützt werden soll. Die bloße Kündigung der Zusage führt dagegen im Falle von noch nicht ausgezahlten Mitteln zwar zu einer Rücknahme bzw. einem Abzug eines wirtschaftlich wertvollen Vermögenswertes der Gesellschaft, nicht aber zu dem für den Eigenkapitalersatz notwendigen Abzug von Kapital, welches potentiell als haftendes Kapital in Frage kommt.

Dieser Unterschied ist aber von grundlegender Natur, sodass das Eigenkapitalersatzrecht schon bestimmungsgemäß nicht in der Lage sein kann, derartige Konstellationen

---

[785] Vgl. dazu oben unter C.I.1.a.iii. (2)

zutreffend zu lösen. Es erscheint mir daher zwingend geboten, eine Lösung dieser Frage außerhalb des Eigenkapitalersatzrechts zu suchen.

F.III.2. Lösungsversuch anhand der Grundsätze zum Finanzplankredit

Die Lösung der Frage, ob die Liquiditätszusage nach Eintritt der Krise von Seiten des Zusagenden noch gekündigt werden kann oder nicht, ist m. E. anhand der selben Grundsätze zu suchen, die sich im Rahmen der ähnlichen gelagerten Problematik beim so genannten *Finanzplankredit* entwickelt haben.

Der *BGH* hat in seiner Grundsatzentscheidung vom 28.6.1999[786] dieses Rechtsinstitut näher präzisiert. In einem ersten Schritt soll nun das Verständnis des Finanzplankredits dargestellt werden, um dann in einem zweiten Schritt die grundsätzliche Übertragbarkeit der für dieses Rechtsinstitut geltenden Regelungen auch auf die Liquiditätszusage darzulegen.

F.III.2.a. Der Finanzplankredit

Das Rechtsinstitut des Finanzplankredits stellt sich nach der Entscheidung des *BGH* nunmehr wie folgt dar:[787]

- Ein solcher liegt dann vor, wenn die Gesellschafter einer GmbH untereinander oder mitsamt der Gesellschaft eine Abrede getroffen haben, der Gesellschaft *einlageähnliche Mittel* zur Verfügung zu stellen.
- Diese Vereinbarung kann nun entweder *Teil der Satzung* sein, oder aber eine *schuldrechtliche Verpflichtung* der Gesellschafter (in Form einer so genannten Nebenabrede zum Gesellschaftsvertrag).[788]

Liegen diese Voraussetzungen vor, so sollen sich daran die folgenden Rechtsfolgen anschließen:

- Sowohl die Rechtsprechungsregeln als auch die insolvenzrechtlichen Regeln zum Eigenkapitalersatz können nur dann zur Anwendung kommen, wenn das eigenkapitalersetzende Darlehen auch tatsächlich bereits gewährt wurde.[789]
- Die Verpflichtung des Gesellschafters, ein Darlehen auch tatsächlich zur Verfügung zu stellen, richtet sich ausschließlich nach der zwischen den Gesellschaftern untereinander oder mit der Gesellschaft getroffenen *Vereinbarung*.[790]
- Nach Eintritt der Krise hat der Gesellschafter das wie eine Einlageverpflichtung übernommene Versprechen zu erfüllen, ohne dass er sich auf die inzwischen eingetretene Verschlechterung der Vermögensverhältnisse der Gesellschaft berufen könnte.

---

786 BGH ZIP 1999, 1263=BGHZ 142, 116 = BGH NJW 1999, 2809

787 BGH NJW 1999, 2809

788 Vgl. dazu bereits B.I.3.

789 BGH NJW 1999, 2809, 2810

790 BGH NJW 1999, 2809, 1. Leitsatz

- Aufgrund der *einlageähnlichen* Bindungswirkung des Versprechens kann der Gesellschafter *nur außerhalb der Krise* durch Satzungsänderung oder einvernehmliche Aufhebung der Nebenabrede von diesem befreit werden.

Obwohl der Finanzplankredit entsprechend diesem Grundverständnis entweder zwischen den Gesellschaftern allein oder unter Beteiligung der Gesellschaft vereinbart wird, wird er damit als solcher Gegenstand gesellschaftlicher Pflichten für die Gesellschafter. Genau genommen werden die jeweiligen Pflichten von den Gesellschaftern vertraglich vereinbart und können dabei sowohl in die Satzung der Gesellschaft selbst mit aufgenommen werden, wie auch als Nebenabrede zum Gesellschaftsvertrag ausgestaltet werden. Darauf basierend ist die grundlegende Überlegung des *BGH* nun aber die Folgende:

Die tatsächlichen Rechtsfolgen, die sich aus der vertraglichen Regelung ergeben sollen, können sich nun ausschließlich nach dem *Sinn und Zweck* dieser vertraglichen Vereinbarung richten. Wollen die Gesellschafter nur ein gewöhnliches Gesellschafterdarlehen zusagen, so ergeben sich keine Besonderheiten.

Davon wird aber in aller Regel nicht auszugehen sein. Vielmehr geht der *Sinn und Zweck* derartiger Vereinbarungen dahin, der Gesellschaft gegebenenfalls so genannte, vom *BGH* als *einlageähnlich* bezeichnete, Mittel zur Verfügung zu stellen.

Damit soll inhaltlich aber nur zum Ausdruck gebracht werden, dass sich aus der dem Finanzplankredit zu Grunde liegenden Finanzplanabrede einzig der Wille der Gesellschafter entnehmen lässt, zum einen das Darlehensversprechen nicht unter dem Hinweis auf eine eingetretene Vermögensverschlechterung der Gesellschaft wieder zurückzunehmen, sowie die daraus resultierende Konsequenz, das Darlehensversprechen auch in der Krise der Gesellschaft zu erfüllen.

Die Kernaussage des *BGH* lautet also, dass die finanzplanmäßige vertragliche Vereinbarung zu einer *Bindung* führe, die außerhalb der gesetzlichen Eigenkapitalersatzregeln liege. Es handle sich demnach um eine *einlageähnliche Darlehenszusage*, weswegen die gesetzlichen Regeln zur Erfüllung von Einlagepflichten sinnentsprechend heranzuziehen seien[791]. Auch die *juristische Literatur* stimmt dieser Kernaussage, wonach es sich um eine rechtsgeschäftliche Bindung handle, im Wesentlichen zu.[792] *Lutter/Hommelhoff* modifizieren nur die Begründung dieser Bindung dahingehend, dass sie diese im Zweckkonsens der Gesellschafter entsprechend §§ 19 II, 30 f GmbHG begründet sehen wollen.[793]

---

791 BGH NJW 1999, 2809, 2810

792 K. Schmidt, in: Scholz, GmbHG, 9. Auflage, §§ 32a, 32b Rn. 86, 93; (anders aber noch die Vorauflage §§ 32a, 32b Rn. 38) Fleischer, DStR 99, 1775; Habersack, ZHR 161 (1997), 478; ders., in: Ulmer/Habersack/Winter, GmbHG, §§ 32a/b Rn. 242; Pentz, in: Rowedder/Schmidt/Leithoff, GmbHG, § 32a Rn. 46 ff.; Heidinger, in: Michalski, GmbHG, §§ 32a/b Rn. 63 ff; Hueck/Fastrich, in: Baumbach/Hueck, GmbHG, § 32 a Rn. 52; Dauner-Lieb, in: v. Gerkan/Hommelhoff, Rn. 32a Rn. 9.5 ff.; Altmeppen, NJW 1999, 2812; dagegen für eine gesetzliche Bindung Ulmer, in: Hachenburg, GmbHG, §§ 32a, b, Rn. 48, 61; aA auch Altmeppen, in: Roth/Altmeppen; GmbHG, § 32a Rn. 74 ff.; ders., in: FS Sigle, S. 211 ff.

793 Lutter/Hommelhoff, in: Lutter/Hommelhoff, GmbHG,15. Auflage, §§ 32 a/b Rn. 171, 181 f.

F.III.2.b. Die Übertragbarkeit auf die Liquiditätszusage

Zumindest die weitestgehend unbestrittene Kernaussage dieser Überlegungen, wonach es sich um eine *rechtsgeschäftliche Bindung* handelt, lässt sich auch auf die Liquiditätszusage übertragen.

Bei ihr handelt es sich ebenfalls um eine vertragliche Pflicht. Wird dann aber tatsächlich, basierend auf der Zusage, die Auszahlung des Darlehens verlangt, so kann sich ein solcher Anspruch ausschließlich aus der geschlossenen schuldrechtlichen Abrede ergeben, ein Rückgriff auf das Eigenkapitalersatzrecht ist demnach auch hier ausgeschlossen.

Übertragen auf die Liquiditätszusage hieße das, dass bei ihr die Reichweite der vertraglichen Pflicht ebenfalls, gegebenenfalls nach entsprechender Auslegung, anhand der vertraglichen Abrede zu bestimmen wäre. Abgesehen von entgegenstehenden ausdrücklichen vertraglichen Regelungen stellt sich die Situation bei der Liquiditätszusage entsprechend der beim Finanzplankredit dar:

Der Zusagende sichert für den Fall der fehlenden Liquidität seine persönliche Hilfe zu. Vernünftigerweise kann aber eine derartige vertragliche Bindung nur dahingehend verstanden werden, dass der Zusagende im Falle fehlender Liquidität, also im Zeitpunkt der Krise der Gesellschaft, auch tatsächlich leisten wird, insbesondere da es sich bei der Liquiditätszusage zumeist um ein aufschiebend bedingtes Darlehensversprechen[794] handelt, welches seine Auszahlung gerade an den Kriseneintritt als Bedingung knüpft.

Das *grundsätzliche Verständnis* von Finanzplankredit und Liquiditätszusage ist also sehr ähnlich, stellen doch beide ein finanzwirtschaftliches Instrumentarium dar, welches seine Bedeutung ausschließlich bei der Behebung wirtschaftlicher Krisen von Gesellschaften hat.

Als Schlussfolgerung aus diesem gemeinsamen Grundverständnis, lässt sich daher auch für die Liquiditätszusage feststellen, dass eine Kündigung derselben unter bloßer Berufung auf die Vermögensverschlechterung der Gesellschaft entsprechend den Überlegungen zum Finanzplankredit auch hier von vornherein ausgeschlossen sein muss.

F.III.2.c. Die Unterschiede zwischen Finanzplankredit und Liquiditätszusage

Trotz der oben dargestellten Parallelen, lassen sich gewisse Unterschiede zwischen Liquiditätszusage und Finanzplankredit nicht leugnen:

Durch die Liquiditätszusage sollen grundsätzlich keine *gesellschaftlichen Pflichten* begründet werden. Der Zusagende geht vielmehr seine rein schuldrechtliche Verpflichtung – rein rechtstechnisch betrachtet – völlig unabhängig von seiner Stellung als Gesellschafter ein, was insbesondere dann Auswirkungen hat, wenn er seinen Gesellschaftsanteil an einen Dritten überträgt und sich im Anschluss daran dann die Frage stellt, ob er damit auch seine Verpflichtungen aus der von ihm erteilten Liquiditätszusage übertragen hat. Ein derartiges Verständnis würde der Liquiditätszusage dagegen

[794] Vgl. dazu oben unter B.II.2.

nicht gerecht, vielmehr soll die aus ihr resultierende Verpflichtung bestimmungsgemäß vollkommen unabhängig von einer etwaigen Gesellschafterstellung bestehen und als solche damit auch nach Übertragung der Beteiligung weiter beim Zusagenden verbleiben.

Einen weiteren Unterschied erkennt man auch hinsichtlich der *Rechtsnatur*[795] der Liquiditätszusage. Während diese in aller Regel rein *schuldrechtlich* so genanntes *gewillkürtes Ergänzungskapital*[796] zur Verfügung stellen will, stellt sich der Finanzplankredit nicht selten als Satzungsbestandteil dar, oder wird zumindest als Nebenabrede zum Gesellschaftsvertrag vereinbart.

F.III.2.d. Die Auswirkungen dieser Unterschiede auf die grundsätzliche Übertragbarkeit der Grundsätze vom *Finanzplankredit* auf die *Liquiditätszusage*

Die aufgezeigten Unterschiede wirken sich auch auf die Behandlung der Kündbarkeit der beiden Rechtsinstitute aus, weswegen die für den Finanzplankredit aufgestellten Grundsätze nur modifiziert auf die Liquiditätszusage übertragen werden können. Grundsätzlich hängt die Künd- oder Aufhebbarkeit des Finanzplankredits einerseits von der *Rechtsnatur*[797] der Finanzplanung, sowie andererseits vom *allgemeinen Vertragsrecht* ab.

Hinsichtlich letzterem ist es insoweit bei beiden eine Frage der Auslegung, ob ein Kündigungsrecht aus wichtigem Grunde als vereinbart betrachtet werden kann und soll, oder nicht.

M. E. muss zumindest im absoluten Regelfall von einer derartigen vertraglichen Übereinkunft ausgegangen werden, da es dem Parteiwillen nicht ohne Weiteres in jedem Fall entsprechen wird, dass der Zusagende durch seine Erklärung für immer und ewig persönlich für die Liquidität der Gesellschaft sorgen will. Gerade aber in den Fällen, in denen die Erklärung vom Zusagenden noch als Gesellschafter der unterstützten Gesellschaft abgegeben wurde und dieser sich dennoch später dazu entschließen sollte, seinen Gesellschaftsanteil an einen Dritten zu überträgen, muss es ihm auch grundsätzlich möglich sein, sich von seiner, meist nur unter dem Eindruck seiner eigenen Beteiligung an der Gesellschaft, erteilten Zusage auch wieder zu lösen. Entsprechendes muss auch dann gelten, wenn die Gesellschaft ihre bisherige Beteiligung am Wirtschaftsverkehr über die Maßen erweitert, oder gar in völlig neue Wirtschaftsbereiche vordringt, da sich dadurch das Risiko für den Zusagenden unverhältnismäßig und in unvorhersehbarer Weise erhöhen kann.

Auch die unterschiedliche *Rechtsnatur* der beiden führt zu gewissen Unterschieden bei der Beantwortung der Frage nach ihrer Kündbarkeit: Während der Finanzplankredit außerhalb der Krise ohne jegliche Einschränkungen aufgehoben werden kann, soll dies

---

795 Vgl. dazu unter B.I.

796 Vgl. dazu unter B.I.4.

797 Hueck/Fastrich, in: Baumbach/Hueck, GmbHG, 17. Auflage, § 32 a Rn. 46 b sprechen an dieser Stellen treffenderweise von einem *actus contrarius*

nach Eintritt der Krise aufgrund des *einlageähnlichen Charakters* desselben zumindest nicht mehr ohne Einschränkungen möglich sein.[798]

Unabhängig von der Beantwortung der Frage, ob bei der Finanzplanabrede tatsächlich von einer *einlageähnlichen Verpflichtung* ausgegangen werden kann oder nicht, kann dieser Begründungsansatz für die Liquiditätszusage jedenfalls so von vornherein nicht übernommen werden, da diese keinesfalls *einlageähnlich* ist. Der *einlageähnliche Charakter* ergibt sich nach Ansicht des *BGH* für den Finanzplankredit zum einen daraus, dass die Gesellschafter den Finanzplanentschluss in ihrer Gesamtheit fassen, mithin also eine vergleichbare Situation besteht wie auch bei der Festlegung der tatsächlichen Einlageverpflichtungen. Wird nun der Finanzplankredit nicht sogar Satzungsbestandteil, so wird er doch zumindest als Nebenabrede zum Gesellschaftsvertrag gefasst, weswegen sich schon deshalb Parallelen zum Stammkapital der Gesellschaft und damit zur Einlagepflicht der Gesellschafter erkennen lassen.

Die Liquiditätszusage dagegen wird jenseits des Gesellschaftsstatuts vereinbart und ist auch nicht notwendig eine Entscheidung der Gesellschaftergesamtheit, sondern typischerweise eine Entscheidung eines einzelnen Gesellschafters. Es fehlt damit schon deshalb an den Gemeinsamkeiten zur Einlage, die wiederum erst eine entsprechende Anwendung der für diese geltenden Regelungen begründen könnten. Mit anderen Worten ist also die durch die Liquiditätszusage eingegangene Verpflichtung daher gerade keine *einlageähnliche.*

Für die Kündbarkeit der Liquiditätszusage in Krisenzeiten bedeutet dies dann aber, dass Einschränkungen in der Art, wie sie für die Befreiung von eingegangenen aber noch nicht vollständig erfüllten Einlageverpflichtungen zu machen wären, für die Liquiditätszusage grundsätzlich nicht zu machen sind.

F.III.2.e. Die konkrete Lösung für die Liquiditätszusage

Für die Liquiditätszusage verbleibt für die Frage der Kündbarkeit m. E. nur noch ein zutreffender Lösungsweg:

Die Frage nach den Kündigungsmöglichkeiten bei einer einmal erteilten Liquiditätszusage ist, in Entsprechung der Situation beim Finanzplankredit, allein anhand der zu Grunde liegenden *schuldrechtlichen Abrede* zu beantworten. Zwar führt diese Abrede, wie eben ausgeführt, bei der Liquiditätszusage ganz im Gegensatz zum Finanzplankredit nicht dazu, dass die eingegangene Verpflichtung als *einlageähnliche* zu begreifen wäre, doch muss auch sie einer besonderen Konstellation Rechnung tragen:

Bei Abgabe der Zusage sind sich die Beteiligten bewusst, dass es sich bei ihr um ein reines *Instrument der Krisenfinanzierung* handelt. So banal und selbstverständlich dieses Grundverständnis zu diesem Zeitpunkt aber einerseits erscheinen mag, so bedeutend wird es bei der Frage nach den einseitigen Lösungsmöglichkeiten von der einmal erteilten Zusage zu einem Zeitpunkt , in dem sich die Gesellschaft dann tatsächlich in einer finanziellen Krise befindet.

Hierbei stehen auf der einen Seite die Interessen der Gesellschaft, für die ihrerseits die Vereinbarung einer solchen Zusage eine folgenschwere *Finanzierungsentscheidung*

---

[798] So BGH NJW 1999, 2809, 2810, dessen Auffassung allerdings nicht unbestritten ist: vgl. dazu die Anmerkung von Altmeppen, NJW 1999, 2812, 2813

darstellt. Sie hat bereits bei Vereinbarung der Zusage vorzeitig eine entsprechende Entscheidung zu treffen, wonach in Krisenzeiten die Gesellschaft unter Zuführung von *Fremdkapital* weitergeführt und nicht liquidiert werden wird. Die Gesellschaft trifft also mit der schuldrechtlichen Annahme der Zusage bereits jetzt eine Entscheidung, wie sie sich in einer später eintretenden Krise verhalten wird. Dieser besonderen Bedeutung für die Gesellschaft trägt nach hier vertretener Auffassung daher auch insbesondere der Umstand Rechnung, dass gerade aus diesem Grund für ein wirksames Zustandekommen der Zusage auf Seiten der Gesellschaft ein Gesellschafterbeschluss, entsprechend der Situation bei der Aufnahme eigenkapitalersetzender Darlehen, für erforderlich gehalten wird.[799] Auf der anderen Seite stehen die Interessen des Zusagenden, der seinerseits bei Abgabe der Zusage ebenfalls eine entsprechende Entscheidung zu treffen hat, wie er sich persönlich in der Krise der von ihm unterstützten Gesellschaft verhalten wird.

Eine vertragliche Übereinkunft aber, die dieser – für beide Vertragsparteien – besonderen Konstellation Rechnung trägt und inhaltlich tatsächlich eine Vereinbarung der Beteiligten enthält, wonach diese gemeinsam erforderlichenfalls eine *Krisenfinanzierung* der Gesellschaft vornehmen werden, die auf der Hingabe von Fremdkapital durch einen Gesellschafter beruht, kann regelmäßig schuldrechtlich nur so ausgestaltet und verstanden werden, dass mit der der Liquiditätszusage zu Grunde liegenden schuldrechtlichen Abrede gleichzeitig ein ordentliches Kündigungsrecht derselben in der Krise ausgeschlossen werden sollte. Dies ergibt sich bereits aus den folgenden Überlegungen:

Die Abrede zwischen Gesellschaft und Zusagendem beinhaltet die Aussage des Zusagenden, der Gesellschaft in der Krise nochmals Kredit zu gewähren. Inhaltlich bedeutet dies aber auch, einer Gesellschaft in der Krise[800] nicht nur ein „gewöhnliches" Darlehen, sondern ein dann *eigenkapitalersetzendes Darlehen* zur Verfügung zu stellen, mit der – bereits gesetzlich vorgesehenen – Konsequenz, dass es zur *Sperrung* des Rückzahlungsanspruchs bis zur nachhaltigen Überwindung der Krise kommen wird. Damit erhält die vertragliche Verpflichtung des Zusagenden wirtschaftlich betrachtet aber eine andere Qualität als das bloße Versprechen, zukünftig einem Dritten ein „gewöhnliches" Darlehen zu gewähren, denn es wird entsprechend den Vorstellungen aller Beteiligten und dabei insbesondere entsprechend den eigenen Vorstellungen des Zusagenden, zu einer – gesetzlich angeordneten – zumindest vorübergehenden Sperrung seiner Rückzahlungsforderung kommen.

Der wirtschaftlich weit reichende Entschluss des Zusagenden, diese vertragliche Verpflichtung trotzdem einzugehen, wird also vom Bewusstsein getragen, dass der Zusagende seine später zu gewährenden Mittel erst nach Überwindung der Krise durch die Gesellschaft tatsächlich zurückerhalten wird.

Um gleichzeitig auch der besonderen wirtschaftlichen Bedeutung der Zusage für die Gesellschaft adäquat Rechnung zu tragen, muss die vertragliche Verpflichtung des Zusagenden dann aber vernünftigerweise auch regelmäßig so ausgestaltet werden, dass

---

[799] Siehe oben unter C; wenngleich sich dieses Wirksamkeitserfordernis sich jedoch nach Einführung des MoMiG nicht mehr aufrechterhalten lässt, vgl. dazu unter C.III.

[800] Was in aller Regel gleichbedeutend sein wird mit der Situation, in der der Gesellschaft Liquidität fehlt

der Zusagende mithin verspricht, die von ihm zu gewährenden Mittel nur außerhalb der Krise abzuziehen. Gerät also die Gesellschaft später – wie von den Parteien befürchtet – tatsächlich in eine Krise, so soll der Zusagende seine versprochenen Mittel, entsprechend dem Willen der Beteiligten bei Abgabe der Zusage, nicht mehr ohne Weiteres von der Gesellschaft zurückverlangen können.

Will man aber eine solch weit reichende Bindung tatsächlich auch vertraglich wirksam vereinbaren, so darf der die Verpflichtung des Zusagenden beinhaltende Vertrag aber auch keine rechtliche Möglichkeit mehr bieten, sich durch ordentliche Kündigung desselben entgegen der gemeinsamen wirtschaftlichen Zielsetzung des Vertrages auch noch *innerhalb der Krise* von der Verpflichtung zur Mittelgewährung zu befreien. Es ist damit typischerweise schon der vertraglichen Vereinbarung eine, unter Umständen stillschweigende, Übereinkunft der Parteien zu entnehmen, dass ein Kündigungsrecht mit dem Eintritt der Krise ausgeschlossen werden soll und damit beiden Vertragsparteien eine ordentliche Kündigung eben auch nur außerhalb der Krise offen stehen soll.

Daneben spricht noch ein weiterer Aspekt zumindest mittelbar für das gefundene Ergebnis.

Zumeist kann der schuldrechtlichen Abrede unzweifelhaft die Absicht der Beteiligten entnommen werden, der Gesellschaft durch die Zusage auch einen schuldrechtlichen *Anspruch* auf Ausstattung zu verleihen. Konsequent umgesetzt bedeutet dies dann aber, dass der Gesellschaft mit Bedingungseintritt und damit mit dem Eintritt der Krise, eine Rechtsposition eingeräumt werden sollte, die es ihr ermöglicht, die *eigenkapitalersetzende Leistung* auch tatsächlich zu *fordern*.[801]

Könnte sich der Zusagende nun aber auch in der Krise noch ohne Weiteres in analoger Anwendung von § 488 III S. 1 BGB von der Zusage lösen, so wäre die Rechtsposition der Gesellschaft völlig entwertet. Es wäre dann aber nur schwerlich nachvollziehbar, wenn der Zusagende einseitig den gesamten Vertragszweck dadurch vereiteln könnte, dass er zunächst das Darlehen trotz Bedingungseintritt nicht auszahlt, um schließlich das Darlehensversprechen unter entsprechender Anwendung von § 488 III S. 1 BGB auch noch zu kündigen. Der Abrede muss damit auch vor diesem Hintergrund der stillschweigende Ausschluss dieser Möglichkeit entnommen werden.

Dieses Ergebnis wird weiter durch den Umstand bestätigt, dass dem Zusagenden selbst in aller Regel erkennbar sein dürfte, welche Tragweite sein Versprechen für die Gesellschaft hat. Schon aufgrund dessen kann die zwischen beiden getroffene Abrede nur so verstanden werden, dass der Gesellschaft durch sie ein durchsetzbarer und werthaltiger Anspruch an die Hand gegeben werden sollte, da der Zusagende nicht annehmen kann, die Gesellschaft würde ihrerseits eine entsprechende Finanzierungsentscheidung an einen wirtschaftlich wertlosen Anspruch knüpfen.

Alles in allem wird man der Liquiditätszusage damit m. E. grundsätzlich die gemeinsame vertragliche Übereinkunft der Beteiligung entnehmen müssen, dass für den Fall

---

[801] Dem widerspricht auch nicht der Umstand, dass dieser Anspruch wegen seiner Schwierigkeiten hinsichtlich der Bezifferung häufig nicht einklagbar sein wird; vgl. dazu B.II.1.b.

des Kriseneintritts ein Abstandnehmen von der erteilten Zusage nur noch unter Berufung auf völlig außergewöhnliche Umstände überhaupt möglich sein kann, mithin also die ordentliche Kündigung für die gesamte Dauer der Krise ausgeschlossen werden sollte.

Nur der Vollständigkeit halber sei nun noch erwähnt, dass die *einvernehmliche Aufhebung* der Liquiditätszusage dagegen auch innerhalb der Krise möglich sein muss. Zwar ist eine solche beim Finanzplankredit nur außerhalb der Krise möglich, doch ergibt sich dieses Erfordernis der „*Einvernehmlichkeit*" dort schon vor dem Hintergrund, dass dieser *einlageähnliche* Verpflichtungen enthält, die schon deshalb auch außerhalb der Krise nur einvernehmlich aufgehoben werden können. Wie die obigen Ausführungen aber gezeigt haben, fehlt der Liquiditätszusage dieser *einlageähnliche* Charakter, sodass kein Grund ersichtlich ist, eine einvernehmliche Aufhebung der dieser zu Grunde liegenden vertraglichen Abrede in Krisenzeiten zu beschränken.

Zusammenfassend ist die Frage der Kündbarkeit der Liquiditätszusage m. E. wie folgt zu lösen:

Außerhalb der Krise kann die Zusage grundsätzlich ohne Einschränkungen gekündigt werden.

Mit Eintritt der Krise kann eine solche Kündigung nur noch *außerordentlich* erfolgen, wobei ein derartiger Kündigungsgrund keinesfalls in der Verschlechterung der finanziellen Situation der Gesellschaft gesehen werden kann. Eine *einvernehmliche Aufhebung* der Zusage ist zu jeder Zeit möglich.

i Die Übertragbarkeit dieses Ergebnisses auf die Aktiengesellschaft

Die Frage, ob die Zusage auch in der Krise der Gesellschaft noch gekündigt werden kann, hängt wie dargestellt entscheidend davon ab, ob der vertraglichen Vereinbarung entnommen werden kann, dass der Zusagende die Gewährung eines *eigenkapitalersetzenden* Darlehens versprochen hat.

Da die oben dargestellten Grundsätze des Eigenkapitalrechts aber auch auf die AG Anwendung finden[802], ergibt sich für die Auslegung der schuldrechtlichen Abrede auch bei der Zusage an eine Aktiengesellschaft eine entsprechende Interessenlage.

Es ist daher auch von einem entsprechenden Inhalt der Zusage auszugehen, weswegen auch hier von einer Kündigungsmöglichkeit nur außerhalb der Krise auszugehen ist.

ii Die Übertragbarkeit dieses Ergebnisses auf die Liquiditätszusage in Konzernverhältnissen

Auch für die Frage, ob die Liquiditätszusage einer Muttergesellschaft gegenüber ihrer Tochtergesellschaft in der Krise noch gekündigt werden kann, ist maßgeblich, ob es sich bei dem zugesagten Darlehen um ein eigenkapitalersetzendes handelt oder nicht. Die Frage ob derartige Darlehen dem Eigenkapitalersatzrecht unterfallen, ist umstritten.

---

802 Vgl. dazu oben C.II.1.

Ein *Teil des Schrifttums* will die Beantwortung dieser Frage vom jeweiligen Einzelfall und der konkreten konzernrechtlichen Verflechtung abhängig machen, um damit eine rein einzelfallorientierte und differenzierte Zurechnung der Eigenkapitalersatzregeln vorzunehmen, die allerdings teilweise auch zu unterschiedlichen Abgrenzungen führt.[803]

Die *zutreffende Ansicht* nimmt dagegen eine generelle oder zumindest doch weitestgehende Einbeziehung auch dieser Darlehen in das Eigenkapitalersatzrecht vor.[804] Diese Ansicht verdient insbesondere deshalb den Vorzug, weil sie die Umgehungsmöglichkeiten bei den in der Praxis durchaus nicht selten vorkommenden komplexen Konzernstrukturen weitestgehend minimiert.

Da damit auch die Muttergesellschaft bei Erteilung einer Liquiditätszusage die Gewährung eines Darlehens zusagt, welches mit Eintritt der Krise und der damit verbundenen Auszahlung dem Eigenkapitalersatzrecht unterfällt, muss auch die dieser Zusage zu Grunde liegende Abrede so verstanden werden, dass mit ihr ein Verzicht auf die ordentliche Kündigung in Krisenzeiten vereinbart werden sollte.

F.III.3. Ausblick: Die Auswirkungen des MoMiG auf die Kündbarkeit der Liquiditätszusage

Auch die Einführung des MoMiG[805], und dabei insbesondere die darin enthaltene Aufgabe der Grundsätze der eigenkapitalersetzenden Darlehen[806], wird an dem oben dargestellten Ergebnis nichts ändern. Namentlich wird auch nach Einführung dieser gesetzlichen Neuregelungen die Liquiditätszusage nur außerhalb der Krise der Gesellschaft kündbar sein.

Das oben gefundene Ergebnis rechtfertigt sich allein aus dem richtigen Verständnis des *Inhalts* der schuldrechtlich vereinbarten Zusage selbst.[807] So ist regelmäßig von einem vertraglich vereinbarten Ausschluss der Kündbarkeit der Zusage während der Krise der Gesellschaft auszugehen, welcher zumeist stillschweigend vereinbart sein wird. Demnach führt gerade nicht die Anlehnung an das vom Gesetzgeber nunmehr in Bälde reformierte Eigenkapitalersatzrecht zum Ausschluss der Kündbarkeit während der Krise, sodass die ersatzlose Streichung der in diesem Zusammenhang bestehenden gesetzlichen Vorschriften und die damit korrespondierenden Änderungen der Insolvenzordnung[808] ohne Einfluss auf das gefundene Ergebnis bleiben werden.

---

[803] Pentz, in: Rowedder/Schmidt-Leithoff, § 32a, Rn. 81, 82; Altmeppen, in: Roth/Altmeppen, GmbHG, §§ 32a, b, Rn. 64; Lutter/Hommelhoff, in: Lutter/Hommelhoff, GmbHG, 15. Auflage (erneut bestätigt durch 16. Auflage), §§ 32 a/ b Rn. 64; im Ergebnis wohl auch K. Schmidt, in: Scholz, GmbHG, 9. Auflage, §§ 32a, 32b Rn. 135 f.; Altmeppen, FS Kropff, S. 658 ff.

[804] BGH 81, 311, 315; 105, 168, 176 f.; BGH NJW 1991, 1057, 1059; 1992, 1167, 1168; OLG München GmbHR 1992, 663; Cahn, Kapitalerhaltung im Konzern, S. 235 ff.; Kühbacher, Darlehen an Konzernunternehmen, S. 88 f.

[805] Vgl. zum Stand des Gesetzgebungsverfahrens weiter oben unter C.III.1.a.

[806] Vgl. dazu unter C.III.1.b.

[807] Vgl. dazu unter F.III.2.e.

[808] Vgl. dazu unter D.IV.1.

Zwar wurde noch weiter oben[809] unter anderem auf den Umstand abgestellt, wonach die besondere Bedeutung der Zusage für den Zusagenden aus der rechtlichen Qualität des von ihm gegebenenfalls auszureichenden Darlehens folge. Doch führt auch der Wegfall dieser besonderen Qualität, namentlich der Wegfall des *eigenkapitalersetzenden* Charakters dieses Darlehens, nicht dazu, dass die rechtliche Einordnung der Kündbarkeit der Liquiditätszusage während der Krise zukünftig anders zu beurteilen wäre. Selbstverständlich wird der Zusagende zukünftig nicht mehr gezwungen sein, bei Bedingungseintritt ein *eigenkapitalersetzendes* Darlehen auszureichen, doch ändert dieser Umstand allein nur wenig an seiner oben beschriebenen[810] wirtschaftlichen Situation: So wird der Zusagende zukünftig mit Bedingungseintritt vertraglich verpflichtet sein, die versprochenen finanziellen Mittel an die Gesellschaft zu leisten, obschon feststeht, dass diese finanziellen Mittel – als Gesellschafterdarlehen ausgereicht – kraft ausdrücklicher gesetzlicher Anordnung in einem späteren Insolvenzverfahren nur nachrangig befriedigt würden. Da er selbst aber nur bei Eintritt der Krise überhaupt verpflichtet sein wird, die versprochenen Mittel auch tatsächlich zu leisten, dürfte für ihn bereits bei Abgabe der Zusage ersichtlich sein, dass der drohende wirtschaftliche Totalverlust seiner auszureichenden Mittel nicht gänzlich unwahrscheinlich ist. So befindet sich der Zusagende also auch nach Einführung des MoMiG in einer nahezu identischen Situation wie schon unter Geltung der aktuellen Rechtslage:

Reichen die von ihm zur Krisenfinanzierung darlehensweise ausgereichten Mittel tatsächlich nicht zu einer nachhaltigen Überwindung der Krise, so wird der Zusagende diese auch zukünftig, trotz Streichung der Regeln über den Eigenkapitalersatz, in aller Regel nicht mehr erfolgreich zurückverlangen können.[811] Er läuft also noch immer erhebliche Gefahr, die bei Bedingungseintritt bereitzustellenden finanziellen Mittel, trotz schuldrechtlich vereinbarter Rückzahlungsverpflichtung, nicht mehr zurückzuerhalten. Das führt dann aber dazu, dass sich an der persönlichen Situation der an der Zusage Beteiligten auch nach Einführung des MoMiG nichts ändern wird.

Folglich wird also auch künftig eine schuldrechtliche Vereinbarung, die die besondere Bedeutung der hier untersuchten Zusage für alle Beteiligten inhaltlich vollumfänglich widerspiegeln soll, regelmäßig nur so vereinbart werden, dass sie aus den schon oben[812] zur aktuellen Rechtslage dargelegten Gründen nur außerhalb der Krise ordentlich gekündigt werden kann. Es ist daher in der wirksam vereinbarten Liquiditätszusage auch nach Einführung des MoMiG regelmäßig ein entsprechender vertraglich vereinbarter Ausschluss der Möglichkeit zur ordentlichen Kündigung während der Krise der Gesellschaft enthalten.

---

809 Vgl. dazu unter F.III.2.e.

810 Vgl. dazu unter F.III.2.e.

811 Zwar kann zukünftig deren Abzug in der Krise nicht mehr von den Organen verhindert werden, doch sind diese Rückführungshandlungen später gegebenenfalls anfechtbar

812 Vgl. dazu unter F.III.2.e.

i Die Übertragbarkeit auf die Aktiengesellschaft

Dieses Ergebnis wird auch nach Einführung des MoMiG weiterhin für solche Liquiditätszusagen gelten, die von einem Aktionär zugunsten seiner Aktiengesellschaft abgegeben werden[813]:

Wurde zur aktuellen Rechtslage im Rahmen der Begründung noch auf die Übertragbarkeit der Grundsätze des Eigenkapitalrechts im Zusammenhang mit der besonderen persönlichen Situation des Zusagenden verwiesen, so wird nach Einführung des MoMiG darauf nicht mehr entscheidend abzustellen sein. Allerdings ändert sich auch für den zusagenden Aktionär nur wenig. Dieser läuft auch zukünftig Gefahr, die im Zeitpunkt der Krise aufgrund der erteilten Zusage zu gewährenden finanziellen Mittel für den Fall der Insolvenz der Gesellschaft endgültig zu verlieren. Die persönliche Bedeutung der Liquiditätszusage für die an ihr beteiligten Parteien wird sich demnach auch in diesen Konstellation nicht verändern, vielmehr werden gem. § 39 V InsO-E zukünftig sogar Zusagen solcher Aktionäre erfasst sein, die lediglich mit mehr als 10 % am Haftkapital der Gesellschaft beteiligt sind.[814]

ii Die Übertragbarkeit auf Konzernverhältnisse

Für die Abgabe von Liquiditätszusagen in Konzernverhältnissen, hält das MoMiG dagegen auch inhaltliche Neuerungen bereit:

So sieht der Regierungsentwurf des MoMiG ausweislich § 39 I Nr. 5 InsO-E nicht vor, auch Darlehensforderungen von Konzernunternehmen gegenüber verbundenen Unternehmen in einem Insolvenzverfahren nachrangig zu berücksichtigen. Einhergehend mit der gleichzeitigen Aufgabe der Grundsätze des Eigenkapitalersatzrechts ergibt sich daher für die zusagende (Mutter-) Gesellschaft zukünftig eine andere Situation als noch unter Geltung der aktuellen Rechtslage: Die von ihr in der Krise gewährten finanziellen Mittel werden künftig nicht mehr der Rückzahlungssperre des Eigenkapitalersatzrechts unterliegen und werden trotzdem in einem späteren Insolvenzverfahren der unterstützten (Tochter-) Gesellschaft nicht lediglich nachrangig berücksichtigt. Doch ist auch dieser Umstand m. E. im Ergebnis nicht geeignet, zukünftig eine andere Behandlung der Kündbarkeit der Liquiditätszusage in Konzernverhältnissen zu rechtfertigen:

Zwar stellt sich für die zusagende Gesellschaft in der Tat das Risikopotential bei der Abgabe der Liquiditätszusage zukünftig anders dar als noch vor der Reform, doch ändert die geplante Gesetzesänderung jedenfalls nichts an der Situation der unterstützten Gesellschaft. Diese hat nach wie vor mit der Annahme der Zusage eine Finanzierungsentscheidung für den Fall des Eintritts der Krise zu treffen. Eine solche Entscheidung wird sie aber nach wie vor nur auf Grundlage eines Finanzierungsmittels treffen können und wollen, welches gewährleisten kann, dass ihr die versprochenen Mittel in der Krise auch tatsächlich zufließen werden.

Auch nach Einführung des MoMiG kann die Annahmeerklärung der Gesellschaft daher nur so verstanden werden, dass sie bereits jetzt eine Finanzierungsentscheidung auf Basis einer Zusage zu treffen bereit ist, welche ihr gewährleistet, dass ihr in der

---

813 Vgl. dazu unter F.III.2.e.i.

814 Vgl. hierzu auch die Ausführungen unter D.IV.1.a.

Krise in ausreichendem Maße Fremdkapital zugeführt werden wird. Könnte aber diese Zuführung finanzieller Mittel einseitig durch den Zusagenden auch noch nach Eintritt der Krise vereitelt werden, so wäre die Zusage für die Gesellschaft von vornherein wirtschaftlich wertlos. Es wäre demnach m. E. nicht gerechtfertigt zu unterstellen, dass die Gesellschaft eine solch weit reichende Finanzierungsentscheidung auf Grundlage dieser wirtschaftlich unsicheren Basis treffen würde. Da dieser Umstand regelmäßig auch für die zusagende Gesellschaft erkennbar ist, sprechen auch nach Einführung des MoMiG die besseren Gründe für die Annahme eines regelmäßig vorliegenden stillschweigenden Ausschluss der Kündbarkeit der Zusage während der Krise der unterstützten Gesellschaft.

iii Zusammenfassung

Es verbleibt auch nach Einführung des MoMiG bei dem zur alten Rechtslage gefunden Ergebnis, wonach die Kündigung der Liquiditätszusage stets nur außerhalb der Krise zulässig sein wird. Während der Krise kann eine Lösung von der eingegangenen Verpflichtung nur einvernehmlich erfolgen.

G. Die Liquiditätszusage in der Insolvenz der Gesellschaft

Abschließend soll nun noch erörtert werden, welche Besonderheiten sich durch die Insolvenz der unterstützten Gesellschaft ergeben können und welche Rolle der Liquiditätszusage in dieser Situation dann überhaupt noch zukommen kann. Die Beantwortung dieser Frage ist in der Praxis von immenser Bedeutung und bestimmt, wie noch zu zeigen sein wird, den tatsächlichen wirtschaftlichen Wert der Liquiditätszusage für ihren Einsatz in der Kreditsicherungspraxis.

Dabei dreht sich die Diskussion einzig um die Frage, ob der Zusagende auch nach Eintritt der Insolvenz der Gesellschaft noch verpflichtet sein soll, seine zwar zugesagten, aber noch nicht ausbezahlten finanziellen Mittel zur Verfügung zu stellen. Die wirtschaftliche Bedeutung dieser Fragestellung, wie auch die widerstreitenden Interessen dabei sind offensichtlich: Während für den Zusagenden die Gewährung finanzieller Mittel an eine insolvente Gesellschaft in aller Regel mit dem endgültigen Verlust dieser verbunden sein wird, so stellen derartige Zusagen für die Gläubiger der Gesellschaft demgegenüber in aller Regel eine letzte – Erfolg versprechende – Möglichkeit dar, ihre offenen Forderungen trotz der Insolvenz ihrer Schuldnerin doch noch zu realisieren.

Auch die juristische Diskussion anlässlich dieser Problematik kann nun erstmals als offen bezeichnet werden, da seither die Instanzgerichte ausnahmslos einer einzigen Entscheidung des *OLG Celle* gefolgt waren und auch das *juristische Schrifttum* im Wesentlichen scheinbar keine anderen oder gar weitergehenden Lösungsansätze zur Verfügung stellen konnte. Mit seiner Entscheidung vom November 2004 hat nun erstmals das *OLG München* die Auffassung des *OLG Celle* ausdrücklich abgelehnt, sodass dieser Ansatz und damit auch die Rechtsprechung nunmehr zumindest nicht mehr als einhellig bezeichnet werden kann.

G.I. Meinungsstand

In einem ersten Schritt soll der aktuelle Meinungsstand der geführten Diskussion dargestellt werden:

G.I.1. Der Ausgangspunkt der Rechtsprechung

G.I.1.a. Die Entscheidung des OLG Celle

Ausgangspunkt der Diskussion war und ist die rechtskräftige Entscheidung des *OLG Celle*[815] vom 28.6.2000. In dieser Entscheidung hatte das Gericht die Frage zu entscheiden, ob der Zusagende verpflichtet sei, trotz Eröffnung des Gesamtvollstreckungsverfahrens über das Vermögen der Gesellschaft[816] noch Zahlung an die sich in Liquidation befindliche Gesellschaft zu leisten. Es handelte sich dabei um den Betrag einer Forderung, die ein Gläubiger der Gesellschaft im Vollstreckungsverfahren zwar

815 OLG Celle, NdsRPfl 2000, 309, 310
816 Die Entscheidung des OLG Celle betraf eine GmbH

angemeldet hatte, mit der er aber ausgefallen war. Das Gericht sollte dabei nun antragsgemäß feststellen, dass der Zusagende nach wie vor verpflichtet sei, Zahlung in Höhe der ausgefallenen Forderung an den Konkursverwalter zu leisten. Das *OLG Celle* hat allerdings Gegenteiliges getan und statt dessen die Ansicht vertreten, dass selbst dann, wenn man der Gesellschaft grundsätzlich einen Anspruch gegen den Zusagenden zubilligen wollte, dieser doch zumindest *mit der Eröffnung des Gesamtvollstreckungsverfahrens untergegangen sei*[817].

Die Argumente, die das *OLG Celle* für diese Entscheidung anführte, waren zum einen, dass der *Sinn* der abgegebenen Liquiditätszusage bei verständiger Würdigung des Erklärungsinhalts gem. §§ 133, 157 BGB nur darin gesehen werden könne, die Gesellschaft lebensfähig zu erhalten, mithin also den Eintritt des Vermögensverfalls und die Eröffnung des Konkurs- oder Gesamtvollstreckungsverfahrens zu verhindern. Könne dieser Zweck aber nicht mehr erreicht werden, oder sei er – wie bei Eröffnung des Gesamtvollstreckungsverfahrens ersichtlich – verfehlt worden, so bestehe eine Verpflichtung zur weiteren Stützung der Gesellschaft für den Zusagenden nicht mehr.

Zum anderen wandle sich in einem derartigen Fall der Ausstattungsanspruch auch deshalb nicht in eine Verpflichtung um, die im Vollstreckungsverfahren befindliche Gesellschaft mit Mitteln zur Befriedigung der Vollstreckungsgläubiger auszustatten, da hierdurch allein dem *Gläubigerinteresse* gedient würde, und nicht mehr dem mit der Erklärung verbundenen Zweck, der Gesellschaft die Teilnahme am Wirtschaftsleben zu sichern.

Klarstellend hat das *OLG Celle* darüber hinaus ferner ausgeführt, dass der Konkursverwalter auch nicht vor dem Hintergrund eines Schadensersatzanspruches Zahlung vom Zusagenden verlangen könne, da der Gesellschaft selbst ja keinerlei Schaden entstanden sei.[818]

Die Instanzgerichte sind dieser Entscheidung zunächst gefolgt, ohne dies allerdings näher zu begründen.[819]

G.I.1.b. Kritik

Die Entscheidung des *OLG Celle* kann für sich zumindest in Anspruch nehmen, dass sie ihr eigenes Grundverständnis der Liquiditätszusage absolut konsequent umsetzt. Dabei ist dieser Auffassung dahingehend zuzustimmen, dass derartige Zusagen in der Tat wirtschaftlich betrachtet nicht die primäre Zielsetzung haben, den Gläubigern der Gesellschaft zu dienen, vielmehr sollen sie der unterstützten Gesellschaft erforderlichenfalls Finanzmittel zuführen und diese damit am Leben erhalten. Daraus schließt das *OLG Celle* nun aber, dass in der Insolvenz der Gesellschaft dieser mit einer Zahlung nicht mehr geholfen sei, weswegen eine Zahlung aufgrund der abgegebenen Liquiditätszusage auch nicht mehr geschuldet sein könne. In dieselbe Richtung geht auch das Argument, wonach *Sinn und Zweck* der Erklärung nur die Sicherung der Teilnah-

---

817 OLG Celle, NdsRPfl 2000, 309, 310

818 OLG Celle, NdsRPfl 2000, 309, 310

819 LG München, Urt. v. 18.12.2003, AZ. 12 O 13994/02; LG München II, ZInsO 2004, 626, 628 beide Entscheidungen sind nicht rechtskräftig

me am Wirtschaftsleben sei, weswegen in der Insolvenz schon deshalb nicht mehr geleistet werden müsse, da dieser *Zweck* ja bereits ersichtlich verfehlt sei.

So konsequent die Lösung des *OLG Celle* aber auch erscheinen mag, so groß sind aber ihre Schwächen, die sich in der Praxis zeigen.

Diese Auffassung hätte zum einen die Konsequenz, dass derjenige Zusagende begünstigt würde, der es – gegebenenfalls sogar böswillig – unterließe, seine Verpflichtung aus der Zusage ordnungsgemäß zu erfüllen. Erkennt der Zusagende die prekäre wirtschaftliche Situation, was als Gesellschafter oder Muttergesellschaft nicht unwahrscheinlich ist, so könnte er versucht sein, zunächst seiner Ausstattungsverpflichtung ganz bewusst nicht nachzukommen um damit die Gesellschaft in die Insolvenz zwingen. Wäre diese – quasi als Konsequenz aus seinem Verhalten – schließlich tatsächlich gezwungen, Insolvenzantrag zu stellen, so würde der Zusagende damit automatisch von seiner eingegangenen Verpflichtung frei. Dass dieses Ergebnis in der Praxis zum Missbrauch geradezu auffordern würde ist augenscheinlich.

Daneben kann aber auch der Verweis auf den *Sinn und Zweck* der Erklärung die Entscheidung des *OLG Celle* m. E. nicht begründen.

Zutreffend ist zwar, dass es der *wirtschaftlichen Motivation* der Erklärung in vielen, nicht notwendigerweise aber in allen Fällen entsprechen wird, dass durch sie die Teilnahme der Gesellschaft am Wirtschaftsverkehr gesichert werden soll. Dieses Ziel kann nun in der Tat durch eine Zahlung nach Eintritt der Insolvenz nicht mehr erreicht werden. Doch muss sich dann doch die Frage anschließen, ob unter Zugrundelegung dieser Auffassung ein Instrument wie die Liquiditätszusage überhaupt in der Lage sein könnte, diesen ihr offenbar beigemessenen *Sinn und Zweck* zu erfüllen und die Gesellschaft lebensfähig zu halten. Beleuchtet man das Verständnis der Liquiditätszusage des *OLG Celle* genauer, so stellt man fest, dass die konsequente Umsetzung der Entscheidung aber bedeuten würde, dass die Liquiditätszusage ihre Bedeutung mit Eintritt der Insolvenz gänzlich verlöre, da der Zusagende von nun an weder zu erfüllen hätte, noch Ersatz für sein Freiwerden von dieser Verpflichtung zu leisten hätte. Beabsichtigten dagegen aber die Parteien eigentlich, mit der Zusage der Gesellschaft dahingehend den Rücken zu stärken, dass Dritte wieder Vertrauen in diese als Vertragspartnerin fassen und ihr daher beispielsweise wieder Kredit gewähren, so kann das Bild, dass das *OLG Celle* von der Liquiditätszusage zeichnet, diese Funktion m. E. nur schwerlich erfüllen. Denn warum sollte ein Dritter der Liquiditätszusage denn überhaupt eine wirtschaftliche Bedeutung beimessen, wenn sie doch in der Insolvenz der Gesellschaft ersatzlos entfällt und daher seine Position in keinster Weise mehr verbessern kann?

Für den potentiellen Kreditgeber stellte sich die Situation doch so dar, dass er sich auf Basis eines *Ausstattungsanspruchs* seiner Schuldnerin gegen einen Dritten zu einer Kreditvergabe entschiede, der ihm aber im Falle der Insolvenz seines Vertragspartners ohne Weiteres als Zugriffsobjekt wieder entzogen werden könnte. Er müsste also schlicht darauf vertrauen, dass der Zusagende die Insolvenz der Gesellschaft vermeiden würde und dementsprechend vor deren Eintritt auch tatsächlich leistete. Eine Möglichkeit den Zusagenden zu einem derartigen Verhalten im Falle der Insolvenz noch zu veranlassen hätte er dagegen nicht. Wie aber mit einem derartigen Instrument der Gesellschaft wirtschaftlich der Rücken gestärkt werden sollte ist nicht ersichtlich, vielmehr würde eine dementsprechende Auffassung m. E. dazu führen, dass die Liquiditätszusage ihren wirtschaftlichen Zweck vernünftigerweise gar nicht erfüllen könnte und daher schlicht als überflüssig angesehen werden müsste.

Auch für den Fall, den das *OLG Celle* offensichtlich bei seiner Entscheidung vor Augen hatte und zwar, dass durch die Zusage bezweckt werden sollte, eine Insolvenzantragspflicht des Geschäftsführers zu verhindern, stößt die Auffassung des *OLG Celle* auf erhebliche Bedenken.

Einerseits hat das *OLG Celle* offenbar keinerlei Bedenken, eine Insolvenzantragspflicht[820] bei Vorliegen einer Liquiditätszusage zu verneinen, andererseits ist es dann aber gleichzeitig auch der Auffassung, dass dann, wenn es wider Erwarten später doch zur Stellung eines Insolvenzantrages kommt, der Zusagende an seine Zusage nicht mehr gebunden sei. Die Tatsache, dass die Zusage eine derartig weit reichende Wirkung überhaupt entfalten kann, ist dagegen eng mit der Tatsache verknüpft, dass sie den Gläubigern der Gesellschaft – quasi als Gegenstück – für die zusätzliche Gefährdung ihrer Interessen durch die Hinauszögerung der Insolvenzantragspflicht einen entsprechend größeren Haftungsfonds zur Verfügung stellt, der es dann wiederum erst rechtfertigt, die an sich bereits gebotene Auflösung der Gesellschaft noch weiter hinauszuzögern.[821]

Die Auffassung des *OLG Celle* führt aber dazu, dass für die Gläubiger der Gesellschaft durch die Liquiditätszusage im Ergebnis keinerlei zusätzliches Haftungspotenzial entsteht, da die Ausstattungsverpflichtung mit Eintritt der Insolvenz ja ersatzlos entfallen soll. Damit verkennt das *OLG Celle* nun aber m. E. den hinter der gesetzlichen Verpflichtung zur rechtzeitigen Insolvenzantragstellung stehenden Gedanken des Gesetzgebers, wonach der Insolvenzgrund der Überschuldung dem Schutz der Gläubiger dient.[822] In konsequenter Anwendung der diskutierten Auffassung wäre demnach der Gesellschaft das Hinauszögern ihrer Auflösung und damit eben auch eine weiter Vertiefung der Überschuldung ohne Weiteres möglich. Die dadurch entstehende zusätzliche Gefährdung der Gläubigerinteressen würde zugelassen, ohne dass dafür ein wirtschaftliches Äquivalent erforderlich wäre, das auch nur annähernd in der Lage wäre, diese zusätzliche Gefährdung aufzuwiegen. Letzten Endes müsste daher der Verweis des *OLG Celle* auf den *Zweck* der Zusage m. E. viel eher zu der Erkenntnis führen, dass der Zusagende auch in der Situation der Insolvenz der Gesellschaft noch zur Zahlung verpflichtet bleibt.[823]

G.I.2. Die Ansätze des juristischen Schrifttums

Die Reaktionen des juristischen Schrifttums auf diese Rechtsprechung waren uneinheitlich.

---

[820] Vgl. dazu bereits unter D.II.; D.III.

[821] So wohl auch Marotzke, ZInsO 2004, 601, 602; vgl. dazu unter G.I.2., sowie unter G.II.2.

[822] Vgl. dazu eingehend unter D.I.1.

[823] So im Ergebnis wohl auch Wolf, ZIP 2006, 1885, 1891

G.I.2.a. Die Ansätze im Einzelnen

Rosenberg/Kruse äußerten zwar gewisse Bedenken dahingehend, dass ja eigentlich die Insolvenzreife der Gesellschaft kausal auf der Pflichtverletzung des Zusagenden beruhe, dennoch stimmten sie der Argumentation des *OLG Celle* grundsätzlich zu und verneinten ebenfalls eine Leistungspflicht in der Insolvenz der Gesellschaft.[824]

Wiedemann/Herrmanns dagegen bejahten eine Verpflichtung des Zusagenden, denjenigen Betrag zur Masse abzuführen, der zur Befriedigung der Insolvenzgläubiger erforderlich sei.[825]

Ebenso ist *Weis* offenbar der Auffassung, dass der Ausstattungsanspruch aus der Liquiditätszusage zur Insolvenzmasse der Gesellschaft gehöre.[826]

Rüßmann wendet sich ebenfalls gegen die Entscheidung des *OLG Celle.* Er stellt dabei maßgeblich darauf ab, dass bei konsequenter Anwendung der durch das Gericht vorgezeichneten Grundsätze eine vollständige Entwertung der Liquiditätszusage eintrete, da es dem Zusagenden möglich wäre, sich durch schlichte Nichtleistung zur rechten Zeit, seiner Verpflichtung zu entziehen, weil der Zusagende ja mit Eröffnung des Insolvenzverfahrens über das Vermögen der Gesellschaft von seiner Verpflichtung endgültig frei werde und auch keinen Schadensersatz leisten müsse.[827]

Marotzke[828] wendete sich ausdrücklich nur gegen eine Entscheidung des *LG München II*[829]. Er stellt dabei maßgeblich darauf ab, dass die Motivation zur Abgabe einer Liquiditätszusage in aller Regel der Zielsetzung entspringen werde, durch sie eine Insolvenzantragspflicht von Geschäftsführung oder Vorstand abzuwenden. Seiner Ansicht nach sei dies aber überhaupt nur dann zu erreichen, wenn die Zusage auch die Wirkung habe, dass sie nicht bereits mit Eröffnung des Insolvenzverfahrens untergehe.[830] Allerdings bleibt bei ihm offen, ob er auch die der Entscheidung des *LG München II* zu Grunde liegende Entscheidung des *OLG Celle* für unzutreffend erachtet, da er an anderer Stelle nur ausführt, bei dieser sei der Sachverhalt insofern anders zu beurteilen, als dass dem *OLG Celle* eine „schwächer" formulierte Zusage zur Entscheidung vorgelegen habe.[831] Man wird demnach wohl davon ausgehen müssen, dass er zumindest diese Entscheidung offenbar für zutreffend erachten will.

---

824 Rosenberg/Kruse, BB 2003, 641, 649
825 Wiedemann/Herrmanns, ZIP 1994, 997, 1001
826 Weis, in: Hess/Weis/Wienberg, InsO, §§ 35, 36 Rn 201;
827 Rüßmann, Patronatserklärungen, S. 175 ff.
828 Marotzke, ZInsO 2004, 601, 602
829 LG München II, ZInsO 2004, 626 ff.
830 Marotzke, ZInsO 2004, 601, 602
831 Marotzke, ZInsO 2004, 601, 602

G.I.2.b. Kritik

Die Ansätze des Schrifttums sind mit Ausnahme des Ansatzes von *Marotzke* und bedingt des Ansatzes von *Rüßmann* allesamt weitestgehend ohne Begründung geblieben.

Der Ansatz von *Marotzke* geht m. E. in die richtige Richtung, indem auch er feststellt, dass die Verhinderung einer Insolvenzantragspflicht oftmals die eigentliche Motivation und damit der *Zweck* der Zusage sein wird.

Uneingeschränkt zuzustimmen ist ihm auch hinsichtlich seiner Überlegungen zum *Gläubigerschutz* der Liquiditätszusage. Sicherlich haben dabei weder Zusagender noch Gesellschaft diesen Schutz durch die Abgabe der Liquiditätszusage primär im Auge, doch ergibt sich dieser daraus, dass die Verhinderung einer Insolvenzantragspflicht nur durch ein Instrumentarium erreicht werden kann, das der Gesellschaft zumindest so viel haftendes Vermögen verschafft, dass den Gläubigern der Gesellschaft durch die Hinauszögerung der Insolvenzantragstellung kein Schaden entsteht. Ob dieses Ergebnis sich allerdings, wie *Marotzke* meint, daraus ergibt, dass ansonsten vor dem Hintergrund des § 84 I Nr. 2 GmbHG von einer Aufforderung zu strafbarem Verhalten auszugehen sei, ist m. E. zwar fraglich, dennoch ist dem dahinter stehenden Grundgedanken durchaus zuzustimmen. Unklar ist m. E. nun aber, warum *Marotzke* auf Grundlage dieser Überlegungen nicht zu dem Ergebnis gelangt, dass insbesondere schon das Urteil des *OLG Celle* unzutreffend ist. In der Zusage, die dem *OLG Celle* zur Entscheidung vorgelegen hatte, fehlte im Gegensatz zur entsprechenden Zusage des *LG München II* in der Tat bei der Formulierung, die GmbH „jederzeit in die Lage zu versetzen, dass diese *stets* ihren Verbindlichkeiten nachkommen kann", der Zusatz *„stets"*. Außerdem lag bei der vom *OLG Celle* zu beurteilenden Zusage kein antizipierter Rückgriffsverzicht gegenüber der GmbH vor. Doch kann dies allein m. E. keinen Unterschied machen, insbesondere da der Zusagende im Falle des *OLG Celle* ausdrücklich erklärt hatte, er gebe die Zusage zur „Abwendung einer *Überschuldung* der Gesellschaft" ab. Berücksichtigt man aber, dass das Vorliegen einer *Überschuldung* eine *Insolvenzantragspflicht* des Geschäftsführers auslöst und zeitlich in aller Regel einer Zahlungsunfähigkeit der Gesellschaft vorgehen wird, so muss man konstatieren, dass beiden Entscheidungen doch zumindest nahezu identische Situationen zu Grunde lagen, die grundsätzlich keine andere Beurteilung rechtfertigen können. Die Einschätzung *Marotzkes*, wonach eine Zusage „weicher" als die andere sei, ist damit m. E. nicht zutreffend. An späterer Stelle wird nun aber deutlich, dass *Marotzke* wohl offenbar zumindest auch darauf abstellen will, dass bei dem vom *LG München II* zu entscheidenden Fall im Gegensatz zum Fall des *OLG Celle* erst der unzureichende Umfang der Zahlungen des Zusagenden an die Gesellschaft zur Insolvenzantragsstellung geführt habe.[832] Daher wirft er im Anschluss daran die Frage auf, ob dem Zusagenden dieser von ihm selbst zu verantwortende Umstand denn auch noch zum Vorteil gereichen soll. Ihm ist zwar zuzustimmen, dass dies natürlich nicht der Fall sein soll. Doch ist es m. E. unzutreffend, zwei gleich gelagerte Zusagen allein vor dem Hintergrund unterschiedlich zu behandeln, dass scheinbar nur bei einer die Insolvenz der Gesell-

---

[832] Marotzke, in: ZInsO 2004, 601, 602

schaft auf der Nichtleistung des Zusagenden beruht. Die Untauglichkeit dieses Kriteriums ergibt sich anhand der folgenden Überlegung:

Unabhängig davon, ob die Insolvenz durch „höhere Gewalt oder sonstige unabwendbare Ereignisse“[833] oder dagegen durch eine Pflichtverletzung des Zusagenden eintritt, so ist doch die Ausgangslage immer dieselbe. Die Gesellschaft kann ihre Verbindlichkeiten, egal aus welchem Grund, nicht mehr erfüllen, sodass der Zusagende ausstattungspflichtig wird. Erst die Nichtleistung auf diese nun fällige und rechtmäßige Forderung führt zur Insolvenzreife der Gesellschaft. Vereinfacht dargestellt wäre zumindest der Eintritt der Insolvenzreife trotz vorliegender Ausstattungsverpflichtung damit grundsätzlich immer auf eine Pflichtverletzung des Zusagenden zurückzuführen. Daran erkennt man aber nun, dass ein Abstellen auf die Ursache der Insolvenzreife keine zufrieden stellenden Ergebnisse liefern kann.

G.I.3. Die Wende in der Rechtsprechung?

Erstmals im Jahre 2004, namentlich durch eine Entscheidung des *OLG München*[834], hat nun aber auch die Rechtsprechung selbst Zweifel am Verständnis des *OLG Celle* angemeldet.

G.I.3.a. Die Entscheidung des OLG München vom 22.7.2004

Das *OLG München* lehnt dabei in seiner Entscheidung vom 22.7.2004 die Ansicht des *OLG Celle* ausdrücklich ab.[835] Nach seiner Auffassung werde mit der Feststellung des *OLG Celle,* wonach der Ausstattungsanspruch mit Eröffnung des Insolvenzverfahrens untergehe und deshalb der Zusagende auch keinen Schadensersatz schulde, dem *Sinn und Zweck* der Liquiditätszusage als Sicherungs- und Kapitalersatzmittel nicht Rechnung getragen. Es würde dadurch der Zusagende für seine Nichterfüllung belohnt und die Liquiditätszusage wertlos gemacht.

Der Entscheidung des *OLG München* liegt die Überlegung zu Grunde, dass die Liquiditätszusage als Sicherungsmittel allgemein mit einer Bürgschaft oder einer Garantieerklärung zu vergleichen sei. Aufgrund einer „harten“ Liquiditätszusage hafte der Zusagende dann aber auch auf Schadensersatz wegen Nichterfüllung. Mit Eröffnung des Insolvenzverfahrens sei die geschuldete Ausstattungsverpflichtung spätestens verletzt, da dieser Fall durch die Zusage vermieden werden sollte. Gegen diese Entscheidung wurde Revision zum/beim? *BGH* eingelegt. Allerdings wurde diese, wie auch die in diesem Zusammenhang später eingelegte Nichtzulassungsbeschwerde, in der Folge zurückgenommen, weswegen es an dieser Stelle nicht zu einer durchaus wünschenswerten Grundsatzentscheidung des *BGH* kam.

---

[833] So Marotzke, in: ZInsO 2004, 601, 602

[834] OLG München, ZIP 2004, 2101 ff.

[835] OLG München, ZIP 2004, 2101 ff., vgl. hier insbesondere Leitsatz 2, sowie S. 2104

G.I.3.b. Die Entscheidung des BGH vom 8.5.2006

Im Jahre 2006 schließlich hatte der *BGH* dann doch Gelegenheit, sich zu der oben dargestellten divergierenden Rechtsprechung des *OLG Celle*[836] und des *OLG München*[837] zu äußern:

So lag dem *BGH* ein Sachverhalt im Zusammenhang mit der Insolvenz des Unternehmens „Sportgate" zur Entscheidung vor. Dabei hatte der Insolvenzverwalter Klage gegen einen der prominenten Gründer erhoben, der seinerseits bereits im Jahre 2000, und damit wenige Monate vor Eintragung des Unternehmens im Handelsregister, eine schuldrechtliche Erklärung abgegeben hatte, die den folgenden, aus dem Englischen ins Deutsche übersetzten, Text hatte:

> *„An diejenigen, die es angeht:*
>
> *Ich verpflichte mich hiermit gegenüber der Sportgate AG i.G. sowohl unverzüglich jegliche Verluste, die während des Geschäftsjahres eintreten, bis zu einer Summe von 1,5 Millionen Euro mittels geeigneter Maßnahmen auszugleichen, als auch die Versorgung der Gesellschaft in dieser Zeit mit flüssigen Mitteln sicher zu stellen, so dass die Gesellschaft jederzeit ihren finanziellen Verpflichtungen nachkommen kann. (...)"*

Während die Vorinstanz[838] noch zu Unrecht von der Formunwirksamkeit der vertraglichen Vereinbarung ausgegangen war und die oben bezeichnete Erklärung als eine unentgeltliche und demnach notariell zu beurkundende Erklärung eingestuft hatte, trat diesem Verständnis der *BGH* zu Recht entgegen und stellte fest, dass es sich bei dieser um eine *causa societatis* eingegangen Verpflichtung handle[839] Da das Bestehen einer solchen *causa* für das Eingehen einer Verbindlichkeit aber die Anwendung der Schenkungsregeln von vornherein ausschließe, sei die Entscheidung der Vorinstanz schon aus diesem Grunde unrichtig.[840] Allerdings musste auch in diesem Fall der *BGH* letztlich nicht zu der hier untersuchten Frage und damit zu der Situation der Liquiditätszusage in der Insolvenz der Gesellschaft Stellung nehmen:

Vielmehr stellte der *BGH* zunächst zutreffend fest, dass die oben bezeichnete Vereinbarung aus zwei verschiedenen Teilen bestehe. Der erste Teil enthalte dabei eine so genannte Verlustübernahmeerklärung[841] des Beklagten, wohingegen der zweite Teil eine Liquiditätszusage enthalte. Da die Klage aber ausschließlich auf den ersten Teil gestützt sei und jedenfalls diese Verlustübernahmeerklärung ihrem Inhalt nach gerade nicht schon durch Eröffnung des Insolvenzverfahrens unerfüllbar werde, konnte der *BGH* die Frage der Behandlung der Liquiditätszusage in der Insolvenz der Gesellschaft im vorliegenden Fall offen lassen. Dementsprechend musste der *BGH* auch in diesem

---

836 OLG Celle, NdsRPfl 2000, 309, 310; vgl. dazu unter G.I.1.
837 OLG München, ZIP 2004, 2101 ff.; vgl. dazu unter G.I.3.a.
838 OLG München, Urteil vom 18.1.2005 (AZ: 18 U 1887/04)
839 BGH; Urteil vom 8.5.2006, Leitsatz 1, sowie S. 5 der Entscheidung BGH AG 2006, 548, 549
840 BGH AG 2006, 548, 549 ; Urteil vom 8.5.2006, Leitsatz 1, sowie S. 6 der Entscheidung mwN aus der Literatur
841 Vgl. dazu Wolf, ZIP 2006, 1885, 1886 ff.

Fall nicht zu den divergierenden Ansätzen des *OLG Celle*[842] und des *OLG Mündchen*[843] abschließend Stellung nehmen.[844] Dieses Verfahren wurde vom *BGH* mittels des oben bezeichneten Urteils zur weiteren Sachverhaltsaufklärung an das *OLG München* zurückverwiesen und von diesem am 23.8.2007 entschieden.[845] Die Haftung aus der Verlustübernahmeerklärung schied im Ergebnis aber bereits deshalb aus, da von Beklagtenseite dargelegt werden konnte, dass die oben bezeichnete Erklärung zu einem späteren Zeitpunkt von allen Beteiligten gemeinsam wirksam wieder aufgehoben worden war.[846]

G.I.3.c. Kritik

Auch nach den oben bezeichneten obergerichtlichen und höchstrichterlichen Entscheidungen ist keine einheitliche Linie der Rechtsprechung erkennbar.[847] Zu den einzelnen Entscheidungen ist folgendes anzumerken:

Der oben erörterten Entscheidung des *OLG München* vom 22.7.2004 mag zwar im Ergebnis durchaus zuzustimmen sein, dennoch verkürzt sie m. E. das Verständnis der Liquiditätszusage nicht nur unerheblich. Bezeichnenderweise erkennt das *OLG München* – ganz im Gegensatz zum *OLG Celle* – den *Sinn und Zweck* der Liquiditätszusage gerade darin, dass eine Ausstattungspflicht aus ihr auch für den Fall der Insolvenz der Gesellschaft hergeleitet werden könne. Dem ist auch vor dem Hintergrund der von mir bereits geäußerten Kritik an der Argumentation des *OLG Celle* grundsätzlich zuzustimmen.[848] Jedoch sind die Grundüberlegungen des *OLG Münchens,* mit welchen es zu diesem Ergebnis gelangt, m. E. zumindest fraglich.

Das *OLG München* erblickt in der Liquiditätszusage ein „Sicherungs- oder Kapitalersatzmittel", was insoweit zumindest missverständlich sein dürfte, wenn man die Kapitalersatzfunktion nach der von mir vertretenen Auffassung[849] grundsätzlich erst für das auf Grundlage der erteilten Zusage *ausgezahlte* Darlehen bejahen will und nicht bereits für die Zusage selbst. Auch die Argumentation, wonach die Liquiditätszusage doch allgemein als Sicherungsmittel mit Bürgschaft oder Garantie zu vergleichen sei, trifft m. E. so nicht zu[850]: Die Sicherungsfunktion von Bürgschaft oder Garantie ist ganz im Gegensatz zur Sicherungsfunktion der Liquiditätszusage eng damit verknüpft, dass beide jeweils gegenüber dem Vertragspartner der Gesellschaft, also gegenüber den Gläubigern der Gesellschaft erklärt werden, wohingegen die Liquiditätszusage bekanntlich als reines Internum ausgestaltet ist. Ihre Sicherungsfunktion ergibt sich

---

842 OLG Celle, NdsRPfl 2000, 309, 310; vgl. dazu unter G.I.1.

843 OLG München, ZIP 2004, 2101 ff.; vgl. dazu unter G.I.3.a.

844 Vgl. zur Entscheidung des BGH auch Wolf, ZIP 2006, 1885 ff.

845 OLG München, Urteil vom 23.8.2007 (AZ: 19 U 1887/04)

846 OLG München, Urteil vom 23.8.2007 (AZ: 19 U 1887/04)

847 So im übrigen auch der BGH in AG 2006, 548seinem Urteil am 8.5.2006, 550 in welchem der selbst auf die konträren Entscheidungen des *OLG Celle* und des *OLG München* verweist; vgl. BGH; Urteil vom 8.5.2006, S. 7 der Entscheidung

848 Vgl. bereits oben unter G.I.1.

849 Vgl. eingehend unter C.I.1.a.iii. (2)

850 Vgl. zu den Unterschieden eingehend unter B.VI.1. und B.VI.3.

daher aus anderen Gesichtspunkten, die auch nicht ohne Weiteres mit den oben genannten vergleichbar sind. Daher wäre es m. E. auch verfehlt, die Leistungspflicht des Zusagenden in der Insolvenz einzig und allein auf Grundlage eines Vergleichs mit Bürgschaft oder Garantie zu bejahen.

Der oben ebenfalls erörterten Entscheidung des *BGH* vom 8.5.2006 ist hinsichtlich der Rechtsnatur der Gesellschaft im Grundsatz zuzustimmen. Weiterführende Erkenntnisse im Zusammenhang mit der Behandlung der Liquiditätszusage in der Insolvenz der Gesellschaft sind durch sie jedoch nicht zu erlangen.

G.II. Eigener Ansatz

Das richtige Verständnis der Liquiditätszusage an sich kann m. E nur zu einer Annahme einer Leistungspflicht des Zusagenden auch im Insolvenzfalle der Gesellschaft führen. Der Zusagende muss daher auch noch nach Insolvenzantragstellung zur Leistung verpflichtet sein. In rechtlicher Hinsicht ergibt sich diese Zahlungsverpflichtung aus einem mit Eintritt der Insolvenz entstehenden *Schadensersatzanspruch* der Gesellschaft gegen den Zusagenden, welcher gegebenenfalls vom Insolvenzverwalter geltend zu machen ist. Diese Leistungspflicht lässt sich dabei wie folgt begründen:

G.II.1. Der allgemeine Gedanke des Gläubigerschutzes als Begründung?

Verfehlt wäre es jetzt allerdings, eine solche Zahlungsverpflichtung für den Zusagenden allein auf Grundlage eines *allgemeinen Gläubigerschutzgedankens* zu konstruieren.

Es lässt sich zwar nicht leugnen, dass dieser Ansatz tatsächlich die wirtschaftliche Situation der Gläubiger der insolventen Gesellschaft verbessert, doch ergibt sich dieses Ergebnis mitnichten aufgrund einer allgemeinen Gerechtigkeits- und Billigkeitsüberlegung, wonach Gläubiger insolventer Gesellschaften nach Möglichkeit geschützt werden sollten, da sie sich in der Praxis doch ansonsten allzu häufig in aussichtloser Position befänden. Ein solch allgemeines Rechtsprinzip existiert nicht und kann daher auch nicht Grundlage der Leistungsverpflichtung sein.

Weiterhin kann auch nicht bestritten werden, dass die Vertragsschließenden primär keinerlei Gläubigerschutz bezweckten, sodass auch die vertragliche Vereinbarung an und für sich nicht geeignet sein kann, Gläubigerschutz und demnach die Zahlungspflicht des Zusagenden im Insolvenzfalle zu begründen.

Wie noch zu zeigen sein wird, ist aber die Schlussfolgerung des *OLG Celle*[851] unzutreffend, das die Leistungspflicht deshalb ablehnen will, weil durch eine solche Leistungsverpflichtung trotz Insolvenz der Gesellschaft nunmehr nur noch die Gläubiger der Gesellschaft begünstigt würden, obwohl doch eigentlich ihr Schutz durch die Abgabe der Zusage gar nicht bezweckt war.

---

[851] OLG Celle, NdsRPfl 2000, 309, 310

Festzuhalten bleibt nach dem bisher Ausgeführten dagegen nur, dass sich die Leistungspflicht nicht schon aus dem Gedanken eines allgemeinen oder vertraglich vereinbarten Gläubigerschutzes ergibt.

G.II.2. Der mit der Zusage verfolgte Zweck als Begründung

Wie die genauere Untersuchung des *Inhalts* der Liquiditätszusage zeigt, ergibt sich vielmehr die Zahlungsverpflichtung des Zusagenden im Insolvenzfalle allein aus dem rechtlichen und wirtschaftlichen *Zweck*, der mit der Zusage verfolgt wird.

Sagt man einer Gesellschaft zu, diese gegebenenfalls finanziell auszustatten, so erklärt der Zusagende inhaltlich nichts anderes, wie die Gesellschaft *jederzeit* in die Lage zu versetzen, dass sie ihre Verbindlichkeiten bedienen kann. Dieses allgemeine Verständnis der *Ausstattungsverpflichtung* führt doch nun aber dazu, dass eine Insolvenz der unterstützten Gesellschaft bei ordnungsgemäßer Erfüllung der vertraglichen Verpflichtung von vornherein grundsätzlich ausgeschlossen sein müsste. Dieser weit reichende Verpflichtungsgehalt ist aber nur verständlich, dann aber auch wenig verwunderlich, wenn man sich die wirtschaftlichen Umstände und Zusammenhänge verdeutlicht, die der Abgabe derartiger Erklärungen zu Grunde liegen: Der – oftmals bereits maroden – Gesellschaft soll durch die Abgabe einer bloßen schuldrechtlichen Erklärung entweder die Möglichkeit gegeben werden, bei Dritten nochmals Kredit zu erhalten, oder aber weiter zu wirtschaften, obwohl ohne die Erteilung einer derartigen Zusage bereits Überschuldung und damit auch Insolvenzreife vorläge. Betrachtet man aber nun diese rechtlich wie wirtschaftlich weit reichenden Auswirkungen der Erteilung der Zusage für die Gesellschaft, so zeigt sich bereits an dieser Stelle, dass derartige Auswirkungen nur durch ein Instrumentarium überhaupt zu erreichen sein werden, das sich für die Gesellschaft und deren Gläubiger als werthaltig darstellt.

Darüber sind sich aber auch die Beteiligten der Zusage einig, denn bei ihrer Abgabe stimmen doch in aller Regel sowohl Gesellschaft wie auch Zusagender darin überein, dass der Gesellschaft ein Finanzmittel zur Verfügung gestellt werden soll, das im Überschuldungsstatus der Gesellschaft Berücksichtigung finden kann und soll. Erst durch diese Übereinkunft wird die Liquiditätszusage wirtschaftlich wertvoll, indem sie nun die Gesellschaft in die Lage versetzt, verlorenes Vertrauen zurückzugewinnen oder aber die an die Überschuldung geknüpften Geschäftsführer- oder Vorstandspflichten suspendiert.

Legt man dann aber die Wertung des Gesetzgebers zum Überschuldungstatbestand zu Grunde[852], so erscheint die Erklärung der Beteiligten in anderem Licht. Vielmehr lässt sich die Aussage des *OLG Celle* nicht mehr aufrechterhalten, die Beteiligten beabsichtigten keinerlei Gläubigerschutz.

Das Gegenteil ist vielmehr der Fall. Zwar *beabsichtigen* sie in der Tat primär keinen solchen, doch beabsichtigen die Beteiligten durch die Zusage Einfluss auf die Überschuldung der Gesellschaft zu nehmen. Aus der im Überschuldungstatbestand ausgedrückten Wertung des Gesetzgebers ergibt sich nun aber durchaus ein nicht unerheblicher Gläubigerschutz, dem die Zusage gerecht werden muss. Der Gesetzgeber sieht

[852] Vgl. dazu eingehend unter D.I.1.

vereinfacht gesagt nur dann eine Möglichkeit vor, eine Insolvenzantragspflicht hinauszuzögern, wenn die dadurch eintretende, sich weiter vergrößernde Gläubigergefährdung auch gleichzeitig – somit quasi als Gegenleistung oder Rechtfertigung – adäquat aufgewogen wird.[853] Wie aber sollte ein solcher Ausgleich anders erfolgen als durch die Vergrößerung der Haftungsmasse und damit des Zugriffsobjekts der Gläubiger.

Konsequent auf die Situation der Liquiditätszusage angewendet bedeutet dies aber, dass sich durch die Zusage wiederum auch die Haftungsmasse für die Gläubiger erhöhen muss, um eine entsprechende Rechtfertigung für ihre Aufnahme in den Überschuldungsstatus der Gesellschaft darstellen zu können. Da die Beteiligten eben diese Aufnahme in ihrer vertraglichen Vereinbarung – wenn auch stillschweigend – vorsehen, mithin sich gar in der überwiegenden Zahl der Fälle ihr eigentlicher *Zweck* darin erschöpft, muss ihrer vertraglichen Regelung daher auch die aufgrund gesetzlicher Wertung vorgesehene Konsequenz beigemessen werden, dass die Zusage als potentielles Haftungssubjekt auch in der der Insolvenz Gesellschaft dienen wird und nicht dagegen ersatzlos entfällt.

Würden nun die Beteiligten ein solches Entfallen aber ausdrücklich vertraglich vereinbaren, so hätte dies zur Folge, dass eine derartige Zusage keine Auswirkungen auf die Überschuldungssituation der Gesellschaft mehr haben könnte, mit anderen Worten also ihren wirtschaftlichen *Zweck* nicht erfüllen könnte. Alles in allem ergibt sich daher bereits vor dem Hintergrund der rechtlichen und wirtschaftlichen Zielsetzung der Beteiligten, dass diese bei Abgabe der Liquiditätszusage selbst von einem für die Gesellschaft durchaus werthaltigen Mittel ausgehen, bei dem demzufolge auch die aus ihm erwachsenden Verpflichtungen nicht bereits mit Eintritt der Insolvenz wegfallen sollen.

G.II.3. Die Umwandlung des Ausstattungsanspruchs in einen Schadensersatzanspruch

Steht nun fest, dass der Zusagende auch in der Insolvenz der Gesellschaft grundsätzlich nach wie vor zur Leistung an diese verpflichtet bleibt, so wirft dieses Ergebnis aber die Frage auf, auf welcher Grundlage die Leistung des Zusagenden zu erfolgen hat. Zur Begründung einer Leistungsverpflichtung stehen dabei in rechtlicher Hinsicht zwei Möglichkeiten zur Verfügung:

Zum einen wäre denkbar, die *Ausstattungsverpflichtung* des Zusagenden als weiterhin bestehend anzusehen und daher die Gesellschaft als Gläubigerin des entsprechenden Erfüllungsanspruchs zu betrachten.

Zum anderen könnte man aber den Zusagenden mit Eintritt der Insolvenz dagegen auch als gegenüber der Gesellschaft *schadensersatzpflichtig* ansehen und ihn als Schuldner eines entsprechenden Anspruchs gegenüber der nun insolventen und gegebenenfalls durch einen Insolvenzverwalter vertretenen Gesellschaft begreifen.

---

[853] Vgl. dazu bereits den Ansatz von Marotzke, ZInsO 2004, 601, 602, sowie auch die Kritik an der Rechtsprechung des OLG Celle unter G.I.1.b.

Der Umstand, dass nach Eintritt der Insolvenz eine Verpflichtung des Zusagenden nur noch vor dem Hintergrund des *Schadensersatzes* Bestand haben kann ergibt sich aus folgender Überlegung:

Musste von Seiten der Geschäftsführung oder des Vorstandes trotz erteilter aber nicht ordnungsgemäß erfüllter Liquiditätszusage Insolvenzantrag gestellt werden, so wird die Gesellschaft gemäß dem gesetzlichen Leitbild des § 60 I Nr. 4 GmbHG bzw. des § 262 I Nr. 3 AktG mit diesem Zeitpunkt aufgelöst und tritt in das *Liquidationsstadium* ein. Entscheidende Auswirkung dieser Tatsache ist nun, dass die Gesellschaft ihrerseits nicht mehr *werbend* am Wirtschaftsverkehr teilnimmt, sondern dieser Zweck durch den der *Abwicklung* überlagert wird.[854] Die Auswirkungen dieser Auflösung der Gesellschaft bedürfen nun der genaueren Darstellung:

Während es mittlerweile einhellig anerkannt ist, dass die aufgelöste aber noch nicht vollbeendete Gesellschaft fortexistiert[855], bedeutet dies im Ergebnis aber auch, dass die Gesellschaft bis zu ihrer Vollbeendigung als solche fortbesteht und damit nach der Auflösung ihre *Identität* behält[856]. Daraus ergibt sich dann aber auch, dass die Rechte und Pflichten der Gesellschaft keinesfalls im Wege von Einzel- oder Gesamtrechtsnachfolge auf die Liquidationsgesellschaft übergehen, sondern vielmehr Rechte und Pflichten der Gesellschaft bleiben. Daher ließe es sich nun aber durchaus vertreten, dass ein Schadensersatzanspruch der Gesellschaft gegen den Zusagenden schon allein deshalb ausscheiden muss, weil die Gesellschaft noch fortbesteht und daher der *Ausstattungsanspruch* eigentlich noch gegenüber der nach wie vor *existenten* und damit auch gegenüber der *identischen* Gesellschaft erfüllt werden könnte. Dieser Ansatz scheitert aber m. E. an anderer Stelle:

Nicht die Auflösung der Gesellschaft als Schuldnerin spricht gegen die Erfüllung des Ausstattungsanspruchs im Liquidationsstadium, sondern vielmehr der *Zweck* der vereinbarten Zusage. Die Liquiditätszusage wird man von der durch die Beteiligten vereinbarten Zwecksetzung her so auffassen müssen, dass der Gesellschaft vom Zusagenden versichert wird, die erforderlichenfalls geschuldete finanzielle Ausstattung noch im *werbenden* Status zuzuführen und nicht erst im Stadium ihrer *Liquidation.*

Würde man Gegenteiliges zulassen, namentlich dem Zusagenden die Möglichkeit offen lassen, seine Ausstattungsverpflichtung auch noch nach Insolvenzantragstellung und Auflösung der Gesellschaft zu erfüllen, so hätte ein derartiges Verhalten des Zusagenden die nicht beabsichtigte inhaltliche Modifikation der Zusage dahingehend zur Folge, dass der mit ihr verfolgte *Zweck* vom Zusagenden nicht nur unwesentlich verändert werden könnte. Schlagwortartig formuliert hätte dieser es in der Hand, die Liquiditätszusage von einem die *Liquidität* der Gesellschaft gewährleistenden Mittel, in ein Instrument der reinen *Verlustdeckungshaftung* umzuwandeln, mithin sie also inhaltlich zu reduzieren, ohne dass der Vertragspartner sich dagegen zur Wehr setzen könnte. Denn mit Eintritt der Insolvenz wäre der Gesellschaft von Seiten des Zusagenden nur noch die Differenz zwischen ihren gesamten Aktivposten und ihren Verbind-

---

[854] Schulze-Osterloh/Fastrich, in: Baumbach/Hueck, GmbHG, § 60 Rn. 9 mwN

[855] Ständige Rechtsprechung, vgl. insoweit insbesondere RGZ 78, 93; Feine, S. 645 f.; vgl. auch die gesetzlichen Vorschriften der § 49 II BGB; 156 HGB; 264 II AktG; 87 GenG

[856] Allg. Meinung vgl. dazu RG, Recht 1910, Nr. 1162

lichkeiten auszugleichen. Der praktische und wirtschaftliche Unterschied dieser Modifikation dagegen ist immens:

Bei ordnungsgemäßer finanzieller Ausstattung der Gesellschaft *im werbenden Stadium* muss vom Zusagenden die Summe derjenigen Mittel zur Verfügung gestellt werden, die für die Gesellschaft zur Begleichung ihrer offenen Verbindlichkeiten erforderlich ist. Der Zusagende schließt mit seiner Leistung dann mit anderen Worten also, entsprechend der Konzeption als *Liquiditätszusage*, auch tatsächlich eine Liquiditätslücke der Gesellschaft. Stünde dem Zusagenden nun aber auch der Weg offen, seine Ausstattungsverpflichtung auch nach Auflösung der Gesellschaft noch ordnungsgemäß zu erfüllen, so wäre ihm dies auch in den allermeisten Fällen zu raten. Er könnte dann zunächst die Verwertung des gesamten Aktivvermögens der Gesellschaft abwarten. Danach käme es dann zur – zumindest teilweisen – Befriedigung der offenen Verbindlichkeiten der Gesellschaft durch die früher illiquiden – nunmehr allerdings liquidierten – Vermögenswerte der Liquidationsgesellschaft. Erst die nach alledem noch nicht erfüllten Außenstände der Gesellschaft wären nunmehr noch von seiner Ausstattungsverpflichtung umfasst.

Ein Blick auf diese Konsequenzen zeigt daher m. E. deutlich, dass eine derartige Modifikation der erteilten Zusage dem Wesen und Charakter der Liquiditätszusage nicht mehr gerecht werden kann. Wie sich schon aus der Bezeichnung als *Liquiditätszusage* entnehmen lässt, soll diese nicht in erster Linie in der Insolvenz der Gesellschaft für eine ausgeglichene Liquidation sorgen und damit erwirtschaftete Verluste ausgleichen, vielmehr soll sie, nicht selten nur kurzfristig, die Liquidität der Gesellschaft gewährleisten. Eine derartige Funktion macht aber ausschließlich für die *werbende Gesellschaft* überhaupt Sinn. Während für das Insolvenzverfahren die Frage der *Verlustdeckung* charakteristisch und bestimmend ist, spielt die *Liquidität* einer Gesellschaft nur im Zusammenhang mit werbenden Gesellschaften überhaupt eine Rolle und erlangt dort häufig bei nur vorübergehenden finanziellen Schwierigkeiten der Gesellschaft Bedeutung. Ebendiese Einschätzung der finanziellen Situation der Gesellschaft durch den Zusagenden als nur vorübergehende Schwächephase ist aber auch für die Situation der Erteilung der Zusage charakteristisch[857], wie sich indiziell auch in der häufig darlehensweisen Mittelgewährung zeigt.[858] Allgemein wird mit der Liquiditätszusage daher grundsätzlich immer das Ziel verfolgt werden, der Gesellschaft trotz finanzieller Schwierigkeiten weiterhin die Möglichkeit zu geben am Wirtschaftsverkehr teilzunehmen und die zur Verfügung gestellten Mittel in wirtschaftlich besseren Zeiten wieder zurückzuerhalten. Diesem Grundverständnis widerspricht die oben dargestellte Vorgehensweise aber grundlegend, wonach die Gesellschaft liquidiert wird und die sich danach offenbarenden Verluste vom Zusagenden ausgeglichen werden. Zusammengefasst führt dies zu folgender Situation bei Insolvenz der Gesellschaft:

Spätestens mit der Insolvenzantragstellung steht für die Gesellschaft fest, dass ihre Liquidität nicht mehr ausreicht. Die für diesen Fall gesetzlich angeordnete Insolvenzantragstellung führt nun aber gleichzeitig zur Auflösung der Gesellschaft. Ohne die

---

[857] Vgl. dazu schon oben unter B.I.4.

[858] Damit dokumentiert der Zusagende, dass er der Überzeugung ist, dass die Situation sich verbessern wird und er seine einmal gewährten Mittel auch wieder zurückerhält

vereinbarte Zusage in unzulässiger Weise zu reduzieren, ist es dem Zusagenden mit Eintritt dieses Zeitpunkts daher nicht mehr möglich, die geschuldete *ausreichende Finanzausstattung* der Gesellschaft herbeizuführen. Der von ihm geschuldete Erfolg seines Ausstattungsversprechens kann also nicht mehr herbeigeführt werden und ist damit unmöglich geworden. Allein dieser Umstand führt nun zu einer Schadensersatzpflicht gegenüber der Gesellschaft vor dem Gesichtspunkt der Unmöglichkeit.

G.II.4. Die Schadensermittlung

Im Anschluss daran ist nur noch die Frage zu klären, was als Schaden der Gesellschaft anzusehen ist.

Während das *OLG Celle* das Vorliegen eines Schadens schlicht geleugnet hat[859], geht diese Ansicht bereits deshalb fehl, da sie die oben bereits dargestellte Identität der Gesellschaft auch nach ihrer Auflösung und die damit verbundene Kontinuität der Rechtsverhältnisse verkennt.[860] Der nunmehr zu liquidierenden Gesellschaft entsteht nach richtiger Ansicht bereits dadurch ein Schaden, dass ihr mit dem Eintritt der Auflösung und dem damit verbundenen Ende ihrer werbenden Tätigkeit automatisch und endgültig die Möglichkeit genommen wird, ihre Verbindlichkeiten durch eigene Erträge aus ihrer werbenden Tätigkeit erfüllen zu können.

Geht man nun grundsätzlich davon aus, dass sie irgendwann wieder in der Lage gewesen wäre rentabel zu wirtschaften, so stellen sich damit ihre gesamten zum Zeitpunkt der Liquidation bestehenden Verbindlichkeiten als Schaden dar, der durch ihre Auflösung kausal verursacht wurde. Die Unterstellung künftiger Rentabilität ist m. E. auch der Sache nach zutreffend, denn nicht zuletzt geht der Zusagende im Zeitpunkt der Abgabe der entsprechenden Erklärung in aller Regel selbst von einer nur vorübergehenden Unterstützung und damit unausgesprochen von einer nur vorübergehenden Krise der Gesellschaft aus.

G.II.5. Das Erfordernis einer Kausalitätsvermutung

Trotz allem stünde die Gesellschaft im Rahmen der gerichtlichen Durchsetzung dieses Anspruchs aufgrund der Beweislastverteilung vor dem Problem, die Kausalität zwischen Nichterfüllung der Zusage und entstandenem Schaden darzulegen und zu beweisen. Dabei reduziert sich die Problematik in der Praxis wohl darauf, dass die Gesellschaft darzustellen hätte, inwieweit sie bei rechtzeitiger finanzieller Ausstattung in der Lage gewesen wäre, die erhaltenen Mittel auch wieder zurückzuführen.

Die praktischen Probleme sind dabei aber mit Händen zu greifen. Während die Gesellschaft darzulegen hätte, dass sich ihre Marktposition zukünftig positiv entwickelt hätte und dafür allein zukünftige und nur schwer abschätzbare wirtschaftliche Faktoren bemühen müsste, könnte sich der Zusagende prozessual auf ein Bestreiten dieser an sich schon kaum zu bestimmenden Analysen und Faktoren beschränken, was in vielen Fällen auch äußerst Erfolg versprechend erscheinen würde.

---

859 OLG Celle, NdsRPfl 2000, 309, 310

860 K. Schmidt, in: Scholz, 9. Auflage, GmbHG, § 69 Rn. 4

Um nun aber nicht sehenden Auges die gerichtliche Durchsetzbarkeit des Schadensersatzanspruches für die Gesellschaft zu erschweren oder gar unmöglich zu machen erscheint es mir geboten, zugunsten der klagenden Gesellschaft die zukünftige Überwindung der Krise wie auch ihre zukünftige Rentabilität *widerleglich zu vermuten*. Anknüpfungspunkt einer derartigen *Vermutung* muss m. E. die Zusage selbst sein, der unausgesprochen eine entsprechende Einschätzung der Beteiligten beigelegt werden muss. Denn gehen diese zum Zeitpunkt der Vereinbarung selbst von einer nur vorübergehenden Krise der Gesellschaft aus, so kann sich der Zusagende später nicht mehr ohne Weiteres darauf berufen, die Gesellschaft wäre von vornherein nie mehr in der Lage gewesen, ihre Verbindlichkeiten zu erfüllen, weswegen ihr auch kausal durch die Versagung der einst versprochenen Unterstützung kein Schaden entstanden sei. Legt man der Zusage aber diese über die bloße Mittelbereitstellung hinausgehende Einschätzung der Beteiligten zu Grunde, so muss man m. E. eine *Vermutungswirkung* hinsichtlich der zukünftigen Rentabilität der Gesellschaft annehmen, die dann dazu führen muss, dass der Zusagende, wollte er sich von seiner Verpflichtung frei machen, seinerseits darlegen müsste, weswegen er nun von seiner früheren Einschätzung Abstand nehmen will. Ein *Erschüttern dieser Vermutung* käme also allenfalls bei einer, im Vergleich zum Zeitpunkt der Abgabe der Erklärung, völlig veränderten wirtschaftlichen Ausgangslage in Betracht.

Auch wertend betrachtet entspricht eine derartige Risikoverteilung der Situation der Zusage eher und wird in den meisten Fällen dazu führen, dass es der Gesellschaft ohne Weiteres gelingen wird, den ihr durch die Vermutungswirkung nur erleichterten Beweis der Kausalität zwischen Nichterfüllung der Ausstattung und Schaden zu führen. Weiter ist dem Zusagenden auch der Einwand abgeschnitten, die Gesellschaft müsse vor der Bezifferung ihres Schadensersatzanspruches ihr sonstiges Aktivvermögen verwerten. Er ist vielmehr zum Ersatz aller, zum Zeitpunkt der Insolvenzantragstellung offenen Verbindlichkeiten der Gesellschaft verpflichtet, die die Gesellschaft nicht selbst erfüllen kann. Denn in diesen ist die konkrete *Liquiditätslücke* der Gesellschaft zu sehen, deren Begleichung er entsprechend seiner Zusage grundsätzlich auch schuldet.

Die zusätzlichen Kosten wiederum, die durch die Insolvenzantragstellung direkt entstanden sind, sind vom Zusagenden ebenfalls kausal verursacht worden, da eine Antragstellung im Falle der Erfüllung der Ausstattungsverpflichtung nicht erfolgt wäre. Demzufolge hat er auch diese Kosten zu ersetzen.

Literaturverzeichnis

Adler, Hans/Düring, Walther/Schmaltz, Kurt
Rechnungslegung und Prüfung der Aktiengesellschaft:
Handkommentar für die Bilanzierungs- und Prüfungspraxis nach dem Aktiengesetz unter Berücksichtigung der sonstigen handelsrechtlichen Vorschriften
3. Auflage 1957
Zitiert: Bearbeiter in: Adler/Düring/Schmaltz, 3. Auflage

Dies.
Rechnungslegung und Prüfung der Unternehmen.
Kommentar zum HGB, AktG, GmbHG, PublG nach den Vorschriften des Bilanzrichtlinien-Gesetzes
6. Auflage 1995
Zitiert: Bearbeiter in: Adler/Düring/Schmaltz

Aha, Christof
Welche Fakten müssen in den Unternehmensvertragsbericht?
- zugleich eine Abhandlung über die inhaltlichen Anforderungen an den Verschmelzungsbericht -
1996
Zitiert: Aha, Unternehmensvertragsbericht

Altmeppen, Holger
Anmerkung zu BGH Urteil v. 8.1.2001-II ZR 88/99
Erschienen in: Zeitschrift für Wirtschaftsrecht 2001 S. 240-242
Zitiert: Altmeppen, ZIP 2001

Ders.
Anmerkung zu BGH Urt. v. 28.6.1999-II ZR 272/98 (KG)
Erschienen in: Neue Juristische Wochenschrift 1999, 2812-2814
Zitiert: Altmeppen, NJW 1999

Ders.
„Dritte" als Adressaten der Kapitalerhaltungs- und Kapitalersatzregeln in der GmbH
Erschienen in: Festschrift für Bruno Kropff, Aktien- und Bilanzrecht, S. 641-667
1997
Zitiert: Altmeppen, in FS Kropff

Ders.
Kapitalersatz und Rangrücktritt unter Geltung der InsO
Erschienen in: Zeitschrift für das gesamte Handels- und Wirtschaftsrecht
Band 164 (2000) S. 349-374
Zitiert: Altmeppen, ZHR 164

Ders.
Neues zum Finanzplan und Sanierungskredit
Erschienen in: Familiengesellschaften; Festschrift für Walter Sigle, 2000 S. 211-227
Zitiert: Altmeppen, in: FS Sigle

Ders.
Zu Formfragen bei Beherrschungs- und Gewinnabführungsverträgen der GmbH
Erschienen in: Der Betrieb 1994 S. 1273-1278
Zitiert: Altmeppen, DB 1994

Ders.
Zur Entwicklung eines neuen Gläubigerschutzkonzeptes in der GmbH
Zugleich Besprechung von BGH, Urt. v. 24.6.2002 II ZR 300/00, ZIP 2002, 1578
Erschienen in Zeitschrift für Wirtschaftsrecht 2002 S. 1553-1563
Zitiert: Altmeppen, ZIP 2002

Bamberger, Heinz Georg/Roth, Herbert
Kommentar zum Bürgerlichen Gesetzbuch
2. Auflage 2007
Zitiert: Bearbeiter, in: Bamberger/Roth, BGB

Bankgeschäftliches Formularbuch
Bearbeitet von Wilhelm Schütz
18. Ausgabe 1969
Zitiert: Bankgeschäftliches Formularbuch

Bankrechts-Handbuch
Hrsg. von Herbert Schimansky
3. Auflage 2007
Zitiert: Bearbeiter in: Schimansky/Bunte/Lwowski, Bankrechts-Handbuch

Bankrechts-Handbuch
Hrsg. von Herbert Schimansky
2. Auflage 2001
Zitiert: Bearbeiter in: Schimansky/Bunte/Lwowski, Bankrechts-Handbuch, 2. Auflage

Bauer, Kilian
Die Passivierung eigenkapitalersetzender Gesellschafterforderungen im Überschuldungsstatus; Anmerkung zum Urt. des BGH v. 8.1.2001 - II ZR 88/99, ZInsO 2001, 260 ff.
Erschienen in: Zeitschrift für das gesamte Insolvenzrecht 2001 S. 486-493
Zitiert: Bauer, ZInsO 2001

Baumann, Horst/Reiss, Wilhelm
Satzungsergänzende Vereinbarungen – Nebenverträge im Gesellschaftsrecht; Eine rechtstatsächliche und rechtsdogmatische Untersuchung
Erschienen in: Zeitschrift für Unternehmens- und Gesellschaftsrecht 1989 S. 157-215
Zitiert: Baumann/Reiss, ZGR 1989

Baumbach, Adolf/Hueck, Alfred
Kommentar zum GmbH-Gesetz
18. Auflage, 2006
Zitiert: Bearbeiter, in: Baumbach/Hueck,

Dies.
Kommentar zum GmbH-Gesetz
17 Auflage, 2000
Zitiert: Bearbeiter, in: Baumbach/Hueck, 17. Auflage

Dies.
Kommentar zum GmbH-Gesetz
15. Auflage, 1988
Zitiert: Bearbeiter, in: Baumbach/Hueck, 15. Auflage

Bayer, Walter/Graff, Simone
Das neue Eigenkapitalersatzrecht nach dem MoMiG
Erschienen in: Deutsches Steuerrecht 2006 S. 1654-1659
Zitiert: Bayer/Graff, DStR 2006

Beck´scher Bilanzkommentar,
begr. von Wolfgang Dieter Budde (…), Hrsg. von Axel Berger
6. Auflage 2006
Zitiert: Bearbeiter, in: Bilanzkommentar

Ders.
3. Auflage 1995
Zitiert: Bearbeiter in: Bilanzkommentar, 3. Auflage

Beck´sches Handbuch der AG mit KGaA
-Gesellschaftsrecht-Steuerrecht-Börsengang-
Hrsg. von Welf Müller und Thomas Rödder
2004
Zitiert: Bearbeiter, in: Beck´sches Handbuch der AG

Beschlüsse des 66. Deutschen Juristentags – Abteilung Wirtschaftsrecht
Erschienen in: Der Betrieb 2006, S. XXX
Zitiert: Beschlüsse des 66. Deutschen Juristentags, DB 2006

Bezzenberger, Tilmann
Erwerb eigener Aktien durch die AG
2002
Zitiert: Bezzenberger, Erwerb eigener Aktien

Bordt, Karl
Die Bedeutung von Patronatserklärungen für die Rechnungslegung
Erschienen in: Die Wirtschaftsprüfung 1975, 285-298
Zitiert: Bordt, WPg 1975

Bork, Reinhard
Abschaffung des Eigenkapitalersatzrechts zugunsten des Insolvenzrechts?
Erschienen in: Zeitschrift für Unternehmens- und Gesellschaftsrecht 2007 S. 250-270
Zitiert: Bork, ZGR 2007

Ders.
Wie erstellt man eine Fortbestehensprognose?
Erschienen in: Zeitschrift für Wirtschaftsrecht 2000 S. 1709-1713
Zitiert: Bork, ZIP 2000

Bormann, Michael
Eigenkapitalersetzende Gesellschafterleistungen in der Jahres- und Überschuldungsbilanz
2001
Zitiert: Bormann, Eigenkapitalersetzende Gesellschafterleistungen, 2001

Ders.
Kapitalerhaltung bei Aktiengesellschaft und GmbH nach dem Referentenentwurf zum MoMiG
Erschienen in: Der Betrieb 2006 S. 2616-2621
Zitiert: Bormann, DB 2006

Ders.
Passivierungspflicht für eigenkapitalersetzende Gesellschafterdarlehen; Kritik und Konsequenzen der BGH-Entscheidung vom 8.1.2001 – II ZR 88/99, GmbHR 2001, 190 mit Kommentar Felleisen
Erschienen in: GmbHRundschau 2001 S. 689-699
Zitiert: Bormann, GmbHR 2001

Boujong, Karlheinz
Zur Auslegung und Fortbildung des GmbH-Rechts in der neueren Judikatur des Bundesgerichtshofs
Erschienen in: GmbHRundschau 1992 S. 207-212
Zitiert: Boujong, GmbHR 1992

Braun, Eberhard/Uhlenbruck, Wilhelm
Unternehmensinsolvenz: Grundlagen, Gestaltungsmöglichkeiten, Sanierung mit der Insolvenzordnung
1997
Zitiert: Braun/Uhlenbruck, Unternehmensinsolvenz

Breitenstein, Jürgen/Meyding, Bernhard
Der Regierungsentwurf zum MoMiG: Die Deregulierung des GmbH-Rechts schreitet voran
Erschienen in: Betriebs-Berater 2007 S. 1457-1461
Zitiert: Breitenstein/Meyding, BB 2007

Buck, Christian
Die Kritik am Eigenkapitalersatzgedanken
2006
Zitiert: Buck, Die Kritik am Eigenkapitalersatzgedanken

Burgard, Ulrich/Gundlach, Ulf
Wege zur Bewältigung des Problems der Masselosigkeit – Zur Einführung einer Insolvenzkosten-Pflichtversicherung
Erschienen in: Zeitschrift für Wirtschaftsrecht 2006 S. 1568-1573
Zitiert: Burgard/Grundlach, ZIP 2006

Cahn, Andreas
Gesellschafterfremdfinanzierung und Eigenkapitalersatz
Erschienen in: Die Aktiengesellschaft 2005 S. 217-227
Zitiert: Cahn, AG 2005

Ders.
Kapitalerhaltung im Konzern,
1998
Zitiert: Cahn, Kapitalerhaltung im Konzern

Canaris, Claus-Wilhelm
Die Vertrauenshaftung im deutschen Privatrecht,
1971
Zitiert: Canaris, Vertrauenshaftung

Clausen, Carsten P.
Kapitalersatzrecht und Aktiengesellschaft;
Das BuM-Urteil des BGH vom 26.3.1984
Erschienen in: Die Aktiengesellschaft 1985 S. 173-184
Zitiert: Claussen; AG 1985

Dehn, Wilma
Zur Form des Schuldbeitritts zu einem Schuldanerkenntnis gemäß § 781 BGB
- Zugleich Besprechung des Urteils BGH WM 1993, 287 -
Erschienen in: Wertpapiermittelungen, Zeitschrift für Wirtschafts- und Bankrecht 1993 S. 2115-2118
Zitiert: Dehn, WM 1993

Drukarczyk; Jochen
Bilanzielle Überschuldensmessung – Zur Interpretation der Vorschriften von § 92 Abs. 2 AktG und § 64 Abs. 1 GmbHG
Erschienen in: Zeitschrift für Unternehmens- und Gesellschaftsrecht 1979 S. 553-582
Zitiert. Drukarczyk, ZGR 1979

Drygala, Tim
Zweifelsfragen im Regierungsentwurf zum MoMiG
Erschienen in: Neue Zeitschrift für Gesellschaftsrecht 2007 S. 561-565
Zitiert: Drygala, NZG 2007

Drukarczyk, Jochen/Schüler, Andreas
Insolvenztatbestände, prognostische Elemente und ihre gesetzeskonforme Handhabung - zugleich Entgegnung auf den Beitrag von Groß/Amen, WPg 2002, S. 225-240
Erschienen in: Die Wirtschaftsprüfung 2003 S. 56-67
Zitiert: Drukarczyk/Schüler, WPg 2003

Ebenroth, Carsten Thomas/Wilken, Oliver
Beweislast und Gesellschafterhaftung nach dem BGH-Urteil vom 29. März 1993, ZIP 1993, 589 („TBB")
Erschienen in: Zeitschrift für Wirtschaftsrecht 1993 S. 558-562
Zitiert: Ebenroth/Wilken, ZIP 1993

Ehlers, Harald
Die Überschuldungssituation einer GmbH, ihre Rechtsfolgen und deren Abwendung
Erschienen in: Deutsches Steuerrecht 1998 S. 1756-1761
Zitiert: Ehlers, DStR 1998

Ehricke, Ulrich
Das abhängige Konzernunternehmen in der Insolvenz:
Wege zur Vergrößerung der Haftungsmasse abhängiger Konzernunternehmen im Konkurs und Verfahrensfragen
1998
Zitiert: Ehricke, Konzernunternehmen in der Insolvenz

Eidenmüller, Horst
Die GmbH im Wettbewerb der Rechtsformen
Erschienen in: Zeitschrift für Unternehmens- und Gesellschaftsrecht 2007 S. 168-211
Zitiert: Eidenmüller, ZGR 2007

Ekkenga, Jens
Eigenkapitalersatz und Risikofinanzierung nach künftigen GmbH-Recht
Erschienen in: Wertpapiermitteilungen, Zeitschrift für Wirtschafts- und Bankrecht 2006, S. 1986-1995
Zitiert: Ekkenga, WM 2006

Emmerich, Volker/Habersack, Mathias
Aktien und GmbH-Konzernrecht
5. Auflage 2008
Zitiert: Bearbeiter, in: Emmerich/Habersack

Emmerich, Volker/Sonnenschein, Jürgen/Habersack, Mathias
Konzernrecht: Das Recht der verbundenen Unternehmen bei Aktiengesellschaft, GmbH, Personengesellschaften, Genossenschaft, Verein und Stiftung
7. Auflage 2001
Zitiert: Emmerich/Sonnenschein/Habersack, KonzernR

Enzyklopädisches Lexikon für das Geld-, Bank und Börsenwesen
3. Auflage 1968
Zitiert: Bearbeiter, in: Enzyklopädisches Lexikon für das Geld- Bank- und Börsenwesen

Erman Bürgerliches Gesetzbuch
Handkommentar mit AGBG, EGBGB, ErbbauVO, HausratsVO, HausTWG, ProdHaftG, SachenRBerG, SchuldRAnpG, VerbrKrG
11. Auflage 2004
Zitiert: Bearbeiter, in: Erman, BGB

Farrenkopf, Stefan
„Kapitalersetzende" Gesellschafterdarlehen bei der Aktiengesellschaft, 1984
Zitiert: Farrenkopf, Kapitalersetzende Gesellschafterdarlehen

Fleck, Hans-Joachim
Das kapitalersetzende Gesellschafterdarlehen in der GmbH-Bilanz – Verbindlichkeit oder Eigenkapital?
Erschienen in: GmbHRundschau 1989 S. 313-323
Zitiert: Fleck, GmbHR 1989

Ders.
Die Bilanzierung kapitalersetzender Gesellschafterdarlehen in der GmbH
Erschienen in: Handelsrecht und Steuerrecht: Festschrift für Georg Döllerer S. 109-131
1988
Zitiert: Fleck, FS Döllerer

Ders.
Die Rechtsprechung des Bundesgerichtshofes zum Recht der verbundenen Unternehmen
Erschienen in: Wertpapiermitteilungen, Zeitschrift für Wirtschafts- und Bankrecht 1986 S. 1205-1216
Zitiert: Fleck, WM 1986

Fleischer, Holger
Der Finanzplankredit im Gesamtgefüge der einlagegleichen Gesellschafterleistungen - Zugleich eine Besprechung von BGH, Urteil vom 28.6.1999, II ZR 272/98, DStR 1999, 1198 -
Erschienen in: Deutsches Steuerrecht 1999 S. 1774-1780
Zitiert: Fleischer, DStR 1999, 1775 fehlt

Ders.
Eigenkapitalersetzende Gesellschafterdarlehen und Überschuldungsstatus
Erschienen in: Zeitschrift für Wirtschaftsrecht 1996 S. 773-783
Zitiert: Fleischer, ZIP 1996

Ders.
Gegenwartsprobleme der Patronatserklärung im deutschen und europäischen Privatrecht
Erschienen in: Zeitschrift für Wirtschafts- und Bankrecht 1999, S. 666-676
Zitiert: Fleischer WM 1999

Ders.
Grundfragen der ökonomischen Theorie im Gesellschafts- und Kapitalmarktrecht
Erschienen in: Zeitschrift für Unternehmens- und Gesellschaftsrecht 2001 S. 1-32
Zitiert: Fleischer, ZGR 2001

Flesner, Patrick
Die GmbH-Reform (MoMiG) aus Sicht der Akquisitions- und Restrukturierungspraxis
Erschienen in: Neue Zeitschrift für Gesellschaftsrecht 2006 S. 641-648
Zitiert: Flesner, NZG 2006

Flitsch, Michael
Der Eigenkapitalersatz vor dem Aus?
Erschienen in: Deutsche Zeitschrift für Wirtschafts- und Insolvenzrecht 2006 S. 397-401
Zitiert: Flitsch, DZWiR 2006

Flume, Werner
Allgemeiner Teil des bürgerlichen Rechts
Die juristische Person
1983
Zitiert: Flume, Die juristische Person

Forschbach, Katrin
Liquiditätszusagen des GmbH-Gesellschafters
2000
Zitiert: Forschbach, Liquiditätszusagen

Frankfurter Kommentar zur Insolvenzordnung
Hrsg. von Martin Wimmer
4. Auflage 2006
Zitiert: Wimmer, InsO

Fried, Jörg
Die weiche Patronatserklärung
1998
Zitiert: Fried, Die weiche Patronatserklärung

Gehde, Björn
Eigenkapitalersetzende Gesellschafterleistungen in Deutschland und den USA: Zugleich ein Beitrag zur marktkonformen Schutzkonzeption des Eigenkapitalersatzrechts
1997
Zitiert: Gehde, Eigenkapitalersetzende Gesellschafterleistungen

Geigy-Werthemann, Catherine
Die rechtliche Bedeutung garantieähnlicher Erklärungen von herrschenden Unternehmen im Konzern
Erschienen in: Festgabe zum Schweizerischen Juristentag 1973, S. 21-38
Zitiert, Geigy-Werthemann, Garantieähnliche Erklärungen

Gerth, Axel
Atypische Kreditsicherheiten;
Liquiditätsgarantien und Patronatserklärungen deutscher und ausländischer Muttergesellschaften
2. Auflage 1980
Zitiert: Gerth, Atypische Kreditsicherheiten

Ders.
Organschaftserklärungen als Kreditsicherheit
Erschienen in: Die Aktiengesellschaft 1984 S. 94-99
Zitiert: Gerth, AG 1984

Gesmann-Nuissl, Dagmar
Quo vadis GmbH?
Erschienen in: Wertpapiermitteilungen, Zeitschrift für Wirtschafts- und Bankrecht 2006 S. 1756-1764
Zitiert: Gesmann-Nuissl, WM 2006

Geßler, Ernst/Hefermehl, Wolfgang/Eckardt, Ulrich/Kropff, Bruno
Aktiengesetz
1994
Zitiert: Geßler/Hefermehl/Eckardt/Kropff, AktG

Geßler, Ernst
Zur Problematik bei kapitalersetzenden Gesellschafterdarlehen
Erschienen in: Zeitschrift für Wirtschaftsrecht 1981 S. 228-235
Zitiert: Geßler, ZIP 1981

Goette, Wulf
Anmerkung zum BGH-Beschluss v. 12.7.1993, II ZR 179/92
Erschienen in: Deutsches Steuerrecht 1993 S. 1753-1754
Zitiert: Goette, DStR 1993

Ders.
Die GmbH - Darstellung anhand der Rechtsprechung des BGH
2. Auflage 2002
Zitiert: Goette, GmbH

Ders.
Haftung des Geschäftsführers in Krise und Insolvenz der GmbH
Erschienen in: Zeitschrift für das gesamte Insolvenzrecht 2001 S. 529-537
Zitiert: Goette, ZInsO 2001

Gottwald, Peter (Hrsg.)
Insolvenzrechtshandbuch,
3. Auflage, 2006
Zitiert: Bearbeiter, in: Gottwald, Insolvenzrechtshandbuch

Groh, Manfred
Verbindlichkeitsrückstellung und Verlustrückstellung: Gemeinsamkeiten und Unterschiede
Erschienen in: Betriebs-Berater 1988 S. 27-33
Zitiert: Groh, BB 1988

Groß, Paul J./Amen, Mathias
Die Fortbestehensprognose – Rechtliche Anforderungen und ihre betriebswirtschaftlichen Grundlagen
Erschienen in: Die Wirtschaftsprüfung 2002 S. 225-240
Zitiert: Groß/Amen, WPg 2002

Großkommentar zum Aktiengesetz
Hrsg. von Klaus J. Hopt und Herbert Wiedemann
2007
Zitiert: Bearbeiter, in: Großkommentar zum Aktiengesetz

Haack, Michael
Der Konkursgrund der Überschuldung bei Kapital- und Personengesellschaften
1980
Zitiert: Haack, Der Konkursgrund der Überschuldung

Haas, Ulrich
Aktuelle Rechtsprechung zur Insolvenzantragspflicht des GmbH-Geschäftsführers nach § 64 Abs. 1 GmbHG
Erschienen in: Deutsches Steuerrecht 2003 S. 423-433
Zitiert: Haas, DStR 2003

Ders.
Das neue Kapitalersatzrecht nach dem RegE-MoMiG
Erschienen in: Zeitschrift für das gesamte Insolvenzrecht 2007 S. 617-629
Zitiert: Haas, ZInsO 2007

Ders.
Der Entwurf des „MoMiG“ und weitergehende Vorschläge zur Bekämpfung des Missbrauchs der GmbH
Erschienen in: GmbHRundschau 2006 S. 729-737
Zitiert: Haas, GmbHR 2006

Ders.
Eigenkapitalersetzende Gesellschafterdarlehen und Feststellung der Überschuldung oder Zahlungsunfähigkeit
Erschienen in: Neue Zeitschrift für das Recht der Insolvenz und Sanierung 1999 S. 209-214
Zitiert: Haas, NZI 1999

Habersack, Mathias
Der Finanzplankredit und das Recht der eigenkapitalersetzenden Gesellschafterhilfen
Erschienen in: Zeitschrift für das gesamte Handels- und Wirtschaftsrecht, Band 161 (1997) S. 457-490
Zitiert: Habersack, ZHR 161 (1997)

Ders.
Grundfragen der freiwilligen oder erzwungenen Subordination von Gesellschafterkrediten
Erschienen in: Zeitschrift für Unternehmens- und Gesellschaftsrecht 2000 S. 384-419
Zitiert: Habersack, ZGR 2000

Ders.
Patronatserklärungen ad incertas personas
Erschienen in: Zeitschrift für Wirtschaftsrecht 1996, S. 257-263
Zitiert: Habersack, ZIP 1996

Hachenburg, Max
Gesetz betreffend die Gesellschaft mit beschränkter Haftung
Großkommentar hrsg. von Peter Ulmer
8. Auflage 1992/1997
Zitiert: Bearbeiter, in: Hachenburg, GmbHG

Hahn, Carl (Hrsg.),
Die gesamten Materialien zu den Reichsjustizgesetzen, Bd. IV,
Materialien zur Konkursordnung und zum Anfechtungsgesetz, 1881, sowie auch Stenographische Berichte über die Verhandlungen des Reichtags, 8. Legislaturperiode, I. Session 1890/92, fünfter Anlageband, Aktenstück Nr. 660, Entwurf eines Gesetzes betreffend die Gesellschaft mit beschränkter Haftung
Zitiert: Hahn, Materialien IV

Handwörterbuch unbestimmter Rechtsbegriffe im Bilanzrecht des HGB
Hrsg. von Ulrich Leffson, Dieter Rückle und Bernhard Großfeld
1986
Zitiert: Bearbeiter, in: HURB

Harneit, Paul
Überschuldung und erlaubtes Risiko
1984
Zitiert: Harneit, Überschuldung

Heckschen, Heribert
Die GmbH-Reform – Wege und Irrwege
Erschienen in: Deutsches Steuerrecht 2007 S. 1442-1451
Zitiert: Heckschen, DStR 2007

Heidelberger Kommentar zum GmbH-Recht
5. Auflage 2002
Zitiert: Bearbeiter, in: Heidelberger Kommentar zum GmbHG,

Heidelberger Kommentar zur Insolvenzordnung
Von Eickmann/Flessner/Irschlinger/Kirchhof/Kreft/Landfermann/Marotzke/Stephan
4. Auflage 2005
Zitiert: Bearbeiter, in: Heidelberger Kommentar zur InsO

Heim, Gerhard/Kless, Thomas
Finanzplanung im kleinen und mittelständischen Unternehmen im Rahmen der neuen Insolvenzordnung und des KonTraG
Erschienen in: Deutsches Steuerrecht 1999 S. 387-392
Zitiert: Heim/Kless, DStR 1999

Hellner, Thorwald (Hrsg.)
Bankrecht und Bankpraxis
2001
Zitiert: Bearbeiter, in: Hellner/Steuer, Bankrecht und Bankpraxis

Hess, Harald/Weis, Michaela/Wienberg, Rüdiger
Kommentar zur Insolvenzordnung
2. Auflage 2001
Zitiert: Bearbeiter, in: Hess/Weis/Wienberg, InsO

Heymann, Ernst
Handelsgesetzbuch (ohne Seerecht), Kommentar
2. Auflage hrsg. von Norbert Horn 1995
zitiert: Bearbeiter, in: Heymann, HGB

Höffner, Dietmar
Überschuldung: Ein Tatbestandsmerkmal im Schnittpunkt von Bilanz-, Insolvenz- und Strafrecht (Teil 1)
Erschienen in: Betriebs-Berater 1999 S. 198-205
Zitiert: Höffner, BB 1999

Hölzle, Gerrit
Nachträgliche Anschaffungskosten auf Kapitalbeteiligungen in der Fassung des RegE-MoMiG
Erschienen in: Deutsches Steuerrecht 2006 S. 1185-1192
Zitiert: Hölzle, DStR 2006

Hommelhoff, Peter
Das Gesellschafterdarlehen als Beispiel institutioneller Rechtsfortbildung
Erschienen in: Zeitschrift für Unternehmens- und Gesellschaftsrecht 1988, S. 460 - 493
Zitiert: Hommelhoff, ZGR 1988

Ders.
Eigenkaptialersetzende Gesellschafterdarlehen und Konkursantragspflicht
Erschienen in: Handelsrecht und Steuerrecht: Festschrift für Georg Döllerer S. 245-268
1988
Zitiert: Hommelhoff, in: FS Döllerer

Ders.
Für eine minimalinvasive und dennoch höchst effektive Reform des Eigenkapitalersatzrechts
Erschienen in: Gesellschaftsrechtliche Vereinigung (Hrsg.) Band 11: Die GmbH-Reform in der Diskussion, 2006 S. 115-135
Zitiert: Hommelhoff, in: Gesellschaftsrechtliche Vereinigung, Die GmbH-Reform in der Diskussion, 2006

Ders.
Kurzkommentar zu BGH Urt. v. 16.9.1985 – II ZR 275/84
Erschienen in: Entscheidungen zum Wirtschaftsrecht 1985 S. 885-886
Zitiert: Hommelhoff, EWiR 1985

Ders.
Rechtliche Überlegungen zur Vorbereitung der GmbH auf das Bilanzrichtlinie-Gesetz
Erschienen in: Die Wirtschaftsprüfung 1984 S. 629-639
Zitiert: Hommelhoff, WPg 1984

Horn, Norbert
Kurzkommentar zu OLG Stuttgart, Urt. v. 21.21985 – 7 U 202/84
Erschienen in: Entscheidungen zum Wirtschaftsrecht 1985 S. 669-670
Zitiert: Horn, EWiR 1985

Huber, Ulrich/Habersack, Mathias
GmbH-Reform: Zwölf Thesen zu einer möglichen Reform des Rechts der kapitalersetzenden Gesellschafterdarlehen
Erschienen in: Betriebs-Berater 2006 S. 1-7
Zitiert: Huber/Habersack, BB 2006

Hüffer, Uwe,
Kommentar zum AktG
7. Auflage 2006
Zitiert: Hüffer, AktG

Hüttemann, Ulrich
Grundsätze ordnungsmäßiger Bilanzierung für Verbindlichkeiten;
Beiträge zu den Grundsätzen ordnungsmäßiger Bilanzierung
Schriften der Schmalenbach-Gesellschaft Band 2
2. Auflage 1976
Zitiert: Hüttemann, Bilanzierung

Immenga, Ulrich
Die personalistische Kapitalgesellschaft:
Eine rechtsvergleichende Untersuchung nach deutschem GmbH-Recht und dem Recht der Corporations in den Vereinigten Staaten
1970
Zitiert: Immenga, Die personalistische Kapitalgesellschaft

Ders.
Kapitalersetzende Aktionärsdarlehen als Haftkapital
Erschienen in: Zeitschrift für Wirtschaftsrecht 1983 S. 1405-1412
Zitiert: Immenga, ZIP 1983

Jacoby, Florian
Bericht über die Diskussion
Erschienen in: Zeitschrift für Unternehmens- und Gesellschaftsrecht 2007 S. 271-275
Zitiert: Jacoby, ZGR 2007

Junker, Abbo
Das eigenkapitalersetzende Aktionärsdarlehen
Erschienen in: Zeitschrift für das gesamte Handelsrecht und Wirtschaftsrecht
Band 156 (1992) S. 394-412
Zitiert: Junker, ZHR 156 (1992)

Kammeter, Roland/Geißelmeier, Werner
Der Rangrücktritt – Bestandsaufnahme und Auswirkungen des MoMiG im Handelsbilanz- und Steuerrecht
Erschienen in: Neue Zeitschrift für das Recht der Insolvenz und Sanierung 2007 S. 214-220
Zitiert: Kammeter/Geißelmeier, NZI 2007

Kamprad, Balduin
Gesellschaftssteuerpflicht bei Patronatserklärungen?
Erschienen in: Der Betrieb 1969 S. 327-328
Zitiert: Kamprad, DB 1969

Ders.
Bilanz- und steuerrechtliche Folgen aus der Anwendung der §§ 32a und 32b GmbHG auf kapitalersetzende Darlehen
Erschienen in: GmbHRundschau 1985 S. 352-354
Zitiert: Kamprad, GmbHR 1985

Käser, Jörg
Das Auslandsgeschäft der Banken rechtlicht gesehen:
Entwurf eines Beitrages für Band VI der „Recueils pratiques du droit des affaires dans les pays du Marché Commun
1960
Zitiert: Käser, Das Auslandsgeschäft der Banken

Ketzer, Axel
Eigenkapitalersetzende Aktionärsdarlehen
1989
Zitiert: Ketzer, Eigenkapitalersetzende Aktionärsdarlehen

Kiethe, Kurt
Konflikte zwischen dem europäischen Beihilferecht (Art. 87, 88 EG) und dem nationalen Kapitalschutz- und Insolvenzrecht – Neuere Tendenzen in Rechtsprechung und Gesetzgebung
Erschienen in: Zeitschrift für Wirtschaftsrecht 2007 S. 1248-1254
Zitiert: Kiethe, ZIP 2007

Kleindiek, Detlef
Krisenvermeidung in der GmbH: Gesetzliches Mindestkapital, Kapitalschutz und Eigenkapitalersatz
Erschienen in: Zeitschrift für Unternehmens- und Gesellschaftsrecht 2006 S. 335-356
Zitiert: Kleindiek, ZGR 2006

Ders.
Strukturvielfalt im Personengesellschafts-Konzern
1991
Zitiert: Kleindiek, Strukturvielfalt

Knobbe-Keuk, Brigitte
Bilanz und Unternehmenssteuerrecht
9. Auflage 1993
Zitiert: Knobbe-Keuk, Bilanz und Unternehmenssteuerrecht

Knopf, Béla/Mock, Sebastian
Das MoMiG und die Auslandsinsolvenz haftungsbeschränkter Gesellschaften – Herausforderung oder Sisyphismus des modernen Gesetzgebers?
Erschienen in: GmbHRundschau 2007 S. 852-858
Zitiert: Knopf/Mock, GmbHR 2007

Köhler, Helmut
Patronatserklärungen als Kreditsicherheit: tatsächliche Verbreitung - wirtschaftliche Gründe – rechtliche Bedeutung
Erschienen in: Wertpapiermitteilungen, Zeitschrift für Wirtschafts- und Bankrecht 1978 S. 1338-1349
Zitiert: Köhler, WM 1978

Kölner Kommentar zum Aktiengesetz
Hrsg.
3. Auflage 2005
Zitiert: Bearbeiter, in: Kölner Kommentar zum Aktiengesetz

Kölner Schrift zur Insolvenzordnung: das neue Insolvenzrecht in der Praxis
Hrsg. vom Arbeitskreis für Insolvenz- und Schiedsgerichtswesen e. V.
2. Auflage 2000
Zitiert: Bearbeiter in: Kölner Schrift, 2. Auflage

Kölner Schrift zur Insolvenzordnung: Das neue Insolvenzrecht in der Praxis
Hrsg. vom Arbeitskreis für Insolvenz- und Schiedsgerichtswesen e. V.
1. Auflage 1997
Zitiert: Bearbeiter in: Kölner Schrift

Kropff, Bruno
Kommentar zum Aktiengesetz
1965
Zitiert: Kropff, AktG 1965

Kübler, Friedrich
Gesellschaftsrecht
Die privatrechtlichen Ordnungsstrukturen und Regelungsprobleme von Verbänden und Unternehmen
5. Auflage 1999
Zitiert: Kübler, Gesellschaftsrecht

Kübler, Bruno M./Prütting, Hanns (Hrsg.)
Kommentar zur Insolvenzordnung
Loseblatt-Ausgabe Stand 2005
Zitiert: Bearbeiter in: Kübler/Prütting, InsO

Küffner, Thomas
Patronatserklärungen im Bilanzrecht
Erschienen in: Deutsches Steuerrecht 1996, S. 146-151
Zitiert: Küffner, DStR 1996

Kühbacher, Uli
Darlehen an Konzernunternehmen – Besicherung und Vertragsanpassung,
1993
Zitiert: Kühbacher, Darlehen an Konzernunternehmen

Küting, Karlheinz/Weber, Claus-Peter
Handbuch der Rechnungslegung
Band I a 4. Auflage 1995;
Band II 2. Auflage 1988
Zitiert: Bearbeiter, in: Küting/Weber, Handbuch der Rechnungslegung

Kuhn, Georg/Uhlenbruck, Wilhelm
Kommentar zur Konkursordnung
11. Auflage, 1994
Zitiert: Kuhn/Uhlenbruck, KO

Kupsch, Peter
Bilanzierungsproblematik und Vorstandspflichten bei Verlust in Höhe der Hälfte des Grundkapitals und bei Überschuldung
Erschienen in: Die Wirtschaftsprüfung 1982 S. 273-292
Zitiert: Kupsch, WPg 1982

Ders.
Zur Problematik der Überschuldensmessung
Erschienen in: Betriebs-Berater 1984 S. 159-165
Zitiert: Kupsch, BB 1984

Larenz, Karl/Canaris, Claus-Wilhelm
Lehrbuch des Schuldrechts
Halbband 2
13. Auflage 1994
Zitiert: Larenz/Canaris, Schuldrecht II/2

Lehmann, Michael
Das Privileg der beschränkten Haftung und der Durchgriff im Gesellschafts- und Konzernrecht;
Eine juristische und ökonomische Analyse
Erschienen in: Zeitschrift für Unternehmens- und Gesellschaftsrecht 1986 S. 345-370
Zitiert: Lehmann, ZGR 1986

Liebs, Rüdiger
Die Nichtbeachtung des Zahlungsverbots in der Krise des Unternehmens - Zur Haftung der Geschäftsleitung und des Aufsichtsrats
Erschienen in: Festschrift für Fritz Rittner zum 70. Geburtstag
1991, S. 369-380
Zitiert: Liebs, FS Rittner

Limmer, Peter
„Harte“ und „weiche“ Patronatserklärungen in der Konzernpraxis
Erschienen in: Deutsches Steuerrecht 1993, S. 1750-1752
Zitiert: Limmer, DStR 1993

Löwisch, Gottfried
Eigenkapitalersatzrecht – Kommentierung zu §§ 32a, b GmbHG
2006
Zitiert: Löwisch, Eigenkapitalersatzrecht

Lutter, Marcus
Anmerkung zu BGH Urteil vom 29.3.1993-II ZR 265/91
Erschienen in Juristen-Zeitung 1993 S. 580-582
Zitiert: Lutter, JZ 1993

Ders.
Die Haftung des herrschenden Unternehmens im GmbH-Konzern
Erschienen in: Zeitschrift für Wirtschaftsrecht 1985 S. 1425-1435
Zitiert: Lutter, ZIP 1985

Ders.
Vom formellen Mindestkapital zu materiellen Finanzierungsregeln im Recht der Kapitalgesellschaften
Erschienen in: Ius inter nationes: Festschrift für Stefan Riesenfeld S. 165-185
1983
Zitiert: Lutter, in: FS Riesenfeld

Ders.
Zahlungseinstellung und Überschuldung unter der neuen Insolvenzordnung
Erschienen in: Zeitschrift für Wirtschaftsrecht 1999 S. 641-647
Zitiert: Lutter, ZIP 1999

Lutter, Marcus/Hommelhoff, Peter
Kommentar zum GmbH-Gesetz
16. Auflage 2004
Zitiert: Bearbeiter, in: Lutter/Hommelhoff, GmbHG

Dies.
Kommentar zum GmbH-Gesetz
15. Auflage 2000
Zitiert: Bearbeiter, in: Lutter/Hommelhoff, GmbHG, 15. Auflage

Dies.
Kommentar zum GmbH-Gesetz
14. Auflage 1995
Zitiert: Bearbeiter, in: Lutter/Hommelhoff, GmbHG, 14. Auflage

Dies.
Nachrangiges Haftkapital und Unterkapitalisierung in der GmbH
Erschienen in: Zeitschrift für Unternehmens- und Gesellschaftsrecht 1979 S. 31-66
Zitiert: Lutter/Hommelhoff, ZGR 1979

Lutter, Marcus/Hommelhoff, Peter/Timm, Wolfram
Finanzierungsmaßnahmen zur Krisenabwehr in der Aktiengesellschaft
Erschienen in: Betriebs-Berater 1980 S. 737-750
Zitiert: Luther/Hommelhoff/Timm, BB 1980

Lwowski, Hans-Jürgen
Das Recht der Kreditsicherung
8. Auflage 2000
Zitiert: Lwowski, Das Recht der Kreditsicherung

Lwowski, Hans-Jürgen/Groeschke, Peer
Die Konzernhaftung der §§ 302, 303 AktG als atypische Sicherheit?
Erschienen in: Wertpapiermitteilungen, Zeitschrift für Wirtschafts- und Bankrecht 1994 S. 613-621
Zitiert: Lwowski/Groeschke, WM 1994

Maier-Reimer, Georg
Kreditsicherung und Kapitalersatz in der GmbH
Erschienen in: Festschrift für Heinz Rowedder zum 75 Geburtstag S. 246-275
1994
Zitiert: Maier-Reimer, in: FS Rowedder

Marotzke, Wolfgang
Die Patronatserklärung in der Krise –
Anmerkung zu LG München II, Urt. v. 25.2.2004-5 O 6088/02
Erschienen in: Zeitschrift für das gesamte Insolvenzrecht 2004, S. 601, 602
Zitiert: Marotzke, ZInsO 2004

Meister, Burkhardt
Der Ausgleichsanspruch nach § 302 Abs. 1 AktG bei Beherrschungs- und Gewinnabführungsverträgen als Kreditsicherheit
Erschienen in: Wertpapiermitteilungen, Zeitschrift für Wirtschafts- und Bankrecht 1976 S. 1182-1192
Zitiert: Meister, WM 1976

Meyer-Landrut, Joachim/Miller F. Georg/Niehus Rudolf J.
Gesetz betreffend die Gesellschaft mit beschränkter Haftung einschließlich Rechnungslegung zum Einzel- sowie Konzernabschluss
1987
Zitiert: Meyer-Landrut/Miller/Niehus, GmbHG

Michalski, Lutz
Die Patronatserklärung
Erschienen in: Wertpapiermitteilungen, Zeitschrift für Wirtschafts- und Bankrecht 1994, S. 1229-1240
Zitiert: Michalski, WM 1994

Ders.
Kommentar zum Gesetz betreffend die Gesellschaften mit beschränkter Haftung
2002
Zitiert: Michalski, GmbHG

Möhlmann, Thomas
Die Überschuldensprüfung nach der neuen Insolvenzordnung
Erschienen in: Deutsches Steuerrecht 1998 S. 1843-1848
Zitiert: Möhlmann, DStR 1998

Möser, Heinz Dieter
Patronatserklärung und Kreditwürdigkeit
Erschienen in: Der Betrieb 1979, S. 1470-1472
Zitiert: Möser, DB 1979

Mosch, Wolfgang
Patronatserklärungen deutscher Muttergesellschaften und ihre Bedeutung für die Rechnungslegung,
1978
Zitiert: Mosch, Patronatserklärungen

Moxter, Adolf
Die BFH-Rechtsprechung zu den Wahrscheinlichkeitsschwellen bei Schulden
Erschienen in: Betriebs-Berater 1988 S. 2464-2467
Zitiert: Moxter, BB 1998

Mülbert, Peter O.
Neuordnung des Kapitalrechts
Erschienen in: Wertpapiermitteilungen, Zeitschrift für Wirtschafts- und Bankrecht 2006 S. 1977-1985
Zitiert: Mülbert, WM 2006

Müller, Andreas
Regeln für eigenkapitalersetzende Gesellschafterdarlehen bei der GmbH und ihre Übertragbarkeit auf die AG
1987
Zitiert: Müller, Gesellschafterdarlehen

Müller, Klaus
Die Haftung der Muttergesellschaft für die Verbindlichkeiten der Tochtergesellschaft im Aktienrecht
Erschienen in: Zeitschrift für Unternehmens- und Gesellschaftsrecht 1977 S. 1-34
Zitiert: Müller, ZGR 1977

Müller, Welf
Bilanzierungsfragen bei der Beendigung von Unternehmensverträgen
Erschienen in: Aktien- und Bilanzrecht: Festschrift für Bruno Kropff S. 517-531
1997
Zitiert: Müller, W in: FS Kropff

Münchner Handbuch des Gesellschaftsrechts Band 4
Hrsg. von Michael Hoffman-Becking
3. Auflage 2007
Zitiert: Bearbeiter, in: Münchner Handbuch des GesR IV
Münchner Kommentar zum Aktiengesetz
Hrsg. von Bruno Kropff; Johannes Semler
2. Auflage des Geßler/Hefermehl/Eckardt/Kropff, Aktiengesetzes 2004
Zitiert: Bearbeiter, in: MüKo, AktG

Münchner Kommentar zum Bürgerlichen Gesetzbuch
Hrsg. von Kurt Rebmann, Franz Jürgen Säcker und Roland Rixecker
4. Auflage 2001
Zitiert: Bearbeiter, in: MüKo, BGB

Münchner Kommentar zum Bürgerlichen Gesetzbuch
3. Auflage 1994
Zitiert: Bearbeiter, in: MüKo, 3. Auflage

Münchner Kommentar zur Insolvenzordnung
Hrsg. von Hans-Peter Kirchhof, Hans-Jürgen Lwowski und Rolf Stürner
2007
Zitiert: Bearbeiter, in: MüKo, InsO

Nerlich, Jörg/Römermann, Volker
Kommentar zur Insolvenzordnung
Loseblattausgabe Stand 13. Ergänzungslieferung Mai 2007
Zitiert: Nerlich/Römermann, InsO

Noack, Ulrich
Der Regierungsentwurf des MoMiG – Die Reform des GmbH-Rechts geht in die Endrunde
Erschienen in: Der Betrieb 2007 S. 1395-1400
Zitiert: Noack, DB 2007

Ders.
Gesellschaftervereinbarungen bei Kapitalgesellschaften
1994
Zitiert: Noack, Gesellschaftervereinbarungen bei Kapitalgesellschaften

Ders.
Gesellschaftsrecht
1999
Zitiert: Noack, GesR

Obermüller, Manfred
Die Bank im Konkurs und Vergleich ihres Kunden: Leitfaden für Konkurs, Vergleich und Sequestration
3. Auflage 1985
Zitiert: Obermüller, Die Bank im Konkurs und Vergleich ihres Kunden

Ders.
Die Patronatserklärung
Erschienen in Zeitschrift für Unternehmens- und Gesellschaftsrecht 1975, S. 1-47
Zitiert: Obermüller, ZGR 1975

Ders.
Ersatzsicherheiten im Kreditgeschäft
1987
Zitiert: Obermüller, Ersatzsicherheiten

Ders.
Handbuch Insolvenzrecht für die Kreditwirtschaft
4. Auflage 1991
Zitiert: Obermüller, Handbuch Insolvenzrecht für die Kreditwirtschaft

Ders.
Patronatserklärungen und kapitalersetzende Darlehen
Erschienen in: Zeitschrift für Wirtschaftsrecht 1982 S. 915-921
Zitiert: Obermüller, ZIP 1982

Palandt
Bürgerliches Gesetzbuch
67. Auflage 2008
Zitiert: Bearbeiter, in: Palandt

Pape, Gerhard/Uhlenbruck, Wilhelm
Insolvenzrecht
2002
Zitiert: Pape/Uhlenbruck

Paulus, Christoph G.
Passivierungspflicht und Rangordnung eigenkapitalersetzender Darlehen in der Insolvenz;
Besprechung des Urteils BGHZ 146, 264
Erschienen in: Zeitschrift für Unternehmens- und Gesellschaftsrecht 2002 S. 320-331
Zitiert: Paulus, ZGR 2002

Pesch, Jürgen
Patronatserklärungen im Geschäftsbericht von Banken
Erschienen in: Wertpapiermitteilungen, Zeitschrift für Wirtschafts- und Bankrecht 1998 S. 1609-1615
Zitiert: Pesch, WM 1998

Poertzgen, Christoph
Die Geschäftsführerhaftung aus § 64 GmbHG de lege ferenda
Erschienen in: Zeitschrift für das gesamte Insolvenzrecht 2006 S. 561-568
Zitiert: Poertzgen, ZInsO 2006

Ders.
Die künftige Insolvenzverschleppungshaftung nach dem MoMiG
Erschienen in: GmbHRundschau 2007 S. 1258-1263
Zitiert: Poertzgen, GmbHR 2007

Ders.
Die künftige Insolvenzverschleppungshaftung nach dem MoMiG
Erschienen in: Neue Zeitschrift für das Recht der Insolvenz und Sanierung 2007 S. 15-17
Zitiert: Poertzgen, NZI 2007

Ders.
Die rechtsformneutrale Insolvenzantragspflicht (§ 15a InsO)
Erschienen in: Zeitschrift für das gesamte Insolvenzrecht 2007 S. 574-578
Zitiert: Poertzgen, ZInsO 2007

Priester, Hans-Joachim
Bildung und Auflösung des GmbH-Vertragskonzerns
Erschienen in: Zeitschrift für Unternehmens und Wirtschaftsrecht Sonderheft 6: Entwicklungen im GmbH-Konzernrecht S. 151-186
2. Deutsch-Österreichisches Symposion zum Gesellschaftsrecht vom 21. und 22. Februar 1986 in Landshut
Hrsg. von Peter Hommelhoff, Johannes Semler, Peter Doralt und Günther Roth
1986
Zitiert: Priester, Bildung und Auflösung

Ders.
Gesellschafterdarlehen in der Vorbelastungsbilanz
Erschienen in: Zeitschrift für Wirtschaftsrecht 1994 S. 413-417
Zitiert: Priester, ZIP 1994

Ders.
Kurzkommentar zu BGH Urteil v. 8.1.2001-II ZR 88/91
Erschienen in: Entscheidungen zum Wirtschaftsrecht 2001 S. 329-330
Zitiert: Priester, EWiR 2001

Ders.
Sind eigenkapitalersetzende Gesellschafterdarlehen Eigenkapital?
Erschienen in: Der Betrieb 1991 S. 1917-1924
Zitiert: Priester, DB 1991

Raiser, Thomas/Veil, Rüdiger
Recht der Kapitalgesellschaften- Ein Handbuch für Praxis und Wissenschaft
4. Auflage 2006
Zitiert: Raiser/Veil, Kapitalgesellschaften

Reck, Reinhard
Auswirkungen der Insolvenzordnung auf die GmbH aus strafrechtlicher Sicht
Erschienen in: GmbHRundschau 1999 S. 267-274
Zitiert: Reck, GmbHR 1999

Reichel, Hans
Die Schuldmitübernahme: kumulative Schuldübernahme
1909
Zitiert: Reichel, Schuldmitübernahme,

Reinicke, Dietrich /Tiedtke, Dietrich
Kreditsicherung durch Schuldbeitritt, Bürgschaft, Patronatserklärung, Garantie, Sicherungsübereignung, Sicherungsabtretung, Eigentumsvorbehalt, Pool-Vereinbarung, Pfandrecht an beweglichen Sachen und Rechten, Hypothek und Grundschuld
5. Auflage 2006
Zitiert: Reinicke/Tiedtke, Kreditsicherung

Ringe, Wolf-Georg/Willemer, Charlotte
Die „deutsche Limited“ in der Insolvenz – Zugleich Anmerkung zu LG Kiel, Urt. V. 20.4.2006 10 S 44/05 EuZW 2006, 478
Erschienen in: Europäische Zeitschrift für Wirtschaftsrecht 2006 S. 621-624
Zitiert: Ringe/Willemer, EuZW 2006

Röhricht, Volker/Herzig, Norbert(Hrsg.)
Eigenkapitalersetzende Leistungen bei GmbH und GmbH & Co. im Zivil- und Steuerrecht
1991/1992
zitiert: Röhricht, Eigenkapitalersetzende Leistungen

Römermann, Volker
Der Entwurf des „MoMiG“ – die deutsche Antwort auf die Limited
Erschienen in: GmbHRundschau 2006 S. 673-681
Zitiert: Römermann, GmbHR 2006

Rosenberg, Oliver/Kruse, Tilmann W.,
Patronatserklärungen in der M&A-Praxis und in der Unternehmenskrise
Erschienen in: Betriebsberater 2003 S. 641-650
Zitiert: Rosenberg/Kruse, BB 2003

Roth, Günther H.
Geschäftsführerpflichten und Gesellschafterhaftung bei Überschuldung der GmbH
Erschienen in: GmbHRundschau 1985 S. 137-142
Zitiert: Roth, GmbHR 1985

Ders.
Zur „economic analysis“ der beschränkten Haftung
Erschienen in: Zeitschrift für Unternehmens- und Gesellschaftsrecht 1986 S. 371-382
Zitiert: Roth, ZGR 1986

Roth, Günther/Altmeppen, Holger
Gesetz betreffend die Gesellschaft mit beschränkter Haftung
5. Auflage 2005
Zitiert: Bearbeiter, in: Roth/Altmeppen, GmbHG

Rowedder, Fritz/Schmidt-Leithoff, Christian
Gesetz betreffend die Gesellschaften mit beschränkter Haftung
4.Auflage 2002
Zitiert: Bearbeiter in: Rowedder/Schmidt-Leithoff, GmbHG

Dies.
Gesetz betreffend die Gesellschaft mit beschränkter Haftung
3. Auflage 1997
Zitiert: Bearbeiter, in: Rowedder/Schmidt-Leithoff, GmbHG, 3. Auflage

Rümker, Dietrich
Bankkredite als kapitalersetzende Gesellschafterdarlehen unter besonderer Berücksichtigung der Sanierungssituation
Erschienen in: Zeitschrift für Wirtschaftsrecht 1982 S. 1385-1396
Zitiert: Rümker, ZIP 1982

Ders.
Probleme der Patronatserklärung in der Kreditsicherungspraxis
Erschienen in: Wertpapiermitteilungen, Zeitschrift für Wirtschafts- und Bankrecht 1974, S. 990-999
Zitiert: Rümker, WM 1974

Rüßmann, Martin
Harte Patronatserklärungen und Liquiditätszusagen
Eine vertrags-, gesellschafts-, bilanz- und insolvenzrechtliche Untersuchung der harten Patronatserklärungen und der Liquiditätszusagen
2006
Zitiert: Rüßmann, Patronatserklärungen

Rummel, Peter
Rechtsprobleme der Patronatserklärung
Erschienen in: Festschrift für Peter Doralt 2004 S. 493-509
Zitiert: Rummel, in: FS Doralt

Schäfer, Carsten
Die harte Patronatserklärung – vergebliches Streben nach Sicherheit?
- Zum Bestimmtheitsproblem und zur dogmatischen Einordnung -
Erschienen in: Wertpapiermitteilungen, Zeitschrift für Wirtschafts- und Bankrecht 1999, S. 153-163
Zitiert: Schäfer, WM 1999

Ders.
Reform des GmbHG durch das MoMiG – viel Lärm um nichts?
Erschienen in: Deutsches Steuerrecht 2006 S. 2085-2090
Zitiert: Schäfer, DStR 2006

Schaffland, Hans-Jürgen
Patronatserklärungen – Eine Untersuchung des Sicherheitscharakters und ihrer Auswirkungen auf die Rechnungslegung
Erschienen in: Betriebs-Berater 1977 S. 1021-1025
Zitiert: Schaffland, BB 1977

Schatz, Stefan
Die Sicherung des Gesellschaftsvermögens und der Gläubigerinteressen im deutschen Konzernrecht
(Dissertation Göttingen)1980,
Zitiert: Schatz, Konzernrecht

Schaub, Bernhard
Die GmbH in der Krise - Kriterien für die Feststellung von Zahlungsunfähigkeit, Überschuldung und Kreditwürdigkeit
Erschienen in: Deutsches Steuerrecht 1993 S. 1483-1489
Zitiert: Schaub, DStR 1993

Schiffer, Jan
Alea iacta est? Praxisanmerkungen zur vorgesehenen Deregulierung des Eigenkapitalersatzrechts
Erschienen in: Betriebs-Berater 2006 Beilage 7 S. 14-18
Zitiert: Schiffer, BB 2006 Beilage 7

Schlegelberger, Franz/Quassowski, Leo
Aktiengesetz
3. Auflage 1937
Zitiert: Schlegelberger/Quassowski,

Schmidt, Karsten
Darlehn, Darlehnsversprechen und Darlehnskrediteröffnung im Konkurs
Erschienen in: Juristen-Zeitung 1976 S. 756-763
Zitiert: K. Schmidt, JZ 1976

Ders.
Die GmbH in Sanierung, Krise und Insolvenz
Gesellschaftsrecht, Insolvenzrecht, Steuerrecht, Arbeitsrecht, Bankrecht und Organisation bei Krisenvermeidung, Krisenbewältigung und Abwicklung
Hrsg. von Karsten Schmidt und Wilhelm Uhlenbruck
3. Auflage 2003
Zitiert: K. Schmidt, Die GmbH in Sanierung, Krise und Insolvenz

Ders.
Die isolierte Verlustdeckungszusage unter verbundenen Unternehmen als Insolvenzabwendungsinstrument – Eine Studie über Voraussetzungen und Inhalt der Zusage sowie über die Rechtsfolgen ihres Fehlschlags
Erschienen in: Festschrift für Winfried Werner zum 65. Geburtstag am 17. Oktober 1984: Handelsrecht und Wirtschaftsrecht in der Bankpraxis
Hrsg. Vom Walther Hadding, Ulrich Immenga, Hans-Joachim Mertens, Klemens Pleyer, Uwe H. Schneider
1984
Zitiert: K. Schmidt, in: FS Werner

Ders.
Die konzernrechtliche Verlustübernahmepflicht als gesetzliches Dauerschuldverhältnis - eine rechtsdogmatische Problemskizze zu § 302 AktG -
Erschienen in: Zeitschrift für Unternehmens- und Gesellschaftsrecht 1983 S. 513-534
Zitiert: K. Schmidt, ZGR 1983

Ders.
Eigenkapitalersatz bei unbeschränkter Haftung
Eine folgenreiche Skizze über Sinn, Zweck und Ausdehnung der Regeln über eigenkapitalersetzende Kredite
Erschienen in: Zeitschrift für Wirtschaftsrecht 1991, S. 1-9
Zitiert: K. Schmidt, ZIP 1991

Ders.
Eigenkapitalersatz, oder: Gesetzesrecht versus Rechtsprechungsrecht?
Erschienen in: Zeitschrift für Wirtschaftsrecht 2006 S. 1925-1934
Zitiert: K. Schmidt, ZIP 2006

Ders.
Finanzplanfinanzierung, Rangrücktritt und Eigenkapitalersatz
Zum System des Kapitalschutzes bei „funktionellem Eigenkapital"
Erschienen in: Zeitschrift für Wirtschaftsrecht 1999 S. 1241-1250
Zitiert: K. Schmidt, ZIP 1999

Ders.
Gesellschaftsrecht
4. Auflage 2002
Zitiert: K. Schmidt, GesR

Ders.
GmbH-Reform, Solvenzgewährleistung und Insolvenzpraxis – Gedanken zum MoMiG-Entwurf –
Erschienen in: GmbHRundschau 2007 S. 1-11
Zitiert: K. Schmidt, GmbHR 2007

Ders.
Insolvenzordnung und Gesellschaftsrecht
Erschienen in: Zeitschrift für Unternehmens- und Gesellschaftsrecht 1998 S. 633-671
Zitiert: K. Schmidt, ZGR 1998

Ders.
Kapitalersetzende Bankkredite?
Erschienen in: Zeitschrift für das gesamte Handelsrecht und Wirtschaftsrecht Band 147 (1983) S. 165-194
Zitiert: K. Schmidt, ZHR 147 (1983)

Ders.
Kapitalersetzende Gesellschafterdarlehen: ein Rechtsproblem nur der GmbH und der GmbH & Co. ?
Erschienen in: Die Aktiengesellschaft 1984 S. 12-15
Zitiert: K. Schmidt, AG 1984

Ders.
Konkursgründe und präventiver Gläubigerschutz
Erschienen in: Die Aktiengesellschaft 1978 S. 334-340
Zitiert: K: Schmidt, AG 1978

Ders.
Konkursordnung mit Gesamtvollstreckungsordnung
16. Auflage 1993
Zitiert: K. Schmidt, KO

Ders.
„Konzernhaftung" nach dem TBB-Urteil – Versuch einer Neuorientierung
Erschienen in: Zeitschrift für Wirtschaftsrecht 1993 S. 549-558
Zitiert: K. Schmidt, ZIP 1993

Ders.
Möglichkeiten der Sanierung von Unternehmen durch Maßnahmen im Unternehmens-, Sozial-, und Insolvenzrecht: Gutachten für den 54. Deutschen Juristentag
1982
Zitiert: K. Schmidt, Gutachten

Ders.
Quasi-Eigenkapital als haftungsrechtliches und als bilanzrechtliches Problem
Erschienen in: Bilanz- und Konzernrecht, Festschrift für Reinhard Goerdeler S. 487-509
1987
Zitiert: K. Schmidt, in: FS Goerdeler

Ders.
Rangrücktritt bei Gesellschafterdarlehen: Problem gebannt? – Ein Plädoyer für den unspezifizierten Rangrücktritt im Licht der steuerrechtlichen und zivilgerichtlichen Rechtsprechung –
Erschienen in: Der Betrieb 2006 S. 2503-2506
Zitiert: K. Schmidt, DB 2006

Ders.
Reform der Kapitalsicherung und Haftung in der Krise nach dem Regierungsentwurf des MoMiG – Sechs Leitsätze zu § 30 GmbHG-E, § 64 GmbHG-E und § 15a InsO-E
Erschienen in: GmbHRundschau 2007 S. 1072-1080
Zitiert: K. Schmidt, GmbHR 2007

Ders.
Sinnwandel und Funktion des Überschuldungstatbestandes
Erschienen in Juristen-Zeitung 1982 S. 165-174
Zitiert: K. Schmidt, JZ 1982

Ders.
Vom Konkursrecht der Gesellschaften zum Insolvenzrecht der Unternehmen
Erschienen in: Zeitschrift für Wirtschaftsrecht und Insolvenzpraxis 1980 S. 233-238
Zitiert: K. Schmidt; ZIP 1980

Ders.
Wege zum Insolvenzrecht der Unternehmen: Befunde, Kritik, Perspektiven
1990
Zitiert: K. Schmidt, Wege zum Insolvenzrecht der Unternehmen

Schmidt, Karsten/Lutter, Marcus
Aktiengesetz Kommentar
1. Auflage 2008
Zitiert: Bearbeiter, in: Schmidt/Lutter, AktG

Schmitt, Hendrik
Bericht über die Diskussion
Erschienen in: Zeitschrift für Unternehmens- und Gesellschaftsrecht 2007 S. 311-316
Zitiert: Schmitt, ZGR 2007

Schneider, Uwe H.
Die Fortentwicklung des Handelsregisters zum Konzernregister
Erschienen in: Wertpapiermitteilungen, Zeitschrift für Wirtschafts- und Bankrecht
1986 S. 181-189
Zitiert: Schneider, WM 1986

Ders.
Patronatserklärungen gegenüber der Allgemeinheit
Erschienen in: Zeitschrift für Wirtschaftsrecht 1989, S. 619-625
Zitiert: Schneider, ZIP 1989

Scholz, Franz
Kommentar zum GmbH-Gesetz
10. Auflage 2006/2007
Zitiert: Bearbeiter, in: Scholz, GmbHG,

Ders.
Kommentar zum GmbH-Gesetz mit Anhang Konzernrecht
9. Auflage 2000/2002
Zitiert: Bearbeiter, in: Scholz, GmbHG, 9. Auflage

Ders.
Kommentar zum GmbH-Gesetz mit Nebengesetzen und dem Anhang Konzernrecht
8. Auflage 1995
Zitiert: Bearbeiter, in: Scholz, GmbHG, 8. Auflage

Schouler, Oliver
Grundlagen des Eigenkapitalrechts:
Eine Untersuchung zur dogmatischen Legitimation der eigenkapitalähnlichen Sonderbehandlung von Gesellschafterfremdkapital in der Unternehmenskrise
2000
Zitiert: Schouler, Grundlagen des Eigenkapitalrechts

Schraepler, Hans-Joachim
Patronatserklärung als Sicherheit
Erschienen in: Zeitschrift für das gesamte Kreditwesen, 1975 S. 215 ff.
Zitiert: Schraepler, ZKW 1975

Schröder, Jan
Die „harte" Patronatserklärung – verschleierte Bürgschaft/Garantie oder eigenständiger Kreditsicherungstyp
Erschienen in: Zeitschrift für Unternehmens- und Gesellschaftsrecht 1982 S. 552-566
Zitiert: Schröder, ZGR 1982

Schröder, Jens-Sören/Grau, Jörg
Plädoyer für die „Krise" – ein Beitrag zur geplanten Reform des Eigenkapitalersatzrechts durch das MoMiG
Erschienen in: Zeitschrift für das gesamte Insolvenzrecht 2007 S. 353-359
Zitiert: Schröder/Grau, ZInsO 2007

Schüppen, Mathias
Aktuelle Fragen der Konkursverschleppung durch den GmbH-Geschäftsführer
Erschienen in: Der Betrieb 1994 S. 197-204
Zitiert: Schüppen, DB 1994

Schulze-Osterloh, Joachim
Vermeidung der Konzernhaftung nach dem TBB-Urteil durch ordnungsgemäße Buchführung
Erschienen in: Zeitschrift für Wirtschaftsrecht 1993 S. 1838-1843
Zitiert: Schulze-Osterloh, ZIP 1993

Schwarck Eberhard
Anmerkung zu BGH Urteil vom 26.3.1984-II ZR 171/83
Erschienen in Juristenzeitung 1984 S. 1036-1038
Zitiert: Schwarck, JZ 1984

Seibert, Ulrich
GmbH-Reform: Der Referentenentwurf eines Gesetzes zur Modernisierung des GmbH-Rechts und zur Bekämpfung von Missbräuchen – MoMiG
Erschienen in: Zeitschrift für Wirtschaftsrecht 2006 S. 1157-1168
Zitiert: Seibert, ZIP 2006

Ders.
GmbH-Reform (MoMiG): Der Regierungsentwurf
Erschienen in: Betriebs-Berater 2007 S. 1
Zitiert: Seibert, BB 2007

Soergel, Hans Theodor
Kommentar zum Bürgerlichen Gesetzbuch
13. Auflage 2000
Zitiert: Bearbeiter, in: Soergel, BGB

Sonderbilanzen: Von der Gründungsbilanz bis zur Liquidationsbilanz
Hrsg. von Wolfgang Dieter Budde u.a.
4. Auflage 2008
Zitiert: Budde/Förschle/Kofahl, Sonderbilanzen

Sonnenschein, Juergen
Organschaft und Konzerngesellschaftsrecht unter Berücksichtigung des Wettbewerbsrechts und des Mitbestimmungsrechts
1976
Zitiert: Sonnenschein, Organschaft und Konzerngesellschaftsrecht

Spliedt, Jürgen D.
Überschuldung trotz Schuldendeckung?
Erschienen in: Der Betrieb 1999 S. 1941-1946
Zitiert: Spliedt, DB 1999

Staudinger
J. von Staudingers Kommentar zum bürgerlichen Gesetzbuch
13. Auflage 1995/1997, sowie Neubearbeitung 2001
Zitiert: Bearbeiter in: Staudinger, BGB

Stecher, Reiner,
„Harte" Patronatserklärungen, rechtsdogmatische und praktische Probleme,
Erschienen in: Bankrechtliche Sonderveröffentlichungen des Instituts für Bankwirtschaft an der Universität zu Köln, Band 23
1978
Zitiert: Stecher, Patronatserklärungen

Steffan, Bernhard
Der Fortführungswert im Vermögensstatus nach § 153 InsO als Ausfluss des Fortführungskonzepts
Erschienen in: Zeitschrift für das gesamte Insolvenzrecht 2003 S. 106-111
Zitiert: Steffan, ZInsO 2003

Stellungnahme der Centrale für GmbH Dr. Otto Schmidt vom 2.7.2007 zum Regierungsentwurf eines Gesetzes zur Modernisierung des GmbH-Rechts und zur Bekämpfung von Missbräuchen (MoMiG) nach dem Stand vom 25.5.2007
Erschienen in: GmbHRundschau 2007 S. 754-757
Zitiert: Stellungnahme der Centrale für GmbH Dr. Otto Schmidt, GmbHR 2007

Stützle, Rudolph
Zur Finanzierung, Haftung und Verlustausgleichspflicht der GmbH bei Bestehen eines Beherrschungs- und Gewinnabführungsvertrages
Erschienen in: Beherrschungs- und Gewinnabführungsverträge in der Praxis der GmbH
- Der „Supermarkt"-Beschluß und seine Folgen – Band 1
Hrsg. von Uwe H. Schneider
1989
Zitiert: Stützle, Finanzierung

Teller, Horst/Steffan, Bernhard
Rangrücktrittsvereinbarungen zur Vermeidung der Überschuldung bei der GmbH
3. Auflage 2003
Zitiert: Teller/Steffan, Rangrücktrittsvereinbarungen

Teller, Horst
Rangrücktrittsvereinbarungen zur Vermeidung der Überschuldung bei der GmbH
1. Auflage 1993
Zitiert: Teller, Rangrücktrittsvereinbarungen

Temme, Ulrich
Die Eröffnungsgründe der Insolvenzordnung
1997
Zitiert: Temme, Eröffnungsgründe

Uhlenbruck, Wilhelm
Die GmbH und Co.& KG in Krise, Konkurs und Vergleich:
Die rechtlichen und betriebswirtschaftlichen Zusammenhänge bei Insolvenz der KG und der GmbH
2. Auflage 1988
Zitiert: Uhlenbruck, Die GmbH und Co & KG

Ders.
Kommentar zur Insolvenzordnung
12. Auflage 2003
Zitiert: Uhlenbruck, InsO

Ullrich, Hanns
Formzwang und Gestaltungsgrenzen bei Sonderrechten und Nebenleistungspflichten in der GmbH
Erschienen in: Zeitschrift für Unternehmens- und Gesellschaftsrecht 1985 S. 235-264
Zitiert: Ullrich, ZGR 1985

Ulmer, Peter
Konkursantragspflicht bei Überschuldung der GmbH und Haftungsrisiken bei Konkursverschleppung
Erschienen in: Konkurs-, Treuhand- und Schiedsgerichtswesen 1981 S. 469-492
Zitiert: Ulmer, KTS 1981

Ders.
Umstrittene Fragen im Recht der Gesellschafterdarlehen (32a GmbHG)
Erschienen in: Zeitschrift für Wirtschaftsrecht 1984, S. 1163-1294
Zitiert: Ulmer, ZIP 1984

Ulmer, Peter/Habersack, Mathias/Winter, Martin
Gesetz betreffend die Gesellschaften mit beschränkter Haftung (GmbHG) – Großkommentar
2005
Zitiert: Bearbeiter, in: Ulmer/Habersack/Winter, GmbHG

Vallender, Heinz
Die Insolvenz von Scheinauslandsgesellschaften
Erschienen in: Zeitschrift für Unternehmens- und Gesellschaftsrecht 2006 S. 425-460
Zitiert: Vallender, ZGR 2006

van Caemmerer, Ernst
Unterkapitalisierung und Gesellschafterdarlehen
Erschienen in: Quo vadis ius scietatum? Liber amicorum Pieter Sanders S. 17-25
1972
Zitiert: v. Caemmerer, in: FS Pieter Sanders

Veit, Klaus-Rüdiger (Hrsg.)
Sonderbilanzen
2004
Zitiert: Veit, Sonderbilanzen

Vetter, Eberhard
Eintragung des Unternehmensvertrages im Handelsregister des herrschenden Unternehmens?
Erschienen in: Die Aktiengesellschaft 1994 S. 110-115
Zitiert: Vetter, AG 1994

Vollmer, Lothar
Haftungsrisiken aus konzerninternen Patronatserklärungen mit Managementklauseln
Erschienen in: Zeitschrift für Bankrecht und Bankwirtschaft 1993 S. 89-97
Zitiert: Vollmer, ZBB 1993

von der Linden, Klaus
Eigenkapitalersatzrecht in der gesetzestypischen KG
Erschienen in: Deutsche Zeitschrift für Wirtschafts- und Insolvenzrecht 2007 S. 5-13
Zitiert: von der Linden, DZWiR 2007

von Gerkan, Hartwin/Hommelhoff, Peter
Handbuch des Kapitalersatzrechts
2. Auflage, 2002
zitiert v. Gerkan/Hommelhoff, Handbuch des Kapitalersatzrechts

von Westphalen, Friedrich
Rechtsprobleme der Exportfinanzierung
3. Auflage 1987
Zitiert: v. Westphalen, Rechtsprobleme der Exportfinanzierung

Wälzholz, Eckhard
Die insolvenzrechtliche Behandlung haftungsbeschränkter Gesellschaften nach der Reform durch das MoMiG
Erschienen in: Deutsches Steuerrecht 2007 S. 1914-1921
Zitiert: Wälzholz, DStR 2007

Westermann, Harm Peter
Banken als Kreditgeber und Gesellschafter
- Zur Entscheidungsfreiheit der Bank im Kreditgeschäft –
Erschienen in: Zeitschrift für Wirtschaftsrecht 1982 S. 379- 391
Zitiert: Westermann, ZIP 1982

Ders.
Das TBB-Urteil – ein Neuansatz bei der Haftung wegen qualifizierter faktischer Konzernierung?
Erschienen in: Zeitschrift für Wirtschaftsrecht 1993 S. 554-558
Zitiert: Westermann, ZIP 1993

Ders.
Haftungsrisiken eines „beherrschenden" GmbH-Gesellschafters
Erschienen in: Neue Zeitschrift für Gesellschaftsrecht 2002 S. 1129-1138
Zitiert: Westermann, NZG 2002

Ders.
Kapitalersetzende Darlehen eines GmbH-Gesellschafters als Gegenstand von Verrechnungsabreden
Erschienen in: Festschrift für Walter Oppenhoff zum 80. Geburtstag S. 535-554 1985
Zitiert: Westermann, FS Oppenhoff

Ders.
Zur Rückführung eines Überziehungskredits eines am Schuldnerunternehmen als Aktionär beteiligten Kreditinstituts
Erschienen in: Zeitschrift für Wirtschaftsrecht 1983, S. 1281-1289
Zitiert: Westermann, ZIP 1983

Wiedemann, Herbert
Eigenkapital und Fremdkapital
- Eine gesellschaftsrechtliche Zwischenbilanz -
Erschienen in: Festschrift für Karl Beusch zum 68. Geburtstag 1993 S. 893-913
Zitiert: Wiedemann, FS Besuch

Ders.
Gesellschaftsrecht - Ein Lehrbuch des Unternehmens- und Verbandsrecht
Band 1: Grundlagen 1980
Band 2: Recht der Personengesellschaften 2004
Zitiert: Wiedemann, Gesellschaftsrecht

Ders.
Rechte und Pflichten des Personengesellschafters
Erschienen in Sonderbeilage Nr. 7 zu Wertpapiermitteilungen, Zeitschrift für Wirtschafts- und Bankrecht 1992
Zitiert: Wiedemann, WM 1992, Beilage 7

Ders.
Reflexionen zur Durchgriffshaftung;
Zugleich Besprechung des Urteils BGH WM 2002 1804 – KBV
Erschienen in: Zeitschrift für Unternehmens- und Gesellschaftsrecht 2003 S. 283-297
Zitiert: Wiedemann, ZGR 2003

Wiedemann, Herbert/Hermanns, Marc
Liquiditätszusagen des GmbH-Gesellschafters
Erschienen in Zeitschrift für Wirtschaftsrecht 1994 S. 997- 1002
Zitiert: Wiedemann/Hermans, ZIP 1994, 998

Wiedemann, Herbert/Hirte, Heribert
Konzernrecht
Erschienen in: 50 Jahre Bundesgerichtshof: Festgabe aus der Wissenschaft; Handels- und Wirtschaftsrecht, Europäisches und Internationales Recht 2000 S. 337-386
Zitiert: Wiedemann/Hirte, in: FS 50 Jahre BGH

Wilhelm, Jan
Kurzkommentar zu BGH Urt. v. 6.6.1994 – II ZR 292/91
Erschienen in: Entscheidungen zum Wirtschaftsrecht 1994 S. 791-792
Zitiert: Wilhelm, EWiR 1994, 791

Winnefeld, Robert
Bilanz-Handbuch Handels- und Steuerbilanz Rechtsformspezifisches Bilanzrecht Bilanzielle Sonderfragen Sonderbilanzen
1977
Zitiert: Winnefeld, Bilanz-Handbuch

Wittig, Arne
Rangrücktritt-Antworten und offene Fragen nach dem Urteil des BGH vom 8.1.2001
Erschienen in: Neue Zeitschrift für das Recht der Insolvenz und Sanierung 2001 S. 169-176
Zitiert: Wittig, NZI 2001

Wolf, Christian Ulrich
Schuldrechtliche Verlustdeckungszusagen
Zugleich Besprechung BGH v. 8.5.2006 – II ZR 94/05, ZIP 2006, 1199 (Boris Becker/Sportgate)
Erschienen in: Zeitschrift für Wirtschaftsrecht 2006 S. 1885-1892
Zitiert: Wolf, ZIP 2006

Wolf, Thomas C.
Überschuldung
Entstehung, Bilanzierung und Auswege
1998
Zitiert: Wolf, Überschuldung

Wüst, Günther
Gläubigerschutz bei der GmbH
1966
Zitiert: Wüst, Gläubigerschutz bei der GmbH

Ders.
Unterkapitalisierung und Überschuldung bei Beschränkthaftern
Erschienen in: Juristen-Zeitung 1985 S. 817-824
Zitiert: Wüst, JZ 1985

Zeuner, Albrecht
Möglichkeiten der Sanierung von Unternehmen durch Maßnahmen im Unternehmens-, Arbeits-, Sozial- und Insolvenzrecht
Erschienen in: Verhandlungen des 54. Deutschen Juristentags 1982 Band II, S. M 11-M 22
Zitiert: Zeuner, Möglichkeiten der Sanierung

Ziegler, Karl-Heinz
Die Wertlosigkeit der allgemeinen Regeln des BGB über die so genannte Wahlschuld (§§ 262-265 BGB)
Erschienen in: Archiv für die civilistische Praxis 1971 S. 193-217
Zitiert: Ziegler, AcP 1971

Zilias, Manfred
Unterbilanz und Überschuldung der Aktiengesellschaft
Erschienen in: Die Wirtschaftsprüfung 1977 S. 445-455
Zitiert: Zilias, WPg 1977

Mathias Eisen

Haftung und Regulierung internationaler Rating-Agenturen

Frankfurt am Main, Berlin, Bern, Bruxelles, New York, Oxford, Wien, 2007. 402 S.
Frankfurter wirtschaftsrechtliche Studien.
Verantwortlicher Herausgeber: Eckard Rehbinder. Bd. 84
ISBN 978-3-631-57544-4 · br. € 68.50*

Rating-Agenturen prüfen und bewerten verzinsliche Schuldverschreibungen und ermöglichen so deren Emittenten den Zugang zu den weltweiten Geld- und Kapitalmärkten. Hieraus resultiert die Stellung der global agierenden Rating-Agenturen als „Gatekeeper" der Finanzmärkte, die den Schlüssel zu Kapital und Liquidität in den Händen halten. Die Feststellung dieser Macht wirft die Frage nach ihrer Kontrolle auf. Ausgehend von der bestehenden Regulierung des Ratings untersucht der Autor die Frage einer Haftung von Rating-Agenturen für die von ihnen erstellten Bonitätsbeurteilungen, wobei die Internationalität des Ratingsgeschäfts besonders berücksichtigt wird. Der Autor kommt zu dem Ergebnis, dass nicht das externe Rating an sich ein Bedürfnis nach (weiterer) Regulierung hervorruft, sondern die oligopolistische Struktur des Marktes für Ratingdienstleistungen.

Aus dem Inhalt: Rating-Agenturen als Informationsintermediäre und „Gatekeeper" der Geld- und Kapitalmärkte · Regulierung durch Rating und Regulierung des Ratings in der Bundesrepublik Deutschland und in den USA · Haftung der Rating-Agenturen unter besonderer Berücksichtigung der Internationalität des Ratinggeschäfts · Notwendigkeit weiterer Regulierung des Ratingwesens?

www.ingramcontent.com/pod-product-compliance
Ingram Content Group UK Ltd.
Pitfield, Milton Keynes, MK11 3LW, UK
UKHW021908290926
8980IPUK00015B/1126

9 783631 580882